Beiträge zur Reform des Strafprozesses.

Herausgegeben von

Dr. Franz Adickes,
Oberbürgermeister,

Dr. P. F. Aschrott,
Landgerichtsdirektor a. D.,

Dr. Karl v. Lilienthal,
ord. Professor der Rechte,

Dr. Franz v. Liszt,
ord. Professor der Rechte.

Band II.

Berlin 1909.

J. Guttentag, Verlagsbuchhandlung,

G. m. b. H.

Vorwort.

Die Internationale Kriminalistische Vereinigung, Gruppe Deutsches Reich, hat sich auf ihrer Versammlung in Frankfurt a. M. im September 1906 eingehend mit der Reform des deutschen Strafverfahrens beschäftigt, nachdem vorher auf ihre Veranlassung die in den Protokollen der Kommission für die Reform des Strafprozesses, herausgegeben vom Reichsjustizamte, enthaltenen Vorschläge in dem von Aschrott herausgegebenen Werke „Reform des Strafprozesses" (J. Guttentag, Verlagsbuchhandlung, Berlin 1906) kritische Besprechungen gefunden hatten.

Am Schlusse der Verhandlungen wurde einstimmig ein Beschluß dahin angenommen:

> eine neungliedrige Kommission einzusetzen, mit dem Auftrage, durch neue selbständige Erhebungen die Grundlagen für eine durchgreifende Reform der Strafprozeßordnung zu beschaffen, insbesondere die Handhabung der gegenwärtigen Str. P. O. in den einzelnen deutschen Bundesstaaten genau zu ermitteln und durch Entsendung einer Studienkommission nach England und Schottland das Material für die Frage zu sammeln, inwieweit die dortige Gestaltung des Anklageprozesses für Deutschland verwertbar ist.

Die Kommission, in welche von der Landesversammlung die Herren Landgerichtsdirektor Aschrott-Berlin, Oberbürgermeister Adickes-Frankfurt a. M., Professoren v. Liszt-Berlin, v. Lilienthal-Heidelberg, Mittermaier-Gießen, Rosenfeld-Münster, Oberlandesgerichtsrat Rosenberg-Colmar i. E., Staatsanwalt Feisenberger-Magdeburg und Rechtsanwalt Heinemann-Berlin gewählt wurden, erhielt gleichzeitig das Recht der Kooptation. Die Kommission hat noch im September 1906 eine Sitzung in Frankfurt a. M. und dann, nachdem inzwischen eine Anzahl Herren kooptiert waren, im Januar 1907 eine weitere Sitzung in Berlin abgehalten.

Sie war der Ansicht, daß es für eine durchgreifende Reform des deutschen Strafprozesses, wie sie in dem Beschlusse der Landesversammlung verlangt wurde, vor allem notwendig sei, neues Material bei folgenden vier Fragen zu beschaffen:

1. der Reform der Schwurgerichte,
2. der Reform der Kriminalpolizei und ihrer Stellung zur Staatsanwaltschaft,
3. der Reform der Untersuchungshaft,
4. der Reform in der strafprozessualen Behandlung Jugendlicher.

Demgemäß wurden 4 Unterkommissionen gebildet und als deren Vorsitzende gewählt zu 1: v. Liszt, zu 2: Aschrott, zu 3: v. Lilienthal, zu 4: Aschrott. Sodann wurde eine englische Studienkommission unter dem Vorsitze von Adickes eingesetzt; diese hat im Sommer 1907 an Ort und Stelle nach einem von Adickes entworfenen Programme die einschlägigen Verhältnisse in England und Schottland studiert.

Die Arbeiten der Kommission sind zunächst in zwanglosen Heften erschienen, je nachdem die einzelnen Arbeiten druckfertig waren. Sie werden jetzt in zwei Bänden zusammengefaßt: im Bande II sollen die sämtlichen Arbeiten der englischen Studienkommission vereinigt werden, alle übrigen Arbeiten erscheinen im Bande I. — — — — — — — —

Berlin, Frankfurt a. M., Heidelberg
im April 1909.

Adickes. Aschrott. v. Lilienthal. v. Liszt.

Vorstehendem Vorwort für das Gesamtwerk habe ich betreffs des zweiten Bandes nur weniges hinzuzufügen.

Die anfängliche und lang festgehaltene Absicht, auch einen akademischen Lehrer und einen Anwalt als Berichterstatter zu gewinnen, konnte leider wegen anderweiter starker Inanspruchnahme der in Aussicht Genommenen nicht verwirklicht werden.

Inzwischen sind — seit Veröffentlichung der einzelnen in der Inhalts-Angabe aufgeführten Arbeiten — mancherlei kritische Bemerkungen laut geworden, auf die ich hier aber nicht eingehen kann, da ihre Würdigung einen eignen Aufsatz erfordern würde.

Aller Voraussicht nach wird die Erörterung über die Frage, was wir in bezug auf Gerichtsverfassung und Prozeß von England und Schottland lernen können, noch lange nicht zum Abschluß kommen. Wertvolle Ergänzungen der in diesem Band vereinigten Arbeiten, namentlich hinsichtlich der gerade jetzt sehr aktuellen Frage der Organisation der Berufung in Strafsachen, hat neuerdings Prof. Dr. A. Mendelssohn-Bartholdy in seiner Schrift über „Englisches Richtertum im Court of Criminal Appeal 1908—1909.“ (Verlag von C. L. Hirschfeld, Leipzig 1909) gegeben, neben welcher auch sein Aufsatz „Der Richter“ in der Neuen Rundschau vom Dezember 1909 zu nennen ist.

Frankfurt a. M., 12. Februar 1910.

Adickes.

Inhalt des zweiten Bandes.

Seite

1) Budding, Dr. C., Regierungsrat in Bromberg. Die Polizei in Stadt und Land in Großbritannien 1

2) Liepmann, Dr. iur. Paul, Amtsgerichtsrat a. D., und Landrichter Dr. jur. Wolf Mannhardt. Summarisches Verfahren in England und Strafverfahren in Schottland.

I. Liepmann, Summarisches Verfahren in England . . 211

II. Mannhardt, Stafverfahren in Schottland 341

3) Weidlich, Dr. Karl, Amtsrichter in Stuttgart-Cannstadt. Die Polizei als Grundlage und Organ der Strafrechtspflege in England, Schottland und Irland 393

4) Bromberg, Dr. Henry, Assessor in Hamburg. Das Rechtsmittelwesen in England und Schottland 505

5) Weidlich, Dr. Karl. Das Kostenwesen in England, Schottland und Irland 567

Die Polizei in Stadt und Land in Großbritannien.

Von

Regierungsrat **Dr. C. Budding**
in Bromberg.

Berlin 1908.
J. Guttentag, Verlagsbuchhandlung,
G. m. b. H.

Inhalt.

Seite

I. Einleitung und Allgemeines 5
II. Die Polizei in England und Wales.
1. Die Polizeigerichte 14
2. Öffentliche und private Klage 23
3. Organisation der Polizei 26
a) in London 28
b) in den Grafschaften 65
c) in den Städten (Allgemeines) 96
d) in den großen Städten 101
III. Die Polizei in Schottland.
1. Organisation 125
2. Sheriff und Polizei 140
3. Polizei und öffentliche Anklage 144
4. Gesundheitspolizei 149
5. Grafschaftspolizei, speziell in Lanarkshire 154
6. Polizei und Polizeigerichte in Glasgow 163
7. Gesundheitspolizei in Mid-Lothian 184
IV. Die Polizei in Irland 185
V. Ergebnisse und Vorschläge 204
VI. Beilagen.
a) drei Formulare, b) Verzeichnis der in Glasgow bei der Polizei hauptsächlich gebrauchten Bücher, c) drei statistische Nachweisungen.

I. Einleitung und Allgemeines.

Auf Grund Beschlusses der Deutschen Landesgruppe der Internationalen Kriminalistischen Gesellschaft hat der Unterzeichnete auf Veranlassung des Herrn Oberbürgermeisters Adickes die Ausarbeitung eines Referates über die Polizei in Stadt und Land für England und Schottland übernommen.

Zu diesem Zwecke hat der Unterzeichnete in den genannten Ländern zum Studium der Verhältnisse an Ort und Stelle von Anfang März bis Mitte Juli dieses Jahres sich aufgehalten.

Zur Vorbereitung der Studienreise hatte der damalige Herr Minister des Innern von Bethmann-Hollweg den Referenten vom 1. Februar d. Js. ab dem Berliner Polizeipräsidium überwiesen, um die dortigen Einrichtungen kennen zu lernen.

Auf Grund der in England und Schottland gemachten Beobachtungen wurde eine Erweiterung des Reiseprogrammes vorgenommen und Irland in den Kreis der Studienreise aufgenommen.

In England sind die Polizeieinrichtungen in London, Birmingham, Manchester, Liverpool, Newcastle und die Grafschaftspolizei in Worcester County Worcestershire, Wakefield West Riding of Yorkshire, Morpeth County Northumberland aufgesucht worden; in Schottland die Städte Edinburgh, Glasgow, Dundee, Paisley und die Grafschaften Lanarkshire und Midlothian. In Irland wurde die Royal Irish Constabulary in Dublin und Belfast und in den Grafschaften Galway und Clare und die Königliche Polizeiverwaltung in der Stadt Dublin besichtigt.

Staatliche Oberaufsicht.

Abgesehen von Irland gibt es in Großbritannien eine einheitliche, von einer Zentralstelle abhängige Staatspolizei in unserem Sinne nicht.

Die Polizei ist vielmehr mit Ausnahme von der Londoner Polizei, die London, abgesehen von der City, und eine Reihe von Vororten in einem Umkreise von 15 Meilen von Charing Cross umfaßt, in Händen der örtlichen Selbstverwaltung.

Das zuständige Ministerium Home office beschränkt sich nur darauf, die Polizeieinrichtungen durch drei Inspektoren besichtigen zu lassen. Auf Grund der Bescheinigung dieser Inspektoren, daß die Polizei in der bestimmten Stadt oder Grafschaft in gutem Zustande sich befindet (efficient), wird von der Regierung aus allgemeinen Staatsmitteln, die zu diesem Zwecke vom Parlament alljährlich bewilligt werden, ein Zuschuß in Höhe der Hälfte der Kosten der Besoldung und Bekleidung der Polizeimannschaften geleistet.

In ähnlicher Weise wird in Schottland verfahren. Es kommt sehr selten vor, daß dieser Zuschuß vorenthalten wird. Immerhin gewährt diese Einrichtung nach der von maßgebenden Persönlichkeiten des Ministeriums gegebenen Auskunft eine Handhabe, auf solche Städte und Grafschaften einen Druck auszuüben, bei denen Mängel festgestellt worden sind. Die Drohung, daß der Zuschuß vorenthalten würde, genügt, um die Abstellung der Mißstände zu erreichen.

Die Tätigkeit der Inspektoren beschränkt sich im übrigen wesentlich darauf, die äußere gute Verfassung der Polizeimannschaften und den guten Zustand der Polizeistationen zu überwachen.

Gänzlich verschieden von dem Polizeisystem in England und Schottland ist die Royal Irish Constabulary. Man kann sie am besten mit einer auserlesenen Gendarmerietruppe vergleichen; sie ist unmittelbar dem Staatssekretär für Irland unterstellt, der als Mitglied des Kabinetts dem

Parlament gegenüber die Verantwortung für die Führung der Verwaltung zu tragen hat.

Mit Ausnahme der Stadt Dublin, deren Polizei nach dem Muster der Londoner Polizei gebildet ist, ist die irische Polizei einheitlich organisiert.

System der Polizeiverwaltung.

Obwohl der Natur der Sache nach in den der Regierung unmittelbar unterstellten Polizeiverwaltungen durch Berichterstattung und die finanzielle Kontrolle ein großer Schriftverkehr verursacht wird, so kann man doch als Grundzug der Polizeiverwaltung in Großbritannien Vermeidung jedes unnötigen Schreibverkehrs und Einfachheit des Bureaubetriebes feststellen. Von den Chefs der Polizeiverwaltungen ist übereinstimmend mir versichert worden, daß überflüssige oder weitschweifige oder solche Berichte, die durch mündliche Rücksprache besser erledigt werden können, gerügt und nötigenfalls gegen säumige Beamte mit Disziplinarstrafe oder Entlassung vorgegangen wird. Auch werden von den maßgebenden Stellen Reibereien zwischen Beamten derselben oder verschiedenen Verwaltungen mit aller Energie unterdrückt und auf harmonisches Zusammenwirken aller Beteiligten in bestimmter Weise hingewirkt.

Ich kann nach persönlichen Beobachtungen nur bestätigen, daß ich auf meinen Reisen keinerlei Anzeichen von Friktionen zwischen Beamten der Kriminal- und der uniformierten Abteilung festgestellt habe.

Bureaubetrieb.

Ein weiterer Grundzug englischer Verwaltung ist die scharfe und zweckmäßige Arbeitsteilung; man unterscheidet „routine work“, d. h. die gewöhnlichen Details der laufenden Verwaltung und solche Angelegenheiten, deren Entscheidung in den bestehenden gesetzlichen oder Verwaltungsvorschriften gefunden werden kann und die questions of policy; erstere werden von dem Bureau, einem Stabe ausgesuchter Unterbeamten, sofort erledigt, ohne daß höhere

Stellen überhaupt davon Kenntnis erhalten. An die Chefs der Verwaltung und die Abteilungsvorsteher gelangen nur „questions of policy“, d. s. Fragen von allgemeiner Bedeutung; solche, durch die die Polizei der Öffentlichkeit gegenüber sich mit einer besonderen Verantwortung belastet, und die auf die Ausübung der Disziplinargewalt bezüglichen Verhandlungen. Die Sicherheit gegen Mißbräuche erblickt man in der sorgfältigen Auswahl der Beamten; im übrigen vertraut man dem gesunden Menschenverstande (common sense). In dem Bureau selbst wird nach Möglichkeit mit gedruckten Formularen gearbeitet, auf denen die Namensunterschrift gleichfalls vorgedruckt ist.

In der Regel werden in den größeren Verwaltungen Rundschreiben und Zirkulare gedruckt.

Charakteristische Züge.

Charakterisch ist für die Polizei in England und Schottland, daß der einzelne Polizist sich weniger als Beamter fühlt, als ein zu einem bestimmten Dienste herangezogener Arbeiter, der seinem Arbeitgeber und der Öffentlichkeit gegenüber einen bestimmten Kreis von Pflichten übernommen hat und nach dem Gesetze mit bestimmten Rechten ausgerüstet ist. Es tritt dies namentlich darin hervor, daß der Polizeibeamte, falls er außerhalb der gewöhnlichen, meistens achtstündigen festen Dienstzeit bei außerordentlichen Anlässen in Anspruch genommen wird, für die Überstunden regelmäßig besonders bezahlt wird.

Hat der Polizist seine Uniform ausgezogen, so fühlt er sich als Bürger und nimmt für sich das Recht in Anspruch, nach eigenem Belieben über seine freie Zeit zu verfügen. Die Ausübung eines gewerblichen Berufes ist ihm jedoch untersagt.

In diesem Punkte tritt ein scharfer Gegensatz zu der irischen Polizei hervor.

Jedes Mitglied dieser Polizeitruppe untersteht dauernd der Disziplin; es wird in den für die irische Polizei erlassenen Vorschriften ausdrücklich darauf hingewiesen, daß jeder Polizist zu jeder Zeit zum Dienst bereit sein müsse. In dem englischen und schottischen System ist es auch nichts Außergewöhnliches, daß einzelne Polizisten gegen ein bestimmtes, mit Genehmigung der Regierung festgesetztes Entgelt Arbeitgebern, zum Beispiel großen Werken, Docks usw. zur Verhütung von Diebstählen usw. dauernd geliehen (lent) werden und aus dem Verbande der ordentlichen Polizei ausscheiden (additional constables). Es kommt ferner häufig vor, daß Privatpersonen und Vereine bei öffentlichen oder auch in privaten Häusern stattfindenden Festlichkeiten oder Zusammenkünften gegen Entgelt Polizeibeamte verwenden.

Soweit Polizeibeamte Privatpersonen oder privaten Vereinigungen dauernd überwiesen werden, unterliegen sie doch der Disziplin ihrer Vorgesetzten.

In Irland kennt man dieses System nicht; soweit die Polizei ihre Dienste dort zur Verfügung stellt, werden sie unentgeltlich geleistet, da dort der öffentliche Amtscharakter der Polizei und die von ihr wahrzunehmenden öffentlichen Interessen schärfer betont werden.

Zusammensetzung — Beförderung.

Der Polizei in England und Schottland ist es gemeinsam, daß, abgesehen von den Chefs, alle Beförderungen ausschließlich aus den Reihen der Polizisten erfolgten. Es hat dies den Vorteil, daß der Eifer jedes einzelnen Mitgliedes der Polizei wach gehalten wird, da ihnen Gelegenheit zum Aufrücken in höhere Stellungen geboten wird.

Auch werden auf solche Weise solche Persönlichkeiten zu Vorgesetzten befördert, die den gesamten Polizeidienst von der Pike an gründlich gelernt haben.

Es läßt sich aber auf der anderen Seite nicht leugnen, daß die gänzliche Abwesenheit von Elementen mit höherer, namentlich juristischer Ausbildung als ein Mangel bezeichnet werden muß.

Das Vorhandensein einer Anzahl von Beamten mit höherer Bildung unter den Polizeioffizieren der mittleren Rangstufen würde unverkennbar den allgemeinen Ton in der Polizei heben und der Polizei in der Öffentlichkeit ein größeres Ansehen verleihen. Es kommt hinzu, daß an die Polizei häufig Fragen herantreten, die ein großes Maß von Takt erfordern. Auch ist es unausbleiblich, daß Polizisten, die sich auf der Stufenleiter der Beförderungen heraufgearbeitet haben, vielfach wegen der einseitigen Beschäftigung nur einen engen Gesichtskreis haben.

In der irischen Polizeitruppe hat man diesen Fehler dadurch glücklich vermieden, daß man eine besondere Klasse von Anwärtern, die Kadetten, geschaffen hat, die allgemeine höhere und juristische Ausbildung besitzen müssen und die nach Vollendung ihrer Ausbildung sofort in Offizierstellungen (district-inspector-ships) einrücken.

Benehmen, Behandlung.

Angenehm ist mir überall der ruhige, ungezwungene Ton aufgefallen, in dem die Vorgesetzten aller Grade mit ihren Untergebenen verkehren. Anweisungen erfolgen in bestimmter, aber höflicher Weise ohne jede befehlshaberische Betonung, die an militärische Vorbilder erinnern könnte. Auch die Haltung der Mannschaften in Gegenwart der Vorgesetzten ist respektvoll, aber ungezwungen.

Es fehlt in dem gesamten Dienstbetriebe jene Übergeschäftigkeit und äußerlich aufgetragene Energie, die man so häufig bei unseren Polizeiorganen bei vermuteter oder bemerkter Anwesenheit von Vorgesetzten oder maßgebenden Persönlichkeiten oder bei außerordentlichen Anlässen bemerkt. Auch im Verkehr mit dem Publikum fällt der ruhige, fast leise und höfliche Ton angenehm auf, dessen sich die Polizeiorgane bedienen.

Auch werden die einzelnen Polizisten in viel größerem Maße auf ihre eigene Initiative gestellt; es wird ihnen eingeschärft, daß sie auf eigene Verantwortung nach bestem Wissen und Gewissen zu handeln haben.

Die beste Gewähr dafür, daß die Polizeibeamten sich keine Übergriffe zuschulden kommen lassen, wird in der weitgehenden Öffentlichkeit des Verfahrens und der hieraus folgenden weitgehenden jederzeitigen Kontrolle der Presse erblickt; dazu kommt, daß jeder Polizeibeamte durch ungesetzliche Handlungen, abgesehen von seiner etwaigen strafrechtlichen Verantwortlichkeit, auch zivilrechtlich in empfindlicher Weise haftbar gemacht werden kann.

Untersuchung von Beschwerden.

Werden von privater Seite oder von der Presse Mißstände in einer bestimmten Polizeiverwaltung zur Sprache gebracht, die ein größeres öffentliches Interesse beanspruchen, so ist der gewöhnliche Weg der, daß entweder der Überwachungsausschuß, der Grafschaftsrat oder das Parlament — letzteres bei den dem Staatssekretär unmittelbar unterstellten Polizeiverwaltungen oder bei Vorfällen von größerer Bedeutung — eine Untersuchungskommission einsetzt, deren Verhandlungen öffentlich sind und die durch die Presse alle Personen zum Erscheinen auffordert, die glauben, gegen die bestimmte Polizeiverwaltung Beschwerden geltend machen zu können. Eine ständige Kontrolle über die einzelnen Handlungen des Polizeibeamten wird ferner dadurch ausgeübt, daß nach englischem gemeinem Recht (common law) alle durch Polizeibeamte sistierten Personen dem Polizei- oder Friedensrichter vorgeführt werden müssen, der die alleinige Entscheidung darüber hat, ob sie zu entlassen oder ob gegen sie ein weiteres Strafverfahren stattzufinden habe.

Strafbefugnis.

Tätigkeit der Polizei.

Die Polizei selbst hat keinerlei Strafbefugnis, auch nicht im Sinne unserer Strafverfügungen. Die Tätigkeit der Polizei in Großbritannien beschränkt sich im wesentlichen vielmehr auf drei Punkte.

Die Verhütung des Verbrechens, die Entdeckung des Verbrechers und die Aufrechterhaltung der öffentlichen Ruhe und Ordnung.

Namentlich auf den ersten und den dritten Punkt wird das Hauptgewicht gelegt.

Es läßt sich nicht leugnen, daß namentlich der erste Gesichtspunkt, abgesehen von dem Umstande, daß die englische Polizei nur solche Straftaten zu verfolgen gezwungen ist, von deren Begehung sie selbst unmittelbare Kenntnis genommen hat, viele Polizeibeamten veranlaßt, nur auf Grund solcher Strafanzeigen zu handeln, die mit Bestimmtheit zu einer Verurteilung des Beschuldigten führen.

Es ist der größte Stolz eines Polizeibeamten, bei den wöchentlichen oder monatlichen Übersichten eine niedrige Ziffer der in seinem Bezirke begangenen strafbaren Handlungen aufführen zu können.

Disziplin.

Bezüglich der inneren Verwaltung der Polizei ist anzuerkennen, daß, abgesehen von den englischen Städten, die Chefs der Polizeiverwaltung ganz allgemein eine größere Machtbefugnis über ihre Untergebenen besitzen, als dieses nach unserem System der Fall ist.

Jedes Mitglied einer Polizeimannschaft kann ohne Angabe von Gründen jederzeit entlassen werden und verliert damit ohne weiteres seinen Anspruch auf Pension. Es versteht sich von selbst, daß hiervon nur in Fällen grober Dienstvernachlässigung Gebrauch gemacht wird. Immerhin gewährt aber diese Befugnis dem Vorgesetzten eine freiere Hand — man denke nur an unsere langwierigen Disziplinarverfahren — und säubert die Polizeimannschaft von unbrauchbaren Elementen. Man kennt ferner in Großbritannien keine geheimen Personalakten. Gibt ein Polizist in seiner Dienstführung seinem unmittelbaren Vorgesetzten Anlaß zu ungünstigen Personalberichten, so sind die darin enthaltenen Tatsachen dem Polizisten mitzuteilen, dessen Rechtfertigung in den Bericht aufzunehmen oder diesem beizufügen ist.

Nach den mir von allen Seiten gegebenen Versicherungen hat diese Maßregel, die erst in der neueren Zeit zur allgemeinen Verwaltungspraxis erhoben ist, wesentlich dazu beigetragen, das Verhältnis zwischen dem Polizisten und seinem Vorgesetzten auf die sichere Grundlage des gegenseitigen Vertrauens — fair play wie der Engländer es nennt — zu stellen.

Abteilungen der Polizei.

In dem Umfange ihrer Tätigkeit unterscheidet sich die englische Polizei wesentlich von der unsrigen. Die Gesundheitspolizei und Veterinärpolizei wird dort durch den Medizinalbeamten — medical officer of health — dem ein Stab von Unterbeamten entweder beigegeben oder unterstellt ist, ausgeübt. Letztere werden Sanitätsinspektoren (sanitary inspector oder inspector of nuisances) genannt.

Auch die Gewerbepolizei wird teilweise durch den Medizinalbeamten und dessen Untergebene ausgeübt, im übrigen durch staatliche Gewerbeinspektoren (factory inspectors).

In gleicher Weise wird die Baupolizei durch besondere Beamte, master of works, surveyor, und deren Unterbeamte wahrgenommen.

Örtliche Begrenzung. Eisenbahnpolizei.

Da nach englischem Grundsatz die Tätigkeit der Polizei sich im wesentlichen auf alles dasjenige beschränkt, was sich auf der öffentlichen Straße zuträgt, so scheiden für den Schutz der Polizei alle diejenigen Orte aus, die unter besonderer privater Verwaltung stehen, z. B. Theater, das Eisenbahngebiet usw.

Soweit für diese von der Polizeiverwaltung nicht ihre Beamten gegen besondere Vergütung geliehen werden, trägt die Polizeiverwaltung für die Aufrechterhaltung der Ruhe und Ordnung keinerlei Verantwortung.

Durch besondere Gesetze (statutes) ist dagegen fast allen Eisenbahngesellschaften bei Verleihung der Korporationsrechte die Befugnis gegeben worden, besondere Polizeibeamte für ihren Geschäftsbereich, und zwar sowohl uniformierte, als auch Kriminalpolizeibeamte anzustellen. Hierdurch tritt eine wesentliche Entlastung der ordentlichen Polizei ein; dazu kommt, daß die Polizei in Großbritannien ein Meldewesen in unserem Sinne nicht kennt und mit sonstigen Verwaltungsgeschäften nicht belastet wird.

Im einzelnen ist bezüglich der Einrichtung der Polizei, was zunächst England und Wales anbelangt, das Folgende zu bemerken:

II. Die Polizei in England und Wales.

1. Die Polizeigerichte.

Geschichtlicher Rückblick.

Um die gegenwärtige Organisation der Polizei zu verstehen, muß man auf deren Ursprung und die Bildung der Friedensgerichte eingehen.

Die Verantwortung für die Inhaftierung von Verbrechern und die Aufrechterhaltung der öffentlichen Ruhe und Ordnung ruhte von den ältesten Zeiten der englischen Geschichte an auf der untersten Einheit der örtlichen Selbstverwaltung, mochte man diese Stadt (township), Dorf (vill), tithing Gutsbezirk oder Kirchspiel (parish) nennen.

Für jedes Kirchspiel wurde jährlich ein Beamter gewählt, der besonders beauftragt war, diese Aufgabe zu erfüllen und der allgemein unter dem Namen constable of the parish bekannt war, aber auch zuweilen „head borough" „borsholder" oder „tithing man" genannt wurde.

Es bestand, obgleich das Amt an sich ein Ehrenamt war, die Verpflichtung, es anzunehmen. Auch wurden in späteren Zeiten den Kirchspielbeamten ihre Ausgaben aus örtlichen Fonds vergütet.

Wenn ein Kirchspiel es unterließ, einen Polizeibeamten zu wählen, so waren die Friedensrichter durch ein unter Karl II. erlassenes Gesetz ermächtigt, einen solchen zu ernennen. Auch hatten die Friedensrichter (justices of the peace) die Befugnis, besondere Polizeibeamten (special constables) zu ernennen, wenn Unruhen zu befürchten waren, die besondere Maßregeln erforderten.

Es beruhte dies auf einem unter Wilhelm IV. erlassenen Gesetze (act one and two William IV. cap. forty one), das noch heute in Geltung ist und noch häufig zur Anwendung kommt.

In den Städten (boroughs) wurden zur Unterstützung des oben erwähnten Kirchspielpolizisten oder als Ersatz für diese Wächter früher ernannt. Nachdem die Selbstverwaltung der Städte durch das Kommunalverwaltungsgesetz (municipal corporation act 1835) geregelt worden war, hatte jede Stadt die Verpflichtung, eine Polizeimannschaft zu schaffen und eine Anzahl von Hilfspolizisten jährlich für den Bedarfsfall zu bestellen. Diese Vorschriften erlitten eine Abänderung durch das Gesetz von 1882 (municipal corporation act 1882); außerhalb der Städte ruhte jedoch die Verpflichtung, Ruhe und Ordnung aufrecht zu erhalten, ausschließlich auf den Kirchspielpolizisten.

Die Unzulänglichkeit dieser Beamten — die kein Gehalt erhielten, nicht organisiert waren, und deren Anstellung an keinerlei besondere Voraussetzungen geknüpft war, und die zudem ganz unabhängig voneinander handelten — ein jeder für den ihm zugewiesenen Bezirk —, wurde zuerst in denjenigen Landesteilen erkannt, die jetzt die Grafschaft London bilden.

Durch das Gesetz vom Jahre 1829, metropolitan police act 1829, 10 George IV. cap. 44, wurde die Londoner Polizei als erste dauernd angestellte Polizeimannschaft in das Leben gerufen.

Die städtischen Polizeiverwaltungen wurden im wesentlichen nach diesem Muster gebildet. Die Vorschriften für die Polizei sind seit dem ersten Kommunalverwaltungsgesetz vom Jahre 1835 wenig geändert worden. Die Bestimmungen dieses Gesetzes, die sich auf die städtische Polizei beziehen, wurden im wesentlichen in das Kommunalverwaltungsgesetz vom Jahre 1882 (section 190/4 45.46 Victoria cap. 50) übernommen.

Friedensrichter.

Die Bestellung der Friedensrichter wird seit dem vierzehnten Jahrhundert gewohnheitsrechtlich durch ein an eine jede Grafschaft als solche gerichtetes Königliches Schreiben unter dem großen Staatssiegel (commission under the great seal) vollzogen; dieses bezeichnet die Persönlichkeiten, die für die Ruhe und Ordnung innerhalb der Grafschaft verantwortlich sind und die Befugnisse eines Friedensrichters auszuüben haben. „To keep the peace“, d. h. der Auftrag, die öffentliche Ruhe und Ordnung aufrecht zu erhalten, ist die Grundlage der Machtbefugnisse des Friedensrichters, zu dessen Ausführung er sich der Polizei bedient. Sofern Veranlassung dazu vorliegt, erfolgt ein neues Königliches Schreiben und die Ernennung weiterer Friedensrichter. Nach gegenwärtiger Verwaltungspraxis ist der Lord Chancellor oder in dem Falle von Lancashire der Kanzler des Herzogtums Lancaster ermächtigt, geeignete Persönlichkeiten für die Ernennung als Friedensrichter auszuwählen. Aus den Akten des die Angelegenheiten der Rechtspflege bearbeitenden Ministeriums (Home office) habe ich ersehen, daß ursprünglich dieses als das Justizministerium hiermit befaßt war.

Durch ein Schreiben des damaligen Inhabers des Ministeriums an den Kanzler wurde aber diese Praxis ohne weitere Angabe von Gründen vor längerer Zeit geändert und dem Kanzler diese Befugnis übertragen.

Auf Grund des Gesetzes justices of the peaces qualification act 1744 wurde für die Ernennung als Friedensrichter verlangt, daß der Kandidat Grundeigentum besitze.

Dieses Erfordernis ist durch das Gesetz justices of the peace act 1906 beseitigt worden; auch ist der Wohnsitz in der Grafschaft als Voraussetzung der Ernennung in Wegfall gekommen; es ist hinreichend, wenn der Friedensrichter innerhalb einer Entfernung von 7 Meilen von der Grafschaftsgrenze wohnt.

Bezüglich der Friedensrichter in den Städten ist zu bemerken, daß in früheren Jahrhunderten viele Städte durch Königlichen Brief (royal charter) oder durch Verjährung das Privilegium erhielten, ihre eigenen Friedensrichter zu wählen.

Die Privilegien sind durch die Kommunalverwaltungsgesetze vom Jahre 1835 und 1883 beseitigt worden. Gegenwärtig besitzen nur die City in London und Romney Marsh (liberty of Romney Marsh) auf Grund alter Freibriefe das Recht, Polizeirichter zur Ausübung der Gerichtsbarkeit zu wählen.

Der Lord Mayor und die aldermen in London üben noch heute dieses Recht in der Guildhall und in dem Mansion House aus und besitzen auf Grund besonderer Gesetze die Befugnisse der auf Lebenszeit angestellten beamteten Polizeirichter.

Das Gesetz vom Jahre 1835, das die früheren Rechte der Städte auf diesem Gebiete beseitigte, bestimmte, daß das gewählte Stadtoberhaupt (mayor) in Zukunft während seiner Amtsperiode und des darauf folgenden Jahres kraft seines Amtes Polizeirichter sei.

Diese Bestimmung ist durch das Gesetz von 1882 aufrecht erhalten worden; durch spätere Gesetze, das Selbstverwaltungsgesetz vom Jahre 1888 und dasjenige vom Jahre 1894, sind der Vorsitzende des Grafschaftsrates und des Distriktsrates (district council) zu Friedensrichtern während ihrer Wahlperiode kraft ihres Amtes ernannt worden. Das Gesetz vom Jahre 1835 sah gleichzeitig vor, daß in Städten von größerem Umfange und Bedeutung besondere Polizeigerichte eingerichtet werden können; an diese ergeht dann ein besonderes Königliches Handschreiben (commission of the peace), das die Ernennung von Friedensrichtern in der bestimmten Stadt enthält. Von 326 Städten in England und Wales besitzen zurzeit 250 besondere Friedensgerichte.

Durch Gesetz vom Jahre 1839 (2 und 3 Victoria cap. 93) wurde die Vierteljahrsversammlung der Friedensrichter (justices in quarter sessions), in deren Händen damals die Verwaltung der Grafschaft lag, ermächtigt, eine dauernd angestellte und besoldete Polizeimannschaft, sei es für den ganzen Umfang der Grafschaft oder für diejenigen Teile, in denen die bisherige Polizei sich als unzulänglich erwiesen hatte, zu bestellen. Durch Gesetz vom Jahre 1856 (act 19—20 Victoria cap. 69) wurde die Einrichtung einer Grafschaftspolizei obligatorisch gemacht.

Die Organisation der Grafschaftspolizei ist seit dieser Zeit im wesentlichen dieselbe geblieben, aber der Charakter desjenigen Organs, das sie beaufsichtigt, ist durch das Selbstverwaltungsgesetz (local government act) vom Jahre 1888 abgeändert worden. Die Verwaltung der Grafschaft wurde durch dieses Gesetz aus den Händen der durch die Krone ernannten Friedensrichter genommen und dem aus öffentlichen Wahlen hervorgehenden Grafschaftsrate übergeben.

Die Ernennung der Friedensrichter, die, wie oben bereits erwähnt, durch die Krone auf Grund des Vorschlages des Kanzlers erfolgt, ist eine politische Angelegenheit. Da die Stellung des Friedensrichters in hohem Ansehen steht und von alters her eine gesellschaftliche Auszeichnung verleiht, so ist es ganz natürlich, daß diejenige Partei, die zurzeit die Regierung in Händen hat, in erster Linie ihre Anhänger berücksichtigt. In den Parlamenten und in der Presse begegnete ich während meines Aufenthaltes häufig der Erklärung, daß die zeitige liberale Regierung die Friedensrichter mit ihren Anhängern überflute.

Es wurde namentlich auch von den Gegnern der jetzigen Regierung hervorgehoben, daß Personen zu Friedensrichtern ernannt würden, die nach ihrer Stellung keine Gewähr für die unparteiische Führung des Richteramtes leisteten.

Es bezog sich dieses insbesondere darauf, daß vielfach Arbeitersekretäre selbst in industriellen Bezirken zu Friedensrichtern bestellt würden.

Von der gegenwärtigen Regierungspartei wurde erwidert, daß die unionistische Partei fast ununterbrochen während 18 Jahren am Ruder gewesen sei und daher die Friedensgerichte fast ausschließlich mit Konservativen besetzt wären, so daß die jetzt vorgenommenen Ernennungen nur dazu dienten, dem bei den Wahlen ausgedrückten Willen des Volkes entsprechend die Friedensgerichte zu besetzen.

Im Parlamente hat der Premierminister sich allerdings dagegen verwahrt, daß er oder der Lord Chancellor die Ernennung von Friedensrichtern zum Gegenstande politischer Geschäfte mache, aber zugegeben, daß unter den von der gegenwärtigen Regierung ernannten 3997 Friedensrichtern 3000 Liberale seien; er gab weiter zu, daß der Ernennungsmodus schlecht und abänderungsbedürftig sei. Es mag hierbei hervorgehoben werden, daß an sich die Zahl der Friedensrichter in England und Wales in den Grafschaften und Städten in keiner Weise beschränkt ist. — Es läßt sich nicht leugnen, daß die Friedensrichter in den Grafschaften, die meist alt angesessenen Familien angehören, in der Öffentlichkeit in weit größerem Ansehen stehen, als die Friedensrichter in den Städten, die sich aus ganz anderen Kreisen rekrutieren und deren Ernennung in den meisten Fällen auf rein politischen Erwägungen beruhen.

Es ist jedoch die Einrichtung der Friedensgerichte in England so populär, daß an eine Änderung oder Abschaffung der Friedensgerichte nicht zu denken ist.

Es geht dieses insbesondere aus Folgendem hervor.

Beamtete Polizeirichter (Stipendiary magistrates).

Die Krone hat das Recht, auf Antrag für eine Stadt oder einen Teil einer Grafschaft einen vollbesoldeten beamteten Polizeirichter zu ernennen.

Die Voraussetzung dieser Ernennung ist die Bereitstellung eines angemessenen Gehaltes aus städtischen oder Grafschaftsmitteln. Von dieser Möglichkeit haben nach amtlicher Mitteilung des Home Office nur 14 Städte (Boroughs) Gebrauch gemacht. Voraussetzung der Ernennung des vollbesoldeten Polizeirichters durch die Krone ist Vorschlag des Staatssekretärs oder in Lancashire des Kanzlers des Herzogtums Lancaster. Außerdem sind in Chatham und Sheerness und in einzelnen dichtbevölkerten Bezirken in Lancashire, Stafford- und Glamorganshire ständige Polizeirichter auf Grund besonderer, nur für diese Bezirke geltender Gesetze ernannt worden; insgesamt beträgt die Zahl der beamteten Polizeirichter außerhalb Londons zwanzig. Für den Bezirk der Londoner Polizei sind 25 ständige Polizeirichter bestellt worden, die den 13 für den Londoner Polizeibezirk bestehenden Polizeigerichten zugeteilt worden sind. In der City gibt es keine ständigen Polizeirichter. In denjenigen Städten, in denen ständige Polizeirichter ernannt worden sind, wirken diese neben den ordentlichen Friedensrichtern; für die Geschäftsverteilung bestehen, abgesehen von London, keinerlei gesetzliche Vorschriften. Von den ständigen Polizeirichtern in Birmingham, Manchester und Liverpool, die ich darüber

2*

befragt habe, wurde ich dahin belehrt, daß das Herkommen entscheidend sei. Gewohnheitsmäßig übernimmt der ständige Polizeirichter alle Strafsachen, bei denen voraussichtlich eine höhere Geldstrafe oder Gefängnis verhängt werden wird; auch werden den Polizeirichtern alle Strafsachen zugewiesen, die eine Übertretung der Vorschriften über den Verkauf geistiger Getränke zum Gegenstande haben.

Im übrigen kommt bei der Geschäftsverteilung in Betracht, daß der Polizeirichter die Machtbefugnis von zwei Friedensrichtern hat.

Es ist hier ferner zu erwähnen, daß die Polizei bei denjenigen Strafsachen, deren Verfolgung sie aufnimmt, es völlig in der Hand hat, ob sie dieselbe dem mit Friedensrichtern oder dem mit dem Polizeirichter besetzten Gerichtshofe zuweisen will.

Der Polizeirichter übt daher eine mit den Friedensrichtern konkurrierenden Gerichtsbarkeit aus.

Es steht aber nichts im Wege, daß der Polizeirichter — für die Städte außerhalb Londons ist mit Ausnahme von Manchester nur je ein Polizeirichter ernannt worden — mit den Friedensrichtern zusammen die Gerichtsbarkeit ausübt.

In diesem Falle übernimmt er den Vorsitz.

Im allgemeinen ist die Gerichtsbarkeit der Polizeigerichte (court of summary jurisdiction) in denjenigen Städten, für die ein besonderes Friedensgericht bestellt worden ist (a separate commission of the peace), konkurrierend mit den Grafschaftsgerichten.

In der Praxis wird jedoch in diesen Städten die Grafschaftsgerichtsbarkeit selten oder nie ausgeübt.

Abgesehen von den beamteten Polizeirichtern beziehen die Friedensrichter kein Gehalt. Ursprünglich wurde ihnen eine Vergütung für ihre Mühewaltung gewährt, aber diese Praxis scheint nach den Ministerialakten schon vor etwa 100 Jahren vollständig aufgehört zu haben. Friedensrichter sind erst dann befugt, eine gerichtliche Tätigkeit auszuüben, wenn sie den Treueid (oath of allegiance) und den Amtseid geleistet haben „oath of office“.

Entlassung.

Die Krone hat an sich die Machtbefugnis, die Friedensrichter zu entlassen, auch solche, die ihre Stellung als Inhaber eines anderen öffentlichen Amtes (ex officio) bekleiden. Die Machtbefugnis kann aber nur aus wichtigen Gründen ausgeübt werden. Nach der in dem Ministerium herrschenden Ansicht würde es zwar an sich gesetzlich zulässig sein, einen Polizei- oder Friedensrichter auch aus anderen Gründen als grober Dienstvernachlässigung oder nachgewiesener Unfähigkeit zu entlassen; — ein solches Verfahren wäre aber zweifellos als in jeder Beziehung gegen den Geist der englischen Verfassung verstoßend anzusehen und würde von dem Parlamente nicht zugelassen werden.

Aufsichtsbefugnis des Ministeriums.

Der Staatssekretär, als Vertreter der Krone, und in seiner Eigenschaft als Justizminister hat gewisse Aufsichtsrechte über die Friedens- und Polizeirichter, die aber im einzelnen weder gewohnheitsrechtlich, noch durch geschriebenes Gesetz näher festgelegt sind. Es ist unzweifelhaft, daß er Berichte von dem Polizei- und Friedensrichter über alle Fragen verlangen kann, mit denen er befaßt worden ist, z. B. wenn es sich um die Ausübung des Begnadigungsrechtes handelt; dieses wird von der Krone auf Grund Vorschlags des Staatssekretärs ausgeübt.

Es kommt ferner nicht selten vor, daß er Rundschreiben an alle Friedensgerichte erläßt und seine Ansicht einzelnen Gerichtshöfen kundgibt, die Aufklärung über Zweifel in der Auslegung gesetzlicher Bestimmungen wünschen. Aber in allen solchen Fällen wird ausdrücklich hervorgehoben, daß die Entscheidung selbst nach gesetzlicher Vorschrift in den Händen der Polizeirichter ruht und daß der Staatssekretär zwar Ratschläge geben, aber keine Anweisungen erteilen kann. Namentlich hat der Staatssekretär keinerlei Befugnis, Beschlüsse oder Urteile des Polizeirichters aufzuheben oder zu ändern, soweit es sich nicht um die Ausübung des Begnadigungsrechtes handelt. — Doch ist der Staatssekretär in zahlreichen Fragen durch verschiedene Gesetze mit besonderen Vollmachten bezüglich der Polizeigerichte versehen worden.

Er setzt die Gehälter fest, die den Gerichtsschreibern (justices clerks) zu zahlen sind, obgleich diese vollständig aus lokalen Fonds bezahlt werden. Er genehmigt die Gebührensätze, die den Gerichtsschreibern zustehen, und die Vergütungen, die Zeugen in Strafsachen, die vor das Schwurgericht gehören, aus öffentlichen Fonds gewährt werden können.

Er genehmigt den Urlaub der besoldeten Polizeirichter und die Anstellung eines Vertreters für diesen. Er hat die Vorführung eines Strafgefangenen anzuordnen, dessen Erscheinen von dem Polizeigericht gewünscht wird, sei es zum Zwecke einer Zeugenaussage oder zur verantwortlichen Vernehmung in einem schwebenden Strafverfahren. Seiner Aufsicht unterstehen auf Grund besonderer gesetzlicher Bestimmungen, die Anstellung und Festsetzung des Gehaltes für die Gerichtsschreiber bei den Londoner Polizeigerichten, die Geschäftsverteilung dort, die Festsetzung der Polizeigerichtsbezirke, kurz, im wesentlichen alle Einrichtungen der dort bestehenden Polizeigerichte. Der Kanzler hat das Recht, Vorschriften für die Prozeßführung in den Polizeigerichten aufzustellen. Diese werden vorher regelmäßig in dem Ministerium des Innern ausgearbeitet.

Einteilung der Grafschafts-Friedensgerichts-Bezirke.

Jede Grafschaft ist für die Zwecke der Polizeigerichtsbarkeit in Bezirke (petty sessional divisions) eingeteilt.

Grafschaftsrichter üben gewöhnlich die Gerichtsbarkeit in denjenigen Bezirken aus, in denen sie wohnen, obgleich sich deren Gerichtsbarkeit an sich über die ganze Grafschaft ausdehnt.

In jedem Bezirk gibt es Polizeigerichtsgebäude (petty sessional court houses). Die regelmäßigen Sitzungen, die von den Friedensrichtern dort abgehalten werden, werden kleine

Sitzungen (petty sessions) genannt zum Unterschied von der vierteljährlichen Versammlung der Grafschaftsrichter der ganzen Grafschaft (court of sessions), die in der Hauptstadt der Grafschaft stattfinden. Friedensrichter, die die Gerichtsbarkeit allein ausüben oder Verwaltungsgeschäfte wahrnehmen außerhalb der vierteljährlichen Sitzung, werden betrachtet als solche, die außerhalb der Sitzungen (out of sessions) handeln.

Im übrigen verweise ich wegen der Zuständigkeit der Friedensrichter auf die Ausführungen in den nachfolgenden Heften und beschränke mich darauf, hervorzuheben, daß in ihren Händen die Handhabung des summarischen Strafverfahrens, d. h. des ohne Zuziehung von Geschworenen stattfindenden Verfahrens, ruht. Hierbei ist zu erwähnen, daß nach der Kriminalstatistik für 1905 in England und Wales 778865 Personen im summarischen und 12325 Personen im schwurgerichtlichen Verfahren abgeurteilt worden sind.

2. Öffentliche und private Klage.

Um die Tätigkeit der Friedens- und Polizeigerichte auf der einen Seite und der Polizei auf der anderen Seite zu verstehen, ist darauf hinzuweisen, daß das englische Verfahren zum Unterschied des schottischen Verfahrens einen öffentlichen Ankläger nicht kennt.

Der sogenannte Direktor der öffentlichen Strafverfolgung (Prosecution of offences act 1879 42 und 43 Victoria cap. 22 und Gesetz vom Jahre 1884, 47. 48 Victoria cap. 58) ist ein Beamter des Finanzministeriums (solicitors for the affair of His Majestys treasury); seine Pflicht ist es, unter der Oberaufsicht des Rechtsbeistandes der Krone (Attorney General) Strafverfolgungen zu leiten und die Polizeigerichtsschreiber und sonstige Personen, die bei einer Strafsache beteiligt sind, mit Anweisungen zu versehen. Der Attorney General ist gesetzlich ermächtigt, Vorschriften für die öffentliche Anklagebehörde mit Genehmigung des Kanzlers und des Staatssekretärs zu erlassen. Diese Genehmigung darf erst erteilt werden, nachdem diese Vorschriften beiden Häusern des Parlamentes mindestens 40 Tage vorgelegen haben, ohne daß Widerspruch erhoben worden wäre. Nach der zurzeit in Kraft befindlichen Anweisung (regulations respecting justices coroners clerks to justices and chief officers of police vom 25. Januar 1886) ist der erste Beamte eines jeden Polizeibezirkes, d. i. derjenige Polizeibeamte, der an der Spitze der Polizeiverwaltung steht, verpflichtet, der öffentlichen Anklagebehörde Nachricht zu geben 1. von jedem Verbrechen, auf dessen Begehung die Todesstrafe steht, und 2. bei denjenigen strafbaren Handlungen, bei denen die Strafverfolgung an eine Anklageschrift gebunden ist (indictable offences, schwurgerichtliches Verfahren), unter den folgenden Voraussetzungen: erstens, wenn die strafbare Handlung dem Chef der Polizeiverwaltung so wichtig oder schwierig erscheint, daß der Beistand des öffentlichen Anklägers wünschenswert ist, oder zweitens, wenn die Strafverfolgung seitens des Verletzten aufgegeben oder zurückgezogen oder nicht in der geeigneten Weise fortgesetzt worden ist, oder, drittens, wenn der Chef der Polizei der Ansicht ist, daß die Verfolgung einer Straftat im öffentlichen Interesse liegt, oder viertens, wenn der öffentliche Ankläger die Polizei zum Bericht aufgefordert hat. Jeder Friedensrichter oder „Coroner", dem der öffentliche Ankläger Nachricht gegeben hat, daß er die Strafverfolgung aufgenommen habe, sowie jeder Gerichtsschreiber ist verpflichtet, die Akten spätestens innerhalb drei Tage zu übersenden.

Die Bestellung des öffentlichen Anklägers hindert aber in keiner Weise den Verletzten, die Strafverfolgung selbst aufzunehmen; sollte von der öffentlichen Anklagebehörde ursprünglich die Strafverfolgung aufgenommen und diese später nicht fortgesetzt worden sein, so hat der Verletzte das Recht, durch Zustellung den Vertreter der öffentlichen Anklage vor einen Richter des höchsten Gerichtshofs vorzuladen; dieser hat beide Parteien anzuhören und Anordnung zu treffen, in welcher Weise die Strafverfolgung weiter fortzusetzen und ob dieses durch den Verletzten selbst oder durch den öffentlichen Ankläger zu erfolgen habe. Da die Strafverfolgung nach englischem gemeinen Recht an sich eine private Angelegenheit des Verletzten und daher auf seine Kosten geschieht, sofern nicht die Polizei im öffentlichen Interesse die Strafverfolgung selbst aufgenommen hat, so hat die Erhebung der öffentlichen Anklage die Bedeutung, daß alle Kosten aus Staatsmitteln bestritten werden. Eine Verpflichtung, öffentliche Anklage zu erheben, besteht gesetzlich nicht. Es hängt dieses vielmehr ausschließlich von dem Ermessen des Direktors der öffentlichen Anklage und des Attorney General ab. Tatsächlich geschieht es im Verhältnis zu der großen Menge der Strafsachen äußerst selten, daß öffentliche Anklage erhoben wird (424 Fälle im Jahre 1905), regelmäßig ist es nur bei allen Morden der Fall. Vor den Polizeigerichten in London habe ich vereinzelt Vertreter der öffentlichen Anklage auftreten sehen; es handelte sich um Zuwiderhandlungen gegen die Gesetze, betreffend den Verkauf geistiger Getränke, um gewerbsmäßiges Glücksspiel oder Verfahren gegen öffentliche Häuser.

In allen diesen Fällen war ein frei praktizierender Rechtsbeistand (solicitor) mit der Vertretung der öffentlichen Anklage beauftragt worden.

Obgleich das oben geschilderte Verfahren sowohl unseren, als auch, wie ich in Schottland feststellte, dem schottischen Rechtsempfinden widerspricht, so ist doch die öffentliche Meinung in England einer Änderung des gegenwärtigen Rechtszustandes in ihrer überwiegenden Mehrheit entgegengesetzt. Auch in den Kreisen der Regierung denkt man nicht daran, eine Anklagebehörde nach dem Muster unserer Staatsanwaltschaft einzurichten. Abgesehen davon, daß die private Strafverfolgung uraltem englischen Rechtsleben entsprungen ist, fürchtet man auch im Ministerium, daß eine ständige öffentliche Anklagebehörde mit Anklagemonopol, wie in Schottland, nur zu leicht den Unwillen und das Mißtrauen des Volkes hervorrufen würde.

Man ist der Ansicht, daß allein die Tatsache, daß ein öffentlicher Ankläger die Strafverfolgung übernimmt, namentlich bei Sensationsprozessen, in einem Lande, wo die Presse sich nur zu gern der Schilderung aufsehenerregender Strafverhandlungen bemächtigt, die Geschworenen beeinflussen und dem Angeklagten Sympathien zuführen würde, die ihm sonst fehlen würden. Es wird ferner hervorgehoben, daß man durch die Schaffung eines öffentlichen Anklägers mit Anklagemonopol eine Teilung der die Polizei sonst ausschließlich treffenden Verantwortung herbeigeführt würde, die einen ungünstigen Einfluß auf die Schnelligkeit und Energie der Strafverfolgung auszuüben geeignet sei. Auch hebt man meines Erachtens mit Recht hervor, daß es in der überwiegenden Mehrzahl der Strafsachen völlig überflüssig sei, zwischen den Gerichtshof und die Polizei oder den Verletzten noch eine Anklagebehörde einzuschieben, wodurch das Verfahren nur unnötig kompliziert, unnötiger Schriftwechsel und Zeitverlust verursacht werde; man weist darauf hin, daß in der Mehrzahl der Fälle, namentlich bei Übertretungen, die Anklage dargestellt werde durch das eidliche Zeugnis des Polizisten, der seine Wahrnehmung über die Begehung der Straftat dem Gerichtshofe mitteilt. Soweit im Einzelfalle noch aufklärende Fragen an die Zeugen zu stellen sind, so erfolgt dies in den meisten Fällen durch den Gerichtsschreiber, über dessen Stellung und Befähigung noch Näheres in den nachfolgenden Referaten mitgeteilt werden wird.

Ich muß gestehen, daß ich bei den Verhandlungen vor den Polizeigerichten oder Friedensgerichten das Fehlen eines öffentlichen Anklägers nicht als Störung empfunden habe.

3. Organisation der Polizei.

Bezüglich der Einzelheiten der Organisation der Polizei und der Polizeigerichte in England und Wales ist das Folgende zu bemerken:

Im allgemeinen ist zu bemerken, daß die durch die Regierung genehmigte Gesamtstärke der Polizei in England und Wales nach den Akten des Ministeriums im Jahre 1906 46027 (45202 im Jahre 1905), zu denen 3235 geliehene

Polizisten in Diensten von Privatleuten und Privatunternehmungen hinzutraten, betrug. Diese Ziffer schließt in sich 29456 Grafschafts- und städtische Polizei, 15655 Londoner Polizei (metropolitan police) und 1006 Mann für die Londoner City.

Im Jahre 1905 betrug die Gesamtstärke der Londoner Polizei einschließlich der geliehenen und für besondere Zwecke vorhandenen Polizisten 17210.

Unter der Annahme einer Durchschnittstagesstärke von 45104 Mann (ausschließlich der geliehenen Polizisten) betrugen die Kosten der Polizei ausschließlich der Mieten, Gebäudeunterhaltungskosten, Gebühren, Pensionsfonds und Vergütungen für geleistete Dienste usw. insgesamt:

a) für die Grafschaften	2 706 871 £
b) für London ausschließlich City	1 581 688 £
c) für die City	113 081 £
zusammen	4 401 640 £

Hiernach betragen die Ausgaben für den einzelnen Polizisten

zu a	93 £
zu b	105 ,,
zu c	112 ,,
durchschnittlich	98 £.

Die Kosten der Polizeiverwaltung werden durch Staatszuschuß und eine Steuer bestritten, die nach dem Werte des Grundeigentums festgesetzt und für die Grafschaften (durchschnittlich) 4,5 d, für London 7,4 d und für die City 5 d für je ein Pfund festgesetzten Grundeigentumswertes beträgt; die City erhält keinen Staatszuschuß.

Der Gesamtwert des durch die Polizei geschützten Grundeigentums wird geschätzt auf mindestens 199 251 316 £ einschließlich 50 959 879 £ in London außerhalb der City und 5 394 045 £ in der City. Demgegenüber betragen die Aufwendungen nach dem letzten Staatshaushaltsvoranschlage für die Polizei in Berlin 20 002 472 M., in Charlottenburg 1 268 759 M., in Schöneberg 627 703 M.

und Rixdorf 739131 M., insgesamt: 21838065 M. ausschließlich der Kosten für die Techniker der Spezialverwaltungen.

In der obigen Gesamtsumme sind enthalten die Mieten für die Polizeireviere in der Stadt Berlin, Charlottenburg, Schöneberg und Rixdorf einschließlich Pauschale für Heizung, Beleuchtung und Reinigung.

Diese betragen für Berlin 413150 M. und 17670 M., für Bezirkshauptmannschaften:

	Charlottenburg	42466 M.
	Schöneberg	38510 M.
	Rixdorf	18140 M.

Hierbei ist in Betracht zu ziehen, daß die Aufgaben der Berliner Polizei vielseitigere sind, als die der Londoner Polizei und namentlich die Gesundheits-, Bau- und Gewerbepolizei umfassen.

a) Die Polizei in London.

Organisation.

Anlangend zunächst die Londoner Polizei (metropolitan police), so ist diese, wie bereits bemerkt, durch Gesetz vom 29. September 1829 geschaffen worden. Durch Gesetz vom Jahre 1847 (Statute 2 und 3 Victoria cap. 47) wurde die Krone ermächtigt, nach Beratung mit dem geheimen Staatsrat (by order in council) den Bezirk der Londoner Polizei über einen Radius von 15 Meilen von Charring Cross außerhalb der City auszudehnen. Von dieser Befugnis ist Gebrauch gemacht worden.

Durch späteres Gesetz 19 und 20 Victoria cap. 2 (amandement act) wurde ein Kommissar mit dem Namen the commissioner of police of the metropolis an die Spitze der Polizeiverwaltung berufen; diesem wurden gleichzeitig zwei Gehilfen beigegeben (assistant commissioners).

Durch ein ferneres Gesetz act 47 und 48 Victoria cap. 17 wurde ein dritter Gehilfe dem Kommissar beigegeben. Durch Gesetz act 13 und 14 Victoria cap. 7 wurde die Registrierung der öffentlichen Fuhrwerke, für die bisher eine besondere Behörde bestanden hatte (registrar of metropolitan public carriages), dem Kommissar übertragen und durch Gesetz act 16 und 17 Victoria cap. 33 ihm die Aufsicht über das öffentliche Fuhrwesen übertragen; obgleich durch Gesetz 32 und 33 Victoria cap. 115 die letztere Machtbefugnis generell dem Staatssekretär des Innern übertragen worden ist, so hat dieser doch, auf Grund der ihm im Gesetz erteilten Ermächtigung den Kommissar als ausführendes Organ bestellt.

Eine Kriminalabteilung (criminal investigation departement) wurde im April 1878 durch den Staatssekretär des Innern in das Leben gerufen und steht unter der Leitung eines der Gehilfen des Kommissars (assistant commissioner).

Neben den Abteilungschefs sind dem Kommissar vier Bezirkschefs (chief constables) unterstellt, die ihm unmittelbar verantwortlich sind.

Der zeitige Kommissar Sir Henry Edwards ist längere Zeit Verwaltungsbeamter in Indien gewesen (Indian civil service). Er hat als Polizeichef in Indien das für die Erkennung von Verbrechern wichtige System der Fingerabdrücke ausgebildet. Sein Gehilfe, der Chef der Kriminalabteilung Mr. Macnaghten, ist aus der irischen Polizei hervorgegangen und in der indischen Verwaltung tätig gewesen. Ein zweiter Gehilfe, der allgemeine Verwaltungsangelegenheiten und das öffentliche Fuhrwesen bearbeitet und gleichzeitig als der im Dienst und Lebensalter älteste bei Verhinderung des Chefs dessen allgemeine Vertretung übernimmt, Sir Alexander Bruce, ist aus dem Rechtsanwaltstande (barrister) hervorgegangen. Der dritte Gehilfe, der Chef der uniformierten Schutzmannschaft — Major Wodhouse — ist verabschiedeter Offizier.

Dem Kommissar steht ein Privatsekretär zur Verfügung, der aus öffentlichem Fonds besoldet wird.

Die Geschäfte sind in der Weise verteilt, daß der Kommissar unter der Oberaufsicht des Staatssekretärs den allgemeinen Dienstbetrieb regelt, die Geschäftsverteilung und die Rangstufen festsetzt und diejenigen allgemeinen Verfügungen erläßt, die er für notwendig erachtet, um die Polizei auf der Höhe ihrer Aufgabe zu erhalten. Der Kommissar hat ferner in letzter Instanz die Disziplinargewalt auszuüben; er kann jederzeit ohne Angabe von Gründen die von ihm angestellten Mitglieder der Polizeimannschaft entlassen, die er für schlaff, nachlässig oder sonst ungeeignet hält.

Der Kommissar ist gleichzeitig kraft seines Amtes Friedensrichter für den Bereich der in seinen Amtsbezirk fallenden Grafschaften; tatsächlich übt er keine Gerichtsbarkeit aus.

Das Gleiche trifft für seine drei Gehilfen zu. Diese überwachen die innere und äußere Disziplin der Polizeimannschaft und deren Unterbringung und Ausrüstung; sie können Disziplinarstrafen verhängen und selbst die Entlassung aussprechen, jedoch steht es den Beteiligten in diesen Fällen zu, die Entscheidung des Kommissars anzurufen.

Die Disziplinarstrafgewalt ist im übrigen eine mit dem Kommissar konkurrierende.

Das Gehalt des Kommissars wird ganz und das Gehalt von zweien seiner Gehilfen zur Hälfte aus allgemeinen Staatsmitteln bezahlt.

Die vier Bezirkschefs (chief constables) werden von dem Staatssekretär ernannt.

Die Geschäfte werden bureaumäßig in drei Abteilungen, an deren Spitze je einer der Gehilfen des Kommissars steht, erledigt, nämlich: 1. Allgemeine Verwaltung (administration), 2. Rechtsangelegenheiten (civil business), 3. Kriminalabteilung (criminal investigation department).

Das Bureau, das die Entscheidungen des Kommissars zu bearbeiten hat (excutive branch), steht unter einem Superintendenten, dort werden auch die allgemeinen Verfügungen und Anordnungen, die Liste der Tagesstärke, Kriminalstatistik und die dem Kommissar auf Grund besonderer Gesetze übertragenen Angelegenheiten — Genehmigung zur Ausübung des Hausiergewerbes, Konzessionierung von Schornsteinfegern, öffentlichen Schuhputzern und Boten, Dienstmännern (messengers) usw. bearbeitet. Dem Kommissar ist ferner unmittelbar dasjenige Bureau, das die Strafen und sonstige auf die Begehung von Verbrechen und Persönlichkeit der Verbrecher sich beziehenden Mitteilungen sammelt (record) unterstellt. Ein Superintendent steht ferner an der Spitze des Bureaus, das das öffentliche Fuhrwesen bearbeitet und sich mit den gestohlenen und verlorenen Sachen befaßt.

An der Zentralstelle sind nach dem Jahresberichte für 1905 5 Superintendenten, 50 Inspektoren, 126 Sergeanten und 189 Schutzleute, insgesamt 370 tätig. In dieser Ziffer sind auch die Beamten der Kriminalabteilung (criminal investigation department) einbegriffen, soweit sie an der Zentralstelle in New Scotland Yard arbeiten.

Bezirkschef.

Der Londoner Polizeibezirk ist für die Zwecke der Dienstaufsicht in drei Distrikte zerlegt, von denen ein jeder einem Bezirkschef unterstellt ist, während der vierte Bezirkschef der Kriminalabteilung überwiesen worden ist. Sie überwachen die Disziplin und Organisation der Polizeimannschaft und die Ausführung der Anordnungen des Kommissars in ihrem Bezirke.

Sie üben ferner eine begrenzte Strafgewalt aus, die Geldstrafen in Höhe des viertägigen Gehaltes oder Vorenthaltung einer Gehaltsrate oder Entziehung des alle vierzehn Tage zu gewährenden eintägigen Urlaubs umfaßt; sie können ferner, abgesehen von den obigen Strafen, innerhalb ihres Bezirkes Versetzungen wegen Dienstvernachlässigung vornehmen.

Gegen ihre Entscheidungen steht dem Bestraften eine Beschwerde an den Kommissar oder dessen Gehilfen zu. Für die finanzielle Verwaltung der Londoner Polizei unter der Oberaufsicht des Staatssekretärs wird von der Krone ein besonderer Beamter — der Empfänger

Receiver

ernannt, der in seiner Person nach einer positiven Gesetzbestimmung eine juristische Person (corporation sole) darstellt (metropolitan police act 1829); sein Gehalt wird vom Parlament bewilligt. Er ist für die Dauer seines Amtes Eigentümer der Polizeigebäude und aller Vorräte, die für die Zwecke der Polizei notwendig sind und ist für deren

Unterhaltung und Ergänzung verantwortlich. Er schließt die Kaufverträge ab und übt mit Genehmigung des Parlaments das Enteignungsrecht an Grundstücken aus. Der Empfänger ist dem Kommissar nicht unter-, sondern beigeordnet. Etwaige Meinungsverschiedenheiten entscheidet der Staatssekretär.

Polizeibezirke.

Örtlich gliedert sich das Polizeigebiet in Bezirke (divisions) von ungleichem Umfange, an deren Spitze der Superintendent steht. Diese teilen sich je nach der Größe in mehrere Unterbezirke (subdivisions), dem ein Inspektor (subdivisional Inspector) vorsteht, und diese in Sektionen, an deren Spitze ein Sergeant steht, und diese in Patrouillenbezirke der einzelnen Schutzleute (beats). Jeder Bezirk besitzt ein eigenes Amtsgebäude, das gleichzeitig der unverheirateten Mannschaft Unterkunft gewährt.

Bezirke (divisions) gibt es 21, zu diesen treten noch 5 Divisionen hinzu, deren Mannschaft zum Schutze von Werften und militärischen Gebäuden außerhalb des Polizeibezirkes verwandt werden. Eine besondere Division ist ferner mit dem polizeilichen Schutze der Themse betraut.

Dienstbetrieb.

Nach dem Berichte des Kommissars für das Jahr 1905 bestand die Polizeimannschaft am 31. Dezember 1905 aus 21 Superintendenten, 546 Inspektoren, 2239 Sergeanten und 14 394 Schutzleuten; von diesen waren 5 Superintendenten, 50 Inspektoren, 228 Sergeanten und 1614 Schutzleute zum Teil für andere Regierungsbehörden zum Schutze öffentlicher Gebäude und Ämter, Werften, militärischer Gebäude und Einrichtungen usw. und zum Teil für Privatpersonen und öffentliche Korporationen tätig, wofür von den Beteiligten dem Empfänger (receiver) nach einem von dem Staatssekretär festgesetzten Satze Vergütung geleistet wird. So z. B. sind zum Schutze der Königlichen Schlösser Buckingham Palace und Windsor Castle je 3 Schutzleute stationiert; zum Schutze der Königlichen Parks und Gärten 2 Inspektoren, 7 Sergeanten und 53 Schutzleute, der Garde zu Pferde 2 Schutzleute und zum Schutze des Parlamentes 2 Inspektoren und 41 Schutzleute.

Für den Dienst in dem Polizeibezirke London blieben zur Verfügung 26 Superintendenten, 496 Inspektoren, 2011 Sergeanten und 12 780 Schutzleute, insgesamt 15 313. Durchschnittlich 423 Mann wurden täglich als krank gemeldet, durchschnittlich 965 ($^1/_{14}$) waren täglich beurlaubt; auf Grund der Vorschrift, daß jeder Schutzmann alle 14 Tage Anspruch auf einen freien Tag hat. 60 % der Mannschaft werden zum Nachtdienst und 40 % zum Tagesdienst verwandt.

Dienstgrade, Dienstobliegenheiten.

Dem Range nach unterscheidet man in den einzelnen Bezirken: Superintendenten (superintendent), Chefinspektoren (chief inspectors), Unterbezirksinspektoren (subdivisional inspector), Inspektoren (inspector), Stationssergeanten (station sergeant), Sergeanten (sergeant), diensttuende Sergeanten (acting sergeant) und Schutzleute (constable).

Der Superintendent ist für den gesamten Dienstbetrieb im Bezirke verantwortlich. Er kann leichtere Verstöße eines Schutzmannes, sofern der Kommissar nicht andere Anordnung getroffen hat, mit Geldstrafe bis zum Betrage einer zweitägigen Löhnung, verbunden mit Entziehung des alle 14 Tage zu gewährenden eintägigen Urlaubs während eines Monats, ahnden.

Über die Handhabung der Strafgewalt hat er an dem Tage der Verhängung der Strafe an den Bezirkschef (chief constable) und den Kommissar zu berichten. Dem Schutzmann steht nach seiner Wahl ein Beschwerderecht an den Bezirkschef oder den Kommissar zu. Die Chefinspektoren sind die Vertreter und Gehilfen des Superintendenten; ihnen liegt es insbesondere ob, die Aufsicht über die Ausrüstung der Mannschaft und die Vorräte zu führen.

Die Unterbezirksvorsteher sind dem Superintendenten für den Dienstbetrieb in ihren Bezirken verantwortlich.

Die Inspektoren sind für die dienstliche Führung der unter ihnen stehenden Sergeanten und Schutzleute verantwortlich; sie sind die ausführenden Organe des Superintendenten für den laufenden Dienst. Sie führen die Geschäfte auf den Polizeistationen (Revieren), besichtigen die Ablösungsmannschaften und regeln den Dienst; sie tun in London selbst 8 Stunden Dienst, von denen sie 4 auf der Station und 4 auf Patrouillengängen innerhalb ihres Stationsbezirkes zuzubringen haben.

In denjenigen Bezirken, in denen Polizeigerichte belegen sind, hat abwechselnd für eine Woche je ein Inspektor den gerichtlichen Verhandlungen beizuwohnen, um dort Auskunft zu geben und das Auftreten der Schutzleute als Zeugen zu überwachen.

Die Entscheidung über ihre Versetzung hat sich der Kommissar vorbehalten.

Die Sergeanten und die diensttuenden Sergeanten sind für die Dienstführung der unter ihnen stehenden Schutzleute verantwortlich. Jeder Verstoß ist sofort an den Inspektor oder Superintendenten zu berichten. Die Mannschaft tut 8 Stunden Dienst, und zwar in London selbst am Tage, erste Ablösung von 6 Uhr morgens bis 10 Uhr vormittags, zweite Ablösung von 10 Uhr vormittags bis 2 Uhr nachmittags, sodann erste Ablösung von 2 Uhr nachmittags bis 6 Uhr nachmittags und zweite Ablösung von 6 Uhr bis 10 Uhr nachts. Die erste und zweite Ablösungsmannschaft wechseln wöchentlich. In den Vororten vorwiegend ländlichen Charakters tun sie 8 Stunden hintereinander Dienst; Ablösung tritt um 6 Uhr vormittags und 2 Uhr nachmittags ein. Der Nachtdienst umfaßt überall 8 fortlaufende Stunden von 10 Uhr abends bis 6 Uhr morgens.

Die Sergeanten haben eine Viertelstunde vor der festgesetzten Ablösungsstunde auf der Station zur Besichtigung der ihnen unterstehenden Mannschaft sich einzufinden, diese dem Inspektor vorzuführen und nach stattgehabtem Appell sie in die Patrouillenbezirke ihrer Station zu führen und dort anzustellen. Ihre Pflicht ist es, fortgesetzt die Schutzleute auf ihren Patrouillengängen zu überwachen, im Falle von Abwesenheit sofort für Ersatz zu sorgen und dem Inspektor hierüber Meldung zu erstatten.

Das Bureaupersonal besteht aus Schreibern (clerks) und Hilfsschreibern (assistant clerks). Schutzleute können mit Genehmigung des Kommissars nach mindestens zwölfmonatiger Dienstzeit als Hilfsschreiber verwandt werden.

Hilfsschreiber können zu Sergeanten (clerk sergeant) befördert werden; bevor ein clerk sergeant zum Inspektor befördert werden kann, hat er mindestens 6 Monate den Stationsdienst mit Erfolg wahrzunehmen.

Kein Polizeiangestellter kann ohne Genehmigung des Kommissars als Schreiber verwandt werden.

Die in den Bezirken arbeitenden Schreiber haben sich jeden Montagnachmittag im Bureau des Kommissars einzufinden, um etwaige Unstimmigkeiten in der Rechnungsführung und dem Schriftwechsel aufzuklären und die neu ernannten Schutzleute ihren Bezirken zuzuführen.

Kriminalabteilung.

An der Spitze der Kriminalabteilung steht ein Gehilfe des Kommissars (assistant commissioner), dem ein Bezirkschef (chief constable) unterstellt ist. Die Kriminalabteilung überwacht die Tätigkeit der Kriminalbeamten in den Divisionen und befaßt sich mit solchen strafbaren Handlungen, die eine mehr als örtliche Bedeutung besitzen oder deren Ermittlung besser von einer Zentralstelle geschehen kann oder besondere, als Spezialisten ausgebildete Beamten erfordert.

Die Mehrzahl der der Kriminalabteilung unterstehenden Beamten arbeitet in den Bezirken (divisions); jedem Superintendenten wird ein Kriminalinspektor und je nach dem Umfange des Bezirkes eine Anzahl von Sergeanten und Schutzleuten (patrols) überwiesen.

Die Kriminalbeamten werden aus den Bewerbern der uniformierten Abteilung von den Gehilfen des Kommissars ausgesucht; ihre Anstellung erfolgt zunächst probeweise; die Probezeit kann bis zu 12 Monaten ausgedehnt werden. Eine besondere Ausbildung der Kriminalanwärter in Schulklassen mit nachfolgendem Examen findet nicht statt.

3*

In den Bezirken (divisions) erfolgt die Auswahl der Schutzleute, die als Patrouillen oder Sergeanten der Kriminalabteilung verwandt werden sollen durch die Superintendenten und die Bezirkschefs; durch letztere geschehen auch die Vorschläge zu Beförderungen als Inspektoren in den Divisionen; bei Beförderung von Patrouillen zu Sergeanten genügt der Vorschlag des Superintendenten. Die Patrouillen werden aus der Zahl der in der Division stationierten Schutzleute ausgewählt.

Nach dem gegenwärtigen Stande wird ein Kriminalschutzmann (patrol) durchschnittlich nach 10 Jahren Sergeant dritter Klasse, nach 15 Jahren zweiter Klasse; ein Mann von besonderer Geschicklichkeit kann sodann nach 4 Jahren zum Sergeanten erster Klasse befördert werden.

In den Divisionen ist die Dezentralisation des Kriminaldienstes streng durchgeführt worden; der Superintendent ist der Vorgesetzte der in seiner Division angestellten Kriminalbeamten; der gesamte Schriftwechsel geht durch seine Hand; er hat die Verfügung über ihre Arbeitskraft, soll sie jedoch nur dann zu anderen Diensten heranziehen, wenn ihre Tätigkeit nicht durch Strafsachen in Anspruch genommen wird. Die Kriminalbeamten sind verpflichtet, den Superintendenten über ihre Tätigkeit auf dem Laufenden zu halten.

Es liegt den Kriminalbeamten ob, ein Tagebuch (diary) zu führen, in welches täglich die Zeit (Stunde und Länge der Zeit), Art des Dienstes, Namen und Adresse der etwa vernommenen Personen, Namen der Plätze, die aufgesucht worden sind, und die Eindrücke oder die Mitteilungen, die gewonnen worden sind, einzutragen sind. Allgemeine Bemerkungen oder Kritiken sind verboten; es sollen nur bestimmte Angaben eingetragen werden. Diese Eintragungen sollen den Vorgesetzten Gelegenheit geben, die Tätigkeit der Kriminalbeamten zu überwachen, und bilden die Grundlage für etwaige spätere Aussagen in gerichtlichen Verhandlungen. Diese Bücher sind in den Bezirken von dem Kriminalinspektor mindestens zweimal wöchentlich und von dem Superintendenten mindestens einmal wöchentlich sorgfältig durchzusehen und mit Prüfungsvermerk zu versehen.

Im übrigen sind die in den Divisionen angestellten Kriminalbeamten an die Anweisungen der Kriminalabteilung gebunden.

Die Inspektoren finden sich regelmäßig einmal wöchentlich zu einer Konferenz an der Zentralstelle ein.

Nach der mir wiederholt gegebenen Versicherung des zeitigen Vorstehers der Kriminalabteilung Mr. Macnaghten hat sich diese Art der Dezentralisation vorzüglich bewährt und stellt einen großen Fortschritt dar gegenüber dem früheren Zustande, wo alle Kriminalbeamten an der Zentralstelle vereinigt waren. Die in den Divisionen arbeitenden Beamten gewinnen eine bessere Orts- und Personalkenntnis; auch wurden durch dieses System früher bestehende Eifersüchteleien zwischen Beamten der Kriminal- und der uniformierten Abteilung beseitigt, die auf den Gang der Geschäfte und die Energie der Strafverfolgung einen ungünstigen Einfluß ausübten. Auch die Polizeirichter empfinden es als einen sehr großen Vorteil, daß sie regelmäßig mit denselben Beamten zu tun haben, zu denen sie auf Grund eigener Kenntnis Vertrauen gewinnen.

Kriminalstatistik — London.

Die Kriminalabteilung der Londoner Polizei bildet ferner für Großbritannien die Sammelstelle der Fingerabdrücke der gewerbs-, gewohnheitsmäßigen und der schweren Verbrecher und der gegen sie gerichtlich festgesetzten Strafen.

Die englische Polizei bedient sich ausschließlich des Fingerabdrucksystems, das für einfacher und sicherer als das Bertillon-Verfahren gehalten wird. Im Jahre 1905 wurde die Identität von 6186 Verbrechern gegenüber 5155 im Jahre 1904 durch Fingerabdruck festgestellt, wobei 2853 Feststellungen auf Veranlassung der Londoner Polizei und 3333 auf Veranlassung von provinziellen Polizeiverwaltungen erfolgten.

Die Zahl der für strafbare Handlungen aller Art festgenommenen Personen betrug im Jahre 1905 127 317 gegenüber 128 104 im Jahre 1904. Von diesen wurden 3176 durch die Schwurgerichte (sessions), 103 362 durch die Polizeirichter verurteilt, 631 wurden freigesprochen durch die Schwurgerichte (sessions) und 20068 durch den Polizeirichter.

Im Jahre 1905 war die Kriminalabteilung mit 21 Morden von Personen über 1 Jahr befaßt; in 17 Fällen wurden Verhaftungen vorgenommen, von denen 11 zur Verurteilung zu Todesstrafe führten; bei vier Mördern wurde Wahnsinn festgestellt und zwei wurden auf Grund des Wahrspruches der großen Jury außer Verfolgung gesetzt.

Im Jahre 1905 wurden 1685 Verbrecher, darunter 637 mit Zuchthaus vorbestrafte, in das Londoner Polizeigebiet entlassen; 1038 Verbrecher standen unter Polizeiaufsicht im Jahre 1905; von diesen unterließen 264 die Meldung, und 43 wurden aus diesem Grunde verhaftet.

Auf Antrag der Polizei einschließlich der uniformierten Abteilung wurden im Jahre 1905 durch den Polizeirichter 32 469 Vorladungen (summonses) zur gerichtlichen Verhandlung erlassen, wodurch 30 209 Verurteilungen und 2260 Freisprechungen erzielt wurden. 78 604 gerichtliche Vorladungen wurden durch die Polizei (im Auftrage von Privatpersonen) zugestellt.

Bureau der Kriminalabteilung.

Das Bureau der Kriminalabteilung — registry genannt — ist verantwortlich für alle dort eingehenden Schriftstücke, deren Registrierung und die Ausführung der auf diesen von Abteilungsvorstehern oder deren Vertretern stehenden Anweisungen (Expedition, Anfertigung von Schreiben) und endlich die Aufbewahrung der Akten.

An der Spitze des Bureaus steht ein Superintendent, der die Oberaufsicht führt; unter ihm arbeiten zwei Inspektoren, sieben Sergeanten und sechs Schutzleute, von denen zwei als Boten tätig sind.

Die Bureaubeamten arbeiten täglich von 10 Uhr vormittags bis 6 Uhr abends; drei Beamte kommen abwechselnd morgens bereits um 9 Uhr zum Öffnen der Briefe und gehen dementsprechend eine Stunde früher — 5 Uhr nachmittags — weg.

Die Aufgabe des einen Inspektors ist es, die Eingänge unter die Bureaubeamten zu verteilen, während der andere Inspektor die Eingänge genauer zu prüfen und etwaige Anweisungen für die weitere Bearbeitung darauf zu setzen hat.

Handelt es sich um einfache Angelegenheiten, die keine Entscheidung verlangen, so werden diese, ohne daß der Superintendent Kenntnis erhält, von den Bureaubeamten ohne weiteres erledigt; auf diese Weise z. B. ergehen Antwortschreiben, enthaltend Bestätigungen des Empfanges, erfolgen Weitersendungen an eine andere Stelle unter der Firma der Kriminalabteilung. Auch solche Sachen werden von dem Bureau endgültig erledigt, die der Superintendent dem Bureau zu diesem Zwecke zugeschrieben hat; meistens handelt es sich nach meiner Beobachtung um Sachen, deren Bearbeitung sich auf Grund der bestehenden Gesetze oder Vorschriften von selbst ergibt.

Folgende Bücher werden in dem Bureau geführt:

1. Numerical — Register Tagebuch —, enthaltend kurze Bezeichnung jedes Einganges; von späteren Eingängen in derselben Angelegenheit wird der ersten Eintragung Vermerk und der späteren Hinweis auf diesen Vermerk beigefügt.

2. Index (jeder Eingang wird nach den folgenden Gesichtspunkten eingetragen):

a) Government Department (Regierungsbehörden),
b) Police (Polizei),
c) Foreign & colonial (Ausland — Kolonie),
d) Municipal & county (Städte und Grafschaften),
e) Private persons (Privatpersonen),
f) Names & cases (Namen und Fälle).

3. Subject register, enthaltend kurze Bezeichnung des Inhaltes der Eingänge und des Gegenstandes, auf den sich das Schreiben oder der Bericht bezieht.

4. Issue book — Ausgabebuch — hat den Zweck, nachzuweisen, wo die Schriftstücke sich befinden, und den Zeit-

punkt ihrer Absendung und Rückkehr festzustellen. Außerdem wird ein kleines Ergänzungsregister geführt über ausstehende Schriftstücke (Terminsachen).

5. Press copy book — Kopierbuch mit Index —, worin die von der Abteilung ausgehenden Schreiben kopiert werden. Jeder Bureaubeamte besitzt ferner ein kleines Notizbuch zur Aufnahme solcher Angaben, die ihm bei der Erledigung seiner Arbeit und zur Auffrischung seines Gedächtnisses nützlich sein können.

Grundsätzlich wird daran festgehalten, daß die Bureaubeamten für die ordnungsmäßige Erledigung der ihnen obliegenden Arbeit verantwortlich sind; es wird ihnen daher überlassen, den Dienstbetrieb nach ihrem Gutdünken vorbehaltlich späterer Genehmigung auf die zweckmäßigste Art einzurichten.

Dieses bezieht sich insbesondere auf die Zahl und die Einrichtung der Register.

Polizeidienst in den Divisionen (Bezirken).

Bow Street Division.

Um die Einrichtung des Kriminaldienstes in den Bezirken (divisions) zu zeigen, greife ich die Bow Street Division heraus. Diese ist besonders wichtig, weil die gesamten, die Auslieferung von Ausländern betreffenden strafgerichtlichen Verhandlungen aus dem ganzen Reiche dort geführt werden. Dieser Bezirk hat neben der Hauptstation in Bow Street zwei Nebenstationen (subdivisions) Hunter Street und Grey's Inn.

In der Hauptstation, dem Sitze des Superintendenten, befindet sich 1 Kriminalinspektor, 1 Sergeant erster Klasse, 1 Sergeant zweiter Klasse, 3 Sergeanten dritter Klasse, 4 Schutzleute (patrols) und 1 Schutzmann, der als Schreiber (clerk) tätig ist, in Grey's Inn 1 Sergeant erster Klasse, 1 Sergeant zweiter Klasse, 3 Sergeanten dritter Klasse und 2 Schutzleute und in Hunter Street 1 Sergeant dritter Klasse und 2 Schutzleute (patrols).

Bei den Kriminalabteilungen in den Divisionen befinden sich folgende Bücher:

1. Release notice: wöchentlich von der Zentralstelle herausgegebene gedruckte Liste, enthaltend Namen, Beschreibung der zur Entlassung aus dem Gefängnis kommenden Verbrecher und der Art ihres Vorgehens bei Begehung der strafbaren Handlungen.

Zu dieser Liste wird ein fortlaufendes Inhaltsverzeichnis geführt.

2. Pawn list: täglich von der Zentralstelle herausgegebene gedruckte Liste von verlorenen und gestohlenen Gegenständen, die sich zur Verpfändung eignen.

3. Notice orders: täglich erscheinende gedruckte Anzeigen der Zentralstelle, enthaltend besondere Anordnungen, Beförderungen, Bestrafungen von Beamten usw.

4. Bicycle list: jeden Mittwoch erscheinende gedruckte Liste der Zentralstelle über gestohlene oder verlorene Zweiräder.

5. Illustrated circular: jährlich von dem Registrator an der Zentralstelle herausgegebene gedruckte Beschreibung der gewohnheitsmäßigen Verbrecher nebst Abbildung aller umherziehenden Verbrecher und ihrer Arbeitsmethode.

Abgesehen von der letzteren Beschreibung werden die Listen zu 1. und 5. im Laufe der Zeit durch die immer vollständiger werdende Sammlung der Fingerabdrücke an Wert verlieren und überflüssig werden.

6. Arrest book: Verzeichnis der Personen, die für Begehung eines Verbrechens verhaftet worden sind.

7. Crime book: Verzeichnis aller derjenigen Personen, die eines Verbrechens beschuldigt worden sind: sie mögen verurteilt worden sein oder nicht.

8. Weekly return of crimes committed and persons apprehended: wöchentlich der Zentralstelle einzureichende Liste der in dem Divisionsbezirk begangenen strafbaren Handlungen und der festgenommenen Personen.

Der Dienst spielt sich in der Weise ab, daß sich die sämtlichen an der Divisionsstation stationierten Beamten, sofern nicht besondere Abhaltung vorliegt, vormittags um 10 Uhr dort einfinden, zur Durchsicht der Eingänge, Eintragung in das Tagebuch über die Arbeit des vorhergehenden Tages, Abfassung von Berichten und Entgegennahme von mündlichen Anweisungen des Inspektors oder Superintendenten. Nach Erledigung dieser Arbeiten begeben sich die Kriminalbeamten zur Vornahme von Recherchen oder Beobachtungen in den Bezirk; sind sie bei anstehenden gerichtlichen Verhandlungen beteiligt, so haben sie sich dorthin zu begeben. Man wird daher das Amtszimmer häufig im Laufe des Tages nur mit dem Schreiber besetzt finden, der ständig dort anwesend ist.

Erkundigungen in Strafsachen in London und Umgebung werden telephonisch durch Befragen der Zentralstelle oder der Beamten der Division, in deren Bezirk der Verbrecher oder Zeuge sich aufhält und vielfach dadurch vorgenommen, daß die Beamten unverzüglich an Ort und Stelle Erkundigungen einziehen.

Etwaige Reisekosten werden den Beamten ersetzt. Hierdurch wird eine große Beschleunigung der Geschäftserledigung erzielt. Ich habe es nicht selten in den Sitzungen der Polizeigerichte erlebt, daß in der Vormittagsitzung der Richter Auskunft über Vorleben, Charakter des Angeklagten oder der Zeugen verlangte; der anwesende Kriminalbeamte, der diesen Fall zur Anzeige gebracht hatte, um Vertagung bis zur Nachmittagssitzung bat und in dieser auf Grund der an Ort und Stelle eingezogenen Auskunft die erforderten näheren Angaben machte.

C.-(St. James)Division.

In der C.-Division (St. James), die zwar nur 0,76 Quadratmeilen umfaßt, in der aber der größte Teil der Theater des Westendes liegt und in die während der Nachtzeit nach oberflächlicher Schätzung zwischen 60 000 bis 100 000 Menschen, vielfach lichtscheue Elemente, zweifelhafte Ausländer und Prostituierte, zuströmen, sind 1 Kriminalinspektor, 11 Kriminalsergeanten und 7 Kriminalschutzleute tätig; in diesem Bezirk wurden im Jahre 1906 nach Mitteilung des Kriminalinspektors 360 Verhaftungen durch Kriminalbeamte vorgenommen.

Das Polizeigericht liegt zwar in dem Bezirke dieser Division, ist aber nicht mit der Hauptstation, sondern mit einem Nebenstationsgebäude (Marlborough Street) unter einem Dache verbunden. In der Bow Street Division liegen Polizeigericht und Hauptstationsgebäude unter einem Dache, haben aber getrennte Eingänge.

Bow Street Division: uniformierte Abteilung.

Der Dienst der uniformierten Abteilung ist in der Bow Street Division wie folgt organisiert:

Nach dem Polizeiberichte vom 31. Dezember 1907 unterstanden dem Superintendenten 27 Inspektoren, 137 Sergeanten und 892 Schutzleute, insgesamt 1057.

Der Bezirk umfaßt 37,28 Quadratmeilen.

Von der uniformierten Abteilung werden folgende Bücher geführt:

1. Occurrence book, Tagebuch, in welches alle Begebenheiten auf der Station selbst und alle Meldungen der Schutzleute aus ihren Taschenbüchern eingetragen werden, mögen sie sich auf Verbrechen, Unfälle oder sonstige Ereignisse beziehen.

2. Charge book: in dieses Buch werden spaltenweise Namen, Stand und Adresse des auf der Station vorgeführten Angeklagten und des Anklägers (Schutzmann oder Privatperson, Verletzter) und die zur Last gelegte strafbare Handlung eingetragen. Der Beschuldigte, der Ankläger und sonstige Zeugen und der Inspektor vollziehen die Eintragung in einer Spalte unterschriftlich. Die Eintragung in das charge book erfolgt durch einen Inspektor; auf kleineren Stationen erfolgt sie durch die Stationssergeanten.

Auf Grund dieser Eintragung wird die Liste der Angeklagten (charge register, auch charge sheet genannt) von der Polizei ausgefertigt und noch an demselben Tage oder am nächsten Vormittage dem Polizeirichter vorgelegt. Ein Formular liegt bei.

In den meisten Strafsachen, die vor den Polizeigerichten im summarischen Verfahren abgeurteilt werden, entstehen weitere schriftliche Verhandlungen überhaupt nicht, da alles in der mündlichen Verhandlung vor dem Richter erledigt wird.

Strafakten in unserem Sinne habe ich weder dort noch in einer anderen Division entdeckt.

Es fehlt daher auch das gewöhnliche Bild unserer Berliner Reviere — das der Protokolle schreibenden Beamten.

3. Bail book: Wird ein Verhafteter auf seinen Antrag von dem Inspektor vorläufig entlassen, so hat er Sicherheit für sein Erscheinen vor dem Richter zu leisten; es geschieht dieses in der Regel dadurch, daß eine andere zuverlässige Persönlichkeit sich verpflichtet, im Falle des Nichterscheinens des Angeklagten eine Summe in Höhe der höchstzulässigen Geldstrafe zu zahlen.

Diese Erklärung wird in das bail book eingetragen. In London wird Geld bei dieser Gelegenheit nicht hinterlegt.

Die diskretionäre Entscheidung über den Verfall der Bürgschaftssumme steht dem Polizeirichter zu.

4. Refused charge book: Liste derjenigen Fälle, in denen der diensttuende Inspektor die erhobene Anklage als unbegründet oder ungerechtfertigt ansieht.

5. Prisoners property book: Dem Festgenommenen werden alle in seinem Besitze befindlichen Gegenstände abgenommen, diese werden namentlich in eine Liste aufgenommen; die Eintragung wird von dem Schutzmann, der die Verhaftung vorgenommen hat, und dem Angeklagten unterschriftlich vollzogen.

6. Felony book: In dieses werden alle Fälle von schweren Verbrechen besonders eingetragen.

7. Property lost book: Eintragung aller verlorenen oder gestohlenen Gegenstände; gleichzeitige Mitteilung erfolgt an die Zentralstelle.

8. Persons missing register: Liste der vermißten Personen.

9. Dogs found and lost: Liste der verloren gegangenen und wiedergefundenen Hunde.

10. Duty book: Eintragung über den Dienst — dessen Anfang und Ende — der einzelnen Beamten; die letztere

Eintragung erfolgt auf Grund der Eintragung in das time book, d. i. ein kleines, offen ausliegendes Notizbuch, in das jeder Beamte beim Eintritt und bei dem Verlassen des Stationsgebäudes mit genauer Zeitangabe sich einzuschreiben hat.

Das duty book ist dazu bestimmt, sofort Aufschluß über die tägliche Stärke der Mannschaft und ihre jederzeitige Beschäftigung zu geben.

Ich bemerkte, daß diese Listen und Bücher von einem diensttuenden Inspektor und Stationssergeanten geführt werden. Das charge book und das refused charge book muß bestimmungsgemäß von einem Inspektor geführt werden. Auf kleineren Stationen kann dieses auch durch den Stationssergeanten geschehen.

Ein Beamter war ausschließlich als Telegraphist tätig.

In dem Bow Street-Polizeigebäude, das als Sitz des Superintendenten dient und gleichzeitig der Unterbezirksmannschaft Unterkunft gewährt, sind daher von der letzteren außerhalb des Zeitpunktes der Ablösung häufig nur drei Beamte anwesend.

Ein Sergeant in dem Unterbezirke Bow Street wird lediglich damit beschäftigt, um über vermißte Personen und gestohlene und verlorene Gegenstände Untersuchungen anzustellen (special inquiry sergeant); ein anderer Sergeant hat nur das öffentliche Fuhrwesen zu beaufsichtigen.

Täglich viermal erhält jeder Unterbezirk von der Zentralstelle gedruckte Nachrichten — information papers — die Anordnungen der Zentralstelle und auf Verbrecher und strafbare Handlungen bezügliche Mitteilungen enthalten; die uniformierte und die Kriminalabteilung erhält je ein Stück. Die Nachrichten werden durch Automobile von der Zentralstelle aus viermal täglich befördert; die erste Sendung geschieht um 8 Uhr 40 Minuten vormittags.

Den ersten Boten muß von den beiden Abteilungen der Vormittagsbericht (morning report), enthaltend eine Darstellung der Ereignisse des vorhergehenden Tages, übergeben werden und morning state, d. i. ein tägliches Verzeichnis der Stärke der Polizeimannschaft.

In dem Bureau des Superintendenten in Bow Street-Station arbeiten vier Schreiber (clerks).

1. Ein Hauptschreiber (chief clerk) von 8 Uhr vormittags bis 2 Uhr nachmittags und sodann von 6 Uhr abends bis 10 Uhr nachts.

2. Zwei Sergeanten abwechselnd von 8 Uhr vormittags bis 2 Uhr nachmittags und sodann von 6 Uhr bis 10 Uhr nachts oder von 8 Uhr bis 12 Uhr mittags und sodann von 2 Uhr bis 6 Uhr nachmittags.

3. Ein Schutzmann unterstützt die Sergeanten bei der Arbeit. Diese Beamten sind für die Führung der nachstehenden Bücher verantwortlich.

a) Numerical register: tägliches Verzeichnis der Stärke der Polizeimannschaft.
b) Morning state register: tägliches Verzeichnis der tatsächlich diensttuenden Mannschaft der Division,
c) Register of constables: Dienstalterverzeichnis,
d) Register of public and beerhouses: Verzeichnis der von den Konzessionsinhabern begangenen Verstöße gegen die den Verkauf geistiger Getränke regelnden Gesetze,
e) Register of licensed messengers and licensed shoeblacks: Verzeichnis der konzessionierten Boten, Dienstmänner und Schuhputzer,
f) Register of pedlars and chimney-sweeps: Verzeichnis der Hausierer und Schornsteinfeger,
g) General correspondence register: Allgemeines Korrespondenzregister,
h) Divisional correspondence register: Korrespondenzregister für den Bezirk allein,
i) Estimate book: Berechnung der wöchentlichen Gehaltszahlung der Mannschaft,
k) Ledger: Hauptbuch der Ausgaben des Bezirks,
l) Register of persons deemed to be lunatics: Verzeichnis der in dem Bezirke wohnhaften Wahnsinnigen,
m) Register of unclaimed property: Verzeichnis der herrenlosen Gegenstände,

n) Register book: Verzeichnis der Materialien, des Schreibpapiers usw., die von der Zentralstelle gefordert werden,

o) Register of licenses applied for in the division or transfer of licenses: Verzeichnis der Anträge zum Verkauf geistiger Getränke oder der Übertragungen von Wirtschaftskonzessionen,

p) Register of summoness: Verzeichnis der von der Polizei veranlaßten Ladungen vor den Richter,

q) Register of gratuities: Verzeichnis der an Polizeibeamte ausgezahlten Belohnungen,

r) Press copy book: enthaltend Abklatsch von Schreiben und Verfügungen.

In das Superintendentenbureau in Bow Street gelangen täglich durchschnittlich 250 Eingänge. Der Hauptschreiber führt die Oberaufsicht, der eine Sergeant besorgt den Schriftwechsel, während der andere mit Hilfe eines Schutzmannes das Rechnungswesen erledigt. Der Schutzmann hat namentlich auch die von der Zentralstelle etwa geforderten Unterlagen und Statistiken zusammenzustellen.

Ich hatte nicht den Eindruck, daß die Bureaubeamten überbürdet waren.

Unterstützung der gerichtlichen Tätigkeit durch die Polizei.

Eine Haupttätigkeit in den Unterbezirken (subdivisions), die mit dem Polizeigericht unter einem Dache sich befinden, besteht ferner darin, das Gericht bei der Erledigung seiner Geschäfte zu unterstützen. Ich habe diesen Zweig polizeilicher Wirksamkeit besonders bei zweien der wichtigsten Londoner Polizeigerichte in Bow Street und Marlborough Street eingehender zu studieren Gelegenheit gehabt; namentlich der letztere Gerichtshof ist viel beschäftigt; ich habe dort Sitzungen beigewohnt, in denen 140 Strafsachen an einem Tage zur Erledigung kamen. Vor Beginn der Gerichtssitzung, die um 10 Uhr eröffnet wird, um 8 Uhr vormittags werden von den einzelnen zum Polizeigerichtsbezirk gehörenden Polizeibezirken zu dem Bureau des Polizeibezirkes am Sitze des Gerichtes die Anklageformulare (charge sheets) gesandt;

dieses trägt deren Wortlaut sodann in das dem Richter bei der Sitzung vorliegende Buch (register book) in fortlaufender Reihenfolge nach dem Zeitpunkte des Eintreffens ein.

Beim Marlborough Street-Polizeigericht wird sodann noch für den Gerichtsschreiber ein Abklatsch der Eintragungen des register book angefertigt.

Vor Eröffnung der Gerichtssitzung werden die im polizeilichen Gewahrsam befindlichen Angeklagten nach Geschlechtern getrennt, zu Warteräumen gebracht, die mit dem Sitzungssaal in unmittelbarer Verbindung stehen. Der Schutzmann, der die Festnahme oder Verhaftung vorgenommen hat, hat sich gleichfalls dort einzufinden, führt den Gefangenen in den Sitzungssaal und ist für dessen Identität verantwortlich.

Daher in Marlborough Street das nicht ungewöhnliche Schauspiel, daß vor Beginn der Gerichtssitzung 60—70 Schutzleute sich dort einfinden. Die Angeklagten werden mit den für sie verantwortlichen Schutzleuten in der Reihenfolge geordnet, wie sie in dem dem Richter vorliegenden Buche — register book — verzeichnet stehen.

Die Namen des Gefangenen und des Schutzmannes werden ausgerufen, bevor sie den Sitzungssaal betreten. Hierfür ist der Gaoler — der Vorsteher des Polizeigewahrsams — haftbar. Dieser Beamte bekleidet den Rang eines Stationssergeanten. Er wird von dem Kommissar auf Vorschlag der Richter ernannt; es werden nur besonders zuverlässige und intelligente Beamte für diese Stellung genommen.

Im Marlborough Street-Polizeigericht hat der Gaoler drei Assistenten.

Die Arbeit ist an den Gerichtstagen in der Weise verteilt, daß ein Assistent den gerichtlichen Verhandlungen beiwohnt, die Entscheidung des Richters aufzeichnet und sodann den Gefangenen dem zweiten Assistenten zuführt, der sich in dem zum Gerichtssaale führenden Gange aufhält; in diesem Gange stehen auch diejenigen Angeklagten, die zunächst an die Reihe kommen; während er den abgeurteilten Angeklagten dem zweiten Assistenten zuführt, ruft er laut das gerichtliche Urteil aus — Geldstrafe oder Gefängnis oder Untersuchungshaft. Der zweite Assistent wiederholt diesen Ruf, während er den Gefangenen durch den oben bezeichneten Gang dem Gaoler zuführt. Der Gaoler führt ein Register, das übereinstimmend mit dem dem Richter vorliegenden Register eine Abschrift der charge sheets darstellt; die Eintragungen erfolgen vor der Sitzung und etwa später eintreffende nach dem Zeitpunkte ihrer Ankunft.

Auf Grund der Mitteilung seines Assistenten, die in Gegenwart des Gefangenen und des den letzteren begleitenden, für ihn verantwortlichen Schutzmannes erfolgt, trägt er in dieses Register die Entscheidung des Richters ein. Dieses Buch dient gleichzeitig als Strafregister. Handelt es sich um eine Geldstrafe oder um eine Gefängnisstrafe, die an Stelle der nicht bezahlten Geldstrafe treten soll, so erfolgt eine besondere Eintragung in das sog. cash book (Kassabuch). Bezahlt der Gefangene sofort, so wird dies in dem Kassabuche von dem Gaoler vermerkt, was gleichzeitig als Quittung gilt. Der Gefangene wird alsdann sofort entlassen. Fälle dieser Art kommen nach meiner Beobachtung sehr häufig vor.

Bezahlt der Gefangene nicht oder ist er zu einer Freiheitsstrafe verurteilt worden, so führt ihn der dritte Assistent des Gaoler's dem Polizeigerichtsgewahrsam zu, das durch einen Gang mit dem Bureau des Gaoler, das offen ist, verbunden ist.

Nach Beendigung der Gerichtssitzung vergleicht der Gerichtsschreiber mit dem Gaoler die Eintragungen des Gaoler mit den Eintragungen in dem Buche des Richters, um sodann die Überweisungen an die Gefängnisverwaltung — warrant of committment — aufzufertigen; diese Ausfertigungen werden von dem Richter gezeichnet. Der Gaoler hat demnach entweder die ihm ausgezahlte Geldstrafe dem Gerichtsschreiber auszuhändigen oder den Gefangenen vorzuführen.

Der Gaoler stellt eine besondere Liste derjenigen Gefangenen auf, die entweder nicht bezahlt oder ausschließlich zu Gefängnis verurteilt worden sind; diese Liste ist für die Gefängnisverwaltung bestimmt; bezahlt der Gefangene die Geldstrafe im Gefängnis, so wird dieses dem Gaoler durch Formular mitgeteilt. Der Gaoler sendet ferner monatlich eine Liste aller den Gefängnissen überwiesenen Personen der Gefängnisverwaltung zum Zwecke einer ferneren Kontrolle ein.

Vor Antritt des Transportes zu dem Gefängnisse quittiert der Sergeant des Gefangenenwagens (van sergeant) über jeden einzelnen Gefangenen in den Listen des Gaoler.

Dieses Verfahren hat sich vorzüglich bewährt; es liegt sowohl im Interesse der zu einer Geldstrafe Verurteilten, als auch der Gerichtsschreiberei und Polizei, daß jeder überflüssige Schriftwechsel vermieden wird.

Es beruht auf harmonischem Zusammenwirken von Gericht und Polizei, das bei sorgfältiger Auswahl des Beamtenpersonals mit einfachen Formen sich begnügen kann.

Verhältnis des Gerichts zur Polizei.

Ein anderer Umstand, der mir in den Beziehungen zwischen Richter und Polizei angenehm in London aufgefallen ist, ist das Vertrauen, mit dem der Gerichtshof den einzelnen Polizeibeamten gegenübertritt. Nach den von dem Kommissar mit Genehmigung des Staatssekretärs erlassenen allgemeinen Vorschriften sollen die an Ort und Stelle sofort von dem Schutzmann in sein Taschenbuch eingetragenen Bleistiftnotizen den Beamten in den Stand setzen, eine genaue Aussage vor Gericht zu machen, und sein Gedächtnis auffrischen, wenn er später aus irgendeinem Grunde über zurückliegende Tatsachen sich äußern soll. Ich habe die Beobachtung gemacht, daß die Richter vielfach sogar die Polizeibeamten auffordern, bei Erstattung der Aussage ihr Notizbuch zu Rate zu ziehen.

Es erscheint dieses besonders erwähnenswert, weil bei uns nicht selten Gerichtsvorsitzende den Polizeibeamten bei Erstattung der Aussage in der Verhandlung untersagen, in ihr Taschenbuch zu blicken. Bedenkt man, daß bei unserem langsamen und umständlichen Verfahren vielfach Monate vergehen, zwischen der Begehung der Tat und der Aburteilung, so fallen die Nachteile unseres Systems um so mehr in die Augen.

Annahme und Ausbildung der Polizisten.

Zum Eintritt in die Polizeimannschaft wird verlangt, daß der Kandidat über 21 und unter 27 Jahre alt ist, nackt 5 Fuß 9 Zoll — englisch — hoch ist, starken Körper hat, lesen, schreiben und buchstabieren kann, im allgemeinen einen intelligenten Eindruck macht und nicht mehr wie zwei Kinder zu unterhalten hat. Major Wodhouse, der Gehilfe des Kommissars, teilte mir mit, daß man grundsätzlich die Zivilisten — namentlich Landarbeiter, Handwerker, Geschäftsleute — als Polizisten bevorzuge; die Soldaten seien zu sehr an Befehle und an das Befehlen gewöhnt, während man von den Schutzleuten in weitem Maße eigene Initiative verlange; auch habe der Militärdienst vielfach schon die beste Kraft des Mannes abgenutzt. Trotz des Drängens der Armee, alten Soldaten lohnende Beschäftigung zu verschaffen, habe er sich daher der Annahme von Soldaten in größerem Umfange widersetzt; zurzeit seien etwa ein Zehntel der Polizeimannschaft alte Soldaten.

Die Rekruten werden in einer Kaserne einquartiert und erhalten dort Unterweisung in den Pflichten eines Polizeibeamten. Zurzeit ist die Ausbildungszeit auf drei Wochen wegen Raummangels festgesetzt; nach Vollendung der neuen Kaserne soll diese auf vier Wochen ausgedehnt werden. Hierauf werden die Rekruten den Divisionen überwiesen und werden dort während sechs Monaten eine Stunde täglich durch einen von dem Superintendenten beauftragten höheren Beamten unterrichtet und gelegentlich von dem Superintendenten selbst examiniert. In der Bow Street Division lag der Unterricht z. B. in der Hand des Chefinspektors. Gleichzeitig werden die Rekruten zum Stations- und Außendienste in Begleitung erfahrener Schutzleute herangezogen und namentlich die erste Zeit täglich zu den Polizeigerichten gesandt, um auf solche Weise das Verhalten vor Gericht und praktisches Strafrecht zu lernen.

Alle 14 Tage werden sie von den Inspektoren in ihren Kenntnissen der Polizeivorschriften geprüft. Abgesehen von regelmäßigen Exerzierübungen findet eine gymnastische Ausbildung nicht statt, doch wünscht der Kommissar, daß die Mannschaft freiwillig sich die gymnastische Ausbildung ihres Körpers, Ringen, Boxen, Fechten, angelegen sein läßt und unterstützt dieses Bestreben durch Beihilfen, Stiftung von Preisen für Wettkämpfe usw.

Erweist sich ein Rekrut während der Ausbildungszeit als ungeeignet, so wird er sofort entlassen. Die Ausbildungszeit gilt als Probezeit.

Zum Zwecke der Förderung der allgemeinen Bildung der Polizeimannschaft sind von dem Londoner Grafschaftsrat (London County Council) Abendklassen eingerichtet worden, die sich eines regen Zuspruches erfreuen; die Teilnahme ist freiwillig.

Beförderung.

Alle Beförderungen bis zur Stellung der Superintendenten erfolgen nur dadurch, daß ein Mitglied der unteren Stufe zu der nächst höheren erhoben wird. Sie sind von dem Erfolge einer Prüfung abhängig.

Inspektoren, Stationssergeanten, Sergeanten und Schutzleute, die zur Beförderung durch die Superintendenten und den Bezirkschef empfohlen sind, haben vor einer Prüfungskommission zu erscheinen, die von dem Kommissar ernannt wird; sie besteht aus vier Superintendenten, die der uniformierten oder der Kriminalabteilung angehören; diese Kommission prüft Kenntnisse im Polizeidienst.

In der allgemeinen Bildung findet eine besondere Prüfung durch die Kommission statt, vor der die Anwärter für den Regierungsdienst (civil service commission) erscheinen.

Dieses besondere Examen fällt bei Beförderung von Sergeanten zu Stationssergeanten und Inspektoren zu Unterbezirksvorstehern (subdivisional inspector) fort, findet aber auf Kandidaten für den Superintendentenposten Anwendung.

Hat ein Kandidat in den schriftlichen Arbeiten das Examen nicht bestanden, so wird ihm deren Abschrift mit Kritik eingehändigt, damit er daraus Veranlassung nehme, die Lücken seines Wissens zu ergänzen.

Vor jeder Beförderung findet eine ärztliche Untersuchung der Kandidaten statt.

Gehalt.

Das Anfangsgehalt des Schutzmanns beträgt täglich 3 sh. 8 d., wovon 6 d. für den Pensionsfonds abgezogen werden, steigend jährlich mit 1 sh. wöchentlich bis zu 4 sh. 10 d.; er steigt also nach 8 Jahren Dienstzeit von 66 £ 10 sh. 7 d. zu 87 £ 8 sh.

Bei den übrigen Dienstklassen beträgt das jährliche

	Anfangsgehalt		Höchstgehalt
Superintendent	320 £	nach 4 Jahren	420 £
Kriminalabteilung.			
Chefinspektor	315 £ 13 sh. 3 d.	nach 5 Jahren	367 £ 17 sh. 3 d.
Inspektor I. Klasse	263 „ 10 „ 1 „	„ 3 „	294 „ 16 „ 3 „
Inspektor II. Klasse und Inspektor in der Division	190 „ 9 „ 1 „	„ 10 „	242 „ 12 „ 8 „
Uniformierte Abteilung.			
Inspektoren (Chefinspektor, Div.)	237 „ 8 „ 3 „	„ 3 „	268 „ 14 „ 5 „
Unterbezirksinspektoren (Subdivisional-Insp.)	191 „ 15 „ 2 „		—
Inspektoren	153 „ 18 „ 7 „	„ 4 „	174 „ 16 „
Kriminalabteilung.			
Sergeanten I. Kl.	137 „ 8 „ 1 „	„ 4 „	158 „ 5 „ 6 „
„ II. „	116 „ 10 „ 3 „	„ 4 „	137 „ 8 „ 1 „
„ III. „	105 „ 13 „ 3 „	„ 4 „	110 „ 17 „ 8 „
Uniformierte Abteilung.			
Stationssergeant und Schreiber	123 „ 18 „ 6 „	„ 3 „	131 „ 15 „ 1 „
Stationssergeant	93 „ 18 „ 6 „	„ 6 „	109 „ 11 „ 6 „
Schutzleute, (stellvertretende Sergeanten)	90 „ 18 „ 2 „	„ 2 „	92 „ 12 „ 5 „

Die Schutzleute erhalten die Uniform frei, die Kriminalschutzleute erhalten dafür als Kleidergelder 7 sh. wöchentlich.

Für den größten Teil der Unverheirateten und einen Teil der Verheirateten stehen in den Stationsgebäuden geräumige Quartiere zur Verfügung, wofür den Inspektoren 5 sh. 6 d., den Sergeanten 4 sh., den verheirateten Schutzleuten 3 sh. und den unverheirateten 1 sh. von ihrem Gehalt abgezogen wird.

Dem Kommissar steht ferner ein Fonds zur Verfügung, aus dem Belohnungen für besondere Geschicklichkeit den

Beamten gewährt werden; es handelt sich bei den Schutzleuten um Geldbeträge von 5—10 sh., die sehr häufig gewährt werden.

Vielfach geschieht dieses auf Grund der Belobigung und Anerkennung, die der Polizeirichter einem Beamten in öffentlicher Gerichtssitzung ausgesprochen hat.

Pension.

Auf Grund besonderen Gesetzes — metropolitan police act 1890 — haben die sämtlichen Mitglieder der Polizeimannschaft Anspruch auf Pension.

Der Pensionsanspruch tritt mit dem 15. Dienstjahre ein, und zwar in Höhe von $^{15}/_{50}$ des Jahresgehaltes; mit dem 26. Dienstjahre ist die höchst zulässige Pension mit $^{2}/_{3}$ des Jahresgehaltes fällig.

Da Rekruten mit 21 Jahren eintreten können, so gelangt ein Beamter mit 47 Jahren in den Genuß der Höchstpension. Auch wird den Beamten bei eingetretener Dienstbeschädigung und den Witwen und Kindern Pension gewährt, wenn der Beamte im Dienste getötet worden ist.

Diese Pensionssätze sind von dem Staatssekretär auf Grund gesetzlicher Ermächtigung festgesetzt worden. Die Pension kann ganz oder zum Teil aus bestimmten Gründen wieder entzogen werden, wenn der Beamte mit Zuchthaus oder Gefängnis von mehr als 12 Monaten bestraft worden ist oder sich geweigert hat, die Polizei bei der Entdeckung von Verbrechen zu unterstützen.

Wird einem Beamten nachträglich die Pension entzogen, so steht ihm gegen den wiederholten ablehnenden Bescheid des Kommissars der ordentliche Rechtsweg offen. — Endgültige Entscheidung des court of quarter sessions.

Dienstliche Vorschriften.

Jeder Schutzmann, Inspektor und Sergeant hat alle 14 Tage Anspruch auf einen Tag Urlaub, jedem Schutzmann werden jährlich außerdem 10 Tage Urlaub gewährt.

Für besondere Dienste, insbesondere auch für den Fall, daß er an Private geliehen ist, kann der Schutzmann mit

Genehmigung des Kommissars besondere Vergütungen annehmen. Diese Geldgeschenke nehmen bei der starken Inanspruchnahme der Polizei bei allen möglichen Veranlassungen — Theater, Festlichkeiten usw. — einen großen Umfang an. Obwohl der Nachweis nicht geführt werden kann, so wurde mir doch vielfach versichert, was mit eigenen Beobachtungen übereinstimmt, daß das Trinkgelderwesen sehr verbreitet sei: es handelt sich hierbei nicht um Bestechung von Beamten zur Herbeiführung oder Duldung von Pflichtwidrigkeiten, sondern um Gefälligkeiten oder besondere Aufmerksamkeit, die man von dem einzelnen Beamten erwartet, z. B. Überwachung des Wohnhauses oder Gartens bei Ausübung des gewöhnlichen Dienstes.

Reserve.

Eine Zulage von wöchentlich 4 sh. für den Inspektor, 3 sh. für den Sergeanten und 1 sh. 6 d. für den Schutzmann erhalten die Mannschaften der Reserve.

Die Reserve ist eine auserlesene Mannschaft, die in jeder Division 10% der Mannschaftsstärke beträgt.

Krankenpflegerdienst.

Rund 9000 der Mannschaft sind als Krankenpfleger ausgebildet, um bei Unfällen erste Hilfe leisten zu können. Im Jahre 1905 ist in 107 Fällen wirksame erste Hilfe geleistet worden.

Mannschaftsbewegung.

Nach dem Berichte des Kommissars betrug die durchschnittliche tägliche Zahl der wegen Krankheit Beurlaubten 423. Im Jahre 1905 fanden 4,93% Dienstentlassungen statt, von denen 50 auf Tod, 143 auf Aufnahme anderer Beschäftigung, 35 auf dienstwidriges Verhalten und 50 darauf zurückzuführen waren, daß dem Beamten der freiwillige Rücktritt nahegelegt wurde.

Von der Gesamtstärke von 17 210 hatten im Jahre 1905 5850 eine mehr als 15 jährige Dienstzeit, der im Dienstalter älteste (ein Superintendent) war im Jahre 1860 eingetreten; aus den Jahren 1867 bis 1880 waren im Jahre 1905 nur noch 89 Schutzleute der untersten Rangstufe vorhanden.

Beschwerderecht.

Eine besondere Vorschrift — section X, Nr. 20 — besagt, daß jeder Beamte wenigstens einmal im Monat zu befragen ist, ob er Grund zur Beschwerde hat; an dem ersten eines jeden Monats hat der Superintendent dem Kommissar hierüber eine Erklärung einzusenden.

Beschwerden sind von dem Beamten schriftlich dem Superintendenten einzureichen, der sie dem Abteilungschef einsendet.

Zuständigkeit des Kommissars.

Anlangend die Zuständigkeit des Kommissars, so erstreckt sich diese nur auf den Londoner Polizeibezirk (metropolitan police district); Reisen von Beamten in auswärtige Bezirke — es kommen hierbei hauptsächlich die Beamten der Kriminalabteilung in Betracht — sind von dem Kommissar vorher zu genehmigen. Wünscht eine auswärtige Polizeiverwaltung sich der Hilfe der Londoner Kriminalbeamten zu bedienen, so hat sie sich mit der Erklärung der Bereitwilligkeit, die Kosten zu tragen, und unter Darlegung der Sachlage nötigenfalls telegraphisch an den Staatssekretär zu wenden. Die Mitwirkung der Londoner Kriminalbeamten ist für alle unaufgeklärten Verbrechen in Eisenbahnzügen allgemein vorgeschrieben. — Rundschreiben des Home office vom 20. April 1906 137,050/4.

Im übrigen bildet der Kommissar, wie bereits erwähnt, für das ganze Königreich die Sammelstelle der die Verbrecher und Verbrechen betreffenden Nachrichten, insbesondere auch der Fingerabdrücke der gewohnheitsmäßigen Verbrecher.

Privatdetektivs.

Die Privatdetektivs spielen in England eine sehr große Rolle; es ist dieses einmal darauf zurückzuführen, daß die Strafverfolgung vielfach in die Hände des Verletzten gelegt ist und bei der großen Ausdehnung des englischen

Kolonialreichs es kaum eine Familie gibt, deren Mitglieder nicht über den Erdball zerstreut sind, was bei Regelung von Erbschaftsangelegenheiten usw. große Schwierigkeiten hervorruft, als auch darauf, daß es ein polizeiliches Meldewesen und eine polizeiliche Überwachung der Namensgebung nicht gibt.

Die meisten und besten der Privatdetektivbureaus in London werden von ehemaligen Angehörigen der Kriminalabteilung geleitet; sie sind lediglich Privatunternehmungen, die keine in dem Gesetze begründete Stellung haben.

Weder der Kommissar, noch irgendeine andere Behörde hat gesetzlich besondere Aufsichtsrechte über diese. Um eingetretenen Mißständen entgegenzutreten, ist jedoch durch Gesetz vom 22. Juni 1906 — act to amend the law relating to the superannuation of constables 6 Edw. 7. 22. Juni 1906 — bestimmt worden, daß ein Mitglied der Londoner Polizei seine Pension verliert, wenn es gegen das von dem Staatssekretär bestätigte Verbot des Kommissars als Privatdetektiv tätig ist. Einige der Privatdetektivbureaus werden von dem Kommissar als zuverlässig angesehen und selbst gelegentlich in Anspruch genommen; von den meisten hat man im allgemeinen keine hohe Meinung, obwohl unmittelbare Mißbräuche in den letzten Jahren nur selten festgestellt worden sind. Diese bezogen sich darauf, daß in delikaten Familienangelegenheiten die Detektivs die ihnen vertraulich gemachten Eröffnungen zu Erpressungen benutzt haben. Ich erörterte den Vorschlag, ob es sich nicht empfehlen würde, da unzweifelhaft im modernen Verkehrsleben ein Bedürfnis für solche Unternehmungen vorhanden sei, eine Regelung des Privatdetektivwesens durch Konzessionierung herbeizuführen.

Es wurde diesem Gedanken allseitig zugestimmt, namentlich erblicken die besseren Elemente der Privatdetektivs darin eine Schutzmaßregel gegen das Eindringen unlauterer Wettbewerber.

In der Öffentlichkeit und in den Regierungskreisen hat man sich bisher mit dieser Frage noch nicht eingehend beschäftigt.

Polizeiaufsicht.

Auch die Frage der Polizeiaufsicht wird bei der Gerichtsorganisation zu besprechen sein; sie umfaßt in England das weite Gebiet, das man mit der Verhütung von Verbrechen bezeichnet: prevention of crimes act 1871 und 1879 (34 und 35 Vict. c. 112 und 42 und 43, Vict. c. 19, 20 und 21, Vict. c. 3, 27 und 28, Vict. c. 47, 54 und 55, Vict. c. 69).

Hiernach unterscheidet man:

1. Personen, die wegen eines Verbrechens (crime) zweimal verurteilt worden sind; bei diesen sind gewisse an sich sonst nicht strafbare Handlungen strafbar, z. B. verdächtiger Aufenthalt in einem fremden Gebäude oder Garten; auch bestehen weitergehende Befugnisse, sie ohne Haftbefehl zu verhaften: 34 und 35 Vict. c. 112 §§ 7 und 20.

2. Supervisees, d. s. wegen eines Verbrechens zweimal vorbestrafte Personen, die unter Polizeiaufsicht gestellt worden sind (34 und 35 Vict. c. 112).

3. License holders, d. s. Personen, die mit Zuchthaus (penal servitude) bestraft worden sind und denen ein Teil der Strafe wegen guten Verhaltens (25 % der Strafe) erlassen worden ist, stehen für den Rest der Strafzeit nach ihrer Entlassung unter Polizeiaufsicht (16 und 17 Vict. c. 99 § 9).

Bei der Handhabung der Polizeiaufsicht sind die Polizeiorgane streng angewiesen (sect. XVII), nur in bürgerlicher Kleidung Erkundigungen, und zwar nur in solcher Weise einzuziehen, daß die Aufmerksamkeit des Arbeitgebers, Hauswirtes oder der sonstigen Umgebung des unter Polizeiaufsicht Stehenden nicht rege wird. Es werden hierzu besonders geeignete Beamte ausgewählt; diese Beschäftigung gilt vielfach als Vorstufe der Beförderung zur Kriminalabteilung. Auch sollen nur solche Beamten hierzu verwandt werden, die in der unmittelbaren Nachbarschaft des unter Polizeiaufsicht Stehenden nicht bekannt sind.

Eine Strafverfolgung des license holders wegen Verstoßes gegen die Bedingungen, unter denen sie freigelassen sind, z. B. Meidung des Umgangs mit notorischen Dieben und Prostituierten, Führung eines arbeitsscheuen Lebens, ist an die Genehmigung des Vorstehers der Kriminalabteilung gebunden. License holders haben sich monatlich schriftlich oder persönlich auf dem Polizeibureau zu melden und ihre Adresse und Beschäftigung anzugeben.

Wöchentlich wird von der Zentralstelle eine gedruckte Liste der oben genannten drei Kategorien herausgegeben. Monatlich wird eine Liste von Personen, die unter Polizeiaufsicht stehen, herausgegeben, die Meldung unterlassen haben und daher festzunehmen sind.

Gesundheitspolizei in London.

Der Bezirk der Grafschaft London (Verwaltungsbezirk Groß-London) umfaßt nach dem Zensus von 1901 eine Bevölkerung von 4 536 541; die Zahl der bewohnten Häuser beträgt nach dem Berichte der Abteilung für öffentliches Gesundheitswesen des Grafschaftsrates vom November 1906 571 768, die Zahl der Mietwohnungen 1 019 546, derjenigen unter fünf Räumen 672 030 und der überfüllten (overcrowded tenements) 124 773. Die in Mietswohnungen von weniger als fünf Räumen lebende Bevölkerung beläuft sich auf 2 449 789 und die in überfüllten Wohnungen lebende auf 726 096.

Die Aufgaben der Gesundheitspolizei sind daher gewaltig; ihre gesetzliche Grundlage findet sie in dem das öffentliche Gesundheitswesen der Grafschaft London regelnden Gesetze:

public health (London) act 1891 in Verbindung mit dem für die Grafschaft erlassenen allgemeinen Organisationsgesetze, the London county council-general qowers act. 1902. Daneben gelten die Bestimmungen des für England und Wales erlassenen allgemeinen Gesetzes, public health act. 1875.

An der Spitze des Gesundheitswesens steht ein Medizinalbeamter. Dem zeitigen Inhaber und hervorragenden Förderer des öffentlichen Gesundheitswesens Sir Shirley Murphy, der vom Könige wegen seiner Verdienste in den Adelstand erhoben worden ist, ist wesentlich die ausgezeichnete Stellung zu verdanken, deren sich die Gesundheitsbeamten in London und in ganz England erfreuen.

Der Medizinalbeamte ist einem von dem Grafschaftsrate gewählten Ausschusse — public health comittee — unmittelbar unterstellt, dem er fortlaufend zu berichten hat.

An sich sind sowohl der Medizinalbeamte, als auch die ihnen unterstellten Sanitätsinspektoren nur ausführende Organe des Grafschaftsrates oder Stadtrates bzw. der von diesen ausgewählten Ausschüsse; sie sind im allgemeinen bei ihren Maßregeln an deren Zustimmung gebunden. In Wirklichkeit liegt die Handhabung der Sanitätspolizei fast vollständig in ihren Händen, da sie an Sachkenntnis und Erfahrung in der Regel diesen überlegen sind und bei etwaigen Differenzen die öffentliche Meinung immer auf ihrer Seite haben. Vielfach haben auch die Ausschüsse von der Möglichkeit, ihre Befugnisse auf den Beamten zu übertragen, Gebrauch gemacht und namentlich die vorläufigen Maßnahmen vor Einleitung der Strafverfolgung (Zustellung von gedruckten Aufforderungen) dem Ermessen des Medizinalbeamten überlassen.

Bureau des Medizinalbeamten.

Dem Medizinalbeamten zur Seite steht ein Bureau von acht Schreibern, die das Schreibwerk, das Rechnungswesen, die Entwerfung der Berichte und Statistiken auf Grund der Berichte der lokalen Medizinalbeamten besorgen. Soweit der Grafschaftsrat selbst sanitätspolizeiliche Befugnisse ausübt, ist ihm zur Erfüllung dieser Aufgaben ein Stab von 18 technisch ausgebildeten Beamten (sanitary inspectors) unter einem Chefinspektor (chief inspector) beigegeben worden; von diesen üben 13 in den ihnen zugewiesenen Distrikten die Aufsicht über die gewöhnlichen konzessionspflichtigen Logierhäuser (common lodging houses) aus; es sind dieses zum Teil Häuser mit mehreren hundert Betten, die in einem gemeinsamen Schlafsaale oder in Zellen (Verschlägen — cubicles —) aufgestellt sind und wo jedes Bett für eine Nacht gegen eine Vergütung von 6 d. und weniger vermietet wird: in London gibt es deren 482.

Drei weitere Inspektoren befassen sich in dem Grafschaftsbezirke mit gesundheitsschädlichen Gewerben (obnoxious and offensif trades) — Entwicklung von übermäßigem Rauch und Gerüchen — und der Besichtigung von Schlachthäusern und Kuhställen.

Zwei Inspektoren haben, wenn von den Beteiligten die Wahrnehmung der lokalen Inspektoren über nuisances, d. h. gesundheitsschädliche oder auch nur das Wohlbefinden störende Zustände in Zweifel gezogen werden, deren Berechtigung nachzuprüfen.

Lokale Gesundheitspolizei in den boroughs.

Abgesehen von den Logierhäusern liegt die Sanitätspolizei in den Händen der örtlichen Selbstverwaltung von London, den boroughs.

Es handelt sich einschließlich der City um 29 lokale städtische Selbstverwaltungsbezirke.

Für jeden dieser Bezirke ist unter dem Stadtrat (borough council) ein Medizinalbeamter tätig; den Medizinalbeamten stehen zur Erledigung der Bureaugeschäfte ein Stab von 121 Schreibern und Boten zur Verfügung; unter ihnen arbeiten Exekutivorgane, d. s. 271 männliche und 38 weibliche Inspektoren.

Namentlich die Zahl der letzteren wächst; seit dem Jahre 1905 sind zehn weibliche Inspektoren mehr angestellt worden. Seit dem Jahre 1893 hat die Zahl der Inspektoren (sanitary inspectors) um 70 % zugenommen; zurzeit entfällt ein Inspektor auf 1792 bewohnte Häuser und 14 221 Einwohner.

Zu bemerken ist ferner, daß die Sanitätsinspektoren nicht das Recht haben, gegen den Willen der Eigentümer oder Inhaber eine Wohnung, abgesehen von den öffentlichen Logierhäusern oder besonderer gesetzlicher Ermächtigung, zu betreten.

Sie müssen vielmehr zu diesem Zwecke eine richterliche Verfügung erwirken, die nur erlassen wird, wenn Grund zu der Annahme besteht, daß in dem in Rede stehenden

Hause ein gesundheitsgefährdender oder das Wohlbefinden beeinträchtigender Übelstand besteht.

Ist die Verfügung ergangen, so zieht jeder Tag der Weigerung des Eintrittes eine Geldstrafe von 5 £ nach sich.

Neben der Wohnungsinspektion, der Beseitigung gesundheitsgefährlicher oder das Wohlbefinden störender Zustände — nuisance — liegt den städtischen Inspektoren die Beaufsichtigung des Nahrungsmittelsverkehres und die Fleischbeschau und ein Teil der Gewerbeaufsicht, soweit es sich um Werkstätten ohne mechanischen Antrieb handelt, ob.

Hierbei ist jedoch zu bemerken, daß es eine obligatorische Fleischbeschau in unserem Sinne nicht gibt. In Handhabung der Nahrungsmittelpolizei sind von den Inspektoren im Jahre 1905 19 105 Proben entnommen; bei 61 %, d. i. 1163 Fällen, haben sie mit Genehmigung des zuständigen Ausschusses die Strafverfolgung vor den Polizeigerichten aufgenommen; hierdurch wurde die Verhängung von 2974 £ 1 sh. 4 d. Gesamtsumme Geldstrafe und Kosten erzielt, wobei der durchschnittliche Höchstbetrag 16 £ 2 sh. 4 d. und der durchschnittliche Mindestbetrag 10 sh. 5 d. betrug.

Um einen Überblick über die allgemeine Tätigkeit der Inspektoren in strafpolizeilicher Beziehung zu gewähren, greife ich das Beispiel von Finsbury, eines städtischen, an die City anstoßenden Bezirks, mit 101 463 Einwohnern heraus; es haben dort auf Veranlassung der Inspektoren mit Genehmigung des Ausschusses 25 strafgerichtliche Verhandlungen stattgefunden; in einem Falle gab der Richter der Anklage nicht statt, während in 24 Fällen im Höchstbetrage eine Geldstrafe von 5 £ verhängt und im Mindestbetrage dem Angeklagten die Kosten des gerichtlichen Verfahrens (Kosten der Ladung 1 bis 2 sh.) zur Last gelegt wurden. Wegen Verstoßes gegen die Nahrungsmittelgesetze fanden außerdem in Finsbury noch 21 strafgerichtliche Verhandlungen statt (Höchstbetrag der verhängten Geldstrafe 5 £, Mindestbetrag 12 sh.). Dazu kommen in Finsbury noch zwei Fälle von Verletzungen der Vorschriften über die Herstellung von Eis (ice cream) (Höchstbetrag

10 sh., Mindestbetrag 5 sh.), 12 Fälle wegen sanitärer Mißstände in Fabriken und Werkstätten (Höchstbetrag 2 £, Mindestbetrag 1 £ und die Kosten des Verfahrens; letztere betragen in solchen Fällen durchschnittlich 10 sh.)

Die Gehälter der städtischen Inspektoren belaufen sich auf 120 bis 150 £ jährlich; die der Grafschaftssanitätsinspektoren steigen von 150 £ mit jährlichem Zuwachs von 10 £ bis zu 200 £ für die II. Klasse und 250 £ für die I. Klasse.

Vorgehen der Gesundheitspolizei.

Die Tätigkeit der Inspektoren erschöpft sich nicht darin, daß sie Verstöße zur strafgerichtlichen Verurteilung bringen; im Gegenteil sollen sie einerseits vermöge ihrer Sachkenntnis aufklärend und belehrend wirken, andererseits durch häufige Besichtigungen und persönliche Einwirkung einen Druck ausüben, daß die gerügten Mißstände freiwillig abgestellt werden. Die strafgerichtlichen Fälle bilden nur einen winzigen Bruchteil ihrer Tätigkeit.

Es handelt sich, abgesehen von den Nahrungsmittelverfälschungen, nur um solche Personen, die auf mehrfach gedruckte Aufforderung sich hartnäckig erweisen. Diese geschieht dadurch, daß zum Beispiel der Inhaber eines Logierhauses unter der Firma des Grafschaftsrates und des Medizinalbeamten auf den bei ihm durch den Sanitätsinspektor festgestellten Mißstand hingewiesen und die zu dessen Abstellung erforderlichen Arbeiten ihm bezeichnet werden.

Man wendet hierbei zwei Formulare an; ein im höflichen Tone gehaltenes für solche Logierhäuser, die über den gewöhnlichen stehen oder von Wohltätigkeitsanstalten usw. unterhalten werden, und das andere im Tone einer bestimmten Auflage gehaltene, an die Inhaber der gewöhnlichen Logierhäuser; das erste Formular ist im Laufe dieses Jahres auf Grund von Beschwerden eingeführt worden.

Von diesen Formularen sind im Jahre 1906 154 zugestellt worden. In den meisten Fällen ist aber die mündliche Verhandlung der Inspektoren oder des Chefinspektors vollkommen hinreichend, und es bedarf weiterer Maßregeln nicht.

Aus eigener Anschauung kann ich bestätigen, daß in London in der Verbesserung der sanitären Zustände der öffentlichen Logierhäuser ganz Außerordentliches geleistet worden ist. Ich habe vor fünf Jahren mit dem Chefinspektor mehrere Tage und Nächte damit zugebracht, öffentliche Herbergen zu besichtigen. Die Zustände waren damals vielfach grauenhaft, namentlich in den Herbergen der Heilsarmee; die Luftzufuhr war schlecht, die Räume überfüllt, feuergefährlich und vielfach in einem abstoßenden Zustande; auch fehlt es an ausreichenden sanitären Einrichtungen.

Bei meinen Besichtigungen in diesem Jahre war der Fortschritt sofort in die Augen springend; die Schlafräume waren groß und luftig, es herrscht überall Sauberkeit und Ordnung; es waren ausreichend Treppen für den Fall eines Brandes angebracht.

Befähigungsnachweis der Sanitätsinspektoren.

Anlangend die Befähigung der Sanitätsinspektoren, so wird nach dem das öffentliche Gesundheitswesen in der Grafschaft London regelnden Gesetze, the public health (London) act 1891, das Bestehen eines besonderen Examens vor einer Kommission, die an das Königliche Institut für das Gesundheitswesen — the Royal Sanitary Institute — Parkes Museum Margaret Street, London W, angegliedert ist, verlangt. Dieses Institut ist keine Regierungsanstalt, sondern eine aus eigenen Mitteln sich erhaltende wissenschaftliche Körperschaft, deren Zeugnisse von der Regierung (Local Government Board) anerkannt werden. Die Prüfung zerfällt in eine vorläufige, die sich befaßt mit der Kenntnis der englischen Sprache, Lesen, Schreiben und den schwierigen Formen des Rechnens und in eine Haupt- oder technische Prüfung. Das Bestehen der ersten Prüfung bildet die Voraussetzung für die Zulassung zur zweiten. Die technische Prüfung ist mündlich, schriftlich und praktisch und hat die nachfolgenden Gebiete zum Gegenstande:

1. elementare Physik und Chemie in bezug auf Wasser, Boden, Luft und Lufterneuerung,

2. Grundzüge der Statistik und ihrer Methode,

3. Kommunale Hygiene oder Hygiene der Städte, einschließend Verhütung und Beseitigung der die Gesundheit oder das Wohlbefinden gefährdenden Zustände, sanitäre Mißstände in und an Gebäuden und deren Abstellung, Wasserversorgung, Abwässer, sanitäre Einrichtungen, Müll, dessen Fortschaffung und Beseitigung, gesundheitsstörende Gewerbe, Desinfektion, Nahrungsmittelpolizei.

4. Gesetzliche Bestimmungen, Erlasse, Denkschriften und Musterbestimmungen des Local Government Board und die Polizeiverordnungen des Grafschaftsrates.

Die Kandidaten müssen ein Zeugnis über ihre bisherige Ausbildung beibringen oder nachweisen, daß sie drei Jahre bereits anderweitig als Sanitätsinspektoren tätig gewesen sind; das erstere besteht in der Bescheinigung darüber, daß der Kandidat zweiunddreißig von dem Institute bestimmten systematischen Vorlesungen über das Prüfungsgebiet nebst praktischen Übungen mit Erfolg beigewohnt hat.

Die Gebühren für das Examen betragen bei dem vorläufigen 21 sh. (1 guinea) und bei dem technischen drei guineas.

b. Die Polizei in den Grafschaften.

Allgemeines.

Nach dem Berichte des Regierungsinspektors für die östlichen und die in der Mitte von England und in Nord-Wales belegenen Grafschaften an den Staatssekretär vom 30. November 1905 waren in diesem Teile des Königreichs 64 Polizeiverwaltungen vorhanden, und zwar 24, die dem Grafschaftsrat, und 37, die der Gemeindeverwaltung unterstanden.

Die Gesamtstärke der Polizeimannschaft betrug 7959; die Zahl der zu schützenden Bevölkerung betrug nach dem Zensus von 1901 7 762 316, so daß ein Polizist auf 975,28 Personen entfällt. Die Gesamtstärke der Grafschaftspolizei belief sich auf 4961 und der städtischen auf 2988, während die Bevölkerung in ersterer 5 455 046 und in der letzteren 2 307 270 betrug, entsprechend einem Verhältnisse von 1 Polizisten zu 1099,58 in ersterer und zu 769,60 Einwohnern in letzterer.

Dazu kommen noch 184 Schutzleute (additional constables), die auf Kosten von Privatpersonen oder industriellen Unternehmungen angestelllt worden sind. Die Durchschnittskosten eines Polizisten betragen in den englischen Grafschaften 87 £ 16 sh. 3 d., in den Grafschaften von Wales 97 £ 16 sh. 3 d. und in den Städten 94 £ 8 sh. 6$^3/_4$ d. Der höchste Satz der für Polizeizwecke für jedes Pfund des festgesetzten Grundwertes zur Hebung gelangenden Steuer betrug in den englischen Grafschaften 4,50 d. (Essex) und der niedrigste 1,84 d. (Rutland), in den Grafschaften von Wales 3,75 d. (Merioneth) und 2,34 d. (Montgomery).

Von den Städten stand Boston (15 783 Einwohner, je ein Polizist auf 831) mit einem Steuersatze von 7,75 d. an der Spitze, während in Luton (36 404 Einwohner, je ein Polizist auf 1011 Einwohner) der niedrigste Satz mit 4,25 d. erhoben wurde; in Boston und Essex handelt es sich jedoch um Bestreitung außerordentlicher Baukosten.

Einundzwanzig Städte mit einer Bevölkerung von über zehntausend Einwohnern (von 11889 bis 77326 — Aston Manor) lassen auf Grund besonderen Abkommens ihre Polizei von der Grafschaft verwalten. 82,28 der Polizisten sind im Krankenpflegerdienste ausgebildet, so daß sie wirksame erste Hülfe leisten können.

Nach dem Berichte des Regierungsinspektors für den nördlichen Bezirk vom gleichen Tage bestanden dort 10 Grafschafts- und 51 städtische Polizeiverwaltungen.

Die Gesamtstärke der Polizei betrug 13 569 gegenüber einer Bevölkerungszahl von 11 224 628, so daß auf einen Schutzmann 827 Personen entfielen.

Dazu kamen 656 additional constables. Die Bevölkerung der zehn Grafschaften betrug 5 206 440 und die Stärke ihrer .Polizeimannschaft 4960—1049 Einwohner auf jeden Polizisten. 34 Städte mit einer Einwohnerzahl von 11 798 bis 62 627 haben die Verwaltung ihrer Polizei der Grafschaft übertragen. 51 Städte mit einer Bevölkerung von 6 018 188 und einer Polizeimannschaft von 8609 Schutzleuten haben selbständige Polizeiverwaltung (699 Personen auf je einen Polizisten).

Die Gesamtkosten der Polizei für das Etatsjahr 1904/05 betrugen 1 594 427 £, von denen 604 222 £ durch Staatszuschuß und 862 865 £ durch örtliche Steuern aufgebracht wurden.

Die Kosten der Unterhaltung eines Polizisten betrugen 97 £ und der Durchschnittssteuersatz 5,1 d. 12 096 Polizisten sind im Ambulanzdienste ausgebildet worden.

Für den Inspektionsbezirk Süd-England und den Süden von Wales betrug nach dem Berichte des Inspektors für das Jahr 1904/05 die Gesamtstärke der Polizeimannschaft 7714 gegenüber einer Bevölkerung von 6 968 569=903 Einwohner auf je einen Polizisten. Dazu treten noch 182 additional constables. Die Bevölkerung der 21 Grafschaften (15 in England und 6 in Süd-Wales) betrug 4 876 934 und die Polizeimannschaft 4686=1040 Einwohner für je einen Polizisten. Die Bevölkerung der 39 Städte — 35 in Süd-England und 4 in Süd-Wales — belief sich auf 2 091 585 und die Polizeimannschaft auf insgesamt 3028=690 Einwohner auf je einen Polizisten.

Achtzehn Städte (von 10 581 bis 49 439 Einwohner) lassen ihre Polizei von der Grafschaft verwalten. Die Gesamtkosten der Polizeiverwaltung für das Etatsjahr 1905 beliefen sich auf 841 025 £, von diesen wurden 318 109 £ (die Hälfte der Kosten des Gehaltes und der Bekleidung) durch Staatszuschuß und 464 307 £ durch lokale Steuern gedeckt. Die Kosten der Unterhaltung eines

5*

Polizisten betrugen durchschnittlich 87 £ und der Steuersatz 4,3 d.

5403 Polizisten besitzen Zeugnisse über ihre Ausbildung im Ambulanzdienste.

Pension.

Sowohl die Mitglieder der Grafschafts- als auch der städtischen Polizei haben auf Grund des Polizeigesetzes vom Jahre 1890 (the police act 1890 53 und 54 Vict. c. 45), das man wohl die Magna charta der Polizei in England genannt hat, nach Vollendung des 25. Dienstjahres nach vorheriger schriftlicher viermonatiger Kündigung Anspruch auf Pension; nach Zurücklegung des fünfzehnten Dienstjahres ist das Recht auf Pensionierung auf Grund ärztlichen Zeugnisses gegeben; tritt ärztlich bescheinigte Dienstunfähigkeit vor dem fünfzehnten Lebensjahre ein, so hängt die Bewilligung einer Unterstützung (gratuity) von dem Ausschusse oder Stadrate ab. Pension muß auch dann gewährt werden, wenn die Dienstunfähigkeit infolge im Dienste erlittener Beschädigung eingetreten ist; in diesem Falle ist auch ein Pensionsanspruch der Witwe und ein Unterstützungsanspruch etwaiger Kinder gegeben, während sonst die Witwe und die Kinder auf das Ermessen des Ausschusses angewiesen sind; es steht ferner in dem Belieben des Ausschusses, die gesetzlich zustehende Pension um höchstens die Hälfte zu vermindern, wenn die Dienstunfähigkeit durch die eigene Schuld des Schutzmannes oder seine schlechten Lebensgewohnheiten (vicious habits), z. B. Trunksucht, herbeigeführt worden ist.

Das einzelne Polizeimitglied erleidet keine Schmälerung seines Pensionsanspruches, wenn es beim Übertritt in eine andere Polizeimannschaft die Genehmigung seines bisherigen Chefs zum Austritt aus seiner bisherigen Stellung besitzt.

Zu dem Pensionsfonds fließen die Beiträge der Schutzleute, bestehend in einem Gehaltsabzuge von 2½ %, vom Gerichte verhängte Geldstrafen und sonstige Beträge, deren Ertrag nach gesetzlicher Vorschrift an den Pensionsfonds abzuführen sind.

Jede Grafschaft oder Stadt mit selbständiger Polizeiverwaltung kann mit Genehmigung des Staatssekretärs Vorschriften für die Regelung der Pensionieruug treffen innerhalb des Rahmens des Gesetzes, insbesondere auch darüber, ob und welche Abzüge an der Dienstzeit wegen Krankheit und Dienstvernachlässigung zu machen sind.

Für jede Polizeiverwaltung besteht ein besonderer Pensionsfonds.

Auf die Pensionsfonds wird ein jährlicher Staatszuschuß von 300 000 £ verteilt auf Grund Bescheinigung des Staatssekretärs, daß die einzelne Polizeiverwaltung während des abgelaufenen Jahres zufriedenstellend gewesen sei.

Eine Ausnahme bildet die City-Polizei, die auf Grund alter Privilegien und Freibriefe von der Regierungsaufsicht völlig unabhängig ist und daher auch keinen Staatszuschuß erhält.

Organisation der Grafschaftspolizei.

An der Spitze der Polizeiverwaltung steht der ständige Ausschuß (standing joint committee); dieser setzt sich zur Hälfte aus den Friedensrichtern zusammen, die bei der Vierteljahrssitzung derselben gewählt werden (quartersessions) und zur Hälfte aus gewählten Mitgliedern des Grafschaftsrates, local government act 1888.

Dieser Ausschuß wählt den Chef der Grafschaftspolizei (chief constable genannt); die Wahl und in gleicher Weise die Entlassung des chief constable unterliegen der Bestätigung des Staatssekretärs.

Die Verwaltung der Polizei liegt im übrigen in den Händen des chief constable; er ernennt, befördert und entläßt die Mitglieder der Polizei auf eigene Verantwortung und übt die volle Disziplinargewalt aus.

Die Grafschaftspolizeiverwaltungen sind in dem Zeitraume von 1839 bis 1856 unter der unmittelbaren Aufsicht des Staatssekretärs eingerichtet worden.

Die Festsetzung der Stärke der einzelnen Polizeimannschaften ist an seine Genehmigung gebunden; zu seiner Zuständigkeit gehört es, Vorschriften für die Gehälter,

Bekleidung und Verwaltung der Grafschaftspolizei zu erlassen.

Baupläne für Polizeistationen sind von dem Staatssekretär gleichfalls zu genehmigen. Die Kosten der Polizei werden durch eine lokale Steuer aufgebracht, die für je ein Pfund des festgesetzten Grundstückswertes (rateable value) erhoben wird. Die Kosten der Grafschaftspolizei können nach dem Umfange der Inanspruchnahme der Polizeimannschaft auf die einzelnen Teile der Grafschaft umgelegt werden, so daß zum Beispiel die Polizeisteuern für einen industriellen Teil höher sind, als für einen ländlichen.

Ein Staatszuschuß wird in Höhe der Hälfte der Kosten des Gehaltes und der Bekleidung der Polizeimannschaft gewährt.

Die Gewährung dieses Zuschusses ist jedoch an die jährlich vom Staatssekretär zu erteilende Bescheinigung geknüpft, daß die einzelne Polizeiverwaltung sich in gutem Zustande befindet (efficient); weigert sich der Staatssekretär, diese Erklärung abzugeben, so kommt der Staatszuschuß in Fortfall. Es bestehen zurzeit 60 Grafschaftspolizeiverwaltungen. An ihrer Spitze stehen in den meisten Fällen verabschiedete Offiziere.

Die Grafschaft ist in der Regel in Bezirke (divisions), Unterbezirke und Sektionen eingeteilt, an deren Spitze Superintendenten, Inspektoren und Sergeanten stehen.

Sofern die Polizei die Strafverfolgung aufgenommen und nicht wegen der besonderen Bedeutung oder Schwierigkeit eines Falles ein Rechtsanwalt (solicitor) zugezogen worden ist, vertritt der Bezirkschef (superintendent) die Anklage vor den Friedensgerichten.

Es handelt sich hierbei nur um die Stellung von Zeugen und Herbeischaffung sonstiger Beweismittel, die die Straftat und den Täter erweisen sollen und die Erteilung von Auskunft über Vorstrafen, Vorleben usw. des Angeklagten.

Ein Plaidoyer wird nicht gehalten; auch werden in der Sitzung am Schlusse der Beweisverhandlungen keinerlei Anträge gestellt.

Nach dem Selbstverwaltungsgesetze, local government act 1888, können nur Städte von mindestens zwanzigtausend Einwohnern sich eine eigene Polizeiverwaltung einrichten; alle übrigen Städte stehen in polizeilicher Hinsicht unter der Grafschaftspolizei. Eine Ausnahme bilden nur diejenigen Städte von nicht weniger als 10 000 Einwohnern, die zur Zeit des Erlasses des Gesetzes bereits eine eigene Polizei hatten.

Die Verwaltung der Grafschaftspolizei ist streng zentralisiert: ein Netz von Polizei-Haupt- und Nebenstationen erstreckt sich über die ganze Grafschaft. Hierdurch wird ein wirksamer Polizeischutz auch auf dem platten Lande gewährleistet.

Mit der Verwaltung der Grafschaftspolizei ist man in Regierungskreisen sehr zufrieden. Auch in der Presse werden nur vereinzelt Klagen über die Grafschaftspolizei laut. Sehr wenig zufriedenstellend ist dagegen die Polizeiverwaltung in den kleinen und mittleren Städten; sie ist zu kostspielig und unterliegt zu sehr lokalen Einflüssen; auch läßt der Ersatz der Polizei und dessen Ausbildung sehr viel zu wünschen übrig. Man sucht daher möglichst Abkommen herbeizuführen, wonach Städte mittleren Umfanges auf die selbständige Polizeiverwaltung verzichten und sich der Grafschaftspolizei unterstellen. Auch sonst können in polizeilicher Hinsicht im Interesse eines besseren Schutzes Teile einer Grafschaft einer anderen Grafschaft oder einer Stadt zugeschlagen werden. — the police act 1890. —

Jede Grafschaftspolizei bildet eine auf sich selbst gestellte unabhängige Verwaltungseinheit, in deren Schoß sich die Annahme, Ausbildung, Beförderung und Disziplinierung der Mannschaft vollzieht. Es hängt daher wesentlich von der Persönlichkeit des chief constable ab, in welchem Zustande sich die Polizeiverwaltung befindet.

Je kleiner die Grafschaft ist, desto schwieriger ist es, einen tüchtigen Mannschaftsersatz zu erhalten, da die Aussichten auf Beförderung dort nur gering sind; auch fehlt es dort an Gelegenheit zu einer systematischen Ausbildung der Mannschaft.

Dazu kommen lokale und persönliche Einflüsse, die störend in den Gang der Verwaltung eingreifen.

Im allgemeinen ist der Ersatz, soweit ich beobachten konnte, sehr gut in körperlicher (5,9 englische Fuß Mindestmaß) und geistiger Beziehung. Den Hauptbestandteil bilden Landarbeiter; bei guter Bezahlung und der Aussicht auf Beförderung bis zum Bezirkschef (superintendent) und der angesehenen Stellung, deren sich der Polizist in der Grafschaft erfreut, sind immer zahlreiche Meldungen zu verzeichnen.

Von früheren Soldaten ist nur ein geringer Prozentsatz unter der Polizeimannschaft vorhanden, obwohl man deren Anstellung im Interesse der Armee möglichst zu fördern sucht.

Allgemeine zahlenmäßige Angaben über den letzten Punkt habe ich nicht ausfindig machen können.

An sich ist das System der zentralisierten Grafschaftspolizei ausgezeichnet und weiterer Ausbildung fähig. Es wird der Gedanke vielfach erörtert, eine gesetzliche Ermächtigung einzuführen, um freie Hand in der Versetzung von Schutzleuten von der einen städtischen oder Grafschaftspolizei in die andere zu haben.

Als Instruktionsbuch für die Polizei wird ein kurzgefaßter Leitfaden „A constable's duty and how to do it", London Effingham Wilson Royal Exchange 1902, verwendet. Um einen Überblick über die Verwaltung der Grafschaftspolizei zu geben, führe ich einige Beispiele an:

Grafschaftspolizei Worcestershire.

Die Grafschaft Worcestershire hat 379 234 Einwohner ausschließlich derjenigen der Städte Worcester und Kidderminster mit selbständiger Polizeiverwaltung. Der nördliche Teil der Grafschaft ist industriell (Eisen- und Glaswerke), in den mittleren herrscht der Bergbau vor, und der südliche Teil trägt ländlichen Charakter.

Die Gesamtkosten der Grafschaftspolizeiverwaltung betragen rund 47 000 £, von denen 15 000 £ durch Staatszuschuß (Hälfte der Kosten der Besoldung und Kleidung) gedeckt werden. Soweit diese durch Grafschafts-(Polizei-) steuern erhoben werden, werden sie nach der veranschlagten Höhe der Ausgaben in jedem Bezirk auf die drei oben bezeichneten Teile der Grafschaft verteilt. Die Kosten der allgemeinen Verwaltung werden jedoch auf alle drei Teile gleichmäßig umgelegt. Der Grafschaftspolizeibezirk umfaßt 463 616 Morgen (acres). Die Grafschaftspolizei besteht aus einem Chef-Chief constable und den von ihm ernannten Unterbeamten, nämlich:

12 Bezirksvorstehern (superintendent), 16 Unterbezirksvorstehern (inspectors), 55 Sergeanten (sergeants), 340 Schutzleuten.

Die Grafschaft zerfällt in elf Polizeibezirke (divisions), die je nach der Größe in 22 Unterbezirke (subdivisions) zerlegt sind; letztere fallen mit den friedensrichterlichen Bezirken (petty sessional divisions) zusammen.

Die Zahl der Friedensrichter (justices of the peace-magistrates) beträgt 183.

Täglich um 12 Uhr mittags hält einer der Friedensrichter in dem Bezirk (petty session), in dem er wohnt, Gerichtssitzung ab, um einfache Übertretungen — Trunkenheit, Bettelei usw. — abzuurteilen und den etwa in der vorhergehenden Nacht Verhafteten Gelegenheit zur Vorführung vor den Richter zu geben.

Zu Anfang jeden Jahres wird von der Vierteljahrsversammlung (quarter sessions) der Friedensrichter eine Liste der für die einzelnen Gerichtstage in den petty sessions bestimmten Richter aufgestellt. In 15 Fällen befinden sich Polizeigerichte und Polizeistationen unter demselben Dache, in den übrigen Fällen sind Räume für die Polizeigerichte gemietet worden. Die Grafschaft ist Eigentümerin der Gebäude.

Die Oberaufsicht über die Polizeiverwaltung führt der Ausschuß — standing joint committee; er besteht aus dem Vorsitzenden des Grafschaftsrates, 12 Friedensrichtern und 21 von dem Grafschaftsrat gewählten Mitgliedern; er hat einen Unterausschuß — police select committee — von 12 Mitgliedern gewählt; dieser hält monatlich eine Sitzung zur Vorprüfung der Rechnungen, Ausgaben usw. ab. Der Ausschuß selbst versammelt sich ein oder zweimal in jedem Vierteljahre. Alle Rechnungen werden außerdem durch einen von der Zentralregierung (Local Government Board) entsendeten Revisor geprüft.

Der sehr tüchtige Chef der Grafschaftspolizei in Worcestershire, Oberst Walker, erfreut sich des Vertrauens des Ausschusses; soweit es sich nicht um finanzielle Angelegenheiten handelt, nehmen der Ausschuß und Unterausschuß lediglich Kenntnis von seinen Maßregeln.

Der Chef ernennt den Bezirksvorsteher (superintendent), der ihm für die ordnungsmäßige Verwaltung des Bezirks (division) verantwortlich ist.

Ein Superintendent ist von ihm als sein Vertreter (deputy chief constable) im Falle seiner Verhinderung oder Abwesenheit ernannt worden, ein anderer ist Chef des Bureaus (chief clerk).

Die Mannschaft erhält jährlich Waffenrock, zwei Paar Hosen und einen Helm geliefert, alle zwei Jahre einen Sommer-Waffenrock, einen Überrock und eine Dienstmütze, alle fünf Jahre einen Regenmantel.

Jeder Mann erhält außerdem bei seiner Anstellung: einen Polizeiknüppel, ein Paar Handschellen, eine Pfeife und Kette, eine Laterne, einen Nacht- und einen Tagesgürtel. Monatlich werden die sämtlichen Uniformstücke besichtigt.

Ersatz.

Rekruten müssen 21 und nicht über 28 Jahre alt sein, eine Höhe von 5 Fuß 9 Zoll (englisch) und einen Brustumfang von 36 Zoll (englisch) haben.

Es werden hauptsächlich landwirtschaftliche Arbeiter und Handwerker angenommen, aber auch nach Möglichkeit frühere Soldaten. Es sind in den letzten Jahren Schwierigkeiten hervorgetreten, Leute mit dem erforderlichen Brustumfang zu erhalten; dieses traf namentlich bei den Soldaten zu.

Die Rekruten werden zunächst zwei Monate an der am Sitze des Chefs befindlichen Station durch einen Inspektor (früheren Sergeanten der Armee) einexerziert und im Polizeidienst theoretisch ausgebildet. Die letztere besteht nach Einsicht der Hefte wesentlich nur in der Abschrift des Instruktionsbuches.

Erklärt der ausbildende Inspektor einen Rekruten für brauchbar, so wird dieser sodann einer Division überwiesen, wo der Rekrut zu seiner praktischen Ausbildung einen Patrouillenbezirk zu besorgen hat; die ersten Dienstgänge werden in Begleitung eines älteren, erfahrenen Beamten gemacht.

Die Rekruten einer Division werden regelmäßig an der Hauptstation wöchentlich zu Exerzierübungen und Erteilung theoretischen Unterrichtes zusammengezogen. Die Probe- und Unterrichtszeit eines Rekruten umfaßt in der Regel sechs Monate.

312 Schutzleute sind im Krankenpflegedienste so weit ausgebildet worden, daß sie erste Hilfe leisten können.

Gehalt:

Das Jahresgehalt der Schutzleute III. Klasse beim

Eintritt beträgt	57 £	15 sh.	10 d.
II. Klasse nach 6monatiger zufriedenstellender Dienstzeit in der III. Klasse	60 ,,	16 ,,	8 ,,
I. Klasse nach 12monatiger zufriedenstellender Dienstführung in der II. Klasse	63 ,,	17 ,,	6 ,,
3jähriger	66 ,,	18 ,,	4 ,,
6jähriger	69 ,,	19 ,,	2 ,,
9jähriger	73 ,,	0 ,,	0 ,,
Sergeanten	77 ,,	11 ,,	3 ,,
Höchstgehalt nach 9jähriger zufriedenstellender Dienstzeit	91 ,,	5 ,,	0 ,,
Inspektor: Höchstgehalt	100 ,,	7 ,,	6 ,,
nach 9 Jahren w. o.	118 ,,	12 ,,	6 ,,
Superintendent	155 ,,	2 ,,	6 ,,
Höchstgehalt nach 8 Jahren w. o.	209 ,,	17 ,,	6 ,,
Vertreter des Chefs	250 ,,	— ,,	— ,,
Chef	650 ,,	— ,,	— ,,

Inspektor der Maße und Gewichte ...	Gehalt s. Inspekt.
seine Gehilfen	82 £ 2 sh. 6 d.
Höchstgehalt nach 6 Jahren	94 „ 5 „ 10 „

Der Superintendent erhält für Pferdehaltung 50 £ 3 sh. 9 d., der Chef für den gleichen Zweck 100 £. Oberst Walker benutzt diese Summe zur Unterhaltung eines Automobils. Alle Rangstufen erhalten 1 £ 10 sh. 5 d. jährliches Schuhgeld.

Außerhalb ihres eigenen Bezirkes werden für Dienstreisen den Superintendenten im Höchstbetrage 3 sh. 6 d., den Inspektoren 3 sh. und den Sergeanten und Schutzleuten 2 sh. bezahlt.

Die Polizeimannschaft erhält am 14. und letzten jeden Monates Löhnung.

Polizeistationen.

Ein Stationsgebäude mit Gewahrsam (Zellen) ist für jeden friedensrichterlichen Bezirk (petty sessional division) und bevölkerte kleinere Bezirke vorhanden. Unverheiratete Polizisten wohnen in den Stationsgebäuden, wofür sie 1 sh. wöchentlich bezahlen. Die verheirateten bezahlen für die ihnen überwiesenen Einzelwohnungen 2 sh. wöchentlich.

Die Stationen, die ich besichtigte, waren geräumig und freundlich; die Quartiere für die Unverheirateten sowohl als die Einzelwohnungen der Verheirateten waren in ihren Abmessungen und der Anzahl der Räume reichlich und allen hygienischen Anforderungen entsprechend (Badezimmer, Waschküche usw.). Das Gleiche traf für die Zellen des Polizeigewahrsams zu.

Ich fand überall peinliche Sauberkeit. Die Reinigungsarbeiten werden von bezahlten Hilfskräften ausgeführt, soweit es sich nicht um die Wohnung der Verheirateten handelt.

Nach den von mir eingesehenen Kostenanschlägen erforderte der Bau einer Zelle entsprechend den Vorschriften des Ministeriums 95 £ und die Errichtung eines Stationsgebäudes, umfassend Gerichtssaal und Zimmer für Friedensrichter, Quartier für 4 unverheiratete Polizisten, Bureauzimmer (charge room) Stall und Remise, Raum für Maße und Gewichte, 4 Zellen und 2 Wohnungen für Verheiratete 6000 £ (120 000 M).

Urlaub.

Jeden Monat wird bei guter Haltung der Mannschaft ein Tag Urlaub gewährt; jährlich erhält der Superintendent 21 Tage, der Inspektor 14 Tage, der Sergeant 12 und der Schutzmann 10 Tage Urlaub.

Disziplin.

Der Chef teilte mir mit, daß er bei dem zweiten Falle festgestellter Trunkenheit unverzüglich die Entlassung ausspreche; die Haltung der Mannschaft sei gut, so daß Disziplinarstrafen nur selten verhängt würden; er strebe bei dem Ausschusse die Einrichtung einer besonderen Klasse (merit class) mit höherer Löhnung an, damit solche Schutzleute, die zwar in ihrer dienstlichen Führung tüchtig seien, aber zu Beförderungen sich nicht eigneten, in ihrem Eifer nicht erlahmten.

Bureaubetrieb.

In den Polizeistationen der Division fand ich folgende Bücher vor:

Charge book: enthält Namen und Adresse des Verhafteten und die ihm zur Last gelegte strafbare Handlung.

Criminal occurence book: enthält die Einzelheiten der begangenen strafbaren Handlungen.

Petty sessions book: enthält die vor die Friedensrichter gebrachten Fälle und deren Entscheidung.

Receipt book: Verzeichnis der dem Verhafteten abgenommenen Gegenstände, gestohlener Gegenstände usw.

General occurence book: Darstellung von allen Ereignissen, Unglücksfällen usw., die zur Kenntnis der Polizei gelangen.

Warrant book: Liste der richterlichen Haftbefehle.

Men's duty journal: Übersicht über den Dienst der Mannschaft — dessen Anfang und Ende.

Gaol receipts: Empfangsbescheinigung des Vorstehers des Gewahrsams über die mit dem Gefangenen eingehändigten Gegenstände.

Charge sheets: enthält Bezeichnung der strafbaren Handlung und des verhafteten Täters. Die Schutzleute sind verpflichtet, ihrem Superintendenten die zu ihrer Kenntnis gelangenden strafbaren Handlungen ihres Patrouillenbezirkes zu melden.

Für jeden Patrouillenbezirk werden die Berichte der einzelnen Schutzleute gesammelt aufbewahrt (file reports). Aktenhefte kennt man nicht.

Aufsicht.

Häufige, unvermutete Besichtigungen werden von allen Vorgesetzten, vom Chef abwärts, vorgenommen, um die Mannschaft diensteifrig zu erhalten.

Benachrichtigung.

Von allen schweren Verbrechen und dem Erlaß von Haftbefehlen werden die benachbarten Polizeiverwaltungen und der Kommissar der Londoner Polizei durch gedruckte Mitteilung benachrichtigt.

Besonderer Dienst.

Abgesehen von dem polizeilichen Dienst im engeren Sinne, ist der Worcestershire Grafschaftspolizei die Aufsicht über die Gewichte und Maße, die Ausführung der Vorschriften über die Bekämpfung von Viehseuchen in Unterstützung der Regierungsveterinärbeamten und die Überwachung der Aufbewahrung explosiver Stoffe übertragen worden.

Der Chef in Übereinstimmung mit dem Ausschusse ist grundsätzlich dagegen, der Polizei weitere Aufgaben zu übertragen, da sie hierdurch nur von der Erfüllung ihres Hauptzweckes abgelenkt würde. In einer Sitzung des Ausschusses, der ich beiwohnte, wurde es zum Beispiel auf Vortrag des chief constable abgelehnt, die Verbreitung von Drucksachen für die Schulverwaltung zu übernehmen.

Stadt Dudley.

Die Stadt Dudley in der Grafschaft — 48 733 Einwohner — unterhält ihre Polizeimannschaft auf eigene Kosten (1 Superintendent [Chef] 2 Inspektoren, 6 Sergeanten und 39 Schutzleute), hat aber die Verwaltung und Führung ihrer Polizei dem Chef der Grafschaftspolizei auf Grund besonderer Vereinbarungen übertragen.

Grafschaftspolizei Northumberland.

Die Grafschaft Northumberland, die ich gleichfalls bereiste, hat eine Bevölkerung von 291 321; der für die Polizeisteuer festgesetzte Grundstückswert beträgt 1 999 408 £, die durchschnittliche Tagesstärke der Polizeimannschaft ausschließlich der geliehenen Schutzleute beträgt 228, sodaß ein Schutzmann auf 1224 Einwohner entfällt.

Die Kosten der Polizeiverwaltung betragen nach Abzug der Einnahmen 22 339 £, von denen 10 261 £ 1 sh. 11 d. durch Staatszuschuß gedeckt werden; die auf den einzelnen Polizisten entfallenden Ausgaben betragen 97 £ 19 sh. 7 d.

Die Polizeisteuer beträgt $2^3/_4$ d. für je ein Pfund festgesetzten Grundsteuerwertes.

Die Grafschaft hat industriellen Charakter — Kohlenbergbau; sie zerfällt in 5 Divisionsbezirke und die Hauptstation; nur zwei Divisionsbezirke fallen mit den 15 friedensrichterlichen Bezirken (petty sessional divisions) zusammen, die übrigen Bezirke decken sich nicht ganz.

In dem Divisionsbezirk Morpeth, der 45 355 Einwohner zählt, wurde mir mitgeteilt, daß alle vierzehn Tage am Mittwoch regelmäßig das Friedensgericht tage; tritt in der Zwischenzeit die Notwendigkeit hervor, daß ein oder zwei Friedensrichter — je nach der durch die Schwere des Falles bedingten Zuständigkeit — zu einer außerordentlichen Sitzung herangezogen werden müssen, so benachrichtigt der Superintendent in Vertretung des Gerichtsschreibers (justices clerk) die nächstwohnenden Friedensrichter und den Gerichtsschreiber selbst, der außerhalb von Morpeth wohnt; eine Geschäftsverteilung (rota) gibt es in Northumberland für die Friedensrichter nicht.

Es wird hierbei bemerkt, daß jeder friedensrichterliche Bezirk in Northumberland seinen eigenen Gerichtsschreiber hat; letztere sind im Bezirk ansässige Sachwalter (solicitor); für ihre Tätigkeit als Gerichtsschreiber erhalten sie ein jährliches Gehalt von 200 bis 400 £.

Berittene Polizei.

In vier Bezirken ist ein berittener Polizist vorhanden, im Notfalle werden für weitere 12 Mann Pferde gemietet.

Bureaupersonal.

In der Hauptstation sind ein Superintendent als Hauptschreiber (chief clerk), ein Sergeant und ein Schutzmann als Schreiber tätig; in den übrigen Divisionen versieht je ein Schutzmann Schreiberdienste (5).

Additional constables.

Vierundzwanzig Schutzmänner in der Rangstufe vom Inspektor abwärts sind in den Diensten von Privaten tätig — additional constables —, darunter 1 Inspektor und 1 Schutzmann im Dienste des Herzogs von Northumberland, 1 Schutzmann im Dienste des Herzogs von Portland und ein Schutzmann im Dienste des Viscount Ridley.

Die sämtlichen an alle Divisionen gerichteten Verfügungen und Mitteilungen werden in der Hauptstation gedruckt durch einen dort angestellten Buchdrucker. Diese Einrichtung hat sich vorzüglich bewährt; durch sie wird Zeit und Geld gespart.

Gehälter.

Der Chef bezieht 500 £ und 50 £ für die Beaufsichtigung der Maße und Gewichte.

Der Superintendent erhält 173 £ 7 sh. 6 d. Anfangsgehalt, 219 £ Höchstgehalt nach zehn Jahren.

Der Vertreter des Chefs (deputy chief constable) 273 £ 15 sh.

Der Hauptschreiber (chief clerk) 219 £.

Der Inspektor 100 £ 10 sh. Anfangsgehalt, 133 £ 16 sh. 8 d. Höchstgehalt nach 5 Jahren.

Der Sergeant:

a) 86 £ 13 sh. 9 d. Anfangsgehalt., 100 £ 7 sh. 6 d. Höchstgehalt,
b) als diensttuender Inspektor auf Grund besonderer Anordnung 100 £ 10 sh. Höchstgehalt,
c) als Detektiv 100 £ 10 sh. Höchstgehalt.

Der Schutzmann:

a) 62 £ 7 sh. 1 d. Anfangsgehalt, 82 £ 2 sh. 6 d. Höchstgehalt nach 15 Jahren,
b) als diensttuender Sergeant 86 £ 13 sh. 9 d. Höchstgehalt,
c) als diensttuender Detektiv 86 £ 13 sh. 9 d. Höchstgehalt.

Die periodischen Gehaltssteigerungen treten nur bei guter dienstlicher Führung ein und kommen in Fortfall, wenn innerhalb 12 Monaten vor dem Zeitpunkte der an sich zu gewährenden Erhöhung Geldstrafe oder Rangerniedrigung verhängt worden ist.

Nach zwanzigjähriger guter dienstlicher Führung kann der Chef eine Auszeichnung verleihen, die mit einer halbjährlichen Gehaltserhöhung von 3 £ 10 sh. verbunden ist.

Auch besteht eine Verdienstklasse für Sergeanten und Schutzleute, die eine Gehaltssteigerung von jährlich 3 £ 10 sh. in sich schließt.

Als Schuhgeld erhält jeder Mann 2 £ 5 sh. 8 d.

Wohnung, Quartier.

Alle verheirateten Beamten haben Dienstwohnungen oder von der Grafschaft für diesen Zweck angemietete Häuser inne und bezahlen und zwar der Superintendent 9 £ 2 sh., der Inspektor 5 £ 4 sh., der Sergeant 4 £ 11 sh., der Schutzmann 3 £ 18 sh. (1 sh. 6 d. wöchentlich).

Unverheiratete Schutzleute bezahlen für ihr Quartier 1 sh. wöchentlich.

Die tatsächlichen Reisekosten werden ersetzt; sie betrugen insgesamt zu Lasten der Grafschaft einschließlich der

Kosten der Versetzungen der Polizisten 881 £ gleich 4 £ Kopfanteil.

Zwei Pfund werden jährlich für Stellung eines Zweirades gewährt.

Nebenamtliche Beschäftigung.

Abgesehen von den oben bei der Grafschaftspolizei in Worcestershire erwähnten nebenamtlichen Dienstzweigen sind ein Inspektor, 4 Sergeanten und 2 Schutzleute bei der Beaufsichtigung der Fischereien (fishery officers) ohne Entgelt und der Chef, 4 Superintendenten, 2 Inspektoren, 4 Sergeanten und 2 Schutzleute bei der Handhabung der Nahrungsmittelpolizei (inspector under the food and drug's act) tätig; hierfür erhalten die Superintendenten und Inspektoren täglich für die Dauer dieser Beschäftigung 2 sh. 6 d., die Sergeanten und Schutzleute 1 sh. 6 d. vergütet.

Mannschaftsbewegung.

Während des Jahres 1905 wurden 3 Schutzleute entlassen, 1 Sergeant und 8 Schutzleute verließen freiwillig den Dienst.

Beköstigung der Gefangenen.

Die Beköstigung der Gefangenen geschieht durch den Vorsteher des Polizeigewahrsams; sie erhalten drei Mahlzeiten täglich; für jede sind 4 d. (ungefähr 20 Pf.) ausgeworfen.

Grafschaftspolizei Yorkshire (West Riding).

Die Grafschaft Yorkshire zerfällt in drei Verwaltungsbezirke (ridings), den nördlichen, östlichen und westlichen; der bei weitem wichtigste industrielle (Bergbau und Eisenwerke) ist der westliche; er hat eine Bevölkerung von 1 238 865 Einwohner; auf je 969 Einwohner kommt ein Schutzmann.

Gehalt, Rangstufen.

Die Grafschaftspolizei W. R. besteht aus 1 Chef, jährliches Gehalt 1100 £.

1 Stellvertreter des Chefs und zugleich Chef des Bureaupersonals 550 £., 24 Superintendenten (Anfangsgehalt 200 £., Höchstgehalt 300 £), 42 Inspektoren (Anfangsgehalt 117 £ 2 sh., Höchstgehalt 139 £ 18 sh.), 188 Sergeanten (wöchentliches Anfangsgehalt 34 sh. 5 d., Höchstgehalt 38 sh. 6 d.) und 1023 Schutzleuten (wöchentliches Anfangsgehalt 25 sh. 8 d., Höchstgehalt 32 sh. 1 d.).

Dazu kommen noch 1 Sergeant und 13 Schutzleute als additional constables, wofür von den Privaten das Gehalt und 37½ % im Gesamtbetrage von 1554 £ an die Grafschaft bezahlt werden.

Berittene Abteilung.

Nach dem Ausstand der Bergleute im Jahre 1893, der zur Anrufung des Militärs und blutigen Zusammenstößen führte, wurden durch Beschlüsse des Ausschusses und des Grafschaftsrates 12 Polizisten und 1 Inspektor beritten gemacht.

Der Chef der Polizei ist ermächtigt, im Bedarfsfalle diese noch um 8 weitere zu verstärken.

Der zeitige Chef (früherer Offizier) captain Metcalfe hat 8 Polizisten, ehemalige Kavalleristen, als Reserve zur Verfügung, die im übrigen ihren Patrouillenbezirk versehen, alle vierzehn Tage aber zu Reitübungen herangezogen werden.

Für diese Reservemannschaft werden im Notfalle die Pferde angemietet.

Gegenseitige Unterstützung durch benachbarte Polizeikräfte; Sonstiges.

Für den Fall des Ausbruches von Unruhen ist von dem zeitigen Chef auf Grund police act 1890 part II section 25 ein dauerndes Abkommen mit den benachbarten Polizeiverwaltungen getroffen worden, das alle Einzelheiten der gegenseitigen Unterstützung regelt und auf telegraphische Aufforderung sofort in Wirksamkeit tritt.

Drei Buchdrucker und drei Schneider sind bei der Polizeimannschaft der Kostenersparnis wegen angestellt

6*

worden; je einer der beiden Kategorien bezieht Sergeanten-die übrigen Schutzmannsgehalt.

Kosten.

Die gesamten Rohkosten der Polizei betragen 149 720 £, wovon 60 261 £ durch Staatszuschuß und 86 163 durch Polizeisteuern und der Rest durch sonstige Einnahmen gedeckt werden.

Die laufende Unterhaltung der berittenen Abteilung (Pferdefutter usw.) erforderte im Jahre 1905 477 £, die sachlichen Bureaukosten (einschließlich Druckkosten) betrugen 1527 £, sonstige Unkosten, Telegramme, Gebrauch des Telephons, Porto 1917 £.

Örtliche Gliederung.

Der Grafschaftspolizeibezirk zerfällt in 22 Divisionen und die Division (Hauptstation) des Chefs. Diese Divisionsbezirke decken sich im wesentlichen mit den friedensrichterlichen Bezirken (petty sessional divisions).

Gebühren.

Für die Vornahme von Zustellungen werden den Schutzleuten Gebühren in Höhe von 1 sh. bis 6 d. zugebilligt, für Zwangsvollstreckungshandlungen 2 sh. 6 d. bis 1 sh.

Ambulanzdienst.

782 Schutzleute besitzen Zeugnisse über erfolgreiche Ausbildung im Ambulanzdienste.

Nebendienst.

Als eigentümliche Einrichtung der West Riding Yorkshire Polizei mag noch bemerkt werden, daß ein Superintendent und ein Inspektor ohne besonderes Entgelt mit der Beaufsichtigung der öffentlichen Logierhäuser (common lodginghouses) beauftragt worden ist.

Disziplin.

Im Jahre 1905 kündigten 2 Sergeanten und 52 Schutzleute freiwillig; 21 Schutzleute wurden genötigt, ihre Entlassung zu erbitten, und 5 wurden entlassen.

Pensionierung.

Der Grafschaftsrat hat auf Grund des Gesetzes vom 22. Juni 1906 — an act to amend the law relating to the superannuation of constables — die Einrichtung getroffen, daß Schutzleuten, die nach Vollendung des 26. Dienstjahres — Zeitpunkt der Erreichung der Höchstpension — im Dienst bleiben, bei ihrem späteren Rücktritte die Höchstpension zugebilligt wird.

Bezüglich dieser Möglichkeit bestanden nach bisherigem Recht Zweifel.

Die im Dienste verbleibenden Beamten müssen jährlich auf ihre Tauglichkeit hin ärztlich sich untersuchen lassen.

Sanitätspolizei und deren Organisation.

In gesundheitspolizeilicher Hinsicht zerfällt England und Wales in städtische (urban) und ländliche (rural) Bezirke. Die mit der Verwaltung des Gesundheitswesens betrauten Selbstverwaltungsorgane (sanitary authorities) decken sich in den Städten im wesentlichen mit der allgemeinen städtischen Vertretung — Stadtrat — town council — borough council —, aus dessen Mitte der Gesundheitsausschuß — public health committee — hervorgeht; auf dem Lande ruht die Verwaltung in den Händen der Gemeinderäte (rural districts councils); ländliche Bezirke sind nach dem Gesetze alle Teile eines Armenverbandes, die nicht zu den benachbarten städtischen Bezirken gehören — poor law union — public health act 1872.

Nach der Vorschrift der section 189 und section 190 public health act 1875 ist jeder städtische und ländliche gesundheitspolizeiliche Bezirk verpflichtet, einen Medizinalbeamten (medical officer of health) und einen Sanitätsinspektor (inspector of nuisances) zu bestellen.

Auf Grund subsection 2 of section 24 local government act 1888 wird zu dem Gehalte eines jeden nach den Anweisungen des zuständigen Ministeriums (Local Government Board) als befähigt anerkannten Medizinalbeamten und Sanitätsinspektors die Hälfte als Staatszuschuß geleistet.

Vorschriften des Ministeriums.

Auf Grund der ihm durch section 191 public health Act in Verbindung mit section 10 public health act. 1872 erteilten Ermächtigung hat das oben bezeichnete Ministerium allgemeine Vorschriften unter dem 23. März 1891 wegen der Anstellung der Medizinalbeamten und der Gesundheitsaufseher und der Abgrenzung ihrer Befugnisse erlassen.

Hiernach ist die Feststellung des Gehaltes und der sonstigen Anstellungsbedingungen an die vorherige Genehmigung des Ministeriums gebunden; in gleicher Weise unterliegt die Entlassung der vorherigen Zustimmung des Ministeriums.

Die Befähigung des Medizinalbeamten ist gesetzlich — section 191 public health act 191 — festgesetzt; er muß ein Arzt sein, der ein Examen über das öffentliche Gesundheitswesen bestanden hat.

Sowohl der Medizinalbeamte, als auch der Gesundheitsinspektor üben ihr Amt im Namen und Auftrage der lokalen Selbstverwaltungsorgane aus und sind an deren Anordnungen gebunden, soweit nicht Gesetze etwas anderes besagen.

Die Stellung und die Aufgaben des Medizinalbeamten decken sich im wesentlichen mit denen unseres Kreisarztes; vorbehaltlich besonderer Anweisungen der Gesundheitsverwaltung hat der Medizinalbeamte ferner die Tätigkeit der Gesundheitsinspektoren zu überwachen und zu leiten; er übt gleichzeitig die dem Sanitätsinspektor zustehenden Rechte aus. Der Medizinalbeamte ist verpflichtet, alljährlich über seine Tätigkeit und den Gesundheitszustand der Bevölkerung einen Bericht aus dem Gemeinderate oder Stadtratsausschusse zu erstatten, der gedruckt und der Öffentlichkeit übergeben wird.

Tätigkeit des Gesundheitsinspektors.

Der Gesundheitsinspektor (inspector of nuisances) hat die in seinem Bezirke vorhandenen Übelstände, die die Gesundheit oder das persönliche Wohlbefinden schädigen, festzustellen und für deren Beseitigung Sorge zu tragen.

Im einzelnen ist in den Gesetzen oder Polizeiverordnungen (bye-laws) gesagt, was nuisance ist.

Um diese Aufgabe zu erfüllen, hat er systematisch und regelmäßig seinen Bezirk und die darin liegenden Häuser zu besichtigen; auch hat er den Nahrungsmittelverkehr zu überwachen, die für den menschlichen Genuß ungeeigneten oder verdorbenen feilgebotenen Lebensmittel mit Beschlag zu belegen und gerichtliche Entscheidung (Friedensrichter) über deren Verbleib und die etwaige Bestrafung des Eigentümers oder Händlers zu veranlassen; in zweifelhaften Fällen hat er den Medizinalbeamten vorher zu berichten; der Gemeinderat oder Gesundheitsausschuß kann ihm auf Grund des Nahrungsverfälschungsgesetzes „the sale of foods and drugs act 1875" die Befugnis übertragen, Proben zur Untersuchung durch den Chemiker zu entnehmen und die gerichtliche Strafverfolgung zu übernehmen. Von jeder ansteckenden Krankheit oder Epidemie hat er sofort dem Medizinalbeamten Anzeige zu erstatten; zu seinen Aufgaben gehören ferner die Besichtigung der öffentlichen Wasserwerke, Kanäle, Abwässerbeseitigungen der Fabriken und Werkstätten, Schlachthäuser, Molkereien, Milchverkaufsstätten, öffentlicher Logierhäuser usw. Hat der Inspektor einen Übelstand wahrgenommen, so stellt er den nach dem Gesetze verantwortlichen Personen eine vorläufige Mitteilung (preliminary or informal notice) zu, durch die er zur Abstellung des festgestellten Mißstandes auffordert. Diese Zustellung hat keine weiteren gesetzlichen Wirkungen zum Unterschiede von den für London geltenden Bestimmungen.

Verfahren bei gesundheitlichen Mißständen.

Hat die vorläufige Aufforderung keinen Erfolg, so erbittet er die Entscheidung des Gemeinderates oder Ausschusses nach vorheriger Beratung mit dem Medizinalbeamten; der Ausschuß versichert sich in der Regel der nachträglichen Genehmigung des Stadtrates. Wird der Standpunkt des Inspektors gebilligt, so erfolgt die zweite im Gesetze vorgeschriebene Zustellung — form A of schedule IV of the public health act. 1875 — sie muß enthalten genaue Bezeichnung der Adressaten, des Übelstandes unter Anführung der Bestimmungen des Gesetzes oder der Polizeiverordnung, welche Maßregeln zur Abstellung des Mißstandes zu treffen sind und Angabe einer Frist zur Ausführung dieser Arbeiten.

Die Zustellungen werden regelmäßig von dem Schreiber (clerk) der Gesundheitsverwaltung gezeichnet; die Zustellung kann durch einfachen Brief erfolgen. Hat auch die Zustellung keinen Erfolg, so kann entweder die Gesundheitsverwaltung den Mißstand auf Kosten des Verpflichteten selbst beseitigen, sofern das Gesetz dieses im einzelnen Fall gestattet oder sie beantragt bei dem Gerichte (court of summary jurisdiction), dem Verpflichteten die Beseitigung aufzugeben. Bei der gerichtlichen Verhandlung vertritt in der Regel der Gesundheitsinspektor in Vertretung des Gemeinderates oder Ausschusses die Anklage und beschafft die Beweismittel.

Das gerichtliche Verfahren muß innerhalb sechs Monaten nach der zweiten Zustellung begonnen sein (sect. 11 of the summary jurisdiction act). Zur Vorbereitung und zum etwaigen Gebrauch in der Verhandlung stellt der Gesundheitsinspektor folgende Unterlagen zusammen:

1. Abschrift der zugestellten Aufforderung,
2. das Gesetz, auf welches sich die Anklage stützt,
3. handelt es sich um eine gesetzliche Bestimmung, die erst durch Beschluß der Gemeindevertretung in Kraft tritt (adoptive act), Abschrift dieses Beschlusses,
4. kurze Darstellung seiner in Aussicht genommenen Aussage, Datum und Stunde der Besichtigung und eine klare, nicht technische Beschreibung des vorgefundenen Zustandes möglichst im Anschluß an die Fassung des Gesetzes oder der Polizeiverordnung,
5. eine kurze Darstellung der Aussagen etwaiger anderer Zeugen.

Obgleich sect. 258 p. h. a. ausdrücklich vorsieht, daß ein Mitglied des Gesundheitsausschusses als Richter in den obigen Fällen tätig sein kann, so hat doch die Rechtsprechung in einzelnen Fällen sich auf den entgegengesetzten Standpunkt gestellt; aus diesem Grunde und wegen der größeren Unabhängigkeit des ständigen Polizeirichters (stipendiary magistrate) bringt man in den Städten Verhandlungen sanitätspolizeilicher Natur vor diesen.

Gelangt der Gerichtshof zur Überzeugung, daß ein Übelstand (nuisance) tatsächlich besteht oder daß er, obwohl zurzeit beseitigt, wahrscheinlich wiederkehren wird, so erläßt er eine Anordnung (order) in der Fassung der Form c schedule IV p. h. a. zur Ausführung der in der zugestellten Aufforderung aufgeführten Arbeiten oder solcher anderer Maßregeln, die er für notwendig hält, um den Mißstand zu beseitigen oder seine Wiederkehr zu verhindern, oder für beide Zwecke, und setzt gleichzeitig eine bestimmte Frist fest; der Gerichtshof kann ferner nach seinem Ermessen eine Strafe verhängen, deren Höchstmaß von dem Gesetze oder der Polizeiverordnung bestimmt wird. In der Regel wird nach Anhörung der Zeugen bei der ersten Verhandlung eine Vertagung von vierzehn Tagen gewährt, um dem Verpflichteten nochmals Gelegenheit zu geben, den Mißstand zu beseitigen. Gegen die Entscheidung erster Instanz gibt es Rechtsmittel an die quarter sessions und gegen deren Entscheidung in Rechtsfragen an den höchsten Gerichtshof (high court). An Stelle des oben geschilderten gerichtlichen Verfahrens steht es jedem, der infolge der Ausführung der Bestimmungen des Gesetzes von 1875 p.h.a. einen Schaden erlitten hat (sustains any damage) frei, ein schiedsgerichtliches Verfahren herbeizuführen (arbitration act 1889 in Verbindung mit sect. 179, 180, 181 und 308 p.h.a.) Besondere Vorschriften sind in sect. 193 abgeändert durch members and officeres p. h. a. vom Jahre 1885 für die Sanitätsinspektoren enthalten, die ihnen untersagen, ihr Amt zu privatem Vorteil auszunutzen oder sich einzumischen in die Ausführung der von der Sanitätsbehörde abgeschlossenen Verträge. Hat die Sanitätsbehörde die Arbeiten zur Beseitigung eines auf einem privaten Mißstande bestehenden Übelstandes selbst ausgeführt, so kann sie die entstandenen Kosten im summarischen gerichtlichen Verfahren von dem Verpflichteten beanspruchen oder von dem Verpflichteten eine besondere Steuer (private improvement rate) für den Zeitraum von höchstens dreißig Jahren in Höhe der Ausgaben zuzüglich 5 % erheben, sect. 213 p. h. a.

Zu einem gerichtlichen Verfahren kommt es sehr selten; die meisten Mißstände werden durch gute Sanitätsinspektoren im Wege mündlicher Verhandlung erledigt. Mit seltenen Ausnahmen wird das Vorgehen der Sanitätspolizeibehörde von den Gerichten in jeder Beziehung unterstützt. Dieses ist auch einer von den Gründen, weshalb die Beteiligten es nicht zur gerichtlichen Verhandlung kommen lassen; dazu kommt die Scheu vor der Öffentlichkeit, da die Presse und das Publikum in scharfer Weise gegen die Urheber sanitärer Mißstände Stellung nehmen; eine Verurteilung gilt als sozialer Makel.

Wohnungspolizei.

Ein besonderes Verfahren greift auf dem Gebiete des Wohnungswesens Platz, soweit es sich um die von Arbeitern bewohnten Häuser handelt: housing of the working classes act 1890.

Das Verfahren bei der Schließung von Häusern wegen Gesundheitsgefährlichkeit ist das folgende:

1. Der von dem Sanitätsinspektor zu benachrichtigende Medizinalbeamte hat das Haus zu besichtigen und eine Bescheinigung auszustellen, daß es aus den von ihm angegebenen Gründen, die nicht allein in Mangel an Unterhaltung bestehen dürfen, als Wohnung für den Aufenthalt von Menschen ungeeignet sei (unfit for human habitation); hierzu wird ein Formular ausgefüllt;

2. Beschluß der Sanitätsbehörde auf Grund der Unterlagen zu 1, die Wohnung zu schließen.

3. Zustellung des von dem Schreiber der Sanitätsbehörde gezeichneten Beschlusses, enthaltend die Aufforderung, innerhalb einer bestimmten Frist die Wohnung zu schließen oder instandzusetzen (schedule IV form A), ist anzuwenden.

4. Hat diese keinen Erfolg, so findet das Verfahren vor einem court of summary jurisdiction statt; das Gericht

hat die Schließung des Hauses (closing order) auszusprechen (form C). Diese Verfügung ergeht an den Eigentümer. Aufgabe der Sanitätsbehörde ist es, diese Verfügung dem Mieter zuzustellen mit der Auflage, bei Vermeidung einer Geldstrafe innerhalb sieben Tagen die Wohnung zu verlassen.

Nach allgemeiner Ansicht gibt es gegen diese Verfügungen kein Rechtsmittel.

5. In den Fällen, in denen das Haus auf Grund des obigen Verfahrens geschlossen und nicht wieder instand gesetzt worden ist, kann die Sanitätsbehörde den Beschluß fassen, das Haus niederzureißen (demolition order), falls sie dasselbe für die Gesundheit der Nachbarn als gesundheitsgefährlich oder schädlich ansieht.

Hiervon ist dem Eigentümer Mitteilung zu machen und ihm Gelegenheit zu geben, seine Interessen in der Sitzung, in der über die Niederreißung des Hauses Beschluß gefaßt wird, wahrzunehmen. Gegen den Beschluß steht ihm das Rechtsmittel an die quarter sessions zu. Legt er kein Rechtsmittel ein und reißt er das Haus nicht innerhalb drei Monaten nieder, so hat die Sanitätsbehörde das Recht, dieses zu tun, die gewonnenen Materialien zu verkaufen und etwaigen Überschuß über die Kosten dem Eigentümer auszuzahlen. Es würde zu weit führen, die einzelnen Abweichungen des Verfahrens darzustellen, die sich aus den maßgebenden gesetzlichen oder Polizeiverordnungsbestimmungen ergeben; es gibt eine ganze Reihe von Spezialgesetzen auf diesem Gebiete.

Verhältnis der Medizinalbeamten zu dem Gesundheitsinspektor.

Nach der Absicht des Gesetzgebers stehen der Medizinalbeamte und der Sanitätsinspektor nebeneinander; in England hat sich aber im Gegensatz zu Schottland immer mehr das Verfahren ausgebildet, dem Medizinalbeamten die Aufsicht und Leitung der Sanitätsinspektoren zu übertragen, so daß diese als seine Unterbeamten tätig sind. Es liegt dies unzweifelhaft im Interesse des gesundheitspolizeilichen

Dienstes, da sonst Reibungen unausbleiblich sind und die Sanitätsinspektoren, der wissensschaftlichen Führung entbehrend, zu sehr in Einzelheiten sich verlieren.

Gesundheitsbeamte in ländlichen Bezirken und in kleinen Städten.

Auf dem Lande und in den kleineren Städten ist die Gesundheitspolizei vielfach wenig wirksam, namentlich soweit es sich um die Besichtigung von Fabriken und Werkstätten handelt; die Eigentümer der letzteren sind häufig Mitglieder der Sanitätsbehörde. Auch läßt die Befähigung der lokalen Medizinalbeamten, als auch namentlich der Sanitätsinspektoren vielfach zu wünschen übrig. Das Amt beider wird ausschließlich als Nebenamt ausgeübt; um Gehälter zu sparen, stellt man einen Beamten als Sanitätsinspektor an, dem man wegen des Staatszuschusses nominell in dieser Eigenschaft ein hohes Gehalt bewilligt, während er in seinem eigentlichen Hauptamte nur gering besoldet wird.

Vielfach sind die technischen Baupolizei-Beamten (surveyors) im Nebenamte Sanitätsinspektoren.

Grafschafts-Medizinal- und Gesundheitsbeamte.

Der Grafschaftsrat kann gleichfalls einen Medizinalbeamten und Sanitätsinspektor anstellen (sect. 17—19 local government act 1888); es sind diesen aber im Gesetze keine besonderen Ermächtigungen erteilt worden.

Soweit es sich nicht um Einrichtungen der Grafschaft handelt, z. B. Hospitäler, bakteriologisches Institut usw., können sie nur auf die lokalen Organe anregend einwirken, die Beseitigung von Mißständen empfehlen und äußersten Falls die Angelegenheit dem Ministerium unterbreiten. Dieses sendet dann in der Regel einen Kommissar (medical inspector) und ordnet eine öffentliche Untersuchung an Ort und Stelle, verbunden mit Ortsbesichtigung und Vernehmung von Zeugen, an, über deren Ergebnis ein gedruckter Bericht erscheint. Führen diese Verhandlungen nicht zum

Ziele, so kann das Ministerium die Ausführung der Arbeiten auf Kosten der beteiligten Bezirke anordnen.

Dieses geschieht aber nur sehr selten, da regelmäßig die Beteiligten freiwillig vorher die Mißstände beseitigen.

Das Gesundheitswesen regelnde Polizeiverordnungen.

Auf gesundheitspolizeilichem Gebiete haben Polizeiverordnungen (byelaws) eine besondere Bedeutung. — Byelaw definiert man als ein von einer unter dem Parlament stehenden Gesetzgebungsquelle erlassenes Gesetz, das sich auf einen durch Staatsgesetz dieser zur Regelung überwiesenen Gegenstand bezieht, der nicht durch Landesgesetz bereits geordnet ist. Es darf mit letzterem nicht in Widerspruch stehen und muß eine zusätzliche Bestimmung treffen, klar gefaßt sein und eine bestimmte Strafe für Zuwiderhandlungen vorsehen; byelaws auf gesundheitspolizeilichem Gebiete bedürfen der vorherigen Zustimmung des Ministeriums.

Beabsichtigt die Sanitätsbehörde, die Zustimmung des Ministeriums zu einer von ihr entworfenen Polizeiverordnung einzuholen, so hat sie dieses mindestens einen Monat vor Stellung des Antrages in den lokalen Blättern bekannt zu machen und den Entwurf zur öffentlichen Einsicht auf ihren Bureaus bereit zu halten. Als Geldstrafen können nicht mehr als 5 £ für jede Zuwiderhandlung und nicht mehr als 40 sh. tägliche Strafe für den Fall der Fortsetzung der Zuwiderhandlung festgesetzt werden.

Das Ministerium hat eine Reihe von Muster-Polizeiverordnungen ausgearbeitet.

Organisation des Sanitätsdienstes im westlichen Teile der Grafschaft Yorkshire.

Der Liebenswürdigkeit des fähigen Grafschaftsmedizinalbeamten Dr. Kaye in Wakefield verdanke ich nähere Angaben über die Organisation und Tätigkeit der Gesundheitspolizei in dem westlichen Verwaltungsbezirke der Grafschaft Yorkshire.

Der Grafschafts-Medizinalbeamte bezieht ein Gehalt von 1000 £., ihm sind zwei Assistenten mit einem Anfangsgehalte von 250 £, steigend bis zu 400 £, beigegeben, von denen einer Vorsteher des bakteriologischen Instituts ist; ihm unterstellt sind:

1 Sanitätsinspektor mit einem jährlichen Gehalt von	300 £	— sh.	— d.
1 Hauptschreiber	250 „	— „	— „
1 chemischer Assistent	250 „	— „	— „
1 in der Stenographie und Statistik ausgebildeter Schreiber	122 „	10 „	— „
1 Schreiber und Gehülfe am Laboratorium	95 „	— „	— „
1 Schreiber	82 „	18 „	— „
1 Schreiber	65 „	— „	— „
1 Schreiber	39 „	— „	— „
1 Junge bei dem Laboratorium	20 „	16 „	— „
1 Bureaujunge	20 „	16 „	— „

Der Sanitätsinspektor ist dem Medizinalbeamten hauptsächlich zur Unterstützung beigegeben; er wird an Ort und Stelle geschickt, um genaue Aufnahmen und Zeichnungen anzufertigen.

Zur Ausübung der Nahrungsmittelpolizei sind von der Grafschaft neun dem Medizinalbeamten unterstellte Inspektoren angestellt worden.

Es wurden im ganzen Jahre im 1905 3032 Proben — 22 für je ein Tausend der Bevölkerung (4 Städte haben eigene Inspektoren) — entnommen, was in 40 Fällen zu gerichtlichen Verhandlungen und Bestrafungen führte; die Anklage vertrat in diesen Fällen einer der Sanitätsinspektoren.

Einteilung des Gesundheitspolizeidienstes — Gehälter der Beamten.

Die Grafschaft umfaßt 160 gesundheitspolizeiliche Bezirke, von denen 14 Städte, 117 städtische und 29 ländliche Bezirke sind. Die Bevölkerung der 131 städtischen Bezirke beträgt nach der Schätzung des Grafschafts-Medizinalbeamten 1 115 769 und der 29 ländlichen 342 147 Einwohner (3,50 auf einen Morgen [acre] gegenüber 0,87).

In den Städten sind 14 Medizinalbeamte und 14 Sanitätsinspektoren angestellt; das Höchstgehalt beträgt 400 £ (Walkefield 41 413 Einwohner), von denen 200 £ die Grafschaft beisteuert. Die Stadt trägt die Kosten des Bureaus. Außerdem bezieht der Medizinalbeamte dort 20 £ als Polizeiarzt, 30 £ für die Aufsicht über das städtische Krankenhaus und 15 £ als Schularzt usw., die Ausübung einer Privatpraxis ist ihm untersagt; in zwei Städten, Todmorden mit 25 418 und Ossett mit 13 762 Einwohnern werden den Medizinalbeamten 50 £, von denen die Grafschaft 25 £ beisteuert, jährlich bezahlt; auch sind dort keine sonstigen Nebeneinkünfte vorhanden, die Städte bezahlen aber die Schreibmaterialien, Drucksachen usw.; von den Sanitätsinspektoren beziehen das höchste Gehalt zwei im Hauptamte: in den Städten Batley (31 314) und Dewsbury (28 060 Einwohner) — 200 £ (100 £ Grafschaftsbeitrag); dazu kommen Bureaukosten, Reisekosten usw., die die Städte bestreiten; sie besitzen das Zeugnis des Königlichen Instituts in London; das niedrigste Gehalt mit 90 £ (45 £ Grafschaftsbeitrag) bezieht ein Inspektor in der Stadt Brighouse (21 735 Einwohner), dazu Vergütung der Bureaukosten usw. wie oben.

Von den städtischen Bezirken bezieht das niedrigste Gehalt der Medizinalbeamte in Scammonden — 360 Einwohner — mit 2 £ (1 £ Grafschaftsbeitrag) ohne alle Nebeneinkünfte oder Zuschüsse, das höchste derjenige in Bingley (18 449 Einwohner) mit 100 £ (50 £ Grafschaftsbeitrag); dazu kommen die Bureaukosten.

Das höchste Sanitätsinspektorgehalt bewilligt Heckmondwike 9459 Einwohner mit 175 £ jährlichem Gehalt und Bureaukosten; hierzu bezahlt die Grafschaft nichts, weil die Anstellung des Sanitätsinspektors von dem Ministerium nicht gebilligt wurde; er ist im Hauptamte technischer Beamter der Baupolizei und beaufsichtigt die städtischen Bauten (surveyor); das nächst höhere mit 135 £ (67 £ 10 sh. Grafschaftsbeitrag) und Bureaukosten und 5 £ für Beaufsichtigung der Kanalboote gewährt die Stadt

Bingley (18 449 Einwohner) und das niedrigste die Stadt Flockton 1251 Einwohner mit 2 £ 10 sh. (kein Grafschaftsbeitrag) und Kosten der Schreibmaterialien usw.; der Inspektor ist im Hauptamte bautechnischer Beamter und bezieht als solcher 4 sh. täglich. In ländlichen Sanitätsbezirken wird in Sedbergh — 3935 Einwohner — das niedrigste Medizinalbeamtengehalt mit 28 £ 10 sh. 4 d. (14 £ 5 sh. 2 d. Grafschaftsbeitrag) gezahlt; dieser Medizinalbeamte ist von 4 ländlichen und 5 städtischen Bezirken gemeinsam angestellt und bezieht als solcher unter Ausschluß der Privatpraxis insgesamt 456 £ jährliches Gehalt; in Wortley (29 665 Einwohner) werden 350 £ (175 £ Grafschaftsbeitrag) und 100 £ für Beaufsichtigung des Isolierhospitals und Kosten der Schreibmaterialien usw. gezahlt; das höchste Sanitätsinspektionsgehalt bezahlt der Bezirk Rotherham (23 300 Einwohner) mit 300 £ (kein Grafschaftsbeitrag), dazu kommen Kosten des Bureaus und der Schreibmaterialien; Reisekosten hat der Inspektor selbst zu bestreiten; das niedrigste Sedbergh — 3935 Einwohner — mit 40 £ (20 £ Grafschaftsbeitrag); dazu kommen die Kosten der Schreibmaterialien; dieser Inspektor ist Handwerker (Polsterer) in seinem Hauptberufe, besitzt aber das Zeugnis des Königlichen Instituts in London. Eine Reihe von Sanitätsinspektoren sind nur im Nebenamte tätig.

Der Grafschaftsbeamte beklagte sich darüber, daß die für seinen Jahresbericht notwendigen Unterlagen der örtlichen Organe vielfach sehr spät, unvollständig und zum Teil aus ländlichen Bezirken trotz Aufforderung gar nicht eingehen. Eine Zwangsbefugnis ist ihm nicht gegeben; er rügt aber die Nachlässigkeit der einzelnen Distrikte in seinem Jahresberichte. Ein solcher öffentlicher Hinweis verfehlt in der Regel seine Wirksamkeit nicht.

c. Die Polizei in den Städten.

Es gibt in England und Wales 127 Städte mit selbständiger Polizeiverwaltung.

Die Verwaltung der Polizei ist vollständig in den Händen des von dem Stadtrate für diesen Zweck gewählten Überwachungsausschusses (watch committee), dessen Mitglieder jährlich gewählt werden und ein Drittel der Anzahl des Stadtrates nicht übersteigen sollen, municipal corporation act 1882 sect. 190; der Mayor ist ex officio Vorsitzender. Beschlußfähig sind drei Mitglieder. Die Beschlüsse des Ausschusses sind von dem Stadtrate nachträglich zu genehmigen, the police act 1890 sect. 33.

Der Überwachungsausschuß hat die Pflicht, eine hinreichende Anzahl hierzu geeigneter Männer als städtische Schutzleute anzustellen (sect. 191 m. c. a. 1882: to appoint a sufficient number of fit men to be borough constables). Von dem chief constable ist in diesen oder in andern auf diesen Gegenstand bezüglichen Gesetzen nicht die Rede.

Der solchergestalt für eine bestimmte Stadt angestellte Schutzmann kann nicht allein in dieser, sondern auch in der Grafschaft, in der die Stadt oder ein Teil derselben liegt und in einem Umkreise von 7 Meilen die einem Polizisten beigelegten Rechte ausüben.

Voraussetzung ist, daß der Schutzmann in der Stadt von zwei dort zuständigen Friedensrichtern als Polizist eidlich verpflichtet worden ist (promissory oath's act 1868).

Die Handhabung der Disziplin der Polizeimannschaft liegt in den Händen des Überwachungsausschusses, er kann jeden Polizisten entlassen, den er für nachlässig in der Erfüllung seiner Dienstpflichten oder in anderer Beziehung für dienstuntauglich hält; konkurrierend mit dem Überwachungsausschuß können zwei in der Stadt zuständige Friedensrichter einen Polizisten jederzeit suspendieren und einen solchen, der sich der Dienstvernachlässigung oder des Ungehorsams gegen einen gesetzmäßigen Befehl schuldig gemacht hat, im Wege des summarischen gerichtlichen Verfahrens zu einer Gefängnisstrafe von höchstens zehn Tagen oder Geldstrafe von höchstens 40 sh. oder zur Dienstentlassung verurteilen — sect. 194 m. c. a. —

Wer einem städtischen Polizisten bei Ausübung seines Dienstes Widerstand leistet oder ihn tätlich angreift oder einen anderen hierzu veranlaßt, kann im Wege des summarischen Verfahrens, d. h. ohne Anklageschrift und Geschworene, zu einer Geldstrafe von höchstens 5 £ verurteilt werden, sect. 198.

Unterschied der Organisation der städtischen und der Grafschaftspolizei.

Es kann keinem Zweifel unterliegen, daß die Organisation der Grafschaftspolizei eine sachliche, von allen Rücksichten außeramtlicher oder politischer Natur freie Handhabung der Polizeiverwaltung besser gewährleistet, als die Einrichtung der städtischen Polizei. Dadurch, daß dem Chef der städtischen Polizei die Autorität genommen wird, wird dem Einfluß des einzelnen Mitgliedes des Überwachungsausschusses Tor und Tür geöffnet.

Wenn man bedenkt, daß letzterer aus den allgemeinen städtischen Wahlen hervorgeht, die vielfach von politischen Parteigegensätzen beherrscht werden, so erscheint dadurch die Unabhängigkeit der Polizei gefährdet. Da die Beförderung der Mitglieder der Polizeimannschaft, deren Gehaltsaufbesserung usw. in erster Linie von dem Überwachungsausschuß abhängt, so ist es ganz natürlich, daß jene vor den entscheidenden Sitzungen auf die einzelnen Mitglieder des Überwachungsausschusses unter Umgehung ihres Chefs entweder perönlich oder durch Vermittelung von einflußreichen Freunden einwirken, um eine für sie günstige Mehrheit zu gewinnen.

Auch sonst wird vielfach in den Städten darüber geklagt, daß die einzelnen Mitglieder des Überwachungsausschusses ihre Stelle ausnutzen und in den Gang der Verwaltung der Polizei unzulässigerweise einzugreifen versuchen, um ihren persönlichen Einfluß zu vergrößern.

Aus Manchester wurde mir von dem Chef der Polizeiverwaltung berichtet, daß er in öffentlicher Gerichtssitzung gegen die Handlungsweise zweier Friedensrichter auf der Richterbank habe Verwahrung einlegen müssen, weil sie die ihm unterstellten Polizeiorgane hätten verhindern wollen, Aussagen gegen zwei Wirte zu machen, die sich einer Verletzung der Schankkonzessionsbestimmungen schuldig gemacht hätten.

Obwohl die Einrichtung des Überwachungsausschusses vielfach lebhaft kritisiert und von allen höheren Polizeibeamten fast einstimmig verworfen wird, so erscheint es mir doch zweifelhaft, ob eine Änderung der Gesetzgebung in absehbarer Zeit erfolgen wird, da die Forderung, die Befugnisse der Polizeibeamten zu vergrößern, im allgemeinen in England unpopulär ist.

Eine Änderung wird nur dann zu erwarten sein, wenn durch das Vordringen der sozialistischen Agitation in einzelnen großen Industriestädten eine Verschärfung der Klassengegensätze eingetreten ist und von der Arbeiterpartei durch Vermittelung des Überwachungsausschusses der Versuch gemacht worden ist, die Polizei als Instrument zur Unterdrückung oder Belästigung der Arbeitgeber zu benutzen.

Da der Engländer es nicht liebt, auf Grund theoretischer Erwägungen neue Gesetze einzuführen, so wird man einen praktischen Fall eines augenfälligen Mißstandes abwarten.

Im allgemeinen muß anerkannt werden, daß unter den Mannschaften der städtischen Polizeiverwaltung ein vorzüglicher Korpsgeist herrscht, durch den die Fehler des Systems zum großen Teil gemildert werden.

Bezeichnend ist jedenfalls, daß die Schotten, denen im allgemeinen politisch radikalere Ideen zugeschrieben werden als den Engländern, die Chefs der städtischen Polizeiverwaltungen unabhängiger gestellt haben.

Einfluß der Gesetzgebung über den Verkauf geistiger Getränke auf die Polizeiverwaltung.

Einen störenden Einfluß auf den Gang der Polizeiverwaltung bildet in den englischen, namentlich aber in den schottischen Städten das mangelhafte System der Wirtschafts-Konzessionierung.

Diese liegt in England in den Händen der Friedensrichter.

Die Frage der Bekämpfung des Alkoholmißbrauches ist in England rein politisch geworden.

Ich habe die Beobachtung gemacht, daß Temperenzler und Anti-Temperenzler politische Gegensätze bedeuten, die bei städtischen Wahlen vielfach die Hauptrolle spielen.

Die Temperenzler versuchen mit allen Mitteln, sowohl unter Anwendung der bereits bestehenden Gesetze, als auch durch strenge und teilweise schikanöse Anwendung von Polizeivorschriften, die vorhandenen Wirtschaftskonzessionen zu beseitigen.

Häufig werden dabei berechtigte Interessen der Inhaber vorhandener Konzessionen bewußt völlig außer acht gelassen.

Es genügt vielfach die Klage von einigen Einwohnern eines bestimmten Stadtviertels, daß dort zu viele Wirtschaften zum Ausschank geistiger Getränke bestehen (congested districts), um je nach den Umständen eine oder mehrere der bestehenden Konzessionen ohne Entschädigung aufzuheben. Auch wird grundsätzlich jedem Antrage auf Verbesserung der Räumlichkeiten einer bestehenden Wirtschaftskonzession die Genehmigung versagt, sollte diese auch darin bestehen, daß eine bessere Lufterneuerung oder Luftzuführung ermöglicht wird. Da die meisten Wirtschaftskonzessionen zum Ausschank geistiger Getränke (Bier usw.) im Besitze großer Aktien-Unternehmungen (Bierbrauereien) sich befinden, so ist es ganz natürlich, daß diese sich zur Wehr setzen und ihre Interessen dadurch zu sichern suchen, daß sie die Wahlen zu politischen und städtischen Körperschaften in ihrem Sinne beeinflussen.

Es zeigt sich dies namentlich in den schottischen Städten, da dort die konzessionierenden Behörden zum größten Teile aus Mitgliedern der Stadtverordneten-Versammlung bestehen.

Wahlrecht der Polizisten.

Es mag hier weiterhin bemerkt werden, daß durch eine Reihe besonderer Gesetze den Mitgliedern einer Polizeimannschaft das aktive und passive Wahlrecht bei parlamentarischen Wahlen genommen worden war; dieses wurde durch Gesetz vom 23. Mai 1887 (50 Vict. c. 9, the police disabilities removal act) beseitigt. In Irland ist auch heute noch die Königliche Polizei (Royal Irish Constabulary) aktiv und passiv von parlamentarischen Wahlen ausgeschlossen. Die Wirkungen des oben erwähnten gesetzgeberischen Vorgehens können nach den bisherigen Erfahrungen unter den englischen Verhältnissen nicht als günstig bezeichnet werden. Die Polizei ist in England grundsätzlich unpolitisch und wird auch nach diesem Gesichtspunkt streng geleitet; sie soll den Bürger schützen und den öffentlichen Frieden bewahren; diese Grundlage ist ihre Stärke und die Ursache des allgemeinen Vertrauens. Gibt man den Polizisten das Wahlrecht, so beeinflußt dieser Umstand naturgemäß die Wahlen, da in großen Städten die Stimmen von Tausenden von Polizisten, z. B. London 16 000 Mann, erheblich in das Gewicht fallen. Es ist daher naturgemäß, daß die einzelnen Parteien im Wahlkampfe sich große Mühe geben, diese Stimmen auf ihre Seite zu ziehen, und zu diesem Zwecke Versprechungen machen; auf der anderen Seite werden die Schutzleute versuchen, durch Abgeordnete für sich Vorteile zu erlangen. Es hat sich dieses in erster Linie bei dem Polizeipensionsgesetze vom Jahre 1890 (53 und 54 Vict. c. 45) gezeigt, dessen Zustandekommen, wie mir mitgeteilt wurde, wesentlich auf die Agitation der Schutzleute, namentlich in London, zurückzuführen war.

d. Die Polizeiorganisation in den großen Städten.

Im Gegensatz zu der Grafschaftspolizei, die auf Grund allgemeiner Gesetze einheitlich organisiert ist, sind für die großen Städte von dem Parlamente besondere Polizei- und Organisationsgesetze erlassen worden. Im einzelnen ist das Bestreben des Gesetzgebers zu erkennen, die Polizeiverwaltung nicht anders zu behandeln, als jeden anderen Zweig der örtlichen Selbstverwaltung.

Von den städtischen Polizeiverwaltungen habe ich diejenigen von Birmingham, Manchester und Liverpool eingehender besichtigt.

Mr. Troup, der Vertreter des Unterstaatssekretärs (assistant under secretary) im Home Office hat mich in liebenswürdiger Weise mit Empfehlungsschreiben, denen ich eine in jeder Beziehung zuvorkommende Aufnahme verdankte, versehen und ein vollständiges Reiseprogramm entworfen.

Im einzelnen will ich nur folgendes hervorheben:

Polizeiverwaltung Birmingham. (S. 102—109.)

I. Birmingham: 522 204 Einwohner. Industriestadt mit industrieller Umgebung, hat 880 Polizisten; auf je 593 Einwohner entfällt ein Polizist (Inspektionsbericht vom 30. November 1905).

Einteilung.

Nach dem Stande vom 31. März 1907 setzte sich die Mannschaft zusammen aus 1 chief constable, 8 Superintendenten (Divisionsvorsteher), 25 Inspektoren, 82 Sergeanten und 784 Schutzleuten.

Der Stadtbezirk zerfällt in fünf (A, B, C, D, E) Divisionen, zu denen die sechste Division (R), Sitz des Chefs der Zentralverwaltung und der Kriminalabteilung, hinzukommt.

Die Kriminalabteilung hat einen Superintendent, 6 Inspektoren, 13 Sergeanten und 24 Schutzleute, von denen 1 Superintendent, 2 Inspektoren, 5 Sergeanten und 14 Schutzleute der Zentralstelle, während die übrigen den Vorstehern der Divisionen überwiesen sind und unter diesen arbeiten; die A-Division ist räumlich mit der R-Devision in demselben Gebäude vereinigt. Die dort vorkommenden Strafsachen werden von der Kriminalabteilung der Zentralstelle bearbeitet. Von den bei der Zentralstelle tätigen Kriminalbeamten sind 1 Inspektor, 1 Sergeant und 4 Schutzleute als Schreiber tätig.

Die Zentrale (R) Division setzt sich folgendermaßen zusammen:

1. Chief constable, 2. 8 Bureaubeamte des chief constable, 3. 38 Exekutivkriminalbeamte, 4. 6 Schreiber der Kriminalabteilung, 5. 8 Zustellungsbeamte, 6. 9 Beamte zur Beaufsichtigung des öffentlichen Fuhrwesens, 7. 2 Beamte zur Beaufsichtigung des Verkehrs mit Explo-

sivstoffen (es wird hier bemerkt, daß Birmingham große Waffenfabriken (kynoch) hat), 8. 4 Beamte zur Bewachung des Kunstmuseums, 9. 1 Beamter zur Bewachung des Gerichtsgebäudes zur Nachtzeit, 10. 1 Beamter (Inspektor) für die Ausbildung der Mannschaft und die Überwachung der Vorräte, 11. 12 Beamte für das Polizeigewahrsam, 12. 5 Beamte zur Besorgung der Pferdeställe, 13. 1 Beamter (Inspektor) für die Steuerabteilung (Polizeisteuer), 14. 3 Beamte, die für den coroner bei der Aufklärung von Todesursachen tätig sind, insgesamt 100 Beamte.

Gehalt.

Der chief constable Mr. Rafter ist aus der Royal Irish Constabulary hervorgegangen; er bezieht ein Gehalt von 800 £; im übrigen betragen die Gehälter des Superintendenten 170 £ Anfangs-, nach 8 Jahren 250 £ Höchstgehalt, der Inspektor 42 sh. wöchentlich, nach 10 Jahren 50 sh., nach 10 Jahren in der letzten Klasse (long service class) 52 sh. wöchentlich,

des chief inspector ...	150 £	jährlich,
des Sergeanten	35 sh.	wöchentl.
nach 18 Jahren	40 „	„
der Schutzleute	25 „	„
nach 15 Jahren	33 „	„

Dazu erhält jeder Schutzmann 30 sh. jährliches Schuhgeld. Schutzleute, die an Straßenecken zur Regelung des Verkehrs aufgestellt sind, erhalten 1 sh. wöchentliche Zulage für die Dauer dieses Dienstes. Kriminalbeamte erhalten an Kleidergeldern: der Superintendent und die Inspektoren 12 £ jährlich, die Sergeanten und Schutzleute 10 £; zur Bestreitung sonstiger Ausgaben wird eine wöchentliche Zulage von je 3 und 2 sh. bewilligt.

Anstellungsbedingungen.

Aus den Anstellungsbedingungen der Polizei ist hervorzuheben, daß die Annahme des Rekruten zunächst auf ein Jahr durch den chief constable erfolgt und auf dessen

Vorschlag die endgültige Anstellung durch den Ausschuß; zeigt sich der Rekrut innerhalb des Probejahres als ungeeignet, nachlässig oder unordentlich, so kann er ohne weiteres von dem chief constable entlassen werden.

Es ist dem Polizisten untersagt, einer politischen Vereinigung anzugehören und hierfür Beiträge zu zahlen.

Er hat die Verpflichtung, über seine erfolgreiche Ausbildung im Krankenpflegedienst ein Zeugnis beizubringen und jedes Jahr einen Wiederholungskursus durchzumachen, um jederzeit in der Lage zu sein, Verwundeten oder Verletzten die erste Hilfe zu bringen.

Er kann den Dienst nur mit schriftlicher Erlaubnis des chief constable oder mit einmonatiger Kündigungsfrist verlassen. Der Rekrut muß unter 21 Jahren und darf nicht über 26 Jahre alt sein; er muß lesen und gut schreiben können; vor der ersten Beförderung hat er ein Examen über seine allgemeine Bildung zu bestehen; vor jeder weiteren Beförderung hängt es von dem Ermessen des Ausschusses ab, ob der Kandidat seine dienstliche Befähigung durch ein besonderes Examen nachweisen soll.

Es wird ferner darauf gehalten, daß sämtliche Schutzleute stenographieren können.

Polizeigesetz für Birmingham.

Die Verwaltung der Stadt Birmingham und damit auch deren Polizeiverwaltung wird durch ein besonderes vom Parlamente für Birmingham erlassenes Gesetz geregelt, the Birmingham corporation (consolidation) act 1883; es stellt eine Kodifikation von insgesamt zwanzig früher erlassenen Spezialgesetzen dar.

Durch das oben erwähnte Gesetz sind der Polizei über die allgemeinen Staatsgesetze hinausgehende Verhaftungsbefugnisse gegeben worden.

Es kann nach sect. 273 der Schutzmann jede unbekannte Person, die er bei Übertretung der Bestimmungen des Gesetzes von 1883 betrifft, verhaften, sofern sie sich weigert, ihren Namen anzugeben, oder Grund zu der Annahme vorliegt, daß sie eine falsche Adresse angegeben hat.

Nach sect. 137 kann der Schutzmann jeden Wagen, jedes Schiff oder sonstige Fahrzeuge mit Beschlag belegen und jede Person ohne Haftbefehl festnehmen, sofern er den begründeten Verdacht hat, daß es sich in beiden Fällen um die Mitführung gestohlener oder auf sonstige ungesetzliche Weise erlangter Sachen handelt. Unter der gleichen Voraussetzung ist nach Ziffer 3 sect. 137 sogar ein jeder, dem solche Sachen zum Verkaufe oder Verpfändung angeboten werden, zur Festhaltung des Verdächtigen verpflichtet.

Die letzteren Bestimmungen sind aus dem praktischen Bedürfnisse hervorgegangen, da in der vorherrschenden Metallindustrie der Stadt vielfach Diebstähle von wertvollen Materialien vorkommen, deren Herkunft sich häufig nur sehr schwer feststellen läßt. Durch sect. 135 wird ausdrücklich bestimmt, daß der chief constable oder der von ihm besonders oder allgemein beauftragte Vertreter befugt ist, die Strafverfolgung in den von dem Gesetze bezeichneten Fällen — es handelt sich fast ausschließlich um geringfügigere strafbare Handlungen, Übertretungen — zu führen.

Tätigkeit der Polizei bei Absperrungen.

Während meiner Anwesenheit in Birmingham hatte ich Gelegenheit, die Polizei bei Vornahme umfangreicher Absperrungen in Tätigkeit zu sehen. Es handelte sich um eine in der Nacht um 10 Uhr vor dem Feldmarschall Lord Roberts auf dem städtischen Marktplatze stattfindende Parade des Freiwilligenkorps verschiedener Grafschaften mit nachfolgendem Fackelzuge. Als Besonderheit will ich hierbei nur erwähnen, daß nach sect. 124 des Gesetzes von 1883 zum Zwecke der Absperrung feste Barrikaden (Pfosten mit Lattenverschlägen) dienen können. Die Absperrung wurde erst kurz vor Beginn der Parade vollständig durchgeführt; sie vollzog sich trotz der vielfach widerwilligen Haltung der Menge ohne Zwischenfall; die ruhige, höfliche, aber bestimmte Haltung der Polizeiangestellten war besonders anzuerkennen; lautes Schreien oder Rufen habe ich dabei nicht gehört. Dabei gilt der Mob in Birmingham als sehr gefährlich.

Polizeigericht.

In Birmingham ist ein vollbesoldeter Polizeirichter (paid stipendiary magistrate) tätig, der die schweren Vergehen und die Verstöße gegen die den Verkauf geistiger Getränke regelnden Gesetze aburteilt. Daneben sind die Friedensrichter tätig, von denen der größte Teil der Strafsachen erledigt wird. Über die Rechtsprechung der letzteren wurde zum Teil Klage geführt; in einem Falle sei ein Angeklagter, der einem Schutzmann ohne Veranlassung eine erhebliche Kopfwunde beigebracht hatte, nur mit einer Geldstrafe von 2 sh. 6 d. belegt worden. Die Polizei zieht die Verhandlung vor dem Polizeirichter wegen ihrer größeren Unparteilichkeit und Sachlichkeit vor. Der jetzige Polizeirichter war früher rechtsgelehrter Grafschaftsrichter (recorder) in Gloucester.

In Birmingham sind für je 100 000 Einwohner 415,50 strafbare Handlungen der Polizei bekannt geworden, während der Durchschnitt für England und Wales 277,15 im Jahre 1905 betrug.

Im allgemeinen wird die Polizei bei den gerichtlichen Verhandlungen vor den Friedensrichtern (court of summary jurisdiction), wenn die Feststellung des Täters auf sie zurückzuführen ist, durch den Superintendenten der Division, in deren Bezirk das Gericht liegt, vertreten; dieser sorgt mit seinen Gehilfen für die Bereitstellung der Zeugen und der Beweisstücke und gibt dem Gericht auf Verlangen Auskunft über Vorstrafen usw.

Rechtsbeistand der Polizei.

Bei schwierigen Verhandlungen, namentlich, wenn es sich um Rechtsfragen handelt und der Angeklagte einen Rechtsbeistand hat, bedient sich die Polizei der Unterstützung eines Rechtsverständigen (solicitor); dieser erhält von der Stadt eine jährliche Vergütung, übt daneben aber Privatpraxis aus. Abgesehen von den gerichtlichen Verhandlungen, in denen er als Beistand der Polizei auftritt, wird der Rat des solicitor auch sonst, wie ich mich überzeugen konnte, von dem chief constable im Wege mündlicher Besprechungen in Anspruch genommen, wenn er dieses für angezeigt hält.

Gesundheitspolizei in Birmingham.

An der Spitze der Gesundheitspolizei steht ein vollbesoldeter Medizinalbeamter, dem als Gehilfe ein Arzt mit vollem Gehalt und ohne Privatpraxis beigegeben ist.

Unter den Medizinalbeamten arbeiten 81 Unterbeamte d. s.

1 Chefsanitätsinspektor, 19 Distriktsinspektoren, 4 Rauchinspektoren, 2 Inspektoren von Logierhäusern, 2 Inspektoren von Werkstätten, wo Männer beschäftigt werden, 1 Inspektor von Werkstätten mit weiblichen Arbeitskräften, 1 Inspektor für die Kanalschiffe, 1 Inspektor für Milchverkaufstätten, 1 Inspektor für Tuberkulose, 1 Nahrungsmittelinspektor; dieser wird von drei Distriktsinspektoren unterstützt; ein Superintendent (weiblich) der Besucherinnen (health visitors), 16 Distriktsbesucherinnen; 1 Aufsichtsbeamter (weiblich) für die Hebammen, 8 Desinfektoren und 13 Arbeiter zur Reinigung von Höfen.

Die Schreibarbeit wird von einem Hauptschreiber, dem 8 Unterschreiber unterstellt sind, erledigt.

Die Gesundheitsdistriktsinspektoren haben auf alle Mißstände (nuisances) Acht zu geben, Beschwerden über solche zu untersuchen und die gesundheitspolizeilichen Maßnahmen beim Ausbruch ansteckender Krankheiten auszuführen.

Der Chefinspektor bezieht	210 £	jährlich,
Distriktsinspektor	32—45 sh.	wöchentl.
Rauchinspektor	35—38 „	„
Logierhausinspektor	36—46 „	„
Werkstätteninspektor (männlich) ..	45—47 „	„
Werkstätteninspektor (weiblich) ...	37 „	„
Kanalinspektor	42 „	„
Milchsverkaufstätteninspektor	38 „	„
Inspektor für die Lungenkranken .	45 „	„
Nahrungsmittelinspektor	46 „	„
Superintendent der Besucherinnen.	45 „	„

die Besucherin	30—35 sh. wöchentl.
die Hebammenbesucherin	45 „ „
Hauptschreiber	200 £ jährlich,
Schreiber	15—18 sh. wöchentl.
Desinfektor	26—35 „ „
Hofreiniger	— „ „
Vorarbeiter	35 „ „
Arbeiter	24—27 „ „

Ausbildung.

Zur Ausbildung von Kandidaten für die Stellung der Gesundheitsinspektoren findet alljährlich in der städtischen technischen Schule (municipal technical school) ein Kursus von 35 Vorlesungen mit praktischen Demonstrationen und Arbeiten der Kandidaten statt.

Die Vorlesungen dienen dazu, den Kandidaten zu befähigen, das Examen des Königlichen Gesundheitsinstitutes (Royal Sanitary Institute) zu bestehen. Notwendig ist dieses Examen für die Anstellung des Gesundheitsinspektors in Birmingham nicht, zum Unterschiede von London, wo es gesetzlich verlangt wird.

Tätigkeit der Gesundheitspolizei.

Von den Distriktsgesundheitsinspektoren wurden im Jahre 1905 in runder Summe 18 000 Mißstände aufgedeckt und deren Beseitigung veranlaßt; nur in zwanzig Fällen war eine gerichtliche Verhandlung vor dem Polizeirichter zu diesem Zwecke notwendig.

Ansteckende Krankheiten kamen im Jahre 1905 (Bericht des Medizinalbeamten Dr. Robertson für 1905) in 3157 Häusern vor; nur in 27 Fällen war es erforderlich, gerichtliche Hilfe in Anspruch zu nehmen, um die Durchführung gesundheitspolizeilicher Maßnahmen zu erzwingen. Von den Rauchinspektoren wurden 250 Verstöße gemeldet; 128 Fabrikbesitzer wurden gewarnt, und 109 mußten vor den Polizeirichter geladen werden, um übermäßige Raucherzeugung zu unterdrücken. Durch die gerichtlichen Verhandlungen wurden insgesamt 69 £ 10 sh. Geldstrafen und

41 £ Kosten festgesetzt. Von 36 öffentlichen Logierhäusern mußten in 19 Fällen die Besitzer vor den Polizeirichter geladen werden. Es wurden ferner 728 Fabriken, 7130 Werkstätten, 293 Arbeitsstätten und 596 Heimarbeitsstätten besichtigt; nur in 7 Fällen fanden Vorladungen vor die Gerichte statt, während in rund 5000 Fällen die Mißstände auf Veranlassung der Inspektoren beseitigt wurden.

Polizeiverwaltung in Manchester. (S. 109—116.)

Die zweite von mir besichtigte Polizei in Manchester steht unter der Leitung eines Polizeibeamten (chief constable), der von der Pike an gedient hat. Die Manchester-Polizei erfreute sich früher keines guten Rufes; die Ausbildung der Mannschaft soll sehr mangelhaft gewesen sein; auch sollen dort, wie mir mitgeteilt wurde, vielfach Bestechungen von Polizeibeamten vorgekommen sein. Die Zustände sollen sich dort unter der gegenwärtigen Leitung sehr gebessert haben, doch hatte ich im allgemeinen den Eindruck, daß dort ein sehr subalterner Ton vorherrschte. Dazu kommt, daß der

Überwachungsausschuß

dem Chef der Polizei fast keinen Spielraum läßt, sich um die kleinsten Einzelheiten der laufenden Verwaltung kümmert und die Disziplin und Beförderungen der Mannschaft ausschließlich handhabt. Es war mir vergönnt einer Sitzung des Ausschusses beizuwohnen, in der über die Besetzung eines Inspektorpostens entschieden wurde. Es traten verschiedene Polizisten auf und baten in kürzerer oder längerer Rede unter Hervorhebung ihrer Verdienste um die Stellung. Ein Mitglied des Ausschusses sprach sich über die Befähigung der Bewerber aus, während der Chef gar keine Stellung einnahm. Daß hierunter der Einfluß des an sich sehr tüchtigen Chefs leiden muß, versteht sich von selbst. Die Bevölkerung von Manchester — nach der Volkszählung von 1906 = 606824 Einwohner — ist fast ausschließlich industrielle Arbeiterschaft; die reichen Fabrikbesitzer und Kaufleute wohnen in den nicht zu Manchester gehörigen Vororten.

Die Folge davon ist, daß in der städtischen Verwaltung nur sehr wenige angesehene Leute sitzen. Es sind meistens kleinere oder mittlere Geschäftsleute, Ladenbesitzer usw.; neuerdings hat auch die Arbeiterpartei (labour party) einige Vertreter in den Stadtrat (town council) gesandt; einer von diesen, ein Gewerkschaftssekretär, ist Mitglied des Überwachungsausschusses. Unter diesen Verhältnissen leidet die Verwaltung der Polizei; es ist für die Leitung sehr schwer, eine sachliche und nach allen Seiten unabhängige Haltung einzunehmen.

Polizeigericht.

Zur Ausübung der summarischen Gerichtsbarkeit sind von der Stadt zwei vollbesoldete Polizeirichter (stipendiary magistrate) mit je 800 £ Gehalt angestellt worden. Das Gehalt ist nach englischer Auffassung niedrig für eine solche Stellung. Es erklärt sich dies aber daraus, daß der eine der Polizeirichter ein alter Mann ist, der seinen Dienst kaum noch ausüben kann und dem man einen zweiten an die Seite gesetzt hat, der tatsächlich die Gerichtsbarkeit ausübt und später der alleinige ständige Polizeirichter mit dem alten Gehalt von 1600 £ werden wird. Daneben gibt es in Manchester 252 Friedensrichter; unter diesen gibt es, wie mir berichtet wurde, viele Persönlichkeiten, die nach ihrer Stellung im bürgerlichen Leben und ihrem Auftreten keinerlei Bürgschaften für eine unparteiische Rechtspflege bieten. Auch sollen die Friedensrichter vielfach dazu neigen, vom Gerichtstische aus Reden an die große Öffentlichkeit zu halten, wenn es sich um Strafsachen handelt, bei denen das Volksempfinden mitspricht. Über die Geschäftsverteilung gibt es keine feste Regel; gewohnheitsmäßig werden den ständigen Polizeirichtern alle schwierigeren Fälle und solche, in denen Kriminalbeamte tätig waren, überwiesen, d. h. in der Regel alle schweren strafbaren Handlungen; sie entscheiden ferner über alle Ansprüche mehr zivilrechtlicher Natur, die summarisch abgeurteilt werden können, z. B. unrechtmäßige Zurückbehaltung von Gegenständen, Vaterschaftsklagen auf Zahlung von Alimenten an Mutter und Kind. Im übrigen entscheidet gewohnheitsmäßig über die Verteilung der Strafsachen an die einzelnen Gerichtshöfe das Ermessen (discretion) des Gerichtsschreibers. Die Polizei zieht die Rechtsprechung der ständigen Polizeirichter derjenigen der Friedensrichter vor, weil sie die Gewähr größerer Sachlichkeit bietet.

Öffentlicher Ankläger.

Die Stadt besoldet ferner mit einem Jahresgehalt von 600 £ einen Rechtsverständigen (solicitor), der zu den Gehilfen des Bürgermeisters (town clerk) gehört, um auf Erfordern bei schwierigen Strafsachen die Polizei zu unterstützen und als ihr Sachwalter in den gerichtlichen Verhandlungen aufzutreten.

Tätigkeit der Polizei in Strafsachen.

Über die Tätigkeit der Polizei in Strafsachen gibt der Jahresbericht des Überwachungsausschusses vom 18. Januar 1907 Aufschluß. Im Jahre 1906 wurden der Polizei 1987 Verbrechen (indictable offences) gemeldet, 1876 Personen (1463 männliche und 411 weibliche) wurden verhaftet, und 25 Personen (20 männliche und 5 weibliche) vor den Richter geladen (proceeded against by summons), so daß also insgesamt 1981 Personen wegen Verbrechen verfolgt wurden; von diesen wurden 225 an das Schwurgericht (trial at the sessions or assizes), 12 (jugendliche) der Zwangserziehung (industrial school) überwiesen und 1663 summarisch abgeurteilt.

Wegen sonstiger strafbarer Handlungen (not indictable offences) wurden 16 649 Personen verhaftet und 7420 vor das Gericht geladen.

Vor den Polizei- und Friedensgerichten erschienen insgesamt 25 970; von diesen wurden 20 012 im summarischen Verfahren verurteilt, 5479 in diesem Verfahren freigesprochen (discharged summarily), von denen 120 eines Verbrechens angeklagt waren und nur mit ihrer Einwilligung summarisch abgeurteilt werden konnten, und 157 der Zwangserziehung (industrial school) überwiesen; in 76 Fällen wird gesagt, daß das Gericht auf andere Weise über sie verfügt habe; es handelt sich um solche Fälle, in denen der Richter keine Verurteilung ausspricht, sondern den Angeklagten zu einem zweiten häufig weit hinausgeschobenen Termine wieder vorladet und ihn dabei gleichzeitig der Obhut einer Wohltätigkeitsanstalt überweist, deren Vertreter nominell für den Angeklagten Sicherheit leistet.

Von den im summarischen Verfahren Verurteilten erhielten 3445 Freiheitsstrafe unter Ausschluß einer Geldstrafe; 45 Jugendliche wurden der (reformatory school) Zwangserziehung überwiesen und 79 mit körperlicher Züchtigung bestraft (whipped); letztere wird durch einen Polizeibeamten mit einer Rute vollzogen; die Anzahl der Schläge wird von dem Richter festgesetzt. 16 188 Personen erlitten Geldstrafen, 8 Personen wurden einem Trinkerasyl (inebriates home) überwiesen, und 248 leisteten auf Grund Richterspruches dem Gerichte gegenüber Bürgschaft mit oder ohne Sicherheit für künftiges gutes Betragen während eines festgesetzten Zeitraumes (entered into recognisance with or without sureties); es handelt sich hierbei um erstmalig begangene strafbare Handlungen (first offender) oder um Störungen des öffentlichen Friedens durch Bedrohung, worüber an anderer Stelle noch in nähere Erörterung einzutreten sein wird.

93 Personen standen unter Polizeiaufsicht; die Zahl der Gewohnheitsverbrecher in Manchester wird mit 288 angegeben. Wegen Trunkenheit allein und Trunkenheit in Verbindung mit Ruhestörung (drunk and disorderly) wurden 8141 Personen verhaftet und 150 vor den Richter geladen.

Stärke der Polizeimannschaft. Arbeitsteilung.

Die Polizei war nach dem Parlamentsberichte vom Jahre 1905 1157 Mann stark; es entfiel somit ein Polizist auf 524 Einwohner, zurzeit ist die Gesamtstärke 1183 Mann.

Sie besteht aus einem Chef (chief constable) mit einem jährlichen Gehalt von 1000 £, 7 Superintendenten (Bezirkschef), von denen 5 ein jährliches Gehalt von 290 £ und 2 von

210 £ beziehen, 54 Inspektoren mit einem wöchentlichen Gehalt von 43 sh., steigend bis zu 73 sh. 4 d., 113 Sergeanten mit einem wöchentlichen Gehalt von 35 sh., steigend bis zu 53 sh. 4 d., und 1008 Schutzleuten mit einem wöchentlichen Gehalt von 26 sh., steigend bis 47 sh. Von der Polizeimannschaft werden 940 zum Tag- und Nachtdienst in der Straße verwandt, 38 (1 Superintendent, 7 Inspektoren, 12 Sergeanten und 18 Schutzleute) als Kriminalbeamte, 10 (1 Superintendent, 4 Inspektoren, 3 Sergeanten und 2 Schutzleute) als Schreiber an der Zentrale, 83 als Schreiber bei den Revieren (Divisionen und kleineren Stationen), 22 als Schreiber und Zustellungsbeamte bei den Polizeigerichten, 3 von dem coroner (Leichenschau), 32 zur Bewachung der Gefangenen und des Polizeigewahrsams in den Revieren, und 1 als statistischer Schreiber, 2 (1 Inspektor und 1 Schutzmann) zur Beaufsichtigung der öffentlichen Logierhäuser, 6 zur Regelung des öffentlichen Fuhrwesens, 5 zur Überwachung des Verkehrs mit Sprengstoffen und der im Straßenhandel beschäftigten Kinder, 4 zur Besorgung des Polizeimagazins an der Zentralstelle (Vorräte und Uniformen), 1 als Inspektor (drill inspector) und 17 mit besonderen Dienstobliegenheiten bei den öffentlichen Märkten, den städtischen Museen usw. betraut. An der Zentralstelle werden zwei weibliche Maschinenschreiberinnen beschäftigt. Der chief constable erklärte mir, daß sich diese Einrichtung bewährt habe.

Ambulanzabteilung.

Eine Besonderheit der Manchester-Polizei bildet die Ambulanzabteilung (horse ambulance department); sie ist mit Pferden und Ambulanzwagen neuester Konstruktion ausgerüstet und befördert Unbemittelte unentgeltlich, im übrigen entgeltlich Kranke oder Verletzte auf telephonischen Anruf bei Unfällen auf dem schnellsten Wege in die Krankenhäuser. Zurzeit sind neue Stationen eingerichtet, die insgesamt 2335 Kranke oder Verletzte unentgeltlich und 648 entgeltlich zu Hospitälern befördert haben.

Unterrichtsklassen für die Mannschaft.

Seit dem Jahre 1899 sind für die Polizeimannschaft unentgeltliche abendliche Unterrichtsklassen in jedem Bezirk eingerichtet worden; die Unterrichtsgegenstände umfassen Rechnen, Schreiben, Lesen, Kurzschrift, Geographie der britischen Inseln, englische Grammatik und englischer Aufsatz (Anfertigung von Polizeiberichten); am Schlusse eines jeden Kursus finden Prüfungen statt.

Die Teilnahme an den Klassen ist freiwillig, wird aber nach Möglichkeit von den Vorgesetzten gefördert.

Kosten.

Nach dem letzten Haushaltsvoranschlage sind für die Polizei einschließlich der Kosten der Zwangserziehung, der Unterhaltung des Polizeigewahrsams und der Trinkerasyle abzüglich der Einnahmen, insbesondere des Staatszuschusses von 50 800 £, (Hälfte der Ausgaben für Gehälter und Uniformen) 110 919 £ 17 sh. 1 d. angesetzt worden.

Pension.

Pensionsberechtigt werden die Schutzleute bis zum Sergeanten ohne ärztliches Zeugnis mit dem 55. Lebensjahre und alle anderen mit dem 60. Lebensjahre.

Gesundheitspolizei in Manchester.

Die Sanitätspolizei wird in Manchester durch die Abteilung für das Gesundheitswesen (sanitary department) als Organ des Gesundheitsausschusses des Stadtrats (sanitary committee) verwaltet.

Beamte.

An der Spitze steht ein Medizinalbeamter Dr. Niven; dieser befaßt sich hauptsächlich mit den Maßregeln zur Bekämpfung der ansteckenden Krankheiten, hat einen eigenen Stab von Beamten (medical officers of health department) bestehend aus 2 ärztlichen Assistenten, 1 Veterinärbeamten, 2 Inspektoren, 1 Hauptschreiber, 1 statistischen Schreiber und 11 gewöhnlichen Schreibern) und übt im übrigen nur eine Oberaufsicht über die Abteilung aus. Die Handhabung der Gesundheitspolizei ruht im übrigen in den Händen eines Superintendenten der Gesundheitsinspektoren, der hierfür dem Ausschusse verantwortlich ist. Der städtische Gesundheitspolizeibezirk zerfällt in zwei Divisionen und jede von diesen in 14 Unterbezirke.

An Beamten sind vorhanden 1 Superintendent mit einem jährlichen Gehalt von 500 £, 1 Haupschreiber von 240 £, 25 Schreiber mit einem wöchentlichen Gehalt von 6 sh. steigend bis zu 63 sh., 1 Chefsanitätsinspektor (chief sanitary inspector) mit einem jährlichen Gehalt von 240 £, 29 Bezirksinspektoren (district sanitary inspectors) mit einem wöchentlichen Gehalt nebst freier Uniform von 35 sh. steigend bis 50 sh., 3 Nahrungsmittelinspektoren mit einem wöchentlichen Gehalt nebst Zivilkleidern von 60 sh., 1 Kanalbootinspektor 55 sh. und freie Uniform, 4 männliche Ladenschlußinspektoren je 35 sh. bis zu 50 sh. nebst Zivilkleidern, 4 weibliche Ladenschlußinspektoren 35 sh. bis 40 sh., 4 Rauchinspektoren 40 sh. bis zu 50 nebst Uniform, 1 Rauchinspektor (Chemiker) 200 £ (jährliches Gehalt), 2 Boten 25 sh. nebst Uniform, 4 Prüfer von Abwässeranlagen 26 sh. und 7 chief drainage inspectors 55 sh. bis 63 sh.

Anstellungsbedingung.

Alle diese Beamte sind zwar dauernd, aber gegen Kündigung, die bei dem Superintendenten, dem Chefinspektor und dem Hauptschreiber drei Monate, bei den übrigen einen Monat umfaßt, angestellt.

Zwar nicht als Bedingung der Anstellung, aber als solche der Beförderung ist für den Gesundheitsinspektor das Bestehen des Examens des Königlichen Instituts für das Gesundheitswesen in London erforderlich.

Tätigkeit der Gesundheitspolizei.

Für die Handhabung der Sanitätspolizei sind wichtige Bestimmungen enthalten in zwei für Manchester erlassenen Gesetzen, Manchester general improvement act und Manchester improvement act. Nach dem Berichte des Gesund-

8*

heitsausschusses für das Jahr 1905-1906 (31. Mai bis 30. April) liefen 4734 Beschwerden über gesundheitliche Mißstände ein, und zwar 1526 durch das Publikum, 1776 durch das Bureau des Medizinalbeamten, 63 durch die ordentliche Polizei und 1369 durch die Bezirksinspektoren.

Durch den Ausschuß wurden 11 352 Aufforderungen zur Abstellung von Mißständen zugestellt; in 603 Fällen ergingen wegen Nichtbeachtung der Aufforderung auf Antrag des Ausschusses gerichtliche Vorladungen. Insgesamt fanden in sanitätspolizeilichen Angelegenheiten 783 gerichtliche Verhandlungen vor den Friedensrichtern statt; in 309 Fällen erfolgten Verurteilungen zu einer Gesamtgeldstrafe von 432 £ 6 sh. und einem Gesamtkostenbetrage von 240 £ 2 sh. 8 d.; 49 Angeklagte wurden nur in die Kosten des Verfahrens verurteilt; in 28 Fällen ergingen gerichtliche Anordnungen zur Abstellung der Mißstände; in 315 Fällen wurde der Antrag auf Bestrafung zurückgezogen, und 90 Sachen wurden vertagt. In allen Fällen, wo der Antrag zurückgezogen wurde, war den Anforderungen des Ausschusses bereits vorher entsprochen worden. Findet auf Antrag des Ausschusses gerichtliche Verhandlung statt, so vertritt der Superintendent oder ein von ihm beauftragter Inspektor die Anklage.

Polizeiverwaltung in Liverpool. (S. 116—125.)

Organisation.

Die Polizei in Liverpool machte einen sehr guten Eindruck; ihr Chef head constable — wie er dort genannt wird — ist aus der irischen Polizei hervorgegangen. Der Überwachungsausschuß läßt ihm vollständig freie Hand in der Verwaltung und Disziplinierung der Polizei. In dieser Beziehung war der Gegensatz zu Manchester geradezu in die Augen springend.

Liverpool zählt 702 247 Einwohner; die von der Regierung genehmigte Stärke der Polizeimannschaft beträgt nach dem Berichte des Regierungsinspektors für das Jahr 1905 1452, so daß auf 485 Einwohner ein Schutzmann entfällt. Nach dem Berichte des head constable vom 18. März

1907 betrug die Gesamtstärke 1971; für die obenerwähnten 1463 wurde ein Staatszuschuß in Höhe der Hälfte des Gehaltes und der Kosten der Bekleidung geleistet. Von dem Rest stellen 77 die Feuerwehr, die in Liverpool eine Abteilung der Polizei bildet, dar; ihre Kosten werden aus allgemeinen städtischen Steuern (general rates account) bestritten; der Überwachungsausschuß verwaltet diesen Zweig der Polizei in seiner Eigenschaft als Kommission für das Feuerlöschwesen (committee for the protection of property from fire); für 389 Schutzleute bezahlt die Mersey Docks- und Hafengesellschaft das Gehalt und einen großen Teil der Kosten der Aufsicht; die Kosten der übrigen Schutzleute werden von Privaten, Museen usw. bestritten.

Gehalt.

Der head constable bezieht ein Gehalt von 1200 £, sein Gehilfe (assistant head constable) 600 £, der Hauptschreiber (chief clerk) an der Zentralstelle 460 £, der Superintendent von 240 steigend bis zu 420 £, der Chefinspektor 165 bis 215 £, der Inspektor 135 bis 150 £, der Unterbezirksvorsteher 115 bis 135 £, der Sergeant 36 bis 42 sh. wöchentlich und der Schutzmann 27 bis 33 sh.

Pension.

Im Jahre 1903 wurden die Pensionsbedingungen geändert und die Erreichung der höchsten Pension an die Zurücklegung des 30. Dienstjahres gebunden; der head constable klagt in seinem letzten Jahresberichte darüber, daß hierdurch der Ersatz erschwert würde.

Kriminalabteilung.

Seit dem Jahre 1906 ist ein zweiter Gehilfe (assistant head constable) bestellt worden, dem es besonders obliegt, die Kriminalabteilung zu leiten. Die Verhältnisse in Liverpool liegen besonders schwierig, weil hier eine große fluktuierende seemännische und fremdländische Bevölkerung aus allen Teilen der Welt sich zusammenfindet.

Die Zentralisierung der Kriminalbeamten hat seit 1905 aufgehört; sie werden vielmehr, abgesehen von den wenigen an der Zentralstelle beschäftigten, bei den einzelnen Divisionen geführt und unterstehen deren Superintendenten.

An der Zentralstelle besteht das Bureau der Kriminalabteilung aus 1 Inspektor, 2 Sergeanten, 3 Schutzleuten und 2 Schreibern; die letzteren sind keine Polizisten, namentlich werden an sie auch nicht die körperlichen Anforderungen gestellt, die man in bezug auf Größe und Brustumfang an die Rekruten stellt. Der head constable teilte mir mit, daß er beabsichtige, auf solche Weise junge Leute mit Universitätsbildung (Rechtsbeflissene) in die Polizeiverwaltung einzuführen.

Zeitgemäßer Bureaubetrieb.

Das Bureau und die Registratur der Kriminalabteilung und des chief constable ist vorbildlich eingerichtet. Es gibt keine dickleibigen Tagebücher und Register, sondern alle Eingänge werden nach verschiedenen von dem Bureaubeamten durch Erfahrung ermittelten Stichworten, unter die sich die Eingänge am leichtesten verteilen lassen, und nach Buchstaben unter kurzer Angabe ihres Inhaltes auf Karten eingetragen. Dieses Kartensystem schließt sich dem für große industrielle und kaufmännische Unternehmungen bei uns eingeführten Soennecken oder verwandten Systemen an. Nach den Eintragungen in die Karten lassen sich die Vorgänge jeden Einganges, wie ich mich selbst überzeugt habe, schnell, einfach und sicher ermitteln. Ein kleiner Schrank nimmt diese Karten auf und ein Bureaubeamter versorgt die Registratur der Kriminalabteilung, deren Eingänge im Jahre 1906 = 21 042 betrugen.

Von jedem hinausgehenden Schreiben werden auf der Schreibmaschine (ich sah dort Oliver typewriter, Chicago U. S. A.) gleichzeitig mit der Anfertigung desselben von dem Maschinenschreiber eine oder mehrere Abschriften gefertigt, von denen eine zurückbleibt. Der head constable hebt hervor, daß durch diese Neuordnung des Bureauwesens eine außerordentlich große Zeit- und Arbeitsersparnis (immense saving of time and labour) eingeführt sei, ohne daß darunter die Zuverlässigkeit des Bureaubetriebes im geringsten gelitten hätte.

Polizeigerichte.

Bei den Polizeigerichten und zur Bewirkung von Vorladungen werden 2 Inspektoren, 1 Sergeant und 15 Schutzleute und zur Besorgung des Gewahrsams 4 Inspektoren, 6 Sergeanten und 10 Schutzleute verwandt. Es wird hierbei bemerkt, daß für ganz Liverpool nur ein Polizeigewahrsam besteht. Von den Polizeibeamten des Gewahrsams werden die von dem Gericht abzuurteilenden Fälle nach deren Eingang von den Divisionen am Morgen vor der Eröffnung der Sitzung in das dem Richter vorzulegende Register (court register) eingetragen und gleichzeitig eine Abschrift für den Gerichtsschreiber angefertigt. Diese Arbeit gehörte eigentlich zu den Obliegenheiten des Gerichtsschreibers; der größeren Schnelligkeit und Einfachheit wegen hat aber die Polizei dieses freiwillig übernommen, da sie einen ständigen Tages- und Nachtdienst unterhält.

Die Kontrolle über die Gefangenen, gezahlte Geldstrafen und Entlassungen von Freigesprochenen wird in Liverpool in der Weise geführt, daß zwei Polizeibeamte (Sergeanten) 1. die Eintragung des Richters in das court register, 2. die Listen der Eingelieferten und der diesen abgenommenen Gegenstände (gaol-book-property list), 3. Aufstellung (account) über die gezahlten Geldstrafen vergleichen; hiernach muß entweder das Geld oder der Gefangene von dem Vorsteher des Gewahrsams vorgezeigt werden.

Für Liverpool sind von dem Könige 195 Friedensrichter ernannt worden (commission of the peace), die in ihrer überwiegenden Mehrheit zu den angesehenen Bürgern der Stadt gehören. Durch Beschluß der Friedensrichter ist die Arbeit und der Vorsitz für die einzelnen Gerichtstage verteilt worden (rota of attendance). Daneben ist von dem König auf Antrag und Kosten der Stadt ein vollbesoldeter Polizeirichter (stipendiary magistrate) angestellt worden. Eine Besonderheit von Liverpool ist, daß der die Leichenschau ausübende Beamte (coroner), ein früherer barrister, gleichzeitig als rechtsgelehrter, beamteter Polizeirichter tätig ist.

Die Friedensrichter haben als ihre Beamte einen Gerichtsschreiber und einen Gehilfen des Gerichtsschreibers ernannt. An dem Sitze der Zentralverwaltung der Polizei und des Polizeigewahrsams sitzen an allen Wochentagen zwei Gerichtshöfe; einer von diesen spricht Recht mit Ausnahme von Samstag und Sonntag. Eine besondere Abteilung des Polizeigerichts hört jeden Mittwochnachmittag um 2 Uhr Klagen von Ehefrauen auf Gewährung von Unterhalt usw. im summarischen Verfahren — summary jurisdiction married women act 1895 — und urteilt gewisse Verstöße gegen die den Verkauf geistiger Getränke regelnden Gesetze sect. 5 of the licensing act 1902 ab. Falls die Zahl der eingebrachten Gefangenen dies erfordert, tritt ein besonderer Gerichtshof um ½3 Uhr nachmittags zusammen. Im übrigen beginnen die Gerichtssitzungen der beamteten Polizeirichter um 10 Uhr vormittags und der übrigen um 11 Uhr. Der beamtete Polizeirichter übernimmt alle diejenigen Haftsachen, deren Aburteilung sonst zur Zuständigkeit zweier Friedensrichter gehörte und alle Fälle der Verletzung der Vorschriften über den Verkauf geistiger Getränke, licensing act.

Außerdem finden am Dienstag eines jeden Monats in vier Bezirken der Stadt (Vororten) Gerichtssitzungen statt, in denen zur Zuständigkeit der Polizeigerichte gehörige Fälle auf Vorladungen hin abgeurteilt werden.

Kriminalstatistik.

Im Jahre 1906 wurden 9880 Verbrechen und Vergehen (indictable offences) der Polizei bekannt.

Von diesen wurden 2312 im summarischen Verfahren verurteilt, 211 vor das Schwurgericht verwiesen (committed for trial), 44 der Zwangserziehung überwiesen, 41 bedingt verurteilt, 140 freigesprochen, 243 entlassen mangels eines Anklägers, 99 von dem Richter auf Grund diskretionärer Befugnis (s. j. a. sect. 16) wegen Jugend oder anderer mildernder Umstände entlassen; sieben waren nicht aufzufinden oder geisteskrank; von den 33 088 Fällen von Übertretungen und Vergehen leichterer Art (non indictable offences) wurden 17 518 ohne Haftbefehl festgenommen (darunter 7873 wegen Trunkenheit), 382 auf Grund eines Haftbefehls sistiert, 58 vorgeführt, weil sie einer Vorladung keine Folge geleistet hatten, und 15 130 vorgeladen (summons).

Das Polizeigericht verurteilte 28 392, sprach 857 frei auf Grund der Beweisaufnahme und 1667 auf Grund diskretionären Ermessens (s. j. a. 16, 1), überwies 997 der Zwangserziehungsanstalt (industrial school), setzte mangels eines Anklägers oder wegen Zurückziehung der Anklage 969 außer Verfolgung und überwies 196 der Militär- oder Marinebehörde; in zehn Fällen fand keine Verhandlung statt, weil der Täter nicht aufzufinden oder geisteskrank war. Die Polizeigerichte erließen Anordnungen und Verfügungen polizeilicher Natur (quasi criminal proceedings) in 4368 Fällen; von diesen betrafen 1546 den Schulbesuch von Kindern, 600 gesundheitspolizeiliche Verfügungen (nuisances), 84 Auflagen an eine Partei, den Frieden zu halten, unter Festsetzung einer Sicherheit und 2138 sonstige Anordnungen. Der head constable hebt hervor, daß ein Vergleich der Kriminalitätsziffer der verschiedenen Städte des Königsreichs nur ein ungewisses Ergebnis haben könne, da die Grundsätze für die Zusammenstellung der statistischen Angaben nicht überall gleich seien; so würden in einzelnen Städten nur diejenigen strafbaren Handlungen aufgeführt, bei denen die Polizei die Überzeugung erlangt habe, daß tatsächlich eine strafbare Handlung begangen sei.

Interessant ist auch die Bemerkung in dem letzten Jahresberichte des head constable, daß im Jahre 1904 = 1, 1905 = 2 und 1906 = 27 Fälle von tätlichen Angriffen von den Polizei- und Friedensrichtern an das Schwurgericht verwiesen seien. Die Steigerung erkläre sich daraus, daß die Richter erster Instanz, vor denen alle Gefangenen (Angeklagten) erscheinen, diese innerhalb ihrer Zuständigkeit (Höchstmaß 6 Monate Gefängnis oder Zuchthaus) zur Vermeidung des schwurgerichtlichen Verfahrens abgeurteilt hätten, da aus persönlichen Gründen früher die Rechtsprechung der Schwurgerichte in Liverpool sehr milde gewesen sei.

Gesundheitspolizeibeamte.

Nach dem Jahresberichte des städtischen Medizinalbeamten Dr. Hope betrug die Zahl der ihm unterstellten Beamten 140, nämlich:

1. 1 Chef-Gesundheitsinspektor,
2. 1 Stellvertreter desselben (deputy chief sanitary inspector),
3. 7 prosecuting sanitary inspectors (Inspektoren, die die Sanitätsbehörde bei Gericht vertreten),
4. 33 Gesundheitsinspektoren (männlich),
5. 9 Gesundheitsinspektoren (weiblich),
6. 4 Fleischbeschauer,
7. 2 Inspektoren für verseuchtes Vieh,
8. 4 Inspektoren des Fisch- und Fruchtverkehrs,
9. 3 Inspektoren des Nahrungsmittelverkehrs,
10. 3 Werkstätteninspektoren,
11. 3 Inspektoren zur Beobachtung der Rauchbelästigungen,
12. 7 Desinfektoren,
13. 1 Superintendent des Krankentransport- und Desinfektionspersonals,
14. 1 Superintendent des Desinfektionsapparats,
15. 1 „ „ Wohnungsreinigungswesens,
16. 18 Wohnungsreiniger,
17. 1 Chefinspektor der gewöhnlichen Logierhäuser (common lodging houses) und der aftervermieteten Häuser (sub let houses),
18. 13 Inspektoren,
19. 1 Inspektor der Kanalboote,
20. 1 „ „ Bäckereien,
21. 2 „ „ Kuhställe, Molkereien und Milchverkaufstätten,
22. 3 Zustellungsbeamte (notice servers),
23. 24 Schreiber (Bureauperson.) (permanent clerical staff),
24. 2 Hilfsschreiber.

Die unter Ziffer 1—5, 10, 11, 19, 21—23 Genannten müssen als Bedingung der Anstellung das Zeugnis des Königlichen Instituts für das Gesundheitswesen besitzen.

Tätigkeit.

Bei der Abteilung für das Gesundheitswesen liefen 8365 Anzeigen ein, auf Grund deren 13 513 gesundheitliche Mißstände entdeckt wurden. 84 625 Mißstände wurden bei der Besichtigung der Häuser durch die Inspektoren entdeckt. An Hauseigentümer wurden 44 557 und an Inhaber von Wohnungen 1618 Zustellungen (notices) bewirkt. Wiederholte Besichtigungen der Mißstände wurden in 165 004 Fällen vorgenommen, auf Grund deren 88 931 Übelstände beseitigt wurden. In 544 Fällen wurden strafgerichtliche Verfolgung eingeleitet, auf Grund deren 139 Geldstrafen in Höhe von 141 £ 1 sh. verhängt und 243 gerichtliche Anordnungen getroffen wurden; in 162 Fällen erfolgte Freisprechung oder Zurückziehung der Strafklage. Strenge Bestimmungen (bye laws) bestehen in Liverpool bezüglich der Häuser, in denen Räume aftervermietet werden; sie müssen der Sanitätspolizei angezeigt werden. Die Inspektoren haben in 19 193 Fällen nachts und in 80 440 am Tage Besichtigungen vorgenommen. Gegen 2415 Vermieter und Mieter wurde ein strafgerichtliches Verfahren eingeleitet, und zwar in einem Falle wegen Nichtzulassung des Inspektors. In fünf Fällen wurde die Klage zurückgezogen, in zweien erfolgte Freisprechung und in einem Falle wurde der Angeklagte (defendant) unter Festsetzung einer von ihm zu leistenden Sicherheit und Androhung einer Geldstrafe die Beseitigung des Mißstandes aufgegeben. Gegen die übrigen verhängte der beamtete Polizeirichter in 1699 Fällen 1 sh. Geldstrafe und 1 sh. Kosten, in 348 = 1 sh. 6 d. Geldstrafe und den gleichen Betrag an Kosten, in 139 = 2 sh. und den gleichen Kostenbetrag, in 86 = 2 sh. 6 d. und denselben Kostenbetrag, in 5 = 3 sh. und den gleichen Kostenbetrag; in 53 = 5 sh. und 4 sh. 6 d. Kosten, in einem Falle 6 sh. und 4 sh. 6 d. Kosten, in einem Falle 7 sh. und 4 sh. 6 d.

Kosten, in 70 Fällen 10 sh. und 4 sh. 6 d. Kosten, in 4 Fällen 20 sh. und 4 sh. 6 d. Kosten, in einem Falle 40 sh. Geldstrafe und 4 sh. 6 d. Kosten.

Während der Nachtbesichtigung gehen die Inspektoren immer zu zweien zu ihrer eigenen Sicherheit und zur Gewinnung der Aussage von zwei Zeugen.

Auf Grund lokaler Gesetze (the Liverpool sanitary amendment act 1854, sect. 24 und 25, the Liverpool improvement act 1882, sect. 77 und the Liverpool corporation act 1902, sect. 57) wurden von den Rauchinspektoren mit Genehmigung der Gesundheitskommission (health committee) in 578 Fällen wegen übermäßiger Rauchentwicklung gerichtliche Strafverfolgungen eingeleitet, auf Grund deren in 568 Fällen Geldstrafen in einem Gesamtbetrage von 1175 £ 4 sh. 9 d. verhängt wurden.

Ich greife nur noch das Ergebnis der Nahrungsmittelinspektion heraus, es wurden im Jahre 1905 2107 Proben zur chemischen Untersuchung entnommen, auf Grund deren 203 Verfälschungen festgestellt wurden. Die 91 eingeleiteten strafgerichtlichen Verhandlungen ergaben 7 Verurteilungen zu Geldstrafen im Gesamtbetrage von 278 £ und 24 Freisprechungen oder Zurückziehungen der Klage.

Kosten der Rechtspflege und Polizei in Liverpool.

Die Kosten der Justizverwaltung in Liverpool betrugen im Jahre 1905 einschließlich der Ausgaben für die Zwangserziehung jugendlicher Verbrecher und der Leichenschau insgesamt 20 154 £, denen an Einnahmen 12 957 £ gegenüberstanden. Hervorzuheben sind unter den ersteren das Gehalt des beamteten Polizeirichters mit 1250 £, des coroners mit 1400 £, des Gerichtsschreibers (clerk to the city justices) 800 £, des Gehilfen des Gerichtsschreibers (chief assistant) 550 £, die Kosten der Strafverfolgung von 2395 Fällen im summarischen Verfahren werden auf 2298 £ 5 sh. 5 d. angegeben, von 168 Fällen vor dem Schwurgericht (assizes-sessions) mit 1561 £ 19 sh. 6 d.

Unter den Einnahmen sind hervorzuheben: 7612 £ 4 sh. 1 d. vom Gerichtsschreiber der Friedensrichter und der Polizeirichter vereinnahmte Gebühren und 4397 £ 10 sh. 7 d. von dem Polizeirichter verhängte Geldstrafen.

Die Gesamtausgaben der Polizeiverwaltung betrugen insgesamt 211 261 £ 12 sh. 8 d., die Gesamteinnahmen 134 806 £ 5 sh. 7 d.; unter den letzteren sind der Staatszuschuß mit 68 736 £ 13 sh. 4 d., 6508 £ 8 sh. 9 d. Beitrag von Privaten für Überlasssung von Polizeibeamten und 18 258 £ 11 d. Polizeisteuern (watch rate) hervorzuheben. Für die Feuerpolizei wurden 17 520 £ 11 sh. ausgegeben.

Die Ausgaben der unter Leitung des Medizinalbeamten stehenden Abteilung für das Gesundheitswesen betrugen einschließlich des Desinfektionswesens und Veterinärwesens und der Pensionen, dagegen ausschließlich der Unterhaltung der Krankenhäuser, öffentlichen Bäder usw. 58 840 £ 8 sh. 1 d., darunter 12 116 £ 6 sh. 10 d. Gehälter (1150 £ der Medizinalbeamte, 261 £ der Chefinspektor).

Die Gesamtausgaben der Stadtverwaltung beliefen sich im Jahre 1905 auf 2 168 486 £ 8 sh. 7 d.

III. Die Polizei in Schottland.

Allgemeines.

Die Einrichtung und Gliederung der Polizei in Schottland entspricht im allgemeinen dem englischen Vorbilde, doch sind im einzelnen wesentliche, grundsätzliche Unterschiede zu verzeichnen. Trotz des stärkeren demokratischen Zuges, der in dem schottischen politischen und Gemeindeleben zutage tritt, ist dort in den Städten (burghs) die Stellung des chief constable unabhängiger gestaltet als in den englischen: er stellt die Mitglieder der Polizeimannschaft an und übt in erster Linie die Disziplin über sie aus. Die Friedensrichter in den Städten, die gleichzeitig in ihrer Gesamtheit die Vorgesetzten der Polizei sind, werden nicht vom Könige ernannt, sondern aus den Mitgliedern des Stadtrates von diesem gewählt. Sie führen in

Schottland den Namen bailies. Der Überwachungsausschuß ist dem schottischen Rechte fremd. Man hat in den schottischen Städten von dem Rechte, beamtete Polizeirichter anzustellen, Abstand genommen, weil es, wie mir der Lord Provost von Glasgow sagte, in Schottland nie an angesehenen Bürgern fehle, die nur zu gerne bereit wären, das ehrenvolle Richteramt trotz der großen Arbeitsleistung auszuüben.

Es kommt hinzu, daß man in dem sheriff und dessen Substituten ein ausgezeichnetes Institut von Einzelrichtern erster Instanz besitzt, die zum Teil mit den bailies konkurrierend die Strafgerichtsbarkeit ausüben.

Der Hauptunterschied des schottischen und englischen Verfahrens zeigt sich jedoch in dem öffentlichen Ankläger (procurator fiscal) und der durch ihn ausgeübten Monopolisierung der Strafverfolgung. Die Schotten halten ihr Verfahren, wie mir der Lord Advocate sagte, dem englischen weit überlegen (vastly superior). Es ist unzweifelhaft, daß das schottische Rechtsleben seine Ausbildung hauptsächlich französichen Einflüssen verdankt. Es war ganz natürlich, daß sie bei ihrer Gegnerschaft zu England, die zu jahrhundertelangen Kämpfen führte, ihren Anschluß in politischer und geistiger Beziehung anderswo suchten. Das ganze Empfinden und der Gedankengang der Schotten bei der Ausbildung ihrer Rechtsinstitute paßt sich vielmehr unseren Grundanschauungen, an. Es ist auch nicht daran zu denken, daß Schottland die ihm eigentümlichen Rechtsideen aufgeben wird. In dieser Beziehung ist von einem Einflusse des englischen Rechtes nichts zu bemerken.

Der Schotte ist stolz auf seine Besonderheiten und wacht eifersüchtig darüber, daß sie ihm nicht verkümmert werden.

Polizei.

Gesetzliche Grundlage.

In Schottland gibt es etwa 60 selbständige Polizeiverwaltungen (police forces). Diese zerfallen in zwei Gruppen, nämlich städtische (burgh) Polizeiverwaltungen und Grafschafts-(county)Polizeiverwaltungen.

Gemäß sect. 13 local government (scotland) act 1889 52 + 53 Vict. c. 50 ist den Städten mit einer Einwohnerzahl von weniger als 7000 die selbständige Polizeiverwaltung genommen und diese dem Grafschaftsrate überwiesen worden.

Die Städte mit einer Einwohnerzahl zwischen 7000 und 20000 sind nur dann berechtigt, eine besondere städtische Polizei zu unterhalten, wenn eine solche vor dem Jahre 1892 tatsächlich vorhanden war (sect. 78 burgh police (Scotland) act. 1892 (55 + 56 Vict. c. 55). Städte mit mehr als 20 000 Einwohnern können unter Verzicht auf eigene Polizeiverwaltung mit dem Grafschaftsrate eine Vereinbarung mit beiderseitiger sechsmonatiger Kündigungsbefugnis treffen, wonach ihre Polizeiverwaltung mit der Grafschaft vereinigt wird (consolidated) (sect. 61 of the police Scotland act 1857).

Es gibt in Schottland im ganzen 32 selbständige städtische Polizeiverwaltungen. Das platte Land und alle Städte, die nicht selbständige Polizeiverwaltung haben oder auf diese verzichtet haben, unterstehen der Grafschaftspolizei.

Die Polizeimannschaften schwanken zwischen zehn in kleinen Städten oder Grafschaften und 1500 in einer Stadt von der Größe Glasgows. Im allgemeinen entfallen auf einen Polizisten 1000 Einwohner, jedoch steigert sich dieses Verhältnis bis zu 525 Einwohnern auf 1 Polizisten in Glasgow.

Die gesetzliche Organisation der Polizei beruht vornehmlich

1. auf dem Polizeigesetz von 1857, the police (Scotland) act 1857; dieses findet hauptsächlich auf Grafschaften Anwendung; 2. die städtischen Polizeigesetze von 1892 und 1903 (the burgh police (Scotland) acts 1892 und 1903. Wichtig für die Verwaltung der Polizei sind ferner das allgemeine Verwaltungsgesetz — the local government (Scotland) act 1889 und das städtische von 1900 (the town councils (Scotland) act 1900). Die städtischen Polizeigesetze behandeln Angelegenheiten, die über den Rahmen der Polizeiverwaltung hinausgehen.

Die allgemeine Stadtverwaltung betreffen zum Beispiel Festsetzung der Grenzen der Stadt, Beleuchtung, Pflasterung, Straßenzüge usw.

Die beiden wichtigsten Städte Schottlands, Edinburgh und Glasgow, unterliegen nicht den allgemeinen Polizeigesetzen (burgh police act), sondern besitzen ihre eigenen von dem Parlamente für sie erlassenen Gesetze. Es ist dieses namentlich zu dem Zwecke geschehen, um die Befugnisse der Polizei in gesundheitlicher Hinsicht entsprechend den besonderen Bedingungen des großstädtischen Lebens zu erweitern.

Für die Einrichtung und die Unterhaltung der Polizei sind in den Städten der Stadtrat (town council), in den Grafschaften der Grafschaftsrat verantwortlich. Beide sind aus Wahlen hervorgehende Körperschaften, deren Zusammensetzung und Befugnisse sich auf das städtische — the town councils (Scotland) act 1900 — und das allgemeine Verwaltungsgesetz — the local government (Scotland) act 1881 stützen. —

Da der Grafschaftsrat nur selten zusammenkommt und für die Führung der laufenden Verwaltung zu schwerfällig ist, so sind seine Befugnisse in dieser Beziehung einem ständigen Ausschusse (standing joint committee) übertragen worden. Dieser besteht aus sieben von dem Grafschaftrsate aus seiner Mitte gewählten Mitgliedern, sect. 18 ff. l. g. (Sc.) a. 1889, und sieben Vertretern der in der Grafschaft ansässigen Großgrundbesitzer. Die letzteren gehen nicht aus Wahlen hervor und führten ausschließlich vor dem Gesetze von 1889 die Verwaltung der Grafschaft.

Der von dem Könige ernannte beamtete Grafschaftsrichter, der Sheriff, und bei seiner Verhinderung der von ihm beauftragte Substitut sind ex officio Mitglieder des Ausschusses, sect. 18 Ziffer 2. Wenngleich die Verwaltung der Polizei tatsächlich fast ausschließlich in den Händen des Ausschusses ruht, so bestehen doch die früheren Befugnisse des Sheriff und der Vierteljahrs- oder der allgemeinen Versammlung der Friedensrichter (general or quarter sessions) noch fort. Bei widerstreitenden Anordnungen des

Sheriff und der Friedensrichter gehen die des Sheriffs vor, da er in erster Linie der Krone für die Aufrechterhaltung der Ruhe und Ordnung in seinem Bezirke verantwortlich ist — sect. IV des Gesetzes von 1859 — an act to render more effectual the police in counties and burghs in Scotland, 20 und 21 Vict. cap. 72.

In letzter Linie ist bei einem solchen Widerstreite die Entscheidung des Staatssekretärs für Schottland maßgebend. Der Sheriff hat ferner beim Ausbruche eines Aufruhrs, den die Polizei nicht unterdrücken kann, militärische Hilfe anzurufen (to call out the military). Er hat ferner mit Hilfe des chief constable die Maßregeln zur Unterdrückung bürgerlicher Unruhen zu leiten.

Der chief constable hat dem Sheriff und zwei Friedensrichtern sofort unmittelbar Bericht zu erstatten über jede ernste Störung des öffentlichen Friedens, die stattgefunden hat oder zu befürchten ist und von jeder strafbaren Handlung von größerer Bedeutung, deren bekannte oder vermutete Täter nicht festgenommen worden sind. Abschriften dieser Berichte sind dem Staatssekretär unverzüglich einzureichen, damit dieser die in Betracht kommenden übrigen Behörden ohne Zeitverlust benachrichtigen kann.

Nach der Auskunft, die mir Sheriff Guthrie in Glasgow gab, treten die Aufsichtsrechte des Sheriff gegenüber der Polizei nur sehr selten in die Erscheinung.

Die Einrichtung der Polizei vollzieht sich in der Weise, daß der ständige Ausschuß in der Grafschaft oder der Stadtrat einen chief constable ernennt; diese Ernennung ist in den Grafschaften an die Genehmigung des Staatssekretärs gebunden. Der chief constable ernennt hierauf sowohl in den Städten mit selbständiger Polizeiverwaltung, als auch in den Grafschaften die übrigen Mitglieder der Mannschaft. Der Chef trägt allein gegenüber seiner Anstellungsbehörde die Verantwortung für die Führung der Geschäfte.

Aufsicht.

Die Stärke der Mannschaft und die Gehälter werden von dem Grafschaftsrat oder Stadtrat bestimmt, doch unterliegen diese Beschlüsse der Genehmigung des Staatssekretärs (secretary) für Schottland (sect. 1, 3, 5 police of Scotland act 1857). Auf Grund gesetzlicher Ermächtigung (sect. 3 ebenda) erläßt der Staatssekretär allgemeine Vorschriften für die Bekleidung und Ausrüstung und die Gehälter der Polizei; die jetzt in Kraft befindlichen datieren vom August 1892; sie beziehen sich gleichmäßig auf städtische und Grafschaftspolizei.

Als Altersgrenze für die Ernennung zum chief constable wird das 45. Lebensjahr festgesetzt; diese Altersgrenze fällt jedoch weg bei der Ernennung eines chief constable zum Chef einer anderen Mannschaft.

Über seine Gesundheits- und Dienstbrauchbarkeit muß ein ärztliches Zeugnis vorliegen.

Bei den Bezirksvorstehern (superintendent) und Inspektoren ist die gleiche Altersgrenze (45 Jahre) vorgeschrieben; sie sollen gut lesen und schreiben und im Rechnungs- und Kassenwesen erfahren sein. Die Altersgrenze des Serganten beträgt 40 Jahre, des Schutzmanns 25 Jahre; diese Grenze wird bis zu 30 Jahren bei dem Schutzmann für den Fall ausgedehnt, daß es sich um eine Versetzung von einer Polizeimannschaft zu einer andern oder um eine Militärperson handelt, die innerhalb der drei letzten Monate vor der Anstellung dem Heere oder der Marine angehörte. Der Schutzmann muß ohne Schuhe eine Größe von 5 Fuß 7 Zoll englisch haben. Die Entlassung aus einer Polizeimannschaft macht eine Anstellung in einer anderen Mannschaft unzulässig.

Abgesehen von den von dem Staatssekretär anerkannten nebenamtlichen Beschäftigungen ist dem Polizisten jede andere geschäftliche oder sonstige gewinnbringende Beschäftigung untersagt. Es wird darauf hingewiesen, bei Beförderungen die Mitglieder der jeweiligen unteren Rangstufe zu berücksichtigen.

Dem chief constable wird aufgegeben, vierteljährlich dem Sheriff und dem Ausschusse schriftlichen Bericht über die Stärke, die Verteilung und Zustand der Polizeimannschaft und eine Übersicht über die der Polizei gemeldeten strafbaren Handlungen unter Anführung der Zahl der Verhafteten, der diesen zur Last gelegten strafbaren Handlungen und über solche Einzelheiten, die über die Kriminalität in einer Grafschaft Aufschluß geben. Ein Stück dieses Berichtes ist dem Staatssekretär mit etwaigen Bemerkungen des Sheriff oder des Ausschusses einzureichen; letztere sind jedoch nur auf Verlangen des Sheriff oder des Ausschusses mitzuteilen.

Mit Genehmigung des Sheriff erläßt der chief constable allgemeine Vorschriften und Anordnungen für die Verwaltung der ihm unterstehenden Polizei; diese sind am Schlusse eines jeden Vierteljahres dem Sheriff und dem Ausschusse einzureichen. Es wird empfohlen, jede Polizeimannschaft mit einem Instruktionsbuche zu versehen.

Vorgeschrieben werden die Führung eines Buches über die vom chief constable verhängten Disziplinarstrafen (defaulter's book) ein Befehlbuch (order book) und ein Register (police report), dessen Form den einzelnen Polizeiverwaltungen überlassen bleibt; in dieses Register sind von dem Schutzmann der Name, die Straftat und sonstige auf die Person des Verhafteten bezügliche Einzelheiten, namentlich Dauer der Inhaftierung, einzutragen und dem öffentlichen Ankläger des Bezirkes vorzulegen, in dessen Bereich die strafbare Handlung sich ereignet haben soll. In das Register sind auch die Fälle einzutragen, in denen die Polizei die Strafverfolgung abgelehnt hat. Nach Schluß eines Vierteljahres wird das Register dem Schreiber des Sheriffs (sheriff clerk of the county) übermittelt, der mit ihm nach Anweisung des Sheriff verfährt.

Die Baupläne für neue Polizeigebäude und die Abänderung alter unterliegen der Genehmigung des Staatssekretärs.

Durch das häufig erwähnte Gesetz von 1857 wurde dem Grundsatze Anerkennung verschafft, daß ein geordneter Polizeidienst in allen Teilen des Landes eine nationale Angelegenheit sei.

Um die Staatsaufsicht wirksam ausüben zu können, wurde die Anstellung eines von der Krone zu ernennenden Inspektors vorgesehen; dieser hat dem Staatssekretär über den Zustand der Polizei in den einzelnen Bezirken zu berichten; auf Grund dieser Äußerung stellt der Staatssekretär die Bescheinigung aus, daß die in Frage kommende Polizei in Disziplin und Stärke tauglich (efficient) sei. Diese Erklärung bildet die Bedingung für die Gewährung des Staatszuschusses an die Polizeiverwaltung.

Zusammensetzung der Polizei.

Allgemeines.

Nach dem Berichte des Regierungsinspektors für Schottland, Major Ferguson, vom 3. April 1907 beträgt die Gesamtstärke der Grafschaftspolizei 1927, d. i. ein Schutzmann auf 1190 Einwohner, und 3515 in den Städten mit selbständiger Polizeiverwaltung, d. i. ein Polizist zu 674 Einwohnern, insgesamt 5442, d.i. ein Polizist auf 857 Einwohner. Hierzu kommen noch 227 Polizisten (additional police), davon 67 in Grafschaften und 160 in Städten mit selbständiger Polizeiverwaltung, die in Diensten von Privaten sich befinden und aus deren Mitteln unterhalten werden, d. i. eine Gesamtstärke von 5669 oder 1 auf 823 Einwohner.

Die Grafschaften Selkirk, Berwick und Roxburgh und Mid, West und East Lothian und Peebles, Fife und Kinross, Renfrew und Bute besitzen zur Verminderung der Kosten nur einen chief constable. Von den 31 Grafschaftspolizeiverwaltungen besitzen 7 weniger als 20 Polizisten; von diesen sind 5 Grafschaften unter 20 000 Einwohnern, von den genannten 7 hat eine weniger als 10 Mann; vier Grafschaften besitzen eine Bevölkerung von weniger als 10000 Einwohnern. Von den 32 Städten mit selbständiger Polizeiverwaltung befinden sich in 12 Polizeimannschaften von weniger als 20; in elf Städten beträgt die Einwohnerzahl weniger als 20 000; 27 Städte mit einer Einwohnerzahl von 2134 bis zu 40 125 werden in polizeilicher Beziehung von der Grafschaft verwaltet; von diesen bilden 19 Grafscha tspolizeibezirke und 8 mit mehr als 7000 Einwohnern haben sich mit der Grafschaft vereinigt, sect. 58, 59 und 61 police (Scotland) act 1857.

Der Inspektor hebt hervor, daß die kleinen selbständigen Polizeiverwaltungen zu verwerfen seien; es falle ihm schwer, ihnen das Zeugnis auszustellen, daß sie tauglich (efficient) seien.

Kriminalbeamte.

In dreizehn Grafschaften sind 10 Kriminalinspektoren, 15 Kriminalsergeanten, 14 Kriminalschutzleute, insgesamt 38, in 18 Städten mit selbständiger Polizeiverwaltung 4 Kriminalsuperintendenten, 2 Kriminalleutnants (besonderer schottischer Titel für Gehilfen des Superintendenten), 19 Kriminalinspektoren, 4 Kriminalunterinspektoren (Subinspector), 7 Kriminalbureaubeamte, 14 Kriminalsergeanten und 117 Kriminalschutzleute, insgesamt 167 tätig.

Die Schaffung einer zentralen Kriminalabteilung für ganz Schottland wird von dem Regierungsinspektor befürwortet.

Reserve.

Die Polizeireserve beträgt insgesamt 104 Mann, davon 39 in 21 Grafschaften und 65 in Städten mit selbständiger Polizeiverwaltung.

In der Grafschaft Lanarkshire wurde mir mitgeteilt, daß pensionierte Beamte als Reserve für vorübergehende Verwendung gebraucht werden.

Strafregister.

Strafregister werden von den städtischen Polizeiverwaltungen in Edinburgh, Glasgow, Aberdeen, Dundee, Perth, Greenock, Ayrdumfries, Stirling, Elgin und Inverness geführt.

Frühere Soldaten.

Von den 5442 Polizisten haben 377 dem Heere angehört, 117 befinden sich noch in der Reserve, 17 hiervon in der Marinereserve und 3 gehören noch der Marinereserve an.

Mannschaftsbewegung.

Im Jahre 1906 kamen 510 Mann in Abgang, und zwar 27 durch Tod, 291 durch Austritt (29 unfreiwillig, 3 zwecks Übertritts zu einer Polizeimannschaft in England, 4 wurden als unbrauchbar verabschiedet), 75 durch Entlassung (Disziplinarmaßregel), 2 durch Desertion, 4 durch Verabschiedung (mildere Form der Entlassung), 88 durch Pensionierung, 3 durch Rücktritt mit Vergütung und 21 durch Übertritt zu einer anderen Polizeimannschaft.

Die große Zahl der Kündigungen umfaßt hauptsächlich junge Leute, die ihre Aussichten durch Übertritt zu einer höher bezahlten Polizeimannschaft verbessern wollten.

Kosten.

Die Gesamtkosten der Gehälter und Kleider der Grafschaftspolizei einschließlich der von ihr beschützten Städte betrug im Jahre 1906 161 593 £ 18 sh. 6 d., der städtischen selbständigen Polizei 299 646 £ 15 sh. 10 d., insgesamt 461 240 £ 14 sh. 4 d.

Die Gesamtkosten der Polizeiverwaltung ausschließlich der in Diensten von Privatpersonen Angestellten, dagegen einschließlich der Mieten, Steuern, Unterhaltung von Gebäuden und aller sonstigen Ausgaben betrug in den Grafschaften 211 510 £ 11 sh. 6 d. und in den Städten mit selbständiger Polizeiverwaltung 361 837 £ 14 sh. insgesamt 573 348 £ 5 sh. 6 d.

Das Durchschnittsgehalt beträgt in den Grafschaften 80 £ 1 sh. 9 d., in den Städten mit selbständiger Polizeiverwaltung 81 £ 16 sh. 6 d., einschließlich Uniform im ersteren Falle 83 £ 17 sh. 2 d. und im letzteren 85 £ 5 sh.

Es wird darüber geklagt, daß die Uniformen nicht gleichmäßig seien. Der Staatszuschuß für die Kosten der Gehälter und Uniformen beträgt insgesamt 180 000 £; er wird auf die einzelnen Polizeiverwaltungen nach Maßgabe der von der Regierung geprüften Rechnungsbelege verteilt und ergibt einen durchschnittlichen Zuschuß von 40 Prozent.

Da der Staatszuschuß in England und Wales beweglich ist, entsprechend dem hervorgetretenen Bedürfnisse, in Schottland aber nur eine feste Pauschalsumme gewährt wird, so hört man in Schottland vielfach Klagen über Benachteiligung.

Der Rest der Polizeiausgaben wird durch städtische oder Kreissteuern — police assessment — gedeckt, der von dem Grafschaftsrat oder Stadtrat festgesetzt und erhoben wird.

Auf Grund sect. 58 des Gesetzes von 1857 (police act) und des Verwaltungsgesetzes (the local government) (Scotland) act von 1889 kann der Grafschaftsrat mit Genehmigung des Staatssekretärs aus einzelnen Teilen der Grafschaft abgetrennte Polizeibezirke bilden und diesen die Kosten der örtlichen Polizeiverwaltung (local expenditure) auferlegen; diese bestehen nach sect. 59 in den Ausgaben für Gehälter und Uniformen und sonstigen mit Genehmigung des Staatssekretärs festgesetzten Kosten, während die Kosten der allgemeinen Verwaltung (general expenditure) von der Grafschaft bestritten werden. Im übrigen bleibt aber die in diesen Bezirken angestellte Polizei Grafschaftspolizei und untersteht dem chief constable. Von dieser Befugnis ist in 18 Fällen Gebrauch gemacht worden. Nach sect. 60 der oben genannten Gesetze kann der König nach Beratung mit dem Staatsrate (by order in council) auf Grund einer Bittschrift von Eingesessenen des Bezirks, die einen Monat vor der Beschlußfassung des Königs in der Edinburgh Gazette zu veröffentlichen ist, den Grafschaftsrat veranlassen, solche Polizeibezirke einzurichten.

Nach meinen Beobachtungen sind es hauptsächlich solche Bezirke, wo in einer ländlichen Umgebung an einer Stelle Industrie mit dichter Bevölkerung sich gebildet hat.

Ich greife als Beispiel den kleinsten und den größten Bezirk heraus: Momfieth, 2134 Einwohner, Grafschaft Forfar, die Grafschaftspolizei stellt einen Sergeanten und einen Schutzmann (auf 1067 Einwohner ein Polizist); die Gehälter und Ausgaben für Uniformen betragen 159 £ 2 sh. 2 d., Mieten, Unterhaltung der Gebäude usw. 8 £ 10 sh. 10 d., sonstige Ausgaben 9 £ 4 sh. 10 d., d. s. Bureaukosten, Heizung usw., insgesamt 176 £ 17 sh. 10 d.; der Bezirk zahlt der Grafschaft 107 £ 4 sh.; die Polizeisteuer beträgt 2027 d. für je ein Pfund des Grundwerts.

Clydebank, 40 215 Einwohner, Grafschaft Dumbarton, 1 Superintendent, 2 Inspektoren, 3 Sergeanten, 2 Kriminalsergeanten, 21 Schutzleute, insgesamt 29 (auf 1386 Einwohner ein Polizist); dazu kommen noch 4 Sergeanten und 4 Schutzleute in Privatdiensten, deren Kosten mit 249 £ 12 sh. 4 d. von ihren Arbeitgebern bestritten werden. Gehälter und Ausgaben für Uniformen betragen 1954 £ 10 sh. 1 d., Mieten, Gebäudeunterhaltung usw. 523 £ 15 sh. 8 d., sonstige Ausgaben wie oben 329 £ 15 sh. 5 d., insgesamt 2808 £ 1 sh. 2 d.; die Polizeisteuer beträgt 2.652 d.

Von den 31 Grafschaftspolizeiverwaltungen erhebt die niedrigsten Polizeisteuern mit 1 27/48 d. die Grafschaft Haddington, 38 662 Einwohner, 38 Polizisten, Gehälter 3198 £ 1 sh. 5 d., Uniformen 172 £ 19 sh. 8 d., 274 £ 6 sh. 3 d. Unterhaltung von Gebäuden, Mieten usw., 489 £ 17 sh. 11 d. sonstige Ausgaben insgesamt 4135 £ 5 sh. 3 d.; davon wurden gedeckt durch Staatszuschuß 1239 £ 16 sh. 7 d.; die Durchschnittskosten eines Polizisten (Gehalt und Uniform) betragen 88 £ 3 sh. 3 d.; ein Polizist entfällt auf 1017 Einwohner.

Die höchste Polizeisteuer mit 3.275 d. gelangen zur Hebung in der Grafschaft Nairn, 9500 Einwohner, 10 Polizisten (ein Polizist auf 950 Einwohner), eine Stelle ist unbesetzt; Gehälter 793 £ 6 d., Uniformen 37 £ 6 sh. 11 d., sonstige Ausgaben 254 £ 8 d., insgesamt 1084 £ 17 sh. 1 d., Staatszuschuß Gehalt, Uniform) 330 £ 6 sh.; Durchschnittskosten eines Polizisten (Gehalt und Uniform 83 £ 1 sh. 8 d. Die höchsten Durchschnittskosten (Gehalt, Uniform) für einen Polizisten hat die Grafschaft Clackmannan, 20 500 Einwohner, mit 94 £ 17 sh. 9 d., die niedrigsten mit 76 £ 17 sh. die Grafschaft Selkirk, 9741 Einwohner. Das Durchschnittslebensalter der Polizisten beträgt 33 5/12 Jahre, die Durchschnittsdienstzeit 11 Jahre und die Durchschnittsgröße 5 Fuß 10 2/3 Zoll englisch.

50 Chefs, 31 Superintendenten, 7 Leutnants, 64 Inspektoren, 4 Kriminalinspektoren, 9 Kriminalsergeanten, 25 Kriminalpolizisten, ein Schreiber (Leutnant), 3 Schreiber, 2 Schutzleute (Schreiber), 112 Sergeanten und 554 Schutzleute, insgesamt 869, haben in anderen Polizeiverwaltungen während eines Zeitraums von drei Wochen bis zu 42 Jahren gedient.

Gehalt.

Durch das bereits erwähnte Zirkular des Staatssekretärs vom August 1892 sind folgende Gehaltssätze als Muster empfohlen:

1 chief constable: entsprechend der Größe der Polizeimannschaft besonderer Gehaltssatz mit Genehmigung des Staatssekretärs, jedoch mindestens 200 £, steigend alle 5 Jahre bis zu 15 Jahren mit einem Zehntel;

Superintendent 2. Klasse 120 £ Anfangsgehalt, steigend bis 150 £ Gehalt, 1. Klasse 150—200 £.

Inspektor:

a) 90 £ bis 115 £
b) 95 ,, ,, 110 ,,
c) 100 ,, ,, 115 ,,

Sergeant:

a) 27 sh. 5 d. wöchentlich bis 30 sh. 11 d.
b) 28 ,, bis 31 sh. 6 d.
c) 28 ,, 7 d. bis 32 sh. 1 d.
d) 29 ,, 2 ,, ,, 32 ,, 8 ,,
e) 29 ,, 9 ,, ,, 33 ,, 3 ,,
f) 30 ,, 4 ,, ,, 33 ,, 10 ,,

Schutzmann:

a) 20 sh. 5 d. bis 26 sh. 3 d.
b) 21 ,, 0 ,, ,, 26 ,, 10 ,,
c) 21 ,, 7 ,, ,, 27 ,, 5 ,,
d) 22 ,, 2 ,, ,, 28 ,, 0 ,,
e) 22 ,, 9 ,, ,, 28 ,, 7 ,,
f) 23 ,, 4 ,, ,, 29 ,, 2 ,,
g) 23 ,, 11 ,, ,, 29 ,, 9 ,,

Hat ein Schutzmann zwei Jahre nach Erreichung der ersten Klasse sich gut geführt, so sollen ihm wöchentlich 1 sh. 2 d. Zulage für gute Führung (merit class, good conduct money), steigend nach 8 Jahren guter Führung bis zu 3 sh. 6 d. gewährt werden. Das Aufsteigen von einer Klasse zur andern soll nur bei nachgewiesener Befähigung stattfinden.

Pension.

Das Pensionswesen ist durch das Gesetz vom 18. August 1890 police (Scotland) act 1890 c. 67 geregelt worden. Für jede Polizeimannschaft wird ein besonderer Pensionsfonds gebildet. Die Fonds setzen sich zusammen aus 2½ % Abzügen vom Gehalt und einem Staatszuschuß in gleicher Höhe. Nach 34 Dienstjahren erhält jedes Mitglied der Polizei ⅔ des Gehaltes als Pension. Im übrigen gilt das unter England Gesagte. Der Staatszuschuß wird von dem Staatssekretär gewährt, wenn er sich davon überzeugt hat, daß die Polizeimannschaft in tauglichem Zustande ist und daß der Pensionsfonds gehörig verwaltet wird. Der Regierungsinspektor hebt in seinem letzten Berichte hervor, daß die Pensionen des chief constable und der übrigen höheren Offiziere nicht ausreichend seien, und beantragt den Erlaß einer neuen Pensionsordnung.

Die Pensionsberechtigung beginnt mit dem zurückgelegten zwanzigsten Dienstjahre, die Pension beträgt alsdann den 26. Teil des Gehaltes. Die von einer Polizeiobrigkeit erlassenen Vorschriften für die Pensionierung sind dem Staatssekretär für Schottland einzureichen.

Dienstwohnung.

Es werden nach Möglichkeit Dienstwohnungen für die verheirateten und Kasernen für die unverheirateten Schutzleute errichtet; für die Verheirateten werden drei Stuben, eine Küche und Nebenräume als notwendig erachtet. In den Städten mit selbständiger Polizeiverwaltung unterliegen die Baupläne für Polizeistationen nicht der Genehmigung des Sekretärs für Schottland.

Der Regierungsinspektor beklagt den schlechten Zustand der Stationsgebäude und der Polizeigewahrsamszellen in vielen ländlichen Bezirken. Ich muß jedoch gestehen, daß die als unzulänglich bezeichneten, die ich gesehen habe, bei weitem besser waren, als das Polizeigewahrsam in der Regel bei uns auf dem Lande und in den kleinen und selbst mittleren Städten ist.

Vorschläge des Regierungsinspektors.

Für die Verbesserung der Polizei werden von dem Regierungsinspektor folgende Vorschläge gemacht:

1. Beseitigung der kleinen Polizeiverwaltungen und Bildung größerer Bezirke; Fortfall aller Beschränkungen für den Übertritt und die Versetzung des Polizisten einer Polizeimannschaft zu einer anderen, namentlich wenn zwei oder mehr Grafschaften einen chief constable haben.

2. Beseitigung der Vorschriften, wonach eine bestimmte Anzahl von Dienstjahren die Voraussetzung der Beförderung bildet.

3. Erweiterung des Telephonnetzes und Einführung der telephonischen Kontrolle der Schutzleute im Außendienste — telephone box signal system; Einführung kleiner Unterstationen in den großen Städten.

4. Beförderung der großstädtischen Schutzleute in Wagen von den Stationen zu entlegenen Stellen des Außendienstes.

5. Bessere Ausbildung in einfacheren Exerzierformationen, regelmäßige Turn- und gymnastische Übungen; Ausbildung eines größeren Teiles der Mannschaft im Krankenwärterdienste, um die erste Hilfe leisten zu können.

6. Regelmäßige Prüfungen der Mannschaften in der Kenntnis des Polizeidienstes.

7. Anstellung einer größeren Anzahl von Kriminalbeamten und Beseitigung der noch mehrfach bestehenden Einrichtung, daß Beamte des Sheriff den Kriminaldienst versehen.

8. Schaffung einer Reservemannschaft, wo sie noch nicht besteht.

9. Beschaffung von Zweirädern in größerer Anzahl.

10. Vergrößerung der Zahl der berittenen Mannschaft (zurzeit werden im Bedarfsfalle in den Grafschaften 17 chief constables und 102 Mitglieder der Polizeimannschaft, und in den Städten mit selbständiger Polizeiverwaltung 18 chief und 162 sonstige Polizisten beritten gemacht.

11. Verbesserung des Nachrichtendienstes in Strafsachen durch häufige Benutzung der London Police Gazette.

12. Ausrüstung der städtischen Polizei mit geräuschlosen Schuhen. Besonders bemerkenswert ist, daß der Regierungsinspektor Einspruch dagegen erhebt, daß jüngere Polizeioffiziere als Staatsanwälte verwandt würden, weil sie hierdurch der unmittelbaren Aufsicht ihres Chefs entzogen würden.

2. Sheriff und Polizei.

Bei der Bedeutung des Sheriffs für die Polizei will ich hier kurz auf seine doppelte Stellung als Verwaltungs- und richterlicher Beamter hinweisen. Ich lege hierbei die Bestimmungen des dem Parlamente vorgelegten Gesetzentwurfes betreffend die Sheriffgerichte (sheriff courts Scotland bill) zugrunde, da sie nur die bisherige Praxis kodifizieren und der Entwurf als unstreitige Maßregel angenommen werden wird. Zum Sheriff können ernannt werden Advokaten (barristers) (zurzeit nach dreijähriger Praxis) nach wenigstens fünfjähriger Praxis. Die Ernennung erfolgt durch den König auf Vorschlag des Sekretärs für Schottland. Neu ist die Bestimmung, daß auch ein Sheriff substitute, der nicht barrister ist, zum Sheriff ernannt werden kann, wenn er wenigstens fünf Jahre substitute gewesen ist. Auf die Stellung der Substituten gehe ich hier nicht weiter ein, da die Aufsicht und Mitwirkung in Angelegenheiten der Polizeiverwaltung von dem Sheriff selbst ausgeübt werden muß. Mit Ausnahme des Sheriffs in den Grafschaften Midlothian und Lanarkshire, die ihren Wohnsitz in ihrem Dienstbezirke haben, üben alle übrigen Sheriffs in Edinburgh bei dem höchsten Gerichtshofe — court of session — Privatpraxis aus. Es ist dem Sheriff jedoch untersagt, in Zivil- oder Strafsachen tätig zu sein, die aus seinem Bezirke (sheriffdom) stammen; auch ist ihm jede sonstige geschäftliche Tätigkeit untersagt; dem Sheriff und seinen Substituten ist das aktive und passive Wahlrecht zu parlamentarischen Wahlen genommen und jegliche sonstige Beteiligung bei städtischen und Grafschaftswahlen bei Strafe des Verlustes seines Amtes verboten worden. Seine Entfernung aus dem Amte kann nur erfolgen durch einen Beschluß des Sekretärs für Schottland auf Grund eines von diesem erforderten Berichts der beiden höchsten schottischen Richter, des Präsidenten des höchsten Zivilgerichts — Lord President of the court of session und des Lord Justice Clerk — court of justiciary —; die Gründe der Entlassung können nur darin bestehen, daß der Sheriff durch Unfähigkeit, Vernachlässigung seiner Pflichten und wegen seines Verhaltens (inability, neglect of duty, misbevahiour) ungeeignet sei, (unfit) zur weitern Bekleidung seines Amtes. Der Beschluß tritt erst in Kraft, nachdem er vier aufeinander folgende Wochen beiden Häusern des Parlaments während der Dauer ihrer Sitzung vorgelegen hat, ohne daß eines der beiden Häuser dessen Aufhebung verlangt hätte. Bei der Entfernung des Sheriffsubstituten fällt die Mitwirkung des Parlamentes weg. In erster Linie ist nach der gegenwärtigen Entwicklung der Sheriff der richterliche Beamte erster Instanz. Es ist dieses insofern bemerkenswert, als anfänglich seine Stellung wesentlich polizeilicher Natur war und die Aufrechterhaltung von Ruhe und Ordnung in seinem Bezirke bezweckte. Es tritt dieses gegenwärtig noch darin zutage, daß der Sheriff während der unter dem Vorsitze eines der Richter des höchsten Gerichtshofes stattfindenden Sitzungen des Schwurgerichtes, wie ich selbst in Glasgow bemerkt habe, im Sitzungssaale anwesend ist; er ist dafür verantwortlich, daß die gerichtliche Tagung ungestört stattfindet, und hat etwaige Störungen mit Polizei- oder nötigenfalls mit bewaffneter Macht zu unterdrücken.

Die Schutzleute dürfen nur mit Genehmigung des Sheriffs oder zweier Mitglieder des Ausschusses mit Seitengewehr oder Säbel zu ihrer eigenen Sicherheit bewaffnet werden, und zwar nur nachts oder zurzeit des Ausbruches von Unruhen. Hat der chief constable im Falle eines plötzlich hervortretenden Bedürfnisses die Bewaffnung von Schutzleuten angeordnet, so hat er dieses und den Grund seines Verfahrens so bald als möglich dem Sheriff und zwei beliebigen Mitgliedern des Grafschaftsausschusses mitzuteilen. Die Führung von Revolvern und der Erlaß von Vorschriften für deren Gebrauch sind von dem Staatssekretär zu genehmigen.

Die Verwaltungstätigkeit des Sheriffs erstreckt sich ferner auf die Anfertigung der Geschworenenlisten und der Wählerlisten für parlamentarische Wahlen und die Ausführung der Wahlen selbst.

In dem städtischen Polizeigesetze burgh police (Scotland) act 1892 (55 und 56 Vict. c. 53) sind eine Reihe von Verwaltungsbefugnissen des Sheriffs enthalten:

1. Er hat die Grenzen der Stadt und der Polizeibezirke auf Antrag der Friedensrichter (magistrates) und des Stadtrats oder von sieben oder mehr Haushaltungsvorständen festzusetzen und einen Ort zu einer Stadt zu erklären; gegen seine Entscheidung steht das Rechtsmittel an den höchsten Zivilgerichtshof zu (court of session) sect. 8, 9, 12, 13.

2. Die für die Stadt erlassenen Polizeiverordnungen (byelaws) bedürfen der Bestätigung durch den Sheriff — sect. 55; als Höchststrafe können 40 sh. oder 16 sh. für jeden Fall der fortgesetzten strafbaren Handlung, sect. 317, 318, verhängt werden.

3. Er hat das Enteignungsverfahren unter einer Anzahl von Gesetzen (lands clauses act) zu leiten und die Enteignung auszusprechen, z. B. Straßenerweiterung, Anlage eines Wasserwerkes; die Beschwerde gegen seine Entscheidung geht an den Sekretär für Schottland; sect. 60, 154, 262.

4. Der Sheriff hat die Einteilung der Stadt in Kanalisierungsbezirke zu genehmigen.

In Strafsachen kann der Sheriff oder sein Gehilfe allein im Höchstfalle nur sechzig Tage Freiheitsstrafe verhängen, sofern ihnen nicht gesetzlich weitergehende Befugnisse verliehen sind — z. B. durch die Gesetze zur Verhütung strafbarer Handlungen — prevention of crimes act — und zur Verhütung der grausamen Behandlung von Kindern (prevention of cruelty to children); in den letzteren Fällen beträgt die Höchststrafe zwölf Monate.

Sheriff und Geschworene (15), wobei zur Schuldigsprechung im Gegensatz zum englischen Verfahren einfache Mehrheit genügt, können im Höchstfalle zwei Jahre Gefängnis verhängen.

Es wird beabsichtigt, im summarischen Verfahren die Befugnisse des Sheriffs zu erweitern und die Höchstfreiheitsstrafe auf drei Monate mit oder ohne Zwangsarbeit (hard labour) und bei Zusammentreffen mehrerer strafbarer Handlungen oder bei allen in Gesetzen als Vergehen (misdemeanour) bezeichneten Handlungen auf sechs Monate festzusetzen; die gleiche Zuständigkeit soll auch eintreten bei Körperverletzung und unehrlicher Aneignung von Eigentum bei zweimaligen Vorstrafen.

Ich habe diese Angaben dem vorläufigen Entwurf criminal procedure and summary jurisdiction (Scotland) bill entnommen, den ich der Freundlichkeit von Mr. Lamb im Scottish Office in London verdanke. In der Praxis ist der Sheriff (principal) nur in Verwaltungsangelegenheiten und als Berufungsrichter in Zivilsachen gegenüber Urteilen seiner Substituten tätig, während die übrige Gerichtsbarkeit von seinen Substituten wahrgenommen wird. Es gibt im ganzen 15 Sheriffs und 48 Sheriffsubstituten. In Strafsachen findet kein Rechtszug von der Entscheidung des Substituten an den Sheriff (principal) statt.

Kriminalstatistik.

Der Kriminalstatistik — report of the judicial statistic of Scotland for the year 1905 — ist zu entnehmen, daß im Jahre 1905 164 804 Personen durch die Polizei verhaftet oder vor die Gerichte wegen strafbarer Handlungen vorgeladen wurden.

Die Zahl der leichteren Vergehen und Übertretungen, d. s. Trunksucht, Störung der Ruhe und Ordnung, Prostitution, Übertretungen von Polizeiverordnungen, betrug 130 000; die Zahl der wegen Trunksucht und Störung der öffentlichen Ordnung Verfolgten belief sich auf 94 768.

Der Polizei wurden im Jahre 1905 162 384 strafbare Handlungen bekannt; von den oben erwähnten 164 804 Personen wurden 161 972 im summarischen Strafverfahren abgeurteilt, und zwar wurden 5674 freigesprochen, bei 2393 wurde die Anklage zurückgezogen, 133 vom Richter in Ausübung diskretionären Ermessens freigelassen, in 25 348 Fällen die hinterlegte Sicherheit für verfallen erklärt, bei 5103 das Verfahren eingestellt, 162 der Zwangserziehung überwiesen und 121 871 verurteilt. Gegen 2832 Personen fand das Verfahren vor dem Sheriff und Geschworenen oder Richtern des höchsten Gerichtshofes (high court of justiciary) und Geschworenen statt. Von diesen wurden 2314 verurteilt, 85 für nicht schuldig (not guilty) 132 für nicht überführt (not proven) erklärt, und bei 276 kam es nicht zur gerichtlichen Verhandlung wegen Einstellung des Verfahrens. Hervorzuheben ist noch, daß 44 000 Personen wegen Nichtzahlung von Geldstrafen Freiheitsstrafen erlitten; es handelte sich hierbei meistens um Übertretungen in unserem Sinne.

Der Bericht weist ausdrücklich darauf hin, daß dieses Verfahren unzweckmäßig sei; es liege nicht im Interesse des Staates, wegen so vieler leichter strafbarer Handlungen Freiheitsstrafen eintreten zu lassen.

Bedingt verurteilt oder nur verwarnt wurden 24 000 (under probation or dismissed with an admonition). Bei den im förmlichen Verfahren abgeurteilten 2314 Verbrechern dauerte das Verfahren von der Überweisung an das Schwurgericht an in 1065 Fällen 1 Woche, 542 = 2, 158 = 3, 163 = 4, 154 = 5, 197 = 6 und unter 10 Wochen, 28 = 10 und unter 20 Wochen.

Im summarischen Verfahren erfolgte die Hauptverhandlung nach Erhebung der Anklage in höchstens vier oder fünf Tagen, meistens am Tage nach Begehung der strafbaren Handlung.

3. Polizei und öffentliche Anklage.

Die Strafverfolgung geschieht in Schottland durch den öffentlichen Ankläger. Wenngleich der Verletzte Privatklage erheben kann, so ist doch hierzu die Zustimmung des öffentlichen Anklägers erforderlich, die von seinem freien Ermessen abhängt; gegen die Entscheidung des öffentlichen Anklägers kann der Verletzte den höchsten Gerichtshof anrufen.

Außerdem ist in verschiedenen Gesetzen (statutes) einem Verletzten oder einer Gesellschaft oder einer Korporation (board) das Recht zur Strafverfolgung gegeben.

In der Praxis ist die Strafverfolgung durch den öffentlichen Ankläger die Regel. Man betrachtet dieses als einen Vorteil gegenüber dem englischen System, weil auf solche Weise die strafbare Handlung als eine Verletzung der öffentlichen Rechtsordnung und nicht allein einer Privatperson behandelt werde; auch werden die Kosten des Verfahrens von dem Staate getragen; hierdurch wird das persönliche Element aus der Strafverfolgung entfernt und der Beschuldigte vor der Gefahr schikanöser und seine Ehre unnötigerweise verletzender Strafanträge geschützt; auf der anderen Seite wird verhütet, daß die Verfolgung strafbarer Handlungen im Interesse der Einzelperson unterdrückt wird. An der Spitze der öffentlichen Anklagebehörde steht der Lord Advocate, oder wie er früher genannt wurde, „the Kings Advocate". Er vertritt die Anklage persönlich, wenn er es für angezeigt hält. Es geschieht dieses jedoch nur ausnahmsweise, in wichtigen vor dem höchsten Gerichtshofe stattfindenden Verhandlungen. Seine übrigen Verpflichtungen, namentlich aber seine Vertretung der schottischen Justizverwaltung vor dem Parlamente in London, seine Mitwirkung bei der Ausarbeitung und Vertretung von Gesetzentwürfen erfordern während der Parlamentssitzungen seine ständige Anwesenheit in London. Die Strafverfolgung geschieht daher im allgemeinen in seinem Namen durch seinen Vertreter, den Solicitor General, und vier Advocate depute in dem Verfahren vor dem höchsten Gerichtshof, und durch den Procurator fiscal vor dem Sheriff. Der Lord Advocate und der Solicitor General werden von dem jeweilig am Ruder befindlichen Ministerium aus der Zahl der Parteiangehörigen ernannt; sie werden Mitglieder der Regierung und gehen mit dem Ministerium wieder ab.

Die Advocate depute werden von dem Lord Advocate aus der Zahl der Anhänger seiner politischen Partei ernannt.

Das Gehalt des Lord Advocate beträgt 5000 £ jährlich, des Solicitor General 2000 £ und der Advocate depute 700 £.

Der Lord Advocate und die Advocate depute sind barristers; der Solicitor General ist gleichfalls ein barrister; sie alle setzen während ihrer Amtsdauer die Privatpraxis fort; die Advocate depute namentlich widmen nur einen kleinen Teil ihrer Zeit den Amtsgeschäften. Die Procurator fiscal sind dagegen ständige Beamte mit oder ohne volle Besoldung. In neuerer Zeit besteht das Bestreben, dem Procurator fiscal die Privatpraxis als solicitor zu untersagen.

Obgleich dieses System der Strafverfolgung auf politischer Parteiherrschaft aufgebaut ist, so ist doch grundsätzlich die sachliche Leitung und Handhabung der öffentlichen Strafverfolgung unpolitisch. Ich habe mir besondere Mühe gegeben, die Ansichten der Mitglieder beider Parteien und der beteiligten jetzigen und früheren Beamten zu hören; von keiner Seite wurden bezüglich dieses Punktes Bedenken geäußert. Es hängt dieses System auch mit den Grundanschauungen des englischen Verfassungslebens und der geltenden Auffassung der Volksregierung zusammen. Es läßt sich aber nicht leugnen, daß die Zusammensetzung der Anklagebehörde in politisch aufgeregten Zeiten und bei starken Volksströmungen zur Unterdrückung politischer Gegner benutzt werden kann, und wie von englischer Seite als Grund gegen die Einführung des schottischen Rechtsinstituts betont wird, auch tatsächlich benutzt worden ist. Es besteht ferner die Gefahr, daß die Arbeiterpartei bei weiterer Entwicklung ihrer Macht die Anklagebehörde als Waffe bei der Ausfechtung von Lohn- und sonstigen Kämpfen mit ihren Arbeitgebern gebrauchen wird. Doch hält man diese Gefahr zurzeit für durchaus nicht dringlich und vertraut im übrigen auf die Zuverlässigkeit und den gesunden Menschenverstand der jeweiligen Beamten.

Für die Zwecke der Strafgerichtsbarkeit zerfällt Schottland in vier Bezirke — districts oder circuits — die Advocate depute übernehmen abwechselnd einen jeden dieser Bezirke.

Die Gerichtshöfe der unteren Instanz sind in Schottland the burgh-court (Polizeigericht in einer Stadt), justice of peace court (Friedensgericht), Polizeigericht in der Grafschaft und der sheriff-court. Ein jeder dieser Gerichte hat seinen eigenen öffentlichen Ankläger — procurator fiscal. Die Polizeirichter (magistrates) ernennen durch schriftliche Urkunden auf Widerruf (during pleasure) und bezahlen den burgh fiscal und, soweit erforderlich, einen oder mehrere Stellvertreter sect. 461 burgh police (Scotland) act 1892. Ist der burgh fiscal nach Maßgabe seiner Erkennungsurkunde verpflichtet, seine ganze Zeit dem Amte zu widmen, so kann seine Entlassung nur aus den bei dem chief constable gesetzlich zugelassenen Gründen erfolgen.

Die Versammlung der Friedensrichter ernennt gleichfalls einen fiscal; er ist vielfach nur nebenamtlich tätig und übt Privatpraxis als solicitor aus. Sein Gehalt besteht teils aus festen Bezügen, die ihm die Grafschaft gewährt, und teils aus Gebühren. Der fiscal des Sheriff-Gerichtes wird von dem Sheriff mit Zustimmung des Lord Advocate ernannt. Die Entwicklung hat sich aber in der Richtung bewegt, daß die fiscals immer mehr zu Unterbeamten des Lord Advocaten geworden und seinen Weisungen unterworfen sind. Der oben erwähnte Gesetzentwurf zieht lediglich die Folgerung aus dem tatsächlichen Zustande, wenn er die Ernennung der fiscal's dem Lord Advocate überträgt. Den fiscals ist in einer großen Anzahl von Grafschaften jede geschäftliche Tätigkeit untersagt; sie beziehen eine Pauschalsumme von 200 bis 1200 £, aus der sie gleichzeitig ihre Gehülfen und Schreiber besolden müssen; sie bekleiden ihr Amt auf Lebenszeit ad vitam aut culpam und sind nicht pensionsberechtigt. Nach dem oben angeführten Gesetzentwurfe soll der Ausschluß jeder anderen geschäftlichen Tätigkeit zur Anstellungsbedingung des fiscal's gemacht werden. Man befürchtet, daß durch geschäftliche Beziehungen seine Unabhängigkeit leiden könnte. Der fiscal kann einen oder mehrere Stellvertreter mit Genehmigung des Lord Advocate und des Sheriffs ernennen. Keiner von den oben erwähnten Beamten der öffentlichen Strafverfolgung erhält eine besondere, ihn für seine Amtstätigkeit vorbereitende Ausbildung, es sei denn, daß er vorher als Gehilfe eines procurator fiscal tätig gewesen ist.

Polizei und öffentlicher Ankläger.

Die Verbindung der Polizei mit dem öffentlichen Ankläger ist sehr eng. Abgesehen davon, daß ein regelmäßiger Verkehr zwischen dem fiscal und den Polizeiangestellten, namentlich Kriminalbeamten, stattfindet, werden dem fiscal ein oder mehrere Polizeibeamte zur unmittelbaren Verfügung gestellt.

Die Gehälter dieser Beamten erstattet der Staat den Gemeinden oder Grafschaften.

Von seiten der Polizei wurde mir mitgeteilt, daß Meinungsverschiedenheiten zwischen ihr und dem öffentlichen Ankläger nicht selten seien; es bezieht sich dieses namentlich auf solche Fälle, wo der öffentliche Ankläger es ablehnt, auf den Polizeibericht hin etwas weiteres zu veranlassen. Die meisten höheren Polizeibeamten, die ich gesprochen habe, ziehen vom polizeilichen Standpunkte aus das englische Verfahren vor.

Vorzüge des schottischen Systems.

Abgesehen von dem System der öffentlichen Anklage erblickt aber die überwiegende Mehrheit in Schottland einen Hauptvorteil vor dem englischen Verfahren auch darin, daß die Voruntersuchung nicht in der Öffentlichkeit vor dem Polizei- oder Friedensrichter, sondern unter Ausschluß derselben von dem procurator fiscal geführt wird. Hierdurch werde nicht allein die vorzeitige Veröffentlichung der Einzelheiten des Vorverfahrens verhindert, die Ärgernis erregend und nicht wünschenswert seien, sondern auch eine Beeinflussung der Geschworenen vermieden. Von englischer, namentlich von richterlicher Seite wird dagegen hervorgehoben, daß die Öffentlichkeit der beste Schutz des Richters sei und die Furcht vor der Öffentlichkeit abschreckend wirke.

Verfahren in Strafsachen.

Bezüglich des Verfahrens in Strafsachen verweise ich im übrigen auf die Ausführungen in den nachfolgenden Referaten.

4. Gesundheitspolizei.

Die Anstellungsbedingungen und Pflichten des Medizinalbeamten und des Gesundheitsinspektors sind enthalten in sect. 15 des Gesetzes über das öffentliche Gesundheitswesen (public health Scotland) act 1897, sect. 52 bis 54 des Verwaltungsgesetzes (local government act 1889 und sect. 75 bis 77 des bereits erwähnten Gesetzes von 1892 burgh police act.)

Alle Medizinalbeamte der Städte müssen seit dem 15. Mai 1894 und diejenigen der ländlichen Bezirke in den Grafschaften seit dem 1. Januar 1898 ein Zeugnis über ihre erfolgreiche Ausbildung im öffentlichen Gesundheitswesen und in der Hygiene vorlegen. Für den Gesundheitsinspektor ist gesetzlich in sect. 54 (3) vorgeschrieben, daß vorbehaltlich besonderer Genehmigung des Ministeriums für Schottland (Local Government Board) nur solche Personen zu diesen Stellungen ernannt werden können, die während dreier aufeinander folgender Jahre vor ihrer Ernennung als Distriktsinspektoren tätig gewesen sind.

Um die Unabhängigkeit der Gesundheitsbeamten zu gewährleisten, ist deren Entlassung an die Genehmigung des Ministeriums gebunden.

Es gibt zwei Arten von Gesundheitsbeamten, die unabhängig nebeneinander stehen — die Bezirks- oder städtischen und die Grafschafts-Gesundheitspolizeibeamten.

Die Handhabung der Gesundheitspolizei liegt im wesentlichen in den Händen der Bezirksbeamten und unter diesen in den Händen der Bezirks-Gesundheitsinspektoren.

Die Grafschafts-Gesundheitspolizeibeamten üben, abgesehen von den ihnen in Gesetzen besonders beigelegten Befugnissen in den Bezirken keine Gesundheitspolizei aus; ihre Tätigkeit ist hauptsächlich eine anregende und begutachtende. Eigentümlich ist in Schottland die scharfe Trennung zwischen Medizinalbeamten und Gesundheitsinspektoren, die einander koordiniert sind; dieses Verhältnis führt nach meinen Beobachtungen vielfach zu Reibereien. Die Tätigkeit der Medizinalbeamten erschöpft sich zum größten

Teile in der Bekämpfung ansteckender Krankheiten und Beaufsichtigung der öffentlichen Krankenhäuser, während die Sanitätsinspektoren die Gesundheitspolizei im eigentlichen Sinne ausüben.

Der Grund ist wohl darin zu erblicken, daß einerseits die Gesundheitsinspektoren durch größere praktische und Geschäftsgewandtheit sich auszeichnen und andererseits den Mitgliedern der Bezirks- (districts committee) und Stadträte näher stehen. Auch soll es vielfach schwierig sein, tüchtige Ärzte als Medizinalbeamte zu gewinnen.

Zu den Ausgaben für das Gehalt und die Reisekosten der oben erwähnten beiden Beamtenklassen wird ein Staatszuschuß von insgesamt 15 000 £ bewilligt. Die Entscheidung über die Gewährung und Verteilung dieser Beihilfe hängt von dem Ministerium ab, das auf solche Weise eine wirksame Aufsicht über die Gesundheitspolizei ausüben kann. Der Staatszuschuß stellt im allgemeinen ein Drittel der rechnungsmäßigen Ausgaben dar. Die von den Distrikts-, städtischen und Grafschaftsräten für den Gesundheitspolizeidienst vorgenommenen Anstellungen, ebenso wie die Festsetzung des Gehaltes unterliegen der Genehmigung des Ministeriums. Medizinalbeamte und Gesundheitsinspektoren dürfen keine Nebenbeschäftigung ausüben; nur eine konsultierende Praxis des Medizinalbeamten ist gestattet. Die Grafschaftsbeamten können gleichzeitig Distrikts- oder städtische Beamte sein; es wird dieses sogar für kleinere, leistungsschwache Bezirke befürwortet.

Die Gesundheitsbeamten sind ferner auf Grund besonderer Bestimmungen Gewerbepolizeibeamte, d. h. sie beaufsichtigen die Werkstätten, während die Fabriken, wo mechanische Kraft zum Antreiben der Maschinen benutzt wird, von den königlichen Gewerbeinspektoren überwacht werden; die Gesundheitsinspektoren beaufsichtigen ferner das Wohnungswesen der arbeitenden Klassen sect. 5, 30, 31 und 38 the housing of the working classes act 1890; sie üben vielfach die Nahrungsmittelpolizei aus.

Durch Teil 9 des Gesetzes über das öffentliche Gesundheitswesen sind eingehende Vorschriften für den

Fall vorgesehen, daß eine Lokalbehörde die Ausübung der Gesundheitspolizei vernachlässigt.

Auf Antrag von zehn Steuerzahlern oder des procurator fiscal oder des Ministeriums kann in diesem Falle der Sheriff durch Beschluß (decree) im summarischen Verfahren die Abstellung gerügter Mißstände durch Dritte auf Kosten der säumigen Behörde verfügen.

Auch kann der procurator fiscal des Sheriffs mit Genehmigung des Ministeriums an Stelle und auf Kosten der säumigen Lokalbehörden die von dieser sonst einzuleitenden gerichtlichen Schritte zur Abstellung von gesundheitlichen Übelständen tun. Für das Verfahren in gesundheitspolizeilichen Angelegenheiten, die Rückgewährung von Auslagen und die Festsetzung von Geldstrafen ist allgemein das summarische zugelassen. Für die Sachuntersuchung und Abstellung der Mißstände sind in dem Gesetze (sect. 154) kurze Fristen (im ganzen 11 Tage) vorgesehen, innerhalb welcher der Sheriff oder der Polizeirichter die sachliche Entscheidung zu treffen hat. Schriftsätze werden in diesem Verfahren nicht zugelassen. Erfordert die von dem Sheriff Substitute angeordnete Abstellung eines Übelstandes mehr als 25 £, aber unter 50 £, so findet von dem Sheriff substitute eine Berufung an den Sheriff statt. Der Geldwert wird von dem Sheriff substitute festgesetzt. Die Berufung ist bei dem Gerichtsschreiber des Sheriffs innerhalb drei Tagen nach Fällung der angegriffenen Entscheidung einzulegen. Die Berufung wirkt aufschiebend (sist of execution); die Entscheidung des Sheriffs ist endgültig.

Beträgt das Streitobjekt mehr als 50 £ nach der Bescheinigung des Sheriffs oder Sheriff substitute, so findet gegen beide Entscheidungen eine Berufung an den einen der Richter des höchsten Gerichtshofes Lord Ordinary innerhalb 8 Tagen statt.

Abgesehen von den obigen Ausnahmen sind die Entscheidungen in gesundheitspolizeilichen Angelegenheiten endgültig.

Die Beamten der ordentlichen Polizei sind verpflichtet, die Gesundheitspolizeibeamten bei ihrer Tätigkeit zu unterstützen. Tatsächlich bekümmert sich aber die Polizei so gut wie gar nicht um die Aufgaben der Gesundheitspolizei.

Die Gesundheitspolizei kann einen ihrer Beamten durch einfachen Beschluß beauftragen, sie vor Gericht zu vertreten. Eine polizeiliche Straf- oder Zwangsbefugnis steht den Gesundheitspolizeibehörden nicht zu.

Auch sind die Gesundheitspolizeibeamten, abgesehen von besonderen gesetzlichen Ermächtigungen, nicht befugt, ein Haus oder Grundstück ohne richterliche Ermächtigung gegen den Willen des Eigentümers oder Inhabers zu betreten.

Fälle solcher Verweigerung des Eintrittes kommen aber nur sehr selten vor, da das Volk die Gesundheitspolizeibeamten als seine Helfer und Berater anzusehen gewohnt ist.

Die Gesundheitspolizeibeamten tragen keine oder doch eine von der sonstigen Polizei gänzlich verschiedene Uniform.

Kosten der Gesundheitspolizei.

Den Beamten des Ministeriums in Edinburgh, insbesondere Herrn Falconar Stewart, verdanke ich die nachstehenden Angaben über die Kosten des Gesundheitspolizeidienstes:

I. Industrielle Grafschaft: Lanarkshire (370 207 Einwohner)

1. Gehalt des Grafschaftsmedizinalbeamten .. 850 £
2. dessen ärztlicher Gehilfe bezieht .... 425 „
3. Grafschaftschemiker bezieht .... 150 „
4. Schreiber-Bureau bezieht .... 270 „
5. Reise- und Bureaukosten .... 180 „

Upper Ward Distrikt:

1. Gehälter der Distrikts-Gesundheitsinspektoren 270 £
2. Reisekosten und sonstiges Pauschquantum des Inspektors .... 70 „

Middle Ward Distrikt:

1. Gehälter der Gesundheitsinspektoren ....1400 £
2. Wie zu 2 .... 300 „
3. Schreibhilfe .... 350 „
4. Sonstige Ausgaben .... 150 „

Lower Ward Distrikt:

1.	Wie zu 1 vorstehend	560 „
2.	„ „ 2 „	75 „
3.	„ „ 3 „	150 „
4.	„ „ 4 „	300 „
	insgesamt	5500 £

II. Grafschaft Dumfries (ländliche) 57108 Einwohner.

1.	Gehalt des Grafschafts-Medizinalbeamten	400 £
2.	Gehalt des Gesundheitsinspektors	250 „
3.	Zwei Gehilfen des Inspektors	195 „
4.	Reisekosten des Medizinalbeamten, des Inspektors und dessen Gehilfen und sonstige Ausgaben derselben	185 „
5.	Bureaukosten	70 „
	insgesamt	1100 £

Den obigen Beamten stehen Bureauräume nebst Licht und Brand usw. in Grafschaftsgebäuden zur Verfügung. Die hierdurch entstehenden Kosten sind in obiger Summe nicht enthalten.

Eine Übersicht über die Kosten der Gesundheitspolizei in den sechs größten und in den sechs kleinsten Grafschaften und in den zwanzig größten und zehn kleinsten Städten (burghs) hat folgendes Ergebnis: in den Grafschaften der ersten Art betragen die Gehälter zwischen 850 und 500 £ und der Gesundheitsinspektoren zwischen 330 und rund 105 £, in den kleinsten Grafschaften zwischen 270 und 43 £, des Inspektors zwischen 37 £ 10 sh. und 150 £.

In den zwanzig größten Städten betragen die Gehälter der Medizinalbeamten zwischen 850 £ (Glasgow 77 5561 Einwohner) und 60 £ (kleinste Stadt Airdrie mit 22 288 Einwohnern) und der Gesundheitsinspektoren zwischen 700 £ (Glasgow) und 60 £ (Arbroath 22 398 Einwohner); in zehn Städten ist das Gehalt des Gesundheitsinspektors höher als das Gehalt des Medizinalbeamten.

In vielen Städten sind als Gehilfen der Gesundheitsinspektoren Personen, deren Befähigung nicht den Anforderungen des Gesetzes entspricht, angestellt worden; sie können vom Amte ohne Genehmigung des Ministeriums entfernt werden; zu ihrem Gehalt wird daher kein Staatszuschuß geleistet; in der anliegenden Nachweisung sind sie nicht enthalten.

In den sechs kleinsten Städten von 724 bis 317 Einwohnern betragen die Gehälter der Medizinalbeamten zwischen 45 £ und 1 £ 10 sh. und der Gesundheitsinspektoren zwischen 17 £ und 2 £.

In mehreren der oben genannten Städte sind die Grafschaftsbeamten gleichzeitig als lokale Organe gegen ein kleines Entgelt tätig.

Zur Veranschaulichung der Tätigkeit der Gesundheitsinspektoren überreiche ich eine Aufstellung über die Anzahl der Anzeigen von Übelständen (nuisances) im Jahre 1906, die zum gerichtlichen Verfahren gelangt sind. Berücksichtigt sind die Grafschaften und die 20 wichtigsten Städte.

Die Fälle, in denen zur Abstellung der Mißstände gerichtliche Hilfe in Anspruch genommen werden mußte, sind verschwindend.

In Glasgow kam es unter 38761 Anzeigen nur bei 42 zum gerichtlichen Einschreiten.

Um mich von dem Zustande der Polizeiverwaltung in Schottland zu überzeugen, habe ich eine Anzahl von Städten und Grafschaften aufgesucht.

Der Liebenswürdigkeit der Beamten des Ministeriums für Schottland (Scottish office) verdanke ich es, daß ich überall mit großer Zuvorkommenheit aufgenommen wurde. Insbesondere bin ich dem Unterstaatssekretär Sir Reginald Mac Leod zu besonderem Dank verpflichtet.

5. Grafschaftspolizei.

Unter den Grafschaften erwähne ich Lanarkshire und Midlothian.

Die county Lanarkshire hat eine Bevölkerung von 370 207; sie liegt um die Stadt Glasgow herum.

Die Grafschaft mit Ausschluß der Stadt Glasgow zerfällt in 4 Sheriff- Gerichtsbezirke: 1. Lower Ward, 2. Hamilton, 3. Airdrie, 4. Lanark oder Upper Ward. Die Grafschaft zerfällt ferner in 5 friedensgerichtliche Bezirke: 1. Hamilton, 2. Cambuslang, 3. Airdrie, 4. Lower Ward, 5. Upper Ward.

Die nach dem Wohnsitze des Friedensrichters bestimmten Gerichtsbezirke des englischen Rechtes (petty sessional districts) sind Schottland fremd.

Innerhalb der Grafschaft werden außerdem noch in zehn Städten (burghs), nämlich Motherwell, Wischaw, Rutherglen, Lanark, Biggar, Hamilton, Airdrie, Coatbridge, Govan und Partick Gerichtssitzungen abgehalten.

Obgleich die Grafschafts-Friedensrichter auch in den Städten der Grafschaft zuständig sind, so üben sie dieses Recht in der Regel nicht aus; sie sind regelmäßig in dem Gerichtsbezirke ihres Wohnsitzes tätig.

Strafbare Handlungen werden allgemein von dem Gerichte des Tatortes abgeurteilt. Die Gerichtstage stehen fest. Die Friedensrichter der Grafschaften werden von dem Staatssekretär für Schottland auf Vorschlag des höchsten Beamten der Grafschaft, des Lord Lieutenant, dem Könige zur Vollziehung der Ernennung präsentiert.

In den Städten setzen sich die Polizeigerichte, die zum Unterschiede von den Grafschaftsgerichten keine Zivilgerichtsbarkeit ausüben, aus den von dem Stadtrate aus seinen Mitgliedern gewählten Richtern (Magistrates) zusammen. Die Polizeirichter werden dort bailies genannt; sie behalten ihr Amt (Ehrenamt) bis zum Ablaufe ihrer Wahlperiode als Mitglied des Stadtrates. An ihrer Spitze steht der Vorsitzende des Stadtrates, der Lord Provost genannt wird, town councils (Scotland) act 1900 (63 & 64 Vict. c. 49). Diese Bestellung der Richter in den schottischen Städten ist nicht sehr glücklich, da sie deren Ernennung in den Strudel städtischer Parteikämpfe hineinzieht. Diese unerwünschte Folgeerscheinung tritt auch besonders deshalb ein, weil die bailies gleichzeitig auch den Gerichtshof zur Verleihung der Schankkonzession (licensing court) darstellen. Auch werden auf solche Weise eine große Anzahl tüchtiger, außerhalb des Parteilebens stehender Männer vom Richteramt ausgeschlossen, die alle Bürgschaften für die unparteiische Handhabung der Rechtspflege bieten.

Ein Unterschied des Verfahrens zwischen dem Grafschaftsfriedensgerichte und dem städtischen Polizeigerichte besteht ferner darin, daß alle Beschuldigten zunächst dem Polizeirichter in den Städten vorgeführt werden, während in den Grafschaften alle schwereren Fälle sofort vor den Sheriff gebracht werden.

Die Friedensgerichte und die städtischen Polizeigerichte setzen sich im übrigen zusammen aus:

1. dem vorsitzenden Richter,

2. dem Beisitzer (assessor); er hat juristische Vorbildung und wird vom Könige aus der Zahl der ortsangesessenen Sachwalter (solicitors) ernannt; seine Aufgabe ist es, dem Richter mit seinem Rate in Rechtsfragen, in der Auslegung von Gesetzen und im strafgerichtlichen Verfahren zur Seite zu stehen; eine entscheidende Stimme hat der Assessor nicht. Der Richter ist an seine Ansicht nicht gebunden; tatsächlich übt der Assessor aber der Natur der Sache nach einen großen Einfluß auf die Urteilsfällung aus. Er bekleidet seine Stellung nur im Nebenamte und bezieht dafür eine Gesamtvergütung;

3. dem Gerichtsschreiber, für den besondere gesetzliche Vorschriften nicht bestehen; das Gesetz sagt nur, daß eine geeignete Persönlichkeit zu ernennen ist;

4. dem öffentlichen Ankläger.

Grafschaftspolizeibezirk.

Die Städte Airdrie, City of Glasgow, Coatbridge, Govan, Hamilton und Partick unterhalten selbständige Polizei.

Die Städte Rutherglen (23 301 Einwohner) und Wishaw (22 814 Einwohner) haben ihre Polizei der Grafschaft unterstellt. Die Grafschaft unterhält in Rutherglen eine Polizeimannschaft von 17 und erhält von der Stadt 487 £ 16 sh.

6 d. und in Wishaw eine solche von 16, während der städtische Beitrag 686 £ beträgt.

Die Grafschaft ist in finanzieller Beziehung in vier selbständige Polizeibezirke eingeteilt; in gleicher Weise bildet die Stadt Motherwell einen besonderen Polizeibezirk und wird im übrigen von der Grafschaftspolizei verwaltet.

Die selbständigen Polizeiverwaltungen in den Städten Airdrie (25 000 Einwohner, 23 Polizisten) und Hamilton 35 000 Einwohner, 37 Polizisten) stehen hinter der Grafschaftspolizei zurück; der Regierungsinspektor empfiehlt daher aus finanziellen und Zweckmäßigkeitsgründen deren Vereinigung mit der Grafschaftspolizei.

Zusammensetzung der Grafschaftspolizei.

Die Grafschaftspolizei in Lanarkshire ist 310 Mann stark; auf 1194 Einwohner entfällt ein Schutzmann. Es kommen noch hinzu 17 Schutzleute in privaten Diensten; sie besteht aus dem 1. chief constable — der zeitige captain Despard ist ein früherer Kavallerieoffizier —, 6 Superintendenten, 10 Inspektoren, 36 Sergeanten, 262 Schutzleuten. Als Reserve sind, abgesehen von drei Rekruten, vierzig pensionierte, im Bezirke ansässige Polizisten verpflichtet worden, die bei Verwendung eine tägliche Vergütung von 8 sh. erhalten. 30 Polizisten sind als Kavalleristen ausgebildet, 193 sind mit einem Zweirad ausgerüstet und 254 sind im Sanitätsdienste ausgebildet worden.

Dienstgebäude.

Es gibt in der Grafschaft 44 Polizeistationen mit Gewahrsam, insgesamt 131 Zellen, von denen 5 in gemieteten Häusern untergebracht sind, 2 städtisches und 37 Grafschaftseigentum sind; abgesehen von Quartieren für verheiratete Polizisten in den Stationsgebäuden, sind 121 Häuser zur Unterbringung von Polizisten von der Grafschaft gemietet worden; die Verheirateten bezahlen als Entgelt hierfür wöchentlich, und zwar der Superintendent 5 sh., der Inspektor 3 sh., der unverheiratete Schutzmann 1 sh. für das mit Einrichtung versehene Quartier.

Gehalt.

1. Das Gehalt des chief constable beträgt zuzüglich 100 £ für Reisekosten .... 900 £
2. des Hauptschreibers und Vertreters des Chefs 195 „
   steigend nach 10 Jahren bis .... 250 „
3. des Superintendenten .... 175 „
   steigend nach 10 Jahren bis .... 230 „
4. des Inspektors .... 106 „
   steigend nach 10 Jahren bis .... 124 „
5. des Serganten wöchentlich 31 sh. 2 d., steigend nach 12 Jahren bis 36 sh. 2 d.
6. des Schutzmanns wöchentlich 23 sh. 11 d., steigend nach 15 Jahren 6 Monaten in zwei Klassen bis zu 30 sh. 11 d.

Im Falle der Krankheit wird im Gegensatz zu dem sonst bestehenden System kein Abzug von dem Gehalt gemacht.

Die Durchschnittsdienstzeit beträgt $10^{11}/_{12}$ Jahre, das Durchschnittslebensalter $33^{9}/_{12}$ Jahre, die Durchschnittsgröße der Mannschaft 5 Fuß 11 Zoll englisch.

31 Polizisten einschließlich des chief constable haben in der Armee gedient.

Kriminalabteilung.

Die Kriminalbeamten umfassen 3 Inspektoren 1 Sergeant, 6 Schutzleute; sie unterstehen zwar unmittelbar der Zentralstelle, sind aber im Bezirke an geeigneten Punkten der Grafschaft stationiert; ihre Aufgabe ist es, die uniformierte Abteilung zu unterstützen und Ermittlungen außerhalb der Grafschaft anzustellen.

Es kommt hierbei hauptsächlich die Stadt Glasgow in Betracht.

Ein Schutzmann der Grafschaftspolizei hat das Recht, Zwangsgestellungen in benachbarten Grafschaften und in allen Städten, die innerhalb der Grafschaft oder in den benachbarten Grafschaften liegen, vorzunehmen.

Kosten.

Die Gesamtsumme der Ausgabe für Gehälter und Uniformen beträgt 26 444 £ 4 sh. 9 d.; von denen 10 577 14 sh.

durch Staatszuschuß und 15.866 £ 10 sh. 9 d. durch örtliche Steuern aufgebracht werden.

Die Grafschaftspolizeisteuer (county police assessment) beträgt für Lower, Middle und Upper Wards $2^{98}/_{120}$ d. für je ein Pfund des festgesetzten Grundwertes; in den besonderen Polizeidistrikten zwischen $1^{94}/_{120}$ d. (Lanarkdistrict) und $3^{30}/_{120}$ p. (Lower Ward district).

.Als Pensionsbeitrag wird jedem Mitglied der Polizei $2^1/_2$ % seines Gehaltes abgezogen, ein gleicher Beitrag wird aus Staatsmitteln geleistet.

Im einzelnen betrugen die Kosten der Polizeiverwaltung im Jahre 1906

1.	Gehälter	24749 £	16 sh.	8	d.
2.	Uniformen, Kleidung	1247 ,,	7 ,,	1	,,
3.	Mieten, Steuern, Gebühren, Grunderwerb, Baukosten	3861 ,,	7 ,,	5	,,
4.	Reisekosten	1466 ,,	11 ,,	2	,,
5.	Beleuchtung, Reinigung	1724 ,,	5 ,,	6	,,
6.	Sachliche Bureaukosten	250 ,,	5 ,,	3	,,
7.	Reparaturen, Verbesserungen	47 ,,	6 ,,	8	,,
8.	Beitreibung von Rückständen	47 ,,	4 ,,	5	,,
9.	Telephon	206 ,,	— ,,	1	,,
10.	Beitrag zu dem Gehalte des Grafschaftsschreibers — county clerk —	625 ,,	— ,,	—	,,
11.	Gehalt des Polizeiarztes	100 ,,	5 ,,	6	,,
12.	Gehalt des Architekten	100 ,,	— ,,	—	,,
13.	Verschiedenes	233 ,,	5 ,,	9	,,
		3 5248 £	19 sh.	6	d.

Hiervon entfällt auf örtliche Steuern 24 442 £ 2 sh. 3 d. und auf den Staat:

1. wie bereits erwähnt 10 165 £ 7 sh. 2 d. Staatsbeitrag zu Gehalt und Bekleidung,

2. für Dienstleistungen in Sheriff- und höchsten Gerichtsfällen 238 £ 2 sh. 4 d.

3. für den Transport verurteilter Verbrecher 403 £ 7 sh. 9 d.,

insgesamt 10 806 £ 17 sh. 3 d.

Hiernach kostet jeder Schutzmann 113 £ 14 sh. 1 d. und für jeden Kopf der Bevölkerung 1 sh. 10$^{3}/_{4}$ d.

Bureaupersonal und Einrichtung.

Als Bureaupersonal wird in jeder der sechs Divisionen ein Schutzmann verwandt; er hat ein Register aller strafbaren Handlungen und Unfälle, die in dem Divisionsbezirke sich zutragen, zu führen und hierüber Statistiken und Nachweise aufzustellen; er führt weiterhin die unten näher bezeichneten Listen und Bücher; er ist für das Rechnungswesen verantwortlich und hat endlich die Rundschreiben und Anzeigen wegen gesuchter Verbrecher und gestohlener Gegenstände zu entwerfen. In dem Bureau des chief constable sind zwei Schutzleute und der Vertreter des Chefs (deputy chief constable) tätig; ihnen liegt es ob, die unten näher bezeichneten Bücher und Listen zu führen, die Gehaltszahlungen zu regeln, das Rechnungswesen der Bezirke zu überwachen und Nachweise aufzustellen und die Befehle des chief constable zu expedieren.

In allen Polizeistationen werden sieben Bücher geführt:

1. Information book; enthaltend eine kurze Darstellung einer jeden Strafsache und die Namen und Adressen der Zeugen.

2. Detention book: Liste der im Polizeigewahrsam befindlichen Personen.

3. Prisoners property receipt book: Nachweis der dem Gefangenen abgenommenen Gegenstände und dessen Quittung.

4. Prisoners pledge receipt book: Verzeichnis der als Sicherheit für das Erscheinen vor Gericht hinterlegten oder verpfändeten Geldsumme, Wertgegenstände usw.

5. Vagrant census book: Verzeichnis der Obdachlosen, der ohne festen Wohnsitz Gefundenen.

6. Dog description book: Verzeichnis der aufgegriffenen Hunde.

7. Dog expense and receipt book: Nachweis der Unterhaltungskosten der aufgegriffenen Hunde und Erlös aus deren Verkauf.

In den Bezirks- (divisions) Bureaus werden zehn Bücher geführt, nämlich:

1. Occurence book: enthaltend Einzelheiten aller in dem Bezirke stattgehabten bemerkenswerten Ereignisse, Unfälle, plötzlichen Todesfälle.

2. Divisional expenses book: Verzeichnis aller Ausgaben.

3. Letter book: Kopie jedes abgesandten Briefes.

4. Letter received book: Verzeichnis der empfangenen Briefe.

5. Record of crime book: enthält die Einzelheiten jeder strafbaren Handlung, die der Polizei bekannt gemacht worden ist, und eine Darstellung des durch die Polizei Veranlaßten und das Ergebnis des etwaigen gerichtlichen Verfahrens.

6. Escort book: Vermerk über Transport von Gefangenen.

7. Prisoner subsistence book: Verzeichnis der den Festgenommenen verabreichten Mahlzeiten.

8. Postage und telegram book: Portos und Telegrammgebühren.

9. Railway account book: Kosten von Eisenbahnfahrten der Beamten.

10. Criminal photo book: enthält die Photographien und Angaben über Vorbestrafte.

In dem Bureau des chief constable werden die vorstehend unter 3, 4, 6, 8 und 10 erwähnten Bücher und die nachstehenden geführt, nämlich:

1. Register: Personalregister der Mannschaft.

2. Defaulters book: Nachweis der gegen Polizisten verhängten Disziplinarstrafen.

3. Pay book: Nachweis der monatlichen Gehaltszahlungen.

4. Rent book: Nachweis der Kosten für die Unterbringung der Mannschaft in Bezirken.

In dem Bureau der Zentralstelle (chief constable) befindet sich eine Schreibmaschine; auch werden dort durch diese und ein einfaches Kopierverfahren die erforderlichen

Abdrücke von Rundschreiben für den ganzen Bezirk hergestellt, sofern nicht deren Druck angeordnet worden ist.

Öffentlicher Ankläger.

Der procurator fiscal der Grafschaft ist kein Jurist; er hatte aber vor seiner Anstellung 22 Jahre in dem Bureau des Sheriffs gearbeitet, ihm zur Seite steht ein Vertreter, der gleichzeitig als burgh fiscal in der Stadt Hamilton tätig ist. Der procurator fiscal erhält jährlich eine Pauschalsumme von 740 £, aus der auch die Kosten seines Bureaus und der Vertretung zu bezahlen sind.

Er teilte mir mit, daß er für die von ihm verfolgten strafbaren Handlungen des gemeinen Strafrechtes (common law offences) keine Gebühren, dagegen für die Straftaten der besonderen Gesetze (statute), die dort bestimmten Gebühren liquidiere.

Unterstützung des öffentlichen Anklägers durch die Polizei.

Drei Kriminalbeamte der Grafschaftspolizei sind dem procurator fiscal überwiesen worden. Sie sind in den Städten Airdrie, Hamilton und Lanark stationiert. Ihre Hauptaufgabe besteht in der Anstellung von Ermittlungen für den fiscal.

Sie wohnen den Gerichtssitzungen bei, führen auf Erfordern den Nachweis der Vorstrafen, veranlassen und überwachen den Transport von Gefangenen und führen Buch über die hierdurch entstehenden Kosten und über die durch Strafverfahren vor dem Sheriff und dem höchsten Gerichtshofe verursachten Auslagen.

Besondere Polizei.

Als besondere Polizei sind in Lanarkshire die Polizeibeamten der verschiedenen Privateisenbahngesellschaften und die Beamten des Sheriffs (officers attached to the Sheriff court: Sheriff officers) tätig; sie sind als Polizeibeamte (constables) eidlich verpflichtet, aber völlig unabhängig von der Grafschafts- oder städtischen Polizei; sie sind hauptsächlich als Zustellungs- und Vollziehungsbeamte in Zivilsachen tätig; in einzelnen Teilen der Grafschaft, insbesondere in dem Lower Ward Bezirk nehmen sie auf Grund von richterlichen Haftbefehlen auch Verhaftungen vor.

Es besteht Übereinstimmung darüber, daß diese Abtrennung von der ordentlichen Polizei unzweckmäßig ist. Der Regierungsinspektor dringt daher in seinem letzten Berichte auf die Beseitigung dieser Sonderbeamten und deren Vereinigung mit der Grafschaftspolizei.

Alarmierung der Polizei.

Bemerken will ich noch, daß die Grafschaftspolizei wegen der vielen aus Glasgow einwandernden Verbrecher ein bis in das kleinste ausgearbeitetes System der Alarmierung durch Telephon und Boten auf Zweirad besitzt. Durch dieses wird sofort ein Netz von Wachtposten in mehreren Linien in Bewegung gesetzt, um das Entkommen des Verbrechers wirksam zu verhindern. Es gibt vier telephonische Zentralalarmierungsstationen, die ihrerseits telephonisch und wo kein Telephonanschluß durch Boten auf Zweirädern den ihnen zugewiesenen Bezirk zu benachrichtigen haben.

Ich sehe von der Erörterung weiterer Grafschaftspolizeieinrichtungen ab und wende mich zu den städtischen Polizeiverwaltungen.

6. Polizei und Polizeigerichte in Glasgow.

Allgemeines.

Unter den Städten nimmt Glasgow nach seiner Bedeutung und Einwohnerzahl eine einzigartige Stellung ein. Glasgow bildet einen Staat im Staate; es lebt nach seinen eigenen Gesetzen; es gibt keine Stadt in den Vereinigten Königreichen, für die von dem Parlament so viele Spezialgesetze erlassen worden wären. Man sieht darin eine Anerkennung der aufstrebenden industriellen Entwicklung der Stadt und ihrer fortschrittlichen Verwaltung.

Glasgow ist das Zentrum der schottischen Industrie, des Schiffbaues und ein großer Seehandelsplatz. Da im übrigen in Schottland der ländliche Charakter überwiegt, so hat man Glasgow aus dem allgemeinen Rahmen der die Verwaltung und Rechtspflege regelnden Gesetze herausgehoben.

Organisation — gesetzliche Grundlage.

Die Organisation und Befugnisse der Polizei sind durch die nachstehenden Gesetze geregelt:

1) the Glasgow police act 1886 (29 & 30 Vict. cap. 273);

2) the general police and improvement (Scotland) act 1862; dieses Gesetz wurde durch besonderes Gesetz order confirmation (Glasgow) act 1877 auf Glasgow übertragen;

3) the Glasgow police (Amendment) act 1890;

4) the Glasgow Corporation and police act 1895.

Hierzu kommen noch eine Reihe später erlassener kleinerer Gesetze, die sich als Spezialgesetze charakterisieren. Es handelt sich bei den obigen Gesetzen nicht um Abweichungen von dem gemeinen Recht (common law); auch sonst ist vielfach der Wortlaut der für das übrige Staatsgebiet geltenden Gesetze einfach übernommen worden; soweit für Glasgow Besonderheiten in den Gesetzen enthalten sind, handelt es sich um Erweiterung der Befugnisse der Polizei und der Polizeirichter im einzelnen.

Polizeiobrigkeit.

Die Verwaltung der Polizei ruht in den Händen der Versammlung der von dem Stadtrate aus seiner Mitte gewählten Polizeirichter — magistrates committee — an deren Spitze ex officio der gewählte Vorsitzende des Stadtrates, der Lord Provost, steht. Diese und der Sheriff von Lanarkshire ernennen den chief constable; der zeitige Chef Stevenson ist ein früheres Mitglied der Königlich Irischen Polizeitruppe — Royal Irish Constabulary —. Die Versammlung der Polizeirichter und der Sheriff üben die Aufsicht über die Dienstführung des chief constable aus; sie können eine Untersuchung über seine Geschäftsführung und Befähigung anstellen und ihn wegen ordnungswidrigen

Verhaltens (misconduct) oder Untüchtigkeit, mag diese auf seinem Gesundheitszustande oder auf anderer Ursache beruhen, vom Dienste vorläufig entbinden oder entlassen — sect. 81 Glasgow police act.

Bei Meinungsverschiedenheit zwischen Sheriff und Polizeirichter entscheidet der Lord Advocate. Nach Mitteilung des Sheriff Guthrie, der als eine Autorität im schottischen Rechte gilt, hat die Entwicklung sich dahin vollzogen, daß tatsächlich die ganze Verwaltung der Polizei und die Aufsicht über den chief constable fast ausschließlich von der Versammlung der Polizeirichter ausgeübt wird.

Chief constable.

Der chief constable ernennt alle übrigen Mitglieder der Polizeimannschaft einschließlich der Superintendenten und der übrigen höheren Offiziere, dagegen unterliegt die Bestellung seines Vertreters der Genehmigung der Polizeirichter (sect. 71—74 a. a. O.).

Der chief constable ist den Polizeirichtern gegenüber für seine Geschäftsführung verantwortlich und an deren Vorschriften gebunden (sect. 84 a. a. O.).

Er erläßt allgemeine Dienstvorschriften mit Zustimmung der Polizeirichter (sect. 86).

Im Interesse der Disziplin hat der chief constable die unbeschränkte Befugnis, einen jeden Polizisten einschließlich des Inspektors vom Dienste zu entheben oder zu entlassen. Diese Ermächtigung ist durch richterliche Entscheidung dahin begrenzt, daß mangels eines im gemeinen Rechte gegebenen Entlassungsgrundes der Polizist Anspruch auf Fortzahlung seiner Bezüge innerhalb der Kündigungsfrist hat (sect. 77). Der chief constable kann einen Superintendenten oder Leutnant zwar vom Dienste entheben, aber die Versammlung der Polizeirichter kann diese Verfügung nach geführter Sachuntersuchung wieder aufheben (sect. 77). Er kann Geldstrafen bis zu 20 sh. gegen einen Polizisten ausschließlich des Superintendenten und des Leutnants verhängen, dessen Entlassung er nicht für angezeigt hält.

Superintendent.

Der Superintendent kann einen Polizisten ausschließlich des Leutnants vom Dienste entheben, hat dieses jedoch dem chief constable zu berichten, dem die endgültige Entscheidung zusteht. Unter der gleichen Einschränkung kann der Superintendent Geldstrafen bis zu 10 sh. verhängen.

Der Superintendent ist verantwortlich für die Disziplin und Dienstbereitschaft seiner Mannschaft in dem ihm unterstellten Divisionsbezirke.

Leutnant.

Der Leutnant ist eine Besonderheit des schottischen Rechtes; er wird in dem Glasgower Instruktionsbuch officer on duty, diensttuender Offizier, genannt. Der Leutnant ist der Gehilfe des Superintendenten; in jeder Division gibt es deren drei, in den kleineren Bezirken deren zwei. Die Tätigkeit des Leutnants besteht in Bureau- und Gerichtsdienst, in letzterer Beziehung stehen ihm Polizisten als „bar officiers“ und einer oder mehrere Türschließer — turnkeys — zur Besorgung des Polizeigewahrsams zur Seite. Die Leutnants werden alljährlich von dem Stadtrate zu Gehilfen des öffentlichen Anklägers (assistant procurator fiscal) ernannt, um selbständig die Strafverfolgung vor den Polizeirichtern leiten zu können. Der Leutnant hat ferner die Verhandlung über die von den Polizisten Festgenommenen aufzunehmen; ihm steht die Entscheidung zu, ob sie gegen oder ohne Sicherheit zu entlassen oder dem Polizeigewahrsam bis zur Vorführung vor den Richter zu überweisen sind. Es wird regelmäßig Geld — bei Trunkenheit und ruhestörendem Lärm 7 sh. 6 d. oder 10 sh. — als Sicherheit angenommen, die beim Nichterscheinen vor dem Richter ohne weiteres von der Polizei eingezogen wird (sect. 98 ff.).

Es steht dieses im scharfen Gegensatze zu dem englischen Verfahren, nach dem zur Verhütung polizeilicher Willkür und sonstiger Beeinflussung jeder von einem Polizisten Festgenommene vor den Richter gebracht werden muß. Der Chef der Londoner Polizei bezeichnete mir diesen Grundsatz als eine der Grundlagen des englischen Polizeirechtes.

In Schottland ist als Kautel vorgeschrieben, daß der diensttuende Offizier in ein Register den Namen und die Adresse eines jeden Vorgeführten, den Namen des vorführenden Polizisten, den Zeitpunkt der Einlieferung, den Namen und die Adresse etwaiger Zeugen einzutragen habe.

Man strebt im Interesse der Kostenersparnis an, auf Nebenstationen die Befugnis des Leutnants auf den ältesten Sergeanten zu übertragen.

Inspektor.

Der Inspektor überwacht und ist verantwortlich für das Verhalten und die Dienstführung der in der Division stationierten Sergeanten und Polizisten; ihm liegt deren Belehrung ob; auch hat er die Ausführung der Befehle des chief constable zu beaufsichtigen.

Sergeant.

Der Sergeant überwacht und ist verantwortlich für das Verhalten und die Dienstbereitschaft der Polizisten seiner Sektion; er hat sie über ihre Dienstpflichten zu belehren.

Annahme und Ausbildung der Rekruten.

Rekruten werden im Alter von 20 und unter 25 Jahren angenommen; sie müssen lesen und schreiben können; sie werden zunächst auf Probe angestellt, nachdem sie von einem Polizeirichter sich zur treuen Dienstführung verpflichtet haben.

Sie erhalten sodann täglich durch einen Inspektor von 8—9 Uhr vormittags Unterricht im Polizeidienst; hierbei wird insbesondere auch das Verhalten vor Gericht und die gerichtliche Aussage eingehend an praktischen Beispielen behandelt.

Von 9 Uhr vormittags an werden die Rekruten damit beschäftigt, Gefangene aus den Zellen dem Gerichte vorzuführen; sie sollen den Verhandlungen beiwohnen, um das Strafverfahren kennen zu lernen. Nach der Gerichtssitzung werden Exerzierübungen gemacht bis 12 Uhr. Von 2 bis 3 Uhr nachmittags finden wieder Exerzierübungen statt. Um 6 Uhr werden sie mit erfahrenen Polizisten zur Ausübung des Straßendienstes bis 9 Uhr nachts ausgesandt. An Sonntagen werden sie in gleicher Begleitung von 1 Uhr bis 6 Uhr nachmittags im Straßendienst verwandt.

Sie werden zu regelmäßigen gymnastischen Übungen angehalten; es wird darauf hingewirkt, daß sie den von Mitgliedern der Polizei begründeten Turn-, Ruder-, Fußball- und Schwimmklubs beitreten.

In dem Hauptstationsgebäude steht ein großer Turnsaal mit Geräten der Mannschaft zur Verfügung.

Ist ihre Ausbildung nach dem Urteile des Inspektors vollendet, so werden sie zunächst probeweise auf drei Monate den Bezirken überwiesen; bewähren sie sich dort, so werden sie angestellt. Außerdem lassen die Superintendenten (Divisionsvorsteher) regelmäßig wöchentliche Unterrichtsklassen durch Inspektoren abhalten, worin namentlich etwaige neue Gesetze und Verordnungen erklärt werden. Jeder Mann muß einem solchen Unterrichte mindestens einmal in der Woche beiwohnen. Auch finden alle drei Monate drei Exerzierübungen für die Mannschaft statt. Die gesamte Mannschaft wird im Sanitätsdienste zur Leistung der ersten Hilfe ausgebildet.

Auch wird in einer städtischen Schwimmhalle ein ganz ausgezeichnetes System mit der Mannschaft eingeübt, um Ertrinkende in sicherer und gefahrloser Weise zu retten.

Beförderung.

Die Beförderungen erfolgen aus der Mannschaft; eine Ausnahme bildet nur die Stellung des chief constable.

Im übrigen bestehen hinsichtlich der Beförderung die nachstehenden Vorschriften: Am Ende eines jeden Vierteljahres reicht der Divisionsvorsteher (superintendent) dem chief constable eine Liste ein, in der vom Inspektor abwärts in der Reihenfolge der Befähigung die zur Beförderung geeigneten Polizisten verzeichnet sind; hierbei sollen allgemeine Bildung und sonstige Eigenschaften berücksichtigt werden.

Obwohl die Anzahl der Dienstjahre und gute Führung in das Gewicht fallen, so soll doch ohne Rücksicht auf das

Dienstalter bei den Beförderungen zu höheren Stellungen auf diejenigen zurückgegriffen werden, die mit guter Führung, besonderem Scharfblick, Gewandtheit und Eifer verbinden. Auch kann der Superintendent mit Rücksicht auf besondere Verdienste zu jeder Zeit einen Mann durch besonderen Bericht zur Beförderung vorschlagen.

Bei der Beförderung zum Sergeanten wird verlangt: Kenntnis des einfachen Rechnens und des Polizeidienstes; der Kandidat muß imstande sein, einen verständlichen Polizeibericht in kürzester Frist anzufertigen.

Bei der Beförderung zum Inspektor wird auf allgemeine Bildung, gute Kenntnis des Polizeidienstes und die Fähigkeit, die Mannschaft auszubilden und zu kommandieren, gesehen.

Der Leutnant muß gute allgemeine Bildung und Gewandtheit im Auftreten haben; abgesehen von der Kenntnis des Polizeidienstes muß er das Strafrecht und insbesondere die die Beweisführung regelnden gesetzlichen Bestimmungen beherrschen; er muß imstande sein, Strafsachen für den fiscal entscheidungsreif vorzubereiten.

Auch soll er imstande sein, die Gehaltszahlungslisten und Nachweise aufzustellen.

Er muß das Kommando über die Polizeimannschaft und deren Ausbildung und Belehrung in dem gesamten Polizeidienste übernehmen können.

Kriminalabteilung.

Die Kriminalabteilung besteht aus 70 Beamten, nämlich 1 Superintendenten, 1 Leutnant, 7 Inspektoren, 31 über dem Sergeanten stehenden Beamten (detective officers), 6 Sergeanten und 24 Schutzleuten; von diesen sind 24 der Zentralstelle überwiesen; von den 24 sind 3 „officers" und 2 Schutzleute als Schreiber tätig, und zwar 4 am Tage und 1 nachts. Der ganze wichtige Briefwechsel in Strafsachen wird von der Kriminalabteilung — criminal investigation department — der Zentralstelle besorgt.

Der Rest der Kriminalbeamten wird auf die einzelnen Divisionen verteilt; sie arbeiten dort unter der Verantwortung des Divisionsvorstehers (Superintendenten) der uniformierten Abteilung.

Aufgabe der in den Bezirken angestellten Kriminalbeamten ist es, Ermittlungen über die dort begangenen Strafsachen anzustellen; sie haben schriftliche Vernehmungen (precognitions) in Polizeigerichtssachen dem Polizeianwalt (police fiscal), in Sachen des Sheriffs und des höchsten Gerichtshofes (High Court of Justiciary) dem Sheriff procurator fiscal einzureichen; es ist hierbei gleichgültig, ob die Festnahme des Beschuldigten durch einen Kriminalbeamten oder einen uniformierten Beamten erfolgte. Die gleiche Pflicht liegt ihnen gegenüber dem Sheriff procurator fiscal bei plötzlichen oder verdächtigen Todesfällen, schweren Unfällen, Bränden usw. ob.

Polizeigewahrsam.

33 Beamte sind in dem Polizeigewahrsam der neun Divisionen tätig — sogenannte turnkeys —. Sie sind für die einzelnen Gefangenen verantwortlich, insbesondere auch dafür, daß keine Verwechslung oder Freiheitsberaubung eintritt; auch sind sie für den ordnungsmäßigen Zustand der Zellen verantwortlich.

Sie haben ein Verzeichnis aller ihnen übergebenen Gefangenen aufzustellen; in dieses sind einzutragen:

1. Name des Gefangenen,
2. die ihm zur Last gelegte Tat,
3. Name des Beamten oder der Person, die ihn einlieferte,
4. die Nummer der Zelle, in der der Gefangene untergebracht worden ist,
5. Zeit der Einlieferung,
6. Zeit der Auslieferung oder Freilassung,
7. Dauer des Verbleibens in dem Gewahrsam.

Dem diensttuenden Beamten (Leutnant) ist alle zwei Stunden die Zahl der Gefangenen mitzuteilen. Ein weiblicher Beamter befaßt sich mit den weiblichen Gefangenen.

In der Stadt sind einschließlich der Nebenstationen 16 Polizeistationen mit 327 Zellen zur Aufnahme von Gefangenen vorhanden.

In einer Zelle werden niemals zwei Gefangene eingesperrt, sondern immer nur einer oder mehrere. Es geschieht dies nach gemachten Erfahrungen aus Rücksichten der Moral und im Interesse der Sicherheit der Gefangenen.

Die Türschließer (turnkeys) haben in ihrer freien Zeit den diensttuenden Offizier bei den Schreibarbeiten zu unterstützen.

Polizeilich konzessionierte Gewerbe.

Auf Grund sect. 70 des Glasgower Polizeigesetzes ist ein besonderer Beamter der Registratur, dem die Listenführung aller polizeilich konzessionierten Gewerbe obliegt, bestellt worden.

Stärke der Mannschaft und deren Bewegung und Disziplin.

Die von der Regierung genehmigte Gesamtstärke der Polizei in Glasgow betrug im Jahre 1906 1563 Mann ausschließlich 24 Polizeibeamten in privaten Diensten; auf 525 Einwohner kam ein Polizeibeamter. Das Durchschnittslebensalter der Polizisten war $32^4/_{12}$, die Durchschnittsdienstzeit $10^{10}/_{12}$ Jahre, die Durchschnittsgröße 5 Fuß 10 Zoll englisch.

123 sind frühere Soldaten.

79 verheiratete und 149 unverheiratete Polizisten wohnen in Dienstgebäuden; erstere zahlen hierfür jährlich von 3 £ bis 20 £ und letztere 1 sh. 9 d. wöchentlich.

103 Polizisten nahmen ihren Abschied, unter ihnen 16 unfreiwillig, 19 wurden wegen ordnungswidrigen Verhaltens entlassen, und 1 Polizist verließ ohne Kündigung den Dienst.

1 Inspektor und 1 Kriminalbeamter wurden zu Leutnants, 2 Kriminalbeamte, 8 Sergeanten und 1 Schutzmann zu Inspektoren; 1 Kriminalschutzmann und 13 uniformierte Schutzleute zu Sergeanten, 1 Inspektor und 1 Sergeant zu Kriminaloffizieren, und 6 Kriminalschutzleute zu Kriminalsergeanten befördert. 9 Beamte sind in Zivilkleidern als sogenannte probation officers, d. h.

zur Überwachung der bedingt Verurteilten, tätig. 3 Inspektoren und 3 Schutzleute sind ständig in den Gerichtssitzungen tätig — sogenannte court (oder bar officers).

Die Reserve beträgt 56 Mann, die in den einzelnen Divisionen verteilt sind.

Die Stadt zerfällt in neun Polizeibezirke (Divisionen), an deren Spitze ein Vorsteher (Superintendent) steht. Jede Division bildet gleichzeitig einen Gerichtsbezirk; Polizeigericht und Polizeidivision befinden sich unter demselben Dache.

Die uniformierte Polizei besteht aus 8 Superintendenten, 25 Leutnants, 58 Inspektoren, 88 Sergeanten und 1304 Schutzleuten.

Dem Registrar steht ein Inspektor, ein Sergeant und ein Schutzmann zur Verfügung.

Bureau.

Als Bureaupersonal werden von dem chief constable 1 Leutnant, 1 Inspektor und 3 Schutzleute verwandt; in den Divisionen 27 Leutnants, 14 Inspektoren, 6 Sergeanten und 51 Schutzleute, insgesamt 98; von der Kriminalabteilung 1 Superintendent, 1 Inspektor, 1 Sergeant und 2 Schutzleute, insgesamt 5. Das gesamte Bureaupersonal beträgt hiernach 103. Es stellt dieses ein sehr günstiges Verhältnis dar, das nur dadurch erzielt wird, daß im summarischen Verfahren vor den Polizeirichtern das Schreibwerk auf das Mindestmaß eingeschränkt ist.

Verzeichnis der hauptsächlich verwandten Register und Listen wird beigefügt; sonstige Akten sind auf den Polizeibureaus nicht vorhanden.

Telephon, Beförderung von Gefangenen.

Es sind 15 telephonische Signalstationen (telephone signal boxes) in den entlegenen Vorstädten angebracht; es werden Wagen bereitgehalten, um auf telephonischen Anruf Gefangene aus den Vorstädten zu dem nächsten Gewahrsam zu bringen.

Berittene Abteilung.

6 Inspektoren sind ständig beritten; 46 sind als Kavalleristen ausgebildet und werden im Notfalle auf gemieteten Pferden beritten gemacht.

4 Kriminalbeamte, 1 Inspektor und 1 Schutzmann sind mit Zweirädern ausgerüstet.

Gehalt.

Die Gehälter betragen für den chief constable 1000 £; chief superintendent, Vertreter des Chefs, 402 £; den Superintendenten (Divisionsvorsteher) Mindestgehalt 232 £, Höchstgehalt nach 12 Jahren 332 £; Leutnant, Mindestgehalt 137 £, Höchstgehalt nach 14 Jahren 207 £; Inspektor, Mindestgehalt 104 £ 6 sh. 8 d., Höchstgehalt nach 6 Jahren 122 £ 7 sh. 4 d.

Die Kriminalabteilung.

Superintendent (Vorsteher) 252 £; Leutnant 187 £; Inspektor, wöchentliches Mindestgehalt 51 sh. 2 d.; Höchstgehalt 57 sh. 4 d. nach 6 Jahren; Kriminaloffiziere (detective officers) Mindestgehalt 37 sh. 8 d., Höchstgehalt nach 6 Jahren 47 sh. 4 d.; Sergeanten, Mindestgehalt 34 sh. 8 d., Höchstgehalt nach 2 Jahren 37 sh. 10 d.; Schutzmann, Mindestgehalt 25 sh., Höchstgehalt nach 10 Jahren 33 sh.

Bureaupersonal.

Superintendent (Vorsteher) (1) 232 £; Registrar (1) 352 £; Leutnant (2) 137 £; Inspektor (2) 104 £ 6 sh. 8 d.; Kriminaloffiziere (4) wöchentlich 40 sh. 10 d.; Kriminalschutzleute einer 33 sh., zwei 27 sh. 4 d.; Schutzleute (12) von 26 sh. 2 d. bis 33 sh.

Die Kriminalbeamten erhalten 10 £ 14 sh. jährlich als Kleidergeld und 1 sh. 6 d. für ihre Mahlzeiten, wenn dienstliche Verpflichtung sie verhindert, diese zu Hause einzunehmen.

An festen Punkten zur Regelung des Verkehrs stationierte Schutzleute erhalten je nach der Länge des Dienstes und der Bedeutung des Postens 3 sh., 2 sh. oder 1 sh. wöchentliche Zulage.

Die uniformierten Schutzleute, die in Zivilkleidern Dienst tun (plain clothes men) erhalten 6 d. tägliche Vergütung als Kleidergeld. — Für besonderen Diensteifer und Geschick gewährt der chief constable Belohnungen. Aus diesem Titel werden durchschnittlich jährlich 70 £ gezahlt. Bei Krankheit wird das halbe Gehalt, bei Krankheit, verursacht durch eigene Schuld (zum Beispiel Trunkenheit), tritt Gehaltssperre, und bei der durch den Dienst verursachten Krankheit (Verletzung) wird volles Gehalt weiter gezahlt.

Diensteinteilung.

Der Straßentagesdienst beträgt 8 Stunden und wird von 849 Polizisten ausgeübt; in dem Nachtstraßendienst, der gleichfalls 8 Stunden umfaßt, sind 637 Polizisten beschäftigt. Der Tagesbureaudienst beträgt 8 Stunden und beschäftigt 66 Beamte, der Nachtbureaudienst — gleichfalls 8 Stunden — 35. Tages- und Nachtdienst wechseln alle sechs Wochen. Alle vierzehn Tage ist ein Tag frei. Der Jahresurlaub des Superintendenten und Leutnants beträgt 21 Tage, des Inspektors und Kriminaloffiziers 14 Tage, des Sergeanten 10, des Schutzmanns bis zu vollendeter dreijähriger Dienstzeit 7, sonst 10 Tage.

Kriminalstatistik.

Im Jahre 1905 wurden der Polizei in Glasgow 56 123 strafbare Handlungen angezeigt und von ihr 45 654 Verhaftungen vorgenommen; gegen 54 005 Personen wurde das strafgerichtliche Verfahren eingeleitet; von diesen wurden 52 706 im summarischen Verfahren abgeurteilt oder anderweitig erledigt, und zwar 38 631 verurteilt und 2725 freigesprochen; in 8421 Fällen wurde die hinterlegte Sicherheit von der Polizei eingezogen oder durch Richterspruch für verfallen erklärt; in 349 Fällen wurde die Anklage zurückgezogen; in 2554 Fällen das Verfahren eingestellt; in 50 Fällen Kinder der Zwangserziehung überwiesen; 1299 Personen wurden dem schwurgerichtlichen Verfahren überwiesen; von denen 1149 der Untersuchungshaft überwiesen, 138 gegen Bürgschaft freigelassen, 12 ohne Bürgschaft auf freiem Fuße belassen wurden; 1057 wurden verurteilt, 121 freigesprochen, 108 wurden entlassen nach Einstellung des Verfahrens (discharged not called for trial); in einem Falle wurde die Anklage zurückgezogen, in 10 Fällen die Sicherheit für verfallen erklärt; 1 wurde wahnsinnig und 1 begab sich außer Landes.

Kosten.

Die Gesamtkosten der Polizei betrugen im Jahre 1906 151 909 £, darunter 1712 £ 15 sh. 8 d. für den Pensionsfonds; der Staatszuschuß betrug 51 615 £ 3 sh. 9 d.; für von der Polizei geleistete Dienste erhielt die Stadt von privaten und staatlichen Behörden 3334 £ 18 sh. 5 d. Der Gesamtbetrag der eingezahlten Geldstrafen der neun Polizeigerichte belief sich auf 12 529 £ 17 sh. 5 d.

Die Polizeisteuer (police assessment) beträgt 4.114 d. für jedes Pfund Sterling des festgesetzten Grundwertes.

Öffentlicher Ankläger, Burgh fiscal.

Dem Stadtrat (town council) liegt es ob, für das polizeigerichtliche (summarische) Verfahren auf Grund sect. 67 Glasgow police act 1866, abgeändert durch general police and improvement (Scotland) act 1862 und sect. 12 und 13 order confirmation (Glasgow) act 1877 einen öffentlichen Ankläger zu ernennen. Nach dem Gesetze braucht er kein Rechtskundiger zu sein, doch ist nach der Praxis der letzten 30 Jahre nur ein solcher ernannt worden. Der Stadtrat ernennt ferner auf jährlichen Widerruf die Vertreter und Gehilfen des procurator (burgh fiscal); als solche werden Polizeidivisionsvorsteher (Superintendenten) und Polizeileutnants bestellt.

Der Bezirk des procurator fiscal umfaßt die ganze Stadt; schwierige Fälle oder Fragen besonderer Art werden ihm von seinen Vertretern vorgelegt.

Eine große Anzahl der Strafverfolgungen wird aber von seinen Gehilfen, den Polizeioffizieren, geführt, ohne daß ihm hiervon Mitteilung gemacht wird.

Der procurator fiscal ist regelmäßig in dem im Verwaltungsgebäude des chief constable untergebrachten Polizeigerichte tätig.

Als öffentlicher Ankläger ist der Polizeioffizier kraft dieses Amtes frei von der Aufsicht seiner Vorgesetzten; auf Grund gemeinen Rechtes und besonderer gesetzlicher Bestimmungen (common law and statute) hat er in dieser Eigenschaft das Recht, nach seinem Ermessen das öffentliche Interesse zu wahren.

Er ist gesetzlich nicht gezwungen, jede strafbare Handlung zu verfolgen, es sei denn, daß ein öffentliches Interesse vorliegt. In der Praxis gilt in Glasgow der Grundsatz, daß eine Strafverfolgung nur dann einzuleiten ist, wenn der öffentliche Ankläger nicht allein davon überzeugt ist, daß der Beschuldigte der Täter ist, sondern auch glaubt, hierfür den Beweis erbringen zu können.

Lehnt der procurator fiscal die Strafverfolgung ab, so hat auf erhobene Beschwerde der Lord Advocat zu entscheiden. Solche Beschwerden kommen jedoch sehr selten vor.

In Glasgow ist es dem procurator fiscal untersagt, privater Beschäftigung nachzugehen.

Polizeirichter.

Gemäß town councils (Scotland) act 1900 (63 und 64 Vict. c. 49) gibt es in Glasgow einschließlich des Lord Provost, d. i. des Vorsitzenden des Stadtrates, 15 gewählte Polizeirichter.

Gemäß sect. 24 Glasgow corporation and police act kann der Minister für Schottland (Secretary for Scotland) auf Antrag der städtischen Vertretung einen oder mehrere beamtete Polizeirichter ernennen; obgleich man in Regierungskreisen im Interesse der Rechtspflege die Bestellung eines solchen Richters gern sehen würde, so ist in Glasgow selbst der Gedanke, die Ausübung der Gerichtsbarkeit ganz oder zum Teil Beamten zu übertragen, nicht volkstümlich. Das Bedürfnis ist auch nicht so dringend, weil beim Hervortreten von Mißständen Abhilfe in der konkurrierenden Zuständigkeit des Sheriffs gefunden werden kann.

Nach den Glasgower Polizeigesetzen erstreckt sich die Gerichtsbarkeit der Polizeirichter auf

1. alle Polizeivergehen und Übertretungen „police offence“, d. s. alle strafbaren Handlungen in den Glasgower Polizeigesetzen und den auf Grund dieser erlassenen Polizeiverordnungen (byelaws);

2. alle strafbaren Handlungen, die nach allgemeinen gesetzlichen Bestimmungen im summarischen Verfahren durch Polizeigerichte abgeurteilt werden können, und

3. alle leichteren strafbaren Handlungen auf Grund gemeinen Strafrechts.

Durch sect. 107 Glasgow police act 1866 sind noch ausdrücklich eine Reihe schwerer Verbrechen, z. B. Mord, Totschlag, Raub, Notzucht, Brandstiftung, Einbruchsdiebstahl, schwere Körperverletzung (seriou sassault), Diebstahl oder Unterschlagung, wenn der Wert zehn Pfund übersteigt, Falschmünzerei usw., von der Zuständigkeit der Polizeirichter ausgenommen. Nach ständiger Gerichtspraxis werden vor den Sheriff Schulversäumnisse, Gewerbevergehen und Übertretungen (factory acts), Verstöße gegen das Impfgesetz und Übertretungen der Vorschriften des Gesetzes über das öffentliche Gesundheitswesen gebracht. Gesetzlich vorgeschrieben ist dieses bei Nahrungsmittelfälschungen.

Auf Grund sect. 39 Glasgow corporation and police act 1895 158 und 159 Vict. c. 143 setzt der höchste Gerichtshof in Edinburgh auf Grund Antrages der Polizeirichter die Formen des gerichtlichen Verfahrens, insbesondere auch die zu verwendenden Formulare fest. Man nennt einen solchen Beschluß des höchsten Gerichtshofes act of adjournal. Gesetzlich ist der Polizeirichter bei Verkündung der Entscheidung nur gebunden, zu erklären, ob er die Anklage für bewiesen oder nicht bewiesen hält. Es kommt jedoch häufig vor, daß kurze Gründe für die Entscheidung mündlich gegeben werden.

In der Urteilsausfertigung werden niemals Gründe angegeben, abgesehen von dem Fall der Berufung appeal).

Letzterer ist innerhalb vierzehn Tagen nach dem Tage des verkündeten Urteils oder Beschlusses (order) des Polizeirichters bei dem höchsten Gerichtshofe (High Court of Justiciary) einzulegen und hat ohne weiteres keine aufschiebende Wirkung, jedoch kann diese durch den Polizeirichter verfügt werden. Wird Berufung eingelegt, so hat der Polizeirichter auf Verlangen des Berufungsklägers den Tatbestand und die Gründe seiner Entscheidung dem höchsten Gerichtshofe schriftlich mitzuteilen (stated case).

Es mag hierbei bemerkt werden, daß Berufungen gegen Verurteilungen auf Grund des gemeinen Strafrechtes nur in ganz vereinzelten Fällen vorkommen. Bei den Berufungen handelt es sich ausschließlich um die Entscheidung von Rechtsfragen oder Fragen des Verfahrens; wegen der Tatfrage ist die Berufung unzulässig.

Beisitzer.

Durch sect. 67 Glasgow police act ist für die Polizeigerichte die Bestellung von Beisitzern und gleichzeitig Gerichtsschreibern vorgesehen (assessor and clerk of court).

Gesetzlich ist es nicht vorgeschrieben, daß Assessor und Gerichtsschreiber ein Rechtskundiger (solicitor or qualified law agent) sei; es ist aber jetzt feststehender Grundsatz, nur solche zu ernennen.

Die Aufgabe des Beisitzers ist es, den Polizeirichter über Rechtsfragen zu belehren. Es gibt keine Regeln für die Abgrenzung der Befugnisse der Assessoren und der Polizeirichter. Die Praxis ist gegenwärtig in Glasgow so, daß der Polizeirichter in Rechtsfragen die Ansicht des Assessors als maßgebend anerkennt, in Tatfragen dagegen die Ansicht des Beisitzers anhört, bevor er seine Entscheidung fällt. Der Beisitzer ist nach der Entscheidung des höchsten Gerichtshofes zur ordnungsmäßigen Besetzung des Gerichtshofes nicht notwendig; von seiner Mitwirkung wird jedoch tatsächlich nie abgesehen. Gewohnheitsmäßig sitzt der Assessor neben dem Richter, während sein Schreiber, der ihm bei Erledigung der Gerichtsschreibergeschäfte hilft, unmittelbar unter der Richterbank sitzt. Die von dem Richter mündlich verkündeten Urteile werden in der Sitzung von dem Beisitzer mit Hilfe des Schreibers ausgefertigt und von dem Richter sofort unterschrieben.

Wird Berufung eingelegt (stated case), so hat er das Urteil zu entwerfen, das von dem procurator fiscal und dem Angeklagten durchgesehen und sodann nach etwa notwendiger Abänderung von dem Richter gezeichnet und dem höchsten Gerichtshofe eingereicht wird.

Das Gehalt des procurator fiscal beträgt 650 £, seines Schreibers 125 £; die sieben Beisitzer und Gerichtsschreiber erhalten insgesamt 1750 £; sie sind nur im Nebenamte tätig und gehen im übrigen ihrer Beschäftigung als solicitors nach. Für das größte Polizeigericht (central court) im Zentrum der Stadt ist die Stellung eines vollbesoldeten Gerichtsschreibers und stellvertretenden Beisitzers mit einem Gehalt von 250 £ vorgesehen. Obige Kosten sind in den allgemeinen Polizeikosten enthalten.

Obgleich die Bestellung von Rechtsbeiständen mit privater Praxis nicht unbedenklich erscheint, so besteht aus finanziellen Gründen keine Neigung, vollbesoldete Beamte anzustellen. Auch sind bisher Mißstände nicht zutage getreten, da man nur vertrauenswürdige Elemente aussucht.

Ich möchte noch erwähnen, daß in einzelnen schottischen Städten, z. B. in Dundee, ein rechtskundiger Sachwalter (solicitor) bei dem Polizeigerichte aus städtischen Mitteln besoldet wird; seine Aufgabe ist es, in den Verhandlungen vor dem Polizeirichter unbemittelte Angeklagte zu verteidigen.

Gesundheitspolizei in Glasgow.

In Glasgow ist die bereits erwähnte Trennung zwischen Medizinalbeamten und seinen Gehilfen und dem Chefgesundheitsinspektor und den ihm unterstellten Inspektoren am schärfsten ausgebildet. Der zeitige Inspektor Mr. Fyfe ist eine hervorragende Persönlichkeit, die in ganz England bekannt ist; bei Gesetzentwürfen wird häufig seine Meinung von parlamentarischen Kommissionen eingeholt. Praktisch liegt die Handhabung der Gesundheitspolizei ausschließlich in seinen Händen.

Tätigkeit.

Auf Grund der Gesetze the Glasgow Corporation (police) order confirmation act von 1891 und 1904 sind namentlich die Befugnisse der Wohnungspolizei hinsichtlich der Miethäuser und Quartiere der arbeitenden Klassen wesentlich erweitert worden. Die Höchstzahl der Belegung der einzelnen Räume wird polizeilich festgestellt und an den einzelnen Räumen durch Blechtafel vermerkt (ticketed houses). Um die Ausführung dieser Vorschriften überwachen zu können, sind die Gesundheitsinspektoren ermächtigt, auch ohne richterliche Verfügung (warrant) zur Tages- und Nachtzeit die Räume auch gegen den Willen der Inhaber zu betreten. Diese Befugnis steht in Großbritannien einzig in ihrer Art da; Mr. Fyfe erklärte mir, daß sie ursprünglich zur Bekämpfung des Typhus in den Massenquartieren verliehen worden sei. Dieselben Vorschriften gelten bezüglich der gewöhnlichen Logierhäuser — common lodging-houses. — Für diese und die aftervermieteten Räume mit oder ohne Möbel — houses let in lodgings and farmed out houses — bestehen Polizeiverordnungen (byelaws), die die Anmeldepflicht des Betriebes vorsehen und der Gesundheitspolizei das Recht der Besichtigung und Festsetzung der Höchstbelegungszahl gewähren.

Nach dem Jahresberichte des Chefinspektors wurden in den sogenannten ticketed houses im Jahre 1905 von seinen Beamten 46 754 nächtliche Besichtigungen vorgenommen, in 3352 Fällen Überfüllung der Räume festgestellt; in 2269 Fällen beschränkten sich die Inspektoren darauf, die Inhaber und die Eigentümer zu warnen; in 1083 Fällen wurde das gerichtliche Verfahren eingeleitet, in 572 Fällen wurden die Zuwiderhandelnden von dem Polizeirichter verwarnt und in 511 Fällen Geldstrafen verhängt.

Gemäß Gesetz vom 15. August 1904r povisional order relating to Glasgow Corporation (police) act sect. 9 kann der Gesundheitsinspektor jedes Haus, bezüglich dessen er Grund zu der Annahme hat, daß das Haus selbst oder darin befindliche Gegenstände — Kleider, Betten usw. — sich in schmutzigem Zustande befinden, zur Tageszeit betreten und nach geschehener fruchtloser schriftlicher Aufforderung Reinigung und Desinfektion anordnen. Die schriftliche Aufforderung zur Beseitigung des Mißstandes gewährt eine Frist von 48 Stunden, deren Nichtbeachtung von dem Polizeirichter für jeden Tag der Zuwiderhandlung mit Geldstrafe bis zu 40 sh. geahndet werden kann. Widersetzt sich der Eigentümer oder der Inhaber der Wohnung dem Gesundheitsinspektor, so kann er von dem Polizeirichter mit einer Geldstrafe bis zu 5 £ bestraft werden. Diese Bestimmungen werden sehr häufig zur Anwendung gebracht. Auch bestehen durchgreifende Vorschriften, um die Reinhaltung der Aborte und Treppen in Massenquartieren zu erzwingen. Die Polizei hat das Recht, eine Hausordnung aufzustellen und Zuwiderhandelnde vor den Polizeirichter zu bringen.

Beamtenstab; Organisation.

Der dem Chefinspektor unterstellte Beamtenstab zerfällt in Beamte des Innendienstes (indoor staff-Bureau usw.) und des Außendienstes (outdoor staff-). Im Bureau des Chefinspektors sind 1 Inspektor und 3 Assistenten tätig; in dem Auskunftsbureau für das Publikum sind an der Zentralstelle ebenfalls 1 Inspektor und 3 Assistenten beschäftigt; außer diesen sind als Schreiber 10 Beamte, 2 weibliche Maschinenschreiberinnen, 1 Zeichner, Schreiner, Maschinist und 6 Hausdiener angestellt.

Der Außendienst wird von 8 Distriktsinspektoren und deren Assistenten wahrgenommen. Der Stadtbezirk zerfällt in gesundheitspolizeilicher Hinsicht zur Feststellung von Übelständen und zum Zwecke der Besichtigung der Werkstätten und Kanalisationsanlagen in 7 Bezirke. Abgesehen von zwei entlegenen Bezirken befinden sich die Bureaus der Distriktsinspektoren an der Zentralstelle, wo ihnen je ein Schreiber zur Verfügung gestellt wird. Sie haben sich täglich von 9 bis 10 Uhr vormittags und abends von 4 Uhr bis 5 Uhr an der Zentralstelle aufzuhalten, um mit dem Chefinspektor zu konferieren und die erforderlichen Schreibarbeiten zu erledigen. Die Assistenten haben sich gleichfalls dort einzufinden; sie legen ihre Tagebücher über die Tätigkeit des vorhergehenden Tages vor und werden von dem Distriktsinspektor erforderlichenfalls mit weiterer Anweisung versehen. Die Haupttätigkeit der Distriktsinspektoren besteht jedoch in der Überwachung der Beamten des Außendienstes, Führung schwieriger Verhandlungen mit dem Publikum und Vertretung der Gesundheitspolizei vor den Polizeigerichten und dem Sheriff.

Unter den Distriktsinspektoren arbeiten 27 Assistenten (Gesundheitsinspektoren, nuisance inspectors), 4 Kanalisationsinspektoren mit 7 Gehilfen, 8 weibliche Inspektoren, 6 Nachtinspektoren der Massenquartiere (night inspectors of ticketed houses), ein Inspektor der gewöhnlichen Logierhäuser (common lodging-houses and boarding-houses), ein Schiffsinspektor, 6 Werkstätteninspektoren, 4 Inspektoren der Nahrungs- und Genußmittel, 1 Fischinspektor, 4 Rauchinspektoren und 1 Inspektor der Läden (Einhaltung der Geschäftsstunden, Schaffung von Sitzgelegenheit für Angestellte, shop hours inspector). Im Desinfektionswesen sind 48 männliche und weibliche Personen beschäftigt; von denen 6 als eigentliche Desinfektoren und der Rest in den für die Desinfektion schmutziger Wäsche usw. eingerichteten öffentlichen Waschanstalten tätig sind.

Die Bureaus der Zentralstelle sind an Wochentagen von 7 Uhr vormittags bis 7 Uhr abends und an Sonntagen von 9 bis 11 Uhr vormittags und am Nachmittage von 4 bis 5 Uhr geöffnet; während des Ausbruches einer Epidemie sind die Bureaus Tag und Nacht für das Publikum geöffnet. Um einen Überblick über die Zusammensetzung des Gesundheitspolizeidienstes in einem Distrikt zu geben, greife ich den bevölkertsten nördlichen Distrikt heraus mit 41 091 Häusern und einer Einwohnerzahl von 193 440; dort sind 1 Distriktsinspektor, 5 Inspektoren für gesundheitliche Mißstände, 1 Inspektor für die Kanalisation und Wasserleitungsrohre, Aborte usw., 1 für die Werkstätten und Fabriken und die Heimarbeiter und 2 weibliche Inspektoren vorhanden. Die Besichtigung der Werkstätten und Fabriken findet durch die städtischen Inspektoren nur aus gesundheitspolizeilichen Gesichtspunkten statt, während staatlich angestellte Gewerbeaufsichtsbeamte die Fabrikanlagen in gewerbepolizeilicher Hinsicht beaufsichtigen.

Es bestehen Zweifel hinsichtlich der Abgrenzung dieser Befugnisse, was vielfach zu Reibungen Veranlassung gegeben hat.

Gehalt.

Das Gehalt der Chefinspektors beträgt 750 £, des Distriktsinspektors wöchentlich 53 sh., steigend bis 60 sh. 9 d. (ein Distriktsinspektor erhält 240 £),

des Assistenten 30 sh. wöchentlich (nuisance inspector), steigend bis 32 sh.,

des Werkstätteninspektors 34 sh. wöchentlich, steigend bis 42 sh.,

des Nachtinspektors 30 sh. wöchentlich, steigend bis 42 sh.,

des Inspektors der Logierhäuser 36 sh. wöchentlich,

des Rauchinspektors 39 sh. wöchentlich, steigend bis 60 sh.,

des Nahrungsmittelinspektors 50 sh. wöchentlich, steigend bis 52 sh.,

des Ladeninspektors 63 sh. 10 d. wöchentlich,

des Fischinspektors 35 sh. wöchentlich,

des weiblichen Inspektors 20 sh. wöchentlich, steigend bis 30 sh.,

des Schreibers jährlich 15 £, steigend bis 200 £,

des Zeichners wöchentlich 21 sh., steigend bis 45 sh.

Die Beamten des Gesundheitspolizeidienstes haben keinen Anspruch auf Pension.

Die Inspektoren (Assistenten), abgesehen von den weiblichen, tragen dunkelblaue Uniform.

7. Gesundheitspolizei in der Grafschaft Mid-Lothian.

In der überwiegend ländlichen Grafschaft Mid-Lothian mit 71 264 Einwohnern sind als Gesundheitspolizeibeamte 1 Grafschaftsinspektor, 3 Bezirkshilfsinspektoren, 3 Ortshilfsinspektoren und 2 Schreiber tätig. An diese wurden 120 Anzeigen (complaints) über gesundheitliche Mißstände gerichtet; in 403 Fällen wurden Mißstände zur Kenntnis der zu ihrer Abstellung Verpflichteten gebracht (intimation sect. 19 public health (Scotland) act 1897) und in 20 Fällen Aufforderungen zu deren Beseitigung an die Beteiligten (notice sect. 20 ebenda) gerichtet; gerichtliche Strafverfolgungen wurden nicht eingeleitet; es wurden 286 Besichtigungen von Werkstätten vorgenommen, was in zwei Fällen zu der Zustellung der Aufforderung zur Abstellung vorgefundener Mißstände führte sect. 2 (3) factory and workshops act 1901; 24 Besichtigungen von Wohnungswagen wurden vorgenommen; die Zahl der eingetragenen gewöhnlichen Logierhäuser beträgt 2 und die der eingetragenen aftervermieteten Häuser 18; erstere wurden 28, letztere 22 mal besichtigt.

Zur Bekämpfung ansteckender Krankheiten wurden von den Gesundheitsbeamten 373 Ermittlungen an Ort und Stelle angestellt; 203 Kranke in Hospitäler geschafft, 540 Zustellungen gemäß sect. 50 und 51 public health act, Desinfektionsmaßregeln betreffend, bewirkt, 150 Anzeigen an Schulbehörden erstattet, 261 Desinfektionen von Häusern und 266 Desinfektionen von Kleidungsstücken, Betten usw. vorgenommen. 13 Beerdigungen wurden bewirkt; 333 polizeilich angemeldete Kuhställe (cowshed-scottish-byre), Molkereien und Milchverkaufstätten mit insgesamt 6933 Kühen 1164 mal besichtigt und 45 Verstöße gegen bestehende Vorschriften aufgefunden; 131 Besichtigungen von Schlachthäusern und 29 sonstiger gesundheitsschädlicher oder die Anwohner störender Betriebe vorgenommen. Es fanden 93 Inaugenscheinnahmen von Lebensmitteln statt, und es wurden 68 Proben von Nahrungsmitteln zur chemischen Untersuchung entnommen, von denen nur 45 einer chemischen Analyse unterzogen wurden.

Aus Anlaß der 5 als gefälscht nachgewiesenen Proben fanden 4 Strafgerichtsverhandlungen vor dem Sheriff statt, der in 2 Fällen freisprach.

Auf Grund der Grafschaftspolizeiverordnungen (byelaws) wurden 221 Schweineställe und 276 Gebäude zur Überwachung baupolizeilicher Vorschriften besichtigt.

IV. Die Polizei in Irland.

Allgemeines. Politische Zustände in Irland.

Die Polizei (Sicherheitspolizei) in Irland ist staatlich und wird aus allgemeinen Staatsmitteln unterhalten. Abgesehen von der Polizeiverwaltung in der Hauptstadt Dublin, die ihren eigenen, der Regierung verantwortlichen Chef hat, steht die Polizei (Royal Irish Constabulary) in Irland unter einheitlichem Kommando.

Ihr Chef — der Inspector General — ist unmittelbar der Staatsregierung und deren Vertreter in Irland, dem Lord Lieutenant, unterstellt. Maßgebend ist für die Handhabung der Polizeigewalt der Minister für Irland — Secretary for Ireland — in dem jeweiligen Kabinett in London. Da dieses nach den Ergebnissen der allgemeinen Wahlen wechselt, so ist auch die Ausübung der Polizeigewalt vielfachen, auf politische Einflüsse zurückzuführenden Schwankungen unterworfen. Daß dieses in einem Lande, das, wie kaum ein zweites in Europa, abgesehen von Rußland, von nationalistischen und agrarischen Agitationen aufgewühlt wird, die Erfüllung der Aufgaben der Polizei erschweren muß, bedarf keiner weiteren Erörterung.

Bei meinen Besichtigungsreisen im Innern des Landes fand ich mehrere Grafschaften im Zustande offener Revolution, die Leben und Eigentum bedrohte. Die Leitung dieser teils agrarischen, teils nationalistischen Bewegung, die den Grundsatz, Irland für die Iren, verkündet, liegt in den Händen der Landliga, die sich im wesentlichen deckt mit der politischen Organisation der irischen Partei. Neuerdings hat eine radikalere Strömung, die sich in dem nationalistischen Geheimbunde „Sinn Fein“ eine Organisation geschaffen hat, die Oberhand gewonnen und der englischen Regierung den Kampf bis auf das Messer angekündigt. Der „Sinn Fein“, der die gegenwärtige parlamentarische irische Partei bekämpft, erhält Geld und sonstige Unterstützung zur Durchführung seiner Agitation und Durchbringung der Kandidaten seiner Richtung hauptsächlich von den Iren in Amerika. Zurzeit bildet die Frage der Grasweidenpachtungen die Ursache der Unruhen. Nach den bestehenden Agrargesetzen kann der Pächter eines Ackergutes, wenn er seinen Pachtzins pünktlich entrichtet, von dem Eigentümer (land lord) nicht herausgesetzt werden. Bezüglich der Grasnutzung treffen diese Bestimmungen nicht zu; Grasweiden können von den Eigentümern — meistens Großgrundbesitzern — beliebig ohne jede Einschränkung verpachtet werden; gewöhnlich geschieht dieses jetzt auf elf Monate. Diese Wirtschaftsweise ist für den Verpächter auch wirtschaftlich vorteilhafter, da er für das vorzügliche irische Weideland hohe Preise erzielt, die Verfügung über sein Land behält und keine Unterhaltskosten für Gebäude usw. aufzuwenden hat. Wegen der größeren Macht, die hierdurch der Großgrundbesitzer erhält und weil der Pächter eines Ackergutes dieses in einem staatlich geregelten und mit Staatsmitteln geförderten Enteignungsverfahren zu Eigentum erwerben kann, suchen die ländlichen und sonstigen politischen Geheimbünde die Grasweidenpachtungen mit allen Mitteln zu unterdrücken.

Wer trotzdem eine solche Pachtung übernimmt oder sein eigenes Grundstück in eine Weide verwandelt, dem wird das Vieh nachts von der Weide getrieben; vielfach werden dem Vieh Verletzungen beigebracht; der Pächter selbst setzt sich unmittelbarer Lebensgefahr aus; man schießt nachts in seine Wohnung und auf ihn selbst auf einsamen Wegen; auch sonst wird er auf jede Weise geboykottet; man versagt ihm jede sonst übliche nachbarliche Hilfe und Unterstützung.

Besonders sind die Verwalter der englischen Lords bedroht. Da viele dieser Großgrundbesitzer Irland wegen der ihnen dort drohenden Gefahren nie betreten, so hält man sich an deren Beamte. In Loughrea in der Grafschaft Galway war bei meiner Anwesenheit im Juni v. J. das Gehöft des dortigen Verwalters, dessen Herr wegen der Grasweideverpachtungen besonders verhaßt ist, ständig von zwei Polizisten besetzt; fuhr der Verwalter aus, so bewegten sich auf Zweirädern zwei Polizisten vor und zwei hinter seinem Wagen und ein Polizist saß neben dem Kutscher; ohne polizeiliche Bedeckung konnte dieser Mann am hellen, lichten Tage nicht über die Dorfstraße gehen, ohne sein Leben auf das Spiel zu setzen. Dieser Fall steht durchaus nicht vereinzelt da. Nach dem amtlichen Verzeichnis für das Jahr 1907 gab es am 10. Dezember 1906 37 solcher Schutzposten (protection posts); die Zahl dieser Posten ist inzwischen infolge der zunehmenden Unsicherheit wesentlich vermehrt worden. Besondere Schwierigkeiten treten in den nördlichen, dem industriellen Teile von Irland auf, dessen Mittelpunkt die Stadt Belfast (370 000 Einwohner) bildet; zu der politischen Agitation gesellt sich dort die sozialistische; dazu kommen die scharfen Gegensätze zwischen den Katholiken und den Angehörigen der englischen Kirche, die häufig bei dem geringsten Anlasse zu blutigen Kämpfen führen.

Kein Wahlrecht der Polizisten.

Man geht nicht zu weit, wenn man sagt, daß auf die königliche Polizei die Ruhe und Sicherheit von Irland gegründet ist.

Um die Mitglieder der Polizeitruppe aus den politischen Parteikämpfen herauszuheben, ist es ihnen gesetzlich (6 William IV. c. 13 sect. 18) untersagt, für das Parlament zu wählen oder sich an der Wahlbewegung in irgendeiner Weise zu beteiligen; Verstöße können mit sofortiger Entlassung oder durch Geldstrafe von 100 £ geahndet werden. Auch werden von dem Inspector General mit sofortiger Entlassung das Tragen des Abzeichens einer politischen

Partei und aufrührerische Äußerungen bestraft. Politische und religiöse Erörterungen sind in den Quartieren der Polizei untersagt; auch sollen ausgesprochene Parteiorgane dort nicht als Lesestoff für die Mannschaften gehalten werden.

Organisation der Polizei.

Annahme der Rekruten.

Die Stärke der irischen Polizeitruppe beruht auf ihrem ausgezeichneten Rekrutierungssystem, ihrer vorzüglichen Ausbildung und dem lebhaften Korpsgeist, der in ihr groß gezogen worden ist. Sie ist m. W. die einzige Polizei in der Welt, die ihre Mannschaft systematisch auf ihren Beruf vorbereitet.

Ihre Rekruten zerfallen in zwei Gruppen; die gewöhnlichen Polizisten und die Kadetten, gentlemen cadets genannt.

Die Rekruten stammen fast ausschließlich aus Irland, sind mit wenigen Ausnahmen Söhne angesehener Bauern und Pächter und überwiegend ($^2/_3$) katholisch. Der Ruf der Truppe ist von alters her so begründet, daß es auf dem Lande in Irland als eine Ehre gilt, ihr anzugehören. Trotz aller politischen Unruhen übersteigt daher das Angebot bei weitem die Zahl der freiwerdenden Stellen; es kommt hinzu, daß Irland als überwiegend ackerbautreibendes Land wenig Gelegenheit zu anderweitiger lohnender Beschäftigung bietet.

Von dem Rekruten werden gute Kenntnisse im Rechnen, Schreiben und Lesen verlangt; er soll unverheiratet, nicht unter 19 und nicht über 27 Jahre alt und von gesundem, starkem Körperbau und leichter Auffassung sein. Verlangt wird eine Höhe von 5 Fuß 11 Zoll englisch und ein Brustumfang von 37 Zoll englisch.

Söhne von Mitgliedern der Truppe werden in erster Linie berücksichtigt; ihre Annahme erfolgt schon mit 18 Jahren, auch wenn sie körperlich den Anforderungen nicht ganz entsprechen. Erfordert wird in jedem Falle tadellose moralische Vergangenheit und Nüchternheit des Rekruten und seiner Familie.

Der Grafschaftsinspektor sucht die besten unter den Bewerbern aus, prüft sie auf ihre Befähigung und trägt die von ihm als geeignet befundenen in eine Vorschlagsliste ein, die er auf Erfordern jederzeit, sonst monatlich dem Kommandanten des Rekrutendepots in Dublin übersendet. Die Praxis ist, daß der Vorsteher des kleinsten Polizeibezirks, der Sergeant, aus seinem Amtsbereiche die geeigneten jungen Leute aus angesehenen bäuerlichen Familien — meistens die nachgeborenen Söhne — aussucht, sie seinem Distriktsinspektor zuführt und dieser sie, wenn er keine Bedenken geltend zu machen hat, dem Grafschaftsinspektor empfiehlt.

Vor der Einberufung in das Depot hat der Grafschaftsinspektor die ärztliche Untersuchung des Rekruten zu veranlassen; erweist sich der Rekrut bei der endgültigen Prüfung in dem Depot als unbrauchbar, so hat der Grafschaftsinspektor die sonst der Staatskasse zur Last fallenden Reisekosten des Rekruten zu tragen.

Kadetten sollen 21 und nicht über 26 Jahre alt sein, Polizeioffiziere und Offiziere der Armee und Marine werden noch mit 28 Jahren angenommen; Söhne von Offizieren der irischen Polizeitruppe können schon mit 19 Jahren eintreten; sie müssen 5 Fuß 8 Zoll englisch nackte Körpergröße haben; an ihre körperliche Leistungsfähigkeit, die ärztlich festgestellt wird, werden hohe Anforderungen gestellt.

Die Auswahl der Bewerber findet auf Grund eines Examens statt, das von Kommissaren des Zivildienstes abgehalten wird (civil service commissioners). Vor dieser Kommission finden alle Prüfungen der Bewerber um Regierungsstellen statt. Gegenstände der Prüfung sind einfaches und schwieriges Rechnen, Orthographie, Schönschrift, englischer Aufsatz und Brief, Inhaltsangabe, Geographie, englische Geschichte, Latein oder Französisch, Grundlagen des Rechtes und die die Beweislast und Beweisführung regelnden gesetzlichen Bestimmungen. Besteht der Kandidat dieses Examen und ist gegen seine moralische Führung nichts einzuwenden, so wird er von dem Inspector General zum Kadetten ernannt und zum Depot einberufen; diese Ernennung unterliegt der Bestätigung des Lord Lieutenant. Voraussetzung der Einberufung ist ferner, daß der Kandidat einen jährlichen Zuschuß von 50 £ bis zu seiner Ernennung zum Distriktsinspektor nachweisen kann. Die Anstellung ist bis zur Ernennung als Distriktsinspektor jederzeit widerruflich.

Ausbildung der Rekruten.

Die Ausbildung der Rekruten findet in dem im Phönixpark in Dublin gelegenen sogenannten Depot statt.

An der Spitze des Depots steht der Kommandant, der die Stellung und den Rang eines Assistant Inspector General, d. i. die zweithöchste Rangstufe unter dem Chef, einnimmt; der zeitige Inhaber dieser Stellung, Mr. Reeves, wurde am 16. April 1868 zum Distriktsinspektor und am 1. Februar 1893 zum Grafschaftsinspektor und am 22. Oktober 1906 zum Kommandanten ernannt.

Zur Hilfeleistung ist dem Kommandanten ein Distriktsinspektor zweiter Klasse als Adjutant beigegeben worden, 4 Distriktsinspektoren erster Klasse und 3 zweiter Klasse sind als Lehrer zum Depot abkommandiert; diese Abkommandierungen wechseln häufig.

Ständig angestellt sind dort ein Distriktsinspektor erster Klasse für die Ausbildung im Schießwesen (instructor of musketry) ein Distriktsinspektor als Lehrer im Polizeiwesen und ein Reitlehrer im Range eines Distriktsinspektors erster Klasse.

Der Ausbildungskursus der Rekruten umfaßt 6 Monate; Unterrichtsgegenstände sind: Exerzierübungen, insgesamt 238 Stunden, Polizei- und Strafrecht und Polizei- und Kriminaldienst 236 Stunden, Turnunterricht (Übungen im Ringen) 97 Stunden, Schwimmen 20 Stunden, Schießwesen 84 Stunden, Sanitätsdienst 84 Stunden, Feuerlöschwesen und Übungen zum Anhalten durchgehender Pferde 24 Stunden, insgesamt 783 Stunden.

Es wird ferner den Rekruten Kurzschrift beigebracht.

Die Rekruten werden in drei Abteilungen (squads) eingeteilt; erweist sich ein Rekrut am Ende der Ausbildung in einem bestimmten Zweige als unzulänglich, so wird er einer andern Abteilung überwiesen und fängt den Unterricht wieder von vorn an.

Wird ein Rekrut am Ende einer viermonatigen Ausbildung als ungeeignet befunden, so wird er entlassen. Es werden nur solche Rekruten den Grafschaftsinspektoren überwiesen, die gut exerzieren können und ausreichende Kenntnisse im Polizei- und Kriminaldienst haben.

Für die Kadetten werden besondere Klassen unter unmittelbarer Aufsicht des Kommandanten abgehalten, die Polizei- und Strafrecht und Kriminaldienst, das Verwaltungs- und Rechnungswesen der irischen Polizei, Exerzierübungen, Turn- und Schwimmunterricht betreffen. Nach sechs Wochen kann der Kadett auf Bericht des Kommandanten zum Range eines Distriktsinspektors dritter Klasse mit der Anwartschaft auf eine freiwerdende Stelle ernannt werden; eine solche wird ihm aber erst dann von dem Inspector General übertragen, nachdem er mit Erfolg von dem Kommandanten, dem Polizeiinspektor und dem Vorsteher des Rechnungswesens in allen Zweigen des Dienstes geprüft worden ist.

Er wird sodann für drei Wochen zunächst der Hauptstation einer Grafschaft zur weiteren praktischen Ausbildung durch den Grafschafts- und Distriktsinspektor einer höheren Klasse überwiesen. Hält ihn der Grafschaftsinspektor alsdann für geeignet, so übernimmt er auf dessen Anweisung den Dienst auf der ihm übertragenen Stelle. Unter den Kadetten befinden sich viele Engländer (Nicht-Iren); auch sind sie zum Unterschiede von den Rekruten überwiegend nicht-katholisch.

Offiziere und Mannschaften, die im praktischen Dienste Lücken in der Ausbildung zeigen, werden dem Depot von neuem überwiesen; der Unterrichtskursus wird alsdann besonders geregelt.

Reserve.

In dem Depot sind gleichzeitig vier Abteilungen (company) Fußreserve, an deren Spitze ein Dristriktsinspektor steht, und eine reitende Reserveabteilung ständig stationiert. Die Reservemannschaft ist ausgesucht; Polizisten sollen erst nach zwölfmonatiger Dienstzeit in einer Grafschaft zur Reserve einberufen werden.

Beförderung.

Bei den Beförderungen vom Distriktsinspektor aufwärts wird die Hälfte der Stellen den aus den Kadetten hervorgegangenen, die andere (früher nur der vierte Teil) den aus der Mannschaft stammenden Offizieren vorbehalten; da aber naturgemäß der Polizist erst im vorgeschrittenen Lebensalter Distriktsinspektor wird, so ist die höchste Stelle, die er erreichen kann, die des Grafschaftsinspektors.

Im übrigen besteht das System der sogenannten Parität in der Weise, daß, wenn der Chef Engländer und nicht katholisch ist, zu seinem Vertreter ein katholischer Ire ernannt wird und umgekehrt.

Im übrigen macht sich das konfessionelle Moment in der Polizei nicht bemerkbar; nur in Belfast, wo die religiösen Gegensätze sehr heftig sind, hörte ich, daß die Angehörigen der verschiedenen Konfessionen in der Truppe eifersüchtig die Beförderungen überwachen.

Im übrigen baut sich das Beförderungssystem sowohl bei Offizieren, als auch bei der Mannschaft auf Prüfungen auf. Die nach ihrer Dienstführung von ihren Vorgesetzten zur Beförderung Ausersehenen müssen sich einem Examen in ihrer allgemeinen Bildung, dem Rechnungswesen und dem Strafrecht und Polizeidienst unterziehen, um ihre Befähigung nachzuweisen; sie werden sodann in eine Liste eingetragen, um nach dem Dienstalter zu höheren Stellungen herangezogen zu werden; um außer der Reihe jungen befähigten Kräften Gelegenheit zum schnelleren Aufsteigen zu geben, werden Wettbewerbsprüfungen (competitive examinations) abgehalten.

Die Prüfungskommission besteht aus höheren Offizieren und tritt am Sitze des Depots zusammen. Über die Beförderung zu Grafschaftsinspektoren entscheidet eine Kommission, bestehend aus dem Inspector General, seinem Vertreter (Deputy Inspector General) und zwei der ihm beigegebenen höheren Offizieren, die bei Anwesenheit von dreien beschlußfähig ist. Den übergangenen Distriktsinspektoren, die von ihren Vorgesetzten vorgeschlagen waren, wird die Entscheidung der Kommission schriftlich mitgeteilt.

Vor ihrer Ernennung zum Grafschaftsinspektor werden die Distriktsinspektoren durch eine Kommission von zwei höheren Offizieren und einem Grafschaftsinspektor daraufhin geprüft, ob sie alle Dienstzweige beherrschen.

Übergehung eines Beamten in der Vorschlagsliste, der nach seinem Dienstalter sonst an die Reihe käme, sind von dem Grafschaftsinspektor durch Anführung von Tatsachen zu begründen. Vor jeder Beförderung findet eine ärztliche Untersuchung der körperlichen Leistungsfähigkeit statt.

Disziplin.

Die Handhabung der Disziplin der Polizeitruppe liegt in den Händen des Inspector General; dieser kann wegen grober Verstöße im Namen des Lord Lieutenant die Entlassung aussprechen und Versetzungen in niedrigere Rangklassen verfügen oder Geldstrafen bis zu 3 £ verhängen. Der Kommandant des Depots oder der Vorsteher der Polizei in Belfast (commissioner) können Geldstrafen bis zu 1 £ gegen einen Polizisten verhängen, jedoch steht hiergegen die Beschwerde an den Inspector General offen.

Bei leichteren Verfehlungen können Grafschaftsinspektoren Geldstrafen bis zu 10 sh. oder andere Disziplinarmaßregeln z. B. Verweigerung des Urlaubs, verhängen; hiergegen ist die Beschwerde an den Inspector General gegeben.

Bei schweren Verstößen gegen die Disziplin oder bei Beschwerden über Gehalt, Einbehaltungen von Gehalt und über die gelieferte Uniform, die von dem Grafschaftsinspektor nicht genügend aufgeklärt werden können, kann der Inspector General beim Leugnen des Beschuldigten die Bestellung eines Untersuchungsgerichts (court of inquiry) anordnen; die Zahl der als Richter bestellten Offiziere wird von Fall zu Fall bestimmt; der Vorsitzende des Gerichtes soll im Range jedenfalls höher sein als der Beschuldigte.

Das Gericht kann Zeugen vorladen und eidlich vernehmen.

Als Ankläger tritt der vorgesetzte Offizier (Distriktsinspektor oder Grafschaftsinspektor) des Beschuldigten auf, während die Richter aus den Offizieren der benachbarten Grafschaften entnommen werden.

Die Anklagepunkte sind dem Beschuldigten schriftlich mitzuteilen, die Verhandlung findet öffentlich statt, es sei denn, daß der Inspector General das Gegenteil angeordnet hat.

Der Gerichtshof entscheidet nur die Schuldfrage, während die Strafe von dem Inspector General ausgesprochen wird.

Es geschieht dieses, um die Einheitlichkeit der Straffestsetzung für die ganze Polizeitruppe zu gewährleisten; alle Disziplinarsachen werden von demselben Gehilfen des Inspector General bearbeitet.

Die Moral der Polizeitruppe ist nach der Angabe des Inspector General, wonach im letzten Jahre nur rund 3 % der Mannschaft disziplinarisch geahndet worden sind, vorzüglich.

Rangstufen.

Die irische Polizei setzt sich dem Range nach zusammen:

1. dem Inspector General; abgesehen von den oben bereits erwähnten Befugnissen ist auf seine Person während seiner Amtsdauer das gesamte Eigentum der Polizeiverwaltung an unbeweglichen und beweglichen Gegenständen und der Geldverkehr übertragen (receiver).

2. Unmittelbar unter ihm steht sein Vertreter — Deputy Inspector General —, der zeitige Heffernan F. Considine ist als Kadett eingetreten und hat juristische Studien gemacht; seine letzte Stellung war die eines beamteten Polizeirichters (resident magistrate). Zur Erledigung stehen dem Inspector General zwei höhere Offiziere (Assistant Inspector General), zu denen noch ein dritter höherer Offizier (principal staff officer) und ein Vorsteher des Rechnungswesens — clerk in charge of accounts — hinzukommen, zur Verfügung.

Der Kommandant des Depots bekleidet gleichfalls den Rang der Gehilfen des Inspector General. Dem Inspector General ist ferner ein Beamter im Range des Distriktsinspektors als Privatsekretär beigegeben.

Zur Erledigung der Verwaltungsgeschäfte sind dem Inspektor 9 Beamte unterstellt, von denen einer das irische Polizeiblatt Hue and Cry redigiert. Zur Besorgung des Rechnungswesens sind außer den oben genannten noch vierzehn Beamte tätig. Ein Teil dieser Beamten ist nicht aus der Polizei hervorgegangen.

Bei dem Depot sind ferner ein Arzt (surgeon to the force), ein Vorsteher der Kaserne (barrack master and storekeeper) und ein Tierarzt angestellt.

Dem Inspector General ist eine besondere Kriminalabteilung unterstellt, deren Aufgabe hauptsächlich die Überwachung der irischen politischen Geheimbünde im In- und Auslande ist; es sind dort ein Grafschaftsinspektor und ein Distriktsinspektor erster Klasse tätig.

Diese Abteilung leitet auch die Bewegungen der außerhalb Irlands stationierten Kriminalbeamten. Eine besondere Stellung im Range über den Grafschaftsinspektoren nimmt der Vorsteher der Königlichen Polizei in Belfast wegen der Größe und Bedeutung der dort unter einheitlicher Leitung stehenden Polizeimannschaft (1069 Mann) ein; er führt den Titel town Inspector of Belfast oder Commissioner of Police.

Nach diesem kommen im Range die 35 Grafschaftsinspektoren, sodann 90 Distriktsinspektoren — Bezirksvorsteher I. Klasse, 90 II. Klasse und 20 III. Klasse und 229 head constables; von diesen gehören 12 der Reserve und dem Depot an; 107 Mitglieder der Truppe sind als Bureaupersonal tätig. Unter den head constables stehen die Sergeanten, die diensttuenden Sergeanten (acting sergeants) und die Polizisten (constables).

Stärke der Polizei.

Nach der Erklärung des Ministers für Irland betrug der Gesamtbestand der irischen Polizei am 31. März 1907

13*

9945 Mann; ausschließlich des Stadtbezirks von Dublin entfällt nach dieser Erklärung auf 244 Einwohner in Irland ein Polizist. Mit Rücksicht auf die inzwischen eingetretenen Agrarunruhen ist eine bedeutende Verstärkung der Polizeitruppe von der Regierung beschlossen und durchgeführt worden.

Örtliche Einteilung.

Irland zerfällt in Grafschaften; die Grafschaft in Bezirke (districts), der Bezirk in Unterbezirke und die Unterbezirke in Ortschaften (town lands). Die Grafschaften Cork, Galwey und Tipperary sind in zwei Teile geteilt (ridings), die in polizeilicher Beziehung als besondere Grafschaften gelten. Die Städte Belfast und Londonderry stehen außerhalb der Grafschaftsverwaltung; besondere Polizeiabteilungen haben die Städte Cork, Limerick und Waterford.

Die Bevölkerung von Irland beträgt 4 387 887 Einwohner.

Es mag hier bemerkt werden, daß Irland der einzige Teil von Großbritannien ist, der, abgesehen von wenigen industriellen Bezirken im Norden, infolge der fortgesetzten politischen und agrarischen Unruhen eine rückläufige wirtschaftliche und Volksbewegung zu verzeichnen hat.

Es geht dies am besten daraus hervor, daß die Einwohnerzahl noch im Jahre 1841 8 175 124 betrug.

Kosten.

Die veranschlagten Gesamtkosten der Verwaltung betrugen für das laufende Rechnungsjahr für England 284 524 £, für Irland mit einem Zehntel der Bevölkerung von England 102 524 £ und für Schottland mit einem der irischen an Zahl gleichen Bevölkerung 18 359 £. Die Rechtspflege einschließlich der Polizei erfordert in England und Wales 2 454 886, in Irland 2 405 374 £ und in Schottland 38 8699 £.

Die Kosten der irischen Polizei allein, abgesehen von Dublin, beliefen sich für die Staatskasse im Jahre 1905 auf 1 327 999 £ 3 sh. 8 d. Die Gehälter der fünf höchsten Offiziere der Zentralstelle betrugen insgesamt 13 261 £ 10 d., der übrigen Mannschaft nebst den außerordentlichen Vergütungen (extra pay and allowances) 845 590 £ 13 sh. 7 d.

Hierbei ist zu berücksichtigen, daß mit Ausnahme von London die Polizei nur in Irland staatlich ist und vollständig aus allgemeinen Staatsmitteln erhalten wird.

Das Ministerium für Irland erfordert für seinen Geschäftskreis 83 084 £, während für das Ministerium für Schottland nur 42 792 £ aufgewendet werden.

Gehalt.

Die Gehälter des Inspector General, seines Vertreters, seiner drei Gehilfen und des Vorstehers der Kaserne werden von dem Finanzministerium (Commissioner of H. Majesty's Treasury) festgesetzt, 37 und 38 Vict. cap. 80 sect. 2.

Die Gehälter der übrigen Beamten betragen:

1. Town inspector, Belfast 600 £.

2. Grafschaftsinspektor 350 £, steigend mit 20 £ jährlich bis zu 450 £; fünf Grafschaftsinspektoren erhalten für hervorragende Führung jährlich 50 £ Zulage.

3. Distriktsinspektor I. Klasse 225 £ während der ersten drei Dienstjahre, 250 £ während der folgenden drei Dienstjahre, 275 £ während der folgenden sechs Dienstjahre, 300 £ während des Restes des Verbleibens in dieser Klasse.

6. Distriktsinspektoren I. Klasse erhalten wegen hervorragender Führung jährlich 30 £ Zulage.

4. Distriktsinspektor II. Klasse 165 £ und nach 5 Jahren 108 £.

5. Distriktsinspektor III. Klasse 125 £. 23 Distriktsinspektoren dieser Klasse und der II. Klasse erhalten wegen hervorragender Führung jährlich Zulagen von 12 £.

6. Head constable

a) Head constable major .... 104 £.
b) „ „ bis zu 3 Dienstjahren... 91 „

Von drei zu sechs Dienstjahren 97 £ 10 sh., bei sechs Dienstjahren und darüber 104 £.

7. Sergeant: vier Dienstjahre und darüber 80 £ 12 sh. unter vier Dienstjahren 75 £ 8 sh.

8. Diensttuender Sergeant 72 £ 16 sh. (Acting Sergeant).
9. Polizist

20 Dienstjahre und darüber	70 £ 4 sh.
15 zu 20 Dienstjahren	67 „ 12 „
12 zu 15 „	65 „ — „
9 zu 12 „	62 „ 8 „
7 zu 9 „	59 „ 16 „
4 zu 7 „	57 „ 4 „
6 Monate zu 4 Jahren	54 „ 12 „
unter 6 Monaten	39 „ — „

Die als Kriminalbeamten verwendeten Polizisten erhalten, und zwar ein Grafschaftsinspektor in der Zentralstelle 150 £, zehn Distriktsinspektoren 100 bis 120 £ jährlich, ein in Belfast als Kriminalbeamter angestellter Distriktsinspektor 2 sh. 31 d. tägliche und vierzig als Kriminalbeamte mit besonderem Auftrage verwandte Polizisten 1 sh. 6 d. tägliche außerordentliche Vergütung; sonst erhalten die als Kriminalbeamte verwandten Polizisten 5 £ 4 sh. bis zu 8 £ jährlich.

Die in Belfast und Londonderry angestellten Polizisten erhalten 2 sh. wöchentlichen Zuschuß. Die Offiziere erhalten 45 £ Zuschuß für einen Dienstboten und der Chef der Polizei in Belfast, die Grafschafts- und Distriktsinspektoren für Halten eines Pferdes jährlich 50 £. Außerdem erhalten die genannten Beamten Wohnungsgeldzuschüsse in Höhe von 20 £ 5 sh. 10 d. bis zu 50 £ (Belfast). Für Dienstreisen werden die tatsächlichen Kosten vergütet.

Verheiratete Polizisten erhalten 2 £ 12 sh. jährlichen Wohnungsgeldzuschuß; unverheiratete sind in Kasernen untergebracht und bezahlen dafür täglich 1 sh. Als Schuhgeld werden jährlich den Polizisten 1 £ 6 d. gewährt.

Pension.

Die Mitglieder der Truppe haben Anspruch auf Pensionierung nach 25 Jahren (Höchstpension $^{2}/_{3}$ des Gehalts) — constabulary and police (Irland) act 1883, 46 und 47 Vict. cap. 14. Mit der als Disziplinarmaßregel verhängten Entlassung erlischt der Pensionsanspruch ohne weiteres. Im übrigen trifft das bei der Londoner Polizei Gesagte zu. Die Feststellung der Pension und deren Entziehung und die Entscheidung über erhobene Ansprüche steht dem Inspector General zu.

Verhältnis der Polizei zu den Friedensgerichten.

Für das Verhältnis der Friedensrichter in Irland zur Polizei ist das englische gemeine Recht (common law) maßgebend. Die Polizisten werden in den Dienstvorschriften noch ausdrücklich darauf hingewiesen, daß sie allen gesetzmässigen Befehlen (all lawful orders) der Friedensrichter Folge zu leisten haben.

Bei widersprechenden Befehlen mehrerer Polizeirichter hat der Polizist auf eigene Gefahr und Verantwortung zu handeln; verlangt wird eine schriftliche Anweisung des Polizeirichters.

Bei den friedensgerichtlichen Verhandlungen (petty sessions) hat sich der Distriktsinspektor in voller Uniform zur Verfügung der Polizeirichter zu halten.

Bei den schwurgerichtlichen Verhandlungen trifft die gleiche Verpflichtung den Grafschaftsinspektor. Um die Befugnisse des Inspector General, seines Vertreters, seiner Gehilfen und der Grafschaftsinspektoren in eine dem gemeinen Rechte entsprechende Form zu bringen, sind die drei ersteren für ganz Irland, die letzteren für den Bereich ihrer Grafschaft zu Polizeirichtern ernannt worden.

Eine Besonderheit des irischen Systems bilden die beamteten Polizeirichter (resident magistrates). Sie werden von dem Vizekönige auf Grund 6th Wm. IV. c. 13 als Friedensrichter für die ganze Grafschaft oder eine Stadt ernannt. Es gibt deren zurzeit 67; von diesen sind 24 aus den Offizieren der irischen Polizei hervorgegangen, darunter einer, der als Polizist eingetreten ist, 12 sind frühere höhere Offiziere der Armee und 25 Rechtskundige (barristers at law); einer von diesen war im indischen Dienste. Zu bemerken ist noch, daß die beiden beamteten Polizeirichter in Belfast Rechtsanwälte waren. Der Vertreter des Inspector General war vorher, wie bereits erwähnt, resident magistrate.

Tatsächlich liegt das ganze summarische strafgerichtliche Verfahren in den Händen der beamteten Polizeirichter; sie führen kraft ihres Amtes bei Anwesenheit der nichtbeamteten Friedensrichter den Vorsitz; von ernsten Unruhen und Verbrechen in ihrem Bezirke sind sie sofort zu benachrichtigen. Auf Grund Gesetzes, criminal law and procedure (Ireland) act 1887, kann der Vizekönig nach Beratung mit dem Geheimen Staatsrat, wenn es zur Verhütung, Entdeckung und Bestrafung von Verbrechen notwendig erscheint, durch Bekanntmachung in einem bestimmten Bezirke ganz oder zum Teil die ordentliche Gerichtsbarkeit aufheben. Es geschieht dieses, wenn die politischen oder agrarischen Unruhen in einer Grafschaft oder Stadt oder Teilen der ersteren einen solchen Grad erreicht haben, daß von den nichtbeamteten Friedensrichtern und den Geschworenen Schuldigsprechung der Unruhestifter wegen der drohenden Vergeltungsmaßregeln nicht zu erzielen ist.

Alle politischen und Agrarverbrechen werden sodann von zwei beamteten Polizeirichtern im summarischen Verfahren abgeurteilt (proclaimed districts).

Im summarischen Verfahren können ganz allgemein ohne Proklamation Aufruhr (riot) und ungesetzliche Versammlungen (unlawful assemblies) ihre gerichtliche Erledigung finden. — Vgl. obiges Gesetz; tritt im summarischen Verfahren die Polizei als Anklägerin auf, so wird sie von dem Distriktsinspektor oder einem seiner untergebenen Beamten in seinem Namen vertreten.

Diese Fälle bilden die Mehrzahl der Strafsachen, so daß der Distriktsinspektor tatsächlich als öffentlicher Ankläger (Anwalt der Krone) auftritt. Die Polizeiverwaltung in Dublin hat für diesen Zweck auf Lebenszeit, jedoch widerruflich (during good behaviour) einen Sachwalter (solicitor) für die jährliche Vergütung von 300 £ angestellt.

Kriminalstatistik.

Im Jahre 1905 wurden nach den amtlichen Statistiken (Iudicial Statistics Ireland 1905) 182 974 strafbare Handlungen im summarischen Verfahren abgeurteilt, während

5833 im schwurgerichtlichen Verfahren ihre Sühne fanden, insgesamt 188806; es finden sich darunter 12829 Fälle von gesundheitspolizeilichen Verstößen und 22249 Verfügungen (orders) der Polizeirichter (quasi criminal offence).

Die Kosten des strafgerichtlichen Verfahrens einschließlich der Besoldung der öffentlichen Ankläger betrugen im Jahre 1905 für die Staatskasse 35549 £ 14 sh. 8 d.

Staatliche Polizeiverwaltung in Dublin.

Die Dubliner staatliche Polizei (Dublin Metropolitan Police) wurde auf Grund des Gesetzes vom 4. Juli 1836, 6 & 7 William IV. c. 29, eingerichtet. Auf Grund Gesetzes 1 Vict. c. 25 ist eine Polizeisteuer (police taxe) in Höhe von 8 d. auf je 1 £ des gesetzlichen Grundwertes für Dublin eingeführt worden, deren Ertrag als Beitrag zu den Kosten der Polizeiverwaltung dient. Diese Steuer brachte im Jahre 1905 im Stadtbezirke 27344 £ und in dem zum Polizeibezirke gehörigen Grafschaftsbezirke 14285 £ auf, d. s. 16,9 bzw. 8.8 % der Gesamtausgaben. Die Gesamtstärke der Polizei in Dublin betrug im Jahre 1905 1196 Mann.

An ihrer Spitze stehen der chief commissioner und dessen Stellvertreter; beide sind Polizeirichter für die Grafschaft und Stadt Dublin und die Grafschaften Kildare, Meath und Wicklow; im Bureau des commissioner sind 1 Sekretär, 4 Schreiber, 1 Inspektor, 3 Sergeanten, 3 Schutzleute beschäftigt. Der Polizeibezirk zerfällt in sechs Divisionen, die unter Leitung eines Vorstehers (superintendent) stehen, während eine Division die Kriminalabteilung bildet; letzterer gehören 13 Beamte an — 1 Superintendent, 4 Inspektoren, 16 Sergeanten, 10 Schutzleute. In den Divisionen sind insgesamt 7 Superintendenten, 22 Inspektoren, 169 Sergeanten, 39 Kriminalbeamte und 924 Schutzleute tätig. Die Divisionsbezirke zerfallen in Unterbezirke mit je einer Polizeistation und diese in Sektionen, an deren Spitze ein Sergeant steht, und die Sektionen in Patrouillengänge der einzelnen Schutzleute (beats). Die Rekruten werden sechs Monate ausgebildet.

Kosten.

Die vier Polizeigerichte der Stadt Dublin (392 797 Einwohner) erforderten für 4 Polizeirichter, 12 Schreiber, 20 Polizisten an Gehältern 8468 £ 6 sh. 5 d., an Licht und Brand 130 £ 18 sh. 8 d., Unterhaltung der Gebäude und Mieten 608 £ 7 sh. 4 d., Pensionen 1 825 £ 8 sh. 6 d., Verschiedenes 212 £ 14 sh. 3 d., insgesamt 11 245 £ 15 sh. 2 d., wovon 7 582 £ durch die Staatskasse gedeckt wurden.

Die Gesamtkosten der Unterhaltung der Königlichen Polizei in Dublin beliefen sich im Jahre 1905 auf 149 704 £ 5 d., wovon 100,931 £ durch die Staatskasse gedeckt wurden.

Vergleicht man die Dubliner Polizeiverwaltung, die nach dem Muster der Londoner gebildet ist, mit Belfast, das unter der Königlich Irischen Polizei steht, so ergeben sich folgende Unterschiede:

Belfast mit 370 163 Einwohnern hat insgesamt 1070 Polizisten; die Kriminalabteilung zählt 60 Beamte, von denen 25 an der Zentralstelle vereinigt und 35 in den Bezirken stationiert sind, jedoch der Kriminalabteilung unterstehen, diese beansprucht die Dienste der Distriktskriminalbeamten nur ausnahmsweise; bezüglich ihres täglichen Dienstes sind letztere den Befehlen des Vorstehers des Bezirkes unterstellt, dem sie überwiesen sind.

Die Gehälter in Dublin betragen für den:

1. Chief Superintendent .... 400 £ bis 500 £
2. Superintendent .... 250 „ „ 320 „
3. Inspektor .... 120 „ „ 160 „
4. Stationssergeant 2 £ wöchentlich,
5. Sergeant 34 sh., steigend nach 5 Jahren bis 38 sh.,
6. Schutzmann 23 sh., steigend nach 15 Jahren bis 29 sh.,
7. Rekruten 15 sh. 6 d.

Das Gehalt der Polizei in Belfast ist oben angegeben worden, s. S. 197. 198.

Während die Royal Irish Constabulary die Polizisten im Kriminaldienste nur vorübergehend beschäftigt, bleiben in Dublin die der Kriminalabteilung überwiesenen Beamten dauernd in diesem Dienste. Ein Übertritt von der

Dubliner Polizei zu der Königlich Irischen Polizei ist an eine besondere Genehmigung gebunden.

Für Belfast und Dublin sind besondere Polizeigesetze erlassen worden. Es handelt sich hierbei hauptsächlich um Aufrechterhaltung der Ruhe und Ordnung auf den öffentlichen Straßen und Maßregeln zur Unterdrückung besonderer in den einzelnen Städten hervorgetretener Mißstände.

Drei Schutzleute sind bei dem Stationstelephon in Dublin tätig. Auf Grund der jüngsten Erfahrungen hat man jetzt in Belfast einen Sergeanten und einen Schreiber zur Besorgung des Telephons angestellt.

Ersuchen von anderen Behörden an die Polizei.

Neben ihrer Aufgabe als Sicherheitspolizei zu dienen wird die Königliche Polizei in Irland auch vielfach von anderen staatlichen Behörden, z. B. der Schulverwaltung, der landwirtschaftlichen Verwaltung usw., herangezogen, um Auskunft zu geben und statistische Unterlagen zu beschaffen. Aufträge dieser Art treten in immer stärkerem Maße an die irische Polizei heran.

Leitende Stellungen früherer Mitglieder der irischen Polizei.

Hervorzuheben ist, daß die irische Polizei vielfach der kolonialen Verwaltung und den städtischen Polizeiverwaltungen in England und Schottland Beamte für leitende Stellungen geliefert hat. Die Chefs der Polizeiverwaltung der City of London, Liverpool, Glasgow, Birmingham, Birkenhead, Cornwall, Devonshire, New Castle on Tyne sind frühere Offiziere der irischen Polizei.

Ursachen der neuerdings hervorgetretenen Unzufriedenheit der Polizeimannschaft.

Zur Erklärung der Unzufriedenheit, die in der jüngsten Zeit sich in den Reihen der irischen Polizisten geltend gemacht hat, möchte ich bemerken, daß sie vornehmlich in wirtschaftlichen Verhältnissen ihren Grund hat; die Zuverlässigkeit der Truppe selbst ist, wie mir der Inspector General wiederholt versichert hat, dadurch in keiner Weise erschüttert worden.

Die Gehälter werden sowohl von den Offizieren, als auch der Mannschaft als gegenwärtig nicht mehr ausreichend angesehen.

Es kommt hinzu, daß die Annahme von privaten Zuwendungen, wie solches in England allgemein üblich ist, nach den Dienstvorschriften (standing rules and regulations for the government and guidance of the Royal Irish Constabulary: 5 Edition as aproved by His Excellency the Lord Lieutenant 1900) der irischen Polizei untersagt ist. Auch werden die bewilligten Sätze für Dienstverrichtungen außerhalb des eigenen Bezirkes für unzulänglich gehalten.

Der angestrengte Dienst, der bei den gegenwärtig herrschenden Unruhen gefordert wird, hat die Unzufriedenheit der Mannschaft noch gesteigert. Es trifft dies namentlich für Belfast zu, wo die Lebenshaltung wegen der dort ansässigen Industrie besonders teuer und der Dienst dauernd die größten Anforderungen an die Mannschaft stellt.

Man strebt daher für Belfast die Schaffung einer selbständigen Königlichen Polizeiverwaltung unter Heranziehung örtlicher Steuern nach dem Muster von Dublin an. Es kommt hinzu, daß manche Dienstvorschriften für die Grafschaften und ländlichen Verhältnisse zutreffend, für die städtischen Belfaster Verhältnisse eine Härte darstellen; so z. B. führt den Polizisten in ländlichen Gegenden ein Dienstweg von 8 Meilen außerhalb seines Bezirkes und gibt ihm Anrecht auf besondere Vergütung, während der Belfaster Polizist für Dienstwege von 17 und 18 Meilen täglich bei Begleitung von Warenladungen zu Streikzeiten usw. nichts erhält.

V. Ergebnisse und Vorschläge.

Als Ergebnis meiner Beobachtungen in Großbritannien möchte ich die folgenden Gesichtspunkte aufstellen:

1. Das dortige Verfahren in den für das ganze Staats-

gebiet erlassenen Gesetzen nur den allgemeinen Rahmen und die Grundsätze festzulegen, den weiteren Ausbau der Polizei- und polizeigerichtlichen Einrichtungen aber durch besondere Einzelgesetze für die großen Städte und industriellen Grafschaften zu regeln, erscheint als ein großer Vorzug gegenüber unserer mehr zur Schematisierung neigenden Gesetzgebung.

Man gewinnt bei dem dortigen Vorgehen die Möglichkeit, vor Inangriffnahme einer allgemeinen organischen Gesetzgebung auf kleineren Gebieten wertvolle Erfahrungen zu sammeln; auch werden die Schwächen einer Kompromißgesetzgebung vermieden, die bei der Verschiedenheit der städtischen und ländlichen Verhältnisse, der agrarischen und industriellen Bezirke, des Ostens und des Westens der Monarchie jeden energischen Fortschritt hindert.

2. Einführung moderner großkaufmännischer Formen in den amtlichen Bureaubetrieb unter weitgehender Verwendung mechanischer Hilfsmittel — Schreibmaschine — Druck, Telephon und Anwendung der Kurzschrift usw.

3. Beseitigung des starren, bureaukratischen, auf Schriftlichkeit aufgebauten Verfahrens durch bessere Ausnutzung der Eigenentschließung der einzelnen Beamten und Entlastung der Verwaltungs- und Abteilungschefs von der rein geschäftsmäßigen Arbeit und der Verantwortung für die Einzelheiten des Bureaubetriebes. Erweiterung der Befugnisse der Chefs der Behörden bei der Annahme, Disziplinierung, Entlassung und Beförderung von Beamten.

Entlastung der Exekutivbeamten von Schreibwerk und bureaumäßigen Arbeiten.

4. Die Sicherheit des Verfahrens ist nicht so sehr in der Gewährung von Rechtsmitteln oder des Beschwerderechtes, als in der sorgfältigen Auswahl und auskömmlichen Bezahlung der die Gesetze anwendenden Beamten, in weitgehender Zulassung der Öffentlichkeit und in der zivilrechtlichen Haftung der einzelnen Beamten für ihre Amtshandlungen zu erblicken.

5. Das summarische auf reiner Mündlichkeit aufgebaute englische polizeigerichtliche Verfahren ermöglicht

nicht allein eine schnelle Strafjustiz, sondern erleichtert auch durch Verminderung des Schreibwerks die Aufgaben der Polizei. Es empfiehlt sich, das summarische Verfahren über den Kreis der Übertretungen hinaus auf die Vergehen auszudehnen.

6. Bestellung von Polizeiangestellten und innerhalb ihres Geschäftskreises von Beamten der Spezialverwaltungen zu öffentlichen Anklägern neben der Staatsanwaltschaft zur selbständigen Erledigung der Strafverfolgung bei Übertretungen und Vergehen.

7. Verbesserungen der Polizei und Hebung ihres Ansehens

a) durch sorgfältige Ausbildung der Polizisten in mehrmonatigen praktischen und theoretischen Lehrkursen mit abschließendem Examen, dessen erfolgreiches Bestehen als Bedingung der Anstellung im Staats- oder städtischen Polizeidienste zu gelten hat; Schaffung von Ausbildungsmittelpunkten in Berlin und an geeigneten Stellen in den Provinzen;

b) Beseitigung des Zwanges zur Annahme von Militäranwärteren und Zulassung von Kandidaten mit höherer allgemeiner Bildung; Schaffung einer eigenen Polizeilaufbahn durch Beförderung von Polizisten zu höheren und leitenden Stellungen;

c) Beseitigung der vielfach gänzlich unzulänglichen Ortspolizeiverwaltungen auf dem Lande und in den kleineren und mittleren Städten und Schaffung einer einheitlich organisierten Kreispolizei unter der Oberaufsicht des Landrates;

d) Bildung einer besonderen Gesundheitspolizei als Abteilung der ordentlichen Polizei und zur Unterstützung der Medizinalbeamten, Ausbildung der Organe der Gesundheitspolizei in allen Zweigen der modernen Hygiene (Wohnungsinspektion usw.), Seuchenbekämpfung, Überwachung des Nahrungsmittelverkehrs;

e) Loslösung der gewerbepolizeilichen Aufsicht, soweit es sich um Fabrikanlagen handelt, von der ordentlichen Polizei und ausschließliche Ausübung derselben durch den Gewerbeinspektor und die ihm zu unterstellenden technisch auszubildenden Unterbeamten. Dieselbe Organisation empfiehlt sich für die Handhabung der Baupolizei durch technische Beamte.

A. *Metropolitan Police (London)*

Charges taken at .... *Police Station between the* ....

Date and Hour brought to Station. Datum und Stunde der Vorführung auf der Station.	*Persons Charged.* Beschuldigter.			*Charge.* Beschuldigung.	*Persons Charging. Name, Address, and Occupation.* Namen, Adresse und Beschäftigung der die Beschuldigung vorbringenden Personen (Schutzmann oder Verletzter).	*Witnesses. Name and Address.* Zeugen. Namen und Adresse.	T... du...
	Arge Alter	*Name, Address, and Occupation.* Name, Adresse u. Beschäftigung.	*Administrative County in which charged.* Grafschaftsbezirk.				

Note. — State below whether the prisoner was taken into custody (a) without warrant; (b) on warrant in first instance; (c) on warrant after failure ...

Charge No. 1 .... *Charge No. 3* ....

„ „ *2* .... „ „ *4* ....

Charge No. ....

Division. A.

and the day of 190 .

…operty …Person or el…where. … Gewahrsam ge… Beschuldigten …e Gegenstände.	At the Station House. Auf der Polizeistation.		Signature of Police Officer taking the Charge. Unterschrift des die Beschuldigung aufnehmenden Polizeioffiziers.	Magistrate Before whom the Charge is brought. Name des Richters, vor dem die öffentliche Gerichtsverhandlung stattfindet.	Charge. How disposed of by Magistrate, and what Offence proved. Entscheidung des Richters (Verurteilung oder Freisprechung) über die Beschuldigung und Angabe der strafbaren Handlung, derentwegen die Verurteilung erfolgte.	Remarks by Magistrate. Bemerkungen des Richters.
	Detained. Zurückbehalten.	Or Hour admitted to bail. Zeit der Freilassung gegen Sicherheit.				

B. *Morning Report of Crime for the* .... *Sub-Division* ....

Vormittagsbericht über strafbare Handlungen, mit denen der Polizei-unterbezirk am vorhergehenden Tage befaßt worden ist. Unterbezirk

Date of Crime. Datum der strafbaren Handlung.	*Classification of Crime.* Bezeichnung der strafbaren Handlung.	*Where committed.* Wo begangen?		*Hour and Constable.*		*Name and occupation of person against whom committed.* Name u. Beschäftigung des Verletzten.	*Description of Property (if any) stolen (briefly) and reference to printed informations if circulated.* Kurze Beschreibung der etwa gestohlenen Gegenstände und Bezugnahme auf etwaige frühere gedruckte Polizeinachrichten der Zentralstelle.	*Reference to former report, name of person against whom committed and date of Morning Report of Crime to be stated.* Bezugnahme auf früheren Bericht, Name des Verletzten und Datum des etwaigen früheren Vormittagsberichtes.	*Val[ue] of Pro[perty] stole[n]* Wer[t] des gest[ohlenen] Gegenst[ändes]	
		Place. Ort.	**County.* Grafschaft.	*Hour.* Stunde	*Constable.* Schutzmann.				£	s.

* *Counties - For this purpose the word „County" is to be understood (as regards area and boundaries) as the Administrative County, thus the County of London will co[...] outside the London County Council area, the Boroughs of Bromley, Croydon, Ealing, Hornsey, Kingston, Richmond, and West Ham, being included in the counties in which situ[...]*

Division .... *day of* .... *190*... . *B.*

Bezirk Tag

Hour and whom re-d to the Police. m u. Stunde Name des Anzeige Er-attenden.		*Hour and Date the premises were visited by Divisional Officer and name of Officer.* Stunde und Datum der polizeilichen Besichtigung des Tatortes und Bezeichnung des Polizeibeamten der Division.	*Name of Officer engaged in the enquiry.* Name des die Ermittelungen anstellenden Beamten.	*Particulars of Persons Arrested.* Angaben über festgenommene Personen.						*State fully how effected and any special points for consideration.* Art der Vornahme der Verhaftung und besondere erwähnenswerte Punkte.
				Date of Arrest. Zeitpunkt der Festnahme.	*Rank and Name of Officer by whom arrested.* Rang und Name des die Festnahme vornehmenden Beamten.		*Number of Charge Sheet.* Nummer der Verhandlung (A.)	*Name of Prisoner.* Name des Gefangenen.	*Result before Magistrate.* Ergebnis der gerichtlichen Verhandlung.	
	By whom.				*C. I. Dept.* Kriminal-Abteilung.	*Uniform.* Uniformierte Abteilung.				

...ithin the jurisdiction of the London County Council, and the Counties of Essex, Herts, Kent, Middlesex, and Surrey, such portions of the Metropolitan Police District as are

Promotion

Beförderun

Register-No. Fort-laufende Nummer.	*Name.* Name.	***Rank.*** Rang.	*Total Length of Service.* Länge der Dienst-zeit.	*Length of Service in present rank.* Länge der Dienstzeit in dem gegen-wärtigen Range.	*I… c…* F… g… n…

-Bezirk
Division

r *ended* *190*.......

Vierteljahr

Is he habitually courteous in his demeanour to the public? Ist er durchweg höflich in seinem Benehmen zu dem Publikum?	*Has he an aptitude for command?* Ist er geeignet ein Kommando zu übernehmen?	*Has he a good knowledge of Police duties?* Besitzt er gute Kenntnisse des Polizeidienstes?	*Is he a good working Policeman?* Ist er im allgemeinen ein diensteifriger Polizist?	*Remarks.* *(Any special qualifications to be shown.)* Bemerkungen über besondere Fähigkeiten.

.... *Superintendent.*

Summarisches Strafverfahren
in England

und

Strafverfahren in Schottland.

Von

Dr. jur. **Paul Liepmann**, und Dr. jur. **Wolf Mannhardt**,

Amtsgerichtsrat a. D. Landrichter.

Berlin 1908.

J. Guttentag, Verlagsbuchhandlung,

G. m. b. H.

Inhalt.

Seite

Vorwort 7
Gebrauchte Literatur und Abkürzungen 9

A. England.

I. Die Polizeigerichte ....
1. Die Gerichtsbezirke 13
2. Die Richter 17
3. Unterbeamte 29
4. Solicitors und Barristers 32
5. Die Anklage 37
6. Die Zuständigkeit 45
a) örtliche ....
A. in summarischen Straffällen 45
B. in Schwurgerichtssachen 46
b) sachliche ....
A. in summarischen Straffällen 47
B. in Schwurgerichtssachen 50
1. als Gericht des Vorverfahrens 50
2. als Spruchgericht infolge Umleitung 51
c) Beurteilung der Zuständigkeitsnormen 53
II. Die Verhandlung vor dem Polizeigericht ....
1. Allgemeines 56
2. Einleitung des Verfahrens 58
3. Besondere Bestimmungen 59
a) Besetzung der Richterbank 60
b) Öffentlichkeit 60
c) Protokollierung 61
d) Zulässigkeit von Beweisantritt 62
e) Zeugenvernehmung 63
f) Beweisrecht 68
g) Richterliches Eingreifen 70
h) Vernehmung des Angeklagten 70

14*

Seite

i) Verhandlung bei Abwesenheit des Angeklagten 79
k) Mittel zur schleunigen Erledigung und Aktenwesen .. 79
A. Verhaftung und Freilassung gegen Bürgschaft (bail) 79
B. Fristen ... 83
C. Unschädlichkeit von Formfehlern (waiver) 84
D. Verminderung des Schreibwerks und Aktenwesen .. 84
E. Beschränkung der Repliken ... 85
l) Freies richterliches Ermessen. Das Strafensystem. Behandlung der Jugendlichen. Straflosigkeit unter Bedingung der Bewährung ... 86
III. Urteil ... 100
IV. Natur der Anklage und Bedeutung des Vorverfahrens 102
V. Zusammenfassung der Ergebnisse ... 117

B. Schottland. 133

I. Strafgerichtsverfassung ... 135
1. Die niederen Gerichte.
a) Des Sheriff ... 135
b) Friedensrichter ... 135
c) Burgh und Police Courts ... 137
d) Dean of Guild Courts usw. ... 137
2. Die höheren Gerichte.
a) High Court of Justiciary ... 138
b) Sheriff Courts ... 138
3. Die Gerichte des Vorverfahrens ... 141
4. Die Unterbeamten ... 142
5. Die Anwaltschaft ... 143
6. Die Staatsanwaltschaft ... 144
7. Öffentlichkeit und Sitzungspolizei ... 146
II. Das Strafverfahren ... 147
A. Allgemeines.
1. Gerichtsstand ... 148
2. Zeugen. Sachverständige. Das Beweisrecht ... 148
3. Beschlagnahme, Durchsuchung ... 155
4. Festnahme und Haft. Polizeiliche Vernehmung 156
5. Haftentlassung gegen Sicherheit (bail) ... 159
6. Verteidigung ... 160
B. Das Verfahren erster Instanz.
a) Summarisches Verfahren.
1. Öffentliche — Private Klage. Ihre Vorbereitung. Eröffnung des Hauptverfahrens ... 160
2. Vorbereitung der Hauptverhandlung ... 163
3. Die Hauptverhandlung ... 164
4. Das Urteil ... 165
5. Verfahren gegen Abwesende ... 166

Seite

b) Ordentliches Verfahren.
1. Öffentliche Klage.
α) Vorbereitung. Vernehmung der Zeugen und des Beschuldigten ... 167
β) Entscheidung über die Eröffnung des Hauptverfahrens ... 170
γ) Anklageschrift. Liste der Beweismittel ... 172
2. First Diet. Beschleunigtes Verfahren nach § 31 der Act von 1887 ... 173
3. Hauptverhandlung. Vernehmung des Angeklagten. Eidliche Vernehmung ... 174
III. Verschiedenes.
1. Mittel zur schleunigen Erledigung ... 176
2. Freie Stellung des Richters ... 180
3. Strafensystem im summarischen Verfahren ... 181

Vorwort.

Die nachstehenden Ausführungen über das englische Strafverfahren unterster Instanz und das schottische Strafverfahren sind nicht als systematische und erschöpfende Darstellung anzusehen. Sie können es nicht sein, weil sie in erster Linie in Beantwortung der von der Kommission der Internationalen Kriminalistischen Vereinigung, Gruppe Deutsches Reich, für die Reform des Strafprozesses gestellten Fragen abgefaßt sind, über deren Gebiet hinauszugehen wegen des Zweckes nicht ratsam erschien. Das Kostenwesen und die Schwurgerichtsverhandlung sind nicht ausführlicher behandelt worden, weil dies in einer besonderen in diesen Heften erscheinenden Arbeit von Weidlich geschehen soll. Zur Abkürzung ist vielfach auf die Literatur, insbesondere auch auf den Aufsatz von Liepmann „Das Vorverfahren im englischen Strafprozeß" in der Zeitschrift für die gesamten Strafrechtswissenschaften 1886, VI, Heft 4 und 5, S. 413—495 Bezug genommen worden.

Die Schwierigkeit einer in unserm Sinne zulänglichen Darstellung des englisch-schottischen Rechts beruht vor allem auf seiner eigenartigen Natur, indem die Briten niemals umfassend kodifizieren, sondern, von dem ungeschriebenen und schwer greifbaren Common Law als bekannt und gegeben ausgehend, ihre Gesetze (Statute Law) lediglich als Amendements zum Common Law betrachten und dementsprechend redigieren (vgl. die anschauliche Darstellung dieser Zustände bei Hatschek I, S. 124). Was Stephen[1])

[1]) Digest of the Law of Evidence.

in seiner Einleitung XXIII über das Beweisrecht sagt, gilt für die Gesamtheit der englischen Gesetze, daß solche nämlich nur bei Kenntnis des ungeschriebenen Rechts und in Beziehung zu diesem völlig verstanden und gewürdigt werden können[1]).

Die hieraus sich ergebenden Schwierigkeiten und Unsicherheiten mögen bei der folgenden Darstellung berücksichtigt werden, welche von beiden Verfassern gemeinsam entworfen, deren Ausarbeitung aber so geteilt wurde, daß Dr. Liepmann den englischen, Dr. Mannhardt den schottischen Teil übernommen hat.

Wenn diese Ausführungen über die in letzter Zeit viel erörterten großbritannischen Rechtszustände zu einer vertieften Erkenntnis dessen, was uns bei der bevorstehenden Reform not tut, beitragen könnten, so würde dies den Verfassern der Lohn für ihre nicht mühelose Arbeit sein.

Charlottenburg-Hamburg, April 1908.

---

[1]) S. Mannhardt S. 11.

Gebrauchte Literatur und Abkürzungen.

Dr. Franz Adickes, Oberbürgermeister:
a) Grundlinien durchgreifender Justizreform; zit. „Grundlinien".
b) Zur Verständigung über die Justizreform; zit. „Verständigung".
c) Der englische Strafprozeß und die deutsche Strafprozeßreform. Monatsschrift für Kriminalpsychologie usw. 1906, S. 65 ff.

Anderson, The Criminal Law of Scotland, II. ed.

Archbold, Quarter Sessions.

Dr. P. F. Aschrott, Landgerichtsdirektor a. D., Reform des Strafprozesses. 1906; zit. „Aschrott".

Dr. J. M. Baernreither, Jugendfürsorge und Strafrecht in den V. St. von Amerika.

Biener, Englisches Geschworenenrecht.

Blackstone, Commentaries on the Laws of England.

Ernest Bowen Rowlands, The Liberty of the Subject. London, Wyman and sons.

Brown, Principles of Summary Criminal Jurisdiction. 1895.

Century of Law Reform, 12 lectures. London 1901.

Chitty, Treatise on the Law of the Prerogatives of the Crown.

Criminal Statistics, England and Wales, 1905.

Dr. H. Dittenberger, Entwurf eines Gesetzes betr. Änderungen des Gerichtsverf.-Gesetzes, Kritischer Kommentar. Halle 1908.

Cecil George Douglas, Summary Jurisdiction Procedure, IX. ed.

Hugh R. P. Gamon, The London Police Court To-Day and To-morrow. 1907. zit. „Gamon".

Dr. Heinrich Gerland, a. o. Professor, Die englische Gerichtsverfassung in ihrer gegenwärtigen Entwicklung und die deutsche Gerichtsreform. 1908.

Dr. Julius Glaser:
a) Das englisch-schottsiche Strafverfahren; zit. „Glaser".
b) Anklage, Wahrspruch und Rechtsmittel im englischen Schwurgerichtsverfahren.

Dr. Rudolf Gneist, Selfgovernment, Kommunalverfassung und Verwaltungsgerichte in England. 1871.
Ludwig Gurlitt, Der Deutsche und sein Vaterland.
Seymour F. Harris, Principles of the Criminal Law, III. ed.
Adolf Hartmann, Die Strafrechtspflege in Amerika. 1906.
Dr. Julius Hatschek, Professor der Rechte, Englisches Staatsrecht, 1906.
Dr. Paul Herr, Das moderne amerikanische Besserungssystem. 1907.
Dr. Paul Köhne, Amtsgerichtsrat, Entwurf zu einem Reichsgesetz betreffend die Ahndung und Verfolgung strafbarer Handlungen, welche von jugendlichen Personen begangen werden, nebst Begründung. 1908.
W. Kulemann, Landgerichtsrat, Die forensische Behandlung der Jugendlichen.
Carl von Lewinski, Gerichtsassessor, England als Erzieher, in „Beiträge zur Erläuterung des Deutschen Rechts", Jahrg. 51.
Dr. P. Liepmann, Assessor, Das Vorverfahren im englischen Strafprozeß, in Zeitschrift für die gesamte Strafrechtswissenschaft. VI. S. 413—495; zit. „Liepmann".
J. H. A. Macdonald:
a) A Practical Treatise on the Criminal Law of Scotland, III. ed.; zit. „Treatise".
b) Prisoners as Witnesses; in der Juridical Review 1898 zit. „Prisoners".
N. D. Macdonald, The Criminal Procedure (Scotland) Act 1887.
Dr. W. Mannhardt, Landrichter, Aus dem englischen und schottischen Rechtsleben. 1907; zit. „Mannhardt".
Morris, Law Lexicon.
Parliamentary Debates, 1898, Bd. 60.
Dr. Waldemar Peters, Der schottische Rechtskörper in Vergangenheit und Gegenwart.
Dr. Wilibald Peters, Reichsgerichtsrat, Das englische bürgerliche Streitverfahren und die deutsche Zivilprozeßreform. 1908.
Prentice, Criminal Law Procedure.
Protokolle der Kommission für die Reform des Strafprozesses. Herausgegeben vom Reichsjustizamte. 1905.
Renton, Procedure and Appeal in Summary Criminal Cases.
Report on the Judicial Statistics of Scotland. 1905.
Thomals William Saunders, Oke's Magisterial Synopsis, XIII. ed; zit. „Oke".
Dr. Richard Schmidt, Professor, Staatsanwalt und Privatkläger.
Shirley, Elementary Treatise on Magisterial Law.
Dr. Friedrich Stein, Professor der Rechte, Zur Justizreform. 1907.
Henry J. Stephen:
a) Handbuch des englischen Strafrechts und Strafverfahrens, übersetzt von Ernst Mühry; zit. „Stephen".

b) New Commentaries on the Law of England.
Sir James Stephen:
a) Digest of the Law of Evidence,
b) History of the Criminal Law of England; zit. „History".
c) Über den gegenwärtigen Zustand des engl. Strafrechtes, in Zeitschrift f. d. gesamte Strafrechtswissenschaft, Bd. 1, S. 439; zit. „Abhandlung".
Thwaites, A Guide to Criminal Law and Procedure.
J. Trüper, Direktor des Erziehungsheimes auf der Sophienhöhe bei Jena, Zur Frage der Behandlung unserer jugendlichen Missetäter.
Dr. R. Viezens, Bureaukraten und Lords.
Dr. Karl Weidlich:
a) Die englische Strafprozeßpraxis und die deutsche Strafprozeßreform, zit. „Weidlich".
b) Gesamtreform und Einzelreform im Hinblick auf England (Zeitschrift f. d. gesamte Strafrechtswissenschaft, Bd. 28); zit. „Gesamtreform".
Whartons Law-Lexicon, VII. ed.
Jos. Whitaker's Almanac for 1907.

S. J. A. bedeutet: Summary Jurisdiction Act.
J. O. A. bedeutet: Indictable Offences Act.

A. England.

I. Die Polizeigerichte.

1. Die Gerichtsbezirke.

Wie Stein S. 15 berechnet hat, sind für die gesamte Rechtspflege in England nur 253 Berufsrichter tätig. Von dieser Ziffer sind jedoch die überwiegende Anzahl der Recorders, nämlich alle für die Provinzstädte angestellten, das sind von 105 wenigstens 100, nicht Berufsrichter in unserem Sinne, sondern Anwälte, die gegen ein nach englischen Begriffen geringes Gehalt (etwa 2000 M.) den Quarter Sessions vierteljährlich einen oder einige Tage vorsitzen, sonst aber ihrem Berufe als barrister in London nachgehen.

Außer den Recorders wirken für die Strafjustiz von der berechneten Zahl nur noch weitere 45 Berufsrichter als Magistrates in der untersten Instanz, und in den oberen sodann noch zirka 30 der höheren Richter für diejenigen Sachen, welche bei uns etwa vom Schwurgericht und Reichsgericht wahrgenommen werden. Diese 30 Oberrichter widmen aber der Strafrechtspflege auch nur einen ganz geringen Teil ihrer dienstlichen Tätigkeit, den anderen bedeutenderen wenden sie der Ziviljustiz zu.

Diesem schwachen Aufgebot von Arbeit gelehrter Richter für die Strafrechtspflege steht eine ausgedehnte Beteiligung des Laienelements in allen Instanzen zur Seite. Die englische Strafgerichtsbarkeit beruht in ihrer Grundlage und auch, was in den deutschen Darstellungen noch nicht genügend hervorgehoben ist, in ihrer mittleren Gestaltung, nämlich bei Besetzung der Richterbank der

Quarter Sessions in den ländlichen Bezirken (counties), auf dem breiten Aufbau eines Volksrichtertums, den Friedensrichtern (Justices of the Peace)[1], die allerdings bisher fast ausschließlich aus den höheren Gesellschaftsschichten hervorgehen. Ihnen ist, abgesehen von der strafrechtlichen, auch ein Teil zivilrechtlicher Jurisdiktion in den sogen. Petty Sessions überwiesen und außerdem noch ein beträchtliches Maß von Verwaltungstätigkeit.

Zu diesem Zwecke sind die 55 Grafschaften Englands in Distrikte (divisions) eingeteilt, und zwar geschieht dies durch die zu den betreffenden counties gehörigen Friedensrichter selbst in vierteljährlich zusammentretenden Quarter Sessions. Eben diesen sessions liegt auch die Ausübung der Strafgerichtsbarkeit in mittelschweren Strafsachen und in Berufungssachen gegen Urteile der Petty Sessions ob, ähnlich wie unseren Strafkammern, und außerdem noch ein Teil von Verwaltungsgeschäften und Verwaltungsgerichtsbarkeit. Im ganzen gibt es rund 715 Distrikte[2]).

In den einzelnen Distrikten versammeln sich die Friedensrichter zu Special Sessions für ihre Verwaltungsarbeit z. B. für Licensing Matters[3]) und zu Petty Sessions, die hauptsächlich zur Ausübung ihrer richterlichen Funktionen dienen.

Für die in den Grafschaften belegenen größeren Städte (boroughs) sind auf Grund der Municipal Corporations Act 1882 besondere Friedensrichter angestellt, deren Kompetenz im allgemeinen auf den Stadtbezirk beschränkt ist, während meistens die für den ländlichen Bezirk ernannten eine über den Distrikt hinausgehende, die ganze county umfassende Zuständigkeit haben.

Außer in Petty Sessions, die im Petty Sessional Court House abgehalten werden, einem Gerichtsgebäude, das nicht notwendig im Hauptort des Distriktes sich befindet, sondern auch außerhalb desselben, ja sogar außerhalb der

---

[1]) Ihre Einsetzung datiert aus dem Jahre 1326. S. Stephen History I. S. 190.

[2]) Gerland S. 22.

[3]) Konzessionserteilungen.

Grafschaft belegen sein kann[1]), sollen die Grafschafts-Friedensrichter noch in anderweit belegenen Polizeiämtern oder in anderen geeigneten Lokalen im Distrikt amtieren und hierfür die „occasional court-houses“ im voraus bestimmen[2]).

Die Kosten für Errichtung und Erhaltung der Gebäude sowie die anderen sachlichen Unkosten und die Bezahlung der Beamtengehälter hat die Grafschaft oder die Stadtkasse zu tragen.

Die Polizeigerichtsgebäude stehen gewöhnlich, aber nicht notwendig, mit dem Polizeiamt und dem Polizeigefängnis im Zusammenhang, so daß die Gefangenen direkt aus dem Arrestlokal in den Sitzungssaal geführt werden können.

Letzterer ist auch in den Grafschaften zweckentsprechend und geräumig ausgestattet. An der einen Seite der erhöhten Richterbank befindet sich der Verschlag (box) für die Zeugen und auf der anderen Seite Sitzgelegenheit für die Vertreter der Presse und der Parteien. Vor der Richterbank haben der Sekretär (clerk) und ev. ein Schreiber noch ihren gleichfalls erhöhten Platz; dann folgt gegenüber in der Mitte des Saals ein durch Barriere eingeschlossener mit Bank versehener Raum für die Angeklagten (dock) und hinter diesem eine Reihe Bänke, von denen die ersten für die Zeugen und die weiteren für das Publikum bestimmt sind. Richterbank und Angeklagtendock haben gewöhnlich direkte Zugänge[3]).

Für gute Lüftung, Beleuchtung und Heizung ist gesorgt.

In einem occasional court house sollen nur die geringfügigsten Fälle verhandelt werden und ist deshalb bestimmt, daß die dort verhängten Strafen das nach englischen Begriffen geringe Maß von 14 Tagen Gefängnis oder 20 sh. nicht übersteigen dürfen. Dasselbe trifft auch auf Ent-

[1]) S. J. A. 1884, s. 8.

[2]) S. J. A. 1879, s. 20[5].

[3]) Ein genauer Grundriß eines solchen typischen Police Court (Tower Bridge) findet sich bei Gamon S. XVII abgebildet. Die Anordnung ist hervorragend zweckmäßig.

scheidungen im petty sessional court house zu, soweit sie von einem Friedensrichter gefällt werden dürfen und abgegeben werden[1]). Zur vollen Besetzung des Gerichtes als petty sessional court sind mindestens zwei Friedensrichter erforderlich; jedoch können mehr teilnehmen, so viel zur Stelle sind; einer formellen Einladung bedarf es nicht; es können sich sogar von den Friedensrichtern zwei durch private Verabredung versammeln und auf diese Weise eine petty sessional court bilden[2]).

Gewöhnlich sitzt der für ein Jahr im voraus gewählte chairman vor und in dessen Abwesenheit ein ad hoc von den Teilnehmern Gewählter, meistens der im Amt Älteste; die Entscheidungen werden nach einfacher Mehrheit gefällt. Bei Stimmengleichheit muß Vertagung eintreten[3]).

Für die Begrenzung der Gerichtsbezirke, ihre Ausdehnung und Bevölkerungszahl bestehen keine allgemeinen Regeln, vielmehr wird die Einteilung nach lokalen Gewohnheiten und dem jeweiligen Bedürfnis der Gerichtseingegesessenen, welche gegen den Beschluß der Quarter Sessions das Rechtsmittel des appeal haben, festgesetzt. Nach rechtskräftiger Entscheidung darf für drei Jahre eine Änderung nicht mehr beschlossen werden.

Von dieser Organisation sind die City of London, die zum Metropolitan District vereinigten anderen Teile der Hauptstadt mit Vororten und eine Anzahl größerer Städte, die auf Grund der Municipal Corporations Act darum bei der Krone vorstellig geworden sind, insofern ausgenommen, als die sonst den Friedensrichtern obliegenden richterlichen Funktionen unterster Instanz in der City dem Lord Mayor bezw. den Aldermen (Stadträten) als seinen Vertretern, und in den andern genannten Bezirken gelehrten, fest gegen

---

[1]) S. J. A. 1879, s. 20[7]. In einigen solcher Fälle verleiht die Findung des Urteils durch mehrere Friedensrichter der Entscheidung eine höhere Autorität insofern, als sie dann der Berufung entzogen wird, die sonst einem Spruchrichter gegenüber zulässig wäre, so z. B. nach 24/25 Vict. c. 96, s. 110; 24/25 Vict. c. 97 s. 68. Vergl. Oke S. 66.

[2]) Oke S. 63.

[3]) Douglas S. 88.

Gehalt angestellten Richtern übertragen sind. Die dieses regelnden Gesetze sind

a) für London:
The Middlesex Justices Act 1792;
The Metropolitan Police Courts Act 1839 (2/3 Vict. c. 71).

b) für die Provinzialstädte:
The Stipendiary Magistrates Act von 1858 (21/22. Vict. c. 73) und von 1869 (32/33. Vict. c. 34)
The Municipal Corporations Act 1882 (45/46. Vict. c. 50).

London mit Vororten zerfällt hiernach in

a) zwei City-Bezirke mit zwar nur 27 000 night residents aber dem ungeheueren Verkehr als Handelsmittelpunkt;

b) 14 Metropolitan-Bezirke mit 25 Berufsrichtern[1]) (Metropolitan Police Magistrates), indem in den meisten dieser Bezirke zwei Richter angestellt sind, die täglich abwechselnd sitzen. Die Gesamteinwohnerzahl dieser hauptstädtischen Bezirke beträgt 7 bis 8 Millionen, also fast den vierten Teil der Gesamtbevölkerung Englands (33½ Millionen).

2. Die Richter.

Die ehrenamtlich angestellten Friedensrichter werden im allgemeinen vom Lord Lieutenant, dem höchsten Verwaltungsbeamten der Grafschaft, aus den Grafschaftseingesessenen oder Anwohnern im Umkreis von sieben Meilen vorgeschlagen und vom Lord Chancellor ernannt. Der Widerruf der Anstellung ist jederzeit zulässig, wird jedoch nur verfügt, wenn Verfehlungen vorgekommen sind. Solche geben auch Anlaß zur Haftbarmachung im Zivil- und Strafwege, jedoch nur unter besonderen erschwerenden Voraussetzungen und Schutzmaßregeln gegen unnötige Beunruhigung der Friedensrichter. Das Nähere über die zu diesem Zweck erlassene Justices Protection Act 1848 und die

[1]) Gerland S. 30 zählt irrtümlich 26.

Schranken gegen unbillige Strafverfolgung s. bei Liepmann, S. 420—22 und Douglas S. 391. Bis vor kurzem war die Auswahl durch einen Grundbesitzzensus beschränkt; dieser ist jedoch durch ein im Jahre 1906 erlassenes Gesetz fortgefallen[1]).

Außer den ernannten Friedensrichtern gibt es noch solche, die die Stellung als Nebenamt kraft ihres Hauptamtes bekleiden, so der Lord Mayor eines borough während seiner einjährigen Amtsdauer und des darauf folgenden Jahres, die Vorsteher der königlichen Schiffswerften usw. Vor ihrem Amtsantritt haben die Friedensrichter einen Huldigungs- und einen Richtereid zu leisten.

Die Zahl der Friedensrichter in den einzelnen Grafschaften ist sehr verschieden und steigt manchmal auf 800 Justices, die jedoch nicht alle wirklich in Tätigkeit treten. Für ganz England waren im Jahre 1895 (spätere Zahlen sind nicht zugänglich gewesen) über 18 000 Friedensrichter ernannt[2]), wovon 12 000 auf die Grafschaften und 6000 auf die Städte entfielen. Durchschnittlich darf man rechnen, daß auf je 2000 Einwohner ein Friedensrichter entfällt, ein Maßstab, der auch auf die mittelgroßen und kleineren Städte zutrifft. So z. B. sind für Bournemouth, einen borough von 60 000 Einwohnern, 30 Friedensrichter tätig; von diesen sind 9 Kaufleute, 7 Rentner, 4 Mediziner, 3 Juristen, je 2 Offiziere und Architekten und je einer Beamter, Journalist und Arbeiter.

In ländlichen Bezirken überwiegt natürlich der Grundbesitz trotz des Fortfalls des Erfordernisses der Grundbesitzqualifikation.

Als Mittel zur Demokratisierung des Friedensrichtertums ist auch die unter Gladstone erfolgte Einführung des ex-officio-Friedensrichters anzusehen.

Einen baldigen Erfolg werden aber diese liberalisierenden Bestrebungen bei dem exklusiven Charakter der eng-

---

[1]) The Justices of the Peace Act 1906 (6 Edw. 7 c. 16).

[2]) Von denen jedoch nach einem parlamentarischen Bericht von 1878 nur etwa 8000 amtierten. S. Gerland S. 21. Hatschek II S. 430.

lischen Gesellschaft und ihrer konservativen Neigung nicht haben; werden doch unter der jetzigen liberalen Regierung in und außerhalb des Parlaments die von Viezens erwähnten Klagen[1]) fortgesetzt dahingehend, daß auch die von dem amtierenden Lordkanzler jüngst ausgegangenen Ernennungen hauptsächlich die konservative und unionistische Partei berücksichtigt hätten. Der Premierminister, welcher wegen dieser Beschwerden eine Deputation von liberalen Parlamentsmitgliedern empfing, äußerte hierbei, daß der Lordkanzler die Berechtigung der Klagen über die bisherige einseitige Auswahl anerkenne; der Minister gestand dann aber mit verblüffender Offenheit, daß seine liberale Regierung den ihren Gegnern vorgeworfenen Fehler nachzuahmen bestrebt sei, indem von ungefähr 4000 vollzogenen Neuanstellungen gegen 3000 der liberalen Partei zugewendet worden; trotzdem bliebe aber noch ein enormes Übergewicht für die Konservativen bei Besetzung der Friedensrichterbank und zeige, welch ein hohes Maß politischer Rücksichten in der Vergangenheit hierbei maßgebend gewesen sei.

Da nun hiernach unbedenklich derselbe Ernennungsmodus seitens der Liberalen befolgt wird, dürfte mit der Zeit die bemängelte Ungleichheit wett gemacht werden; diese hat übrigens bisher zu Unzuträglichkeiten nicht geführt, da die Rekrutierungsschichten, auf welche die früheren Regierungen zurückgegriffen haben, im allgemeinen vermöge ihrer Familientradition und Vorbildung die Richterstellung als ein Ehrenamt auffaßten, dem politische Rücksichten fern bleiben müssen. Über eine gegenteilige Handhabung wird auch nicht geklagt, sondern nur über den Einfluß, den die vermöge der ihnen verliehenen sozialen Stellung unter Bevorzugung e i n e r Parteirichtung ernannten Friedensrichter für diese gewinnen und dann außerhalb ihrer Beamtentätigkeit geltend machen können. Die einzigen substanziierten und einer gewissen Berechtigung nicht ermangelnden Beschwerden, die gegen die Jurisdiktion der ländlichen Frie-

[1]) S. 148.

densrichter laut werden, richten sich darauf, daß sie Übertretungen gegen Vorschriften zum Schutz von Feld und Jagd wie auch von Eigentum im allgemeinen unverhältnismäßig strenger ahnden als Verletzungen anderer Rechtsgüter, ein Vorwurf, der jedoch auch unseren Laienrichtern häufig gemacht wird. Die von Labouchère in der Wochenschrift „Truth" unter dem Titel „Pranger" angeführten, von v. Lewinski[1]) in Bezug genommenen Zusammenstellungen von Aufsehen erregenden Entscheidungen sind in keiner Weise für besondere Ungeheuerlichkeiten beweisend, da die mildernden oder erschwerenden Umstände, die den Verurteilungen zugrunde liegen, nicht ersichtlich gemacht sind. Eine derartige Zusammenstellung könnte in jedem Lande auch den gelehrten Richtern verschiedener Gerichte entgegengehalten werden.

Viel eher ist das Bedenken gerechtfertigt, daß durch die liberalerseits begonnene und insbesondere von der labour party geforderte Heranziehung von Vertretern der Arbeiterinteressen wie der Gewerkschaftssekretäre ein Element auf die Friedensrichterbank gelangt, das vermöge seiner aktiven Beteiligung am politisch-sozialen Tageskampf, insbesondere bei Lohnstreitigkeiten, geneigt sein wird, bei der Rechtsprechung politischen Erwägungen zugänglich zu werden. Nur in diesem Sinne ist eine gewisse Berechtigung der von sozialen Gesichtspunkten ausgehenden Kritik des zu den Kreisen von Toynbee-Hall gehörigen Sittenschilderers Gamon[2]) zuzuerkennen, der in der neuerdings sich zeigenden Tendenz, die Erhebung zur Würde eines Friedensrichters als Teil der Beute politischer Wahlen anzusehen, das Schicksal des Laienrichtertums besiegelt findet. Auf die weitere Bemängelung der ungehörigen Beeinflussung der Friedensrichter durch ihre rechtsgelehrten clerks, welche Gamon[3]) veranlaßt, die Ersetzung der Laienrichter durch Berufsrichter zu fordern, wird unten S. 29 ff. einzugehen sein.

[1]) S. 38/39.
[2]) S. 236.
[3]) S. 107/8 u. 236.

Die berufsmäßigen Polizeirichter (stipendiary magistrates) werden im Gegensatz zu den ehrenamtlichen auf Widerruf durch den Home Secretary angestellt, der als Minister des Innern auch Teile der Funktionen eines Justizministers auszuüben hat. Nur die Metropolitan Magistrates sind auf Lebenszeit angestellt und beziehen nach dreißigjähriger Dienstzeit als Pension zwei Drittel ihres Gehaltes; dieses, aus Staatsmitteln bereitgestellt, beträgt 30 000 (für den Chief Magistrate 36 000) M. Die anderen stipendiary magistrates werden aus städtischen Mitteln besoldet, und zwar mit 10 000 bis 25 000 M. Alle magistrates werden ebenso wie die Grafschaftsrichter (county-court-judges), denen die Entscheidung der kleinen und mittelhohen Zivilstreitigkeiten obliegt, und wie die Richter des Obergerichtes, aus dem Anwaltstande entnommen, nach einer mindestens siebenjährigen Praxis als barrister. Sie sind daher bei ihrer Anstellung durchaus praktisch erfahrene und ausgebildete Juristen, die meistens schon in den Vierzigern stehen[1]).

Sie dürfen sich mit Genehmigung des Staatssekretärs durch einen gleichqualifizierten barrister für die Zeit bis sechs Wochen in jedem Jahre und in Fällen von Krankheit oder sonstiger Unmöglichkeit der Amtstätigkeit für die Zeit bis zu drei Monaten vertreten lassen[2]). Jeder magistrate ist allein auch für diejenige richterliche Tätigkeit zuständig, welche sonst nur von mehreren Friedensrichtern in einem Petty Sessional Court ausgeübt werden kann[3]).

Von der Möglichkeit der Zuziehung berufsmäßiger Polizeirichter haben 18 Provinzstädte Gebrauch gemacht und zwanzig stipendiary magistrates angestellt (nämlich für Manchester und Umgegend drei). Eine Tendenz, die auf Verdrängung der Laienrichter durch Berufsrichter geht, ist kaum zu bemerken.

Der Engländer ist nach wie vor stolz auf sein ehrenamtliches Friedensrichtertum, „the great unpaid", und darf

[1]) Gamon S. 104.

[2]) The Stipendiary Magistrates Act 1869 s. 2.

[3]) The Stipendiary Magistrates Act 1858, s. 1, S. J. A. 1848, s. 33.

es auch sein, wie Hatschek II. S. 430 anerkennt. Die Mißstände, die dort S. 495 und bei Liepmann S. 419 Anm. 17 geschildert werden und bei welchen Viezens mit besonderer Emphase und Breite S. 124 bis 130 verweilt, um daraus die Rückständigkeit der gegenwärtigen englischen Rechtsprechung herzuleiten, insbesondere die unliebsame Erscheinung sogenannter Trading Justices, gehören der Vergangenheit an. Früher bestanden allerdings schlimme Zustände und diese gaben den Anlaß zur Einsetzung besoldeter Polizeirichter in London. Mitte des 18. Jahrhunderts herrschte in England und hauptsächlich in London eine große Unsicherheit; Rotten von Verbrechern unter der Anführung des berüchtigten Jonathan Wild machten die Straßen unsicher und Raub war an der Tagesordnung. Damals (1751) veröffentlichte Henry Fielding, Friedensrichter in Westminster, eine Schrift: „An Enquiry into the Causes of the late Increase of Robbers, etc.“, und gab hiermit den Anlaß zur Begründung einer Polizeitruppe. Fielding wollte sich nicht an dem unsauberen Treiben der andern Friedensrichter beteiligen, welche sich aus den willkürlich und parteiisch erhobenen Gebühren, die ihnen zuflossen, eine reiche Einkommenquelle zu machen gewußt hatten; er erhielt dafür aus dem Secret Service Fund eine Vergütung, so daß er als der erste besoldete magistrate zu betrachten ist. Erst vierzig Jahre später trugen seine Bemühungen um die Beseitigung der Mißstände Frucht, indem die Middlesex Justices Act 1792 eine Anzahl neuer Polizeigerichte in London schuf und bestimmte, daß die anzustellenden Richter aus den zu erhebenden Gebühren feste Gehälter bezahlt erhalten sollten. Die Richter wurden zumeist aus den Friedensrichtern der Grafschaft gewählt; die unbezahlten Friedensrichter konnten an den Sitzungen teilnehmen, wenn sie wollten, taten es aber fast nie. Als im Jahre 1839 die Metropolitan Police Courts Act erlassen wurde, waren schon fast alle vorhandenen Police Court magistrates zünftige Juristen (barristers).

Neben diesen Mißständen drängten noch andere Gründe, zunächst in London, später auch in den andern größeren

Städten zur Anstellung von Berufsrichtern: so das Anschwellen der Bevölkerung durch die fortschreitende Industrialisierung, die Vermehrung der Gesetze und die Schwierigkeit für die Laien, sich hindurchzufinden.

Wenn Viezens aus längst überwundenen Ungeheuerlichkeiten der englischen Rechtspflege einen Tiefstand derselben in der Gegenwart herleiten will, so könnten mit demselben Recht ausländische Kritiker Mittelalterlichkeit unserer Rechtspflege daraus folgern, daß Hexenprozesse und Folterung in Deutschland noch teilweise Ende des 18. Jahrhunderts vorkamen, daß sogar noch im Jahre 1836 in Hela eine Hexe der Wasserprobe unterzogen und dabei ertränkt und daß die Folterprozedur in Württemberg erst 1809, in Gotha 1828 und in Hannover gar erst 1840 gesetzlich abgeschafft wurde.

Im Gegenteil scheint der Umschwung der Strafrechtspflege Englands seit Mitte des 18. Jahrhunderts von Zügellosigkeit, Käuflichkeit und grausamer Härte durch Einlenken in die seit langem verfolgte Bahn eines streng unparteilichen und die Rechte des Angeklagten peinlich berücksichtigenden Verfahrens nicht nur für den ethischen Gehalt des seiner Bedrücker ledig gewordenen Volkes, sondern auch für die Güte des Systems und seiner grundlegenden Ideen zu sprechen, wenn damit auch noch nicht gesagt ist, daß diese unterschiedslos für unsere anders gearteten Verhältnisse empfehlbar sein sollen.

Der Unterschied in der Organisation der Polizeigerichte in den größeren Städten und auf dem Lande wird in England nur als ein natürlicher angesehen. Haben die Engländer überhaupt keinen ausgeprägten Sinn für Systematik und Einhalten starrer Theorie, wie wir, und leidet hieran auch das Strafrecht und seine wissenschaftliche Bearbeitung [1]), so genießen sie andererseits die Vorteile dieses Mangels bei

[1]) Was Stephen, Digest in der Einleitung S. XXIII folgendermaßen ausdrückt: The absence of arrangement and of all general theories which distinguish the Law of England, und was Bowen S. 19 mit den Worten anerkennt: that extraordinary lack of principle, which distinguishes our criminal system.

der Handhabung ihrer Rechtsprechung. Im vorliegenden Falle sind sie von einheitlichem Schematismus, wie die Praxis zeigt, mit gutem Erfolg abgewichen. Ihre berufsmäßigen Polizeirichter leisten quantitativ und qualitativ Vorzügliches. Sie werden vielfach zum Vertrauensmann der Bevölkerung, die Stellung ist in mancher Hinsicht patriarchalisch [1]). So beginnt jeder Sitzungstag mit den sogenannten applications: die Gerichtseingesessenen holen sich Rechtsauskünfte und Rat oder stellen Anträge und werden hierzu der Reihe nach vorgelassen. Hier erscheint der Magistrate als poor man's lawyer. Äußerlich zeigt sich die Ehrfurcht vor dem Richter darin, daß er allgemein „Your Worship" angeredet wird [2]).

Allerdings gewährt auch die Aussetzung von hohen Gehältern die Freiheit, nur beste Kräfte unter den nicht allzubeschäftigten barristers zu dem angesehenen und gesuchten Posten [3]) eines magistrate zu berufen. Die Beschäftigung eines solchen ist durchaus nicht einseitig und abstumpfend wirkend, da er neben der Straftätigkeit noch allerlei Zivilgerichtsbarkeit auszuüben hat (siehe unten S. 49/50), und es außerdem als ein ihm obliegendes nobile officium betrachtet, umfassende soziale Hilfstätigkeit in den amtlich zu seiner Kenntnis gelangenden, dazu geeignet erscheinenden Fällen zu entfalten. Zu diesem Zwecke werden ihm von allen Seiten, auch letztwillig, freiwillige Geldgaben zur Verfügung gestellt, die in seine poor-box fließen [4]).

Um diese richtig anzuwenden wird gewöhnlich der Gerichtsmissionar (Court Missionary) [5]) zur Hilfe gezogen; dieser ist kein Geistlicher und auch kein staatlich angestellter Beamter, sondern wird von einer der großen Wohlfahrtsgesellschaften, meistens von der Church of England Temperance Society, dem Gericht zur Verfügung gestellt,

[1]) Gamon S. 81.

[2]) Was unserm „Euer Ehrwürden" entspricht; Gamon S. 98.

[3]) Wird in London ein neuer magistrate ernannt, so bringen alle Zeitungen seinen Lebenslauf und womöglich sein Porträt.

[4]) Gamon S. 168.

[5]) Gamon S. 160 ff.

nachdem er bereits anderweit geeignete Ausbildung in sozialer Liebestätigkeit erhalten hatte[1]). Im ganzen gibt es in England mehr als hundert solcher Missionare, Police Court Friends genannt. Auf dem Lande versieht einer von ihnen mehrere, oft drei bis vier, benachbarte Friedensgerichte. In London gibt es auch weibliche Gerichtsmissionare; in größeren Bezirken arbeiten oft neben dem Hauptmissionar mehrere Gehilfen. Der Missionar erhält von dem magistrate in den dazu angetanen Fällen Auftrag, Ermittlungen anzustellen und je nach ihrem Ausfall durch Rat und Tat beizuspringen, wozu ihm für jeden einzelnen, ausdrücklich mit dem Richter besprochenen Fall bestimmte Gelder der Armenkasse zur Verfügung gestellt werden. Da diese Gerichtsmissionare nach und nach in ihrem Bezirke Einfluß gewinnen und meist einer Temperenzgesellschaft angehören, wirken sie durch ihren Zuspruch auch wohltätig nach dieser Richtung hin. Sie werden ein vorzüglich geschultes Material für die nach dem neuen Gesetz am 1. Januar 1908 zur Anstellung gelangenden Probation Officers geben [2]).

Schließlich wirkt auch die Freiheit von unnötiger Schreibarbeit (s. S. 84 ff.) und von Geschäftsüberlastung dahin, das Amt anziehend zu machen. In den meisten Londoner Police Courts hat jeder Richter nur dreimal wöchentlich zu amtieren und die Geschäftsstunden liegen von 10 bis 4 Uhr, durch eine Frühstückspause unterbrochen. An den sitzungsfreien Tagen sind, abgesehen von seltenen Ausnahmefällen, weder Akten durchzuarbeiten noch Urteile oder andere Entscheidungen „abzusetzen". Die großen Ferien sind auf sechs Wochen bemessen. Trotzdem und vielleicht gerade deshalb erledigen diese Richter in den nicht allzu langen Dienststunden ein enormes Maß von Geschäften. So hatte der früher im Bezirk Marylebone und jetzt in Westminster amtierende Polizeirichter allein, also ohne Rücksicht auf die von seinem Kollegen und seinem Ferienvertreter behandelten Geschäfte bearbeitet:

---

[1]) Sein von dem betr. Verein ausgeworfenes Gehalt beträgt £ 100—160 jährlich; Gamon S. 162.

[2]) S. unten S. 92 ff.

im Jahre	Sachen	
1900	10 217	in Marylebone,
1901	10 170	
1902	10 421	
1903	10 404	
1904	10 636	
1905	7 306	in Westminster.
1906	7 209	

Thames Police Court in Stepney hat etwa 250 000 Gerichtseingesessene, darunter die schwierige seefahrende Bevölkerung der Hafengegend. Dieses Gericht, mit zwei magistrates besetzt, bewältigt im Jahre etwa 8000 Haftsachen (charges) und 5000 Sachen auf Vorladung (summonses), dazu noch etwa 300 Voruntersuchungen (commitments for trial).

Bedenkt man, daß unter diesen Sachen manchmal täglich 150 waren, die in öffentlicher Sitzung verhandelt wurden, und von denen doch immerhin viele Zeugenvernehmungen nötig machten, so muß man über die Gewandtheit und Schnelligkeit staunen, die von solchen erfahrenen Polizeirichtern entwickelt werden.

Allerdings ein „liebevolles Versenken in den Fall“, das Stein S. 30 dem deutschen Strafrichter nachrühmt, kommt für den englischen schon wegen der ihm nach dortiger Rechtsauffassung regelmäßig zugewiesenen Passivität nicht in Betracht, wenn man unter diesem „Versenken“ die eingehende Vernehmung der Zeugen und die eindringliche Befragung des Angeklagten durch den Richter selbst verstehen will. Was die Zeugenbefragung betrifft, so ist es auch richtig, daß sie vor dem Polizeigericht in denjenigen Fällen, in denen Anklage und Verteidigung nicht von Rechtskundigen vertreten wird, oft mit mehr Gründlichkeit und Eindringlichkeit vorgenommen werden könnte, insbesondere wenn es sich um Vernehmung mehrerer Zeugen in einer Sache handelt und verabsäumt wird, die später zu verhörenden abtreten zu lassen, um ihre Aussage unbeeinflußt zu erhalten. Versäumnisse solcher Art, welche verhältnismäßig ebenso oft bei den höheren Gerichten zu verzeichnen sind, führt Gamon[1]), obwohl er die Vortrefflichkeit der Londoner Polizeirichter sonst voll anerkennt[2]), auf die Notwendigkeit von Zeitersparnis zurück, jedoch wohl zu Unrecht. Sowohl die Befragung der Zeugen durch den Richter wie ihre abgesonderte Vernehmung gehört nicht zum regelmäßigen Gang des Verfahrens, das die Befragung durch die Parteien und einen eventuellen Antrag dieser auf abgesonderte Vernehmung voraussetzt[3]). Das Eingreifen des Richters hierbei ist Ausnahme, die nur zugelassen ist, wenn hierzu ein besonders triftiger Grund gegeben erscheint. Es kann den Polizeirichtern daher daraus kein Vorwurf gemacht werden, daß sie nicht regelmäßig aus ihrer Reserve heraustreten und statt der Parteien handeln. Was das Eindringen in Fragen juristisch-theoretischer Natur betrifft, so fehlt es hierzu in den meisten Fällen an Gelegenheit, es sei denn, daß die Parteien durch Anwälte vertreten sind und eine schwierigere Rechtsfrage zur Diskussion steht[4]). Jedenfalls ist Gerlands Vorwurf[5]), „daß die einzelnen Sachen stellenweise einfach durchgepeitscht werden", was doch heißen soll, daß es dem Gericht nur auf rasche Erledigung unter Hintansetzung der Aufklärung und gerechten Entscheidung ankommt, nach unseren Erfahrungen durchaus übertrieben. In Bezug auf das Bestreben, den Fall zu ergründen, praktischen Blick, Erfassung des Wesentlichen, Geistesgegenwart, Takt, Menschenkenntnis und Sicherheit des Urteils steht der englische Polizeirichter dem deutschen Kollegen sicherlich nicht nach. Diese Eigenschaften werden wohl in den meisten Fällen die Eindringlichkeit und Gründlichkeit der Behandlung ersetzen, die bei uns durch Aktenstudium und genaueres Versenken in die Einzelheiten erzielt werden, aber auch dann leicht zur Einseitigkeit der Beurteilung und

---

[1]) S. 156.
[2]) S. 81 und 114.
[3]) Douglas S. 62.
[4]) Gamon S. 109.
[5]) S. 31.

jedenfalls zum Schein der Voreingenommenheit führen.[1]) Die gerühmten Eigenschaften sind auch bei vielen Friedensrichtern, die ihrem Ehrenamt Eifer und Zeit gewidmet haben, zu finden. Sind aber Oberflächlichkeiten, insbesondere bei Zumessung der Strafe, und Fehlsprüche vielleicht etwas häufiger als bei uns, so werden sie mindestens ebensooft zugunsten wie zuungunsten des Angeschuldigten vorkommen. Es beklagt z. B. Bowen S. 48, daß die Richter die ihnen bisher durch die Probation of First Offenders Act 1887 bei erstmaligen Vergehungen gegebene Befugnis zum Erlaß, zur Milderung oder zur nur bedingten Auferlegung von Strafen auch oft gegenüber ausgepichten Verbrechern anwenden, die sich bisher nicht hatten abfassen lassen. So fällt es auf, welches Gewicht die Polizeirichter auf die durch die Missionare oder Konstabler eingezogenen Ermittlungen über den Leumund (character) der Angeschuldigten legen, da doch die hierüber erstatteten Berichte nur auf eilig erledigten, oberflächlichen Ermittlungen beruhen können. Auch die Feststellung etwaiger Vorstrafen ist zugunsten des Angeklagten noch ziemlich primitiv und beruht entweder auf Kenntnis der Polizeibeamten des Bezirks oder auf dem bei der Gerichtsschreiberei des betreffenden Schwurgerichts geführten Register (siehe S. 85) über die im Bezirk erkannten Strafen, berücksichtigt also etwaige anderswo verhängte nicht [2]).

Die an einem Polizeigericht arbeitenden magistrates sind koordiniert und verteilen unter sich und unter die ihnen beigegebenen Unterbeamten die Geschäfte nach ihrem Übereinkommen. Würde ein solches nicht zu erzielen sein, so hätte ihr nächster Vorgesetzter, der Home Secretary, zu entscheiden.

Ebenso gleich stehen sich alle Metropolitan Magistrates, welche die Ferienverteilung und gegenseitige Vertretung untereinander ausmachen. Nur insofern hat der älteste der im

[1]) S. unten S. 115, 119/120, 131.

[2]) In das nach 34/35 Vict. c. 112 S. 6 (Prevention of Crimes Act) in London geführte Zentralregister werden nur die schweren Fälle (crimes) aufgenommen.

Bezirk Bowstreet Amtierenden eine gehobene Stellung, als ihm der Titel Chief Magistrate und höheres Gehalt gewährt und die Behandlung sämtlicher Auslieferungssachen durch 33/34 Vict. c. 52(Extradition Act) 1870 überwiesen worden ist.

Wegen der Gründe, die einen Friedensrichter von Ausübung seiner richterlichen Tätigkeit ausschließen oder zu seiner Ablehnung berechtigen (bias of Justices), und über den Anschluß dieses Rechts durch stillschweigenden Verzicht (waiver) wird auf Liepmann S. 423 und Douglas S. 62 ff. verwiesen.

3. Die Unterbeamten.

a) Bei den Friedensrichtern.

Die Anstellung der Sekretäre (clerks) für die petty sessions erfolgt durch die Friedensrichter des Distrikts und ist geregelt durch die Justices Clerks Act 1877 (40/41 Vict. c. 43). Nach Inkrafttreten dieses Gesetzes sollen zum clerk nur noch Personen angestellt werden, die entweder den Beruf als barrister mindestens vierzehn Jahre oder den Beruf als solicitor beim höchsten Gerichtshof ausgeübt haben, oder mindestens sieben Jahre als clerk bei einem Stipendiary oder Metropolitan Magistrate oder einem Police Court der City of London tätig gewesen sind [1]). Außerdem ist den Friedensrichtern des Bezirks beim Vorwalten besonderer Umstände nachgelassen, Personen ohne vorstehende Qualifikation, die während vierzehn Jahre als clerk oder als Gehilfe eines solchen bei einem Polizeigericht tätig gewesen sind, als clerk neu anzustellen. Solche clerks haben allerdings vermöge ihrer Rechtskenntnisse und Erfahrung den größten Einfluß auf die Geschäfte und die Rechtsprechung der Friedensrichter, die sie stets in Rechtsfragen und sehr häufig auch bei Abmessung der Strafe beraten [2]). Trotzdem entstehen Unzuträglichkeiten, wie sie Gamon S. 107/108 und 236 und Gerland S. 26 aus dieser Beteiligung

---

[1]) l. cit. s. 7.

[2]) Gamon S. 235. Sie schreiben auch die Urteilsgründe, wo solches nach eingelegter Revision (statement of case) erforderlich ist.

der clerks an der Urteilsfällung herleiten [1]), in Wahrheit nicht. Dazu ist die Stellung der Gentlemen, die auf der Richterbank sitzen und die nicht ab und zu, sondern dauernd eine umfassende amtliche Tätigkeit auch in Verwaltungssachen ausüben, eine viel zu gehobene, zur selbständigen Beurteilung und Entscheidung schulende und der dem clerk überwiesene Geschäftsbereich ein zu subalterner. Auch von seiner Ausbildung läßt sich dies im allgemeinen selbst dann sagen, wenn er solicitor ist, da diese, zumal die auf dem Lande und in kleinen Städten praktizierenden, mehr der handwerksmäßigen Rechtsanwendung als wissenschaftlicher Bearbeitung obliegen und auch auf der sozialen Stufe nicht obenan stehen, wie etwa die barristers, von denen wohl nur in höchst seltenen Ausnahmen das Amt eines clerk bei dem Friedensrichter wahrgenommen wird. Im großen ganzen bildet der clerk gegenüber dem wechselnden und rechtsunkundigen Personal auf der Richterbank den Pfeiler, auf welchen sich eine ständige Praxis auch hinsichtlich der Strafausmessung aufbauen kann, und ein lebendiges Nachschlagewerk in Rechtsfragen. Nur nach diesen Richtungen hin wird er durch Soufflieren den Urteilsspruch zu beeinflussen suchen und sein Rat angenommen und zugrunde gelegt werden. Eine weitere Einmischung werden sich die selbstbewußten und auf ihre Jurisdiktionsgewalt stolzen Laienrichter sicherlich im allgemeinen nicht gefallen lassen. Übergriffe wird der clerk schon deshalb um so mehr vermeiden, als er jederzeit nach Belieben der Friedensrichterbank absetzbar ist [2]).

Die Gehälter solcher clerks gehen bis etwa 10 000 M.; der in Bournemouth angestellte, der keine Solicitorvorbildung hat, bezieht z. B. 9000 M. Meistens sind ihnen noch Gehilfen oder Schreiber beigegeben. Ihre Obliegenheiten bestehen darin, die Protokolle über die Sitzungen, über die Ver-

---

[1]) Die darauf hinauskommen sollen, daß der clerk einen unangemessenen Einfluß auf die Rechtsprechung gewinnt und dadurch das Verantwortlichkeitsgefühl und die Selbständigkeit der Friedensrichter Schaden leiden.

[2]) Justices Clerks Act 1887 s. 5.

nehmungen (depositions und statements) und bei summarischen Sachen formlose „Notes“ zu schreiben, die Formulare für die richterlichen Anordnungen auszufüllen, die Kostensachen zu bearbeiten, die Register und Generalakten zu führen [1]) und für Übersendung der an das Schwurgericht verwiesenen Akten (information, statement, depositions, recognizances enthaltend) [2]) sowie der an vorgesetzte Behörden [3]), an die Gerichtsschreiberei der Sessions [4]) und an den Public Prosecutor [5]) zu erstattenden Nachrichten zu sorgen.

b) Bei den Stipendiary Magistrates.

Für diese bestehen im allgemeinen ähnliche Vorschriften wie zu a. In den Londoner Polizeigerichten sind jedoch durchschnittlich drei clerks angestellt, von denen der erste 8000 bis 12 000, der zweite 5000 bis 8000 und der dritte 2400 bis 3000 M. Gehalt bezieht, welches mit zwei Dritteln pensionsfähig ist. Außerdem ist in London noch ein Gerichtsdiener (usher) mit einem Gehalt von 1600 bis 2000 M. und ein Kastellan (courtkeeper) mit Gehalt von 2000 M. angestellt [6]).

Das Personal des Thames Police Court besteht aus folgenden Beamten: chief clerk und second clerk für das Protokollführen und Aufmachung der Rechnungen usw., dazu ein assistant clerk, welcher die Formulare ausfüllt; ein usher nebst assistant usher, welche die Ordnung im Court aufrecht erhalten und überdies die Zeugen durch Vorsagen der Eidesformel und Vorhalten des Neuen Testamentes zum Kusse beeidigen, ein Akt, der an Mangel an Feierlichkeit nichts zu wünschen übrig läßt. Endlich der court keeper. Zu diesen Angestellten treten noch folgende Polizeibeamte, die dem Gerichte zur Verfügung

[1]) S. unten S. 85.
[2]) S. unten S. 62.
[3]) S. unten S. 85.
[4]) S. unten S. 85, Anm. 4 und S. 101.
[5]) S. unten S. 42.
[6]) Näheres s. bei Gamon S. 64 ff.

stehen und dem chief clerk verantwortlich sind: gaoler und assistant gaoler (Gefängniswärter, darunter zumeist eine Frau); der warrant sergeant und vier warrant officers im Range von Polizeikonstablern, welche die Zustellungen sowie Ausführung von Haftbefehlen besorgen.

4. Solicitors und barristers.

Das englische Volk wird nicht nur in erweitertem Maße als bei uns durch Berufung in das Ehrenamt der Friedensrichter und Geschworenen zur Teilnahme an der Rechtspflege herangezogen, sondern auch bei Verfolgung eigener Rechtsangelegenheiten erheblich stärker belastet, indem es durch die eigentümliche Teilung der zwei Klassen von Rechtsbeiständen genötigt wird, bei Durchführung gerichtlicher Angelegenheiten die Hilfe sowohl eines solicitor wie eines barrister in Anspruch zu nehmen.

Ja die Arbeitsteilung geht so weit, daß es allgemein üblich ist, bei irgendwie wichtigeren oder schwierigeren Prozessen zwei und sogar drei Vertreter jeder Kategorie in Tätigkeit zu setzen. Dies tun selbst die Regierung und Behörden, wenn sie die Verfolgung in erheblichen Strafsachen übernehmen. Natürlich verdoppeln und verdreifachen sich hierdurch die Kosten, ganz abgesehen davon, daß in England die Gebührensätze bedeutend höhere als in Deutschland sind. Hatschek zitiert daher mit Recht den Ausspruch: There is one thing more expensive than winning a law suit, and that is losing one [1]).

Die solicitors sind konzessionierte Rechtsagenten, welche das Publikum in Rechtssachen beraten und die Bearbeitung von Rechtsangelegenheiten übernehmen, insbesondere auch die Vorbereitung von Prozessen. In solchen treten sie auch vor den unteren Gerichten (Police Courts und County Courts) auf, manchmal sogar vor den Quarter Sessions in den Ausnahmefällen, daß an deren Tagung nicht, wie es gewöhnlich geschieht, barristers teilnehmen. Sonst dürfen sie dort nicht plädieren und nie vor den höheren Gerichten.

---

[1]) Bd. 2, S. 173.

Ihre Vorbildung ist mehr praktisch als wissenschaftlich; sie wird zunächst durch eine fünfjährige Lehrzeit als sogenannter articled clerk bei einem solicitor erworben. Eine vierjährige oder dreijährige Lehrzeit genügt, wenn der Anwärter bestimmte Universitätsprüfungen bestanden oder einen akademischen Grad erlangt hat. Vor der Annahme hat er eine Aufnahmeprüfung (preliminary examination) zu bestehen, die geringere Anforderungen an allgemeine Bildung stellt, als bei uns das Examen zum einjährigen Dienst; sodann ist eine Zwischenprüfung und schließlich die final examination abzulegen.

Die Prüfungen werden von der in London domizilierenden Innung (Incorporated Law Society) abgenommen und von den Oberrichtern, insbesondere dem Master of the Rolls, beaufsichtigt. Nach dem Bestehen wird der Kandidat in die von der Innung geführte Liste gegen Zahlung einer Zulassungsgebühr eingetragen[1]). Außerdem muß er alljährlich eine Gewerbesteuer durch Verwendung von Stempelmarken zahlen, die 120 bis 180 M. beträgt.

Die barristers übernehmen die Durcharbeitung des von dem solicitor vorbereiteten Rechtsstoffes und die Vertretung insbesondere vor den oberen Gerichten, setzen sich aber im allgemeinen in keine direkte Berührung mit dem Publikum. Im Police Court ist der barrister rara avis und nur in wichtigen Sachen zu sehen. Als Regel gilt, daß die solicitors bei allen schwierigeren Fragen, mögen sie auch nur gutachtlich zu behandeln sein, einen barrister zu Rate ziehen. Solche von letzteren, die sich besonders bewährt haben, erhalten von der Krone den Titel: Kings Counsel (K. C.). Sie erwerben hierdurch den Anspruch auf noch höhere Honorare als ihre jüngeren und weniger glücklichen Kollegen und das Recht, eine seidene Robe zu ihrer Perücke anzulegen (the silk gown), dürfen aber Verteidigungen in Strafsachen nur mit Zustimmung der Regierung übernehmen.

Alle barristers müssen Mitglieder einer der vier in London bestehenden Innungen (Inns of Court)[2]) sein, die

[1]) Solicitors Act 1843, 6/7 Vict. c. 73.

[2]) Sie heißen Gray's Inn, Lincoln's Inn, Middle Temple, Inner Temple.

von den ältesten und angesehensten barristers (benchers), geleitet werden, zu denen alle Oberrichter und meistens auch die K. C. gehören. Unter ihnen stehen dann die andern barristers und schließlich folgen die apprentices, das sind die Studenten, die sich einer der Innungen anschließen müssen, um barrister zu werden. Der Aufnahme geht eine Vorprüfung in Latein, Englisch und englischer Geschichte voraus, von der diejenigen befreit sind, die eine Universitäts- oder Offiziersprüfung bestanden haben. Die Dauer des sogenannten Studiums beträgt vier Jahre und für frühere solicitors nur drei. Während jedes dieser Jahre soll der Student die sechs Innungsessen, deren Zahl sich für einen Graduirten auf drei ermäßigt, in jedem der jährlichen vier „terms" mitmachen, also 12 oder 24 mal unter Aufsicht der barristers und benchers dinieren. Dagegen wird die Teilnahme an den Vorlesungen zwar erwartet, aber von dem Council of Legal Education, der von den vier Innungen gebildet wird, einen Direktor erwählt und den Vorbereitungsdienst zu überwachen hat, nicht kontrolliert. Vor diesem werden auch die Prüfungen abgelegt. Nach dem ersten Jahre hat der Student sich durch ein Examen, das sogenannte „pass", über seine Kenntnisse aus dem Römischen Recht auszuweisen; bestandene Rechtsprüfung an einer Universität befreit hiervon. Außerdem finden Prüfungen über englisches Grundeigentumsrecht, internationales Privatrecht, Völkerrecht, Staatsrecht, Straf- und Zivilrecht statt. Diese können mit Ausnahme des über die erstgenannte Materie abzulegenden erst nach dem achten Term, also im dritten Studienjahre abgehalten werden. Der Sinn dieser Vorbereitungsordnung und das Maß der Anforderungen, das dadurch an die Rechtsbeflissenen gestellt wird, ist von Stein S. 42 bis 47 und 69 treffend dargelegt. Auf seine Ausführungen sowie auf diejenigen, welche die Geschäftsführung der barristers, ihren Kastengeist, ihr Verhältnis zur Richterbank und die dieser gewährte Unterstützung schildern, kann daher verwiesen werden.

Die die Standesehre ihrer Mitglieder betreffenden Angelegenheiten werden von jeder Innung durch den Ausschuß der benchers wahrgenommen, dem also die Obliegenheit unserer Anwaltskammer zusteht; er ist berechtigt, schlimmstenfalls Verfehlungen durch Ausschluß aus der Innung (disbar) zu ahnden. Die Berufung gegen Disziplinarmaßregeln geht an das Obergericht.

Das Gebührenwesen für die solicitors regelt die Solicitors Remuneration Act 1881 — 44/45 Vict. c. 44 derart, daß sie für die geringste Dienstleistung, wie Erlaß eines formularmäßigen Schreibens, erhebliche Vergütungen zu berechnen in der Lage sind [1]).

Für die Dienste der barristers besteht keine Gebührenordnung; eine solche ist auch nicht absolut erforderlich, da sie mit dem Publikum in keinen direkten Verkehr treten. Die solicitors, die ihnen die Aufträge zuwenden, taxieren je nach der Bedeutung und den ihnen bekannten pekuniären Anforderungen des betreffenden barrister das ihm zukommende Honorar und vermerken die Höhe desselben auf der Vorderseite des Auftragschreibens (brief); diesen hat der angegangene Rechtsgelehrte zurückzuweisen, wenn ihm die Höhe des darauf vermerkten Honorars nicht genügend erscheint.

Bei der enormen Höhe der hiernach entstehenden Vertretungskosten ist es unbemittelten Parteien oft unmöglich, sich den erforderlichen Rechtsbeistand zu verschaffen. Hiergegen sollte, soweit die Strafjustiz in Betracht kommt, die Poor Prisoners Defence Act 03 (3. Ed. 7 c. 38) Abhilfe schaffen. Sie ermächtigt sowohl den Friedensrichter wie den magistrate, sobald er die Strafverfolgung an das Schwurgericht überweist [2]), und auch den dortigen Spruchrichter, dem Angeklagten auf öffentliche Kosten einen solicitor und einen barrister zuzuordnen, wenn dies mit Rücksicht auf die Art der Verteidigung und das Ergebnis der Beweisaufnahme bzw. der Angaben (statement) des Beschuldigten im Interesse der Strafrechtspflege angezeigt erscheint. In einem solchen Falle erhält der solicitor eine Gebühr von

---

[1]) S. Abdruck des Teils einer Gebührenrechnung bei Viezens S. 118/119.

[2]) S. unten S. 55 u. 100.

durchschnittlich nicht über 44 M., die in schwierigen Fällen bis auf 100 M. erhöht werden kann, und der barrister eine Verhandlungsgebühr von 24 M., deren Erhöhung auf 66 M. in besonderen Fällen zulässig ist [1]). Natürlich werden auch die sachlichen Unkosten, Auslagen für Zeugen, Reisen usw. aus öffentlichen Mitteln ersetzt.

Die erforderlichen Rechtsbeistände werden aus Listen von solchen Anwälten ausgewählt, die sich zur Eintragung bei dem Gerichtssekretär gemeldet haben [2]).

Daß diese Art der Bewilligung des Armenrechts für unbemittelte Angeklagte nicht ausreicht, ergibt sich schon daraus, daß das Gesetz für die Beiordnung im Vorverfahren keine Vorsorge trifft. In der Praxis wird Anträgen auf Bewilligung eines Verteidigers nur in seltenen Fällen entsprochen. Der Home Secretary beantwortete 1907 eine Anfrage im Parlament dahin, daß von 394 derartigen Anträgen im Central Criminal Court 290 und in den Londoner Quarter Sessions im Jahre 1906 von 111 Anträgen 107 zurückgewiesen wurden.

Es macht sich daher eine Bewegung geltend, der sich viele angesehene Persönlichkeiten, insbesondere aus dem Richter- und Anwaltsstande, angeschlossen haben, aber auch Nichtjuristen, wie der Lord Mayor von London und Bischöfe der Staatskirche; sie will durch Gründung der Central Legal Aid Society es in die Wege leiten, daß abgesehen von Hilfe in Zivilsachen dem wegen Vergehens oder Verbrechens Angeklagten unterschiedslos und von vornherein rechtlicher Beistand kostenlos gestellt wird. Dies soll zunächst durch freiwillige Beiträge und durch kostenlose Übernahme von Verteidigungen seitens der dazu bereiten Anwälte, weiter aber auch durch den Versuch einer entsprechenden Gesetzesänderung erreicht werden. Wenn auch vielleicht diese Bewegung zu weit geht, indem sie den Rechtsbeistand unterschiedslos und ohne Rücksicht auf die Qualität der Sache stets gewährt sehen will, so ist ihr doch Erfolg hinsichtlich

[1]) Regulations of the Secretary of State vom 30. 12. 03.

[2]) Rules vom 13. 5. 04.

Änderung der bestehenden, viel zu engherzigen englischen Vorschriften zu wünschen [1]).

Die Stellung des Verteidigers gegenüber dem Gericht ist durchaus angesehen. Es wird ihm jetzt auch das Recht der Anwesenheit im Vorverfahren vor dem Polizeigericht und der Befragung der Belastungszeugen (cross examination) zugestanden [2]); er kann dann nach Beendigung der Beweisaufnahme darüber plädieren, ob die Anklage dem Schwurgericht zu überweisen oder a limine abzulehnen sei; ebenso auch über die Haftentlassung gegen bail [3]). Der Verteidiger steht dem Ankläger völlig gleich; er hat für den Fall, daß er keinen anderen Entlastungsbeweis antritt wie durch Vernehmung des Beschuldigten, das letzte Wort; die Ausnahme für den Fall, daß der Solicitor oder Attorney-General persönlich die Anklage vertritt, wird abfällig kritisiert [4]). Im summarischen Verfahren wird einem Antrage des Angeklagten auf Vertagung zwecks Beschaffung eines Verteidigers in der Regel stattgegeben werden [5]).

5. Die Anklage.

Die Regel, daß quivis ex populo zur Einleitung der Anklage legitimiert ist, wird für gewisse Vergehen durch ausdrückliche Spezialbestimmungen durchbrochen [6]), so z. B. durch Beschränkung auf den Verletzten in der Offences Against the Person Act 1861 [7]), hinsichtlich common assault (tätlicher Beleidigung), während aggravated assault (Körperverletzung) der Regel folgt [8]). Außerdem besteht die allgemeine Ausnahme, daß die Verletzung solcher Strafgesetze, die nicht mit Rücksicht auf die allgemeine Wohlfahrt, sondern nur zur Wahrung der Privatinteressen einzelner gegeben sind, allein den Verletzten zur Anbringung und Durch-

[1]) Vgl. Bowen S. 61.
[2]) Douglas S. 343, 351.
[3]) S. unten S. 82.
[4]) Bowen S. 33.
[5]) Douglas S. 52.
[6]) Douglas S. 50/52.
[7]) 24/25 Vict. c. 100 s. 42.
[8]) Ibidem s. 43.

führung der information berechtigen[1]). Für die Verfolgung weniger Straftaten ist die Erlaubnis höherer Instanzen erforderlich, so die des Attórney General (Kronsyndikus) in den bei Douglas S. 314 aufgeführten Fällen oder die eines Oberrichters bei Vorgehen gegen eine Zeitung wegen Beleidigung[2]).

Andererseits steht es im freien Ermessen des Polizeigerichts, ob es der Anzeige Folge geben oder Vorladung bzw. Erlaß des Haftbefehls verweigern will, so z. B. unter der Begründung, daß die Strafverfolgung von zu kleinlicher Natur sein würde[3]). Die Richtigkeit der Entscheidung unterliegt nicht der Nachprüfung des Obergerichts, welches nur bei Ablehnung der Prüfung eines Antrags, also bei offenbarer Justizverweigerung, durch Erlaß des „mandamus" Abhilfe schaffen kann[4]).

Da natürlich Private oft die Verfolgung wegen der damit verbundenen Mühe und Kostengefahr unterlassen, wird zunächst dadurch Vorsorge getroffen, daß öffentliche Korporationen der Selbstverwaltung, denen die Ausführung gewisser Gesetze übertragen ist, so z. B. der Inspector of Nuisances oder der Sanitary Inspector[5]), der Armenpflegerverband (Board of Guardians), die Gemeinden (County oder Borough Council)[6]), dann aber auch Privatvereine als aktiv legitimiert auftreten. Letztere machen hiervon häufigen Gebrauch, so Tierschutz-, Kinderschutz-Vereine, Vereinigungen von Arbeitern (z. B. bei Verletzung von Schutzvorschriften), von Kaufleuten (z. B. wegen unlauteren Wettbewerbs, wie auch nach unserem Recht, oder wegen Nahrungsmittelverfälschung) usw.[7]).

---

1) Prentice S. 18. Douglas S. 51/52.

2) 51/52 Vict. c. 64, s. 8.

3) Douglas S. 145, Gamon S. 83.

4) Douglas S. 310, 313, Oke S. 48/50, Liepmann S. 479.

5) Aus der Public Health Act 1875, der Public Health (London) Act 1891 und der für London noch gültigen The Nuisances Removal Act 1855 (18/19 Vict. c. 121).

6) z. B. wegen Unterdrückung von liederlichen Häusern oder Spielklubs.

7) Gamon S. 161.

Die Polizei soll eintreten, sobald die Wahrnehmung des öffentlichen Interesses in Frage steht. Ein solches sehen aber die Engländer, welche nach den zutreffenden Ausführungen von Glaser S. 9, 11 bis 14 nicht der Vergeltungstheorie anhangen und nicht die Strafe als moralische Notwendigkeit, sondern allein vom Zweckmäßigkeitsstandpunkt aus betrachten, nur dann als vorliegend an, wenn es opportun erscheint, ein Exempel für die Macht des Gesetzes zu statuieren. Strafverfolgungen in zweifelhaften oder entschuldbaren Fällen werden deshalb ebenso vermieden wie wegen „trifles", Kleinigkeiten ohne prinzipielle Bedeutung, die bei uns eine so gewaltige Rolle spielen. Die Polizei verfolgt regelmäßig wegen Trunkenheit, Straßenpolizeivergehen, kurzum in allen Fällen, die als breach of the public peace bezeichnet werden[1]). Übernimmt die Polizei die Verfolgung, so führt sie diese direkt durch, sei es durch Bestellung eines solicitor, sei es in einfachen Fällen durch Beauftragung eines Konstablers, welcher alle Rechte eines Parteivertreters hat, also auch das der Befragung der Gegenzeugen (cross examination)[2]). Der Richter tritt dann auch oft aus seiner Reserve heraus und den Parteien helfend zur Seite[3]); ja, es ist sogar, wie Oke S. 949 sagt, Praxis, daß der betreffende Konstabler von dem Beweisthema, das die einzelnen Anklagezeugen bekunden sollen, vorher dem Gerichtssekretär Mitteilung macht, damit dieser danach die Befragung angemessen leiten kann.

Der Tod des Verfolgers ist ohne Einfluß auf den Fortgang des Verfahrens[4]).

Manche Gesetze ermächtigen direkt das Polizeigericht tätig einzugreifen, um die Verfolgung in die Wege zu leiten; so die Offences against the Person Act 1861 (24/25 Vict. c. 100) zur zwangsweisen Einwirkung auf den Armenpflegerat bei Vergehen gegen Personen, die wegen ihrer Abhängigkeit

---

[1]) Blackstone IV. S. 309.

[2]) Douglas S. 89.

[3]) Gamon S. 155.

[4]) Douglas S. 20.

oder Jugend nicht selbst aufzutreten imstande sind; so die Criminal Procedure Act 1851 (14/15 Vict. c. 100 s. 19) gegen Zeugen, die Meineid begangen haben, indem der Richter solche verhaften und irgend jemand, den er dazu für geeignet hält, bei Vermeidung des Verfalls einer bestimmten Geldzahlung (recognizance) zur Verfolgung anhalten kann.

Um die Verfolgung in gewissen, für die Rechtspflege wichtigen Fällen anzuregen, hilft auch das materielle Strafrecht nach, indem es öfters bestimmt, daß die ganze Geldstrafe oder ein Teil an den Ankläger abgeführt werden soll[1]); dieses wird auf die altgermanische Einrichtung des Wergelds zurückgeführt[2]). Der Ankläger heißt dann common informer[3]). Auch werden bereits in dem Gesetz für Ergreifung von Verbrechern in gewissen schwereren Fällen Geldbelohnungen versprochen[4]), deren Auszahlung der Sheriff auf Anweisung des Gerichtshofes zu veranlassen hat, abgesehen von den nach der Entdeckung polizeilich zur Ausschreibung gelangenden, die im Gegensatz zu unserer Praxis zeitig und mit so genügend anlockender Freigebigkeit bekannt gegeben werden, daß eine weitere öfters bei uns beliebte nachträgliche Steigerung des Angebots nicht nötig wird.

Ersatzansprüche aus Verübung von felony können im Zivilwege erst nach Durchführung der Strafverfolgung geltend gemacht werden[5]).

Ist einmal das Strafverfahren eingeleitet, so ist der Rücktritt von der Verfolgung ohne Genehmigung des Gerichts rechtlich einflußlos, abgesehen von den bestrittenen Fällen, wo nur der bisherige Kläger ein Interesse

---

[1]) So Public Health Act 1875 s. 254.

[2]) Blackstone IV S. 312.

[3]) Harris S. 100. Für Verfolgung gewisser Verbrechen wurde früher als Belohnung ein sogen. Tyburnticket erteilt, nämlich eine übertragbare Bescheinigung, die dem Inhaber Befreiung von lästigen Gemeindeämtern zusicherte. Mit solchen Scheinen wurde oft zu hohen Preisen ein schwunghafter Handel betrieben. S. Stephen History I S. 498 Anm. 3.

[4]) 7 Geo. 4 c. 64 s. 28, 14/15 Vict. c. 55 s. 8, Oke S. 988/89, Harris S. 325/26.

[5]) Gneist S. 432, Stephen History I S. 502.

an der Bestrafung hat, aber kein öffentliches vorliegt wie bei der tätlichen Beleidigung[1]). Andererseits kann der Ankläger zur Erbringung oder Weiterführung des Belastungsbeweises nicht gezwungen werden. Ist jedoch dieser bei der Rücktrittserklärung bereits so weit erbracht, daß summarische Verurteilung oder Verweisung an das Schwurgericht gerechtfertigt erscheint, so ist solches auszusprechen; in letzterem Falle verpflichtet das Polizeigericht den Ankläger ohne Rücksicht auf seine Rücktrittserklärung zum Eingehen einer recognizance auf Fortführung der Verfolgung am Schwurgericht und ebenso die Belastungszeugen zur Abgabe ihrer Aussage dort (binding over); das Eingehen dieser Verpflichtung kann nötigenfalls durch Gefängnisstrafe erzwungen werden[2]). Ist die Sache bei der Rücktrittserklärung noch nicht entscheidungsreif, so wirkt letztere allerdings tatsächlich wie Einstellung des Verfahrens, es sei denn, daß die Polizei oder ein Dritter die Verfolgung aufnimmt[3]). Das Zurücktreten von der Verfolgung ohne gerichtliche Genehmigung auf Grund einer Abmachung mit dem Beschuldigten (compounding informations) ist strafbar[4]). Jedoch kann und soll das Gericht in geeignet erscheinenden Fällen sogar selbst Vergleichsversuche einleiten; ja, es mag sogar nach ergangener Verurteilung wegen Diebstahls oder Sachbeschädigung gegenüber einem sonst noch unbestraften Angeklagten diesem im Einverständnis mit dem Ankläger die erkannte Strafe erlassen, wenn dem letzteren angemessene Entschädigung gewährt wird[5]). Das Versprechen, gegen Belohnung von der Verfolgung abzusehen, ist bei felony strafbar, aber zulässig, wenn es sich auf ein misdemeanour bezieht, das vorwiegend private Interessen verletzt[6]).

---

[1]) Douglas S. 40/41, Oke S. 175, Schmidt S. 87/88, Stephen History I S. 496.

[2]) 11/12 Vict. c. 42 s. 20.

[3]) S. unten S. 107/108 u. 110/111.

[4]) 13 Eliz. c. 5, Harris S. 100, Oke S. 175.

[5]) 24/25 Vict. c. 96 s. 108 und c. 97 s. 66.

[6]) Thwaites S. 13, 91.

Da diese Auskunftsmittel, um eine im Interesse der Strafrechtspflege notwendig erscheinende Verfolgung von privater Seite in angemessener Durchführung zu sichern, doch Lücken lassen und öfters versagen, hat man sich zu einem schüchternen Versuch der Nachahmung der Staatsanwaltschaft nach kontinentalem Muster entschlossen[1]). Zur Ergänzung des Gesetzes von 1879[2]) ist noch die Prosecution of Offences Act 1884 ergangen und sind hierzu Regulations vom Lordkanzler und Staatssekretär unter dem 25. Januar 1886 erlassen worden. Zum Director of Public Prosecution ist der Solicitor to the Treasury bestimmt, unter der Aufsicht des Attorney General[3]). Ihm sind sechs Rechtsbeistände zugeteilt. Aber auch hiermit hat England nicht, wie es manchmal, so z. B. von Hatschek II S. 186 dargestellt wird, das Legalitätsprinzip für gewisse Verbrechen, etwa für die mit Todesstrafe bedrohten, angenommen, sondern es gilt auch für den Public Prosecutor das Opportunitätsprinzip[4]). Nirgends ist vorgeschrieben, daß er z. B. wegen Mordes die Anklage erheben muß, sondern nur, daß sein Eingreifen in solchen wichtigen und schwierigen Fällen stattfinden soll, in denen es zur Sicherung der angemessenen Strafverfolgung angezeigt erscheint. Um ihm zur Auswahl hierfür das erforderliche Material zu geben, ist bestimmt, daß ihm der höchste Polizeibeamte jedes Bezirkes Anzeige von allen mit Todesstrafe bedrohten und von allen derart gestalteten Straffällen machen soll, in welchen offizieller Beistand zweckmäßig erscheint, sowie von solchen, in denen die Verfolgung von anderer Seite zurückgezogen oder vernachlässigt wird. Die letztere Pflicht ist auch dem clerk des Polizeigerichts bei Strafe auferlegt[5]).

Wenn der Public Prosecutor eine aufgenommene Verfolgung nicht fortsetzt oder nicht gehörig betreibt, kann jede aktiv legitimierte Privatperson Beschwerde bei einem

---

1) Liepmann S. 427/428.
2) 42/43 Vict. c. 22.
3) Act 1884, s. 2.
4) 42/43 Vict. c. 22 s. 2.
5) Ibidem s. 5.

der Oberrichter erheben, und hat dieser dann nach Anhörung des Public Prosecutor die nötigen Anordnungen wegen Weiterführung des Verfahrens, sei es durch den Beschwerdeführer oder durch den Public Prosecutor, zu erlassen. Dies kam 1905 in 30 Fällen vor. Im Jahre 1905 gingen bei der Polizei Anzeigen über indictable offences ein: 94 654; an die Schwurgerichte zur Verhandlung kamen 12 325 Personen. Auf Betreiben des Public Prosecutor wurden verfolgt:

378 wegen indictable offences,
46 wegen summarischer Vergehen;
zusammen 424 Vergehen.

Das weite Maß der Initiative, das hiernach das englische Verfahren der Privattätigkeit bei Strafverfolgungen überläßt, ist noch vergrößert durch die Möglichkeit, regelmäßig die Anklage unter Umgehung der polizeigerichtlichen Prüfung der Grand Jury zu unterbreiten und letztere auch in denjenigen Ausnahmefällen anzugehen, in welchen durch die Vexatious Indictments Act für bestimmte Vergehen das polizeigerichtliche Vorverfahren erfordert ist, dieses aber keinen hinreichenden Grund zum committal ergeben hatte[1]).

Bei dieser Regelung wird gerügt, daß nur für einzelne Vergehen die direkte Anklageerhebung verboten worden ist; die Folge dieses „piecemeal work" sei eine große Unsicherheit und Verwirrung; es wird verlangt, daß alle Strafsachen zunächst das Polizeigericht im Vorverfahren passieren sollen[2]).

Über einen nennenswerten Mißbrauch der ausgedehnten Anklageberechtigung ist nicht zu klagen. Entgegen wirken, abgesehen von dem oben erwähnten Verbot des compounding und von dem dem Attorney General zustehenden, aber von ihm fast nie angewandten Recht, jede Strafverfolgung durch Erklärung des „nolle prosequi" zu

---

[1]) S. Liepmann S. 466/68 u. unten S. 100 u. 105.
[2]) Bowen S. 19, 60.

hemmen[1]), die strengen Strafen bis zu lebenslänglichem Zuchthaus, welche auf Erpressung und erpressungsähnliche Vergehen stehen[2]), sowie die für wissentlich falsche Anschuldigung, Beleidigung, Verleumdung angedrohten[3]). Wegen fahrlässiger falscher Anschuldigung würde sich der Ankläger auf erhobene action for malicious prosecution, welche den Nachweis voraussetzt, daß es an einer reasonable and probable cause zur Anklage fehlte[4]), der Verurteilung zum Schadenersatz und einer hohen Geldbuße (damages) aussetzen[5]). Außerdem verordnet s. 2 des Criminal Law Amendment Act. 1867 (30/31 Vict. c. 35), daß dem Ankläger, welcher der Grand Jury ein zurückgewiesenes Indictment unterbreitet hat, die Kosten des Verfahrens auferlegt werden können.

Ebensowenig wie durch unbefugte Ausübung des Anklagerechts leiden die Engländer durch die systemlose Auswahl der zur Anklage gelangenden Übergriffe, deren Verfolgung doch mehr oder weniger vom Belieben des Verletzten, also vom Zufall, abhängig ist. Sie vermissen das auf dem Kontinent und auch in Schottland geübte System der staatsanwaltschaftlichen Anklage nicht[6]). Wie schon oben erwähnt, greifen die Engländer nicht zur Strafe als Vergeltung für die Verworfenheit des Missetäters oder aus irgendwelchen abstrakten Gründen, sondern sie sehen in dem Angeklagten einen Unglücklichen, dem, abgesehen von dem neuerdings mehr in den Vordergrund rückenden

---

[1]) Stephen Abhandlung S. 460, derselbe History I S. 496, Schmidt S. 93.

[2]) Harris S. 110/111.

[3]) Harris S. 132, 113/114, 118.

[4]) Stephen, The law relating to Actions for Malicous Prosecution 1888, S. 104.

[5]) Im letzten Sommer zahlte z. B. eine wegen Beleidigung und Kreditschädigung verklagte Zeitung im Vergleichswege zwei Millionen Mark Buße, weil sie fürchten mußte, durch Urteil noch schlechter wegzukommen.

[6]) S. Stephen History I S. 566. Unter den Reformvorschlägen des Kritikers Bowen-Rowlands S. 60 ff. findet sich die Forderung nach Organisierung einer staatlichen Anklage nicht.

Besserungszweck (vgl. das ticket of leave system[1]), das Borstal system, bedingte Freisprechung nach Probation of Offenders Act 07) ein angedrohtes, schweres Übel zum Zwecke der Abschreckung oder des Unschädlichmachens bedauerlicherweise aufzuerlegen ist[2]). Werden nur diese Ziele erreicht, und das geschieht durch die Verhängung sehr harter Strafen und durch subsidiäres Eingreifen des Public Prosecutor, so ist nach englischem Empfinden dem Strafzweck Genüge getan, mag auch eine große Zahl weiterer Gesetzesverletzungen durch Unterlassung der Verfolgung oder durch sachlich ungerechtfertigte Freisprechung „ungesühnt" bleiben. Der herausgegriffene und überführte Verbrecher muß im allgemeinen schwer büßen, gewissermaßen für die anderen nicht ebenso angepackten Übeltäter mit. Insoweit man die von Stein S. 30 hervorgehobene rücksichtslose Brutalität gegen den Angeklagten nicht hierin sehen will, dürfte solche überhaupt nicht zu finden sein.

6. Zuständigkeit.

a) Örtliche.

A) In summarischen Straffällen.

In erster Linie sind Friedensrichter und magistrates als forum delicti commissi zuständig[3]), und zwar gelten in dieser Beziehung bei felony und misdemeanour die jenseits der Grenze liegenden ersten 500 Yards noch als zum Bezirk gehörig[4]). Bei dann noch zweifelhaften Fällen, wie z. B. bei Vergehen, die auf der See oder einem Wasser zwischen den Grenzen zweier Bezirke, oder auf einer Reise oder Fahrt, die mehrere Bezirke berührt hat, begangen sind, ist jedes der in Betracht kommenden Gerichte zu-

---

[1]) Bowen S. 44.

[2]) So sagt Stephen History I S. 544: Der eines Verbrechens Angeklagte sollte Gegenstand des Mitleids und gewissermaßen der Sympathie seitens aller derjenigen sein, denen nicht gerade die besondere Pflicht obliegt, ihn zur Bestrafung zu bringen.

[3]) Douglas S. 36.

[4]) Criminal Law Act 1826 (7 Geo. IV c. 64 s. 12).

ständig[1]). Sodann ist auch in vielen, aber erst durch Spezialgesetze gegebenen Fällen das Gericht des Wohnortes des Beschuldigten oder das forum apprehensionis zuständig.

Schließlich sind noch durch besondere Bestimmungen Spezialgerichtsstände geschaffen, so z. B.:

a) bei strafbarem Eigennutz[2]) der Ort, wo die beiseite geschafften Sachen sich befinden;

b) bei Diebstahl, da, wo das gestohlene Gut aufbewahrt ist, oder wo es sich nach dem Diebstahl zeitweilig befunden hat[3]).

c) bei Unterschlagung sowohl da, wo die unterschlagene Sache in Verwahrung genommen, als auch dort, wo Rechenschaft darüber abgelegt werden sollte,

d) bei Betrug, falls solcher durch Schreiben begangen wurde, sowohl der Bezirk der Absendung als derjenige des Bestimmungsortes[4]);

e) bei Hehlerei sowohl der Bezirk, wo der Diebstahl begangen wurde, als auch derjenige, wo der Hehler das Gut aufbewahrt[5]).

Die Zweckmäßigkeit dieser konkurrierenden Zuständigkeit, besonders in Zweifelsfällen, ist im Hinblick auf die S. 47 dargelegte Geltung des forum praeventionis einleuchtend.

B) In Schwurgerichtssachen.

Außer dem forum delicti commissi gilt hier das forum apprehensionis oder des vermuteten Aufenthaltsortes im Bezirk[6]). Hierdurch wird das Polizeigericht immer zuständig zum Erlaß des Haftbefehls, Eröffnung des Vorverfahrens und Überweisung an das Schwurgericht, sowie im Fall der Zulässigkeit der summarischen Aburteilung für diese[7]). Außerdem ist jedes Polizeigericht für das Vorver-

---

[1]) Ibidem s. 13.

[2]) 11 Geo. II c. 19.

[3]) 24/25 Vict. c. 96 s. 114.

[4]) 7 Geo. IV c. 64 s. 12.

[5]) 24/25 Vict. c. 96 s. 96.

[6]) J. O. A. 1848 s. 1 und 3.

[7]) S. J. A. 1879 s. 45.

fahren in den Fällen zuständig, in denen solche Verbrechen im Auslande begangen worden sind, die in Großbritannien strafrechtlich verfolgt werden dürfen[1]).

Für alle bisher erörterten Fälle gilt die Regel, daß bei mehrfacher Zuständigkeit das mit der Sache zuerst befaßte Gericht für die Weiterverhandlung das allein zuständige wird.

b) Sachliche Zuständigkeit.

A) In summarischen Straffällen.

Da früher alle Vergehen als indictable, d. h. durch formelle Anklage (indictment) vor das Schwurgericht zu bringende behandelt wurden, gibt es keine allgemeine Bestimmung darüber, welche offences dem summarischen Verfahren unterliegen; vielmehr ist dieses nur hinsichtlich der einzelnen Straftaten in den betreffenden Gesetzen (statutes) angeordnet. Im allgemeinen läßt sich jedoch sagen, daß dies hinsichtlich aller Übertretungen in unserem Sinne und Vergehen von geringerer Schwere geschehen ist.

Trotz der letzteren Beschränkung ist jedoch die im Summarverfahren zugelassene Strafbefugnis eine recht bedeutende; sie geht nach einzelnen Spezialgesetzen bis zu einem Jahr Gefängnis, mit oder ohne schwere Arbeit (hard labour)[2]), so z. B. wegen einfachen Diebstahls im ersten Rückfall[3]), wegen unerlaubten Spieles[4]), wegen Vergehens gegen die Prevention of Crimes Act[5]), wegen Sachbeschädigung im ersten Rückfall[6]), oder auf Geldstrafe bis zu 10000 M., so wegen unerlaubten Spiels[7]) oder betrügerischen Gebrauchs falscher Schiffszertifikate[8]). Hierbei sei bemerkt, daß die

---

[1]) 11/12 Vict. c. 42 s. 2.

[2]) Nach den criminal statistics für 1905 S. 111 wurden summarisch in 295 Fällen Strafen von über 6 Monaten und in 1800 Fällen Strafen von 3 bis 6 Monaten verhängt. S. ferner Stephen, Abhandlung S. 450, History I S. 522.

[3]) 24/25 Vict. c. 96 s. 22 und 33.

[4]) 17/18 Vict. c. 38 s. 4.

[5]) 34/35 Vict. c. 112 s. 5.

[6]) 24/25 Vict. c. 97 s. 22, 25, 37, 41.

[7]) 17/18 Vict. c. 38 s. 4.

[8]) 18/19 Vict. c. 119 s. 5.

Verurteilung zu Gefängnis mit schwerer Arbeit wegen Verbrechens (felony) den Verlust von Pensionen aus öffentlichen Fonds nach sich zieht[1]). Ferner kann das Polizeigericht gegen Ausländer Landesverweisung beantragen, wovon ziemlich häufig Gebrauch gemacht wird[2]). Auch kann in gewissen, gesetzlich bestimmten Fällen auf Prügelstrafe (whipping), auf Einsperrung in eine Irrenanstalt, auf Überweisung in eine Besserungsanstalt (Reformatory oder Industrial School, Inebriates Reformatory) erkannt werden. Schließlich hat das Polizeigericht auch die Befugnis, die Rückgabe von gestohlenem Gut anzuordnen[3]).

Andererseits ist durch die S. J. A. 1879 s. 17 angeordnet, daß bei jedem Vergehen, tätliche Beleidigung (common assault) ausgenommen, soweit es mit einer höheren Strafe als drei Monate Gefängnis geahndet werden kann, der Beschuldigte das Recht hat, die Aburteilung vor dem Schwurgericht zu verlangen, und daß er auf dieses Wahlrecht vom Polizeigericht hinzuweisen ist. Und ferner bestimmt dasselbe Gesetz s. 18, daß die Gesamtstrafe für tätliche Beleidigungen und Mißhandlungen, die bei derselben Gelegenheit begangen sind, nicht sechs Monate Gefängnis überschreiten darf.

Außerdem fällt noch dem Polizeigericht die Erledigung von Anträgen (complaint) zu, welche die Verhütung strafbarer Handlungen bezwecken, wie bei Belästigungen, Drohungen, Zusammenrottungen, Schlägereien. Hier erläßt das Gericht aus dem durch S. J. A. 1879 s. 25 geordneten Verfahren einen Friedensbefehl, nach welchem der Beschuldigte bei Anwendung einer Strafe bis zu sechs Monaten Gefängnis die Verpflichtung unter Bürgschaftsstellung eingehen muß den Frieden zu wahren (to keep the peace)[4]). Weiter geht noch die Befugnis des Polizeigerichts auf Grund

---

[1]) Forfeiture Act 1870 s. 2.

[2]) Aliens Act 1905 s. 3.

[3]) S. unten S. 88/89 und Douglas S. 169, S. J. A. 1879 s. 27[3], Weidlich S. 22.

[4]) Harris S. 288—291, Oke S. 1674—76, Thwaites S. 161.

eines alten, aber noch immer angewandten Gesetzes[1]), Unruhestifter, Querulanten (barrators), solche, die verdächtig sind, ein Verbrechen zu beabsichtigen, Trunkenbolde, Bauernfänger (cheats), Vagabunden usw. bei Strafe durch security for good behaviour[2]) zur Führung eines ordentlichen Lebenswandels zu verpflichten und ihnen damit, bevor sie Schaden angerichtet haben, wenigstens eine ernste Verwarnung zu erteilen. Noch praktischer, ja fast unentbehrlich erscheint die erstgedachte Präventivmaßregel, die Bedrohungen und Belästigungen gegenüber in England vielfach mit Erfolg angewandt wird. Wer die Klagen von Personen, die solchen Gefährdungen bei uns ausgesetzt sind, über ihre Schutzlosigkeit gehört hat, indem sie von der Polizei mit dem Hinweis abgewiesen werden, daß sie vor Begehen einer strafbaren Handlung nicht einschreiten könne, wird Nachahmung empfehlen.

Wie bereits oben bemerkt, ist dem Police Court auch allerlei Zivilgerichtsbarkeit aufgeladen worden; die Engländer nennen es freilich zumeist nicht direkt so, sondern sprechen von quasi criminal matters. Sie unterscheiden, ob das Verfahren durch information oder complaint eingeleitet wird. Information ist eine formlose auf Bestrafung abzielende Anzeige. Complaint ist der Antrag auf Erlaß einer Anordnung auf Zahlung oder zur Leistung einer Handlung[3]). Im Verfahren auf complaint wird wegen einer als civil debt anzusehenden Geldforderung[4]) kein Haftbefehl, sondern ausschließlich Vorladung gewährt[5]). Die Zuständigkeit der Polizeigerichte in solchen Nichtstrafsachen, auch Miscellaneous Jurisdiction genannt, umfaßt folgende Gebiete[6]): 1. Alimentenklagen für uneheliche Kinder; 2. Gewerbestreitigkeiten zwischen Handarbeitern und deren

---

[1]) 34 Edw. 3 c. 1.
[2]) S. unten S. 88 ff. und Harris S. 291/92; Oke S. 1677
[3]) Douglas S. 3; S. J. A. 1848 s. 1.
[4]) S. J. A. 1879 s. 6.
[5]) Formular s. bei Douglas S. 251.
[6]) Thwaites S. 152 ff.

Arbeitgebern bis £ 10 [1]); 3. Ehestreitigkeiten auf Trennung der Ehe, Überlassung der Kinder, Zahlung von Unterhaltsbeiträgen bis zu £ 2 die Woche[2]); 4. Klagen gegen Mieter auf Räumung oder wegen Entziehung des Mietepfandrechtes[3]). Die Lehrbücher zählen daneben noch eine Reihe weiterer Zuständigkeitsfälle auf, vgl. The Metropolitan Police Guide S. 9.

Zu diesen Zivilsachen kommen dann noch mancherlei Verwaltungssachen, unter denen die wichtigste das sogen. licensing business (Schankkonzessionen) ist, welches jedes Jahr Anfang Februar erledigt wird. Weiter sind zu nennen: Anordnung der Tötung gefährlicher Hunde; Gewährung der Befreiung vom Impfzwang; Anordnung der Rückgabe von unrechtmäßig verpfändetem Gut an den Eigentümer durch den Pfandleiher nach Pawnbrokers Act 1872, Armensteuersachen, sogen. closing orders s. S. 90 und manches andere mehr[4]).

B. In Schwurgerichtssachen.

1. Als Gericht des Vorverfahrens.

Für das Vorverfahren in indictable cases ist das Polizeigericht ohne Ausnahme sachlich zuständig, bis etwa das Obergericht (King's Bench) die Verhandlung durch writ of certiorari an sich zieht. Jedoch kann diese Vorinstanz unter Umständen auch übergangen und die Anklage direkt der Grand Jury des Schwurgerichts unterbreitet werden (s. S. 43). Außerdem besteht in Tötungsfällen die Einrichtung der coroner's inquisition mit jury, auf Grund welcher der Theorie nach die Sache direkt an das Schwurgericht gehen kann, wenn diese Special Jury einen Wahrspruch auf Tötung gegen eine bestimmte Person abgegeben hat. Es ist aber jetzt feststehende

---

1) Employers and Workmen Act 1875, 38/39 Vict. c. 90.
2) S. J. (Married Women) Act 1895, 58/59 Vict. 39.
3) Small Tenements Recovery Act 1838.
4) Douglas S. 292.

Praxis geworden, trotz solches Wahrspruchs die Sache durch das polizeigerichtliche Vorverfahren gehen zu lassen[1]).

Über den Gang des Vorverfahrens s. unten S. 58 ff.

2. Als Spruchgericht infolge Umleitung.

Das Polizeigericht wird zuständig in folgenden Fällen von Anklagen wegen indictable offences:

1. gegen Kinder von 7 bis 12 Jahren wegen aller indictable offences mit Ausnahme von Tötung, wenn das Gericht die Aburteilung im Summarverfahren für angebracht hält und der Vater oder Vormund nicht widerspricht. In solchem Falle darf das Polizeigericht statt Zuchthaus nur Gefängnisstrafe verhängen und keine höhere Strafe geben als 1 Monat Gefängnis oder 40 sh. Geldstrafe[2]), außerdem zusätzlich oder als einzige Strafe Rutenschläge (whipping with the birchrod) bis zu 6 Streichen;

2. gegen Jugendliche im Alter von 12 bis 16 Jahren, mit deren Zustimmung in denselben Strafsachen wie zu 1, wenn das Polizeigericht mit Rücksicht auf Leumund und Vorleben des Angeklagten, auf die Natur des Vergehens und die begleitenden Umstände es für angezeigt hält, keine größere Strafe zu verhängen als Gefängnis mit oder ohne schwere Arbeit bis zu 3 Monaten oder Geldstrafe bis zu £ 10 und principaliter oder zusätzlich Prügelstrafe bis zu 12 Rutenstreichen[3]);

3. gegen Erwachsene, d. h. Personen über 16 Jahre wegen gewisser Eigentumsvergehen, wie einfacher Diebstahl, Raub, Unterschlagung, Hehlerei, Betrug, Brandstiftung unter folgenden Voraussetzungen: das Gericht muß die Überzeugung gewonnen haben, daß das Hauptverfahren gegen den Angeklagten einzuleiten ist, dieser muß sich durch plea of guilty schuldig bekennen, was zu protokollieren ist, und schließlich muß das Gericht zu der Auffassung gelangt sein, daß

[1]) Näheres bei Liepmann S. 476/77; Thwaites S. 108, 191; Harris S. 317, 348/50.

[2]) S. J. A. 1879 s. 10.

[3]) S. J. A. 1879 s. 11 und Schedule zu 62/63 Vict. c. 22 s. 1 und 2.

der Angeklagte vermöge seines Leumundes und Vorlebens, der Natur des Vergehens und der begleitenden Umstände die Berücksichtigung der Aburteilung im summarischen Verfahren verdient und sich auch nur die Verhängung einer 6 Monate Gefängnis mit oder ohne schwere Arbeit nicht überschreitenden Strafe empfiehlt. Bei der Befragung nach dem Schuldbekenntnis ist der an den Angeklagten zu richtende, S. 72 näher zu erörternde Hinweis (caution) darauf zu erstrecken, daß im Falle des Geständnisses seine sofortige summarische Aburteilung erfolgen wird[1]);

4. gegen Erwachsene wegen der unter Nr. 3 gedachten Vergehen, falls der verursachte Schaden den Wert von 40 sh. nicht übersteigt, der Angeklagte nach Mitteilung seines Rechts auf Aburteilung durch das Schwurgericht anstatt dieses das summarische Verfahren wünscht und das Gericht solches für angebracht hält, auch in Berücksichtigung der Umstände über eine Strafe von drei Monaten Gefängnis mit oder ohne schwere Arbeit oder £ 20, nicht hinauszugehen beabsichtigt[2]).

In allen Fällen kann das Polizeigericht sich vertagen und eventuell den Beschuldigten festhalten, wenn der Entschluß wegen Übernahme der Aburteilung noch von Ermittelungen abhängig ist, oder wenn es gerade zur Zeit der Verhandlung die erforderliche Eigenschaft als petty sessional court nicht besitzt und für Hebung dieses Mangels sorgen will[3]). Ferner muß stets vor der Umleitung der Angeschuldigte darauf hingewiesen werden, daß er das Recht habe, vor einem Schwurgericht abgeurteilt zu werden[4]). Eine Berufung gibt es in diesen Fällen nicht[5]).

Von der hierdurch gegebenen Möglichkeit der Aburteilung von indictable offences machen die Polizeigerichte ausgiebigen Gebrauch. In solchen Strafverfolgungen wurden

---

[1]) S. J. A. 1879 s. 13 und Schedule I dazu sowie 62/63 Vict. c. 22 s. 1, nebst Schedule I dazu.

[2]) S. J. A. 1879 s. 12 und 62/63 Vict. c. 22 s. 1.

[3]) S. J. A. 1879 s. 24.

[4]) S. J. A. 1879 s. 17.

[5]) Thwaites S. 148.

im Jahre 1905 von ihnen 49 138 Personen abgeurteilt gegen 729 727, die von vornherein dem summarischen Verfahren unterlagen, während nur 12 325 zur Aburteilung den Schwurgerichten überwiesen wurden. Die Umleitung ist an keine Zeitbegrenzung gebunden, und auch an keine andere Formalität, als daß die Anklage nunmehr schriftlich formuliert werden muß, wenn das vorher noch nicht geschehen war, und dem Angeklagten vorgelesen werden soll. Die zum Vorverfahren hinzugezogenen und in diesem vernommenen Zeugen brauchen nur auf Verlangen des Angeklagten nochmals gehört zu werden[1]).

c) Beurteilung der Zuständigkeitsnormen.

Die Vorteile dieses Umleitungsverfahrens, insbesondere die große Zeit- und Arbeitsersparnis, liegen auf der Hand. Auf dem Wege zum Schwurgericht müssen doch alle Strafsachen (mit Ausnahme weniger direkt an das Schwurgericht gehender Sachen) die Polizeigerichte passieren. Gleich hier werden die zur summarischen Aburteilung geeigneten Fälle angehalten und im unmittelbaren Anschluß an die stattgehabten Vorvernehmungen, die auf diese Weise gleich mit für die Hauptverhandlung verwertet werden können, erledigt. Jedenfalls ein viel schleunigeres Verfahren als unser Überweisungsverfahren[2]).

Die Zuständigkeitsnormen mit der Einteilung in kleinere Gerichtsbezirke erscheinen schon wegen der dadurch erleichterten Kenntnis von Land und Leuten praktisch. Sie schaffen auch für den in viele Teile zerspaltenen hauptstädtischen Gerichtskörper keine Mißstände, da Kompetenzzweifeln und Streitigkeiten wirksam vorgebeugt ist. In dieser Beziehung seien folgende Vorschriften erwähnt:

---

[1]) S. J. A. 1879 s. 27. Wegen Protokollierung der Aussagen der im Vorverfahren vernommenen Zeugen S. S. 61.

[2]) Daß dieses unzweckmäßig ist hat ja auch die Strafprozeßkommission anerkannt, welche die Übelstände dadurch vermeiden will, daß sie die Entscheidung in die Hand des Staatsanwalts legt (Beschluß Nr. 29).

a) Der Haftbefehl (warrant) jedes hauptstädtischen Polizeirichters ist ohne weiteres im ganzen Vereinigten Königreich vollstreckbar[1]).

b) Der warrant eines für einen ländlichen Bezirk bestellten Friedensrichters ist auch in Städten, die von seinem Bezirk umschlossen sind oder ihm angrenzen, aber einen selbständigen Bezirk bilden, vollstreckbar; ebenso der warrant eines für solche Stadt ernannten Friedensrichters in der sie umgebenden county und auf einen Umkreis von 7 engl. Meilen außerhalb der Stadt[2]).

Bei Verfolgung auf frischer Tat ist die Kraft des warrants in allen Fällen in dem Nachbarbezirk bis 7 Meilen von der Grenze und bei Verfolgung von indictable offences sogar durch den ganzen Nachbarbezirk und darüber hinaus bis 7 Meilen von der Grenze des eigenen Bezirkes erstreckt[3]).

Reichen diese Bestimmungen nicht aus, so wird die Vollstreckbarkeit des warrants in anderen Bezirken durch backing bewirkt, d. h. dadurch, daß einer der örtlich zuständigen Friedensrichter den auswärts erlassenen Befehl indossiert[4]).

c) Ergibt sich trotz der eben dargelegten Festsetzung der Zuständigkeit in zweifelhaften Fällen doch noch die Unzuständigkeit des mit der ersten Behandlung einer indictable offence befaßten Polizeigerichts, so bleibt dieses gleichwohl zur Vernehmung der Zeugen und Überweisung an das Schwurgericht (commitment) befugt; nur muß es die Entscheidung in dem Falle, daß es die Zurückweisung der Anklage für geboten hält, dem forum delicti commissi überlassen[5]).

In denjenigen Fällen von indictable offences, in denen der Police Court das Vorverfahren nicht zur Aburteilung umleiten will oder darf, vollzieht sich die Abgrenzung der

---

[1]) Metropolitan Police Act 1839 2/3 Vict. c. 71 s. 17.

[2]) S. J. A. 1848 s. 6 und 11/12 Vict. c. 42 s. 6, Municipal Corpor. Act 1882 s. 223.

[3]) S. J. A. 1848 s. 3 und 11/12 Vict. c. 42 s. 10.

[4]) S. J. A. 1848 s. 3 und 11/12 Vict. c. 42 s. 11.

[5]) 11/12 Vict. c. 42 s. 22, Thwaites S. 118.

Kompetenz durch Überweisung an das Schwurgericht, und zwar entweder an die Quarter Sessions oder an die Assizes. Bei der Wahl kann sich das Polizeigericht von seinem freien Ermessen leiten lassen, ob es sich empfiehlt, etwa wegen der Schwierigkeit der Sache oder zu ihrer Beschleunigung oder aus anderen Gründen die Verhandlung an die Assizes zu bringen, denen immer ein Oberrichter oder sein bestellter Vertreter vorsitzt. Auch kann die Verweisung an die Assizes durch Order eines Oberrichters ausgesprochen werden[1]). Abgesehen von diesen besonderen Gründen soll jedoch regelmäßig nach der Assizes Relief Act 1889 (52/53 Vict. c. 12) die Überweisung an die Quarter Sessions ausgesprochen werden bei Verfolgung wegen leichterer Verbrechen (felonies) und aller misdemeanours, soweit die Entscheidung nicht durch Gesetz den Sessions ausdrücklich entzogen ist. Zu diesen bei Harris S. 310/11 aufgeführten gehören Hochverrat, Verheimlichung eines solchen, Mord, jede mit Todesstrafe bedrohte Tat, alle diejenigen Verbrechen, welche auch ohne Rückfallserschwerung schon mit lebenslänglicher Zuchthausstrafe bedroht sind, Vergehen gegen die Religion, Meineid, Falschmünzerei, Urkundenfälschung (auch intellektuelle), Bigamie, Bestechung, öffentliche Beleidigung usw. Die Strafbefugnis der Quarter Sessions geht bei Rückfallsvergehen bis zu lebenslänglichem Zuchthaus (penal servitude) und sonst auf Zuchthaus bis zu 14 Jahren.

Die Einteilung beruht, wie zu ersehen ist, hauptsächlich auf Scheidung der Straftaten in felonies und misdemeanours. Diese Einteilung stammt aus Feudalzeiten her, beruht auf der damals allgemein angewandten und bis in die neueste Zeit noch in England bei felonies zulässig gewesenen Strafe der Konfiskation von Land und Gut, ist veraltet und durch keine begriffliche Unterscheidung mehr zu rechtfertigen[2]). In diesem Sinne wird auch bereits in der englischen Literatur, wenn auch verschämt, Kritik geübt[3]).

[1]) Thwaites S. 107.

[2]) Stephen-Mühry S. 2/3, Stephen, History II S. 192.

[3]) Harris S. 8/9, Bowen S. 31/32.

Dagegen wird die Unterscheidung zwischen Straftaten, die der Verfolgung durch indictment oder im summarischen Verfahren unterliegen (s. oben S. 47), allgemein günstig beurteilt, weil die formlosere, rascher sich abwickelnde Polizeigerichtsbarkeit, ausgeübt von Vertrauenspersonen, die mit Land und Leuten ihres kleinen Bezirks vertraut sind, geringeren Vergehen und solchen, denen in Anbetracht gewisser Umstände eine besondere Berücksichtigung entgegengebracht wird, besser angepaßt erscheint, als das mit Feierlichkeit und großem Apparat auftretende, deshalb schwerfälliger, aber auch wuchtiger arbeitende Schwurgericht. Es ist daher wohl mit fortschreitender Demokratisierung des Instituts der Friedensrichter, mit der weiteren Industrialisierung des Landes und der damit zusammenhängenden vermehrten Anstellung von Berufspolizeirichtern, sowie angesichts der trotz aller Klagen, parlamentarischen Untersuchungen und der Assizes Relief Act fortdauernden Überlastung der Assizes die Ausdehnung der summary jurisdiction auf weitere Strafverfolgungen zu erwarten.

Die Gestaltung des deutschen Strafrechts dürfte, da ja auch das englische die Straftaten in drei Hauptklassen einteilt, ein Hinderungsgrund zur Nachahmung der Zweiteilung im Verfahren nicht sein. Jedoch ist ein Bedenken hiergegen die sich wohl aus einer solchen Teilung mit Notwendigkeit ergebende Vermehrung der auf die Schwurgerichte entfallenden Sachen.

II. Die Verhandlung vor dem Polizeigericht.

1. Allgemeines.

Das Verfahren wird geregelt durch die S. J. Acts von 1848 (11/12 Vict. c. 43), von 1857 (20/21. Vict. c. 43), von 1879 (42/43 Vict. c. 49), von 1884 (47/48 Vict. c. 43), durch die S. J. Process Act von 1881 (44/45 Vict. c. 24), durch die Indictable Offences Act von 1848 (11/12 Vict. c. 42), durch die Indictable Offences Act Amendment Act von 1868 (31/32 Vict. c. 107), durch die Interpretation Act von

1889 (52/53 Vict. c. 63), sowie durch die Criminal Evidence Act von 1898 (61/62 Vict. c. 36).

Hier sei zunächst darauf hingewiesen, wie einfach und zielbewußt sich das Verfahren abspielt.

Bei Eintritt in die Verhandlung wird der Angeklagte gefragt, ob er auf die Anklage etwas zu erwidern habe[1]). Bringt er hierauf eine plea of guilty vor, so erläßt das Gericht sofort das Urteil, oder es tritt in die Beweisaufnahme über die den Straffall begleitenden Umstände ein, wenn dies für die Strafzumessung erforderlich erscheint. Leugnet der Angeklagte, so wird der Ankläger gehört, der oft selbst als Zeuge auftritt und seine Zeugen vorführt und vernimmt; diese unterliegen dem Gegenverhör des Angeklagten. Alsdann hat letzterer das Recht, sich über das Ergebnis der Belastungsbeweisaufnahme auszulassen und seinen Gegenbeweis vorzuführen; er verhört seine Zeugen, eventuell läßt er sich auch selbst als Zeuge vernehmen. Die vernommenen Entlastungszeugen, also auch der Angeklagte selbst, unterliegen wieder dem Gegenverhör des Anklägers. Letzterer mag dann noch neue Zeugen vorführen, um den Entlastungsbeweis zu widerlegen. Nach Schluß der Beweisaufnahme ergeht das Urteil, ohne daß Ankläger oder Angeklagter das Recht weiterer Ausführungen haben[2]).

In Schwurgerichtssachen ist der Gang der nämliche[3]), nur die letztgedachte Beschränkung fällt fort; der Angeklagte bzw. sein Verteidiger erhält nach Schluß der Beweisaufnahme das Recht zu Ausführungen (sum up his case) und der Ankläger zur Erwiderung. Diese Befugnis des Anklägers fällt fort, wenn ein Entlastungsbeweis nicht angetreten ist[4]), so daß in diesem Falle der Angeklagte das letzte Wort hat.[5])

---

[1]) S. unten S. 68.

[2]) Douglas S. 78.

[3]) Harris S. 399/400.

[4]) S. unten S. 75.

[5]) S. Harris S. 379: über die einzige Ausnahme hiervon zugunsten des public prosecutor s. oben S. 37.

Im allgemeinen kann man sagen, daß das Verfahren im Police Court freier und, wo nötig, auch ohne strikte Befolgung der gesetzlichen Vorschriften gehandhabt wird[1]). Vor der parlamentarischen Kommission für die Polizeienquete hat Magistrate Baggallay vom Greenwich Police Court geäußert: We could not get on in a Police-Court, if we were not irregular. Als Leitstern wird genannt: „natural justice, practical expediency and common sense.“ Eine anschauliche Schilderung des gesamten Verfahrens gibt Gamon a. a. O.

2. Einleitung des Vorverfahrens.

Das Verfahren beginnt entweder mit der Festnahme des Beschuldigten, das Gewöhnliche, oder mit der Anzeige (information), die den Antrag auf Verhaftung oder Vorladung enthält (über die Aktivlegitimation s. oben S. 37/38).

Die information wird, wenn dies auch gesetzlich nicht allgemein vorgeschrieben ist, fast regelmäßig in schriftlicher Abfassung angebracht[2]); sie muß die Namen des Antragstellers und Beschuldigten sowie die nähere Bezeichnung und gesetzlichen Merkmale der Straftat enthalten[3]). Eidlich bekräftigt braucht sie nur für den Fall zu werden, daß sofortige Verhaftung durch warrant und nicht nur Vorladung (summons) verlangt wird[4]). Der summons enthält in Kürze die Anschuldigung sowie die Terminsvorladung[5]). Über Anträge — (applications) — auf warrant oder summons soll in nicht öffentlicher Sitzung verhandelt werden[6]); zugleich wird bei Erlaß der Vorladung oder nach Vorführung des Beschuldigten ein naher Termin angesetzt, zu welchem der Antragsteller seine Zeugen mitbringt. Weiß er, daß solche Zeugen, die Erhebliches aussagen können,

---

[1]) Gamon S. 151, 89, 158.
[2]) Douglas S. 43, 13; Oke S. 138.
[3]) Douglas S. 46.
[4]) S. J. A. 1848 s. 10.
[5]) Formular s. Douglas S. 374 und 230.
[6]) Douglas S. 309.

freiwillig nicht erscheinen werden, und macht er dies durch eidliche oder eidesstattliche Versicherung seiner selbst oder einer dritten vertrauenswürdigen Person glaubhaft, so kann er gleichzeitig die Vorladung eines solchen Zeugen bewirken. Die Zustellung der Ladung (service of summons) erfolgt durch einen Konstabler oder anderen Peace Officer durch Übergabe der Urkunde an den Geladenen persönlich oder für ihn an eine andere Person an seinem gewöhnlichen oder letzten bekannten Aufenthaltsort[1]). Wird die Vorladung seitens der geladenen Zeugen, denen Kostenvorschuß gezahlt oder angeboten worden ist, nicht befolgt, so erläßt der Richter einen Vorführungsbefehl. Er kann solchen gegen den Zeugen auch sofort (in the first instance) erlassen, wenn ihm glaubhaft dargetan wird, daß der Zeuge ohne Zwang nicht erscheinen werde[2]). Die rechtzeitige Zustellung wird durch eidliche oder eidesstattliche Aussage des Zustellungsbeamten erwiesen[3]); der Beweis kann aber auch durch eine von einem magistrate oder einer sonstigen Urkundsperson aufgenommene förmliche declaration erbracht werden[4]).

3. Besondere Bestimmungen.

Das hieran sich anschließende Verfahren ist, soweit es zur Vorbereitung für Schwurgerichtssachen geschieht, bei Liepmann geschildert, so insbesondere die Anklage, die Rechte der Verteidigung, Beschlagnahme, Durchsuchung und schließliche Entscheidung.

Auf diese Ausführungen, insbesondere auf die S. 423 bis 426, 428[5]), 455 bis 460 enthaltenen, kann auch hinsichtlich des Ganges des summarischen Verfahrens, das sich von

---

[1]) S. J. A. 1848 s. 1.

[2]) S. J. A. 1848 s. 7; J. O. A. 1848 s. 16.

[3]) S. J. A. 1848 s. 13; Douglas S. 5.

[4]) S. J. A. 1879 s. 41, Formular s. Consolidated Forms 1886, Nr. 46.

[5]) Zum Recht der Akteneinsicht ist zu bemerken, daß der Beschuldigte nach dem Schluß der Beweisaufnahme, also nach Abschluß des Vorverfahrens, das Recht auf Erteilung von Abschriften der Zeugenaussagen gegen Erlegung der Kopialien hat. S. unten S. 62.

dem Vorverfahren nur in wenigen Punkten unterscheidet, Bezug genommen werden[1]).

Folgendes sei noch hinzugefügt:

a) Während für die Vorbereitung des Verfahrens (sog. issuing of process) sowie für das Vorverfahren in Schwurgerichtssachen[2]) stets ein Friedensrichter zur Besetzung der Richterbank genügt, also auch immer zum Erlaß von summons und warrant[3]), ist dies für die Hauptverhandlung im summarischen Verfahren regelmäßig nur der Fall, wenn ein Stipendiary Magistrate amtiert[4]). Sonst hängt die Zulässigkeit der Aburteilung durch einen Friedensrichter davon ab, daß dies ausdrücklich in dem zur Anwendung gelangenden Strafgesetz bestimmt ist, und auch in diesen Fällen darf die von einem Friedensrichter verhängte Strafe das S. 15 angegebene Maß nicht überschreiten.

b) Die Verhandlungen im summarischen Verfahren haben öffentlich (in open court)[5]) stattzufinden, so daß die Zeugen meistens zuhören werden[6]). Jedoch können die Parteien beantragen, daß die Zeugen aus dem Saal entfernt und einzeln in Abwesenheit der später zu hörenden Zeugen vernommen werden, was allerdings nicht häufig geschieht[7]). Zur Wahrung der Sitzungspolizei steht dem Polizeigericht besondere Strafbefugnis wegen contempt of court, wie den

---

[1]) Die dort in Anmerkung 44 erwähnte Einschränkung ist durch die Interpretation Act 1889 s. 13 Nr. 11 in Fortfall gekommen und reicht jetzt die Kraft des summons ganz allgemein auch über fremde Gerichtsbezirke hinaus.

[2]) Zu Unrecht läßt v. Lewinski S. 20 das Vorverfahren vor den petty sessions stattfinden.

[3]) S. J. A. 1848 s. 29; Oke S. 942.

[4]) 2/3 Vict. c. 71 s. 13 und 14; 21/22 Vict. c. 73 s. 1. J. O. A. 1848 s. 29; S. J. A. 1879 s. 20.

[5]) S. J. A. 1848 s. 12. In früheren Zeiten war dies nicht der Fall, denn die Polizeirichter hatten es verstanden, durch rigorose Handhabung der Sitzungspolizei das Publikum auszuschließen; hiervon gibt Charles Dickens im Oliver Twist Kap. XI eine drastische Schilderung mit herber Kritik.

[6]) Oke S. 167; Weidlich S. 15.

[7]) Gamon S. 156, 91 und oben S. 27.

höheren Gerichten, nicht zu[1]). Trotzdem sind Ungehörigkeiten höchst selten[2]), wenn auch die Geduld des Angeklagten, der Anwälte und der Zeugen, welche in allen anstehenden Sachen gewöhnlich zusammen auf den Sitzungsbeginn geladen werden, durch langes Warten auf eine harte Probe gestellt wird; übrigens ist die Rücksichtslosigkeit in dieser Beziehung bei den Schwurgerichten noch größer, wie Stein S. 57 und Weidlich S. 15 hervorheben.

Das Vorverfahren in Schwurgerichtssachen ist zwar nach I. O. A. 1848 s. 19 nicht öffentlich; jedoch wird hiervon nicht Gebrauch gemacht und bringen die Zeitungen ausführliche Berichte unter voller Namensnennung, was insbesondere bei unbegründeten Verfolgungen zu gerechtfertigten Beschwerden Anlaß gibt.

c) Im summarischen Verfahren brauchen die Zeugenaussagen nicht protokolliert zu werden, auch nicht in denjenigen Fällen, die als indictable cases trotzdem summarisch abgeurteilt werden. Nur falls es sich in solchen Verhandlungen herausstellt, daß die Anklage abzuweisen ist, hat Protokollierung stattzufinden[3]); aber in keinem Falle hat der Beschuldigte im summarischen Verfahren ein Recht auf Abschrift der Zeugenaussagen (depositions)[4])

Im Vorverfahren für die Schwurgerichte werden die Zeugenaussagen in Gegenwart des Angeklagten und seines Verteidigers durch den clerk selbständig zu Protokoll genommen und vom Zeugen und Richter unterschrieben. Sodann werden dem Angeklagten diese „depositions" vorgelesen und er wird befragt, wie S. 72 geschildert. Ferner werden die etwa vom Angeklagten gestellten Entlastungszeugen und er selbst, wenn er es verlangt, in derselben Weise vernommen[5]).

---

[1]) Oke S. 166.

[2]) Gamon S. 86.

[3]) Oke S. 199, Douglas S. 134.

[4]) Douglas S. 371.

[5]) Criminal Law Amendment Act s. 3; Douglas S. 347 ff., unten S. 73 ff.

Diese Protokolle spielen im englischen Verfahren eine wichtigere Rolle, als man bei dem sonst so starr durchgeführten Prinzip der Unmittelbarkeit annehmen sollte; denn nicht nur dienen sie als Unterlage für die Abfassung der formalen Anklageschrift (indictment), sondern sie werden mitsamt den recognizances des Verfolgers und der Zeugen sowie der information[1]), sobald das Polizeigericht beschlossen hat, den Beschuldigten dem Schwurgericht zu überweisen (commit for trial), an den clerk des zuständigen Gerichts übersandt und liegen dem vorsitzenden Richter des Schwurgerichts in der Hauptverhandlung vor[2]). Bis zum Tage vor dieser kann der Beschuldigte Abschriften verlangen[3]). Das statement of accused wird in der Hauptverhandlung nach Schluß der Beweisaufnahme als Beweismittel gegen den Angeklagten verlesen. Das gleiche gilt von den Protokollen über die Zeugenvernehmung[4]), wenn bewiesen ist:

1. daß der Zeuge verstorben oder krankheitshalber unfähig ist zu seiner Vernehmung zu erscheinen;

2. daß der Gegner des Beweisführers genügende schriftliche Mitteilung von dem bevorstehenden Beweistermin erhalten hat;

3. daß er genügend Gelegenheit zum Kreuzverhör hatte. Das gleiche gilt für Protokolle, die zur Sicherung des Beweises aufgenommen sind[5]).

d) Dem richterlichen Ermessen unterliegt allein die Entscheidung, ob der angetretene Beweis erheblich (material oder essential) oder andernfalls abzulehnen ist[6]). Neuer Beweis kann bis zum Schluß des Verfahrens angetreten werden und, soweit es sich um das Vorverfahren für das Schwurgericht handelt, auch noch nach seiner Beendigung. Von

---

[1]) Thwaites S. 120.

[2]) J. O. A. 1848 s. 20; Thwaites S. 118.

[3]) J. O. A. s. 27.

[4]) J. O. A. s. 17; Douglas S. 330 ff.

[5]) Crim. Law Amendment Act 1867 s. 6; Stephen Digest Art. 141.

[6]) Douglas S. 348.

Schottland aus wird dies als ein schwerer Nachteil für den Angeklagten sehr abfällig kritisiert[1]).

In solchem Falle ist es jedoch feststehende Praxis für den Ankläger, dem Beschuldigten die Namen der Belastungszeugen und den Inhalt ihrer voraussichtlichen Aussagen rechtzeitig mitzuteilen und ebenso dem Schwurgerichtsvorsitzenden, damit dieser das novum schon bei der einleitenden Ansprache an die Grand Jury berücksichtigen kann[2]).

Für den Verteidiger ist es dagegen eine gebräuchliche Taktik, seinen Entlastungsbeweis erst in der Hauptverhandlung zu erbringen, so daß der Gegner darauf nicht vorbereitet sein kann.

e) Das englische Recht kennt einen Unterschied zwischen Zeugen und Sachverständigen nicht. Letztere werden bis auf ihnen zugebilligte, etwas höhere Gebührensätze[3]) durchweg wie Zeugen behandelt und skilled oder expert witnesses genannt. Jeder Zeuge oder Sachverständige muß vor seiner Vernehmung den Eid leisten. Früher waren Atheisten zeugnisunfähig. Durch das Gesetz 32/33 Vict. c. 68 und später durch die Oaths Act 1898 ist ihnen und solchen, die religiöse Bedenken gegen Ableistung eines Eides haben, nachgelassen, statt dessen eine feierliche Versicherung (affirmation) abzugeben. Diese, unter Meineidsstrafe gestellt, lautet: Ich erkläre und verspreche feierlich, aufrichtig und wahrheitsgemäß, daß meine Aussage die Wahrheit und nichts als die Wahrheit enthalten soll.

Bemerkenswert ist außer dieser Weitherzigkeit die fernere, daß die Art der Eidesleistung jeder Religion angepaßt wird, so daß der Christ auf das Neue, der Jude auf das Alte Testament, und zwar mit bedecktem Haupt, der Mohammedaner auf den Koran und der Chinese sogar auf seine Weise unter Auslöschen eines Lichts oder Zerbrechen einer Schüssel vereidigt wird[4]). Andererseits ist der Mangel jeg-

[1]) Macdonald, Prisoners S. 5.
[2]) Oke S. 968.
[3]) Douglas S. 482.
[4]) Gamon S. 120; Harris S. 409.

licher Feierlichkeit bei der Eidesleistung auffallend. Nicht der Richter, sondern der Gerichtsdiener spricht die Eidesformel vor, und zwar meist in murmelnden, nicht zu verstehenden Worten, womöglich der Zeitersparnis halber noch während der Schlußvernehmung des Vorzeugen. Die Worte lauten: „Die von Ihnen abzugebende Aussage soll die Wahrheit, die ganze Wahrheit und nichts als die Wahrheit enthalten, so wahr Ihnen Gott helfe.“ Der Zeuge tritt dann in den Zeugenstand und küßt das ihm vorgelegte oben genannte heilige Buch, ohne selbst etwas zu beteuern. Die Eindruckslosigkeit des Aktes ist nebst der Hygienewidrigkeit vielfach Gegenstand absprechender Kritik[1]).

Kinder jeden Alters sind zeugnisfähig und können vereidigt werden, wenn das Gericht dafür hält, daß sie Gottesglauben und genügend Verständnis besitzen, die Folgen einer unwahren Aussage zu verstehen; sonst erfolgt ihre unbeeidigte Vernehmung, der einzige Fall einer solchen im englischen Strafverfahren[2]).

Kein Zeuge braucht sich einer strafbaren Handlung zu bezichtigen und kann die Aussage in dieser Richtung ablehnen, jedoch nicht auf Fragen, die nur seinen guten Leumund beeinträchtigen würden, auch nicht über Vorstrafen. Von solcher ehrverletzenden Befragung wird, um die Glaubwürdigkeit der Gegenzeugen anzugreifen, allzuhäufig Gebrauch gemacht und zwar nicht nur wie Bowen S. 28 sagt, seitens derjenigen Angeklagten, die keinen Verteidiger haben, sondern auch seitens der barristers auf beiden Seiten. Allerdings behauptet Odgers „a word or even a look from the presiding judge will at once check such indiscretion”[3]).

Aus dem eben erörterten Grundsatz folgt nicht nur die Regel der Unzulässigkeit der Vernehmung des Angeklagten, worüber unten S. 71 ff. abgehandelt wird, sondern auch die prinzipielle Zeugnisunfähigkeit der Mitangeklagten. Als Ausnahmen hiervon sind jedoch zugelassen, daß ein Mitangeklagter, der seine Schuld eingestanden hat, noch bevor

[1]) Gamon S. 127, 133.

[2]) Harris S. 407; Gamon S. 138.

[3]) A Century of Law Reform S. 41.

ihm das Urteil gesprochen ist, als Zeuge für oder gegen seine Mitangeklagten vernommen werden kann[1]); ferner das Auftreten des Mitangeklagten als Kronzeuge, der für das Versprechen der Straflosigkeit gegen seine Komplicen aussagt. Eine solche Aussage wird jedoch nicht als vollgültig betrachtet und bedarf unterstützenden Beweises (corroboration)[2]).

Rechtsbeistände dürfen in Ansehung des ihnen beruflich Anvertrauten nur Zeugnis ablegen, wenn sie von der Verpflichtung zur Verschwiegenheit entbunden sind. Eine ähnliche Bestimmung besteht für Geistliche, Ärzte und Redakteure nicht[3]). Es ist sogar zweifelhaft, ob Geistliche berechtigt sind, das Beichtgeheimnis zu bewahren.

Auf Grund der Verwandtschaft ist allein der Ehegatte insofern privilegiert, als er, abgesehen von gesetzlich bestimmten wenigen Ausnahmefällen, nur vernommen werden kann, wenn er als Zeuge von der Verteidigung vorgeschlagen wird[4]). Er ist dann zu vereidigen, kann aber die Aussage über Mitteilungen verweigern, die ihm während der Ehe von dem anderen Teil gemacht sind. Sonst sind selbst die nächsten Blutsverwandten zur Aussage, und zwar zur eidlichen, gegen ihre Angehörigen verpflichtet.

Die Zeugen werden zunächst von derjenigen Seite, die sie benannt hat, verhört und dann von der Gegenseite in crossexamination. Sie sollen nur auf Fragen antworten und keine selbständige Geschichtserzählung geben. Sich in diese Art der Befragung hineinzufinden fällt, wie die Praxis zeigt, den meisten Angeklagten, die keinen Verteidiger haben, ungemein schwer, so daß sie, insbesondere bei der crossexamination, oft den vergeblich gemachten Versuch, Aufklärung durch Befragung der Zeugen zu erreichen, aufgeben und damit auf ein Recht verzichten, das von den berufsmäßig geschulten Vertretern der Anklage ausgiebig geübt wird.

---

[1]) Harris S. 405.
[2]) Harris S. 405 und 374.
[3]) Stephen, Digest Art. 115, 117.
[4]) Crim. Evid. Act 1898 61/62 Vict. c. 36 s. 1.

Harris schildert S. 401, 402 durch ein Zitat aus der General View of Criminal Law des berühmten Kriminalisten Stephen drastisch die bemitleidenswerte Lage, in der sich oft solche Angeklagte den Regeln über Zeugenvernehmung gegenüber befinden.

Im Verfahren vor dem Polizeigericht wird allerdings auch öfters der Richter[1]) nachhelfen, indem er oder der clerk die Befragung übernimmt oder die Zeugen und insbesondere die Polizisten veranlaßt, eine kurze, fortlaufende Darstellung ihrer Beobachtung zu geben. Es ist bewunderungswürdig, wie gut dies im allgemeinen den Polizisten gelingt und wie präzis und doch alles Wesentliche umfassend meistens ihre Erzählungen ausfallen.

Andererseits wird über die ungemein große Zahl von Meineiden vielfach geklagt[2]), ein Mißstand, der bei der Ausdehnung, mit welcher die Zeugen unterschiedslos, ohne Rücksicht auf ihr Interesse am Ausgang des Verfahrens und selbst der Angeklagte[3]) zur Vereidigung zugelassen werden, sowie bei der geschilderten nachlässigen Art ihrer Vornahme kein Wunder nehmen kann. Geklagt wird ferner über die Seltenheit und Erschwerung der Verfolgung des Meineids. Letzterer wird nicht als felony, sondern nur als misdemeanour bestraft, wenn auch das Höchstmaß von 7 Jahren Zuchthaus zulässig ist. Jedoch genügt zur Überführung die belastende Aussage eines Zeugen allein nicht, sei sie auch noch so glaubwürdig[4]); es muß noch eine zweite belastende eidliche Aus-

---

[1]) Das Recht der nachträglichen Aufklärung eines einzelnen Punktes durch Zeugenbefragung hat auch der Schwurgerichtsvorsitzende; er macht hiervon jedoch nur ausnahmsweise Gebrauch und nur subsidiär, wo die Parteivernehmung Unklarheiten gelassen hatte.

[2]) Gamon S. 125—129. S. 135 sagt er: Meineid ist wahrscheinlich das häufigste aller Verbrechen, und das Verfahren, anstatt abzuschrecken, ermutigt dazu infolge der Straflosigkeit, die der Meineidige gewöhnlich genießt. — Ähnlich urteilt Sir James Stephen in seiner „General View". S. auch Stephen, Digest S. 137.

[3]) Ein Richter vom High Court, der die Verhandlungen des Central Criminal Court leitete, erklärte kürzlich, daß etwa 99 % der von den Angeklagten geschworenen Eide Meineide seien.

[4]) Harris S. 85, Gamon S. 136.

sage oder wenigstens ein weiterer belastender Indizienbeweis (corroboration of circumstances) erbracht werden, um die Verurteilung zu ermöglichen. Erschwerend tritt dann noch hinzu, daß die „notes", welche der clerk beim Polizeigericht oder der Richter bei der Schwurgerichtsverhandlung[1]) aufgenommen hat, oft genug den Tatbestand nicht genügend sicher feststellen und daß die Jury auch in England im allgemeinen nicht leicht zu einem verurteilenden Verdikt wegen Meineids zu bringen ist. Gamon S. 136 behauptet sogar: „The sympathies of the Jury are with the accused himself".

Hieraus erklärt sich die überaus geringe Zahl von Hauptverhandlungen wegen Meineids und die noch geringere von Verurteilungen deswegen. Es wurden im ganzen im Jahre 1904[2]) 68 und im Jahre 1905 77 Personen wegen Meineids vor dem Schwurgericht verfolgt[3]). Hiervon wurden nur 42 bzw. 49[4]) verurteilt. Während die durchschnittliche Zahl der Verurteilungen bei den anderen Schwurgerichtsanklagen zusammen fünf Sechstel beträgt, ist hier also ein bedeutend geringerer Erfolg zu verzeichnen.

Hiergegen wird vorgeschlagen, die Strafverfolgung wegen Meineids wirksamer zu gestalten und dem Richter, vor welchem die betreffende Vernehmung stattfindet, insbesondere auch dem Polizeirichter, das Recht zur sofortigen Aburteilung zu gewähren. Manche, wie Gamon[5]), gehen aber noch weiter, wollen überhaupt die Eidesleistung abschaffen und allgemein an ihre Stelle die Abgabe einer feierlichen Versicherung setzen. Wie gerade hiermit erzielt werden soll, daß die Aussagen vor Gericht mehr der Wahrheit entsprechen als bisher, hat er allerdings nicht ausgeführt.

---

[1]) Hiergegen bringt die Criminal Appeal Act (7. Edw. VII, c. 23, s. 16) Besserung durch die Vorschrift, daß zukünftig in allen Schwurgerichtsverhandlungen, gegen welche Berufung zulässig ist, die Zeugenaussagen stenographisch aufgenommen werden sollen.

[2]) Gamon S. 137.

[3]) Davon nur 16 durch den Public Prosecutor

[4]) Judicial Statistics 1905, S. 73 und 95

[5]) S. 141, 146—148.

f) Das Law of Evidence, Beweisrecht, ist auch für die Polizeigerichte maßgebend; jedoch wird es nicht allzu strenge angewendet [1]). Im allgemeinen stellt es keine feste Beweistheorie im Sinne der Bindung der Beweiswürdigung dar [2]); doch sind auch derartige Vorschriften vorhanden; z. B. bedarf es zweier Zeugen in gewissen Hochverratsfällen und bei Meineid [3]); aber auch diesen Regeln gegenüber bleibt die freie und souveräne Stellung des Richters gewahrt; sie sind im allgemeinen mehr als Erfahrungssätze anzusehen, die im einzelnen Fall verwertet werden oder auch nicht. So soll eine Verurteilung wegen Unzucht mit Kindern nicht erfolgen, wo nicht zu der unbeeidigten Aussage des Kindes bestätigender Beweis hinzukommt [4]). Einräumungen des Angeklagten werden als voller Beweis angesehen, außer bei felony [5]). Der Beweis eines außergerichtlichen Geständnisses muß auch dahin erstreckt werden, daß es völlig unbeeinflußt und freiwillig war [6]). Dies ist es nicht, wenn es durch irgendwelche Drohungen oder Versprechen seitens einer höhergestellten, dem Angeklagten gegenüber autoritativen Persönlichkeit, z. B. eines Gefängnisbeamten, herbeigeführt wurde [7]).

Von dem gerichtlichen oder außergerichtlichen Geständnis unterschieden wird die sogenannte plea of guilty s. oben S. 57. Der Angeklagte wird nach Verlesung der Anklage gefragt, wie er sich dazu stelle, und erklärt sodann: guilty oder not guilty ohne weiteren Zusatz. Die plea of guilty erbringt, wenn endgültig, vollen Beweis der gesamten Anklagetatsachen, die damit en bloc anerkannt werden; es bedarf alsdann keines Wahrspruchs der Geschworenen mehr, sondern der Richter hat alsbald sein Urteil zu sprechen [8]), es sei denn,

---

[1]) Gamon S. 151.
[2]) Stein S. 26.
[3]) S. oben S. 66 und Stephen Digest S. 137, Thwaites S. 133.
[4]) Stephen S. 139.
[5]) Ibid. S. 73.
[6]) Beispiele bei Douglas S. 345.
[7]) Stephen Digest S. 31, Harris S. 373, 431-432.
[8]) Thwaites S. 129.

daß er noch Zeugen hört, um sich ein genaueres Bild von den Umständen des Falles, auch von den Vorstrafen, zu machen [1]). Der Richter kann aber auch den Angeklagten je nach Umständen veranlassen, seine plea of guilty zurückzunehmen [2]). Es ist also die starre Regel, daß die plea of guilty formale Beweiskraft hat, gemildert und durchbrochen.

Vielfach schneidet das Beweisrecht im Interesse des direkten Losgehens auf das Endziel Beweise ab, die bei uns zulässig sein würden. So wird unterschieden best und secondary, ferner direct (positive) und circumstancial (presumtive) evidence; der an zweiter Stelle genannte Beweis ist, wenn überhaupt, nur zulässig, wenn besserer Beweis nicht vorhanden [3]). Hearsay (Hörensagen) ist prinzipiell unzulässiger Beweis; dieses Verbot ist jedoch nach manchen Richtungen durchbrochen worden [4]). Andererseits werden aber auch heilsame Einschränkungen nicht immer genügend beachtet, so die Unzulässigkeit der Abgabe von Urteilen seitens der Zeugen [5]).

Die Behauptung, daß der Angeklagte einen guten Leumund hat, wird als erheblich zum Beweise zugelassen; nicht dagegen die Behauptung, daß er einen schlechten Leumund habe, es sei denn, daß vorher Beweis für seinen guten Leumund geführt worden ist [6]).

Die Beweislast trifft im allgemeinen den Ankläger, welcher seinen case „beyond all reasonable doubt" erweisen muß [7]); jedoch gibt es von dieser Regel manche Ausnahmen, in denen die Vermutung gegen den Angeklagten spricht, die für ihn streitende presumtion of innocence entfällt und er den Schuldlosigkeitsbeweis zu führen hat, so beim Besitz gestohlener Gegenstände oder von Werkzeugen zur Münz-

---

[1]) Douglas S. 77, S. J. A. 1848 s. 14.
[2]) Thwaites S. 129.
[3]) Stephen l. c. Art. 71.
[4]) Oke S. 94-95 Nr. 25-35.
[5]) Stephen l. c. Art. 48.
[6]) Stephen l. c. Art. 56.
[7]) Stephen, Art. 94, Gamon S. 136.

anfertigung. Tötung wird dem Angeklagten als Mord angerechnet, wenn er nicht dagegen Beweis erbringt [1]).

Es ist hier nicht der Ort, eine weitere erschöpfende Schilderung des englischen Beweisrechts zu geben. Einzelheiten sind in dem klassischen Werk von Stephen nachzulesen, welcher die Beweisregeln in die Form eines Gesetzbuchs, nach Artikeln geordnet, gebracht hat.

Tendenzen auf völlige Beseitigung der Beweisregeln sind nicht wahrnehmbar. Bowen-Rowlands [2]) kritisiert das Beweisrecht sehr abfällig und verlangt dessen Kodifikation [3]). Stephen selbst sagt Seite XII: „I am convinced of the excellence of its substance and the defects of its form.“ Die Entwicklungstendenz drückt Prof. Salmond wie folgt aus: „Excessive credit is attached to the minutiae of the Law of Evidence. What is wanted is not abolition, but their reduction from the position of rigid and peremptory to that of flexible and conditional rules.“ [4])

g) Der Richter greift, um dem Angeklagten zu helfen [5]), oft auch selbst in die Zeugenvernehmung ein, wenn das nicht der clerk für ihn tut [6]), und begnügt sich überhaupt in vielen Fällen nicht mit der ihm eingeräumten passiven Stellung, wie sie bei Weidlich S. 7, 11 geschildert ist; vielmehr veranlaßt, wie auch letzterer S. 12 anführt, der Richter nicht selten die Polizei oder den Gerichtsmissionar zu Ermittlungen und Aufklärungen, soweit er solche noch für erforderlich hält, so z. B. wegen Feststellung von Vorstrafen, des Kreises und der Verhältnisse, aus denen der Beschuldigte kommt, usw. [7]).

h) Vernehmung des Angeklagten. Die englische — noch strenger die schottische — Auffassung geht dahin, daß der Strafprozeß ein von dem Richter zu entscheidender

---

[1]) Weidlich S. 43, Harris S. 425.

[2]) S. 8.

[3]) S. 60/61.

[4]) Gamon S. 151.

[5]) Gamon S. 91. S. oben S. 66

[6]) Gamon S. 155, 91.

[7]) Gamon S. 92, oben S. 25.

Kampf (suit) zweier Parteien ist. Dem Ankläger ruft der Richter zu: Prove your case![1]) Dem Angeklagten soll bei diesem Verfahren vollkommenes fair play[2]), ein fair trial[3]) gewährt werden; ihm steht die presumtion of innocence zur Seite[4]), und der Ankläger muß ihm seine Schuld up to the hilt[5]) beweisen; hierbei ist der Angeklagte nicht gehalten, durch seine Angaben als Beweismittel gegen sich selbst zu dienen[6]). Vor allem hat der Richter selbst, der den Fall lediglich „hört“ (die Hauptverhandlung heißt hearing[7]), mit der Überführung des Angeklagten nicht das geringste zu tun.

Bei konsequenter Durchführung dieses Prinzips muß die Vernehmlassung des Angeklagten zur Anschuldigung völlig freiwillig, die Stellung des Richters zur Anklage völlig objektiv und über jeden Verdacht der Voreingenommenheit erhaben sein.

Selbstverständlich war es dem Angeklagten niemals verwehrt, freiwillig eine Aussage (statement) zu machen. Wenn der Angeklagte nach geschehener Befragung, wie sie S. 68 beschrieben ist, mit „not guilty“ geantwortet hat[8]), trägt der Ankläger seinen Fall vor und bringt seine Zeugen zur Vernehmung; hierauf sollen der Angeklagte selbst und seine Entlastungszeugen gehört werden[9]). Hier ist der Ort für sein statement, wenn er sich erklären will[10]).

Für das *polizeigerichtliche* Verfahren bei *indictable* offences sind die folgenden beiden besonderen Vorschriften hinsichtlich des statement of accused gegeben:

---

[1]) Macdonald, Prisoners S. 24, 27.
[2]) Macdonald S. 24.
[3]) Ibid. S. 6.
[4]) Anderson S. 291, Bowen S. 30. Stephen Digest S. 199.
[5]) Bowen S. 29; d. h. bis zum Schwertheft, also über und über.
[6]) Macdonald, Prisoners S. 27. Scott, Heart of Midlothian ch. XXIII.
[7]) S. J. A. 1848 s. 14.
[8]) S. oben S. 68.
) S. J. A. 1848 s. 14. S. o S. 57.
[0]) Gamon 91.

1. Wenn das Polizeigericht für den Fall des Geständnisses des Angeklagten (plea of guilty) beabsichtigt, die Sache selbst abzuurteilen, soll es an den Angeklagten vor der Befragung, ob er sich schuldig bekenne oder nicht, den Hinweis (das sogenannte statutory warning oder caution) richten, daß er nicht zu antworten brauche, daß aber, was er aussage, niedergeschrieben und in der Hauptverhandlung als Beweismittel gegen ihn verwendet werden werde; endlich, daß er nichts von irgendwelchen Versprechungen zu erhoffen und Drohungen zu befürchten habe, die ihm gegenüber etwa ausgesprochen sein könnten, um ihn zu einem Geständnis zu bewegen. Erst dann soll er aussagen und seine Aussage soll protokolliert werden [1]).

2. Im Vorverfahren in solchen Sachen, die an das Schwurgericht gehen, sollen nach der Vernehmung aller Anklagezeugen deren Aussagen dem Angeschuldigten vorgelesen und ihm die oben gedachten Vorhaltungen gemacht werden [2]). Was der Beschuldigte hierauf sagen wird, soll protokolliert, ihm vorgelesen, vom Richter unterschrieben und mit den sonstigen Akten dem Schwurgericht übermittelt werden, wo dann dies Protokoll durch Verlesung als vollwertiges Beweismittel gegen den Angeklagten verwendet werden darf.

Geständnisse und Aussagen des Beschuldigten, die nicht in dieser mit allen Kautelen ausgestatteten Form abgegeben worden sind, sind nur in besonderen Ausnahmefällen zum Beweise in der Hauptverhandlung zugelassen [3]).

Hinsichtlich der Vernehmung des Angeklagten in der Schwurgerichtsverhandlung bestand das gleiche Prinzip. Hiervon gab es in früheren Zeiten nur eine Ausnahme: in dem Verfahren wegen Contempt of Court mußte der Angeklagte, bei Vermeidung einer weiteren Strafe wegen high and repeated contempt, unter Eid ein Verhör bestehen. Hierzu bemerkt schon Blackstone IV, S. 287: This method of making the defendant answer upon oath to a criminal

---

1) S. J. A. 1879 s. 13.
2) J. O. A. 1848 s. 18.
3) S. oben S. 68.

charge is not agreeable to the genius of the common law in any other instance [1]).

Später wurde sodann durch einige Einzelgesetze dem Angeklagten das Recht erteilt, bei gewissen Anklagen zu seiner Entlastung sich eidlich als Zeuge vernehmen zu lassen. Endlich wurde dieses Recht durch die Criminal Evidence Act 1898 ganz allgemein für jeden Angeklagten und in jeder Lage des Verfahrens, außer vor der Grand Jury (also auch im Vorverfahren) eingeführt; daneben wurde auch die Vernehmung des Ehegatten des Beschuldigten zugelassen, wenn dieser sie beantragt. Einige Beschränkungen der Fragestellung an den Angeklagten als Zeugen sieht das Gesetz vor; jedoch muß er sich im Kreuzverhör auch solche Fragen gefallen lassen, die zu seiner Belastung und Überführung dienen können. Selbstverständlich wird der Angeklagte ebensowenig wie die andern Zeugen durch den Richter, sondern stets durch die Parteien vernommen, wenn auch im Polizeigericht aus praktischen Gründen zumeist der Richter selbst die Befragung in die Hand nehmen wird, sobald keine Anwälte da sind, es zu tun [2]).

Die Einführung dieses Gesetzes ist von vielen Seiten, weil mit den oben geschilderten Grundprinzipien des Strafprozesses in Widerspruch stehend, leidenschaftlich bekämpft worden. Sir Herbert Stephen, der Verfasser des klassischen Digest of the Law of Evidence, macht geltend, daß es zur Verurteilung Unschuldiger führe und undoubtedly results in miscarriages of justice in the worst direction in which failure of justice can go.

Es wurde im Parlament bei der Beratung vielfach darauf hingewiesen, daß das Gesetz nicht zum Schutze der Angeklagten dienen, sondern ihnen nur den Mund öffnen würde, um eine größere Zahl von Verurteilungen zu erzielen. Wenn trotzdem die überwältigende Mehrheit dem Gesetzentwurf unter Ablehnung eines Antrags auf Beratung im select committee zustimmte, so kann nicht gesagt werden, daß das

---

[1]) Vgl. Blackstone III. S. 100/101.

[2]) Gamon S. 91 und oben S. 66, 70.

Parlament sich über die Wirkungen getäuscht und die Erschwerung der Stellung des Angeklagten unbeabsichtigt eingeführt hat. Dieses ist um so weniger anzunehmen, als die Erfahrungen der englischen Kolonie Victoria, nach deren Vorgang das Gesetz eingeführt wurde, vorlagen und vom Abgeordneten Richards im ausdrücklichen Auftrage der kolonialen Richterbank vorgetragen wurden, indem er darauf hinwies [1]), daß von der Neuerung nur die gewiegten Verbrecher Nutzen, die andern aber Nachteil haben würden. Insbesondere führte er als Beispiel einen unschuldigen Angeklagten an, der sich vor der eidlichen Vernehmung gescheut hatte, da er seine Vorstrafen hätte bekennen müssen und nun wegen Unterlassung der Aussage für schuldig befunden worden war.

Aber auch nach der Einführung des Gesetzes sind die Angriffe nicht verstummt. Obwohl dem Angeklagten die Entscheidung, ob er aussagen will, gesetzlich freisteht, hat sich die Sache naturgemäß so entwickelt, daß das Gericht von dem Angeklagten erwartet, er werde in den Zeugenstand gehen; wenn er es nicht tut, so wird er damit sein Schicksal besiegeln, indem die Geschworenen diese Unterlassung als ein Zugeständnis seiner Schuld, als einen Beweis für sein Schuldbewußtsein ansehen werden [2]). Es kommt hinzu, daß das Gesetz zwar dem Ankläger verbietet, über die Unterlassung der Zeugenaussage seitens des Angeklagten Bemerkungen und Glossen zu machen [3]). Das gleiche Verbot ist jedoch für den Richter nicht ausgesprochen worden [4]), und so haben denn manche Schwurgerichtsvorsitzende, obgleich sich dagegen eine starke Opposition im Sinne des fair trial geltend gemacht hat, in England die Gewohnheit ange-

---

[1]) Parliamentary Debates 1898, Bd. 60, S. 319. Auch die in den Vereinigten Staaten seit 1878 gemachten Erfahrungen kommen, wie Hartmann S. 234 zugibt, darauf hinaus, „daß in vielen Fällen die Möglichkeit des eidlichen Selbstzeugnisses eine Verstärkung der Anklage bedeutet“.

[2]) Prisoners S. 22, Bowen S. 30.

[3]) Act 1898 s. 1 b.

[4]) Douglas S. 461, Thwaites S. 135.

nommen, bei der Belehrung der Geschworenen (summing up the case) auf diesen Schuldbeweis gegen den Angeklagten energisch hinzuweisen. So führte jüngst im Central Criminal Court bei einem Mordprozeß, in welchem der Angeklagte sich nicht als Zeuge vernehmen ließ, aber angab, daß das von ihm in die Themse geworfene neugeborene Kind bereits vorher beim Umhertragen erstickt sei und die Obduktion die Unwahrheit dieser Behauptung nicht ergab, der Oberrichter aus, diese Erklärung sei nicht glaubwürdig, da sie sonst von dem Angeklagten zeugeneidlich abgegeben und er der cross examination unterzogen worden wäre. Die Geschworenen folgten dem Richter, und der Angeklagte wurde angesichts vorhandener Milderungsgründe der Gnade empfohlen, aber wegen Mordes zum Tode verurteilt.

Hiernach haben die Briten in der Tat ein Prinzip verlassen, welches die stärkste Schutzwehr für den Angeklagten war und sich dadurch dem kontinentalen System genähert. Bowen (S. 30) meint, das Gesetz sei von Juristen gemacht, die im Strafprozeß unerfahren waren. Andere rühmen es; so sagt Sir H. Poland im Century of Law Reform (S. 54) von dem Gesetz: that it works admirably.

Keinesfalls entspricht die eidliche Vernehmung des Angeklagten unserer Auffassung vom Eide [1]). Daß sie auch in England nicht auf eine Linie mit dem Zeugenbeweis gestellt wird und in Wahrheit als Ersatz der Befragung des Angeklagten gilt, geht aus s. 3 des Gesetzes hervor, welche das bei Erhebung eines Entlastungsbeweises sonst regelmäßig dem Ankläger zufallende Recht auf das letzte Wort (reply) für den Fall aufhebt, daß der Entlastungsbeweis nur in Vernehmung des Angeklagten besteht.

Andererseits wäre es aber auch für die englische Strafrechtspflege nicht ratsam, zum früheren Zustande mit dem

[1]) Dieser näherte sich die in England zur Zeit der Königin Elisabeth zum Ausdruck gelangte. Wie Gamon S. 130 aus einem Law Report erwähnt, äußerte damals ein Richter: „Jurare in propria causa est saepe numero hoc saeculo praecipitium diaboli ad detrudendas miserorum animas ad infernum."

Axiom „the accused cannot be called upon to testify against himself“ [1]) und der daraus sich ergebenden Unmöglichkeit der Vernehmung im Strafverfolgungsinteresse zurückzukehren.

Durch das Strafverfahren soll der Autorität der Rechtsordnung und der Gerechtigkeit zur Anerkennung verholfen, aber nicht, wie es manche Theoretiker in England und besonders in Schottland für Ausgestaltung ihres Strafprozesses erfordern, ein Wettkampf nach sportlichem Vorbilde eingeleitet werden. Dem Gefühl, daß Recht Recht bleiben muß und diesem der starke Arm des Staates Hilfe zu leisten hat, würden gerade in unserer Zeit der weitesten Öffentlichkeit des Verfahrens tiefe Wunden geschlagen werden, wenn ersichtlich würde, daß die Strafverfolgung durch eine ritterlichem Spiel entnommene Rücksicht auf fair play dem Angeklagten gegenüber lahmgelegt wird. Es heißt das Akkusationsprinzip überspannen, wenn das Verfahren von vornherein so angelegt wird, daß der Angeklagte nichts zur Aufklärung beizutragen braucht; es genügt zur Wahrung der dem Angeklagten schuldigen Rücksicht durchaus die Befolgung des Grundsatzes, daß seine Schuld beyond all reasonable doubt erwiesen werden muß und daß er vor unzulässiger Einwirkung und Zwang geschützt wird.

Daß der Angeklagte als Beweismittel in Betracht kommt, ist unvermeidlich. Dies folgt aus dem Prinzip der Mündlichkeit und Unmittelbarkeit. Das Auftreten des Angeklagten, seine Mienen, sein Benehmen unterliegen dem richterlichen Augenschein und können nicht unbeachtet gelassen werden. Es ist nicht einzusehen, warum nicht auch die Auslassungen des Angeklagten über die Tatfrage als wertvolles Mittel zur Bildung der richterlichen Überzeugung herangezogen werden sollten. Er ist in allen Fällen, soweit nicht Personenverwechslung vorliegt, derjenige, welcher zur Aufklärung am meisten beitragen kann und hierzu, wenn unschuldig, die dringendste Veranlassung hat. Die Rechtspflege hat keinesfalls ein Interesse daran, den Beschuldigten zum Still-

[1]) Sir James Stephen kritisiert in seiner Abhandlung S. 450 den Grundsatz, daß der Beschuldigte keinem Verhör unterworfen ist, als einen, „dessen Weisheit er lebhaft bezweifelt“.

schweigen oder Leugnen zu veranlassen, indem er auf die aus seiner Auslassung ihm erwachsenden Gefahren aufmerksam gemacht wird.

Wird doch auch im Zivilprozeß, in dem nicht so hohe Güter wie im Strafverfahren auf dem Spiele stehen und in welchem nicht, wie dort, das öffentliche Interesse an Aufrechterhaltung der Rechtssicherheit in so erheblichem Maße beteiligt ist, den Parteien eine Erklärungspflicht auferlegt, deren Nichtbefolgung mit schweren Nachteilen verbunden ist. So gewährt auch der englische Zivilprozeß bei Nichteinlassung des Beklagten Versäumnisurteil [1]) und behandelt die vorgebrachte Verteidigung als nicht vorhanden, wenn Beantwortung der eidlichen Befragung (interrogatories, ähnlich unserm Schiedseidverfahren) über dieses Vorbringen unterbleibt [2]).

Wenn nun zwar im Strafprozeß ein analoges Verfahren nicht ohne weiteres angängig ist, weil hier jeder Druck auf den Angeklagten vermieden und die materielle Wahrheit erforscht werden muß [3]), so ist es doch übertriebene Rücksicht auf den Angeklagten, ihm die Einbehaltung der Wahrheit durch die vorgeschriebene „caution" so nahe zu legen und so leicht und selbstverständlich zu machen. Das Recht zur Befragung des Angeklagten folgt schließlich auch aus dem Bestreben seiner Gleichstellung mit dem Ankläger, da dieser in England in vielen Fällen eine Privatperson ist, welche als Belastungszeuge vernommen und zur Aussage verpflichtet wird.

Die Befragung des Angeklagten widerspricht auch nicht dem Wesen des in England rein durchgeführten Akkusationsprozesses, welches in der Regelung der Beweislast zu suchen ist, aber nichts über die Art der Beweisführung vorschreibt, es sei denn insoweit, als ein billiges und gerechtes Verfahren ohne Bedrückung des Angeklagten, also ein fair trial, verlangt werden muß. Mit der Art, wie das englische Ver-

[1]) Peters, Das englische bürgerliche Streitverfahren S. 14.

[2]) Ibid S. 22. Außerdem kann der Säumige noch wegen contempt of Court zum Personalarrest gebracht werden.

[3]) Macdonald, Prisoners S. 21.

fahren auf der einen Seite die Äußerung des Angeklagten zur Tatfrage erschwert, andererseits ihn dann zu seiner eidlichen Vernehmung hindrängt, ist es weit über das billigenswerte Maß hinausgegangen; überdies schiebt es, da diese Vernehmung gewöhnlich erst im letzten Stadium des Verfahrens[1]) erfolgt, die dadurch zu gewinnende Aufklärung unziemlich hinaus.

Wenn hiernach ein völliger Verzicht darauf, denjenigen zu einer Erklärung über die Straftat zu veranlassen, der wahrscheinlich die beste Auskunft darüber geben kann, nach unsern Auffassungen der Strafverfolgung nicht zuzumuten ist und trotz entgegenstehender Prinzipien auch in England (und Schottland) nicht zugemutet wird, so ist andererseits doch zu bedenken, daß das Recht des Verhörs des Angeklagten ein tief eingreifendes ist, das leicht zur ungehörigen Beeinflussung des Angeklagten führen kann und nur mit den nötigen Kautelen angewandt werden sollte. Zu solchen gehört, daß die Ausübung der Befragung von einer dem Kampf der Meinungen gänzlich entrückten, durch das allgemeine Vertrauen getragenen Stelle überwacht werden sollte. Eine derartige ist der vorsitzende Richter. Andererseits liegt es im akkusatorischen Prinzip, daß die Vernehmung von derjenigen Seite aus veranlaßt und vorgenommen wird, die damit ihren Beweis führen will. Die Befragung zur Belastung hat daher vom Ankläger, diejenige zur Entlastung vom Verteidiger ausgehen, wie es in Groß-Britannien geschieht. Bei der bei uns geltenden Regelung kommt der Richter, wie S. 115 Anm. 1, 116, 119, 131 ausgeführt ist, in eine schiefe Lage und das Vertrauen zu seiner Unparteilichkeit leicht ins Wanken. In der anderweiten, in England geübten Handhabung ist einer der Hauptgründe für das größere Vertrauen und die gewichtigere Autorität zu erblicken,

[1]) Die Beschränkung der eidlichen Vernehmung auf die Hauptverhandlung wurde durch besonderes Amendment beantragt, aber abgelehnt. Parliamentary Debates 1898, Bd. 60, S. 535 ff. Trotzdem spart sich gewöhnlich der Beschuldigte (s. oben S. 63) seine Vernehmung bis zur Hauptverhandlung auf, in welcher sie frühestens nach Aufnahme des Belastungsbeweises stattfindet

welche nach Adickes' durchaus zutreffenden Schilderungen (Grundlinien S. 86—93) die englischen Strafrichter gegenüber den unsrigen genießen. Daher ist nur dringend zu empfehlen, daß auch unsere Strafrichter von der Last der Vernehmung des Angeklagten, diesem Rest des Inquisitionsverfahrens, durchaus befreit werden, ein wichtiger Punkt, in dem das englische Verfahren uns als Muster dienen kann [1]).

i) Wenn der Verfolger zum Termin nicht erscheint, so kann der Friedensrichter die Anklage abweisen oder nach Ermessen den Termin vertagen[2]). Erscheint dagegen der Beschuldigte trotz rechtzeitiger Ladung (a reasonable time before hearing) nicht, so kann in seiner Abwesenheit (ex parte proceeding) verhandelt und erkannt werden [3]), wenn nicht Vertagung und Vorführung durch warrant vorgezogen wird. Von der ersteren Möglichkeit wird oft Gebrauch gemacht; so sind im Jahre 1905 über 50000 summarische Verurteilungen gegen den abwesenden Beschuldigten ergangen.

k) Mittel zur schleunigen Erledigung sind:

A. die Festnahme nebst der am nächsten Wochentage stattfindenden Vorführung des Beschuldigten, womöglich unter Gestellung der erforderlichen Anklagezeugen, so daß in den meisten Fällen die Aburteilung sofort erfolgen kann.

Das englische Recht kennt keinen Unterschied der Verhaftung wegen Fluchtverdachtes oder Kollusionsgefahr (tampering with evidence). Die Begehung der Straftat, nicht das in ihrer Folge von seiten des Beschuldigten zu erwartende Verhalten, rechtfertigt die Verhaftung.

Sie geschieht entweder auf Grund eines Haftbefehls (warrant of apprehension) oder ohne solchen.

a) Der Haftbefehl wird, abgesehen von besonderen Fällen [4]), vom Friedensrichter oder magistrate gegen den Beschuldigten erlassen:

---

[1]) Weidlich S. 64/65, Mannhardt S. 52.

[2]) S. J. A. 1848 s. 13 und 16.

[3]) Ibid. s. 2, 13, 16.

[4]) in welchen er seitens der Vorsitzenden der Parlamentshäuser, des geheimen Staatsrats, der Staatssekretäre, der Richter der Kings Bench und der Assisenrichter erlassen wird.

1. auf eine eidliche Anzeige (information) über den vorhandenen Verdacht[1]),

2. im Laufe des summarischen Verfahrens[2]) oder des Vorverfahrens[3]) bei Vertagungen,

3. als Schluß des Vorverfahrens, das genügenden Verdacht ergeben hat; die Verhaftung heißt dann commitment[4]),

4. auf die Bescheinigung des Gerichtschreibers der Assisen oder der Quarter Sessions (clerk of the indictments bzw. of the peace[5])), daß bereits die Eröffnung des Hauptverfahrens von der Grand Jury ausgesprochen ist[6]),

5. zur Verhaftung von Beschuldigten, die auf gehörige Ladung nicht erschienen sind[7]). Über Verhaftung von Zeugen s. S. 59.

Die Verhaftung zu 2. darf im Vorverfahren nur auf acht Tage beschlossen werden; durch mündliche Anordnung des Richters kann die Haft auf drei Tage angeordnet werden. Für das summarische Verfahren ist eine Frist in dieser Beziehung nicht gegeben.

Die zu 1. und 4. Verhafteten sind dem Friedensrichter, der den warrant ausgestellt hat, alsbald vorzuführen, diejenigen zu 4. jedoch nur, um ihre Identität festzustellen; hingegen soll gegen die Verhafteten zu 1. so bald als möglich die Verhandlung vor dem Polizeigericht eingeleitet werden, entweder zu ihrer Aburteilung oder zur Entscheidung, ob die Verhaftung im Sinne von 3. als commitment auszusprechen und sie zu ihrer Aburteilung dem Schwurgericht zu überweisen sind.

b) Die Festnahme ohne warrant kann vorgenommen werden durch

---

[1]) S. J. A. 1848 s. 2, I. O. A. 1848 s. 1.

[2]) S. J. A. 1848 s. 16.

[3]) I. O. A. 1848 s. 21.

[4]) I. O. A. s. 25.

[5]) I. O. A. s. 3.

[6]) Diese hat dann die Anklage (indictment) für eine true bill erklärt. Das Nähere über das Verfahren vor der Grand Jury s. bei Liepmann S. 464—468 und unten S. 103/104.

[7]) S. J. A. 1848 s. 2, I. O. A. 1848 s. 9.

I. richterliche [1]) oder Exekutivbeamte,

II. Privatpersonen,

III. Verfolgung auf frischer Tat seitens der angesammelten Menge (hue and cry).

Zu I. Polizeibeamte können wegen felony oder Friedensbruch, wenn solche Straftaten von ihnen beobachtet sind oder hierüber ausreichende Beschuldigung seitens eines Dritten oder ein sonst vernünftig begründeter Verdacht vorliegt, die Festnahme bewirken. Eine allgemeine Befugnis zur Verhaftung ohne warrant wegen Vergehen, die nicht Friedensbruch enthalten, hat der Polizist nur, wenn die Begehung zur Nachtzeit stattfindet oder die Festnahme bewirkt wird, um der Verübung des Verbrechens zuvorzukommen [2]). Außerdem ermächtigen noch viele Spezialgesetze die Polizei zur Vornahme der Verhaftung [3]). Hier erscheint besonders bemerkenswert die Prevention of Crimes Act 34/35 Vict. c. 112, welche die eben erwähnte, anderweit gegebene Verhaftungsbefugnis weiter ausdehnt, um Straftaten vorzubeugen. In allen vorgedachten Fällen können Polizisten zu jeder Tages- und Nachtzeit und selbst am Sonntag wegen Ausführung der Verhaftung in Häuser eindringen, einerlei, ob sie von dem Verfolgten oder von Dritten bewohnt werden.

Zu II. Im allgemeinen haben Privatpersonen hinsichtlich der Verhaftung dieselben Rechte wie die Polizisten; nur sind sie gegen Regreßansprüche wegen ungerechtfertigter Verhaftung weniger geschützt [4]). Hervorgehoben sei noch, daß die bei einer felony gegenwärtigen Privatpersonen sogar bei Strafe verpflichtet sind, einem Exekutivbeamten bei den Verhaftungsmaßregeln beizustehen.

Zu III. Bei dieser Art Verhaftung haben die verfolgenden Privatpersonen die Rechte von Exekutivbeamten,

---

[1]) Friedensrichter, Sheriff und Coroner.

[2]) Harris S. 322, Stephens Commentaries S. 350, Shirley S. 72.

[3]) Näheres hierüber bei Liepmann S. 445—450.

[4]) Stephen, History Bd. I S. 494, Harris S. 323—325.

welche die Verfolgung auf Grund eines Haftbefehls aufnehmen [1]).

Die ohne warrant Festgenommenen müssen innerhalb 24 Stunden vor einen summarischen Gerichtshof gestellt werden. Ist dies nicht ausführbar, weil z. B. auf dem Lande nur einmal wöchentlich Sitzung der Petty Sessional Division stattfindet, so muß der Festgenommene, wenn es sich nicht um einen allzu schweren Fall handelt, von einem oberen Polizeibeamten gegen Kaution, meist in Höhe von 40 sh. (bail, recognizance), mit oder ohne Bürgen freigelassen werden [2]). Durch recognizance verpflichtet sich der Beschuldigte schriftlich bei Verwirkung der darin angegebenen Geldsumme, zum bestimmten Termin vor Gericht zu erscheinen [3]). Die Bürgen (sureties) werden gewissermaßen als seine Wächter angesehen, die für sein Erscheinen bei eigener pekuniärer Verantwortung Sorge zu tragen haben [4]).

Hinsichtlich der Haftentlassung gegen bail in andern Fällen bestehen folgende Regeln [5]):

Sie darf wegen Hochverrat nur auf Anordnung eines Staatssekretärs oder der Kings Bench stattfinden, und bei Anklage wegen Mordes überhaupt nicht [6]).

Sie ist bei summarischen Vergehen [7]) und bei indictable Straftaten bis zur polizeirichterlichen Endentscheidung (commitment) dem freien richterlichen Ermessen überlassen [8]).

---

[1]) Harris S. 325.

[2]) S. J. A. 1879 s. 38.

[3]) Formular s. Douglas S. 245 Nr. 36.

[4]) Law Lexicon unter bail; Thwaites S. 121.

[5]) S. Liepmann S. 460/461 und 443. Hinsichtlich der dort befindlichen Anmerkung 82 sowie der Anmerkungen 80 und 204 ist zu bemerken, daß jetzt nach Erlaß der Bail Act 1898 (61 Vict. c. 7 s. 1) auch die Haftentlassung ohne Sicherheitsstellung zulässig ist.

[6]) Oke, S. 979/980.

[7]) S. J. A. 1848 s. 16.

[8]) I. O. A. s. 21.

Dasselbe gilt nach dem commitment für alle Fälle von felony und die in s. 23 der I. O. A. 1848 aufgeführten Fälle von misdemeanours, während der Polizeirichter wegen anderer solcher Fälle die Haftentlassung gegen bail auszusprechen hat.

Bei der Bemessung der Höhe der verlangten Sicherheit hat vernünftiges Ermessen obzuwalten; gegen Fehlsprüche würde Kings Bench Division durch writ of habeas corpus helfen [1]).

Übrigens ist es den Police Courts mehrfach zur Pflicht gemacht worden, bei Personen, die dem Schwurgericht überwiesen werden sollen, in bezug auf Gewährung von Freilassung gegen Kaution möglichst weitherzig zu sein, so durch ein Rundschreiben des Home Secretary vom 6. August 1906 [2]). Trotzdem klagt Bowen S. 45 über den geringen Erfolg aller auch seitens der Reiserichter in dieser Beziehung fortwährend ergehenden Belehrungen. Im ganzen kann es als Regel angesehen werden, daß der Angeklagte, gegen den genügender Verdacht vorliegt und bei dem nicht besondere Umstände die Freilassung rechtfertigen, bei indictable crimes in Haft kommt. 1905 waren 12 761 Personen in Untersuchungshaft, davon wurden 2685 on bail entlassen, also 21 %.

Von den Verhafteten warteten 450 über zwölf Wochen im Gefängnis auf ihre Aburteilung; trotzdem wurde von den Verhafteten über ein Siebentel freigesprochen [3]).

B. Die k u r z e n V e r t a g u n g s f r i s t e n, wenn im ersten Termin Entscheidung nicht ergehen kann; sie sind im Vorverfahren auf höchstens acht Tage begrenzt [4]); auch in summarischen Straffällen ist, wenigstens im London Police Court, eine Vertagung auf höchstens 8 volle Tage die Regel [5]); bei einer Vertagung von nur drei Tagen kann die weitere Festhaltung des Gefangenen mündlich angeordnet

[1]) Douglas S. 364/365.
[2]) Douglas S. 363.
[3]) Bowen S. 45.
[4]) I. O. A. 1848 s. 21.
[5]) Douglas S. 154, Gamon S. 92.

werden [1]). Bei Nichthaftsachen (summonses) wird ein möglichst naher Termin, meist eine Woche nach Erteilung der Ladung, angesetzt [2]). Auch die für die meisten summarischen Strafverfolgungen in Betracht kommende kurze Verjährungsfrist von sechs Monaten trägt zur Promptheit der Justiz bei [3]).

C. Fehler in der Vorladung, im Haftbefehl und in der Anklage schaden nicht und führen nur dann zur Vertagung, wenn anzunehmen ist, daß der Beschuldigte durch solchen Mangel getäuscht oder irregeführt wurde [4]). Überdies werden alle Einwendungen wegen Verstöße dieser Art durch Einlassung des Angeklagten (sogenannten waiver) geheilt [5]).

D. Die Herabminderung des Schreibwerks auf das geringst mögliche Maß, das nicht dem Richter, sondern dem clerk unter Zuhilfenahme knapper Formulare, die in den Consolidated Forms 1886 zusammengestellt sind, zufällt.

Das Nähere hierüber und insbesondere das Fortfallen schriftlicher Entscheidungsgründe ist von Mannhardt S. 38/39 dargestellt. Hierzu sei nur noch bemerkt, daß die meisten Ladungen, die bei uns ergehen, sowohl hinsichtlich der haftentlassenen Angeklagten wie der Zeugen und des Anklägers durch die einfachere und gleich im Termine vorgenommene Maßregel des binding over by recognizances ersetzt werden [6]). Soweit Zustellungen erfolgen, werden die Akten durch Einheften der Urkunden hierüber nicht umfangreich und unübersichtlich gemacht, sondern es wird im Notfall auf das Zeugnis des Zustellungsbeamten Bezug genommen; s. o. S. 59. Zustellungsbeamte der Polizei (sogenannte warrant-officers) sind stets zur Verfügung des Richters anwesend, s. S. 32.

Das von Mannhardt geschilderte charge sheet, welches die Polizei bei Vorführung eines Verhafteten vorlegt, ist kein gesetzliches Erfordernis; vielmehr kann bei Vorführung der Angeklagten, deren Festnahme ja auch Privat-

---

[1]) 11/12. Vict. Cap. 42 s. 21. S. oben S. 80.

[2]) Gamon S. 97.

[3]) S. J. A. 1848 s. 11, Ausnahmen bei Douglas S. 44, 313.

[4]) S. J. A. 1848 s. 1, 3, 9 und 11/12 Vict. c. 42 s. 9.

[5]) Douglas S. 13.

[6]) S. J. A. 1848 s. 16 und 11/12 Vict. c. 42 s. 20. S. oben S. 41.

personen freisteht [1]), die Anklage ohne jede schriftliche Darlegung erhoben werden [2]). Der clerk hat dann eben nur das Vorbringen in das Court Register [3]) einzutragen, in welchem auch der Urteilstenor vermerkt und vom Richter unterschrieben wird. Wenn in einem solchen Falle keine Zeugenprotokolle für das committal for trial zu fertigen sind, bestehen die Akten nur aus der „information" und der formularmäßigen Urteilsausfertigung, welche der Gerichtsschreiberei der Quarter Sessions einzureichen ist [4]).

Als Generalakten werden bei dem Polizeigericht nur noch geführt außer

α) dem Court Register

β) eine vierteljährlich der Aufsichtsbehörde einzureichende Liste aller verhängten Geldstrafen und entstandenen Kosten;

γ) ein vierteljährlich dem Staatssekretär vorzulegender Nachweis über alle auferlegten Geldstrafen, die ganz oder teilweise zur Staatskasse fließen;

δ) Einnahmejournal (instalment ledger [5]));

ε) das Security book, in welches die Adressen aller Bürgen und die näheren Bedingungen der Bürgschaftsübernahme einzutragen sind [6]).

E. Der Ankläger hat nach Aufnahme des vom Beschuldigten angetretenen Belastungsbeweises kein Recht auf Erwiderung, es sei denn, daß eine Rechtsfrage streitig ist [7]); er kann nur Gegenbeweis (evidence in reply) erheben lassen. Hinsichtlich dieses hat der Beschuldigte dann auch kein Recht auf Erwiderung [8]). Hierdurch erfährt die Verhandlung eine bei uns nicht gekannte Abkürzung; allerdings hat so

---

[1]) S. oben S. 81.
[2]) Oke S. 179.
[3]) S. J. A. 1879 s. 22.
[4]) S. J. A. 1848 s. 14.
[5]) S. J. Rules 1886.
[6]) S. J. Rules 1886 s. 15.
[7]) Douglas S. 78.
[8]) S. J. A. 1848 s. 14, Oke S. 178, Douglas S. 78.

der Angeklagte das letzte Wort nur, wenn er selbst der einzige Entlastungszeuge ist [1]).

l) Freies richterliches Ermessen.

Den englischen Richtern ist ein viel weiterer Spielraum als den unseren gelassen. Wie oben dargelegt, entscheidet schon bei Einbringung der Anzeige (information) das Polizeigericht allein über die Zulassung der Anklage[2]), sodann über die Umleitung des Vorverfahrens in summarisch zu behandelnde indictable offences[3]), über Verweisung an das Schwurgericht unter Bestimmung, ob sessions oder assizes Spruchgericht werden[4]), über die Frage, ob gegen Abwesende verhandelt werden soll[5]), über Zulässigkeit der Rücknahme der Anklage[6]).

Ob das Gericht die Verhaftung gegen Sicherheitsleistung (bail) aufheben will, hängt in den meisten Fällen ganz von seinem Ermessen ab; nur bei Hochverrat und Mord darf es dies nicht, während es in bestimmten Vergehensfällen gebunden ist, bail nach Verweisung der Sache an das Schwurgericht anzunehmen[7]). Das Nähere über bail s. oben S. 82.

In geeignet erscheinenden Fällen kann das Gericht sogar von Bürgschaftsstellung ganz absehen[8]). Ob Kostenersatz gewährt wird, hängt ebenfalls vollständig vom richterlichen Ermessen ab[9]).

Das Gleiche gilt vom Erlaß von Gerichtskosten[10]) und von Gewährung von Teilzahlungen und Stundungen[11]).

---

[1]) Crim. Evidence Act 1898 s. 3. S. oben S. 37.

[2]) S. oben S. 38.

[3]) S. oben S. 51 ff.

[4]) S. oben S. 54/55.

[5]) S. oben S. 79.

[6]) S. oben S. 40/41.

[7]) I. O. A. 1848 s. 21 und 23.

[8]) Bail Act 1898, 61 Vict. c. 7 s. 1.

[9]) S. J. A. 1848 s. 18; 1879 s. 8, 7. Geo. IV c. 64; 14/15 Vict. c. 55; 29/30 Vict. c. 52, 30/31 Vict. c. 35, s. 5.

[10]) 42/43 Vict. c. 49 s. 17; 14/15 Vict. c. 55 s. 12.

[11]) S. J. A. 1879 s. 7.

Selbst das einmal verkündete Urteil kann das Gericht (auch das Schwurgericht) später im Laufe derselben Sitzung noch ändern[1]). Ihm steht, falls eine Tat mit Gefängnis bedroht ist, zur Wahl, ob es solches mit schwerer Arbeit oder ohne diese verhängen will[2]); in letzterem Falle hat es nach seinem Ermessen anzuordnen, ob der Verurteilte als Gefangener I., II. oder III. Klasse behandelt werden soll[3]).

Das englische Strafensystem bietet eine größere Auswahl als das unsere und berücksichtigt mehr praktische Gesichtspunkte. Es gewährt dem Polizeirichter, abgesehen von den hier nicht in Betracht kommenden Strafen des Zuchthauses (penal servitude) und Polizeiaufsicht (police supervision), die bis zu 7 Jahren erstreckt werden kann, die Auswahl unter folgenden:

1. Imprisonment mit oder ohne hard labour, s. oben S. 47.

2. Whipping (Rutenstreiche) bis zu 50 Hieben und bis zu dreimaliger Wiederholung[4]), nur für männliche Verurteilte, so für incorrigible rogues[5]) nach der Vagrancy Act 1824, wegen Raub, Felony im Rückfall und einige andere Fälle[6]). Kinder von 7 bis 12 Jahren, junge Leute von 12 bis 14 Jahren können, wenn sie vor dem Polizeigericht wegen eines indictable crime, außer Tötung, verurteilt werden, entweder zusätzlich oder anstatt jeder anderen Strafe, zu 6 oder 12 Hieben mit einer Birkenrute verurteilt werden, s. oben S. 51. Bowen-Rowlands (S. 46) rühmt diese Strafe als die einzig richtige für Brutalitätsvergehen. Auch Gamon[7]) spricht sich trotz seiner warmen sozialen Gesinnung für Ausdehnung der Prügelstrafe nach letztgedachter Richtung aus. Im Jahre 1905 wurden 2404

---

[1]) Oke S. 183, Douglas S. 91.

[2]) S. J. A. 1879 s. 4.

[3]) Prison Act 1898 — 61/62 Vict. c. 41, s. 6. Zirkularerlaß des Staatssekretärs vom 25. 4. 1899 bei Douglas S. 500.

[4]) Harris S. 461/462.

[5]) Unverbesserliche Vagabunden. S. Thwaites S. 93.

[6]) Harris S. 462.

[7]) S. 235.

Personen zu dieser Strafe summarisch verurteilt gegen fünf Fälle in den Schwurgerichten.

3. Geldstrafen.

4. Reformatory Schools. Kinder unter 16 und über 12 Jahre, die schon vorbestraft sind, und Kinder unter 12 Jahren können bei Vergehen, die mit penal servitude oder Gefängnis bedroht sind, statt dieser Strafe oder zusätzlich zu ihr in eine solche Schule auf Grund der Reform. Schools Act 1893 56/57 Vict. c. 48 s. 1[1]) geschickt werden und zwar auf die Zeit von 3 bis 5 Jahren, jedoch nicht über das erreichte 19. Lebensjahr hinaus. Sie erlernen dort ein Gewerbe oder einen Beruf.

5. Industrial Schools. Hierhin werden Kinder unter 14 Jahren, die bettelnd oder verwahrlost oder in schlechter Gesellschaft angetroffen worden sind, oder auch Kinder unter 12 Jahren wegen Vergehen geschickt. Die Zwangserziehung dort dauert bis zur Erreichung des 16. Lebensjahres[2]).

6. Security to keep the peace (s. S. 48/49).

7. Wegen Trunkenheit kann der Trunkenbold nach der Inebriates Act 1898 bis zu drei Jahren in ein Inebriates Reformatory (Trinkerheilstätte) geschickt werden.

Bei der Strafzumessung ist das Gericht schon dadurch freier als bei uns, daß im allgemeinen das englische Strafrecht kein Strafminimum festlegt[3]); wo trotzdem solches gesetzlich bestimmt ist, kann das Polizeigericht die Mindestdauer in allen Fällen herabsetzen und ebenso die Höhe der gesetzlich festgelegten Geldstrafe; es kann auch in Fällen, wo statt Gefängnis nicht die Wahl auf Geldstrafe gegeben ist, trotzdem solche bis zur Höhe von £ 25.— verhängen[4]). Anstatt Verschickung in reformatory oder industrial schools kann das Gericht Jugendliche nach der Prevention of Cruelty to Children Act 1904 — 4 Edw. 7 c. 15 s. 9 zur Erziehung bei einem Verwandten oder einer dazu vom Gericht be-

[1]) Douglas S. 137.

[2]) Ibid. S. 139; 29/30 Vict. c. 118.

[3]) Harris S. 455.

[4]) S. J. A. 1879 s. 4.

stellten Persönlichkeit unterbringen. Es kann aber auch ein Kind, obgleich es von der Anklage wegen eines Vergehens freigesprochen worden ist, trotzdem zum Schutz gegen Verwahrlosung in eine Industrial School entsenden[1]).

Nach der Youthful Offenders Act 01 (1 Edw. 7 c. 20 s. 4) kann das Gericht Kinder und Jugendliche in Pflegeheime (remand homes) geben, statt sie in Untersuchungshaft zu schicken und wenn die Eltern oder bisherigen Pfleger die gehörige Aufsicht versäumt haben, diese für die Prozeßkosten und etwa erkannten Geldstrafen und Bußen oder für security for good behaviour haftbar machen[2]).

In solchen Fällen wird das Kind (unter 12 Jahren) oder der Jugendliche (12 bis 16 Jahre) einer geeigneten Person zur Verwahrung übergeben. Entweicht das Kind, so kann es ohne Haftbefehl wieder aufgegriffen werden. Die Anordnung ist jederzeit widerruflich, worauf das Kind in Untersuchungshaft genommen wird. Die Unterhaltspflichtigen können angehalten werden, bis zu 5 sh. die Woche für diese Unterbringung zu zahlen. In London hat der Metropolitan Asylums Board drei remandhomes eingerichtet: Camberwell, Pentonville, Harrow Road. Die Kinder werden dort gut verpflegt, haben ihre Spielplätze und werden von Lehrern unterrichtet. Es werden aber Bedenken gegen diese Einrichtung geäußert wegen des Zusammenlebens mit älteren Jugendlichen, die bereits mit dem Strafgesetz in Berührung gekommen sind und deshalb schlechten Einfluß gewinnen könnten[3]).

An Stelle nicht beitreibbarer Geldstrafen kann das Gericht Gefängnis nach Maßgabe der in S. J. A. 1879 s. 5 aufgestellten Skala substituieren[4]).

In Regelung von Zivilrechten darf der Strafrichter eingreifen und Verfügungen (Orders)[5]) wegen Herausgabe von gestohlenem Gut nicht nur gegen den Dieb und Hehler,

[1]) Industrial Schools Act s. 14. Douglas S. 136.

[2]) Douglas S. 495/496.

[3]) Gamon S. 201, 221.

[4]) S. J. A. 1848 s. 21 u. 23.

[5]) Im Jahre 1905 wurden 697 solcher orders erlassen.

sondern auch gegen den dritten gutgläubigen Besitzer erlassen, falls dieser nicht durch Kauf in offenem Markt[1]) Eigentum erworben hat. Er kann auch die Regelung gegen den Dieb wegen Entschädigung des Bestohlenen oder des entwehrten Besitzers treffen[2]). Ähnliche Verfügungen auf Rückgabe können gegen Pfandleiher erlassen werden[3]). Anordnungen, die tief in das Eigentum eingreifen, kann das Polizeigericht auf Grund der Public Health Act s. 97, der Housing of the working Classes Act 1890 und für den Metropolitan-Bezirk aus 18/19 Vict. c. 121 s. 8 insofern erlassen, als es Schließung von Häusern wegen ihres gesundheitswidrigen Zustandes verfügen kann. Ob und wieweit Polizeigerichten wegen contempt of Cout Ordnungsstrafgewalt zusteht, ist sehr bestritten. S. oben S. 60/61. Den anderen Gerichten ist dieses Recht jedoch gegeben und verleiht ihnen damit die außerordentliche Machtvollkommenheit, Ungehorsam gegen ihre Anordnungen, Unehrerbietigkeit oder Ungehörigkeiten, mögen diese auch außerhalb des Gerichts begangen sein[4]), mit Gefängnis von unbestimmter Dauer gegen jeden, auch gegen untergeordnete Richter, Sheriffs, andere Exekutivbeamte, sowie gegen Anwälte[5]) zu ahnden. Über eine unangemessene Anwendung dieser über alle Maßen weit gehenden Befugnis wird absolut nicht geklagt. Die grausigen, Erinnerung an den Besuch eines Folterkabinetts zurückrufenden Schilderungen von Viezens S. 128—130 über lang zurückliegende Mißbräuche dieses Rechts kommen

---

[1]) Als solcher market overt wird nur angesehen: a) in der City von London jeder Verkauf in einem Geschäftslokal von dort üblicherweise zum Verkauf gestellten Waren an den Konsumenten, nicht aber an den Weiterhändler; b) sonst nur der Verkauf, der zu gewissen üblichen Zeiten und an bestimmten üblichen Orten abgeschlossen wird.

[2]) S. J. A. 1879 s. 20 Nr. 3; Douglas S. 164/165, 168; 18/19 Vict. c. 96 s. 100; 30/31 Vict. c. 35 s. 9; Oke S. 242.

[3]) 42/43 Vict. c. 22 s. 7.

[4]) Es fallen sogar unter diesen weiten Strafrahmen einseitig gefärbte Zeitungsartikel über einen schwebenden Prozeß, die geeignet sind, das Urteil der Geschworenen unrechtmäßigerweise zu beeinflussen.

[5]) Wharton S. 190.

daher jedenfalls für Würdigung des bestehenden Zustands nicht in Betracht.

Die Engländer fühlen sich durch den Gebrauch der ihren Richtern verliehenen diskretionären Vollmachten nicht im geringsten beunruhigt und fahren in neuerer Zeit mit dem weiteren Ausbau solcher Rechte auch in Ansehung der unteren Instanzen fort. So ist durch die am 1. Januar 1908 in Kraft getretene Probation of Offenders Act 7 Edw. VII c. 17, die bisher durch die Probation of First Offenders Act 1887 bereits im großen und ganzen gegebene Möglichkeit, erstmalig Überführten besondere Milde angedeihen zu lassen, nunmehr ganz allgemein eingeführt worden. Hiernach kann das Polizeigericht bei jeder seiner Zuständigkeit unterliegenden Verfolgung die Anklage trotz ihrer Begründetheit ganz abweisen oder das Verfahren unter der Bedingung einstellen (discharge)[1], daß der Beschuldigte mit oder ohne Bürgschaft die Verpflichtung eingeht, einen ordentlichen Lebenswandel zu führen, widrigenfalls er sich während einer Zeit, deren Begrenzung drei Jahre nicht überschreiten darf, auf Erfordern zur Aburteilung wieder zu gestellen hat. Die gleiche Befugnis bedingter Einstellung hat auch das Schwurgericht wegen jeder mit Gefängnis bedrohten Tat. Voraussetzung ist in allen Fällen die Überzeugung des Gerichts, daß guter Leumund (character), Vorleben, Alter, Gesundheit, geistige Minderwertigkeit des Beschuldigten, oder die Belanglosigkeit der Straftat oder ein anderer mildernder Umstand es angezeigt erscheinen läßt, entweder keine Strafe zu verhängen oder wenigstens keine nennenswerte oder schließlich eine nur bedingt in Anwendung kommende.

Zusätzlich kann das Gericht noch auf eine Geldbuße oder Schadenersatz, letzteren im summarischen Verfahren nicht über £ 10, und Kostenersatz erkennen.

---

[1]) 1905 unter der S. J. A. 1879 s. 16 wurden 43 691 Anklagen dieser Art abgewiesen und bedingungsweise eingestellt 7625, sowie ferner 7051 auf Grund der Probation of First Offenders Act. S. Criminal Statistics S. 111.

Die einzugehende Verpflichtung kann ferner nach Ermessen des Gerichtes die Bedingung enthalten, daß der Übeltäter während des bestimmten Zeitraumes der Aufsicht einer gerichtlich zu ernennenden Vertrauensperson unterstellt wird, und die näheren Maßgaben, um die genügende Kontrolle durchzuführen. Insbesondere können in einer solchen „Probation order" Beschränkungen des Umganges und des Besuches unerwünschter Lokalitäten, Enthaltsamkeit vom Alkoholgenuß sowie andere Bestimmungen vorgesehen werden, dazu angetan, den Schuldigen zu einem ehrbaren und arbeitsamen Leben anzuhalten.

Als Vertrauensperson können für jeden petty-sessional-Bezirk Personen beiderlei Geschlechts gegen Besoldung angestellt werden, sogen. Probation Officers und für Kinder möglichst hierfür besonders vorgebildete, ohne aber das Gericht an die Auswahl dieser Angestellten in eigengearteten Fällen zu binden. Diese Probation Officers haben jeden ihrer Schutzbefohlenen zu überwachen, sie mit Rat und Tat zu unterstützen, insbesondere wegen Beschaffung passender Arbeitsgelegenheit, und über ihre Führung dem betreffenden Gericht zu berichten.

Auf Antrag des Probation Officer kann das Gericht die Wirksamkeit der Verpflichtungserklärung als nicht mehr erforderlich aufheben, andererseits aber auch den Übeltäter vorladen und eventuell verhaften lassen, um ihm nach Klarstellung des Überschreitens der gesetzten Bedingungen wegen der zur Anklage gelangten Tat seine Strafe zu diktieren, und zwar ohne Wiedereingehen auf die Schuldfrage. Kinder können in solchen Fällen bei Verhaftung einem remand home und Jugendliche einer industrial school überwiesen werden.

Andere wie die erwähnten gesetzlichen Sonderbestimmungen für die Behandlung Jugendlicher hat das englische Recht nicht; insbesondere sind Kindergerichtshöfe (Children Courts) noch nicht gesetzlich eingeführt. Wo solche bestehen, wie in Birmingham, verdanken sie ihre Errichtung der Fürsorge der Lokalbehörden, die wie bei uns — z. B. in Frankfurt a. M. — auf Grund der bestehenden gesetzlichen Bestimmungen besondere Einrichtungen getroffen haben, um von Jugendlichen möglichst Schädlichkeiten fernzuhalten, die aus der Verhandlung gegen sie vor dem ordentlichen Gerichtshof zu befürchten wären.

Als Schutzmaßregeln, die ohne weiteres auch im Rahmen der Polizeigerichte anwendbar sind, hat der Home Secretary den Metropolitan Police Courts folgende zur Pflicht gemacht[1]): 1. Verhandlungen gegen Kinder sollen getrennt von den übrigen Verhandlungen gelegt werden, sei es an den Anfang oder auf das Ende der Sitzung, und ebenso auch Anträge auf Vorladung jugendlicher Angeklagter; 2. festgenommene Kinder sollen gesondert von anderen Beschuldigten unter Aufsicht in einem eigens dazu bestimmten Raum den Aufruf ihrer Sache erwarten und nicht länger im Gerichtssaal gelassen werden, als die sie betreffende Verhandlung dauert; 3. währenddessen soll kein unbeteiligter erwachsener Angeklagter in den Ger chtssaal zugelassen werden; 4. die beschuldigten Kinder sollen nicht auf die Anklagebank (dock) kommen.

Abgesehen von solcher immerhin geringfügigen Berücksichtigung der Eigenart der Fälle bei Regelung des Verfahrens gegen Jugendliche wird das Hauptgewicht auf die materiellrechtliche Behandlung durch Anwendung der Milde und Besserungszweck gleich gerecht werdenden Probation-Gesetzgebung gelegt[2]).

---

[1]) Regulations vom 30. 6. 1905.

[2]) Gamon S. 215 ff. Dieser Schriftsteller wendet sich sogar direkt gegen die Ansicht, daß die Aburteilung von Jugendlichen durch hierfür besonders ausgesuchte und vorgebildete Richter erstrebenswert und daß die Gefahr moralischer Ansteckung durch die Verhandlung vor dem ordentlichen Polizeigericht naheliegend sei.

Die eben erst im Parlament eingebrachte Childrens Bill (8 Edw. 7) sieht in s. 102/103 nur für den Metropolitan-Bezirk die Bildung eigener Kindergerichtshöfe dadurch vor, daß solche durch königliche Verordnung (Order in Council) im Rahmen der durch die Metropolitan Police Courts Acts 1839 und 1840 geschaffenen Gerichte ins Leben gerufen werden können. Solche Gerichte werden sich also von den allgemeinen Polizeigerichten nur dadurch unterscheiden, daß ihnen ein für diesen Zweck

Charakteristisch für den humanen Sinn dieser Gesetzgebung ist, daß sie nicht bedingte Verurteilung, sondern bedingte Verfahrens-Einstellung vorsieht, also zwischen den Schuldigen und die Bestrafung eine Suspensivbedingung setzt, sowie daß sie für die Zwischenzeit die Stellung des Angeklagten unter Aufsicht und Leitung eines dazu geeigneten Beamten vorsieht, damit der Gestrauchelte eine Stütze hat, sich wieder aufzurichten. Den erforderlichen Rückhalt zur Ausübung seiner Autorität und Einwirkung findet der Beamte an dem Gericht, welches es während der Bewährungsfrist in der Hand hat, die bezeigte Milde auf Grund ungünstiger Berichterstattung aufhören und den Schuldigen die Strenge des Gesetzes fühlen zu lassen. Die Probation Officers werden zum großen Teil aus der Zahl der Gerichtsmissionare entnommen werden; diese haben sich schon bisher in der gleichen Richtung unter der bisherigen Geltung der Probation of First Offenders Act 1887, welche das Amt von Probation Officers noch nicht eingeführt hatte, im Rahmen freiwilliger Liebestätigkeit bewährt, wurden aber an der Entfaltung ihrer vollen Wirksamkeit durch den Mangel einer beamteten Stellung gehindert[1]). Sie werden auch die geeigneten Gewährsmänner abgeben, um dem Gerichte die für die Entscheidung nötigen Unterlagen zu verschaffen und insbesondere Ermittelungen anzustellen, ob und welche Form der Bewährungszulassung in dem einzelnen Falle angezeigt erscheint. Man erwartet — und diese Hoffnung wird durch die in Amerika[2]) und Australien gemachten Erfahrungen mit dem dort schon seit längerer Zeit segensreich arbeitenden Institut der Probation Officers gestützt — daß sich für diese Stellung

---

besonders ausgesuchter Richter vorsitzt. Außerdem will die neue Bill noch anordnen, daß die allgemeinen Polizeigerichte Verhandlungen gegen Jugendliche getrennt von anderen Verhandlungen vornehmen, daß erstere unte Ausschluß der Öffentlichkeit bis auf Zulassung von Preßvertretern stattfinden und daß bei letzteren Jugendliche als Zuhörer nicht zugelassen werden.

[1]) Gamon S. 167, 176/183.

[2]) Köhne S. 30, Trüper S. 15 ff.

immer mehr Personen aus besseren Kreisen melden werden, die ihre Entlohnung nicht in der für solche Arbeit auszuwerfenden geringen Geldvergütung, sondern in der Hilfstätigkeit selber finden.

Allerdings liegt allgemeines statistisches Material über die Erfolge, die mit dem Institut in Verbindung mit der bedingten Verurteilung in Amerika und Australien erzielt sind, nicht vor; der Grund ist wohl hauptsächlich in der Eigenart der betreffenden Länder zu finden, welche eines Meldewesens entbehren und eine ungemein starke Bevölkerungsverschiebung aufweisen. Es leuchtet aber ein, daß der Besserungszweck häufiger und durchgreifender erreicht werden wird, wenn dem Entgleisten und insbesondere dem jugendlichen Täter Rat, Hilfe und Beaufsichtigung gewährt wird und er sich auf Grund der letzteren mehr der Gefahr ausgesetzt fühlt, der bewiesenen Berücksichtigung verlustig gehen zu können, als wenn er seinem Schicksal allein überlassen bleibt.

Wenn also auch die Erfolge, die andere Länder, wie Frankreich und Belgien, mit der bedingten Verurteilung ohne Einführung einer Beaufsichtigung und Leitung der Delinquenten erzielt haben, nach Darstellung der Kommission für die Reform des Strafprozesses keine besonders großen sind, so verdienen die Aussichten des englisch-amerikanischen Systems doch wohl eine bedeutend günstigere Beurteilung. Die Begründung, mit der die Kommission dieses System außer Betracht gelassen hat[1]), kann nicht für zutreffend erachtet werden, da die deutschen Verhältnisse mit dem geordneten Meldewesen, der bestehenden vormundschaftlichen Fürsorge und dem der Schule und Kirche eingeräumten Einfluß für Betätigung einer wirksamen Aufsicht viel günstiger liegen dürften, als in den angelsächsischen Gebieten.

Formal greift allerdings ein Straflosigkeit unter Bewährungsbedingung aussprechendes Urtel in das Gebiet der

[1]) Protokolle S. 319: „schon wegen der Verschiedenheit der deutschen Verhältnisse von den englischen und amerikanischen Verhältnissen".

bisher der Behandlung im Gnadenwege zugewiesenen Fälle hinüber; dies aber nur deshalb, weil es bisher bei uns für solche Fälle nicht die Möglichkeit richterlicher Würdigung gibt. Dieser sollten sie aber nach den Grundsätzen der Scheidung zwischen richterlichen und gerichtsherrlichen Funktionen unterstellt sein; wird doch die besondere Berücksichtigung in den fraglichen Fällen aus Gründen hergeleitet, welche zum Tatbestand gehören oder doch bei Begehung der Tat mitwirkten, wie Belanglosigkeit, geistige Minderwertigkeit, jugendliches Alter oder sonstige Umstände, welche die richterliche Beurteilung der Tat im Sinne besonderer Milde zu beeinflussen geeignet sind. Die Entscheidung über Berücksichtigung solcher Momente stellt einen Akt der Rechtspflege dar[1]), der dem Richter nicht entzogen werden sollte. Diese für die Beurteilung in Betracht kommenden Gesichtspunkte werden weit treffender in der mündlichen Verhandlung beleuchtet und richtiger bei der Entscheidung erfaßt werden als auf dem bei uns üblichen langwierigen Wege in Gnadensachen. Es würde auch der Staatsanwaltschaft und den Ministerialbeamten, welche den erforderlichen Bericht längere Zeit nach der Aburteilung aus den Akten zusammenstellen und oft eigene Anschauung über den Fall nicht gewonnen haben, eine große Arbeitslast erspart werden und ebenso der Gnadeninstanz selbst. Die englische Krone hat daher einer derartigen Abgrenzung keine Schwierigkeit in den Weg gestellt und ist das nämliche auch seitens unserer Regierungen zu erwarten, wenn der Erkenntnis zum Durchbruch verholfen wird, daß wirksamer als durch bedingte Begnadigung durch Einführung der bedingten, und zwar von der Bewährung abhängig gemachten Verurteilung die Kriminalität eingedämmt werden könnte.

Es darf daher kurz vom Standpunkte des englischen Systems auf die Bedenken hier eingegangen werden, die in der Kommission gegen Einführung der bedingten Verurteilung laut geworden sind.

---

[1]) Wie schon ein Teil der Kommission ausführte, Protokolle S. 321.

Durch die Ermittelungstätigkeit der Bewährungsbeamten wird das dort[1]) daraus hergeleitete Bedenken, daß das Gericht garnicht in der Lage sei zu übersehen, ob die Voraussetzungen für milde Behandlung wirklich vorliegen, hinweggeräumt.

Die Gleichmäßigkeit der Anwendung würde jedenfalls nicht, wie in der Kommission geäußert wurde, durch die Rechtsprechung der Gerichte mehr in Frage gestellt werden, als durch die Bearbeitung in den verschiedenstaatlichen Gnadeninstanzen, zumal wenn eine gleichmäßige Anweisung an die Staatsanwaltschaften über Einlegung der Berufung erlassen wird.

Nach dem englischen System können die Angeklagten und ihre Kreise nicht auf den irreführenden Gedanken kommen, daß im Strafrecht der Satz gelte: einmal ist keinmal[2]). Denn es genügt nach den englischen Vorschriften nicht, daß der Angeklagte während der Probezeit nicht wieder verurteilt, also bei einer Straftat abgefaßt wird, sondern er muß sich die Straffreiheit durch gutes Betragen unter ständiger Beaufsichtigung verdienen[3]). Das Damoklesschwert der Heranziehung zur Strafe hängt weit drohender über ihm als nach der französisch-belgischen Gesetzgebung.

Nicht das in der Hauptverhandlung in die Erscheinung tretende Bild und damit, wie die Kommission auf S. 323 der Protokolle befürchtet, das dort gezeigte Auftreten des Angeklagten, welches durch Raffinement und scheinbare Reue irreführen könnte, wirkt ausschlaggebend, sondern das im Licht der Beaufsichtigung zutage tretende, dem Gericht durch die Bewährungsbeamten und eventuell durch andere Beweise vorgeführte weitere Verhalten des bedingt Verurteilten. Die Gefahr übergroßer Milde braucht durchaus nicht mit dem Probation-System verbunden zu sein. Dagegen hat Miß Bartlett, eine der hervor-

---

[1]) Protokolle S. 322/323.
[2]) Protokolle S. 322.
[3]) Gamon S. 228.

ragendsten amerikanischen Fürsprecherinnen des Systems, laut ihre Stimme erhoben; tritt doch sogar Gamon, ein anderer Lobredner des Systems, für Ausdehnung der Anwendung von Prügelstrafe ein (s. S. 87).

Allerdings wird nach dem englischen Verfahren erst nachträglich nach bewiesener Besserungsunfähigkeit die verurteilende Entscheidung herbeigeführt werden, und zwar auf Grund der in der anfänglichen Verhandlung erfolgten Feststellung der ursprünglichen Straftat (conviction) und weiterer Berücksichtigung des während der Probezeit hinzugekommenen Belastungsmaterials. Diese Suspensivwirkung erscheint, so gut sie auch im Interesse der Angeklagten und insbesondere der Jugendlichen gemeint ist, verfehlt. Das Verfahren endigt in der Mehrzahl der Fälle, in denen Besserung angenommen wird, ohne den eindrucksvollen Schlußeffekt der Verurteilung. In den anderen Fällen wird die Bestrafung verhängt teils auf Grund einer Feststellung, deren Einzelheiten wegen Länge der Zeit nicht mehr genügend klar erhellen können und zugleich unter Berücksichtigung von Umständen, die erst nach Begehung der Straftat eingetreten sind, aber doch sicherlich bei Bemessung der Strafe nicht außer Betracht gelassen werden. Richtiger dürfte hier Zurückgehen auf das amerikanische System sein, das die Verurteilung unter der Resolutivbedingung der Bewährung ergehen läßt[1]).

Ein derartiges, aus englischen und amerikanischen Vorbildern zusammengesetztes, unseren Verhältnissen angepaßtes Probation-System würde sich im Anschluß an die im Vormundschaftswesen, von Schule, Kirche und freien Organisationen der Liebestätigkeit geübte Fürsorge ohne große Umwälzungen in unsere Gesetzgebung einführen lassen und jedenfalls leichter, als die von Köhne vorgeschlagene Änderung, die ihre Wohltat nur auf Jugendliche erstrecken soll. Die für dieses Sondergebiet erstrebten Ziele würden durch die Zulassung der bedingten Verurteilung mit Bewährungsklausel bis zu einer grundlegenden Reform

---

[1]) Gamon S. 206; Hartmann S. 270/274.

unserer Strafgesetzgebung und des Vollstreckungsverfahrens im wesentlichen bei entsprechender Anweisung der Staatsanwaltschaft und Vorkehrung seitens der Justizverwaltung zu erreichen sein. Dieses trifft zwar nicht auf die vorgeschlagene Schaffung von Jugendgerichtshöfen zu; jedoch erscheint eine weitergehende Neuerung, als sie auf Grund der bestehenden Gesetze durch Zusammenlegung des Dezernats von Vormundschaftsrichter und Jugendstrafrichter nach bekannten Vorgängen jetzt eingeführt ist, insbesondere dann entbehrlich, wenn noch auf die Mitwirkung der zu schaffenden Organisation von Beaufsichtigungs- und Ermittelungsbeamten gerechnet werden kann. Im übrigen dürften gegen die Errichtung von eigenartig gestalteten Jugendgerichtshöfen, abgesehen von dem allgemeinen Bedenken gegen Ausdehnung der Wirksamkeit von Sondergerichten, noch manche andere anzuführen sein[1]).

Der Kostenpunkt darf bei einer für die Volksgesundung so einschneidenden Frage keine Rolle spielen. Es würden aber auch die Aufwendungen für Besoldung des erforderlichen Aufsichtspersonals wohl mehr als ausgeglichen werden durch

[1]) Die Ansteckungsgefahr vor den ordentlichen Gerichten ist, wie schon oben S. 93 Anm. 2 nach Gamon ausgeführt ist, nicht groß und kann durch geeignete Maßnahmen im Rahmen der bestehenden Gesetzgebung fast ganz beseitigt werden. Das tiefere Eindringen in die Kinderpsyche wird durch Besetzung der Richterbank mit Vormundschaftsrichtern und Geistlichen, Lehrern, Ärzten nicht gewährleistet, insbesondere nicht bei kleinen Gerichten, wo die Möglichkeit einer passenden Auswahl weniger gegeben ist. Die Erfahrung zeigt auch, daß Lehrer oft nicht auf eigenartige Kinder einzugehen verstehen, wenn es sich um etwas anderes wie Schulgelehrsamkeit handelt. Ähnlich dürften Geistliche und Ärzte zu beurteilen sein. Goethes: „Ihr, die's nicht fühlt, ihr werdet's nicht erjagen" paßt insbesondere auf die Möglichkeit, sich in eine Kinderseele zu versetzen. Das Studium von Theologie, Philologie oder Medizin bietet hierfür noch keine Garantie. Der im Zölibat lebende katholische Geistliche wird oft gegen den unstudierten Vater zurückstehen. Es gilt eben für die Aburteilung von Jugendlichen wie Erwachsenen den richtigen Mann an die richtige Stelle zu bringen, denjenigen, der mit warmem Herzen, Menschenkenntnis und praktischem Verstand dem Angeklagten gegenübertritt und nicht nur den Fall zu erledigen trachtet.

die beim Gefängnisetat infolge verminderter Vollstreckung von Freiheitsstrafen zu erwartenden Ersparnisse und durch die infolge Vermehrung der freien Arbeit sich ergebende Erhöhung der nationalen Erwerbskraft.

III. Das Urteil.

Die Entscheidung wird meistens sofort im Anschluß an die Verhandlung mündlich verkündet, wenn auch die Befugnis zur Vertagung gegeben ist[1]), ohne daß wie im schottischen Verfahren ein Antrag des Anklägers gestellt wird. Die Entscheidung geht im Vorverfahren für Schwurgerichtssachen entweder auf Überweisung der Verfolgung an das Schwurgericht (commitment) oder auf Einstellung des Verfahrens (discharge). Erstere Entscheidung ist endgültig, setzt aber noch nicht endgültig fest, ob das Schwurgericht die Verfolgung übernimmt, worüber sich erst die Grand Jury schlüssig zu machen hat[2]). Die Entscheidung über Einstellung der Verfolgung (discharge) ist dagegen nicht endgültig, da der private prosecutor selbst in dem durch die Vexatious Indictment Act geschaffenen Ausnahmefällen[3]) den Entwurf der Anklage trotz einer ablehnenden Entscheidung im Vorverfahren der Grand Jury noch direkt unterbreiten kann[4]).

Das summarische Verfahren endigt mit einer Entscheidung, die auf Verurteilung oder Freisprechung geht; sie wird nur ihrem Tenor nach verkündet und zwar ganz kurz, etwa mit den Worten: „3 Monat Gefängnis mit schwerer Arbeit und 30 M. Kosten.“ Selten daß der Richter eine kurze Begründung anschließt, wie etwa: „es ist ein böser Fall“ oder: „ich hoffe, daß die milde Strafe genügen und Ihnen für immer zur Lehre dienen wird.“ Wenn Kostenerstattungspflicht ausgesprochen wird, muß dabei der Betrag angegeben werden[5]).

---

[1]) Oke S. 183; S. J. A. 1848 s. 16; I. O. A. 1848 s. 21.

[2]) S. unten S. 103/104 und Liepmann S. 464/466.

[3]) S. 43 u. 105 Anm. 1.

[4]) S. ebenda.

[5]) Douglas S. 93 und 95.

Der Urteilstenor (sentence) ist vom clerk oder dem Vorsitzenden in die betreffende Spalte des Registers einzutragen und vom Magistrate oder Friedensrichter zu unterschreiben[1]). Die Eintragung geschieht in kürzester Form, etwa so: 2 m h. l., d. h. 2 months hard labour (2 Monate Gefängnis mit schwerer Arbeit), oder 2 sh. 1 d., d. h. 2 sh. Geldstrafe, im Unvermögensfalle 1 Tag Gefängnis. Eine Ausfertigung (conviction) wird später vom clerk durch Ausfüllung eines der wenigen in Betracht kommenden Formulare hergestellt und ebenfalls vom Richter unterschrieben. Die Urkunde soll kurz die zur Aburteilung gekommene Straftat angeben, die Zuständigkeit sowie die Gesetzlichkeit des Verfahrens feststellen und die Verurteilung nebst der erkannten Strafe aufführen[2]). Eine solche Ausfertigung ist der Gerichtsschreiberei der Quarter Sessions zuzustellen[3]). Der Angeklagte hat das Recht auf Abschrifterteilung[4]).

Falls Abweisung der Anklage erfolgt, wird dies ebenfalls unter richterlicher Vollziehung in das Register eingetragen und hierüber eine Ausfertigung formularmäßig hergestellt (Order of dismissal), welche in indictable cases gleichfalls an die gedachte Gerichtsschreiberei zu senden ist [5]). Der Beschuldigte erhält eine ganz kurze Bescheinigung der Abweisung, deren Vorlegung ihn davor schützt, nochmals wegen derselben Straftat zur Verantwortung gezogen zu werden [6]).

Niemand vermißt in England die schriftliche Abfassung der Urteilsgründe, die sich allerdings der Richter in Ausnahmefällen bei besonders schwierigen Rechtsfragen vorbehält [7]). Werden solche ohne Vorhandensein schriftlicher Darlegung zum Gegenstande eines Rechtsmittels gemacht,

---

1) S. J. A. 1879 s. 224.

2) S. Mannhardt S. 37; Douglas S. 93

3) S. J. A. 1848 s. 14.

4) Douglas S. 91.

5) S. J. A. 1879 s. 27.

6) S. J. A. 1848 s. 14.

7) The Review of Justices Decisions Act 1872 s. 2 (35/36 Vict.c.26).

welches statement of case heißt und unserer Revision gleichsteht [1]), so hat der Richter der unteren Instanz nachträglich den Tatbestand und die Gründe schriftlich zusammenzustellen, in der Art, wie Mannhardt S. 41 ausführt [2]). Da die Frist zur Einlegung des Rechtsmittels, welches schriftlich bei dem Schwurgericht einzureichen ist, drei bzw. acht Tage beträgt, ist es dem Gerichte leicht möglich, die Einzelheiten des Falles noch aus frischer Erinnerung zu beurkunden. Übrigens kann das Revisionsgericht nach s. 7 der S. J. A. 1857 das statement dem Untergericht zur Ergänzung oder Verbesserung zurückgeben [3]).

Für die verhältnismäßig wenig zahlreichen Fälle, wo das Urteil wegen Entscheidung in der Tatfrage oder der Strafzumessung durch appeal angegriffen wird, bedarf es schriftlicher Urteilsgründe nicht, weil das Berufungsgericht eine Wiederholung des Verfahrens (rehearing) vorzunehmen hat.

IV. Natur der Anklage und Bedeutung des Vorverfahrens.

Ist das commitment for trial ausgesprochen, so wird das Urteil mit den S. 62 aufgeführten andern Schriftstücken dem Schwurgericht übersandt, und zwar je nach der vom Polizeigericht zu ermessenden Zuständigkeit an den Clerk of the Peace bei den Quarter Sessions oder an den Clerk bei den Assisen (Courts of Oyer and Terminer and General Gaol Delivery [4]). Dieser rechtsgelehrte Beamte oder ein

---

[1]) S. die in diesen Heften erscheinende Abhandlung von Bromberg

[2]) S. J. A. 1857 s. 2; S. J. A. 1879 s. 33; S. J. Rules 1886 s. 18. S. oben S. 29, Anm. 2).

[3]) Douglas 409, 418, 424/425, 428.

[4]) Im Metropolitan-Bezirk heißt dieser Gerichtshof Central Criminal Court und ist seine Zusammensetzung besonders geregelt. In der Provinz werden die Assisen nach festgestelltem Turnus (es bestehen acht sogenannte circuits) von dahin entsandten Richtern des High Court oder in deren Vertretung von mit besonderer königlicher Ermächtigung ernannten barristers in gehobener Stellung (King's Counsel, s. oben S. 33) drei- bis viermal im Jahre und bei besonderer Dringlichkeit auch öfters infolge einer special commission of Oyer and Terminer abgehalten. Die Londoner barristers suchen sich den ihnen passenden circuit aus und melden ihre Teilnahme an. Eine

ihm untergebener (bei den Assisen heißt er Clerk of Indictment) fertigt auf Grund der übersandten Schriftstücke den Entwurf der Anklage (Bill of Indictment) an und betraut mit ihrer Vertretung unter Informationserteilung einen barrister, wenn nicht der public prosecutor eingetreten ist oder der private prosecutor selbst einen barrister bestellt und dieser die Übernahme der Verfolgung angezeigt hat.

Am ersten Tage der Schwurgerichtsperiode tritt nun die Grand Jury zusammen. Der Sheriff der betreffenden Grafschaft hat zu diesem Zwecke eine Liste passender Grafschaftseingesessener aufzustellen, in welche er nur gentlemen von höchstem Ansehen aufnimmt; jedoch bestehen gesetzliche Qualifikationsbedingungen nicht. Von den Geladenen werden 12 bis 23 vereidigt. Der Schwurgerichtsvorsitzende belehrt (charges) dann die Geschworenen über ihre Pflichten und über einzelne, besondere Aufmerksamkeit oder Kenntnisse erheischende Punkte der ihnen unterbreiteten Fälle, eine Obliegenheit, die voraussetzt, daß der Richter selbst Kenntnis von dem betreffenden Aktenmaterial genommen oder Information von seiten des clerk empfangen hat.

Hierauf vernimmt die Grand Jury in geheimer Verhandlung und in Abwesenheit des Richters, Anklägers [1]), Angeklagten und Verteidigers eidlich die Belastungszeugen, aber auch nur diese, ohne ihre Aussage zu protokollieren. Zweck ist nur die Nachprüfung der von dem Polizeigericht ausgesprochenen Entscheidung, daß genügend Grund vor-

---

Anzahl, insbesondere die jüngeren (juniors) gehen selbst mit dem Reiserichter an den Ort der Tagung, wenn sie noch kein Mandat (brief) haben, da ein solches ihnen dort zufallen könnte und sie jedenfalls schon durch Zuhören sich praktisch ausbilden. Durch gemeinschaftliche Wahrnehmung solcher auswärtigen Termine wird der wünschenswerte nähere Zusammenhang zwischen dem betreffenden Reiserichter und der bar befördert. In ähnlicher Weise beteiligt sich die bar von London aus an den Quarter Sessions der Provinz. Sollte trotzdem bei einigen von diesen die erforderliche Beteiligung von barristers ausbleiben, so werden solicitors, die stets an den betreffenden Gerichtsorten domizilieren, zur Vertretung zugelassen. S. oben S. 32.

[1]) Dessen solicitor kann zugelassen werden, wenn es die Jury für angemessen hält. Stephen History I, S. 274.

handen sei, den Angeklagten zur weiteren Verantwortung zu ziehen. Will die Grand Jury dies verneinen, so spricht sie das aus mit der Erklärung „No true Bill", und hiermit ist der Angeschuldigte definitiv außer Verfolgung gesetzt. Andernfalls gibt sie ihr Verdikt für „True Bill" ab, und damit wird die Bill of Indictment zum Indictment, das heißt zur endgültigen Anklage.

Wer ist nun hiernach faktisch Träger der Anklage? Eine Frage, mit deren Beantwortung sich die englischen Juristen im allgemeinen nicht den Kopf zerbrechen, deren Lösung jedoch notwendig erscheint, um danach die Natur der Anklage zu bestimmen [1]).

1. Klar ist zunächst, daß die Anklage, die vom public prosecutor vertreten [2]) wird, eine öffentliche ist. Sie ist unserer staatsanwaltlichen an die Seite zu stellen. Der Hauptunterschied besteht darin, daß die englische Anklagebehörde kaum größere Rechte hat als jeder andere prosecutor [3]) und daß sie nicht dem Legalitätsprinzip unterworfen ist; sie kann daher auch in den Ausnahmefällen, in welchen ihr Eintreten vorgesehen ist, noch freies Ermessen über die Tunlichkeit walten lassen und verneinendenfalls beiseite stehen. Der Gebrauch dieser Anklageform ist aber nur in verhältnismäßig wenig Fällen zu verzeichnen [4]); eine Ausdehnung ist auch bei der Abneigung der Engländer, ihr Recht auf self-govern-

---

[1]) Auch Schmidt, dessen Darlegungen wertvolle Hinweise zum Einschlagen des gewählten Weges gegeben haben, spricht nur von einer sachgemäßen „Umgestaltung und Modifikation des bisherigen Anklageverfahrens" und der dadurch bewirkten „Beseitigung des Privatanklagesystems". Dieser Schluß kann nur hinsichtlich der Entwicklung, welche die summarische Strafverfolgung bei Handhabung durch die Polizei erfahren hat, als richtig anerkannt werden, da im übrigen mit der Ausführung bei Liepmann S. 470 ff. anzunehmen ist, daß die Anklage durch Indictment von alters her die Gestaltung einer öffentlichen Klage angenommen hatte.

[2]) Nach der unten S. 107 gemachten Ausführung ist die Grand Jury auch in solchen Fällen als eigentliche Trägerin der Anklage durch Indictment und der public prosecutor nur als ihr von Staats wegen bestellter Sachwalter zu betrachten. S. Liepmann S. 475.

[3]) S. Stephen, Abhandlung S. 460; History I, S. 495.

[4]) S. oben S. 43.

ment durch die Tätigkeit einer Beamtenkaste eingeschränkt zu sehen, kaum zu erwarten. Andererseits ist die Einführung der staatlichen Anklage ein Symptom dafür, daß das frühere System, die notwendig erscheinende Strafverfolgung der Privatinitiative zu überlassen, sich als nicht in allen Fällen ausreichend erwiesen hat.

2. Die ohne Auftreten des public prosecutor bewirkte Verfolgung durch indictment wird, wie oben ausgeführt, durch einen Privatmann oder die Polizei eingeleitet, und zwar in der Regel durch Anrufen des Polizeigerichts; nur ausnahmsweise wird von der noch immer gegebenen und in der Mehrzahl der Fälle ohne besondere obergerichtliche Ermächtigung [1]) zugelassenen direkten Anbringung der Bill of Indictment bei der Grand Jury Gebrauch gemacht, und noch seltener von dem presentment der Anklage durch die Grand Jury selbst. Wäre aber auch dies letztere Recht der Grand Jury gesetzlich abgeschafft [2]), so wäre doch die Betonung [3]) der früher für das Institut wesentlichen Befugnis zum Verständnis des Ursprungs und der Natur der Grand Jury nicht zu umgehen, nämlich um darzulegen, daß sie sich aus der Rüge-Jury, welche im altenglischen Recht die öffentliche Klage im Gegensatz zur Privatklage durch appeal erhob,

---

[1]) Diese Ermächtigung ist nur erforderlich, wenn der prosecutor in den gesetzlich ausgenommenen Strafsachen, deren umfassende Zusammenstellung sich bei Douglas S. 451 befindet, das polizeigerichtliche Vorverfahren ganz umgehen will; sie ist aber nicht vonnöten, wie Schmidt S. 93 unter mißverständlicher Auslegung der Vexatious Indictments Act annimmt, in den bezüglichen Fällen, in welchen das eingeleitete Vorverfahren nicht zum committal des Beschuldigten geführt hat. Bei solchem Ausgang hat vielmehr das Polizeigericht nach s. 2 der Act auf Verlangen des prosecutor diesen zur Weiterführung der Verfolgung zu verpflichten und die Akten deswegen an das Schwurgericht weiterzugeben, dessen Grand Jury dann ohne das Erfordernis einer besonderen Ermächtigung die ausgefertigte Bill of Indictment zu prüfen hat.

[2]) Dieser von Schmidt S. 95 Anm. 2 vor zwanzig Jahren in Aussicht genommene Zustand ist immer noch nicht eingetreten.

[3]) Gegen welche Schmidt S. 95 Anm. 2 sich wendet, obgleich er doch selbst von der Heranziehung der Vergangenheit zur Erklärung der Gegenwart ausgiebigen Gebrauch macht.

unter Entwicklung zu einer Verdachts-Jury und unter Absterben der Appeal-Form herausgebildet und deshalb das aus der Natur der Rüge-Jury herstammende Recht des presentment beibehalten hat [1]). Ob dabei eine Verschmelzung der beiden früheren Anklageformen stattgefunden [2]) oder ob die Grand Jury einfach die Funktionen der Rüge-Jury übernommen hat, nachdem sie durch kompliziertere Verhältnisse dazu gekommen war, in vielen ihrer eigenen Wahrnehmung entzogenen Fällen auf Grund eingeholter Information die Anklage zu erheben und zu deren Weiterverfolgung ihren Gewährsmann, den informant, zu verpflichten [3]), ist eine zwar rechtshistorisch sehr interessante Frage, kann jedoch für unsere Zwecke dahingestellt bleiben. Denn zweifellos ist so viel klar, daß die neugestaltete Jury, the body of the country darstellend [4]), mit ihrer doppelten Befugnis, selbständig die Anklage zu erheben oder die Anklage eines Dritten nach Prüfung zu ihrer eigenen zu machen, hierdurch der Anklage den Stempel der öffentlichen aufgedrückt hat [5]).

---

[1]) In den von England kolonisierten alten Staaten von Nordamerika hat sich diese Befugnis der Grand Jury noch als wesentliche Machtvollkommenheit derselben bis auf den heutigen Tag erhalten; noch jetzt ist dort die selbständige Ermittlung von Straftaten und ihre Stellung unter Anklage ein wichtiger Teil der Aufgaben der Grand Jury, s. Hartmann S. 99/101; die Ausführungen von Stephen History I, S. 253; Abhandlung S. 453 und Liepmann S. 470/471.

[2]) Wie Schmidt S. 79/81 ausführt.

[3]) Ein Vorgang, der dasselbe bedeutet wie der bei Liepmann S. 471 dargestellte „Abwälzungsprozeß". Der von Bracton erzählte, bei Stephen History I, S. 257/258 wiedergegebene umständliche Verlauf des Auftretens zweier Juries, der Anklage- und der Urtels-Jury, drängte zur Vereinfachung und Heranziehung des informant, dessen Person klarzustellen der altenglische Richter nach der Darstellung Bractons zunächst als seine Pflicht erachtete. Hiermit schon widerlegt sich der von Schmidt S. 82 Anm. gemachte Einwurf; im übrigen ist klar, daß die Anzeige des informant der Rüge-Jury sowohl nach ihrer Einberufung offiziell wie vor deren Zusammentritt privatim durch Mitteilung an einen der Jurors zugehen konnte.

[4]) Stephen History I, S. 252.

[5]) Auch nach der Version von Schmidt würde man zu dieser Folgerung gelangen müssen. Geht doch Schmidt davon aus, daß der appellor sich freiwillig seiner Selbständigkeit begeben und die Ent-

Bezeichnend sind die uralten Formeln des commencement und der conclusion des indictment [1]).

Diesen öffentrechtlichen Charakter zeigt auch die Anklage durch indictment in ihrer ferneren Entwicklung. Dem prosecutor wird die Disposition über Aufrechterhaltung und Abschwächung der Anklage mit ihrer Anbringung entzogen, Zurücknahme und Vergleich ohne gerichtliche Zustimmung ist nicht mehr zulässig [2]). Weitere Merkmale öffentrechtlichen Charakters erhält die Anklage dadurch, daß der private prosecutor einerseits durch Zwang zur Fortführung der Verfolgung angehalten wird [3]), hierbei aber durch Kostenersatz aus öffentlichen Mitteln [4]) und durch die oben S. 103 erwähnte Mitwirkung von Beamten des Schwurgerichts unterstützt wird [5]). Andererseits wird die Tätigkeit des private prosecutor auch durch das Eintreten der Polizei ersetzt. In wie vielen Fällen dies geschieht, ist aus der Statistik nicht

---

scheidung, ob der Beschuldigte sich der Untersuchung (Jurata) zu unterwerfen hatte, vom Ausspruch der Verdachts-Jury abhängig und damit diese bereits zur Zeit der behaupteten Paarung zwischen appeal und inquisitio zur Trägerin der Anklage gemacht hat.

[1]) S. Stephen History I, S. 288. Das indictment beginnt mit den Worten: „The Jurors of our Lord the King upon their oaths present that..". Sie endigt dahin, daß das Verbrechen gerichtet ist „against the peace of our Lord the King, his Crown and his Dignity".

[2]) Ibid. S. 496. Oben S. 40/41.

[3]) Durch binding over. Vgl. oben S. 41.

[4]) Bei allen felonies und den bei Douglas S. 479/480 aufgeführten misdemeanours.

[5]) Die Möglichkeit der Hemmung des Fortgangs des Strafverfahrens durch Einlegung des nolle prosequi seitens des attorney general kann als ein Zeichen für Umwandlung des früheren privaten Charakters der Strafverfolgung in den öffentrechtlichen nicht gedeutet werden, da das Rechtsmittel uralten Ursprungs ist und neuerdings fast nie angewendet wird. S. Stephen, Abhandlung S. 460. Daß das Nämliche auch auf die aus der Vexatious Indictments Act gefolgerte Hemmung zutrifft, ist S. 105 Anm. 1 dargelegt. Diese beiden Momente können daher für die Folgerung Schmidts, daß der ursprüngliche, aus dem appeal herrührende Charakter der englischen Anklage als Privatklage in einem erst n e u e r d i n g s eingetretenen Umwandlungsprozeß abgestreift und zur öffentlichen Klage ausgewachsen sei, nicht herangezogen werden.

zu ersehen. Sicherlich aber in sehr zahlreichen. Die indictments, welche zum Central Criminal Court ohne Benennung eines bestimmten prosecutor kommen, also diejenigen, in welchen der private prosecutor seine Mitwirkung aufgegeben oder die Polizei von vornherein die Verfolgung übernommen hat, werden dort „unprosecuted" genannt und stellen die Hälfte aller eingehenden Anklagen dar.

In allen solchen Fällen tritt eine Privatperson überhaupt nicht oder nicht mehr hervor, die als prosecutor angesprochen werden kann. Der vom clerk bestellte barrister kann auch nicht als der eigentliche Träger der Anklage angesehen werden, wollte man nicht dem in England ängstlich über dem Parteigetriebe gehaltenen Spruchgericht infolge der Vermittlungstätigkeit seines Beamten Einmischung in die Anklagetätigkeit zuschreiben. Es bleibt also nichts anderes übrig, als den private prosecutor wie den clerk und den bestellten barrister als Personen anzusehen, welche gewisse Funktionen der Anklagewahrnehmung in Vertretung der Grand Jury besorgen, um zu dem nach ihrem Ursprung naheliegenden Schluß zu gelangen: Die Grand Jury ist die Trägerin der Anklage durch indictment[1]).

Durch diese Folgerung wird die Stellung des private prosecutor nicht herabgedrückt[2]). Ihm bleiben wichtige Rechte und eine sehr freie Stellung, da er direkte Einwirkung auf das Verfahren hat, ohne daß seine Anzeige erst die Instanz eines zur Anklagevertretung berufenen Beamten zu passieren hat. Zunächst hat er es in der Hand, durch seine beeidigte information die Einleitung des Vorverfahrens mit dessen faktischer Öffentlichkeit und kontradiktorischen

[1]) Stephen History I, S. 293, 254, 274 und Abhandlung S. 455 und 460 gelangt zu dem gleichen Schluß. Die Gleichstellung mit unserer Eröffnungskammer oder der französischen chambre d'accusation ist schon deshalb nicht möglich, weil die Grand Jury den Entlastungsbeweis, auch wenn er im Vorverfahren aufgenommen ist, nicht zu beachten hat.

[2]) Auch nicht zu derjenigen des Denunzianten nach kontinentalem Muster, wie Schmidt S. 87 meint und auch Liepmann S. 472 ausgeführt hatte.

Verhandlung zu erwirken. In der dahingehenden konkurrierenden Berechtigung aller Bürger erblickt Stephen [1]) die wesentlichste Garantie für gesetzmäßige Ausübung der Strafrechtspflege. Sodann bleibt dem private prosecutor die Vertretung der Anklage weiter, sowohl im Vorverfahren [2]) wie vor dem Schwurgericht (sogar auch vor der Grand Jury für den Fall der Zulassung seines solicitor, s. oben S. 103 Anm. 1). Er bzw. sein Sachwalter hat über die Wahl der Beweismittel und die Reihenfolge ihres Vorbringens zu bestimmen, die Befragung und cross-examination der Zeugen zu übernehmen und wird zur wirkungsvollen Ausübung dieser Funktionen nur dadurch angehalten, daß andernfalls der public prosecutor benachrichtigt und berechtigt wird, statt des säumigen Privaten in die Verfolgung einzutreten.

Nach dieser Ausgestaltung der Anklage durch indictment ist sie als ein Mittelding zwischen staatlicher und Privatklage zu betrachten und als Bürgerschaftsklage zu bezeichnen. In dieser Stellung entspricht sie auch der sonst in England nach dem Prinzip des self-government bestehenden Verteilung der Gewalten im Sinne der Ausführungen von Gneist [3]).

Hiernach hat also auch die bis zum Schluß von einem private prosecutor vertretene Anklage durch indictment den Charakter einer öffentlichen.

3. Strafgewalt war früher den Friedensrichtern, soweit sie nicht in Quarter Sessions zusammentraten, nur beigelegt, um ihre Verwaltungstätigkeit wirksam zu machen, also in quasi criminal matters [4]). Die Verfolgung wirklicher Kriminalsachen geschah regelmäßig durch indictment; erst in neuerer Zeit wurden in immer steigendem Maße Strafanklagen von dieser umständlichen Art der Verfolgung frei-

---

[1]) History I, S. 496. Ähnliches sagt auch Stephen - Mühry S. 615.

[2]) Es kann daher der Bemerkung von Schmidt S. 88, daß das Vorverfahren von Einflüssen des einzelnen Staatsbürgers „völlig gereinigt" sei, nicht zugestimmt werden.

[3]) S. 69 ff.

[4]) Stephen, History I, S. 122

gemacht, sei es wegen Unbedeutendheit der Übertretung, sei es der Erleichterung und Beschleunigung des Verfahrens halber. Diese der summarischen Behandlung überwiesenen Verfolgungen sind hinsichtlich der Anklageberechtigung einzuteilen in solche, die hauptsächlich im öffentlichen Interesse freigegeben sind, und in solche, bei denen dieses nicht vorhanden ist.

a) Zu Anklagen, deren Erhebung hauptsächlich im öffentlichen Interesse liegt, ist der Regel nach jeder berechtigt und wird ihre Durchführung ohne Dazwischentreten eines andern Organs der privaten Tätigkeit überlassen. Hier besteht also die Popularklage, für die im öffentlichen Interesse jedoch dieselben Dispositionsbeschränkungen gelten wie bei der Anklage durch indictment. Andererseits ist auch für eine große Zahl der summarisch verfolgbaren misdemeanours und für alle indictable misdemeanours, die infolge Umleitung summarisch abgeurteilt werden [1]), Kostenersatz aus öffentlichen Mitteln zulässig.

Wenn die Polizei, welche abgesehen vom Metropolitan Bezirk, wo besondere hauptstädtische Verhältnisse eine straffere Organisation nötig machten, reine Kommunalbehörde ist [2]), solche Verfolgungen übernimmt, so findet sie zwar ihre Legitimation hierzu nicht in besonderen ihr gegebenen Vollmachten, sondern in der allgemeinen Berechtigung und in ihrer Aufgabe, für den Schutz der öffentlichen Ordnung zu sorgen; hierbei hat sie indes, was Stephen als eigenartig hervorhebt [3]), genau die gleiche Stellung [4]) wie eine Privatperson, mit der sie konkurrierende Befugnisse hat. Davon macht sie insbesondere dann, wenn die Privatinitiative von vornherein oder im Laufe der Verfolgung versagt, ausgiebigen Gebrauch. Im Jahre 1905 wurden wegen non-indictable

---

[1]) S. J. A. 1879 s. 28.

[2]) S. Weidlichs in diesen Heften erscheinenden Aufsatz über Polizei. Nur ein Viertel der sächlichen Ausgaben werden staatlicherseits erstattet. Hatschek, Bd. 2, S. 501.

[3]) History I, S. 494 und 524.

[4]) Auch bei Verhaftungen, s. oben S. 81.

offences 320 314 [1]) Personen festgenommen und wohl in der überwiegenden Zahl dieser Fälle die Verfolgung polizeilicherseits durchgeführt. Es entfällt sogar mehr als der zehnte Teil sämtlicher vom public prosecutor geführten Anklagen auf solche non-indictable offences [2]).

Wenn hiernach auch die polizeiliche Anklage in summarischen Sachen sich aus der Popularklage entwickelte, so wird doch die Erwägung, daß letztere den Zweck hat, das öffentliche Interesse an der Strafverfolgung zu realisieren und nur die Bezeichnung als Privatklage verdient, solange sie von Privatpersonen gehandhabt wird, dazu führen, der polizeilichen Anklage öffentrechtlichen Charakter und damit die Natur der Bürgerschaftsklage beizulegen. Bei dieser Art Strafverfolgung treten also private und öffentliche Klage nebeneinander in Konkurrenz.

b) In summarischen Strafverfolgungen, bei denen ein öffentliches Interesse nicht vorliegt, wo gewissermaßen „die Strafe nur als eine Art der Entschädigung für die Rechtsverletzung gegeben ist“ [3]), steht nur dem Verletzten die Anklagebefugnis zu. Sein Eintreten kann nicht durch das der Polizei ersetzt werden. Er hat vollständige Disposition über das Schicksal der Anklage und kann sie jederzeit zurücknehmen. Kostenersatz aus öffentlichen Mitteln ist nicht gegeben. Der Charakter der reinen Privatklage ist hier, aber auch nur hier, vollkommen gewahrt.

Wir gelangen also zu dem Ergebnis, daß das heutige englische Verfahren staatliche Anklage, Bürgerschaftsklage, Popular- und Privatklage verwendet.

Das Vorverfahren, wenn auch kein unbedingtes Erfordernis der Anklage durch Indictment, bildet doch für

---

[1]) darunter 219 335 wegen Trunkenheit, 26 393 wegen Bettelns, 28 721 wegen Übertretung von Metropolitan Police Acts, 12 637 wegen Nächtigens im Freien, 11 899 wegen Übertretungen von Prostituierten, 10 112 wegen tätlicher Beleidigung von Polizisten.

[2]) Statistics S. 125.

[3]) Douglas S. 51/52.

sie regelmäßig die Grundlage. Sein ursprünglicher Zweck ging zwar nur dahin, die eigene Entscheidung des Friedensrichters vorzubereiten, ob genügender Verdacht vorliegt, um Zwangsmittel dem Beschuldigten gegenüber anzuordnen, welche sichern, daß er sich seiner Verantwortung vor dem Schwurgericht nicht entziehen kann [1]); jedoch geben die dem clerk des Schwurgerichts übersandten, im Vorverfahren aufgenommenen Protokolle der Aussagen der Zeugen und Angeklagten zusammen mit dem Urtelstenor das Material für Abfassung der Bill of Indictment und für die Instruction des die Anklage wahrnehmenden barrister, falls ein solcher nicht bereits im Vorverfahren eingetreten war, was selten geschieht. Das Vorverfahren kam daher weiter darauf hinaus, den Stoff für die Anklage zu sammeln, diese vorzubereiten und dem Beschuldigten Kenntnis von dem Belastungsmaterial zu geben.

Nach Inkrafttreten der Act 30/31 Vict. c. 35 [2]) entwickelte sich dasselbe Resultat hinsichtlich des Entlastungsmaterials. Zunächst allerdings sollte diese neue Bestimmung nur den Schutz des Angeklagten nach der Richtung verwirklichen, daß dem Polizeigericht auch der Entlastungsbeweis unterbreitet und so dieser bei der Entscheidung über committal berücksichtigt werden könne. Weit wichtiger als diese unmittelbare, durch enge Auslegung des Obergerichts [3])

---

[1]) Stephen, History I, S. 233.

[2]) Bis dahin war im Vorverfahren für Aufnahme des Entlastungsbeweises kein Raum. S. Liepmann S. 453/54.

[3]) Diese geht dahin: „Das Polizeigericht hat nicht die verschiedenen Beweisergebnisse gegeneinander abzuwägen und zu entscheiden, welches das maßgeblichere ist; denn damit würde es in die Aufgabe der Urtels-Jury und der Hauptverhandlung eingreifen. Es soll nur erwägen, ob sich ein starker oder ein wahrscheinlicher oder auch nur ein auf widersprechenden Beweisergebnissen beruhender Schuldverdacht folgern läßt, und bejahendenfalls das committal verhängen. Weist jedoch die Schwäche des Belastungsbeweises oder die Unglaubwürdigkeit von Zeugen oder gar ein schlüssig geführter Entlastungsbeweis darauf hin, daß die Urtels-Jury zu einem Freispruch gelangen muß, so ist von der Verweisung an das Schwurgericht abzusehen." S. Douglas S. 349, 367

eingeschränkte Folge des neuen Zustandes ist jedoch die gedachte mittelbare, welche es ermöglicht, daß beide Parteien ein klares Bild von dem erhalten, was die Hauptverhandlung dem Richter und den Geschworenen vorführen wird. Besonderen Nutzen hat hiervon der Beschuldigte [1]), der dadurch in den Stand gesetzt wird, rechtzeitig für seine Verteidigung zu sorgen. Um ihm diesen Schutz bei gewissen Verfolgungen unbedingt zu sichern, ist die Vexatious Indictment Act gegeben. Die Anklage ist allerdings insofern schlechter gestellt, als der Verteidiger nicht nötig hat, den Entlastungsbeweis bereits im Vorverfahren aufzudecken, und hierdurch der Ankläger vor Überraschungen nicht immer bewahrt ist [2]).

Hiernach ähnelt das englische Vorverfahren einer Zusammenlegung der zwei Verfahrensteile, die Aschrott allerdings nur für besondere Fälle vorsieht, nämlich a) als Vortermin bei inappellablen Sachen, b) als die zur Entscheidung über Rechtmäßigkeit der Verhaftung auf Beschwerde anzusetzende mündliche Verhandlung [3]).

Die Zusammenfassung der beiden Zwecke im englischen Verfahren erscheint jedenfalls praktisch. Auch die dort bereits im Vorverfahren zur reinen Durchführung gelangende Innehaltung des akkusatorischen Prinzips mit dem Recht und der Pflicht beider Parteien, selbständig für Aufklärung des Sachverhalts durch die von ihnen vorgeschlagenen Beweismittel zu sorgen, ist der Stellung des Richters entsprechender, als wenn dieser nach Aschrotts Plan in die Ermittlungstätigkeit einzugreifen hat. Hierdurch werden ihm doch inkonsequenterweise inquisitorische Befugnisse beigelegt, während Aschrott andererseits den Leiter der Hauptverhandlung schon von dem bisherigen „Schein inquisitorischer Tätigkeit" befreit sehen will [4]). Um dies zu erreichen, hätte er dann allerdings auch die Folgerung ziehen müssen,

[1]) Stephen, History I, S. 506.

[2]) S. oben S. 63.

[3]) S. 96 ff., S. 104 ff.

[4]) S. 111.

daß die Vernehmung des Angeklagten in die Hände des Staatsanwalts mit dem Recht eventueller Gegenbefragung durch den Verteidiger gelegt und nicht mehr dem Vorsitzenden mit den unten S. 116 ausgeführten unerquicklichen Begleiterscheinungen auferlegt werden sollte.

Werden diese Grundzüge des englischen Vorverfahrens übernommen, so wären genügend Garantien für sachgemäße Einleitung der Verfolgung und den erforderlichen Schutz des Angeklagten gegeben, so daß wir die Öffentlichkeit und regelmäßige Zeugenvereidigung, wie sie das englische Vorverfahren kennt, ruhig diesem als Spezialeigentümlichkeit weiter überlassen könnten.

Von unserer Voruntersuchung unterscheidet sich die preliminary inquiry in wesentlichen Punkten. Zunächst soll es nur in Beziehung auf die Parteien, nicht aber für das Gericht, wie bei uns und in Frankreich, zur Vorbereitung der Hauptverhandlung dienen [1]). Diese soll ganz auf eigenen Füßen stehen [2]). Wenn auch nicht, wie im schottischen Verfahren [3]), die Benutzung der Niederschrift der Vorvernehmungen ganz ausgeschaltet wird, die betreffenden Schriftstücke vielmehr dem leitenden Richter vorgelegt werden sollen, so macht dieser, wie versichert wird, von dem Recht der Einsicht keineswegs regelmäßigen Gebrauch; meistens nur nach Hinweis durch den clerk in besonderen Fällen, um daraus Stoff für die Instruktion der Grand Jury zu entnehmen, die ja wiederum selbständig die Belastungszeugen nochmals vernimmt und den im Vorverfahren aufgenommenen Entlastungsbeweis außer acht zu lassen hat. Der Leiter des Schwurgerichts hat auch an der vorherigen Kenntnis der Akten kein Interesse, da er nicht den Gang der Beweisaufnahme bestimmt und nicht selbständig die Vernehmung von Zeugen und Angeklagten abnimmt. Das Gleiche gilt zum Unterschied von unserer Voruntersuchung von dem Richter

---

[1]) Wie Schmidt unter Vergleich mit dem kontinentalen Vorverfahren zu Unrecht ganz allgemein S. 94 behauptet.

[2]) S. Stein S. 30.

[3]) Wo sogar die „precognitions" auf Wunsch zu vernichten sind, s. unten S. 168.

des englischen Vorverfahrens. Es ist nicht seine Pflicht, das Material zusammenzutragen und sich der Aufklärung des Sachverhalts und dadurch eventuell der Überführung dienstbar zu machen [1]); alles das, wie die Vernehmung der Zeugen, ist Aufgabe der betreffenden Partei. Der Richter inquiriert nicht, sondern nimmt die Untersuchung entgegen, so daß das ganze Verfahren mit Recht hearing genannt werden kann [2]).

Diese dem Richter im Vorverfahren wie bei der Hauptverhandlung zugewiesene Neutralität verschafft ihm das entgegengebrachte besondere Ansehen und Vertrauen und sichert ihm den beinahe maßgebenden Einfluß auf die Geschworenenbank, wenn er bei Schluß der Verhandlung durch summing up seiner subjektiven Ansicht über die Schuldfrage Ausdruck verleiht, was fast durchgehends geschieht [3]).

---

[1]) Stephen, History I, S. 565 sagt hierzu unter Gegenüberstellung der dem französischen Untersuchungsrichter zugewiesenen Aufgabe: „Ein englischer Richter würde sich erniedrigt fühlen, wenn von ihm erwartet würde, daß er sich in einen persönlichen Konflikt mit dem Angeklagten einlassen und von ihm Zugeständnisse durch geschicktes Ausfragen herausdrücken sollte. Unser innerstes Empfinden über das, was Würde, Ordnung und Feierlichkeit verlangt, würde bei solchem fortwährenden Hader zwischen Gericht und Angeklagten verletzt werden.“ Diese Kritik trifft auch den Ursprung der bei uns so oft entstehenden und dem Ansehen des Gerichts so abträglichen Konflikte zwischen Richterbank und Verteidiger.

[2]) Stephen, History I, S. 544 sagt: „Die dem Beruf und der Natur des Richters am besten angepaßte Aufgabe ist die eines aufmerksamen Zuhörers für alles, was von beiden Seiten vorgebracht wird, nicht die eines Inquirenten. Wenn er dieser Aufgabe voll und geduldig gerecht wird, ist er in der Lage, der Jury den ganzen Vorteil seiner reiflichen Überlegung über den Fall zuzuwenden. Aber wenn er die hauptsächlichste und leitende Rolle bei Entwicklung des Konflikts übernimmt — und jeder Strafprozeß ist wesentlich ein Konflikt und ein Kampf um Leben, Freiheit oder Ruf — so ist er nicht in der Lage, der erwähnten Hauptaufgabe ganz zu genügen.“ Auf S. 566 findet Stephen, daß durch das englische Verfahren im Vergleich zum kontinentalen, das durch Darstellung einiger französischer Kriminalfälle erläutert wird, der Beweis „voller, klarer und bedeutend zwingender“ herausgeschält wird.

[3]) S. Weidlich S. 20.

Durch sein Fernhalten vom Kampfe zwischen Ankläger und Angeklagten wird der Richter, wie Stephen[1]) es ausdrückt, „Führer und Ratgeber der Geschworenen. In dem Ringen um ihre Entscheidung tritt er als Mäßigung bringendes Element dazwischen. Die Einfügung eines solchen Mittelmannes, dessen Pflicht es ist, ausgleichende Gerechtigkeit zu üben, zwischen die streitenden Parteien und die Urteilsfäller, gibt dem englischen Verfahren das ihm eigentümliche Gepräge von Ernst, Feierlichkeit und Humanität".

Während bei uns der Angeklagte in dem Richter, der ihn durch geschicktes Vernehmen zur Überführung und zum Geständnis zu bringen sucht, seinen Gegner erblickt und daher oft, gerade wenn er in die Enge grtrieben ist, zu Ausflüchten und zum Leugnen seine Zuflucht nimmt, bewirkt die objektive Behandlung, die er beim englischen Richter findet, das Gegenteil[2]). Die Zahl der Geständnisse ist in England im Vergleich zu uns eine überraschend große[3]). Dadurch, daß dem Richter die Aufgabe des Inquirierens und Vernehmens abgenommen und den die Anklage und die Verteidigung vertretenden barristers übertragen ist, kann er seine ganze Aufmerksamkeit den Ergebnissen der Verhandlung zuwenden. Er bedarf weder um ihr zu folgen noch um sie zu leiten der zeitraubenden Vorbereitung des Aktenstudiums, der er sich bei uns zugleich mit den Vertretern der Anklage und Verteidigung unterziehen muß. Es wird daher die Verdoppelung dieser Arbeit erspart und kann der Richter, in dieser Richtung entlastet, eine viel größere Zahl von Aburteilungen vornehmen und weit mehr Fälle erledigen als der deutsche Strafrichter. Hierin wie in dem Fortfall der „Absetzung" der Urteilsgründe und in der

---

[1]) History I, S. 574.

[2]) Zusammenstöße zwischen dem Vorsitzenden und dem Verteidiger kommen fast nie vor. S. Stephen, History I, S. 451.

[3]) Weidlich S. 15 und seine „Gesamtreform" S. 510. Hiernach bekennen mehr als die Hälfte sämtlicher Angeklagten in England sich schuldig! Nach den Criminal Statistics von 1898 (später wurde diese Rubrik nicht mehr geführt) waren damals 48½ % der Angeklagten geständig.

Teilung der Verantwortlichkeit zwischen nur einem gelehrten und einer Anzahl von Laienrichtern sind die Hauptgründe für die Ersparung von Richterkräften zu finden, die bei dem englischen Verfahren so augenfällig zutage tritt.

Das Fehlen eines Untersuchungsrichters in unserem Sinne wird als Mangel in England nicht empfunden, da die Ermittlungstätigkeit bei Aufdeckung und Aufklärung von Verbrechen von einer gut ausgebildeten, straff organisierten und sicher arbeitenden Kriminalpolizei wahrgenommen wird, die sich in steter Fühlung mit dem Anklagevertreter hält, und später durch diesen vermittelst geschickter Handhabung der Vernehmung von Zeugen und Angeklagten ersetzt wird. Der Schutz des Angeklagten wird insbesondere seit Zulassung der Aufnahme des Entlastungsbeweises bei dem Polizeigericht genügend durch das tatsächlich in voller Öffentlichkeit sich abspielende Vorverfahren gewährleistet.

V. Zusammenfassung der Ergebnisse.

Aus dem Vorstehenden ergibt sich, daß im englischen Strafverfahren eine ganze Reihe von Grundsätzen zur Anwendung gelangt, die dem unseren fremd sind, sich aber drüben gut bewährt haben. Diese wenigstens insoweit, als sie nicht auf spezifisch englische Eigentümlichkeiten zugeschnitten sind, auf ihren inneren Wert zu prüfen sollte nicht nur das Recht, sondern die Pflicht aller sein, welche eine dem Zeitgeist und dem Volksempfinden entsprechende Neuregelung unseres Strafverfahrens anstreben. Dann würde zunächst die Tragfähigkeit der für gut befundenen ausländischen Einrichtungen, bemessen nach unseren Verhältnissen, aber selbst bei günstigem Ergebnis auch noch nicht ihre Übertragungsfähigkeit in Frage kommen, sondern aus ihnen nur ein Hinweis, aber ein sehr wertvoller, zu entnehmen sein, wo bei uns anzusetzen ist, um dem Reformbedürfnis Rechnung zu tragen. Und allein hierum, nicht um sklavische Nachahmung, handelt es sich. Wenn Adickes und „die um ihn" dies betonen, so geschieht es, weil der Entstellung gegenübergetreten werden muß, als ob eine Rezeption englischen Rechts jemals hätte befürwortet werden sollen [1]). Nur davon ist ausgegangen worden, daß es ein Vorzug deutschen Wesens und mit der Erhaltung deutscher Eigenart sehr wohl vereinbar ist, sich nicht in unbegründetem Nationaldünkel zu verschließen gegen Gutes und Besseres, das sich im Auslande praktisch bewährt, um davon zu lernen; und wenn dies berechtigte Streben gerade auf Prüfung englischer Rechtseinrichtungen gelenkt wird, die zum großen Teil altgermanischen Ursprungs sind und sich dort reiner überliefert erhalten haben als in Deutschland, so verdient es nicht, daß ihm unter der Spitzmarke „England als Erzieher“ der Makel eines kritik- und würdelosen Dranges der Anpassung an fremdartige und wenig empfehlenswerte Vorbilder angehängt wird.

Nie und nimmer sind von uns die englischen Rechtszustände in ihrer Gesamtheit als den unsrigen „über“ hingestellt worden. Das materielle Recht kann sich an systematischer Durchbildung, Einheitlichkeit und Verarbeitung moderner Rechtsanschauungen mit dem unsrigen nicht vergleichen; es ist überhaupt hors de concours gelassen und nur in Teilen gestreift worden, wo es sich dem Verfahren nähert, wie z. B. bei den Bestimmungen über prevention und beim Strafensystem.

Auch was das Verfahren betrifft, braucht man sich nicht durchweg der bewundernden Kritik Weidlich's [2]) anzuschließen und kann ruhig zugestehen, daß nicht nur am Wege erratische Blöcke als Überbleibsel veralteter Rechtszustände liegen gelassen sind, sondern daß ihrer viele auch der Rechtsentwicklung im Wege stehen und jedenfalls die Bahn holprig und oft schwer passierbar machen, vornehmlich im Zivilprozeß; daß aber die Straße trotz dieser Steine des Anstoßes doch im wesentlichen und insbesondere in Strafsachen zum Ziele führt und daß dabei die Hindernisse, wenn nicht überwunden, so doch durch

---

[1]) Das Gegenteil ist in Adickes Grundlinien S. 44 direkt ausgeführt.

[2]) S. Gesamtreform S. 508, Anm. 15.

Umwege unschädlich gemacht werden, sollte doch für die Güte der Anlage und ihre Tragfähigkeit sprechen.

Auf folgende in dieser Beziehung hervorstechende Eigenschaften sei nochmals in Kürze hingewiesen:

1. Als Hauptstütze, die dem ganzen Bau die feste Unterlage gibt, ist die reine Anwendung des akkusatorischen Prinzips anzusehen. Sie ist es, wie oben S. 115/116 erörtert, welche dem Verfahren seine Durchsichtigkeit und Folgerichtigkeit gibt, sowie ihm den Stempel absoluter „Fairness“ aufdrückt. Seine Durchführung hat im Gefolge, daß dem Richter die Sorge für das zweckmäßige Vorbringen des Beweismaterials und damit die zeitraubende Arbeit des Aktenstudiums abgenommen, sowie daß nicht ihm, sondern den Vertretern der Anklage und der Verteidigung die Vernehmung der Zeugen und Angeklagten übertragen wird. Er kann sich, auf diese Weise entlastet, seiner eigentlichen Aufgabe, dem Folgen der mündlichen Verhandlung — unbeeinflußt durch vorher beim Aktenlesen gezogene Schlüsse — und der Urteilsfindung ganz widmen; hierdurch wird er quantitativ und qualitativ mehr leisten als bei unserer noch aus dem inquisitorischen Verfahren hergeleiteten unrichtigen Verteilung der Pflichten und Verantwortlichkeiten.

2. Des weiteren sichert die aus Verfolgung des akkusatorischen Prinzips hervorgehende Reserve des Richters dem englischen Verfahren eine ungleich größere Ruhe und Würde als bei uns. Der Kampf und damit die Möglichkeit eines Zusammenstoßes bleibt auf die Vertreter der Anklage und der Verteidigung beschränkt. Erst bei der Schlußzusammenfassung (summing up) und ohne daß den Parteien die Möglichkeit der Erwiderung gegeben ist, tritt der Richter mit seiner subjektiven Meinung heraus. Ärgerliche Reibereien mit dem Verteidiger, welcher es für seine Pflicht hält, dem nach seiner Ansicht einseitig inquirierenden oder Beweis erhebenden Vorsitzenden entgegenzutreten, kommen fast nie vor. Der Angeklagte, sich fair behandelt sehend, wird selten zur Renitenz gedrängt und ist eher zu einem Geständnis geneigt [1].

---

[1]) S. oben S. 116 Anm. 3.

Bei seiner Vernehmung, die zwar de jure von ihm angeboten sein muß, aber praktisch nicht ganz freiwillig erfolgt [1]), empfindet er das Eindringen des Anklägers nicht als Unbilligkeit, da er von dieser angreifenden Seite nicht Unparteilichkeit und Schutz erwarten darf.

3. Das Akkusationsprinzip ist es aber auch weit mehr als die äußere Ehrung, die hohe Gehaltsfestsetzung und die Strafbefugnis wegen contempt of court [2]), welchem die englischen Richter ihre hohe Stellung und das ihnen entgegengebrachte große Maß von Vertrauen verdanken. Im übrigen ist das Amt der Richter durch folgende Maßnahmen gehoben:

a) Ihre Auswahl wird durch die Öffentlichkeit und Kritik der Berufsgenossen kontrolliert; sie kann jedenfalls nur auf einen Mann fallen, der durch langjährige Tätigkeit an der bar sich bereits Erfahrung gesammelt und ausgezeichnet hat. Assessorismus, Probevorsitz und Erschreiben von Beförderung durch fleißig ausgearbeitete und von Vorgesetzten durchgeprüfte Erkenntnisse fallen fort.

b) Die Organisation ist so eingerichtet, daß der Verdacht, als ob andere wie sachliche Erwägungen den Richter beeinflussen könnten, so gut wie ausgeschlossen ist. Für alle Oberrichter gibt es mit Ausnahme von zwei Posten [3]) und einiger weiteren durch einen Sitz im Oberhaus bedingten keine Möglichkeit der Erhöhung des Gehalts [4]). Das Gleiche gilt für die unteren Richter, denen ein Aufrücken in höhere Stellen nach der bestehenden Praxis so gut wie versagt ist. Hierdurch wird die Ausfüllung des einmal erhaltenen Richterpostens zur Lebensaufgabe; Ruhe und Stetigkeit sowie vollste Unabhängigkeit sind die Folge.

c) Andererseits erscheinen die besten und höchstgestellten Richter gerade gut genug, um die Leitung der Schwurgerichtssachen zu übernehmen; von London werden sie zu

---

[1]) S. oben S. 74.

[2]) Welche nach S. 60 den ebenfalls hoch angesehenen Polizeirichtern gar nicht zusteht.

[3]) Diese sind die des Lord Chief Justice und des Master of the Rolls, die mit 8 und 6000 £ dotiert sind.

[4]) das übrigens bereits 100 000 M. beträgt.

diesem Zwecke unter großem Kostenaufwand [1]) in die Provinz entsandt, während bei uns doch vielfach diejenigen Direktoren und Richter, denen eine leichtere Aufgabe zugewiesen werden soll, im Strafdezernat Verwendung finden [2]).

d) Aus allen diesen Gründen kann das Schwergewicht der Rechtsprechung der untersten Instanz belassen und die Anwendung von Rechtsmitteln so stark eingeschränkt werden [3]). Ihr im Falle der Zulässigkeit immerhin noch ausnahmsweiser Gebrauch [4]) kann nicht so leicht abgetan werden, wie v. Lewinski es will, mit der Erschwerung durch Haftverlängerung und Kostenhöhe. Der Haftverlängerung kann und wird nach S. J. A. 1879 s. 31 durch Entlassung mit oder ohne Sicherheit entgegengewirkt werden. Im übrigen waren 1905 [5]) von etwa 640 000 summarischen Verurteilungen nur 84 000 auf Freiheitsstrafen gehend; der größte Teil der Berufungsberechtigten wird also nicht in Haft gehalten sein. Wer sodann in den englischen Polizeigerichten verwundert bemerkt hat, wie leicht selbst meist die ärmlich erscheinenden Verurteilten die ihnen zudiktierte Geldstrafe mit Hilfe ihrer Verwandten und Freunde aufbringen, wird nicht annehmen können, daß bei ungerecht erachteten Verurteilungen die Kostenhöhe einen wesentlichen Grund für die Unterlassung der Berufung abgibt [6]); dies um so weniger, als dem Appellanten das Recht der Kostenerstattung gegen den Ankläger zugesprochen werden kann [7]). Vielmehr wird der Grund der auffallenden Seltenheit der Berufung hauptsächlich in der großen Autorität und dem besonderen Vertrauen, das die englischen Richter genießen, zu suchen sein.

---

[1]) v. Lewinski S. 42.

[2]) Adickes Grundlinien S. 89/90.

[3]) Dies ist nach unserm Maßstab auch jetzt noch nach Neueinführung der Criminal Appeal Act 7 Edw. VII, c. 23 der Fall.

[4]) Adickes Grundlinien S. 73 und 83, v. Lewinski S. 31 ff.

[5]) Criminal Statistics S. 111.

[6]) Im Jahre 1905 wurden nur 166 eingelegt; hiervon waren 85 erfolgreich. Criminal Statistics S. 121.

[7]) S. J. A. 1848 s. 5 und 27, 1879 s. 31 Nr. 5; Oke S. 260 und 262; Douglas S. 110.

4. Die weiteren Vorzüge der Stellung, welche die Richterposten in England zu so gesuchten und daher mit den besten Kräften besetzbaren machen, nämlich:

a) die Vielseitigkeit des Dezernats, das bei den Oberrichtern meistens Zivil- wie Strafsachen umfaßt; hinsichtlich der Polizeigerichte ist das Entsprechende oben S. 24, 48—50 ausgeführt;

b) die Möglichkeit werktätiger Hilfeleistung zur Linderung sozialen Notstandes unter Beistand der Gerichtsmissionare oder Bewährungsbeamten [1]);

c) Entlastung von Absetzung schriftlicher Urteile, anderer Schreibarbeit und subalterner Tätigkeit (Kostenfestsetzungen, Erlaß von Versäumnisurteilen usw.), ausgedehnte Benutzung von Formularen;

d) gesteigerte Verwendung der Gerichtssekretäre (Examiners, Masters, Registrars [2])) und anderer Hilfskräfte, die zum Teil aus den barristers entnommen werden, wie Referees [3]), Arbitrators [4]);

e) Zusammenhang mit der bar und Unterstützung durch dieselbe, wie oben S. 34 u. 102 Anm. 4. ausgeführt ist;

f) Erleichterung der Vertretung durch Rückgriff auf die bar, was hinsichtlich der Friedensrichter oben S. 21 ausgeführt ist. Bei den Assizes und Quarter Sessions wird sogar auf diese Weise für Entlastung der Richter und größere Beschleunigung der Aburteilung in Fällen von Arbeitshäufung gesorgt, indem unter dem Vorsitz eines dazu berufenen barrister ein weitere Spruchgericht nach Art unserer Hülfskammern gebildet wird. Bei den Assizes [5]) ergeht die betreffende Regelung durch königliche Order, bei den Quarter Sessions ist solche nicht einmal erforderlich [6]).

---

[1]) s. oben S. 25.

[2]) Peters S. 26 und 134.

[3]) Gerland S. 48.

[4]) v. Lewinski S. 13 und 29.

[5]) Harris S. 304.

[6]) Harris S. 309 und 313, Stephen's Commentaries IV, S. 315, Anm. g, 318 Anm. u. 319 Anm. y.

Von Arbeitsüberlastung und besonderer Geschäftsstauung in unserem Sinne kann daher im allgemeinen keine Rede sein, was hinsichtlich der Untergerichte oben S. 25/26 und von Weidlich [1]) genügend dargelegt ist. Hier nur noch einige den Judicial Statistics für 1905 entnommene Zahlen zum Beleg: Die durchschnittliche Zahl der Sitzungen in den County-Courts betrug 151 [2]), also etwa drei Sitzungen die Woche, eine nicht zu große Belastung, wenn man bedenkt, daß die Fixierung schriftlicher Entscheidungen fortfällt. Von der Gesamtzahl der an den Grafschaftsgerichten anhängig gemachten Klagen von 1 355 032 waren am Jahresschluß nur noch 93 122 unerledigt, also weniger als der Monatsdurchschnitt [3]). Bei den Obergerichten sind die Zahlen in letzterer Beziehung allerdings ungünstiger. Von 3215 Klagen an der King's Bench blieben 691 am Jahresschluss unerledigt [4]), und von 849 Berufungen beim Court of Appeal 236 [5]). Immerhin sind diese Zahlen für 1905 günstiger als der Durchschnitt für die früheren Jahre, der für King's Bench auf 730 und für den Court of Appeal auf 293 berechnet ist. Außerdem ist durch eine Ende des Jahres 1907 eingetretene Richtervermehrung für Abhilfe gesorgt worden.

Selbstverständlich sind die Anforderungen an die Leistungen der Friedensrichter viel geringere. Selbst in einer so großen Stadt wie Bournemouth (s. S. 18) mit regem Fremdenverkehr und Badeleben dauern die täglichen Sitzungen der Polizeigerichte oft nicht länger als eine Stunde; die dreißig Friedensrichter, die sich abwechseln, haben daher nur an vier Tagen in dem Zweimonatsturnus zu amtieren; ihre gesamte Tätigkeit würde noch nicht den dritten Teil des Pensums e i n e s Berufsrichters ausmachen. Auf dem Lande ist natürlich die Arbeitslast der Friedensrichter eine noch kleinere. Die gesamte Arbeit der nach oben S. 18 Anm. 2 wirklich tätigen etwa 8000 Friedensrichter würde hiernach

[1]) Gesamtreform S. 499 Anm. 6.
[2]) a. a. O. S. 35.
[3]) a. a. O. S. 137.
[4]) a. a. O. S. 45.
[5]) a. a. O. S. 55.

bequem von 80 Stipendiary Magistrates erledigt werden können. Natürlich müßten dann entweder die Gerichtsbezirke bedeutend vergrößert werden [1]) oder die Berufsrichter müßten nach Art der Grafschaftsrichter, der Assisen-Richter und Recorders auswärtige Gerichtstage wahrnehmen. Jedenfalls würde der Ersatz der Friedensrichter durch Berufsrichter nicht 500, wie v. Lewinski S. 25/26 ausrechnet, sondern höchstens 100 Anstellungen erfordern. Ferner stimmt die erwähnte Berechnung auch insofern nicht, als die 105 Recorders, welche als barristers in London ihrem Beruf nachgehen und jährlich im allgemeinen nur viermal auf einen oder zwei Tage den Sessions vorsitzen, nicht als volle Richterkräfte bewertet werden können. Wenn hierfür 20 angesetzt werden, so ist das hoch. Schließlich dürfen die 543 County Court Registrars, welche zumeist im Nebenamt angestellt sind und ihre Solicitor-Praxis weiter üben, auch zum größten Teil subalterne Gerichtsarbeit leisten [2]), höchstens auf eine halbe Richterkraft, also als 272 Richterkräfte darstellend, geschätzt werden. Hiernach ermäßigt sich die v. Lewinskische Berechnung dahin, daß der Richterbedarf in England sich nicht auf 1360, sondern unter Kürzung seiner Zahlen um 400+85+271 auf 604 stellt, also erhöht nach dem Verhältnis der Bevölkerungszahl zu Deutschland (5:8,8) 1064 betragen würde gegenüber der für Deutschland angenommenen Zahl von 5382. Die englische Rechtsprechung würde also auch nach der v. Lewinskischen Berechnungsmethode bei richtiger Einschätzung der in Betracht kommenden Kräfte weniger als den fünften Teil der nach deutschen Einrichtungen erforderlichen Richterzahl verlangen, auch noch ein „verblüffendes“ Resultat und erreicht ohne die der

[1]) Wie in Schottland, wo die Sitze der Sheriffgerichte oft in einem räumlich sehr ausgedehnten Kreise belegen sind, ohne daß dadurch der Schnelligkeit des Verfahrens Eintrag geschieht.

[2]) Stein S. 38.

Adickesschen Berechnung[1]) vorgeworfenen Fehlerquellen.

5. Der dem Gericht eingeräumte weite Rahmen freien Ermessens, worüber oben S. 86ff. gehandelt ist. Hierdurch kann der Richter den Einzelfall von einer höheren Warte aus beurteilen, nicht nur auf das Verbrechen, sondern auch auf die Eigenart des Verbrechers eingehen und sich mehr bei seinen Sprüchen mit dem Volksempfinden, soweit dieses auf zu billigender Grundlage beruht, im Einklang halten als bei unserer Paragrapheneinschnürung. Insbesondere hat er die

6. Möglichkeit, infolge der Probation-Gesetzgebung in geeignet erscheinenden Fällen das Hauptgewicht auf den Besserungszweck zu legen und wo es angebracht ist, insbesondere bei trifles[2]), Milde walten zu lassen.

7. Die Bestimmungen über Prevention geben auch dem Gericht Mittel zur Prophylaxe an die Hand, siehe S. 49.

8. Die Zuständigkeitsregeln sind nicht so eng[3]) wie bei uns und geeignet, in zweifelhaften Fällen die oft bei uns für solche nutzlos verbrauchte Arbeit und Zeit zu ersparen, siehe S. 53/54.

9. Bei der Regelung sachlicher Zuständigkeit tritt vornehmlich praktisch die leichte und für eine große Zahl von Straftaten gegebene Möglichkeit hervor, Verfolgungen, die eigentlich vor das Schwurgericht gehören, vom Anfang des Verfahrens an ohne zeitraubende Umleitung für summarische Aburteilung zurückzubehalten, siehe S. 53.

10. Das erleichterte und zur Beschleunigung führende Zusammenarbeiten mit der Polizei[4]), deren vorzügliche Ausbildung und Organisation in besonderen zu diesen Heften gehörigen Aufsätzen Buddings und Weidlichs geschildert wird.

11. Die durch Beschränkung auf das Opportunitätsprinzip gegebene Ausscheidung unnötiger Anklagen, für

---

[1]) Grundlinien S. 60/61.
[2]) Siehe S. 38 Anm. 3 u. 39.
[3]) Wenn auch nicht so lax und unbestimmt wie in Schottland.
[4]) S. S. 66, 70, 107/108, 110.

deren Anstrengung weder ein privates noch ein öffentliches Interesse besteht, während das letztere durch die Möglichkeit des Eintretens des public prosecutor oder wenigstens durch Unterstützung der Privaten seitens hierzu bestellter Gerichtsbeamter und Geldaufwendung aus öffentlichen Mitteln gewahrt wird, siehe S. 103 u. 107.

12. Die durch das summarische Verfahren erzielte Vereinfachung und Beschleunigung bei der Hauptmasse aller Verfolgungen, ohne daß dabei die unmittelbare Aufklärung durch kontradiktorische Verhandlung und die Kontrolle durch die Öffentlichkeit beeinträchtigt wird. Andererseits werden aber die Strafverhängungen, mögen sie auch in einer geringeren Anzahl von Fällen in England ergehen, eine viel eindringlichere Wirkung, auch durch Abschreckung Dritter, erzielen, als das bei unserer übergroßen Anzahl von Bestrafungen der Fall ist, von denen ein Hauptteil im schriftlichen und nicht nach außen hervortretenden Wege der Strafbefehle und der polizeilichen Strafverfügungen erlassen wird. Weidlich[1]) kritisiert dieses in England unbekannte und unmögliche System treffend dahin, daß bei unserm abgekürzten Verfahren die Mündlichkeit, bei dem englischen dagegen die Schriftlichkeit abgeschnitten wird. Unter diesem Gesichtspunkte erscheint auch die erweiterte Zulassung der Verhandlung und Aburteilung gegen Abwesende empfehlenswert.

13. Durch die Umleitung der meisten gegen Jugendliche eingeleiteten Strafverfolgungen in summarische Behandlung und durch die dafür gegebenen besonderen Verwaltungsvorschriften[2]) wird der Eigenart solcher Verfolgungen und deren Besserungszweck mehr entsprochen. Der jugendliche Missetäter kann sich nicht als Held eines Dramas und als Mittelpunkt einer mit besonderer Feierlichkeit umgebenen Schwurgerichtsverhandlung fühlen; er wird vor Berührung mit anderen dort ihrer Aburteilung

[1]) Gesamtreform S. 504.

[2]) S. oben S. 93/94.

entgegensehenden schweren Verbrechern bewahrt; von der Einrichtung besonderer Jugendgerichtshöfe kann daher, wenigstens für die kleineren Verhältnisse der Provinz, abgesehen werden.

14. Auch mehrere der für Jugendliche zur Anwendung gelangenden Strafen, wie Verschickung in Reformatories oder Industrial Schools, berücksichtigen, abgesehen von dem Probation-System, weit mehr als bei uns den Zweck, den Übeltäter noch zu erziehen und ihn insbesondere für einen ehrlichen Erwerb tauglich auszurüsten.

15. Das Vorverfahren genügt im allgemeinen den Zwecken, das Belastungs- und Entlastungsmaterial zu sammeln und für Anklage und Verteidigung zusammenzustellen, sowie die vom Gericht zu entscheidenden Fragen des Vorliegens eines genügenden Verdachtes und der Haftverhängung spruchreif zu machen; es vermeidet die nach den Aschrottschen Vorschlägen möglicherweise sich ergebende unnötige Häufung mehrerer in ihren Zwecken verschiedener und doch gleichartiger Vortermine. Die sofortige Aburteilung Geständiger ist durch die unter 9. besprochene Umleitungsmöglichkeit in vielen leichteren Fällen gegeben.

Sind nun diese englischen Rechtseinrichtungen und Rechtsgedanken oder wenigstens ein Teil davon für unsere Verhältnisse zu verwerten?

Zunächst ist zuzugeben, daß nicht nur die Zustände in beiden Ländern, sondern auch die Volkscharaktere große Verschiedenheiten aufweisen. Für Erklärung der Unterschiede ist aber wohl nicht, wie Weidlich es anscheinend tut[1]), das Hauptgewicht auf die Klasse des Gentleman zu legen, ein Begriff, dessen Kennzeichen anständige Gesinnung, gutes Benehmen und entsprechende soziale Stellung sind[2]); glücklicherweise haben wir diese Gattung hochdenkender und -stehender Männer in sicherlich nicht geringerer

---

[1]) Gesamtreform S. 512.

[2]) Dieses Merkmal scheint Weidlich nicht anerkennen zu wollen.

Zahl auch bei uns, wenn ihnen auch oft Äußerlichkeiten, die uns in England auffallen, wie Sicherheit und Schliff des Auftretens vereint mit gut sitzender Kleidung, abgehen. Was uns fehlt, ist — abgesehen davon, daß unserer Sprache, in welcher die Übersetzung Edelmann noch nicht genügend demokratisiert worden ist, eine treffende Bezeichnung mangelt — der in England so bemerkbare Einfluß, der dort von den höheren Bevölkerungsschichten ohne irgend welchen Druck auf die unteren ausgeht, und das erfolgreiche Bemühen dieser, es ihren Vorbildern an Anstand und Auftreten gleich zu tun. Der sogenannte kleine Mann, vom Polizisten, Postboten und Arbeiter hinunter bis zum Stiefelputzer und Eckensteher, Leute, die sich an Schulbildung mit den gleichstehenden bei uns lange nicht messen können, halten etwas auf sich und auf äußeren Anstand, ohne sich im Klassenbewußtsein zu überheben; so fühlen die englischen Arbeiter, wie sie die Konstruktion ihrer Maschinen kennen und die Notwendigkeit jedes ihrer Teile für den Gang des Werkes, sich bei ihrer eigenen Bewertung und derjenigen der anderen Stände als Glieder eines großen Ganzen, trotz der drüben noch mehr nach außen hervortretenden und innerlich viel tiefer begründeten Unterschiede in Rang und Reichtum. Von Klassengegensatz, Verbitterung und Neid wie bei uns ist selbst bei Demonstrationen der dortigen Sozialisten wenig zu spüren; die Hetzreden, die dann auch gehalten werden wie bei uns, die Umzüge mit roten Fahnen und ähnlichen Emblemen, erregen das politische Interesse weiterer Kreise nicht; sie machen mehr den Eindruck eines Feuerwerks als eines aus dem Inneren stammenden elementaren Ausbruchs. Dabei ermangeln die überwiegenden Teile der vom Sozialismus noch nicht angesteckten unteren Volksschichten des Verständnisses für die Macht der Koalition keineswegs und wenden sie bei Arbeitsstreitigkeiten mit ausgeprägtem Zusammengehörigkeitsgefühl an. Sonst aber empfinden sie mehr das, was sie mit den besser gestellten Klassen vereint, als was sie von ihnen trennt, trotz der „Wahlentrechtung“, unter der sie bis vor nicht langer Zeit gestanden haben.

Während bei uns[1]) der Drang des vierten Standes zum Miteinanderauskommen mit den anderen Klassen und zum Aufrücken in die nächst höhere ausgeschaltet ist, wenigstens bei der Mehrzahl der von der Sozialdemokratie Eingefangenen, wohnt er den unteren Schichten einschließlich der organisierten Arbeiter in England noch inne; sie sehen in den besser Situierten nicht ihre Gegner und Ausbeuter, sondern Volksgenossen, auf die sie angewiesen sind und die mit ihnen, wenn auch unter geringerer Belastung, an demselben Strange ziehen. Mit einem gewissen Stolz blickt der englische Arbeiter daher bei öffentlichen Aufzügen, Wettrennen[2]), Segelregatten und anderen populären Sportveranstaltungen, auf den Pomp und Luxus, den die oberen Zehntausend, oder wie es jetzt eigentlich heißen müßte, Hunderttausend entfalten, da sie sich an dem Reichtum und Wohlergehen ihres Landes mit interessiert fühlen. Bei uns genügen schon „Gummiräder", um die Insassen faulen Witzen, wenn nicht größeren Roheiten, auszusetzen. Der Grund für diese Annäherung der verschiedenen Stände untereinander in England ist jedoch wohl nur zum geringen Teil aus dem ursprünglichen Volkscharakter herzuleiten; zum größeren Teile folgt er aus der anderen Methode der Behandlung des Volkes hier und dort seitens der regierenden und höheren Stände. Es wird drüben mehr an die edleren Neigungen und an das freie Selbstbestimmungsrecht appelliert und weniger von Staats wegen ge- und verboten. Nicht daß deshalb das Leben drüben ungebundener wäre; es ist aber ungezwungener. Das Gebot der Sitte, dem man sich meistens fügt, dann aber freiwillig, tritt an Stelle des Zwanges durch gesetzliche Regelung; Drangsalierung und

[1]) Und auch wohl in den romanischen Ländern.

[2]) Beim Derby sind die Hunderte von Vierspännern, auf denen die Damen ihren großartigen Schmuck und eleganten Toiletten zeigen und wo allgemein Champagnerfrühstücke serviert werden, von Tausenden armer Zaungäste umringt, die aus den Abfällen sich eine Mahlzeit aussuchen. Trotzdem wird solches Zur-Schau-Stellen von Wohlleben, wie es unseren Augen wehe tut, durch kein Wort der Mißgunst gestört.

Plackereien seitens Verwaltungsbehörden und Polizei sind unbekannte Größen. Diese freiere Art der Behandlung setzt bereits bei der Kindererziehung ein[1]).

Des weiteren haben aber drüben Krone wie Oberhaus, Aristokratie und Geistlichkeit, Großindustrie und Großhandel es stets verstanden, noch im richtigen Moment berechtigten Reformbestrebungen trotz anfänglichen Widerstandes nachzugeben und ein Opfer an ihren Vorrechten zu bringen, ehe der Kontakt mit dem Volksempfinden ganz abgeschnitten wurde. Die Engländer und insbesondere ihre höheren Stände sind im Inneren ihres Herzens konservativ. Sie gehen aber mit dem Zeitgeist wenigstens insoweit mit, als sie das alte Gebäude durch Teilreformen auffrischen und nicht versuchen, zu erhalten, was nicht mehr zu halten ist[2]).

Infolgedessen wird der Aufbau des Staats und der Gesellschaft auch mehr von dem consensus omnium getragen als bei uns; die Kritik noch bestehender Mißstände ist zwar freier, aber nicht so fanatisch hoffnungslos und deshalb maßlos wie bei uns. Daher herrscht auch größeres Vertrauen bei den Regierten in die Regierenden, bei den unteren Klassen zu den höheren. Ohne das Maß von Zwang, Strafen und Maßregelungen, das bei uns angewendet wird, ist die Unterordnung unter jegliche Art von Autorität eine größere als in Deutschland.

Diese Art von loyaler Ergebung, die Stein als für England charakteristisch hervorhebt[3]), ist eben mehr Folge der Einrichtungen und der Art, wie sie benuttz werden, als der Besonderheit des englischen Volkes.

Auf die Rechtspflege angewandt besagt dies, daß auch bei uns Richter wie Publikum durch ein freieres Verfahren, auf freiere Handhabung und richtigen Gebrauch desselben hingeleitet werden können. Der deutsche Idealismus bildet für eine solche Umbildung die schönste Voraussetzung. Allerdings darf man hinsichtlich des Richterpersonals das

[1]) S. Gurlitt, Der Deutsche und sein Vaterland.

[2]) Bei Weidlich, Gesamtreform, wird dies des weiteren ausgeführt.

[3]) S. 57.

Heil nicht von Umgestaltung der Examina und von Vergrößerung der Büchergelehrtheit erwarten, auch nicht glauben, daß das Volk Vertrauen in die Rechtspflege und Verständnis für dieselbe zeigen wird, wenn vornehmlich das Empfinden des von ihr ausgehenden Zwanges, Druckes und anderer Unannehmlichkeiten[1]) und weniger das Gefühl wohlwollender Berücksichtigung berechtigter Interessen erweckt wird. Man beginne beim Strafprozeß mit Einführung des reinen akkusatorischen Verfahrens und wahrhafter Mündlichkeit, ausgestaltet wie es in England ist, lauter, dem erforderlichen Schutze des Angeklagten gerecht werdend und praktisch einfach. Man überlasse den Richter seiner eigentlichen Aufgabe der Urteilsfindung, entlaste ihn von der hiermit schwer vereinbaren und nur Voreingenommenheit gegen seine Unparteilichkeit erzeugenden Pflicht, zur Überführung des Angeklagten beizutragen und gebe ihm einen freien Spielraum, nicht nur zur Bestrafung, sondern auch zur Heilung sozialer Schäden einzugreifen. Dann wird sich bald zeigen, daß Richter wie Volk in ein derartiges Verfahren hineinzuwachsen imstande sind. Das Volk wird die Segnungen einer solchen Rechtspflege zu würdigen verstehen und ihr sein Vertrauen zuwenden. Ohne besondere außerordentliche Standesvorteile und enge Auswahl, wie in England, wird der Richterstand von Aktenstaub, inquisitorischen Reminiszenzen und papiernen Fesseln befreit, den weiten Blick und das Eindringen in die Volksseele betätigen, die Adickes bei den englischen Kollegen rühmt.

Gegen den Spruch „measures, not men“ — Maßregeln, nicht Menschen — ist auch in England oft angekämpft und seine Richtigkeit in der Umkehrung „men, not measures“ behauptet worden. Die Wahrheit liegt, wie so oft, für unsere Frage in der Mitte. Tüchtige, ihrer Aufgabe wahrhaft gewachsene Richter und das Volk, das ihnen Vertrauen und Verständnis für die Teilnahme an der Rechtspflege entgegenbringt — dies wird sich heranbilden bei einem ungekünstelten,

[1]) Hierher gehört das Kapitel der Klagen über oft barsche und jedenfalls wenig freundliche Behandlung, der das Publikum und insbesondere Zeugen vor Gericht ausgesetzt sind.

der natürlichen Stellung der Parteien und des Richters entsprechenden Verfahren, wie solches in England auf Grund des akkusatorischen Prinzips gehandhabt wird. Lernen wir nur dies von den so vieles weitere Gute aufweisenden englischen Vorbildern und tragen hierzu die Erörterungen der Studienkommission bei, so wollen wir uns gern bescheiden und uns auch den Spott, daß wir in unseren Anforderungen bescheiden geworden sind, gefallen lassen.

B. Die Strafgerichte in Schottland und ihr Verfahren.

In Schottland besteht nicht, wie nach deutschem Strafrecht, eine Unterscheidung der Straftaten nach Maßgabe der dafür angedrohten Strafen. In mancher Beziehung wichtig ist die Unterscheidung, ob eine nach Parlamentsakten (statutory contravention) oder eine nach gemeinem, nicht kodifizierten Recht strafbare Handlung (punishable at common law) vorliegt [1]. Ferner wird auch — freilich ohne bestimmte begriffliche Abgrenzung — zwischen criminal und quasi-criminal jurisdiction, zwischen crimes und police offences unterschieden [2]. Endlich ist noch zu bemerken, daß auch die Grenze zwischen civil und criminal jurisdiction nicht immer völlig scharf erkennbar ist.

Die geringfügigen Strafsachen [3], insbesondere Polizeikontraventionen, werden von den niederen Gerichten im summarischen Verfahren abgeurteilt. Den Gegensatz dazu bildet das für schwerere Straftaten angewendete förmliche Verfahren mit indictment und Jury (solemn jurisdiction) [4]. Die Grenze der Zuständigkeit zwischen summarischem und ordentlichem Verfahren ist nicht dem Deliktsbegriff zu entnehmen. Es ist lediglich ein Strafmaximum festgesetzt, bis zu welchem im summarischen Verfahren erkannt werden

---

[1]) Brown S. 17.

[2]) ibid. S. 2.

) „Petty offences of a venial character“ (Anderson 229. 42) oder „of a minor degree of heinousness“ (Brown S. 17). Welche Delikte in Betracht kommen, ist aus den Judicial Statistics 1905 S. 40 ff. zu ersehen.

[4]) Brown S. 5.

kann. Die Praxis ist so eingelebt, daß sich nur äußerst selten Schwierigkeiten ergeben, so undeutlich die theoretische Grenze sein mag.

Es ergibt sich bei dieser Praxis, daß man die Vergehen nicht ohne Not als schwere Delikte und unter Aufwendung eines schwerfälligen und wuchtigen Apparates behandelt, sondern unterscheidet, ob die Sachen ernster zu nehmen sind oder nicht. Das zu beurteilen überläßt man den höheren Polizeibeamten, den Staatsanwälten (s. u. S. 144, 162) und in letzter Instanz dem Richter selbst, ohne es in starre, vielfach mechanisch wirkende Regeln zu bringen. Wo die Richter bei der Vornahme eines Falles zu der Ansicht kommen, daß ihre Strafgewalt nicht zureicht, geben sie ihn an das höhere Gericht ab. Ausdrücklich von der Gerichtsbarkeit der Police Courts sind ausgenommen nur Mord, Totschlag, Raub, Notzucht, Brandstiftung, Beamtendelikte, schwerer Diebstahl, schwere Tätlichkeiten, Fälschung [1]).

Im Ergebnis ist die Verteilung der Strafsachen an die Gerichte ähnlich auf Zweckmäßigkeitserwägungen aufgebaut und praktisch geordnet, wie in England.

Für den mit dieser Darstellung verfolgten Zweck einer Schilderung der schottischen Gerichtsverfassung und Verfahrens im Hinblick auf ihren etwa für uns nachahmenswerten Inhalt mag es genügen, nach einer mehr kursorischen Darstellung der Gerichtsorganisation [2]) auf das Verfahren vorzüglich in den niederen Gerichten einzugehen und die höheren Gerichte nur soweit erforderlich zu schildern.

Schottisches Strafrecht und Verfahren haben sich, wie die Gerichtsverfassung, völlig unabhängig von dem englischen entwickelt und beruhen auch heute noch teils auf schottischem common law, teils auf Sondergesetzen. Nur in einzelnen Beziehungen hat das englische Recht auf das schottische eingewirkt, so bei Einführung der Institution der Friedensrichter, der eidlichen Vernehmung des Angeklagten (Act

---

[1]) Glasgow Police Act 1866, s. 107.

[2]) Näheres ist bei Peters, „Der schottische Rechtskörper pp.", nachzulesen.

1898), der Oaths Act 1888, Probation of Offenders Act 1907 (s. o. bei England).

Für die summarische Gerichtsbarkeit kommen folgende Gesetze in Betracht:

Summary Procedure (Scotland) Act 1864 (27/28 Vict. c. 53), zitiert Act 1864.

Summary Jurisdiction (Scotland) Act 1881 (44/45 Vict. c. 33), zitiert Act 1881.

Summary Prosecutions Appeals Act 1875 (38/39 Vict. c. 62), zitiert Act 1875.

Für das Verfahren vor den höheren Gerichten und in einzelnen Bestimmungen auch für das summarische Verfahren gilt die Criminal Procedure (Scotland) Act 1887 (50/51 Vict. c. 35), zitiert Act 1887.

I. Strafgerichtsverfassung in Schottland.

Für die summarische Gerichtsbarkeit bestehen folgende Gerichte:

1. der Sheriff's Summary Court,
2. die Gerichte der Friedensrichter in sogenannten Petty Sessions,
3. die Courts of Burgh Magistrates und die Police Courts,
4. verschiedene Sondergerichte von mehr historischer Bedeutung.

Die höhere Gerichtsbarkeit wird ausgeübt
vom Sheriff Court (mit Jury) und
vom High Court of Justiciary.

1. Die niederen Gerichte.

a) Der Sheriff's Summary Court und seine besondere Zuständigkeit wird unten im Zusammenhang mit dem Sheriff Court behandelt werden.

b) Friedensrichter. Schottland hat zwar mehrere Tausend Friedensrichter (Justices of the Peace) — genaue Zahlen sind nicht erhältlich — und auch die Provosts der Städte (Bürgermeister) und der älteste Magistrat der Polizeistädte sind von Amts wegen Friedensrichter[1]). Aber

[1]) 33/34 Vict. c. 37 von 1870, 61/62 Vict. c. 20 von 1898.

ihre Bedeutung für die Strafrechtspflege war von jeher gering. Heute wird von der ersten Autorität Schottlands auf strafrechtlichem Gebiet, dem Lord Justice Clerk Macdonald, eine irgendwie erhebliche Jurisdiktion der Friedensrichter verneint. Es werden noch an etwa 70 Orten zeitweilig Petty Sessions abgehalten. Fälle von Berufungen an die Quarter Sessions der Friedensrichter (s. o. bei England), welche virtuell zulässig sind, sucht man in der neueren Statistik vergebens.

Außer ihrer geringfügigen Strafgewalt[1]), welche sich auf in ihrem Bezirk begangene Straftaten erstreckt und bis zu 60 Tagen Gefängnis oder £ 5.— Geldstrafe und Auferlegung einer caution to keep the peace bis zu sechs Monaten bei Vermeidung einer weiteren Strafe von £ 10.— oder 30 Tagen Gefängnis [2]) geht, haben die Friedensrichter seit 1795 [3]) eine Zivilgerichtsbarkeit neben dem Sheriff in Schuldsachen bis zu £ 5.—, doch sind diese Small Debt Courts der Friedensrichter 1905 nur in 33 von den 104 Gerichtshöfen abgehalten worden [4]). In den Licensing Courts, welche die Schankgerechtigkeit verleihen, machen sie nur die Hälfte der Mitglieder aus; die andere Hälfte besteht aus Grafschaftsräten [5]).

Man ersieht hieraus, daß die Institution der Friedensgerichte, die in England die Basis der gesamten Strafrechtspflege bilden, in Schottland keinen festen Fuß hat fassen können.

Vor die Friedensgerichte in Petty Sessions kamen 1905 insgesamt 10 641 Strafsachen gegen 105 226 vor den Police and Burgh Courts [6]).

Bei dieser geringen Bedeutung der Friedensgerichte in Schottland wird es nicht erforderlich sein, ihre Organisation so eingehend zu schildern wie für England (s. o.).

---

[1]) Anderson S. 42.

[2]) Die Zuständigkeit für Wilddiebstahlssachen ist ihnen ausdrücklich abgenommen worden.

[3]) 35 Geo III c. 123.

[4]) Statistics S. 152.

[5]) Licensing (Scotland) Act 1903. Unrichtig Peters S. 77, 81.

[6]) Statistics S. 16.

c) Die Burgh und Police Courts.

In den Städten sprechen die vom Stadtrat aus seiner Mitte gewählten Bailies als Einzelrichter in den summarischen Gerichtshöfen Recht. Sie werden hierin, wie die Laienrichter in England, von dem rechtsgelehrten clerk unterstützt, der ihnen häufig ein wenig soufflieren und mit seiner Rechtskenntnis aushelfen muß.

Die Städte können auf ihr Ansuchen auch besoldete Polizeirichter auf Grund der Stipendiary Magistrates (Scotland) Act 1897 durch den Staatssekretär für Schottland ernannt bekommen, doch hat man davon bisher keinen Gebrauch gemacht.

Die Burgh Police Courts beruhen auf den allgemeinen und besonderen Police Acts von 1833 bis 1903, besonders auf dem Burgh Police (Scotland) Act 1892. In Glasgow und den anderen vier Städten mit besonderer Polizeigesetzgebung ist durch Spezialgesetze den besonderen Verhältnissen Rechnung getragen worden. In der Statistik werden die Borough and Police Courts als eine Gruppe zusammengefaßt. Ihre Zuständigkeit ist die gleiche wie für die Friedensgerichte (s. o.). Das Polizeigesetz für Glasgow führt in seinem Inhaltsverzeichnis mehrere Hundert Polizeiübertretungen und geringere Vergehen, vom Fortwerfen von Papier und Orangenschalen oder Fußballspielen auf der Straße bis zu kleineren Fällen von Diebstahl, Hehlerei, Untreue usf., auf. Die Strafrahmen sind hier 7 bis 60 Tage Gefängnis oder M. 5 bis M. 1000 Geldstrafe, letztere bei Baupolizeiübertretungen. Näheres bei Peters S. 82.

d) Dean of Guild Courts etc.

Außer den genannten bestehen noch einige besondere niedere Gerichte als historische Reliquien, die nicht erwähnt zu werden brauchen [1]. Es sei hier nur der Dean of Guild Court genannt [2], welcher an 178 Orten [3] besteht und aus dem Ältesten der Kaufmannschaft sowie zwei Stadträten gebildet wird. Seine Bedeutung beruht auf der Zuständig-

[1] Peters S. 83.

[2] Brown S. 17.

[3] Nicht nur, wie Peters S. 83 meint, an den vier Hauptorten.

keit für Bausachen: Genehmigung von Neu- und Umbauten und Niederreißen von Gebäuden. Zahl der Sachen 1905: 5720.

2. Die höheren Gerichte.

Die höheren Strafgerichte, welche die solemn jurisdiction mit Hilfe von Geschworenen ausüben, sind: der Sheriff's Jury Court und der Court of Justiciary.

a) Der High Court of Justiciary besteht aus dem Lord Justice General als Präsidenten (Gehalt £ 5000), dem Lord Justice Clerk (Gehalt £ 4800) und elf Lords Commissioners (Gehalt £ 3600)[1], die alle gleichzeitig auch den höchsten Zivilgerichtshof (Court of Session) bilden und dem Anwaltstande entnommen werden.

Der Court of Justiciary spricht Recht in Edinburgh und „on circuit", indem zweimal im Jahre je zwei Richter für jeden Reisebezirk, deren es drei gibt, delegiert werden[2].

Die Richterbank ist in der Regel nur mit einem Richter besetzt; in Edinburgh können in wichtigeren Fällen drei, fünf, sieben Richter oder, wo Fragen von hervorragender, prinzipieller Bedeutung entschieden werden sollen, alle dreizehn Richter zur Plenarentscheidung herangezogen werden[3]. Zu allen erstinstanzlichen Entscheidungen des High Court gehört die mit 15 Geschworenen besetzte, nach einfacher Majorität entscheidende Jury.

Die Zuständigkeit des High Court ist universell; sie erstreckt sich auch auf solche Straftaten, die bis dahin weder durch Gesetz noch durch Common Law unter Strafe gestellt sind[4]. Es ist ferner zuständig als Rechtsmittelinstanz in Strafsachen (s. u. „Rechtsmittel").

b) Der Sheriff war seit alters her vom Könige über eine Grafschaft oder Teile einer solchen gesetzt, um in seinem Bezirke Verwaltung, Friedensbewahrung und Rechtsprechung zu versehen. Er hatte Zivil- und Strafgerichtsbarkeit fast

---

[1]) Act 1887 s. 45.

[2]) Treatise S. 254.

[3]) Die zur Entscheidung erforderliche Besetzung der Richterbank heißt „Quorum" Treatise 253.

[4]) Treatise 252, Anderson S. 44.

allumfassend. Diese Stellung des Sheriff besteht, wenn auch nach oben eingeschränkt, im wesentlichen noch heute [1]).

Der Sheriff wird vom Könige auf Lebenszeit ernannt. Durch den Sheriff Courts (Scotland) Act 1907 ist vorgesehen, daß der gewählte Sheriff fünfjährige Praxis als advocate hinter sich haben muß, daß aber auch ein Sheriff Substitute von fünfjähriger Amtsdauer zum Sheriff ernannt werden kann. Der Sheriff kann mit Zustimmung beider Häuser des Parlaments auf Grund Berichts der beiden höchsten Richter durch den Staatssekretär für Schottland wegen Untauglichkeit mit Pension und wegen schlechter Führung ohne solche abgesetzt werden [2]).

Die Gehälter der 15 Principal Sheriffs [3]) sind verschieden bemessen. Der Sheriff von Lanarkshire mit Glasgow erhält £ 2000, derjenige von „The Lothians and Peebles" mit Edinburgh £ 1800. Diese beiden haben Residenzpflicht in Glasgow und Edinburgh. Die andern Sheriffs werden geringer, bis herab zu £ 700, besoldet; der Durchschnitt beträgt über £ 1100. Sie haben keine Residenzpflicht, sondern praktizieren in Edinburgh als advocates, während in den Bezirken ihre 48 substitutes sitzen; jedoch dürfen sie keine Mandate aus ihrem eigenen Sheriffdom übernehmen. Sie haben in der Hauptsache Berufungen in Zivilsachen gegen Entscheidungen ihrer Substituten zu hören und Verwaltungsangelegenheiten zu erledigen, so die Geschworenenlisten zu führen und den Oberrichter, der ihren Bezirk on circuit, als Reiserichter (s. u.) besucht, zu geleiten [4]).

Die Substitutes werden vom Staate angestellt und bezahlt; ihr Gehalt beträgt £ 500 bis 1400. Sie müssen in ihrem Bezirk residieren und advocate oder law-agent mit mindestens fünfjähriger Praxis sein [5]). Ihre Absetzbarkeit ist wie die der Sheriffs geregelt (s. o.).

---

[1]) Brown S. 16, 18.

[2]) Sheriff Courts (Scotland) Act 1907 s. 13.

[3]) Peters S. 70.

[4]) Vgl. auch Budding, Polizei.

[5]) 40/41 Vict. c. 50 s. 3, 4 von 1877.

Der Sheriff oder zumeist sein substitute entscheidet im Sheriff's Ordinary Court als Einzelrichter mit oder ohne Jury; im Sheriff's Summary Court ohne solche.

Es gibt 15 Sherifftümer in Schottland; jeder Sheriff Principal hat die erforderliche Zahl von Substitutes oder Under Sheriffs, so sind in der Grafschaft Lanarkshire mit 1½ Millionen Einwohnern acht Substitutes.

Der Sheriff's Ordinary Court wird zurzeit in 58 durch Gesetz bestimmten Städten zu bestimmten Zeiten abgehalten; jeder dieser Städte ist ein ländlicher Bezirk angeschlossen. Vorsitzender ist der Sheriff, in der Regel aber einer der 48 Substituten. Er ist für alle Strafsachen zuständig, die nicht ausdrücklich dem High Court vorbehalten sind [1]).

Alle kleinen Übertretungen, für die der Sheriff konkurrierend mit den Polizeigerichten zuständig ist, und die mittleren dazu geeigneten Strafsachen werden vom Sheriff (Substitute) im summarischen Verfahren in seinem Summary Court abgeurteilt. In Edinburgh besteht die Besonderheit, daß der Sheriff abwechselnd mit den Magistratsrichtern auch im Police Court sitzt.

Die Strafbefugnis des summarischen Sheriffgerichts ging seither bis zu 60 Tagen Gefängnis oder £ 10 Geldstrafe, soweit nicht besondere Gesetze höhere Strafrahmen festsetzten; im übrigen war sie der Strafbefugnis in den andern summarischen Gerichten gleich [2]). Der Criminal Procedure and Summary Jurisdiction Act 1907 erhöht die Strafgewalt auf drei Monate Gefängnis mit oder ohne Zwangsarbeit (hard labour) und sieht Sicherheitsleistung für Wohlverhalten bis zu zwölf Monaten bei Strafe bis zu £ 20 vor. Irgendwelche schwerere Straftaten, die in einem Parlamentsakt als misdemeanour oder crime and offence bezeichnet sind, kann er summarisch mit Gefängnis bis zu sechs Monaten belegen. Bei Gesamtstrafen kann er summarisch gleichfalls bis zu sechs Monaten Gefängnis gehen. Erscheint ihm diese Strafe

---

[1]) Treatise S. 257.

[2]) Anderson S. 43.

ungenügend, so übernimmt er den Fall ins ordentliche Verfahren.

Er hat im allgemeinen freies Ermessen, ob er die an ihn gebrachten Fälle, soweit sie nicht bloße Police offences sind, im ordentlichen oder im summarischen Verfahren verhandeln will. Seiner summarischen Gerichtsbarkeit sind alle schweren Verbrechen entzogen, zu denen aber Rückfallsverbrechen nicht unter allen Umständen gehören. Leichte und mittlere Eigentumsvergehen, fahrlässige Brandstiftung, die harmloseren Fälle des Wilderns, auch die nicht ganz leichten Tätlichkeiten usw. urteilt er summarisch ab. Im Jahre 1905 kamen 14 200 Personen zur Aburteilung vor den Sheriff's Summary Court [1]).

Im Ordinary Court mit Jury geht seine Strafbefugnis bis zu zwei Jahren Gefängnis; auf Zuchthaus (penal servitute) darf er nicht erkennen. Seiner universellen Zuständigkeit sind zugunsten des High Court nur Mord, Notzucht, Widerstand gegen richterliche Anordnungen (deforcement) [2]) und Beamtenvergehen entzogen [3]). Im Jahre 1905 wurden in den Sheriff Courts verhandelt:

mit Jury ... 636,
ohne Jury ... 346,

im schleunigen Verfahren nach § 31 des Act 1887: 1409 Fälle, insgesamt 2391 Fälle [4]) gegen insgesamt 165 Fälle im High Court, bei einer Bevölkerung von etwa 4½ Millionen [5]).

Die Organisation des Gerichtshofs des House of Lords in London kann hier außer Betracht bleiben [6]).

3. Die Gerichte des Vorverfahrens.

Im Gegensatz zu England ist die Seite richterlicher Tätigkeit, welche das Vorverfahren in Strafsachen betrifft, in Schottland sehr gering, da Schottland das Prinzip der

---

1) Statistics S. 16.
2) Treatise S. 218.
3) Anderson S. 43.
4) Statistics S. 17.
5) Statistics S. 63.
6) Peters S. 108.

Parteivorbereitung ohne Mithilfe oder Kontrolle des Gerichts bei der Stoffsammlung hat. Im ordentlichen Strafverfahren beschränkt sich also die Tätigkeit der niederen Gerichte darauf, daß sie sich einen Festgenommenen auf Grund Haftbefehls oder ohne solchen vorführen lassen, ihn nötigenfalls befragen und dann bezüglich der Verweisung zum Verfahren, die ohne weiteres Verhaftung einschließt [1]), eventuell bezüglich der Belassung auf freiem Fuß gegen Sicherheitsleistung Bestimmung treffen.

Als Richter dieses Vorverfahrens kommt nur der Sheriff oder Sheriffsubstitut in Betracht. Der Beschuldigte, soweit er nicht auf Haftbefehl des Sheriffgerichts festgenommen ist, wird im Umkreis der Polizeigerichte zuerst dem Polizeirichter behufs etwaiger Kognition vorgeführt. Der Polizeirichter hat also stets die Möglichkeit, zu prüfen, ob nicht er selbst zur Erledigung des Falles zuständig ist. Wenn sich herausstellt, daß es sich um ein schweres Delikt handelt, wird der Verhaftete sofort dem Sheriff überwiesen. Die Befragung (judicial examination), die Überweisung (commitment), die Verhaftung und die Vernehmung von Zeugen im Vorverfahren sind unten S. 166 ff. eingehender dargestellt.

4. Die Unterbeamten.

Der Gerichtsschreiber der Friedensrichter ist im Zweifel ein Solicitor, der seine Privatpraxis ausübt und nur im Nebenamte gegen ähnlich verschiedenes Gehalt wie in England als Gerichtssekretär tätig ist. In den städtischen Gerichten ist der Gerichtssekretär ebenfalls ziemlich ausnahmslos ein Solicitor, obwohl diese Eigenschaft sogar in Glasgow weder für den Gerichtsschreiber und den Legal Assessor des Magistrats (in den kleineren Städten vereinigt der clerk sowohl die Funktionen des Gerichtsschreibers wie die des Rechtsbeistandes) noch für den Staatsanwalt vorgeschrieben ist. Der städtische Gerichtsschreiber wird vom Stadtrat ernannt.

Bei dem Sheriffgericht ist von der Krone ein clerk angestellt, regelmäßig ein Solicitor, der seinerseits den nötigen

---

[1]) Commitment for trial. Anderson S. 240. Treatise S. 272.

Stab von Gehilfen beschafft. Die Gehaltssätze sind ein wenig niedriger als in England.

Die Gerichtsschreiber sind zur Besorgung des gesamten Schreibwerks des summarischen Verfahrens bestimmt. Sie fertigen die Haftbefehle und Vorladungen in kürzester Form aus, füllen das Formular über die Verhandlung mit Schuldspruch und Urteil aus und der Richter hat lediglich zu unterschreiben. Nur wenn Revision durch Statement of Case beantragt wird, hat der Sheriff oder Sheriffsubstitut Tatbestand und Gründe zu verfassen; in den andern Gerichten fällt diese Darstellung dem Clerk der Friedensrichter oder Magistrate zu.

Die Abwesenheit des Gerichtsschreibers im summarischen Verfahren ist nicht an und für sich ein Nichtigkeitsgrund; der Richter wird aber schwer verantwortlich, wenn hieraus eine Unregelmäßigkeit des Verfahrens entsteht[1]).

5. Die Anwaltschaft.

Für unsere Zwecke mag es genügen, darauf hinzuweisen, daß auch Schottland die Zweiteilung der Anwaltschaft hat und nicht an eine Verschmelzung denkt. Der solicitor (law agent genannt) wird auf Grund mehrjähriger praktischer Lehrzeit und eines Examens und gegen Erlegung einer Einschreibegebühr bei den Gerichten zugelassen; der barrister (advocate genannt) hat ein Universitätsstudium und mehrere Examina zu absolvieren, worauf es der Fakultät freisteht, ihn in die Fakultät aufzunehmen; die Gebühr beträgt gegen 7000 M.

Die Verhältnisse des solicitor sind durch Akte von 1873 (36/37 Vict. c. 63), 1891 (54/55 Vict. c. 30) und 1896 (59/60 Vict. c. 49) und durch verschiedene Acts of Sederunt[2]) geregelt.

Nur der solicitor tritt in ein Vertragsverhältnis mit dem Klienten; er nimmt unmittelbar die Instruktion des Klienten entgegen, hört dessen Zeugen und stellt sie vor

---

[1]) Anderson S. 313.
[2]) Peters S. 115.

Gericht. Vor den summarischen Gerichten und beim Sheriffgericht kann er selbst auftreten, sonst instruiert er einen barrister. Wegen des Verkehrs mit dem Publikum und der Beschaffung der Beweise hat der solicitor eine Stellung, welche von den Gerichten sorgfältig überwacht wird. Namentlich wird Rückgabe der dem solicitor über seine Gebühren hinaus gegebenen Zuwendungen angeordnet; Legate eines Klienten dürfen nur bei nachgewiesenem vollständigen Unbeeinflußtsein des Klienten angenommen werden [1]).

Der barrister tritt zum Klienten in kein Vertragsverhältnis. Er übernimmt ein Amt mit Pflichten gegen Klient, Gericht, seine Profession und die Öffentlichkeit. Er muß wie in England zum voraus bezahlt werden, und zwar vom solicitor, der ihn instruiert. Seine Honorare sind im allgemeinen kaum niederer als in England, wenn auch die außerordentlichen Honorare der bedeutendsten englischen Barrister in Schottland naturgemäß ausgeschlossen sind.

Er hat eine vom Klienten völlig unabhängige Stellung und unterliegt auch keiner persönlichen Haftung. Die Sachlichkeit, Ruhe und Würde, mit der der schottische Barrister seinen Beweis führt und plädiert, wirkt in den kleineren Verhältnissen Schottlands doppelt wohltuend, wogegen die Haltung mancher solicitors weniger angenehm und nie zum Vorteil ihres Klienten absticht, wenn auch im ganzen die solicitors dem Beispiel der barristers in lebhaftem Wetteifer mit ihnen folgen und in ihren Reihen, wie in dem ärmeren Lande natürlich, auch viele Angehörige höherer Kreise zählen.

6. Die Staatsanwaltschaft.

Sie hat ihre Spitze im Lord Advocate. Dieser, seine vier Deputes, denen je ein Bezirk Schottlands zugewiesen ist [2]), und der Solicitor General — sämtlich barristers — vertreten die Anklage beim High Court. Erster ist mit

---

[1]) Vergl. hierzu Erskines Principles of the Law of Scotland, 20. Aufl., S. 377.

[2]) Nämlich der hauptstädtische und die drei circuit-Bezirke.

5000 £, letzterer mit 2000 £ bezahlt; die Deputes erhalten je 700 £ und vertreten zugleich die Anklage in den vier Reisebezirken des High Court. Sie sind Stellvertreter des Lord Advocate, der an sich über die Anklageerhebung in allen ordentlichen Straffällen auf Bericht der Procurator Fiscals bei den Sheriffgerichten zu entscheiden hat und das durch diese vier Crown Counsel tun läßt; sie können den Procurator Fiscal auch zur Verfolgung eines Falles im summarischen Verfahren anweisen.

Beim Sheriffgericht wird die Anklage vom Procurator Fiscal der Grafschaft und seinen Deputes, bei den Polizei- und Friedensgerichten von den örtlichen Fiscals erhoben. Es bestand von jeher nach gemeinem Rechte die Befugnis der Richter, die Staatsanwälte bei ihren Gerichten zu ernennen, was heute noch in Notfällen geübt wird („ad interim").

Die Zahl der Staatsanwälte und ihrer Deputes bei den Sheriffgerichten entspricht ungefähr derjenigen der Sheriffsubstituten. Die procurator fiscals werden von dem Sheriff mit Zustimmung des Lord Advocate, künftighin vom Lord Advocate allein, aus der Zahl der solicitors, gelegentlich auch der barristers ernannt und ernennen ihrerseits mit Zustimmung des Lord Advocate ihre Deputes. Sie sind lebenslänglich angestellt und nur in gleicher Weise wie die Sheriff und die Sheriffsubstituten absetzbar. Ihr Gehalt beträgt 200 bis 1200 £.

Die Friedensrichter[1]) ernennen selber ihren lokalen Ankläger (Justice of Peace Fiscal); zuweilen einen höheren Polizeibeamten, meist aber einen solicitor, der für diesen im Nebenamt bekleideten Posten eine je nach Umfang der Geschäfte bemessene Besoldung erhält.

In den Städten ernennen der Stadtrat oder die Magistrate einen Procurator Fiscal, auch Burgh Fiscal oder Police Fiscal genannt. Zu einem Teile sind es höhere Polizeibeamte, möglichst die Chief Constables selbst, die hierfür

---

[1]) Peters S. 125 meint zu Unrecht, es gebe keine besonderen Beamten für die öffentliche Strafverfolgung vor den Friedensrichtern.

eine meist unbedeutende, nur in einem Fall 120 £ erreichende Entschädigung erhalten. In der Regel sind es aber solicitors, die daneben meist noch ihre Privatpraxis ausüben; ein unbedingtes Erfordernis der Solicitoreigenschaft besteht zwar gesetzlich nicht, wohl aber im Zweifel praktisch. Je nach Bedarf werden Assistant Procurator Fiscals ernannt, die aus den Polizeioffizieren entnommen werden und in der Bekleidung dieses Amtes von ihren Vorgesetzten unabhängig sind. Alle schwierigen Fälle sind aber dem Procurator Fiscal selbst vorbehalten. Die Bezahlung eines zum Procurator Fiscal ernannten solicitors entspricht in großen Städten, wo er meist auf Privatpraxis verzichten muß, etwa seinem früheren, teilweise bedeutenden Einkommen und geht im allgemeinen mit dem Einkommen der Procurator Fiscals der Grafschaften parallel. Die Zahlen sind überall verschieden.

Die Praxis des letzten Jahrhunderts hat zentralisierend auch die Ankläger der summarischen Gerichtsbarkeit in dienstliche Unterordnung zum Lord Advocate gebracht, indem sie ihm als Beschwerdeinstanz unterstellt sind. Doch sind Berührungen der summarischen Gerichtsbarkeit mit der Zentralstelle selten. Nur die formelle Anklage im ordentlichen Verfahren (Indictment) lautet auf den Namen des Lord Advocate, in der summarischen Gerichtsbarkeit dagegen wird auf Grund einer „Complaint" d. h. einer nicht formellen, aber praktisch dem Indictment konformen kurzen, schriftlichen Formulierung der Beschuldigung verhandelt, welche auf den Namen des örtlichen öffentlichen Anklägers gestellt ist. Sie wird in den summarischen Festnahmefällen regelmäßig sofort auf der Polizeistation aufgenommen[1]).

7. Öffentlichkeit. Sitzungspolizei.

Die Hauptverhandlung findet öffentlich — in open court — statt, im Gegensatz zum Vorverfahren, welches geheim ist. Eine Ausnahme findet statt bei Verhandlung

[1]) S. Weidlichs in diesen Heften erscheinende Abhandlung über Polizei.

von Sittlichkeitsvergehen (indecent and unnatural offences) und ferner bei ordnungswidrigem Verhalten des Publikums[1]).

Der Ausschluß der Öffentlichkeit wird vom vorsitzenden Richter angeordnet und muß vor dem Verdikt der Geschworenen wieder aufgehoben werden. Die Gerichtssprache ist englisch; selbstverständlich wird im Bedarfsfalle für beeidigte Dolmetscher gesorgt.

Alle Gerichte, auch die Polizeigerichte (letztere im Unterschied zu England) haben das Recht, Handlungen, die sich gegen ihre Autorität und Würde richten, als contempt of court durch summarische Aburteilung (ohne Jury) zu bestrafen[2]), und zwar sowohl gegen das Publikum wie gegen die an der Verhandlung beteiligten Personen, als Zeugen, Parteien oder Geschworene. Strafen sind Verweis, Geldstrafe und Gefängnis[3]) und für Anwälte Enthebung vom Amte.

Contempt of Court ist nicht nur Vergehen gegen die Sitzungspolizei, sondern auch Ungehorsam gegen richterliche Befehle, wie z. B. Nichterscheinen eines Zeugen auf Vorladung, Veröffentlichung einseitiger Preßberichte über die Verhandlung usw. Der Richter kann in Fällen, die nicht zur Verurteilung führen, jegliche Veröffentlichung verbieten[4]). Eine ungerechtfertigte Ausübung der Strafgewalt wegen Contempt of Court seitens der unteren Gerichte kann auf Beschwerde vom High Court als „oppressive" beiseite gesetzt werden[5]).

II. Das Verfahren.

Für die Schilderung des Verfahrens in Schottland mag der bequemeren Vergleichung halber, soweit durchführbar, der Legalordnung der deutschen Strafprozeßordnung gefolgt werden.

---

[1]) Treatise 426, Anderson 279, Brown 109.

[2]) Jbid.

[3]) Anderson 81, 84.

[4]) Treatise 427. Weitere Beispiele s. daselbst und bei Anderson S. 82 ff.

[5]) Jbid.

A. Allgemeines.

1. Gerichtsstand.

Maßgebend für den Gerichtsstand ist im allgemeinen das forum delicti commissi[1]), nach gewissen Gesetzen auch das forum apprehensionis. Die Einzelheiten über Vergehen auf Territorialgewässern, im Auslande usw. können hier übergangen werden[2]).

Die Frage der sachlichen oder örtlichen Unzuständigkeit des Gerichts (plea of no jurisdiction, welche zu den prozeßhindernden pleas in bar of trial gehört) muß vor den höheren Gerichten im sogen. first diet (Vortermin s. u. S. 172) vorgebracht werden[3]), im summarischen Verfahren vor der Einlassung des Angeklagten auf die Anklage[4]).

2. Zeugen, Sachverständige, Beweisrecht.

Der Beweis durch Zeugen und Sachverständige wird als Parole Proof bezeichnet, im Gegensatz zur Proof by Productions.

I. Die Ladung der Zeugen und Sachverständigen in summarischen Sachen wird auf Grund einer in der Ladung des Beschuldigten enthaltenen, für beide Parteien gültigen Erlaubnis des Gerichts durch einen Gerichtsbeamten oder Constabler nach vorgeschriebenem Formular bewirkt[5]). Bleibt trotz gehöriger Ladung, welche durch die Zustellungsurkunde bewiesen wird[6]), der Zeuge unentschuldigt aus, so ergeht Vorführungsbefehl, letters of second diligence, und er muß bis zum Termin sitzen[7]); wird aber durch eidliche Versicherung glaubhaft gemacht, daß der Zeuge ohne Zwang auf Vorladung nicht erscheinen werde, so kann von Anfang an (in the first instance) Haftbefehl ergehen. Wenn ein Zeuge im Termin den Eid oder nach Beeidigung die Aus-

[1]) Anderson 216, Brown 18.
[2]) Anderson 217 ff., Treatise S. 255 ff., Act 1881, s. 10.
[3]) Anderson 284, Treatise 431, Act 1887 §§ 28, 29.
[4]) Anderson 320. 285.
[5]) S. P. A. 1864, s. 6, 8. Schedule F^2.
[6]) Treatise 419.
[7]) Anderson 255.

sage weigert, so kann er wegen Contempt of Court mit Gefängnis oder Geldstrafe bis zur Höhe der Strafe belegt werden, welche auf das zur Aburteilung stehende Vergehen selbst angedroht ist[1]). Vielfach werden auch die Zeugen im summarischen Verfahren einfach von den Parteien gestellt[2]). Für die höheren Gerichte erfolgt die Vorladung der Zeugen auf Anordnung des clerk gemäß § 23 der Act von 1887.

Den Leumund der Zeugen anzugreifen ist unstatthaft, doch dürfen Fragen zur Prüfung ihrer Glaubwürdigkeit an sie gerichtet werden[3]). Zur Verweigerung der Aussage sind nur berechtigt der Ehegatte nach Maßgabe der S. 73 ff. besprochenen, auch für Schottland geltenden Criminal Evidence Act 1898 und der Geistliche hinsichtlich der ihm anvertrauten Beichtgeheimnisse[4]). Ferner kann ein Zeuge die Beantwortung solcher Fragen verweigern, hinsichtlich deren er sich einer strafbaren Handlung bezichtigen müßte. Dagegen muß er Fragen, deren Beantwortung ihm ohne Gefahr der Strafverfolgung nur zur Unehre gereichen würde, ebenso wie Fragen über etwaige Vorstrafen beantworten[5]). Die feiner ausgearbeitete deutsche Regelung, insbesondere zugunsten der Verwandten, fehlt, ebenso das bei uns so sehr vermißte Privileg des Redaktionsgeheimnisses.

Bemerkenswert ist, daß ein Mitangeklagter, der ein vom Ankläger angenommenes Geständnis ablegt, unter Aussetzung der Verurteilung nunmehr als vollgiltiger Zeuge seinem Mitangeklagten gegenüber vernommen werden kann[6]).

II. Es gibt ebensowenig wie bei uns eine Altersgrenze hinsichtlich der Vernehmungsfähigkeit jugendlicher Zeugen. Es genügt, wenn ein Kind begreift, daß es die Wahrheit sagen muß, eine Einsicht, die bei Jugendlichen bis zu vierzehn Jahren durch Befragung festzustellen ist; die Vereidigung von Kindern unter zwölf Jahren ist ausgeschlossen;

[1]) S. P. A. 1864, s. 10, Anderson 297, 82, Treatise 460/67.
[2]) Brown 159.
[3]) Anderson 300, Treatise 471/72.
[4]) Treatise S. 476.
[5]) Ibid. S. 461/62.
[6]) Ibid. S. 454.

bei älteren hängt sie vom richterlichen Ermessen ab[1]. Der Eid wird entweder in der religiösen Form oder als affirmation geleistet.

In Schottland war früher ein Atheist kein zulässiger Zeuge; man verlangte, da ein Zeuge beeidigt werden mußte, daß er an Gott und eine zukünftige Vergeltung glaubte. Durch die auch für Schottland geltende Oaths Act 1888[2]) ist die liberale, oben bei England S. 63 dargestellte Regelung eingeführt worden.

Bei der Eidesleistung erhebt sich der Richter und spricht die Eidesformel vor; der Zeuge erhebt die rechte Hand; all dieses sehr zum Unterschied von der nachlässigen englischen Art Eide abzunehmen[3]).

Sachverständige (experts oder skilled witnesses) sind über ihre auf beruflicher Kenntnis beruhende Meinung zu befragen[4]).

Die Zeugen werden durch diejenige Partei (oder deren Anwalt) vernommen, welche sie gestellt hat. Sodann darf der Gegner sie dem Kreuzverhör unterwerfen und hierbei sogar Suggestivfragen stellen, was bei der examination in chief strenge verpönt ist. Der Richter kann auch selbst aufklärende Fragen stellen und zwar auch nach Schluß der Beweisaufnahme[5]). Die später zu vernehmenden Zeugen müssen, bis sie an die Reihe kommen, draußen warten[6]), eine Vorschrift, die in Schottland strenge durchgeführt wird, während man sich in England selten darum kümmert. Die ganze Beweisaufnahme muß mündlich und unmittelbar sein; richterliche Protokolle aus dem Vorverfahren über Zeugenaussagen (depositions) können nur verlesen werden, wenn der Zeuge verstorben ist[7]); auch eine vor einer glaub-

---

[1]) Ibid. S. 448, 460/61; Anderson S. 298.

[2]) 51/52 Vict. c. 46. Douglas S. 341. Anderson S. 292. Treatise 452.

[3]) Gamon S. 127.

[4]) Anderson 299.

[5]) Treatise 463.

[6]) Anderson 297.

[7]) Anderson 304. Treatise 492.

würdigen Persönlichkeit abgegebene, von dieser niedergeschriebenen Erklärung eines verstorbenen Zeugen ist zulässiges Beweismittel.

Vorstrafen werden durch beglaubigten Auszug der Gerichtsakten bewiesen, es sei denn, daß der Angeklagte die Echtheit des Auszuges oder seine eigene Identität mit dem darin Genannten bestreitet, in welchem Falle Zeugen über die Vorstrafen zu vernehmen sind[1]).

Für die Beibringung weiteren Beweismaterials sind im summarischen Verfahren keine Fristen gesetzt[2]), wie es im Schwurgerichtsverfahren der Fall ist. Die Weigerung des Gerichts, eine angemessene Frist zur Vorbereitung der Verteidigung etwa gegenüber neu vorgebrachten Belastungsbeweisen zu gewähren, ist, wenn der Antrag protokolliert ist, Revisionsgrund[3]). Spezielle Gesetzesvorschriften bestehen hier nicht; es ist dem Ermessen des Richters überlassen, welcher nach Billigkeit zu verfahren hat und sich hüten wird, dem Angeklagten durch „oppressive procedure" Veranlassung zur Revision zu geben[4]).

Das Beweisrecht — law of evidence[5]) —, welches auch für summary procedure gilt[6]), ist, wie in England, nur ausnahmsweise Bindung der Beweiswürdigung; es geht zumeist auf Einschränkung der Zulassung von Beweisen, vielfach auch im Interesse des Angeklagten, vor allem zum Zwecke einer straffen Führung des Verfahrens auf sein Endziel. Mit Emphase wird auf die Pflicht des Anklägers hingewiesen, seine Anschuldigung dem Angeklagten, für den die presumption of innocence streite, zu beweisen, und zwar beyond reasonable doubt[7]). Die Beweislast hat daher der Ankläger als der Behauptende, jedoch mit gewissen Ausnahmen. Manche Gesetze laden dem Angeklagten die Be-

---

[1]) Act 1887, s. 66. Brown 157. Anderson 51.
[2]) Treatise 520. Brown 68.
[3]) Treatise 522/23.
[4]) Ibid. 522. Anderson 333. Brown 141.
[5]) Anderson 291 ff. Treatise 448 ff. Brown 148 ff.
[6]) Treatise 523. Anderson 323.
[7]) Anderson 291. Macdonald Prisoners 24, 25. Treatise 464

weislast dafür auf, daß von ihm nachweislich begangene, objektiv gesetzwidrige Handlungen nicht in böser Absicht begangen wurden. Wenn der prima-facie-Beweis erbracht ist, soll sich die Beweislast umkehren, z. B. wenn bewiesen ist, daß der Angeklagte jemanden verwundet und getötet hat, so muß er beweisen, daß nicht Mord vorliegt; werden bei ihm kürzlich gestohlene Sachen gefunden, so hat er den ehrlichen Erwerb zu beweisen[1]).

Im allgemeinen verlangt man die duo testes classici und ein Zeuge allein genügt nicht zur Überführung, außer wo das Gesetz es besonders bestimmt[2]). Doch ist diese Regel nicht allzu streng zu nehmen, sondern mehr als Erfahrungssatz, der nach Umständen auch außer Kraft tritt[3]). So sind die Beweisregeln häufig nichts anderes wie die bei uns gültigen Erfahrungssätze, die dem Richter die Entscheidung an die Hand geben sollen; beispielsweise ist Schriftvergleichung zulässig, jedoch als minderwertiger, für sich allein nicht ausreichender Beweis angesehen[4]). Gewisse Zeugen sind ausgeschlossen, so z. B. bestochene Zeugen für den Bestecher[5]).

Sogenannte secondary evidence ist erst zulässig, wenn keine best evidence vorhanden[6]). Vorstrafen dürfen erst nach dem Wahrspruch der Geschworenen erörtert werden, es sei denn, daß das Gesetz das Gegenteil ausdrücklich zuläßt, wenn die Vorstrafe zu den Tatbestandsmerkmalen des zur Anklage stehenden Delikts gehört oder der Angeklagte Beweis für seinen guten Leumund angetreten hat[7]). Nur in diesem Falle darf der Ankläger überhaupt Beweis für den schlechten Leumund des Angeklagten antreten[8]).

Ebenfalls im Interesse des Angeklagten sind die Einschränkungen der Zulassung von Beweisen für das, was der

---

[1]) Treatise S. 464, 497.

) Ibid. 496. Brown 149. Anderson 305.

[3]) Brown 149.

[4]) Treatise 487.

[5]) Treatise 454. Anderson 296.

[6]) Treatise 495. Brown 150. Anderson 302.

[7]) Treatise 495. Act 1887 § 67.

[8]) Anderson S. 300.

Angeklagte außerhalb der Hauptverhandlung über die Tat geäußert hat. Diese Einschränkungen ergeben sich schon aus der Regel, daß Hörensagen (hearsay evidence) nur in Ausnahmefällen zum Beweise zuzulassen ist. Nur seine ganz freiwilligen Äußerungen, von diesen aber auch solche, die er ohne die für seine gerichtliche Vorvernehmung vorgeschriebene „caution" (s. u.) gelegentlich gegenüber Polizei- oder Gefängnisbeamten gemacht hat, nicht aber solche, die ihm durch vernehmungsähnliches Befragen seitens Polizeibeamten in Abwesenheit einer Gerichtsperson[1]) durch Stellen von Fallen oder durch Drohungen abgerungen sind, dürfen Gegenstand des Beweises sein[2]). Geständnis des Angeklagten außerhalb der Hauptverhandlung genügt allein nicht; es muß noch unterstützender Beweis hinzukommen, sogar dann, wenn das Geständnis in einer formellen „declaration" (s. u. S. 169) enthalten ist[3]).

Von dem Geständnis ist auch in Schottland die formelle plea of guilty zu unterscheiden[4]). Der Angeklagte wird in der Hauptverhandlung nicht vernommen, sondern nur nach Verlesung der Anklage aufgefordert seine plea vorzubringen, worauf „guilty" oder „not guilty" erwartet wird. Eine unbestimmte Antwort gilt als plea of not guilty. Im summarischen Verfahren ist diese plea zu Beginn der Hauptverhandlung vorzubringen; in den höheren Gerichten hat der Angeklagte dazu Gelegenheit im first diet (s. u. S. 173) vor dem Sheriff oder in dem auf Antrag des Angeklagten mit kurzer Frist von mindestens vier Tagen anberaumten besonderen Termin zur Verlautbarung des Schuldbekenntnisses (special diet on intimation of plea of guilty)[5]) oder auch in der Hauptverhandlung (second diet s. u.) selbst nach der Beweisaufnahme[6]).

---

[1]) Macdonald, Prisoners S. 5. Treatise S. 474/75.

[2]) Anderson 301. Brown 151.

[3]) Anderson 305. Treatise 495. Brown 152.

[4]) Brown 103.

[5]) Act. 1887 § 31; s. unten S. 173.

[6]) Treatise 499.

Diese plea of guilty, die sich auf die ganze Anklage oder einen Teil davon beziehen kann, hat, wenn vom Ankläger akzeptiert, formell feststellenden Charakter[1]) und es bedarf dann keiner Beweiserhebung mehr, auch keines Schuldspruchs der Jury; vielmehr kann nun sofort Urteil ergehen[2]). Man geht davon aus, daß der Angeklagte, der bei Sinnen und dem die Anklage in allen Einzelheiten bekannt und der überdies vor den höheren Gerichten stets juristisch beraten ist, genau weiß, was er will und tut. Die Härte, die in solcher formalen Wirkung der plea of guilty liegen kann, wird dadurch gemildert, daß der Angeklagte im Falle eines Irrtums oder wo die formale Beweiskraft seines Geständnisses sonst zu einer Unbilligkeit führen könnte, mit Erlaubnis des Gerichts seine plea zurückziehen kann[3]). Immerhin ist nicht zu verkennen, daß die formale Beweiskraft des gerichtlichen Geständnisses, welches ohne Nachprüfung seiner Glaubwürdigkeit durch Befragung des Angeklagten im einzelnen und Erhebung von Beweisen entgegengenommen wird, dem Prinzip der Erforschung der materiellen Wahrheit, dem auch den Schotten bekannten „get-at-the-truth principle"[4]), zuwiderlaufen kann. Man denke z. B. an die bei uns nicht seltenen Fälle, daß der Angeklagte sich per fas et nefas ein Winterquartier im Gefängnis verschaffen will!

Auf die Gestaltung des Verfahrens haben die Beweisregeln den Einfluß, daß der Richter strikt auf das Ziel losgehen kann und nicht genötigt ist, weitaussehende Beweiserhebungen zu veranstalten und Fragen an die Zeugen zuzulassen, welche nur im losesten Zusammenhange mit dem eigentlichen thema probandum stehen. So kann der Richter eine Frage zurückweisen, von der er annehmen muß, daß sie nur aufs Geratewohl gestellt ist, um den Zeugen zu belästigen oder zu diskreditieren[5]).

---

1) Ibid. 439.
2) Brown 116. Act. 1887 § 31. Stein S. 24.
3) Act. 1887 § 41.
4) Macdonald, Prisoners S. 21.
5) Brown 149.

Hierher gehört auch die Bestimmung, daß der Ankläger vor den höheren Gerichten in der Hauptverhandlung keine Zeugen oder Beweismittel bringen darf, die nicht in der vorher dem Angeklagten zugestellten Liste (s. u. S. 171) enthalten sind, und daß auch der Angeklagte spätestens drei Tage vor der Hauptverhandlung dem Ankläger seine Entlastungsbeweise mitteilen soll[1]. Doch kann das Gericht von dieser Vorschrift dispensieren[2].

Wenn auch unser Beweisrecht mit der unbeschränkten Zulassung aller irgendwie relevanten Beweise bei Strafe der Urteilsaufhebung (§§ 244, 377^8 St.P.O.) mancherlei Unzuträglichkeiten hat, so ist doch nicht zu verkennen, daß es in Verbindung mit dem Prinzip der freien Beweiswürdigung (§ 260 St.P.O.) besser als das schottische System der Erforschung der materiellen Wahrheit dienen muß.

Dennoch sind Tendenzen zur Beseitigung des schottischen Beweisrechts nicht wahrnehmbar, wohl deswegen nicht, weil es bei der freien Handhabung der Vorschriften und dem stets befolgten obersten Prinzip, dem Angeklagten ein fair trial zu gewähren, bisher selten oder nie zu Ungerechtigkeiten geführt hat. Lord Justice-Clerk Macdonald, der erfahrenste Kriminalist des Landes, sagt[3]:

Das Verfahren stelle die öffentliche Meinung in Schottland völlig zufrieden; begründete Klagen höre man weder von dem stets wachsamen Staatsbürger, der die Staatsgewalt gern auf einem Fehler ertappe, noch von den Abgeurteilten oder ihren Angehörigen.

3. Beschlagnahme. Durchsuchung.

Beide Parteien können vom Gericht einen Befehl zur Beschlagnahme von Schriftstücken oder sonstigen Gegenständen, die für die Hauptverhandlung erforderlich sind, erwirken (diligence)[4].

---

[1]) Act 1887 § 36.
[2]) Treatise 499.
[3]) Prisoners as witnesses S. 6.
[4]) Anderson 251. Macdonald Prisoners S. 4. Treatise 287.

Ferner kann zugleich mit dem Antrag auf Haftbefehl oder auch besonders ein Antrag auf Gestattung der Durchsuchung gestellt werden; doch wird der Befehl (search warrant) nur mit genauer Begrenzung der zu durchsuchenden Örtlichkeit und der zu suchenden Gegenstände erteilt[1]. Unter der Prevention of Crimes Act 1871 kann ein höherer Polizeibeamter einen Untergebenen schriftlich vevollmächtigen, eine Durchsuchung nach gestohlenem Gut unter bestimmten Voraussetzungen vorzunehmen[2].

4. Festnahme. Verhaftung.

I. Vorläufige Festnahme (arrest without warrant).

Jeder Richter kann als Augenzeuge eines Vergehens („serious crime") oder auf unmittelbare Anzeige eines Augenzeugen mündlich die Festnahme des Verdächtigen anordnen[3]. Jeder Bürger kann als Augenzeuge eines Vergehens den Täter festnehmen.

Die Polizei kann festnehmen:

1. in flagranti bei einer schweren Straftat,
2. auf Anzeige eines glaubwürdigen Augenzeugen, wenn der Täter sich wahrscheinlich verborgen halten wird,
3. wo ein Gesetz ausdrücklich dazu autorisiert,
4. wo eine lokale Polizei-Verordnung das Recht dazu gewährt.

In bezug auf die sehr allgemein gehaltene Bestimmung unter Nr. 2 pflegt die Polizei ein ziemlich freies Ermessen walten zu lassen[4].

Nach seiner polizeilichen Festnahme kann der Beschuldigte in der Polizeistation dem oberen Beamten (lieutenant of police), welcher eine gewisse Gesetzeskunde, etwa als clerk bei dem Procurator Fiscal, erworben hat und dem er zunächst zugeführt wird, freiwillig eine Aussage machen; in diesem Falle wird der Polizeibeamte ihm die Anschuldigung vorhalten und ihn darauf hinweisen, daß er nichts

---

[1]) Anderson und Treatise ibid.
[2]) Renton S. 37.
[3]) Anderson 230. Treatise 259. Brown 98.
[4]) Brown S. 98. Treatise S. 259.

auszusagen brauche (sogen. caution), daß aber, was er so aussage, aufgeschrieben und als Beweismittel gegen ihn benutzt werden könne[1]). Diese Vernehmung beruht aber nicht auf gesetzlicher Grundlage und wird von den Kriminalisten strengerer Observanz perhorresziert, indem sie verlangen, daß ein Beschuldigter, der sich vernehmen lassen will, ordnungsgemäß vor einen Richter gestellt werde, um dort seine declaration in formaler Weise und mit allen Kautelen des Gesetzes abzugeben[2]). Über die Zulässigkeit des Beweises solcher außergerichtlichen Erklärungen in der Hauptverhandlung s. oben S. 153 [3]).

II. Haftbefehl (arrest on warrant).

Ein Haftbefehl wird gewährt entweder auf Anzeige zum Zweck des Verhörs (examination) oder auf Grund der Anklage zur Hauptverhandlung. Die Strafanzeige, auf Grund deren der warrant to arrest for examination gewährt wird, braucht nicht, wie in England, beeidigt zu werden, doch kann der Richter es verlangen[4]). In der Regel wird ein Haftbefehl nur auf Anzeige von einem common law crime gewährt und auch dann nur nach freiem Ermessen des Richters. Bei einer Anklage wegen Übertretung eines Gesetzes (statute) wird gewöhnlich nur ein warrant to cite gegeben[5]). Wenn auch die polizeiliche Festnahme bei strafbaren Handlungen auf der Straße oder an öffentlichen Orten (breach of the public order) die Regel bildet, so kann doch nicht davon die Rede sein, daß in Schottland (oder in England, wie Gerland S. 59 meint[6]) „die Untersuchungshaft durchaus die Regel auch in Übertretungssachen" wäre[7]). Vielmehr wird auch in Schottland das verständige Ermessen des angerufenen Magistrate nach den Umständen des Falles und mit Berück-

---

[1]) Brown S. 100. Anderson S. 236.

[2]) Macdonald Prisoners S. 5.

[3]) Treatise S. 475.

[4]) Anderson 231. Treatise 260.

[5]) Brown 82.

[6]) Vgl. auch v. Lewinski S. 45.

[7]) Nach den oben gegebenen Zahlen wird die Festnahme in England nur in $^3/_7$ der Gesamtheit solcher Fälle angewandt. Für Schottland fehlen statistische Angaben.

sichtigung aller Gründe entscheiden, ob die einfache Vorladung genügt oder Erlaß eines Haftbefehls erforderlich erscheint. Hierbei wird er im wesentlichen den gleichen Grundsätzen folgen wie sie die St.P.O. kennt.

Auf die polizeiliche Festnahme folgt in summarischen Straffällen zumeist schon am nächsten Tage das Urteil; hieraus erklärt sich die auch von Stein S. 20 für England hervorgehobene große Zahl der aus der Haft vorgeführten Beschuldigten.

Der Haftbefehl muß schriftlich und vom Richter unterschrieben sein und in Ausfertigung dem Beschuldigten bei oder sofort nach der Verhaftung zugestellt werden[1]).

Nach dem gerichtlichen Verhör in Schwurgerichtssachen (s. unten S. 168) kann der Beschuldigte weiterhin in Haft behalten werden, und zwar entweder zwecks weiteren Verhörs, alsdann aber nur auf je acht Tage, oder für die Hauptverhandlung; dies heißt full committal for trial till liberation in due course of law[2]). Im summarischen Verfahren müssen die Vertagung und der neu zu erlassende warrant protokolliert und vom Richter unterschrieben werden; über Vertagung entscheidet verständiges Ermessen des Gerichts[3]).

Häufig wird ein erlassener Haftbefehl nicht ausgeführt, unter Umständen wird dem Angeklagten nur mitgeteilt, daß ein Haftbefehl gegen ihn schwebe und wann er sich vor Gericht zu stellen habe[4]). Wo die Verhaftung als „oppression" angesehen werden kann, steht dem Verhafteten die Beschwerde durch suspension zu[5]).

Das Gesetz, welches gestattet, daß Kinder und Jugendliche, anstatt sie in Untersuchungshaft gehen zu lassen, einer geeigneten Person zur Verwahrung übergeben werden (Youthful Offenders Act 1901, Probation of Offenders Act 1907 s. oben bei England 89 u. 91 ff.), gilt auch für Schottland.

[1]) Anderson 241. 231. Treatise 274.

[2]) Anderson 240. Harris S. 274. Statistics S. 16.

[3]) Act 1864 s. 12. Anderson 319. Brown S. 140.

[4]) Brown 103.

[5]) Ibid. 253/54. Treatise S. 533.

Doch sind hier keine remand homes eingerichtet worden, wie in England.

5. Bail.

Sofort nach der Verhaftung kann, außer bei Mord und Hochverrat[1]), beantragt werden, daß der Beschuldigte gegen Kaution auf freien Fuß gelassen werde. In Schwurgerichtssachen wird hierüber nach der Vernehmung vor dem sheriff substitute kontradiktorisch verhandelt[2]). Im Summary Court kann der Angeklagte, wenn eine Vertagung stattfindet, verlangen, daß er gegen genügende Kaution freigelassen (bailed) werde[3]). Der Ankläger hat Anspruch darauf, über den Antrag gehört zu werden.

Das Gericht muß innerhalb 24 Stunden nach Einreichung des schriftlichen Antrags seine Entscheidung abgeben, widrigenfalls der Beschuldigte sofort in Freiheit zu setzen ist[4]).

Der bail besteht in einer Barkaution von der Höhe, welche nach Ermessen des Gerichts das Erscheinen des Beschuldigten zu allen künftigen Verhandlungsterminen sicherstellt[5]). Über die Kaution wird eine Urkunde ausgestellt (bail-bond), in welcher die Verpflichtung des Beschuldigten zum Erscheinen sowie die Adresse, unter welcher er geladen werden kann, ferner die Kautionssumme enthalten sind[6]). Die Summe verfällt, wenn der Beschuldigte den Verpflichtungen nicht nachkommt[7]). Dies ist durch besonderen Gerichtsbeschluß auf Antrag auszusprechen.

Dem Verhafteten und dem Ankläger steht gegen die Verweigerung der Haftentlassung oder gegen die Höhe der Kaution, dem Ankläger gegen Gewährung der Haftentlassung Beschwerde (appeal) an den High Court zu. Übrigens greift das höchste Gericht selten in das freie Ermessen der unteren Gerichte in dieser Beziehung ein[8]).

---

1) Bail Act 1888. Treatise 275. Anderson 243.
2) Act 1887 s. 18. Anderson 242. Treatise 275/77.
3) Act 1864 s. 12.
4) Anderson 244. Treatise 276.
5) Ibid.
6) Anderson 242.
7) Anderson 281. Treatise S. 429. „Forfeiture of bail-bond."
8) Anderson 244/45.

6. Verteidigung.

Der Beschuldigte ist berechtigt, sich in jedem Stadium des Verfahrens der Hilfe eines Verteidigers (law agent, advocate) zu bedienen und ihn jederzeit auch privatim zu sprechen[1]). Auf dieses Recht soll er vor seinem ersten Verhör vom Richter hingewiesen werden[2]). Im summarischen Verfahren hat der mittellose Beschuldigte keinen Anspruch auf Gestellung unentgeltlichen Rechtsbeistands, wohl dagegen für alle Sachen, die vor die höheren Gerichte gehen. Das Gericht bestellt ihm aus der Zahl der solicitors einen „agent for the poor"; für die Hauptverhandlung erhält er einen „advocate" beigeordnet. Zu diesem Zwecke benennen die Vorstände der Anwaltsorganisationen dem Gerichte alljährlich diejenigen solicitors und advocates, die sich zur unentgeltlichen Übernahme von Verteidigungen bereit erklärt haben[3]).

Bei der zur Vorbereitung der Anklage für das Schwurgericht dienenden Vernehmung von Zeugen vor dem Sheriff substitute (s. u. S. 167) dürfen der Beschuldigte und sein Verteidiger nicht zugegen sein. Der Ankläger gewährt dem Verteidiger auf dessen Ansuchen Einsicht in die von ihm gesammelten Akten über Vorvernehmungen.

Ankläger und Verteidiger stehen sich vor Gericht völlig gleich. In allen Fällen hat, im Gegensatz zu England, der Angeklagte oder sein Verteidiger das letzte Wort[4]). Vor den summary courts verteidigen gewöhnlich die law agents, nur in wichtigeren Fällen und stets vor dem High Court die advocates.

B. Das Verfahren erster Instanz.

a. Summarisches Verfahren.

1. Öffentliche und private Klage.

Manche Gesetze geben jedem das Recht der Strafverfolgung. Wo dieses nicht der Fall ist, muß eine Privat-

[1]) Macdonald Prisoners S. 4. Treatise 265. Act 1887 s. 17.

[2]) Anderson 237.

[3]) Macdonald Prisoners S. 4.

[4]) Stein 24.

[5]) Prisoners S. 5. Anderson S. 323.

person, welche ein Vergehen verfolgen will, den „concourse" des öffentlichen Anklägers erlangen; dieser Beitritt kann nur aus genügenden Gründen versagt werden. Zur Verfolgung berechtigt sind solchenfalls nur persons especially wronged, also die „Verletzten" in unserm Sinne, und deren nächste Verwandte für sie[1]).

Diese private prosecution kommt tatsächlich nur noch in den Summary Courts vor und ist auch dort ziemlich selten; vor den Schwurgerichten ist sie völlig außer Gebrauch gekommen[2]); angeblich, weil die öffentliche Strafverfolgung so vorzüglich wirksam und unparteiisch arbeitet[3]), wahrscheinlich aber auch wegen der Kaution, die der Private als Sicherheit dafür leisten muß, daß er die Verfolgung durchsetzen wird, und wegen der Kosten und des Schadenersatzes, die dem abgewiesenen privaten Ankläger auferlegt werden können[4]). Gelingt es dem Ankläger nicht, eine Verurteilung (conviction) zu erzielen, so gibt es eine „action of damages" gegen ihn, die sich darauf zu gründen hat, daß er „acted both maliciously and without probable cause". Diese Klage geht auch gegen den Procurator fiscal in den niederen Gerichten[5]). Dieser kann sich stets, wenn er nicht maliciously vorgegangen ist, durch Zahlung von £ 5 Schadenersatz, sowie der etwa bereits eingezogenen Geldstrafe und der bis dahin erwachsenen Kosten von weiterer Haftbarkeit freimachen[6]). Der Lord Advocate ist nicht für Kosten haftbar[7]).

Die öffentliche Klage ist die Regel. Über die Organisation der Staatsanwaltschaft s. o. S. 144 ff.

Die Zurücknahme der Klage ist entgegen der englischen Praxis stets und unabhängig von der Zustimmung des Ge-

[1]) Treatise 280 ff.

[2]) Anderson 249. Macdonald, Prisoners 6. Treatise 281.

[3]) Macdonald, Prisoners S. 12.

[4]) Anderson 249. Treatise 284.

[5]) Treatise 286.

[6]) Brown 216 ff. Treatise 284, 286. Anderson 250. Act 1864 s. 30.

[7]) Treatise 286.

richts gestattet; selbst noch nach dem Schuldigspruch der Jury wird der gleiche Effekt erzielt, wenn der Ankläger nicht weiter auftritt[1]) oder sich weigert, den Antrag auf Verurteilung zu stellen (move for sentence)[2]); 1905 wurde im summarischen Verfahren in 2393 Fällen von insgesamt 161 972 die Anklage fallen gelassen (Charge withdrawn)[3]).

Der Staatsanwalt kann nicht gezwungen oder gehindert werden, eine Verfolgung aufzunehmen[4]). Es ist eine offene Frage, ob der Sheriff, weil für die Erhaltung der Ordnung verantwortlich, eine Strafverfolgung anordnen kann[5]).

Die Vorbereitung der öffentlichen Klage geschieht zumeist durch die Polizei, welche den Beschuldigten und die Zeugen im charge room vernimmt und die erforderlichen Notizen auf einem Formular, dem sog. charge sheet[6]), aufschreibt, nämlich: Personalien des Beschuldigten, Namen und Adressen der Zeugen, Inhalt der Beschuldigung (charge). Dieser charge sheet wird dem Procurator Fiscal des betr. Gerichtshofs sofort zugesandt, so daß in Haftsachen schon am nächsten Sitzungstage verhandelt werden kann. Oder es erfolgt Anzeige (information) eines Privaten, worauf der Staatsanwalt sich die Beweise durch entsprechende Nachforschungen verschafft. Aus dem so gesammelten Material setzt der Staatsanwalt nunmehr, wenn er sich für die Strafverfolgung entscheidet, alsbald die sog. complaint, die Anklageschrift, zusammen[7]). Diese muß schriftlich und in der durch die Summary Procedure Acts vorgeschriebenen Form sein[8]). Bestimmte Regeln müssen beobachtet werden; insbesondere soll die complaint die genaue species facti enthalten[9]).

---

[1]) Anderson 280.
[2]) Treatise S. 511. Anderson 309.
[3]) Statistics S. 41.
[4]) Treatise 286.
[5]) Brown 14.
[6]) Mannhardt S. 29.
[7]) Anderson 313. Act 1864, Schedule A.
[8]) Anderson S. 314. Brown 41.
[9]) Brown 51, 63, 89. „locus, modus, tempus“.

Gegenüber dem immer noch sehr formellen, wenn auch durch Act 1887 wesentlich vereinfachten Indictment für das Schwurgericht sind die Regeln im ganzen weniger streng[1]), immerhin doch noch so strikt, daß ihre Außerachtlassung unter Umständen die Freisprechung des Angeklagten zur Folge haben muß[2]).

Ein Gerichtsbeschluß über die Eröffnung des Hauptverfahrens ergeht nicht. Darüber, ob die Sache zur gerichtlichen Verhandlung gebracht werden soll, entscheidet allein das sach- und pflichtgemäße Ermessen des öffentlichen oder privaten Anklägers[3]) oder im Falle der Beschwerde eines privaten Verfolgers gegen Ablehnung des Beitritts (concourse) des Staatsanwalts der High Court[4]) (s. o. S. 161).

2. Vorbereitung der Hauptverhandlung.

Die Anberaumung von Terminen in den Summary Courts fällt da gänzlich fort, wo die Verhandlung auf polizeiliche Vorführung oder nach Verhaftung des Beschuldigten auf warrant of apprehension (s. o. S. 157) am Tage der Festnahme oder am nächsten Sitzungstage ohne weiteres stattfindet[5]), soweit nicht, wenn dies durch Plea of not guilty des Beschuldigten erforderlich wird, auf einen bestimmten Termin zwecks Vorladung von Zeugen vertagt wird[6]). In den Nichthaftsachen gewährt der Richter zugleich mit der Vorladung einen bestimmten Termin. Ein warrant for citation of respondent lautet wie folgt:

The justice (or sheriff etc.) grants warrant to officers of court to serve a copy of the foregoing complaint and of this deliverance upon NN., respondent, and to cite him to appear personally to answer thereto at ... upon the ...

---

[1]) Treatise 516.
[2]) Ibid. Näheres bei Brown S. 40 ff.
[3]) Brown S. 40.
[4]) Brown 23.
[5]) Brown 117, 100.
[6]) Brown 105.

day of ... at ... òclock ... noon, with certification, and also to cite witnesses or havers for both parties for all diets in the cause[1]).

Unterschrift des Richters oder clerk.

In dem warrant ist damit die Erlaubnis gegeben, Zeugen und Personen, die Dokumente vorlegen sollen (havers), für beide Parteien auf deren Ansuchen vorzuladen. Auch Beschlagnahme oder Durchsuchung wird auf diese Weise angeordnet (s. o. S. 155). Der Vorladung ist eine Abschrift der Anklage (complaint) beigegeben.

Die Ladung geschieht durch Zustellung seitens der dafür bestimmten Gerichtsbeamten oder Konstabler[2]).

Die Ladung der Zeugen ist oben S. 148 geschildert worden.

Auf eine summarische Anklage ist die Einlassungsfrist (induciae) 48 Stunden, indem der Beschuldigte das Recht hat, Vertagung zu beantragen, wenn seit Zustellung des Complaint diese Frist noch nicht verstrichen ist[3]).

Kommissarische Vernehmungen im Sinne der §§ 222, 250 St.P.O. kennt das schottische Recht nicht.

3. Hauptverhandlung.

In der Hauptverhandlung müssen außer dem Richter der Staatsanwalt (der private Kläger kann auch durch seinen Anwalt vertreten werden), und der clerk of Court zugegen sein[4]). Die Verhandlung beginnt, wie in England, mit der „plea“ des Angeklagten, indem dieser nach Verlesung der complaint[5]) entweder „guilty“ oder „not guilty“ sagt. Im ersteren Falle muß er das darüber aufgenommene Protokoll unterschreiben und es ergeht sodann das Urteil[6]).

---

[1]) Schedule C zur Act 1864.
[2]) Anderson 264. Brown 94.
[3]) Anderson 317. Act 1864 s. 6, 8.
[4]) Anderson 312; Treatise 524; Brown 111.
[5]) Act 1864 s. 14.
[6]) Brown 116, 198; s. o. S. 153.

Im anderen Falle erfolgt die Beweisaufnahme. Der Angeklagte wird nicht verhört, außer in den Fällen, wo er sich als Zeuge vernehmen läßt (s. u. S. 175).

Über die Vernehmung der Zeugen ist oben S. 148 ff. das Nähere ausgeführt worden.

Eine Änderung der Anklage ist nur mit Erlaubnis des Gerichts und nur insoweit gestattet, als nicht die Identität der zur Anklage verstellten Tat in Frage gestellt und als die Verteidigung des Angeklagten dadurch nicht unbillig erschwert oder beeinträchtigt wird[1]) (amendment of complaint). Die Änderung der Anklage muß auf der Anklageschrift vorgenommen und beglaubigt werden. Diese genauen Vorschriften sind erforderlich, damit die zur Anklage stehende Tat genau identifiziert werden kann, indem die Urteilsgründe keinen Tatbestand, sondern lediglich eine Bezugnahme auf das libellierte Vergehen enthalten (s. u.).

Das Protokoll über das Verfahren ist sehr einfach. In der Regel genügt ein Foliobogen mit entsprechendem Vordruck für das gesamte Schreibwerk einschließlich Anklageschrift und Urteil[2]). Der Clerk hat zu protokollieren: 1. die plea (s. o.) des Angeklagten, 2. die Namen der vernommenen Zeugen, 3. Bezeichnung der als Beweismittel produzierten Dokumente, 4. die Vorstrafen, 5. die prozeßhindernden Einreden des Angeklagten, wie z. B. no jurisdiction oder irrelevancy of complaint, 6. Einwendungen gegen die Zulässigkeit von Beweisen oder einzelnen Fragen, 7. Ablehnung eines wegen Nichterscheinens eines Zeugen gestellten Vertagungsantrages[3]).

4. Das Urteil.

Eine Bestimmung über die Abfassung von Urteilsgründen, wie in § 266 St.P.O., ist dem schottischen Rechte gänzlich fremd.

---

[1]) Act 1864, s. 5; Anderson 263, 322; Brown 135 ff.

[2]) Mannhardt S. 31 ff.

[3]) Brown 143.

Die Urteilsgründe werden mit dem Tenor mündlich, soweit erforderlich, verkündet[1]). Der Tenor des Urteils soll in Gegenwart des Angeklagten vom Richter unterschrieben werden. Das Urteil (conviction)[2]) lautet rein formularmäßig[3]), etwa wie folgt:

„The Sheriff (Magistrate) in respect of the Judicial Confession of the said N. N. (or: the Evidence adduced) finds the said N. N. guilty of the Crime charged and therefore discerns and adjudges him to be imprisoned for the space of ... usw. Unterschrift.

Brown nennt dies euphemistisch „grounds of conviction". S. 197.

Für andere Fälle gibt es weitere gedruckte Formulare; sie sind aber nur instruktionell vorgeschrieben[4]).

Klagen über das Fehlen einer weiteren tatsächlichen oder rechtlichen Begründung des Urteils sind nicht laut geworden, wie auch der Lord Justice-Clerk Macdonald bestätigt. Ein Bedürfnis nach Begründung in den wenigen Fällen, wo es eine Berufung in der Tatfrage (on the merits) und deswegen eine neue Verhandlung gibt, ist nirgends hervorgetreten. Bei dem Appeal by case stated wird erst nach Einlegung des Rechtsmittels ein Tatbestand verfaßt und es werden die strittigen Rechtsfragen der Entscheidung des höheren Gerichts formuliert vorgelegt[5]).

Der Angeklagte kann eine Ausfertigung des Urteils verlangen; doch geschieht das so gut wie niemals.

5. Verfahren gegen Abwesende.

In den höheren Gerichten kann kein Urteil gegen den nichterschienenen Angeklagten ergehen[6]). Wenn der geladene Angeklagte nicht erscheint, so kann auf Antrag seine

---

[1]) Anderson 309, 326.

[2]) Anderson 325.

[3]) Schedule K, Act 1864; Anderson 325.

[4]) Anderson 325.

[5]) Näheres s. bei Mannhardt 42 ff.; Treatise 537 ff. und in der in diesen Heften erscheinenden Abhandlung von Bromberg über Rechtsmittel. Formular s. bei Anderson 370.

[6]) Treatise 524.

Kaution (bail s. o.) für verfallen erklärt werden; es kann sentence of fugitation ergehen, wodurch der Angeklagte zum outlaw (geächtet) wird[1]).

Im summarischen Verfahren kann, wo in erster Linie Geldstrafe angedroht ist oder wo Spezialgesetze es ausdrücklich zulassen, gegen den ausgebliebenen ordnungsmäßig geladenen Angeklagten in seiner Abwesenheit verhandelt und nach Erhebung der Beweise das Urteil erlassen werden[2]). Das Gericht kann aber in solchem Fall auch einfach vertagen oder Haft- und Vorführungsbefehl erlassen.

Im Jahre 1905 wird von nur 302 Fällen von solchen Kontumazialurteilen berichtet.

b) Ordentliches Verfahren.

1. Die öffentliche Klage.

α) Vorbereitung.

In Schottland gibt es ebensowenig wie in England einen Untersuchungsrichter. Das Vorverfahren liegt ausschließlich in der Hand des Anklägers; es dient lediglich zur Vorbereitung der Anklage, nicht aber der Hauptverhandlung.

Der procurator fiscal sammelt sein Material durch Vernehmung von Zeugen und sonstige Nachforschungen. Seine Vorvernehmung der Zeugen heißt precognition. Wenn er die Aussagen der Zeugen nicht erlangen kann, so erwirkt er deren Ladung vor den sheriff substitute unter den gegewöhnlichen Zwangsmaßregeln[3]). Hier wird die Aussage — deposition — protokolliert und vom Zeugen unterschrieben. Der Zeuge kann auch bereits hier beeidigt werden, wenn der Richter es für geboten erachtet[4]). Der Beschuldigte und sein Verteidiger haben kein Recht auf Anwesenheit oder auf Abschrift der Aussagen[5]). Dem Verteidiger werden nach der Praxis die Protokolle auf Wunsch gezeigt. Auf

[1]) Anderson 281; Treatise 429.
[2]) Act 1864 s. 7 u. 15; Anderson 318; Treatise 524.
[3]) Anderson 251; s. o. S. 148.
[4]) Treatise 287.
[5]) Anderson 251.

Verlangen des Zeugen muß seine unterschriebene precognition vor seiner Vernehmung in der Hauptverhandlung vernichtet werden[1]). Diese Aussagen sind so weit entfernt, die Hauptverhandlung selbst vorbereiten zu sollen[2]), daß es sogar für unzulässig erachtet wird, einem Zeugen bei seiner Vernehmung in der Hauptverhandlung wegen Widersprüche mit seiner Aussage im Vorverfahren Vorhaltungen zu machen[3]). Das ganze Vorverfahren dient ausschließlich zur Vorbereitung der Anklage[4]) und der Verteidigung, indem Polizei und Richter auch dem Beschuldigten auf dessen Antrag zur Seite stehen, die erstere, um Ermittelungen anzustellen, der letztere, um Zeugen zu vernehmen, wenn solche nicht freiwillig ihre Aussage dem Verteidiger abgeben. Beiden Parteien wird auch vom Richter auf Antrag ein search warrant zur Durchsuchung oder eine Anordnung zur Beschlagnahme einzelner Gegenstände (diligence to recover articles) gewährt. S. oben S. 155.

Wenn der Beschuldigte festgenommen oder auf gerichtlichen warrant verhaftet ist, so muß er, wo es sich um ein nicht summarisch abzuurteilendes Vergehen handelt[5]), unverzüglich zum Verhör vor den Richter gestellt werden. (judicial examination)[6]). Zuständig ist jeder magistrate oder Polizeirichter; in der Regel wird der sheriff substitute die Vernehmung leiten. Der Beschuldigte kann verlangen, daß er vorher eine private Unterredung mit seinem Verteidiger hat; von diesem Rechte soll er unterrichtet werden. Wenn nötig ist das Verhör auf 48 Stunden zu vertagen, um dem Beschuldigten Zeit zu dieser Unterredung und zur Ladung des Verteidigers, der beim Verhör zugegen sein, aber nicht darin eingreifen darf, zu lassen.

Das Verhör erfolgt durch den procurator fiscal vor dem Richter[7]). Der Beschuldigte darf durch keinerlei Dro-

[1]) Treatise 462.
[2]) Stein S. 30.
[3]) Die Frage ist allerdings streitig. Treatise 473; Anderson 251.
[4]) Wie Stein S. 31 es verlangt.
[5]) Brown 103.
[6]) Treatise 264 ff.; Anderson 236.
[7]) Anderson 239; Treatise 265.

hungen oder Versprechungen zur Aussage veranlaßt werden; der Richter muß sich hüten irgendetwas zu sagen, was den Beschuldigten zur Aussage veranlassen soll[1]). Vielmehr muß er ihm nach Mitteilung der gegen ihn erhobenen Beschuldigung vorhalten, daß seine Aussage als Beweismittel gegen ihn benutzt werden könne und daß er das Recht habe jede Antwort zu verweigern. Tut der Beschuldigte dieses, so ist es unzulässig, mit weiteren Fragen in ihn zu dringen und es wird protokolliert: that he has nothing to say.

Die declaration of accused wird protokolliert und von dem Richter, dem Beschuldigten und mindestens zwei Zeugen, die zugegen waren, unterschrieben[2]). Dieses Protokoll ist, wenn es den vorstehenden Vorschriften zufolge zustande gekommen ist, in der Hauptverhandlung, wo es auf Antrag des Anklägers verlesen wird, ein zulässiges Beweismittel gegen den Angeklagten[3]). S. oben S. 153.

Der auf freiem Fuß befindliche oder gegen bail enthaftete Beschuldigte braucht nicht gerichtlich vernommen zu werden. Vielmehr kann gegen einen solchen die Anklage allein auf Grund der von der Staatsanwaltschaft vorgenommenen Ermittlungen erhoben werden[4]).

Man ersieht aus den mannigfachen, im Interesse des Beschuldigten gegebenen Kautelen, daß die Vernehmung so eingerichtet sein soll, daß der Beschuldigte nicht gezwungen oder veranlaßt wird als Beweismittel gegen sich selbst zu dienen. Nachdem jedoch die Vernehmung prinzipiell zugelassen ist, ist es natürlich, daß von dem Beschuldigten eine Erklärung erwartet und daß, wenn er eine solche verweigert, dies als ein Schuldbeweis betrachtet wird. In diesem Sinne kritisiert auch Walter Scott, der selbst Jurist und sheriff war, im Heart of Midlothian Ch. XXIII, wo eine anschauliche Schilderung dieses Verfahrens nachzulesen ist, die gerichtliche Vernehmung des Beschuldigten als der allgemeinen Regel widerstreitend, daß kein Beschul-

[1]) Treatise 267.
[2]) Anderson 239; Glaser § 114 S. 57; Treatise 269
[3]) Act 1887 s. 69.
[4]) Treatise 270/271.

digter gehalten sein solle gegen sich selbst zu zeugen. Immerhin verbleibt es dabei, daß jedes inquisitorische Moment völlig ausgeschaltet ist und daß die Behandlung des Beschuldigten immer durchaus „fair" bleibt[1]).

Das vorstehend geschilderte Vorverfahren, welches im Gegensatz zu England geheim ist, wird durchaus günstig beurteilt, besonders mit Rücksicht darauf, daß es eingestellt werden kann, ohne daß das Publikum irgendetwas von der Sache erfährt.

Im Interesse des Angeklagten würde es aber liegen, daß er jederzeit auch schon vor Zustellung der Anklage (indictment) mit der obligatorischen Liste der Beweismittel über den Verlauf der Untersuchung gegen ihn auf dem Laufenden erhalten bliebe. Leidet das englische Vorverfahren, so wie es praeter legem gehandhabt wird, an einer Übertreibung der Öffentlichkeit, so dürfte das schottische in den entgegengesetzten Fehler verfallen, indem es sogar die Parteiöffentlichkeit der preliminary investigations ausschließt und damit natürlich auch die Möglichkeit kontradiktorischer Verhandlung.

Einen Untersuchungsrichter verlangen die Schotten nicht; sie sind der Meinung, daß der Schutz des Beschuldigten im Vorverfahren genügend von ihm selbst, seinem Verteidiger und dem Gerichte wahrgenommen wird. Für eine wirksame Strafverfolgung sind andere Organe wie der Untersuchungsrichter im allgemeinen geeigneter.

Den Vorschlägen Aschrotts betr. den Vortermin (s. oben bei England S. 113 ff.)[2]) entspricht das vorbereitende Verfahren in Schottland nicht, wie sich aus der vorstehenden Darstellung ergibt.

β) Entscheidung über die Eröffnung des Hauptverfahrens.

Das schottische Recht kennt nicht, wie das englische, den Vorentscheid des Polizeigerichts auf Überweisung der

[1]) Treatise 268.

[2]) Reform des Strafprozesses S. 96 ff. und Mitteilungen der J. K. V. Bd. XIV, H. 2, S. 236/237.

Sache an das Schwurgericht (committal for trial) und den Anklagebeschluß der grand jury. Die Frage, ob ein Angeklagter vor Gericht zur Hauptverhandlung gebracht werden soll oder nicht, entscheidet für die schwereren Strafsachen das Crown Office. Die Akten über seine Ermittlungen in Schwurgerichtsstrafsachen sendet der Procurator Fiscal an das Crown Office, wo durch einen der advocate depute, soweit nicht der Lord Advocate selbst eingreift, über das Schicksal der Sache entschieden wird. Entweder heißt es: no (further) proceedings oder: Ergänzung der Ermittlungen, oder es wird dort die Anklage (indictment) für den High Court entworfen, oder die Akten kommen zurück mit der Weisung, die Sache vor Sheriff mit Jury oder vor dem Summary Court zur Verhandlung zu bringen[1]).

Die Anklagebehörde ist in ihrer Entschließung völlig frei[2]). S. oben S. 163. Ein Legalitätsprinzip besteht nicht; ebensowenig eine sonstige Vorschrift für das Vorgehen der Staatsanwaltschaft; sie entnimmt ihre Richtschnur lediglich den Anforderungen, die das öffentliche Wohl stellt[3]). Als ein Korrektiv gegen willkürliche Anwendung der Anklagemacht können der Umstand, daß der Oberstaatsanwalt (Lord Advocate) Mitglied der Regierung und daher parlamentarisch verantwortlich ist, sowie ferner die zivilrechtliche Verantwortlichkeit auch des öffentlichen Anklägers (s. oben S. 161) und weiter die Befugnis jedes Verletzten, die Verfolgung selbst in die Hand zu nehmen, angesehen werden[4]). Hierzu bemerkt aber der Lord Justice-Clerk[5]): „Public prosecution is so f a i r l y and e f f i c i e n t l y carried out as to cause private prosecution to die a natural death".

Zu irgendwelchen Klagen hat die Machtvollkommenheit der Anklagebehörde mit ihrer völligen Souveränität niemals Anlaß gegeben[6]).

---

[1]) Peters S. 126.
[2]) Anderson 250; Treatise 286.
[3]) Mannhardt S. 24.
[4]) Treatise 280.
[5]) Macdonald Prisoners S. 12.
[6]) Ibid. S. 6.

Freilich gehört zu einer derartigen Regelung der Anklage ein Maß von Objektivität und Takt auf der einen, von Vertrauen auf der anderen Seite, wie es bei uns wenig zu finden ist.

γ) Anklageschrift. Liste der Beweismittel.

Die Anklageschrift ist mit peinlicher Sorgfalt nach den Vorschriften der Act 1887 aufzusetzen. Sie muß die genaue und richtige Bezeichnung des Angeklagten und des Anklägers enthalten; als Ankläger fungiert stets der Lord Advocate[1]); ferner die Beschuldigung mit Angabe von tempus, locus und modus; endlich die Angabe der erschwerenden Umstände (aggravations), wozu auch die Vorstrafen gehören. Im Anschluß an die Anklageschrift folgt die Liste der Beweismittel (productions) und der Zeugen, alles vom Ankläger unterschrieben.

Dieses indictment muß deshalb so sorgfältig abgefaßt sein, weil eine Berichtigung nur zulässig ist, wenn feststeht, daß der Angeklagte dadurch nicht in seiner Verteidigung beschränkt wird und daß die Anklage dadurch nicht in wesentlichen Punkten geändert wird; ferner nur vor dem Schluß der Verhandlung des Anklägers zur Anklage. Die Berichtigung muß beurkundet werden.

Wenn die Anklage nicht in allen wesentlichen Punkten, wie sie das indictment formuliert hat, erwiesen wird, muß die Freisprechung erfolgen. In dieser Beziehung ist man sehr formell. So kann der Umstand, daß der Angeklagte im indictment nicht mit seinem richtigen Namen bezeichnet ist, sogen. „misnomer“, wenn kein „amendment of libel“ veranlaßt wird, zur Freisprechung führen[2]).

Zugleich mit der Anklageschrift muß dem Angeklagten die list of witnesses and productions (s. o.) zugestellt werden; in demselben Schriftstück erfolgt seine Ladung zur First Diet (s. u.) mit mindestens 6 Tagen und zur Second Diet mit weiteren mindestens 9 Tagen Einlassungs-

---

[1]) Treatise 285.

[2]) Ibid. 331.

frist[1]). Die Zustellung erfolgt durch die dafür bestimmten Beamten, im Gefängnis durch Gefängnisbeamte, wenn möglich persönlich, sonst an einen Familienangehörigen im Hause des Angeklagten oder durch Anschlag an die Haustüre[2]). Ediktalzitation ist nicht mehr zulässig. Zustellung unter der im bail-bond angegebenen Adresse genügt[3]).

2. First diet. Beschleunigtes Verfahren nach § 31 der Act von 1887.

Der erste Verhandlungstermin findet vor dem Sheriff statt, in dessen Bezirk der Beschuldigte in Haft ist oder domiziliert[4]), unter Mitwirkung des dortigen Procurator Fiscal. Diese Diet soll dazu dienen formale Einwendungen gegen die zugestellte Anklageschrift und gegen deren Gesetzlichkeit (relevancy) zu verhandeln; ferner muß der Angeklagte hier seine special defences vorbringen, nämlich Alibi, Geisteskrankheit, Notwehr, Personenverwechslung[5]); es sei denn, daß er später genügend nachweisen kann, daß er diese Verteidigung nicht rechtzeitig anbringen konnte. Hier ist auch der Ort, Einwendungen in bar of trial, z. B. die Einrede der res judicata (tholeing an assize) geltend zu machen[6]). Endlich soll der Angeklagte hier seine plea (guilty oder not guilty) anbringen, welche protokolliert und, wenn auf guilty lautend, von ihm unterzeichnet wird. Im Falle einer Plea of guilty kann der Sheriff, wenn er für Aburteilung des Vergehens an sich zuständig ist, sofort das Urteil sprechen oder zwecks Verkündung vertagen[7]), nachdem der Angeklagte etwaigen Beweis zur Erzielung milderer Bestrafung geführt und für solche plaidiert hat[8]). Wenn die Sache an den High Court gehen muß, wird das Protokoll

[1]) Act 1887 S. 25 u. Schedule F und G.
[2]) Treatise 413 ff.; Anderson 264.
[3]) Anderson 265.
[4]) Nach Act 1887 s. 26 wird die Zuständigkeit auch dadurch begründet, daß das Sheriffgericht das dem Haftort nächstliegende ist.
[5]) Anderson 275; Act 1887 § 36.
[6]) Treatise 431.
[7]) Act 1887 § 28.
[8]) Anderson 288.

mit den Anträgen und Einwendungen alsbald diesem übersandt.

Ein besonderes Verfahren ist vorgeschrieben, wenn der Angeklagte dem Crown agent durch seinen Verteidiger schriftlich mitteilt, daß er guilty plaidiere und seine Verurteilung beschleunigt zu sehen wünsche in einer sogen. Special diet on intimation of plea of guilty. Alsdann wird ihm nach Schedule L zur Act 1887 eine Ladung mit einer Frist von mindestens 4 Tagen zugleich mit dem indictment zugestellt und der Sheriff soll ihm, wenn die Straftat seine Zuständigkeit nicht überschreitet, alsbald das Urteil sprechen[1]), sonst ihn dieserhalb vor die nächste Sitzung des High Court verweisen. In solchem Falle soll die Beweismittelliste mit Ausnahme der Vorstrafenliste fortfallen. Wenn der Angeklagte vor dem Sheriff die schriftlich angekündigte plea of guilty nicht oder nicht ohne Einschränkung vorbringt, tritt das regelmäßige Verfahren wieder ein[2]). Dieses beschleunigte Verfahren nach § 31 der Act 1887 ist von großer Bedeutung in Schottland. Von 2556 Personen, die vor den höheren Gerichten abgeurteilt wurden, erfolgte 1905 das Verfahren nach § 31 im High Court in 54, vor dem Sheriff in 1409 d. h. in über 57% der Fälle[3]).

3. Second diet. Der Hauptverhandlungstermin findet je nach der Schwere der Straftat im Sheriff Court oder im High Court statt. Der High Court of Justiciary kann dem Angeklagten, der im First Diet eine plea of guilty vorgebracht hat, die Zurücknahme gestatten, wenn die Umstände es rechtfertigen[4]).

Die Besonderheiten des Verfahrens vor den höheren Gerichten bedürfen für den hier verfolgten Zweck keiner eingehenderen Schilderung. Hier sei nur erwähnt, daß für das Verdikt der aus 15 Geschworenen bestehenden Jury

---

[1]) Macdonald, Manual S. 41.

[2]) Act 1887 §. 31.

[3]) Statistics S. 17.

[4]) Act 1887 §. 41.

einfache Mehrheit der Stimmen genügt[1]), womit die Unzuträglichkeiten des englischen Verfahrens[2]) vermieden werden und daß eine Vernehmung des Angeklagten nicht stattfindet. Nur wenn er gemäß der Criminal Evidence Act 1898 beantragt, als Zeuge vernommen zu werden, erfolgt sein Verhör unter Eid. Hierüber ist das Erforderliche bereits bei England S. 73 ff. mitgeteilt worden.

Die Einführung dieses für ganz Großbritannien geltenden Gesetzes ist von den Schotten durch ihren in Strafsachen kompetentesten Wortführer, Lord Justice-Clerk Sir John H. A. Macdonald, in der Juridical Review 1898 auf das heftigste als a fundamental alteration of our procedure[3]) bekämpft worden, und zwar nicht, wie wir geneigt sein könnten anzunehmen, aus Furcht vor den zahlreich zu erwartenden Meineiden; dies Argument spielt überhaupt keine Rolle in den Ausführungen, die darin gipfeln, daß der Standpunkt des Gerichts gegenüber dem Ankläger stets gewesen sei: „Prove your case". Indem aber die Tatsache, daß ein Angeklagter sich nicht zeugeneidlich vernehmen lassen wolle, zweifellos als ein Zeichen seines Schuldbewußtseins interpretiert werden würde, ergebe sich daraus ein indirekter Zwang gegen den Angeklagten zur Aussage[4]); dies aber widerspreche den seit Jahrhunderten bewährten Prinzipien des schottischen Rechts.

Es ist zweifellos, daß die Vernehmung des Angeklagten in vielen Fällen zu seiner Überführung dienen wird; daß sie zur Verurteilung eines Unschuldigen führen kann, wird man doch nur da behaupten können, wo der Angeklagte in unbilliger Weise gedrängt und bedrückt und in seiner Verteidigung beeinträchtigt wird. Für dieses Argument entnimmt denn auch Macdonald sehr wirksame Beispiele aus dem kontinentalen System der richterlichen Inquisition und sagt, daß solches Verfahren a disgrace to the admini-

---

1) Treatise 500.
2) Bowen 33.
3) Prisoners 15.
4) Ibid. 22.

stration and contrary to sound principles of justice sei[1]) und die Gefahr in sich berge, daß der Richter der Versuchung erliege „to press the accused“[2]).

Einen völligen Verzicht auf die durch Befragung des Beschuldigten gegebene Aufklärungsmöglichkeit haben auch die Schotten nicht über sich gewonnen, da sie die judicial examination im Vorverfahren als Beweismittel kennen, s. o. S. 169. Ihr Protest von dem Gesichtspunkte aus, daß ein solcher indirekter Aussagezwang ihren Rechtsgrundsätzen fundamental widerspreche, ist also nicht völlig gerechtfertigt. Ein solcher Verzicht kann auch der Strafverfolgung füglich nicht angesonnen werden. Was aber vorbildlich sein kann, ist die Sorgfalt, mit der die Schotten, wie auch die Engländer (s. o.), jede nicht als „fair“ anzusehende Behandlung des Beschuldigten vermeiden, und der Umstand, daß jedenfalls nicht der Richter in die schiefe Lage gebracht wird, aus dem Angeklagten Material zu seiner Verurteilung herauszuholen.

III. Verschiedenes.

1. Mittel zur schleunigen Erledigung.

Das schottische Recht kennt eine Reihe von Einrichtungen, durch welche eine schnelle Erledigung von Strafsachen herbeigeführt wird.

Für das Verfahren vor den höheren Gerichten besteht die Vorschrift, daß die Anklageschrift (indictment) innerhalb 60 Tagen nach dem commitment for trial (Anordnung der Untersuchungshaft, s. o. S. 158) dem Beschuldigten zugestellt werden muß. Nach Ablauf dieser Frist kann der Beschuldigte das Verlangen stellen, daß ihm binnen 14 Tagen die Anklage zugestellt werde, widrigenfalls der Ankläger vor dem High Court seine Gründe gegen die Haftentlassung rechtfertigen muß. Nach Ablauf von im ganzen 110 Tagen Untersuchungshaft muß der Angeklagte freigelassen werden und damit ist er zugleich für alle Zeiten

[1]) Prisoners S. 8, 9.
[2]) Ibid. S. 26.

frei von jeglicher Verfolgung wegen dieser Straftat. Diese Folgen treten jedoch nicht ein, wenn dem High Court besondere von dem Ankläger nicht verschuldete Gründe für Verlängerung der Haft, wie Krankheit des Angeklagten, Abwesenheit wichtiger Zeugen u. a. nachgewiesen werden[1]).

Der prinzipielle Unterschied zwischen schottischem und deutschem Verfahren springt in die Augen: dort zeitliche Begrenzung der Haftdauer, die nur in Ausnahmefällen nach Begründung durch den Ankläger seitens des Obergerichts verlängert werden kann; hier Abhängigkeit der Haftlänge von der Dauer der Aufklärungsmaßregeln, sowie Verweisung des Verhafteten auf Anrufung einer höheren Instanz und Begründung seines Antrags auf Haftentlassung.

Nach den Judicial statistics 1905 (S. 73) wurden an den höheren Gerichten 2314 Personen abgeurteilt. Zwischen dem full committal (Anordnung der Untersuchungshaft) und dem Tage der Hauptverhandlung verstrichen:

1 Woche	bei	1065	Angeklagten
2 Wochen	„	549	„
3—10 „	„	672	„
10—20 „	„	28	„
über 20 „	„	0	„

Eine Statistik über die Häufigkeit und Dauer der Untersuchungshaft im summarischen Verfahren ist nicht vorhanden.

Wo die Delinquenten polizeilich festgenommen und am nächsten Tage bereits dem Richter zur Aburteilung vorgeführt werden, dient die Festnahme natürlich ebenfalls zur Beschleunigung. Ebenso die Möglichkeit eines Kontumazialverfahrens in den niederen Gerichten (S. 166).

Kann die Verhandlung nicht an einem Tage zu Ende geführt, so soll sie in der Regel von einem Tag auf den andern vertagt werden[2]). Hierbei gelten Sonn- und allgemeine Feiertage als dies non. Im vorbereitenden Verfahren darf nach der ersten Vernehmung des Beschuldigten eine Ver-

---

[1]) Act 1887 § 43; Treatise 277; Anderson 246 ff.

[2]) Treatise 514.

tagung zwecks weiterer Vernehmung nur für „a reasonable time“ eintreten[1]). Für die summarischen Gerichtshöfe bestehen keine besonderen Vorschriften. Vertagung soll nur unter besonderen Umständen stattfinden[2]). Die Mehrzahl der Fälle, als welche die Polizei-Haftsachen anzusehen sind, wird am nächsten Tage verhandelt. Es gehen keine Akten hin und her außer der complaint (s. o.). Ohne Ansetzung von Terminen[3]) kommen so die Haftsachen in der vom Gericht dafür freigehaltenen (zumeist Vormittags-) Zeit vor und werden in continenti verhandelt, oder, wo wegen Leugnens des Beschuldigten sich eine Beweiserhebung vernotwendigt, auf kurzen Termin vertagt.

Ein Verhafteter, der dem Richter vorgeführt wird, kann Abschrift der Anklage und Vertagung auf mindestens 48 Stunden verlangen. Ablehnung eines begründeten Vertagungsantrages, um die Verteidigung vorzubereiten, kann Revisionsgrund sein, ebenso unentschuldigter Verzug in der Strafverfolgung[4]).

Andererseits kann im summarischen Verfahren der Angeklagte keine Vertagung beanspruchen, nachdem die Vernehmung eines Zeugen zur Sache begonnen hat oder wenn ihm 48 Stunden vor der Verhandlung Abschrift der Anklage zugestellt worden ist[5]).

Zur Beschleunigung sind ferner durch manche Gesetze kurze Verjährungsfristen vorgeschrieben worden[6]). Es ist hier auch auf das beschleunigte Verfahren im Falle der plea of guilty nach § 31 der Act 1887 zu verweisen (s. o. S. 173).

Für das Aktenwesen ist auf Mannhardt: Aus dem englischen, schottischen Rechtsleben (S. 27 ff.) zu verweisen. Bei der strikten Durchführung der Mündlichkeit und Unmittelbarkeit des Verfahrens und des Akkusationsprinzips ist das gerichtliche Schreibwerk auf den geringsten

---

1) Treatise 272; Anderson 240.
2) Brown 142; Anderson 318, 319; Treatise 440.
3) Brown 117.
4) Treatise 522/523.
5) Brown 119; Act 1864 s. 11.
6) Anderson 248; Treatise 280; Act 1864 s. 24.

Umfang herabgesetzt. Im summarischen Verfahren liegt dem Richter nichts weiter vor, als die Anklage, sogen. complaint. Die Akten, die dem Vorsitzenden des Schwurgerichts vorliegen, bestehen lediglich aus der formellen Anklageschrift, die im ganzen sehr kurz und konzis gehalten ist (eine Anklageschrift von 2 Druckseiten wurde schon als bemerkenswert ausführlich bezeichnet); ferner aus der Liste der Zeugen und sonstigen Beweismittel.

Die Sitzungsprotokolle sind im summarischen Verfahren auf das notwendigste beschränkt und enthalten nichts mehr als Notizen über die Formalien, die gestellten Anträge und die produzierten Beweismittel[1]). (s. o. S. 165).

Der Inhalt der Zeugenaussagen wird nicht protokolliert[2]). Der Richter wird sich in der Regel bei verwickelteren Sachen Notizen machen. Auch können die Parteien durch einen beeidigten Stenographen die Aussagen nachschreiben lassen. Wo ein gesetzliches Recht auf appeal besteht, kann die Protokollierung des Beweisergebnisses beantragt werden[3]).

Der Sheriff im Summary Court macht sich gewöhnlich Notizen über die Beweisergebnisse[4]). In den höheren Gerichten soll sich der Richter ebenfalls die Aussagen notieren[5]), was schon wegen der demnächstigen Rechtsbelehrung an die Jury (charging the jury) erforderlich ist.

Ein ferneres sehr wirksames Mittel der Beschleunigung ist das ausgedehnte Formularwesen. Vielfach enthalten die Gesetze im Anhange (Schedule) Formulare (forms), deren Gebrauch teils instruktionell, teils imperativ vorgeschrieben ist. Diese werden vom c l e r k ausgefüllt und vom Richter unterzeichnet. Da für den Richter überdies die „Absetzung“ von schriftlichen Urteilsgründen völlig wegfällt[6]), so ist auch durch die Verminderung des Schreibwerks eine große Beschleunigung des Verfahrens garantiert.

---

[1]) Anderson 324, 325; Act 1864 s. 17.
[2]) Act 1864 s. 16.
[3]) Anderson 325; Brown 146; Summ. Pros. App. Act 1875 s. 6.
[4]) Brown 146.
[5]) Anderson 306.
[6]) Mannhardt S. 32.

Die Entlastung des Richters von Schreibarbeit ist auf das äußerste durchgeführt.

2. Freie Stellung des Richters.

Sehr bemerkenswert ist die auf der Unbestimmtheit des Common Law, dem Mangel umfassender Kodifikationen und der hohen Vertrauensstellung der Richter beruhende große Freiheit und beinahe souveräne Gewalt der Gerichte gegenüber dem Gesetze. Fast alle Vorschriften sind so unbestimmt und so wenig scharf umgrenzt, daß sie dem auf praktischen und billigen Erwägungen beruhenden Ermessen des Richters einen großen Spielraum überlassen. Diese Freiheit geht so weit, daß der High Court für sich eine gesetzschaffende Jurisdiktion unter Außerachtlassung des Grundsatzes: „nullum crimen sine lege" in Anspruch nimmt. Es wird gelehrt: The High Court has an inherent jurisdiction to punish all acts which are plainly criminal, although previously unknown, and not within any Statute[1]) (s. o. S. 138). In Schottland hätte es also eines besonderen Gesetzes zur Bestrafung der Entwendung elektrischer Energie nicht bedurft.

Man wird hier auf die Frage geführt, ob es im Strafrecht und -verfahren, wo es ebenso sehr auf Gerechtigkeit und Vergeltung wie auf Zweckmäßigkeit, also politische Rücksichten[2]) ankommt, vorzuziehen ist, alle Erscheinungen des Lebens in das Prokrustesbett der Gesetzesparagraphen einzuzwängen und damit den Richter in seiner Entscheidung einzuengen, zugleich aber auch möglichste Gleichmäßigkeit der Entscheidungen zu erzielen, oder der Einsicht, dem Takte, dem vernünftigen Ermessen und der unabhängigen Gesinnung des Richters zu vertrauen. Der kontinentalen Auffassung entspricht mehr eine möglichst spezialisierte Reglementierung und damit die Gefahr der als „weltfremd" verschrieenen Entscheidungen bei der bedingungslosen Gebundenheit des Richters an das Gesetz. Die Schotten wie

---

[1]) Treatise S. 252; Anderson S. 44; Peters S. 112 ff.

[2]) Mittermaier bei Aschrott S. 150.

die Engländer sagen: omnis definitio in jure periculosa, und rühmen die Unbestimmtheit ihres Rechts als Elastizität (Stephen Digest, Einleitung, S. XIX).

Diese gesetzschaffende Gewalt steht zwar dem Polizeirichter nicht zu; doch hat auch er eine große Bewegungsfreiheit nach common law und innerhalb der geltenden Statutes. Sie wird begünstigt durch ein sehr ausgebildetes Strafensystem.

3. Strafensystem im summarischen Verfahren.

Die dem Summary Court zur Verfügung stehende Strafgewalt ist im einzelnen die folgende (s. o. S. 135):

1. Gefängnis (imprisonment) mit oder ohne hard labour oder Einzelhaft (solitary confinement). Im summarischen Verfahren kann in der Regel, vorbehaltlich gesetzlicher Ausnahmen, nur bis zu 60 Tagen erkannt werden[1]).

2. Geldstrafe, fine, an deren Stelle im Nichtzahlungsfalle Gefängnis nach einer Skala, Act 1881 s. 6 substituiert wird; in der Regel bis zu £ 5.—, vor dem Sheriff bis zu £ 10.—[2]).

3. Admonition. Bei geringfügigen Übertretungen, jedoch nicht wo nur Geldstrafe angedroht ist, kann der Angeklagte ohne weitere Strafe verwarnt werden[3]). Auf Verwarnung wurde 1905 in 22 239 Fällen erkannt.

4. Caution to keep the peace. Diese Kaution kann dem Angeklagten zusätzlich zu einer Geld- oder Gefängnisstrafe in der Weise auferlegt werden, daß er unter Androhung einer ferneren Strafe von £ 10.— auf 6 Monate Frieden halten soll. Kann er die Kaution nicht stellen und handelt er der Auflage zuwider, so tritt an Stelle der Geldstrafe eine fernere Gefängnisstrafe bis zu 30 Tagen[4]).

5. Einziehung von Gütern nach den Abgabe- und Zollgesetzen[5]).

---

[1]) Anderson 42; Act 1864 s. 29.
[2]) Anderson 43.
[3]) Ibid. 42, 328; Brown 182.
[4]) Anderson 42; Act 1864 s. 29.
[5]) Act 1881 s. 11.

6. Das Verfahren nach der Probation of offenders Act 1907 wie in England (s. daselbst).

Von der durch das frühere Recht[1]) zugelassenen Befugnis zur bedingten Freisprechung mit Bewährungsfrist wurde 1905 in 1742 Fällen Gebrauch gemacht.

7. Prügelstrafe (whipping). Jugendliche männliche Delinquenten bis zu 14 bzw. 16 Jahren können entweder an Stelle von Gefängnis oder zusätzlich hierzu mit Prügeln bis zu 12 Streichen mittels einer Birkenruthe bestraft werden[2]). Das Nähere bestimmt das Regulativ des Lord Advocate. In Summary Courts wurde 1905 in 452 Fällen auf diese Strafe erkannt.

8. Die Vorschriften der in England geltenden Reformatory Schools und Industrial Schools Acts sowie der Youthful Offenders Act 1901 finden auch in Schottland Anwendung. Näheres s. bei England.

9. Die Inebriates Acts gelten auch für Schottland und ermächtigen den Richter einen Trunksüchtigen auf eine Zeit bis zu 3 Jahren in ein certified inebriate reformatory, also eine staatlich autorisierte Trinkerheilstätte, zu senden. 1905 kamen in den Summary Courts 36, davon allein in Glasgow 25, in den höheren Gerichten 9 Verurteilungen dieser Art vor[3]).

Dem Richter steht hiernach eine große Auswahl verschiedener Strafarten zu Gebote; er kann sogar den Angeklagten ganz straflos lassen, in jedem Falle aber Rücksichten auf den Besserungszweck und sonstige Zweckmäßigkeitserwägungen walten lassen. Es kommt hinzu, daß für das summarische Verfahren durch Act 1881, s. 6 dem Richter freigegeben ist, statt der durch Gesetz festgelegten Gefängnisstrafe eine Geldstrafe nicht über £ 25.— zu verhängen oder eine geringere Gefängnisstrafe statt der gesetzlich vorgeschriebenen, oder eine solche ohne hard labour, wo letztere Verschärfung festgesetzt ist.

---

[1]) Probation of first offenders Act 1887.

[2]) Anderson 27, 329.

[3]) Statistics S. 100.

Ferner kann der Polizeirichter Geldstrafen herabsetzen. Er kann Zahlungsfristen für Geldstrafen gewähren oder Zahlung in Raten erlauben, auch eine Sicherheit für die Entrichtung der Strafe verlangen.

Die Verschiedenheiten des schottischen und englischen Verfahrens werden in Schottland zuweilen in dem Sinne der Überlegenheit der schottischen Rechtszustände erörtert[1]). So rühmt man mit Recht das schottische System der öffentlichen Strafverfolgung im Gegensatz zu England, wo der Bestohlene, der selbst verfolgen muß, auch noch die Kosten der Verfolgung zunächst einmal übernehmen muß, worüber Sir Walter Scott spottet (Heart of Midlothian Ch. XXXII). Tatsächlich wird man zugeben können, daß Schottland sich von altertümlichem Formelkram[2]) und allerhand rudera vergangener Epochen besser frei zu machen gewußt hat[3]) als England. Den Schutz des Angeklagten vor jedweder Bedrückung hat es noch konsequenter verfolgt als England, wo ebenfalls das Recht des Angeklagten auf ein fair trial als ein Grundprinzip des Verfahrens anerkannt und, soweit mit dem Zwecke des Verfahrens vereinbar, durchgeführt ist. Vorzüge des schottischen Verfahrens vor dem englischen sind zweifellos die staatliche Anklage durch besondere Organe sowie die Vorschrift, daß das Verdikt der Geschworenen mit einfacher Majorität abgegeben werden kann.

Die Schotten berühmen sich, daß sie während zweier Jahrhunderte den Ruhm aufrecht erhalten haben „of having the fairest system of criminal procedure that has ever been known“[4]) und behaupten, daß dieses Verfahren „gives complete satisfaction to the public mind in Scotland and results in as large a percentage of convictions as in any other part of the kingdom“[5]).

---

[1]) Macdonald Prisoners S. 3 ff.

[2]) Ancient technicalities, wie Bowen S. 60 sagt.

[3]) Besonders durch die von Macdonald herrührende Criminal Procedure Act 1887.

[4]) Macdonald Prisoners S. 27.

[5]) Ibid. S. 6.

Es ist sicher, daß auch wir von einem freiheitliebenden, gerecht denkenden, eminent politisch geschulten, organisatorisch und praktisch hervorragend befähigten Volke, wie es die Schotten zweifellos sind, manches Gute, besonders aus den allgemeinen, grundlegenden Prinzipien des Rechts und seiner Anwendung lernen können.

Die Polizei als Grundlage und Organ der Strafrechtspflege in England, Schottland und Irland.

Von

Dr. Karl Weidlich,
Amtsrichter in Stuttgart-Cannstatt.

Berlin 1908.
J. Guttentag, Verlagsbuchhandlung,
G. m. b. H.

Inhalt.

Seite

Vorwort. — Die Metropolitan Police Commission 5

II. England mit Wales .... 13—67

1. Überblick über die Polizeiorganisationen 13
A. Metropolitan Police S. 15. B. Grafschaftspolizei S. 17. C. Städtische Polizei S. 19. — Polizei Reichssache, wenngleich verwaltungstechnisch grundsätzlich Grafschaftssache, Größe der Organisationen, unpolitische Leitung, Regierungskontrolle S. 20.

2. Stellung und Aufgabe der Polizei 22
Ihr Unterschied von der kontinentalen Polizei. — Ihre Aufgabe die Friedensbewahrung in Unterordnung unter die Friedensrichter. — Ihr Geist (Achtung der bürgerlichen Freiheit, Selbstverantwortung, Entlastung der höheren Dienstgrade durch die niederen, Kontrolle durch die Statistik).

3. Ihr Verhältnis zu den Gerichten (Unterordnung) 29

4. Ihr Verhältnis zur Strafverfolgung (Träger der Strafverfolgung) 32

5. Ihr Verhältnis zur Öffentlichkeit................ 34
(Kontrolle seitens der Öffentlichkeit. — Hilfsbereitschaft und Verkehrston. — Seltenheit von Widerstand und Beleidigung. — Behandlung von Beschwerden. — Unterstützung durch die Öffentlichkeit.)

6. Die Mittel zur Erzielung möglichster Leistungsfähigkeit 38
a) Auswahl S. 38. — b) Ausbildung (Dienst bei Gericht) S. 40. — c) Disziplin und Korpsgeist S. 42. — d) Raschheit S. 45. (Kriminalabteilungen S. 46. — Privatdetektivs S. 48. — Einfacher Bureaubetrieb S. 49).

7. Die Tätigkeit der Polizei bei strafrechtlichem Einschreiten insbesondere und die Durchführung des akkusatorischen Verfahrens................. 51
a) Festnahme S. 52. — b) Akkusatorisches Verfahren von Anfang an S. 56. — c) Aufnahme der Beschuldigung

26*

Seite
S. 61. — d) Behandlung des festgehaltenen Beschuldigten S. 63. — e) Vorbereitung der Hauptverhandlung S. 64.
II. Schottland 68
III. Irland 87
IV. Ergebnisse und Vorschläge 97

Abkürzungen.

M. P. = Metropolitan Police.
M. P. I. Book = Metropolitan Police Instruction Book.
M. P. C. = Metropolitan Police Commission.
M. C. A. = Municipal Corporations Act.
L. G. A. = Local Government Act.

Die Metropolitan Police Commission.

Die grundlegende Bedeutung des bei uns gerade nach dieser Richtung vielfach so sehr vernachlässigten polizeilichen Unterbaus für die Strafrechtspflege, vor allem für ein mündliches akkusatorisches Verfahren, hat die Kommission zur Aufstellung eines Regierungsbeamten und eines Juristen geführt, die je von ihrem Standpunkt über die Polizei im Vereinigten Königreiche berichten sollten, und die beide England, Schottland und Irland bereist haben. In Regierungsrat Dr. Buddings ausführlichem Berichte, auf den verwiesen wird, treten naturgemäß mehr die organisatorischen Seiten und die Funktionen der Polizei im allgemeinen in den Vordergrund.

Der Mangel einer kontinentalen Staatsanwaltschaft in England, die sehr geringe Zahl der Staatsanwälte in Schottland und Irland, das Fehlen jeder stoffsammelnden oder gar inquisitorischen Tätigkeit der Gerichte im Vereinigten Königreiche ergibt ohne weiteres, daß die Polizei die Grundlage der Strafrechtspflege in einem Maße bildet, das uns, die wir ohnedies schon über den Polizeistaat zu klagen haben, zunächst unbegreiflich erscheint. Zweck dieser Arbeit ist, die Rechtsgrundlagen der Stellung und der Arbeit dieser Polizei zu geben, ihre historische Aufgabe und ihren Geist, ihr Verhältnis zu Gericht und Strafverfolgung und ihre Tätigkeit im Dienste der Strafrechtspflege zu schildern.

Diese Veröffentlichung hat sich dadurch verzögert, daß der erst am 19. Juni 1908 erfolgte Abschluß der Arbeiten der Metropolitan Police Commission abzuwarten war.

Die M. P. ist stets ein Gegenstand eifriger Fürsorge und Kontrolle gewesen. Schon 1833 wurden 3 Select Committees zu ihrer Untersuchung ernannt, welche sie hoch rühmten. 1834 wurde ein solches wiederernannt und konstatierte allgemeine Befriedigung über Führung und Leitung der Truppe, die bereits eingetretene Abnahme der Verbrechen und die Tatsache, daß die M. P. in keiner Weise die englische Freiheit beeinträchtige — that perfect freedom of action and exemption from interference which are the great privileges and blessings of society in this country. Ein Select Committee von 1837 empfahl in Anerkennung der ausgezeichneten Verfassung der M. P. das Aufgehenlassen der City- und Themsepolizei in ihr, befürwortete die Befreiung der Polizeirichter von allen nichtrichterlichen (exekutiven) Obliegenheiten, die der M. P. überwiesen werden sollten, und die Konstituierung der Polizeigerichte nach Art eigentlicher Gerichte: Die Folge waren der M. P. Act und der M. P. Courts Act, beide von 1839. Die bisher einzige königliche Kommission saß 1855 und stellte Verfehlungen einzelner Mitglieder, aber die Vertrauenswürdigkeit und Leistungsfähigkeit der Truppe als Ganzes fest. Schließlich tagten noch einige Departmental Committees 1868, 1878, 1879 und 1886.

Im Mai 1906 wurde durch Royal Warrant die aus 5 angesehenen Juristen bestehende M. P. C. zur Untersuchung der Arbeit der M. P. hinsichtlich Trunkenheit, Unordnung und Belästigung (durch Prostituierte) auf den Straßen ernannt und durch den M. P. C. Act 6 Edw. VII. ch. 6 vom Juni 1906 mit den Vollmachten der High-Court-Richter, mit Vollmacht zur eidlichen Zeugenvernehmung (kein Zeugnisverweigerungsrecht, aber Straflosigkeit der Zeugen, abgesehen von Meineid), zur Herbeischaffung aller erforderlichen Dokumente und zur Bestrafung ungebührlichen Benehmens ausgerüstet.

Dringender Anlaß zur Einsetzung der M. P. C. lag, abgesehen von der großen Wichtigkeit der Polizeifrage als solcher, nicht vor. Die Arbeit der Truppe als Ganzes war stets nur von einer kleinen Zahl von Gegnern bezweifelt worden. Der M. P. C. lagen ursprünglich n u r z w e i im Parlament zur Sprache gekommene Fälle vor; so dehnte sie ihre Arbeit auf die a l l g e m e i n e Frage aus, ob Vorgesetzte und Constables der M. P. ihre Pflichten ehrenhaft, umsichtig, leistungsfähig und in einer des öffentlichen Vertrauens würdigen Weise erledigen; sie legte dabei die gesetzlichen Grundlagen und die Arbeitsmethoden der für das Reich vorbildlichen M. P. unter Heranziehung von Vergleichsmaterial aus dem Vereinigten Königreiche bis ins kleinste dar; es war jedermann aufgefordert sich zu melden, der einen Beschwerdegrund i r g e n d w e l c h e r Art zu haben glaubte.

Die M. P. C. hat zwei Jahre lang getagt, 292 Zeugen — abgesehen von einer Mrs. X. und einem Mr. Y. — öffentlich eidlich vernommen und 53 000 Fragen gestellt. Ihr Bericht umfaßt drei Bände mit 1974 größtenteils engbedruckten Folioseiten (Parliamentary Papers 1908 Cd. 4156, 4260, 4261). Sie lud u. a. den jetzigen Chief-Commissioner und einen früheren Assistant-Commissioner der M. P., neun Londoner Polizeirichter, den Recorder von London Sir Forest Fulton und den Chairman der Middlesex Sessions Sir Ralph Littler, zwei Referenten des Home Office, die Chief Constables von Leeds, Liverpool und Glasgow, den Lord Advocate von Schottland, Vertreter von acht Rettungsgesellschaften (Heilsarmee usw.), sowie Vertreter der National Vigilance Society, des London Council for the Promotion of Public Morality und der einzig zur Überwachung der Polizei gebildeten Police and Public Vigilance Society. Alle mit Ausnahme des Sekretärs Timewell der letztgenannten Gesellschaft, der ohne tatsächliche Stütze eine Reihe allgemeiner, reklamehaft anmutender Reform-Vorschläge machte, bejahten den hohen Stand der M. P. als Ganzes „mit Emphase". Bemerkenswert ist, daß sich außer der Police and Public Vigilance Society keine von all den vielen großen Gesellschaften des englischen öffentlichen Lebens von selber meldete, und vor allem, daß weder der Londoner Grafschaftsrat, der die Übertragung der M. P. an sich selbst anstrebt, noch der Rat einer der zu Großlondon gehörigen Städte Beschwerde zu erheben hatte.

Sodann wurden die Grundlagen für die polizeiliche Behandlung der heiklen und unscharf abgegrenzten Gebiete der Trunkenheit, Unordentlichkeit und Belästigung untersucht (Band I S. 28—33). Auch bei diesen Straßenübertretungen ist es Pflicht des Constable, sie durch Wachsamkeit möglichst zu verhüten, unter Umständen durch taktvolle Warnung oder Einmischung „short of arrest" d. h. wo sie gerade noch Festnahme zu verhüten vermag.

Die M. P. C. betont die hohen Anforderungen an die Polizei hinsichtlich Wachsamkeit, Takt und Rücksichtnahme in England. Sie sagt: „Es ist äußerst wichtig, daß die Exekutivgewalt in möglichst weiser und rücksichtsvoller Weise gebraucht wird, hauptsächlich bei der Behandlung eines Volkes, in dem das Freiheitsgefühl so echt und die Unduldsamkeit gegenüber dem Behördentum so ausgeprägt ist" (S. 51). Man verlangt vom Constable streng gesetzmäßiges Handeln und gibt ihm zugleich bei den Straßenvergehen weites Ermessen; man verlangt beträchtliche Intelligenz und gute moralische Qualitäten; außerdem erfordert die Disziplin namentlich der M. P. „eine seltene Verbindung geistiger und körperlicher Stärke und Gesundheit, die nur bei einem verhältnismäßig kleinen Bruchteil der Bevölkerung gefunden werden kann" (S. 55). Das Zurückbleiben einzelner hinter diesem Standard muß bei einer Truppe von 17 000 Mann immer vorkommen; das äußerst Erreichbare ist, daß die Zahl der Ausnahmen die Leistungsfähigkeit des Ganzen nicht berührt. Die Polizei muß mit dem einzelnen, grundsätzlich auf sich allein gestellten Constable, nicht wie die Armee mit Einheiten arbeiten. Auf der Fähigkeit und Unbestechlichkeit des Einzelnen beruht die meiste Polizeiarbeit. Dabei ist der Constable nur ein untergeordnetes Mitglied einer scharf disziplinierten Truppe und untersteht auf Schritt und Tritt Regulativen. Sein Beruf ist durch die Elemente und durch den physischen Kampf mit dem Verbrecher gefährlich[1]); dazu kommen in London die besonderen Verhältnisse als größter Weltstadt und Asyl für Verbrecher. Die M. P. C. führt das nicht zur Entschuldigung von Mißbetragen, sondern behufs fairer Würdigung der Gesamtleistungen an.

Die M. P. C. hatte sich nur mit 19, während eines Jahres bei ihr angebrachten Beschwerden zu befassen; vier bezogen sich auf Behandlung von Trunkenheit, zehn auf Unordentlichkeit und fünf auf Belästigung. In elf Fällen stellte sie die Korrektheit des Vorgehens der M. P., in acht ein mehr oder weniger schlechtes Betragen einzelner oder einen Beurteilungsfehler fest. Die 19 Fälle hingen mit 23 Festnahmen zusammen, von denen 18 gerechtfertigt waren; von den restlichen fünf boten drei der Polizei einige Entschuldigung und ein weiterer beruhte auf einem Mißverständnis. Insgesamt waren acht Constables und ein Sergeant eines „misconduct" und fünf Inspektoren eines Beurteilungsfehlers schuldig, in einem Fall auch ein Inspektor einer Ungehörigkeit (Sprechen mit dem Beschuldigten nach Entgegennahme der Beschuldigung). Irgendwelche unfairen Tendenzen der M. P. werden verneint. Vgl. M. P. C. Report Bd. I S. 145 bis 460.

Sämtliche Beschwerden richteten sich gegen Stadien des von der Polizei ordnungsmäßig zu befolgenden Ver-

[1]) 1906 waren von rund 17 000 Mann der M. P. über 4200 auf der Krankenliste und 2199 waren — darunter 1475 durch Betrunkene — mehr oder weniger schwer, 7 zur Dienstunfähigkeit verletzt (M. P. C. Report Bd. I. S. 58—61).

fahrens: 1. Festnahme. 2. Art der Festnahme und der Behandlung auf dem Weg zur Station. 3. Verfahren im Charge Room der Station. 4. Behandlung des Festgenommenen auf der Station. 5. Haltung der Polizei bei Führung der Verfolgung vor dem Polizeigericht. Die Polizeirichter[1]) — besser summarische Richter genannt, da sie mit der Polizeiorganisation in keinem Zusammenhange stehen — finden die Arbeit der M. P. in allen Punkten zufriedenstellend, nur wünscht die M. P. C. gegebenenfalls weitere Heranziehung von Zeugen aus dem Publikum, und Mr. Plowden wünscht zugunsten von Leuten in öffentlicher Stellung die gesetzliche Möglichkeit, sie statt am andern Morgen behufs weiterer Nachforschungen erst nach einer Woche vor Gericht erscheinen zu lassen. Die M. P. C. betont die größere Empfindlichkeit der öffentlichen Meinung und die höhere Moralität, schärft gleich sorgfältige Behandlung summarischer wie ordentlicher Straftaten ein (S. 110) und gibt einige Anregungen (unten S. 59, 61, 63), lehnt aber Plowdens Vorschlag mit den andern Zeugen ab: „der beste Schutz der Freiheit und des Namens jedes Mannes . . . gegen den Mißbrauch der Festnahme seitens eines Constable oder gegen falsche Beschuldigungen . . . . bildet das gegenwärtige Gesetz, das Ankläger und Angeklagten zwingt, im frühestmöglichen Augenblick vor einem unabhängigen Richter in einem Gerichtshof zu erscheinen, dessen Verfahren in der Öffentlichkeit stattfindet (S. 111). Schließlich lenkt sie die Aufmerksamkeit „auf den etwas schwierigen und anormalen Charakter der Stellung des Constable als

[1]) Sie rügen begründet erscheinende Beschwerden selbst (teilweise hatten sie bis zu 15 Jahren keine) und pflegen auf sonstige, ihnen vorgebrachte Beschwerden den bei Gericht diensttuenden Inspektor aufmerksam zu machen, der sie seinen Vorgesetzten zu berichten hat. Der jetzige Commissioner hält sich über alle Beschwerden auf dem Laufenden und befindet über die wichtigeren, sowie über die in den Divisionen untersuchten und begründet erfundenen Beschwerden selbst.

privaten Verfolgers“ und auf die vom schottischen Lord Advocate geschilderten Verhältnisse von Glasgow, wo der Stationsbeamte zugleich Delegierter des Staatsanwalts ist (unten S. 83). Nach Äußerungen von Zeugen sieht England aber nach wie vor den besten Schutz in der Betonung der Verantwortung der Polizei.

Die Zahl der Festnahmen ist seit 1887 fast auf das Doppelte gestiegen, die der Freisprechungen fast auf die Hälfte gefallen. 1905 sind 127 317 Festnahmen seitens der M. P. erfolgt; nur in vier Fällen ist hierwegen Klage gegen einen Constable erhoben und nur 24 Festnahmen sind auf Grund der Disziplinaruntersuchungen des Commissioners ungerechtfertigt befunden worden, also ein auf 5000 Festnahmen[1]) oder 0,023% (S. 99 und Anhang 22). Die Kommission[2]) war „struck" ob dieses Ergebnisses. Man findet keine andere Erklärung, als daß in den Rekru-

---

[1]) Zwei typische Fälle, der eine 1903, der andere 1907, sind mir im Central Criminal Court aufgestoßen: Ein Constable geht abends an einer Bar vorbei, sieht einen darin befindlichen Mann ein Papier auseinanderschlagen und einem anderen Manne etwas Blinkendes zeigen; er nimmt beide fest: Diebstahl einer Uhr mit Kette; hinterdrein machte der Inspektor auf der Station den Fehler, den Hauptschuldigen laufen zu lassen; der andere wurde von Judge Darling verurteilt. — Ein Constable steht an einem belebten Straßenübergang zur Regulierung des Verkehrs um die Mittagszeit; auf etwa 25 m Entfernung sieht er zwei Männer sich trennen, er zieht instinktiv seine Uhr und stellt einige Minuten nach 12 Uhr fest; der eine Mann geht wartend auf und ab und nach genau 50 Minuten stößt der andere mit einem Paket unter dem Arm zu ihm; der Constable nimmt beide fest: Einbruchsdiebstahl. So muß in London zugegriffen werden.

[2]) Die M. P. C. weist darauf hin, daß die Zurückweisung der Klage seitens des Stationsbeamten und Freisprechung seitens des Gerichts die Berechtigung der Festnahme an sich nicht berührt, da ersterer zugleich die Chancen der Verurteilung in Betracht ziehen kann und die Gerichte weitgehende Befugnis haben, auch bei begründeter Klage mit oder ohne Sicherheitsleistung für Friedehalten freizusprechen. 1905 wurden 2138 (1904: 2160) Klagen der Constables zurückgewiesen, also nicht ganz 0,9 %, und gleichzeitig 5660 (1904: 5635) Klagen von Privatpersonen (durchschnittlich 3 von 4 angebrachten Klagen). Freigesprochen oder nicht überwiesen wurden 1905: 16,3 % (1904: 17,4 %). Vgl. M. P. C. Report Bd. I. S. 93 ff., Anhang 21.

tierungskreisen der M. P., den besseren Arbeiterkreisen und den ländlichen Farmerkreisen, ein hohes Maß der besten englischen Charaktereigenschaften — Rechtlichkeit, Unparteilichkeit und Achtung der persönlichen Freiheit besteht und daß sich bei einer solchen hochdisziplinierten Elitetruppe eine Art Berufsinstinkt ausbildet. Dazu kommen starke Schutzwehren gegen Verfehlungen: 1. Die Möglichkeit, durch strenge und höfliche Pflichterfüllung zum beinah höchsten Rang emporzusteigen, wogegen „die Versuchungen, vom Pfad der Pflicht abzuweichen, sehr schwach" sind, 2. die beständige Überwachung durch die Sergeanten und Inspektoren, 3. die leichte Identifizierung durch Nummer und Divisionsbuchstabe an Kragen und Helm (an Stelle des bei uns üblichen Wappens), 4. die Verpflichtung, einen Festgenommenen unter allen Umständen sofort zur nächsten Station zu bringen, 5. die Nötigung, die Beschuldigung öffentlich vor Richter und Inspektor zu verfolgen (S. 105ff.). Endlich wird die Tüchtigkeit nicht nach der Zahl der Verfolgungen beurteilt (S. 104).

Der Commissioner legte eine zehn Jahre umfassende Statistik über Annahme von Geld oder Getränken durch Constables von Buchmachern (32 begründete Beschwerden), Prostituierten oder Bordellhaltern (26 oder 27), Lebensmittelhändlern (36), Wirten (9) vor. All diese Verfehlungen wurden größtenteils von Polizeivorgesetzten angezeigt.

Allgemein wird bezeugt, daß sich die Ordnung auf der Straße, namentlich auch hinsichtlich Trunkenheit und Prostitution, außerordentlich gehoben hat. Bezüglich der Trunkenheit wird Patrouillieren mit Wagen vorgeschlagen. Die Beziehungen zur Prostitution sind mit ganz seltenen Ausnahmen einwandfrei; die Vertreter der Rettungsgesellschaften rühmen die freundliche Mithilfe der Polizei durch Warnung Gefährdeter und Zuführung an die Asyle. Dagegen war Geldannahme von den Buchmachern bei Straßenwetten in einigem Umfang üblich, was nun ein Akt von 1906 gegen Straßenwetten ausschließt. Der Commissioner wird zur Wahrhaftigkeit und Nüchternheit der Truppe beglückwünscht. Die Disziplin der Truppe und die „fast unweigerlich“ „durchaus zufriedenstellende Art“ der „ausgezeichneten Vorkehrungen“ zur Aufrechterhaltung von Ordnung und Verhütung von Vergehen auf den Straßen, sowie zur Festnahme und Bestrafung von Übeltätern wird anerkannt und zum Schlusse (S. 144) die M. P. „zum Vertrauen aller Klassen der Gemeinschaft berechtigt“ erklärt.

I. England mit Wales[1]).

1. Überblick über die Polizeiorganisationen.

England besaß nach Wright und Hobhouse (S. 69) im Jahre 1905 die staatliche Metropolitan Police für das rund 7 Millionen Einwohner zählende Großlondon (ohne City) mit über 15 000 Mann[2]) und einem jährlichen Kostenaufwand von über 42 000 000 M.; ferner 58 Grafschafts- und 127 städtische Polizeiorganisationen für das übrige, etwa 28 Millionen Einwohner

[1]) Mit Literatur zur Polizei in Großbritannien ist es mangelhaft bestellt. Es existieren eine Reihe einzelner unsystematischer Handbücher, aber keine zusammenfassenden Arbeiten. Auch ein neueres Buch: Lee's History of Police in England (Methuen & Co., London 1901) ist ziemlich feuilletonistisch. Im Home Office hat daher H. B. Simpson für amtliche Zwecke zwei nicht veröffentlichte Darstellungen: Police Forces of England and Wales und Courts of Summary Jurisdiction in England and Wales ausgearbeitet, welche Budding und mir zur Verfügung gestellt worden sind. Mr. Simpson verdanke ich auch sonst wertvolle Mitteilungen. Im übrigen sei auf die Darstellung Local Government and Local Taxation in England and Wales von R. S. Wright and H. Hobhouse, 3. Aufl., London 1906, verwiesen. Vor allem aber ist nunmehr der erwähnte M. P. C. Report maßgebend. Dieser beruht weitgehend auf dem auch nachstehend zugrundegelegten M. P. J. Book, London 1900 (vertraulich).

Für die Grafschaftspolizeiorganisation kommt der kürzere, in den Grundzügen übereinstimmende Leitfaden „A Constable's Duty and how to do it", London 1902, in Betracht.

Verwiesen sei ferner auf Maitland, Justice & Police, 1885, Feilden, Constitutional History of England, 3. Aufl. 1906, u. namentlich Gneist, Geschichte u. heutige Gestalt der engl. Kommunalverfassung 2. Aufl. 1863, §§ 6. 6—76.

[2]) Am 31. Dezember 1906 betrug die Gesamtzahl 16667, mit den Dockmannschaften 17743 Mann, M. P. C. Report Bd. I. S. 14 fg.

zählende England und Wales mit rund 30 000 Mann und einem Kostenaufwand von über 66 000 000 M., endlich die kommunale Polizei der weniger als 27 000 Einwohner, jedoch die zehnfache Tagbevölkerung zählenden City von London mit rund 1000 Mann und einem Kostenaufwand von 3 500 000 M. Ein Polizist kam in den Grafschaften und Städten (ohne London) auf 942, in London (ohne City) auf 436, in der City auf 27 Einwohner und der Gesamtaufwand der Polizei betrug 2200, 2800 und 3500 M. pro Kopf der Mannschaftsstärke; die Nettoausgaben für den einzelnen Mann siehe Budding S. 27.

Dazu kommen, abgesehen von den besonderen Polizeimannschaften der Eisenbahngesellschaften:

a) Die Additional Constables. Solche können nach den Akten 3 & 4 Vict. ch. 88 s. 19 von 1840, 10 & 11 Vict. ch. 89 s. 7 und ch. 27 s. 79 von 1847 in Grafschaften und Städten auf Ansuchen und Kosten von Gesellschaften und Privatpersonen durch den Chief Constable der Gesellschaft, unter dessen Leitung sie verbleiben, mit Genehmigung des Ständigen Vereinigten Ausschusses bestellt bzw. ausgeliehen werden. Im Jahre 1905 betrug ihre Zahl rund 1000. London ist dabei nicht berücksichtigt.

b) Die Kanal- und Flußconstables. Solche können nach dem Akt 3 & 4 Vict. ch. 50 von 1840 von zwei Friedensrichtern oder einem städtischen Wachausschuß auf Ansuchen und Kosten „der Gesellschaft von Eigentümern eines Kanals oder schiffbaren Flusses“ für diese Wasserstraßen bestellt werden. Sie haben bestimmte Befugnisse, unterstehen aber keiner öffentlichen Behörde. Auf Grund lokaler Akte bestehen ferner Flußpolizeimannschaften für den Tyne, Wear und Mersey. Dagegen untersteht die ganze untere Themse der Londoner Polizei.

c) Die Special Constables. Solche können nach den Akten 1 & 2 Will. IV. ch. 41 von 1831, 5 & 6 Will. IV. ch. 43 (M. C. A.) von 1835, 1 & 2 Vict. ch. 80 von 1838 und 45 & 46 Vict. ch. 50 s. 196 (M. C. A.) von 1882 von den Grafschafts- oder städtischen Friedensrichtern zur Unterstützung der regulären Polizei in unruhigen Zeiten ernannt werden, wo Aufruhr oder Felony stattgefunden hat oder zu befürchten ist. Der letztgenannte Akt schreibt außerdem für die Städte die jährliche Ernennung einer Anzahl von Special Constables vor, die auf friedensrichterliche Anordnung im Bedarfsfall tätig zu werden haben.

d) Die Parish Constables. Nach dem gleichnamigen Akt 35 & 36 Vict. ch. 92 von 1872 können sie für ländliche Kirchspiele heute noch von den Friedensrichtern auf Beschluß von Kirchspielsrat oder -versammlung oder von den Quartalssitzungen ernannt werden und unterstehen dem Chief Constable der Grafschaft. Doch ist heute auch dieser letzte Rest des einst so bedeutsamen Instituts veraltet. Erwähnenswert ist, daß die P. C. das Recht hatten, der Grand Jury unmittelbar eine Anklage zu präsentieren.

A. Die Metropolitan Police beruht auf dem gleichnamigen Akt 10 Geo. IV. ch. 44 von 1829, ergänzt durch Akt 2 & 3 Vict. ch. 47 von 1839, Order in Council vom 3. Januar 1840, Akt 19 & 20 Vict. ch. 2 von 1856, 23 & 24 Vict. ch. 135 von 1860 und 47 & 48 Vict. ch. 17 von 1884. Sie besteht in hierarchisch-militärischer Gliederung aus 1 Commissioner [1]) und 3 ihm beigegebenen Assistant Commissioners, sämtlich von der Krone unter dem Kgl. Handsiegel ernannt, mit der Stellung von auf Friedensbewahrung beschränkten Friedensrichtern bekleidet und mit der gesamten Leitung und Beaufsichtigung der Organisation betraut; ferner aus 4 vom Staatssekretär ernannten Chief Constables, 32 gleich den unteren Graden vom Commissioner ernannten Superintendenten und einer vielfachen Zahl von Inspektoren 1., 2. und 3. Klasse, Sergeanten 1., 2. und 3. Klasse und Constables. Sie steht unter unmittelbarer Kontrolle des Staatssekretärs; die allgemeinen Anordnungen und Dienstvorschriften des Commissioners bedürfen seiner Genehmigung, dagegen ist der Commissioner im übrigen, namentlich bezüglich Suspendierung, Disziplinarbestrafung und Entlassung der Mannschaften selbständig.

Die M. P. hat zweifachen Charakter. Einerseits ist sie lokale Polizei für Großlondon [2]) und gliedert sich folgendermaßen:

Chief Commissioner und Assistant Commissioners Nr. 1 und 2, von denen einer Jurist ist, als Gehilfen und Berichterstatter.

---

[1]) Commission ist autoritative, regelmäßig königliche Beauftragung, i. w. S. eine aus solchen Beauftragten bestehende Kommission.

[2]) Der M. P. Distrikt umfaßt zufolge der Kgl. V.O. vom 3. Januar 1840 ein Gebiet von 699,42 □ Meilen im Umkreis von 15 Meilen ab Charing Cross mit zurzeit über 7000000 Einwohner und zwar die Grafschaften London (mit Ausnahme der City und ihrer Freibezirke) und Middlesex und die Stadtgrafschaften Croydon und Westham ganz, die Grafschaften Surrey, Herts, Essex und Kent zum Teil.

Chief Constables Nr. 1, 2 und 3 zur allgemeinen Aufsicht über die Distrikte Nr. 1, 2 und 3, in die London eingeteilt ist.

Superintendenten (22) für die Divisionen H. J. K. M. N. R. und Themse des 1. Distrikts, D. E. F. G. S. X. Y. des 2. Distrikts und A. B. C. L. P. T. V. W. des 3. Distrikts. Die Mannschaften tragen den Buchstaben ihrer Division und ihre Nummer innerhalb derselben auf Kragen und Helm. Jede Division hat eine Divisionsstation, welche der Sitz des Superintendenten und seines Stabes ist. In London kommt ein Polizeigerichtshof nicht wie sonst meist auf eine, sondern auf fast zwei Divisionen. — Jede Division hat mindestens 1 Station.

Inspektoren 1., 2. und 3. Klasse (Chief I., Sub-Divisional I., I.) — die ersten zur Vertretung und Unterstützung des Superintendenten, die zweiten für die meist mit einer Subdivisionsstation ausgerüsteten Subdivisionen der Divisionen, die dritten für die gewöhnlichen Polizeistationen aller Innen- und wichtigerer Außenbezirke und für den Dienst bei den Gerichten. Die ersten haben auch zu patrouillieren.

Sergeanten 1., 2. und 3. Klasse (Station S., S., Acting S.) für die Sektionen der Divisionen. Den etwaigen Polizeistationen der Sektionen stehen teilweise Station S. vor. — Die S. haben namentlich die Ablösungen zu führen und zur Kontrolle und Unterstützung der Constables zu patrouillieren.

Constables für die einzelnen Beats (Gangbezirke) der Sektionen und für feste Standorte. Die einzelnen Straßen und Wege der Beats sind genau vermessen.

Dieser Organisation sind angegliedert: 1. eine starke Reserve zur Verwendung bei plötzlichen Bedarfsfällen, Aufzügen, öffentlichen Versammlungen, Vertretung Erkrankter u. s. f., für jede Division aus besonders fähigen und „smarten" Leuten auserlesen und aus 10 % sämtlicher Constables und der entsprechenden Zahl von Sergeanten (1 auf 10 Constables) und Inspektoren bestehend; 2. eine Kriminalabteilung (Criminal Investigation Department), bestehend aus Assistant Commissioner Nr. 3, Chief Constable Nr. 4, Superintendent, Inspektoren 1., 2. & 3. Klasse & Local I., Sergeanten 1., 2. & 3. Klasse und Constables (Patrols). Abgesehen vom Stab der Zentralstelle sind Inspektoren, Sergeanten und Patrols den Divisionen in Unterordnung unter deren Superintendenten überwiesen und rangieren vor den entsprechenden Dienstgraden der regulären Truppe.

Andererseits ist sie staatliche Polizeizentrale.

Sie überwacht die staatlichen Gebäude (Parlamentsgebäude, Ministerien u. s. f.), die Königlichen Paläste und Parks und die öffentlichen Gärten. Sie bearbeitet u. a. die Eisenbahnverbrechen und die Auslieferungen, sammelt die Strafnachrichten und die Fingerabdrücke gefährlicher Verbrecher und besitzt ein Kriminalmuseum. Noch im Jahre 1903 hat mir Bertillon in Paris seine Bedenken gegen das ausschließliche Fingerdrucksystem, die s. E. unbewiesene Unveränderlichkeit der Fingerhautrinnen und die Möglichkeit von Zählfehlern dargelegt, doch sind die englischen Erfahrungen, namentlich auch in Indien, fortgesetzt ausgezeichnete. — Die Zentralstelle der Metropolitan Police mit dem Sitz der Commissioners und ihres großen Stabs, mit dem Sitz der Kriminalabteilung und ihres Stabs und mit dem Zentralapparat befindet sich in New Scotland Yard, London SW., in unmittelbarer Nähe der Parlamentsgebäude und der Ministerien. Seit dem M. P. Act von 1860 sind der M. P. auch alle Kgl. Docks zugewiesen.

Die Kosten werden entsprechend dem Zwecke dieser Polizei zur Hälfte aus lokalen Steuern und zur Hälfte aus Staatszuschüssen bestritten, außerdem werden die Gehälter des Commissioners ganz und zweier Assistant Commissioners halb vom Reichsschatzamt gezahlt. Bezüglich des Polizeischatzmeisters (Receiver) siehe Budding S. 31.

B. Die Grafschaftspolizei beruht auf den Akten 2 & 3 Vict. ch. 93 von 1839, 3 & 4 Vict. ch. 88 von 1840, 19 & 20 Vict. ch. 69 von 1856, 20 Vict. ch. 2 von 1857, 22 & 23 Vict. ch. 32 von 1859 (Nr. 2), 28 & 29 Vict. ch. 35 von 1869 und dem L. G. A. 51 & 52 Vict. ch. 41 ss. 9, 24, 25, 30 von 1888. Jede Verwaltungsgrafschaft — ausschließlich der Städte mit besonderer Polizei — besitzt für ihr Gebiet grundsätzlich eine eigene, dem Standing Joint Committee der Grafschaft unterstehende Polizeiorganisation mit Chief Constable, Superintendenten, Inspektoren 1., 2. und 3. Klasse, Sergeanten 1., 2. und 3. Klasse und Constables, nebst Reserven und einer Kriminalabteilung.

Indessen kann Zweckmäßigkeitsrücksichten weitgehend Rechnung getragen werden. So können abgelegene Gebietsteile einer anderen Grafschaft für Polizeizwecke überwiesen werden, was bei einigen Kirchspielen von Gloucestershire, Worcestershire und Staffordshire geschehen ist. Sodann haben die Grafschaften Cumberland und Westmorland zusammen nur einen Chief Constable, ebenso Northamptonshire und der Soke of Peterborough, wobei die rechtlich getrennt bleibenden Polizeitruppen großenteils als Eine Truppe behandelt werden. Weiter hat das in drei besondere Verwaltungsgrafschaften zerfallende Lincolnshire nur Eine Truppe mit einem Chief Constable. Andererseits ist das Standing Joint Committee ermächtigt und auf Order in Council verpflichtet, seine Grafschaft in mehrere Polizeidistrikte zu zerlegen (vgl. die Akte von 1840 s. 27, 1856 s. 4 und 1859 s. 1). Aus all diesen Gründen schwanken die Zahlen; so gab das Home Office für 1900 60 Grafschaftspolizeiverwaltungen an.

Das Standing Joint Committee (meist nur Joint Committee genannt) d. h. der Ständige Vereinigte Ausschuß der

Quartalssitzungen und des Grafschaftsrats ist die heutige oberste Polizeibehörde der Grafschaft. Sie ernennt mit Genehmigung des Staatssekretärs den Chief Constable und kann ihn entlassen; sie bestimmt mit Genehmigung des Staatssekretärs den Mannschaftsbestand, die Gehälter und die allgemeinen Dienstvorschriften; in letzterer Hinsicht bedarf sie überdies parlamentarischer Sanktion.

Der Vereinigte Ausschuß besteht halb aus Grafschaftsfriedensrichtern und halb aus Grafschaftsräten, welche von den Quartalssitzungen und dem Grafschaftsrat je aus ihrer Mitte gewählt werden. Er ist das Organ der Grafschaft für Zwecke der Justizverwaltung, ernennt den Gerichtsschreiber der Quartalssitzungen, der zugleich Sekretär des Grafschaftsrates ist (Clerk of the Peace and County Council), unterhält die Friedensgerichtshöfe, bezahlt deren Gerichtsschreiber (Clerks to the Justices), ernennt den Gefängnisausschuß (Prison Visiting Committee) u. s. f. Administrativ wie finanziell ist er von den beiden, ihn ernennenden Körperschaften unabhängig, wenngleich er beiden zu berichten und seine Gelder durch den Grafschaftsrat zu erheben hat. — Er ist eine typisch englische und sehr glückliche Schöpfung des L. G. A. von 1888. Bis dahin verwalteten die von der Krone, wenn gleich vielfach nach Parteirücksichten ernannten Friedensrichter in ihren Quartalssitzungen die Grafschaft und ihre Polizei. Die große Verwaltungsreform von 1888, welche die seit 1688 angebahnte Rückkehr zu den altgermanischen repräsentativen Formen in Verfassung und Verwaltung vollendete und für die moderne, die kleinen und mittleren Städte aufsaugende Grafschaft in bewußter Anknüpfung an die angelsächsische Grafschaftsgliederung (Zehntschaft, Hundertschaft, Grafschaft) aus Wahlen hervorgehende Verwaltungskörper (Kirchspielsrat, Distriktsrat, Grafschaftsrat) schuf, beschränkte die Quartalssitzungen im wesentlichen auf die Rechtspflege und ersetzte sie als Verwaltungsorgan der Grafschaft durch den neugeschaffenen Grafschaftsrat. Die Selbstverwaltung der Grafschaft umfaßt aber ein gutes Teil Justizverwaltung, das man einerseits nicht der wechselnden Politik einer Wahlkörperschaft ausliefern wollte; andererseits war der Bedeutung des Friedensrichtertums Rechnung zu tragen; überdies ist es allgemeine englische Übung, den Rechtspflegeorganen entsprechend ihrer hohen Stellung mittelbaren oder unmittelbaren Einfluß auf die Hilfsorgane und den Apparat der Rechtspflege einzuräumen. So sicherte man eine gleichmäßige, sachliche und unabhängige Justizverwaltung, indem man hierfür aus dem alten und dem neuen Grafschaftsorgan einen gemeinschaftlichen selbständigen Ausschuß bildete. Vgl. Wright & Hobhouse S. 33. 35. 36. 65. 66. 69. 107.

Dem Chief Constable steht die Anstellung, Leitung und Entlassung der Truppe zu, doch bedarf er bei Ernennung von Superintendenten der Genehmigung des Vereinigten Ausschusses, dessen gesetzlichen Anordnungen er auch sonst bei der Leitung der Truppe nachzukommen und dem er monatliche Berichte und vierteljährliche statistische Übersichten zu übersenden hat. Jedem Petty-Sessions-Bezirk oder einem sonstigen, vom Vereinigten Ausschuß gebildeten örtlichen Bezirk steht ein Superintendent vor, welcher seinerseits dem Chief Constable zu berichten hat.

Außer der vom Staatssekretär über die wesentliche Tätigkeit des Vereinigten Ausschusses ausgeübten Überwachung wird noch eine besondere Regierungsaufsicht über den jeweiligen Zustand der Polizei durch vom Staatssekretär ernannte Inspektoren ausgeübt, welche die einzelnen Polizeitruppen jährlich zu inspizieren und deren Leistungsfähigkeit zu bescheinigen haben.

Die Kosten der Polizeiorganisationen werden nach den Akten von 1840, 1856 und 1888 (L. G. A. s. 68) teils aus Grafschaftsbeisteuern bestritten, die vom ganzen Grafschaftsareal auf Grundlage der allgemeinen Grafschaftssteuer erhoben werden, teils (zu rund 40 %) aus dem die Hälfte der Bezahlung und Kleidung der Mannschaften nach Maßgabe des vorhergehenden Jahres deckenden Staatszuschuß. Dieser wird dem Grafschaftsrat zur Abführung an die Polizeikasse jährlich vom Reichsschatzamt (nebst den sonstigen Staatszuschüssen zur Selbstverwaltung) überwiesen und muß zurückgezahlt werden, wenn der Inspektor die Bescheinigung der Leistungsfähigkeit vorenthält.

C. Die Städtischen Polizeiorganisationen beruhen auf den M. C. A. 5 & 6 Will. IV. ch. 76 von 1835 und 45 & 46 Vict. ch. 50 von 1882 ss. 190—200. Jeder Municipal Borough hat eine genügende Polizeimannschaft unter Aufsicht des Startssekretärs zu unterhalten.

Indessen hat die Gesetzgebung seit 1839 das Aufgehen der städtischen Polizei in der Grafschaftspolizei möglichst begünstigt, so daß heute 73 Städte mit mehr als 10 000 Einwohnern ihre Polizei auf die Grafschaft übertragen haben. Zunächst ermöglichte der vorgenannte Akt von 1840 s. 14 beliebig großen Städten allgemein die Übertragung an den Chief Constable der Grafschaft; der Akt von 1856 ss. 5, 20 schrieb hierfür die Genehmigung des Staatssekretärs vor, entzog den Städten mit weniger als 5000 Einwohnern für den Fall der Nichtübertragung den staatlichen Zuschuß und sah Festsetzung der Vereinigungsmodalitäten durch Order in Council auf Ansuchen der übertragenden Stadt vor. Die Praxis des Home Office gestattete seit 1877 Neuerrichtung eigener Polizeitruppen nur Städten mit mindestens 20 000 Einwohnern. Der L. G. A. legte das gesetzlich fest und fegte die Polizeitruppen der nach dem Census von 1881 weniger als 10 000 Einwohner zählenden Städte weg.

Die Städte üben ihre Polizeiverwaltung durch einen vom Stadtrat jährlich aus seiner Mitte gewählten, höchstens $^1/_3$ der Ratsmitglieder umfassenden, mit 3 Leuten beschlußfähigen Wachausschuß (Watch Committee), der in seinen Anfängen so alt sein mag wie die früheren städtischen Wachmannschaften. Er bestimmt die Mannschaftsstärke und die Gehälter mit Genehmigung des Stadtrats. Er kann die Mannschaften suspendieren und entlassen. Er hat somit die Stellung des Vereinigten Ausschusses und des Chief Constable in den Grafschaften zugleich. Die Polizeiorganisationen der größeren Städte sind zwar wie in den Grafschaften und der Metropolis in Chief Constable, Superintendenten, Inspektoren, Sergeanten und Constables gegliedert, die Stellung des Chief Constable ist aber nicht gesetzlich präzisiert, hängt also von dem Ermessen des Wachausschusses ab. — Bezüglich der Regierungsaufsicht und des Staatszuschusses gilt dasselbe wie bei den Grafschaften.

Die Kosten werden teils aus der Stadtkasse oder Stadtsteuer, in einigen Städten aus einer besonderen Wachsteuer gedeckt, teils durch den Staatszuschuß. Wird der Staatszuschuß von einer Stadt wegen Mangelhaftigkeit ihrer Polizei verwirkt, so fließt er dem Grafschaftsrat für allgemeine Grafschaftszwecke zu (L. G. A. s. 25).

Die City von London (mit Ausnahme der Themsestrecke) steht vermöge der Macht ihrer alten Gilden und ihrer finanziellen Selbständigkeit wie sonst oft, so auch bezüglich der Polizei außerhalb der allgemeinen Gesetzgebung. Sie hat auf Grund alter Privilegien und besonderer, hier nicht weiter interessierender Statuten ihre eigene, nach dem Muster der M. P. organisierte Polizeitruppe ohne Staatszuschuß und ohne Regierungskontrolle. Die City Police kann im Bezirk der M. P. tätig werden und umgekehrt (City of London Police Act 2 & 3 Vict. ch. 94 s. 24 von 1839).

Die Polizei ist Reichssache (Wright & Hobhouse S. 31 fg.: „Imperial or judicial purposes, including the maintenance of the King's peace") ; verwaltungstechnisch ist sie, abgesehen von der staatlichen M. P., Sache der Selbstverwaltung unter wesentlicher Berücksichtigung des richterlichen Elementes, jedoch nicht der unteren Verwaltungseinheit, vielmehr ist sie seit Wiederherstellung der Grafschaftsverfassung, deren Tragweite noch längst nicht erschöpft ist, grundsätzlich Grafschaftssache. Den Grafschaften sind nur die größeren Städte gleichgestellt. Die M. P. wirkt als Zentralpolizeistelle und als vorbildlicher staatlicher Musterbetrieb, der zugleich den Maßstab für die anderen Organisationen bei der Regierungskontrolle bildet; die fortgesetzten Bemühungen des Londoner Grafschaftsrats, sie in seine Hand zu bekommen, bleiben daher begreiflicherweise erfolglos.

Die Größe der Organisationen, ihre unpolitische Leitung und die fortwährende, ausschließlich auf gleichmäßige sachliche Arbeit abzielende Regierungskontrolle bilden die ersten Bürgschaften für ihre Leistungsfähigkeit. Die Regierung, so energisch sie gegebenenfalls die allgemeinen Grundlagen wahrt, läßt der Selbstverwaltung und ihrer Initiative im einzelnen grundsätzlich möglichst weiten Spielraum. Gerade diese liberale unpolitische Haltung begünstigt aber die Gleichmäßigkeit, mit der sich Zweckmäßigkeitserwägungen durchsetzen. Dazu kommen eine Reihe weiterer, unten zu erörternder Momente, namentlich die Beschränkung der Polizei auf die Friedensbewahrung und der stets gleichmäßig einfache Gang des mündlichen akkusatorischen Strafverfahrens.

So macht die Polizei in ihrer Organisation, ihrem äußeren Auftreten und in ihrem Arbeiten bis in die Dörfer Englands überall einen gleichmäßigen Eindruck. In den Grafschaften wird allerdings infolge ihrer Größe, der Unabhängigkeit ihres Chief Constable und der starken Vertretung des richterlichen Elements im Vereinigten Ausschuß leichter und besser gearbeitet als in vielen, namentlich kleineren Städten. Doch ist faktisch auch dem städtischen Chief Constable im allgemeinen völlig freie Hand gelassen, solange er mit dem Wachausschuß auskommt. Wohl liegt infolge der Abhängigkeit des städtischen Chief Constable vom Wachausschuß die Gefahr der Geltendmachung politischer, lokaler oder persönlicher Einflüsse besonders nahe, wennschon es sich dabei meist um die Handhabung der Schankgesetzgebung handelt, um welche in den Grafschaften ebenfalls gekämpft wird. In den Städten ist natürlich ein besonderes Maß von Takt für den Chief Constable erforderlich. Die Stellung hängt nirgends mehr von der Persönlichkeit ab als in England, und die Schwierigkeiten einer großen städtischen Polizeiverwaltung wurden mir klipp und klar darauf zurückgeführt, daß der Chief Constable, wenn auch ein ehrenwerter Mann, kein Gentleman sei. Welche Stellung andererseits ein untadeliger, sein Gebiet von einem höheren Standpunkt aus beherrschender Gentleman einnehmen kann, zeigt das Beispiel des Chief Constable Dunning von Liverpool, dessen Amtsführung keinerlei Widerstände findet und der in der offiziellen Statistik und im M. P. C. Report rühmlichst hervortritt.

2. Die Stellung und Aufgabe der Polizei.

Was die englische Polizei grundsätzlich von der kontinentalen unterscheidet, das ist ihre Bestimmung nicht für Zwecke der Regierung und Verwaltung in unserem Sinne, sondern für die Zwecke der Strafrechtspflege und der aus ihr schon in ältester Zeit erwachsenen Friedensbewahrung, welche heute noch als Lehre von der Vorbeugung gegen das Verbrechen im Mittelpunkte der englischen Rechtspflege steht. Jedes einzelne Mitglied der Gesamtheit trägt die Verantwortung für die Friedensbewahrung mit und ist von alters für Festnahme und gerichtliche Stellung seines Haus- oder Gemeindegenossen oder eines sonstigen Übeltäters mit allen anderen Mitgliedern den Zehntschaften, Hundertschaften und Grafschaften haftbar gewesen. Bis in die Mitte des letzten Jahrhunderts ist dieser Polizeidienst von den Kirchspielsmitgliedern in jährlichem Turnus als unentgeltliches Ehrenamt ausgeübt worden und wenn auch heute machtvolle moderne Organisationen an die Stelle dieser Parish Constables getreten sind, so ist doch die ursprüngliche germanische Auffassung vom Polizeidienst lebendig geblieben: nach wie vor ist die Polizei Sache der Gesamtheit, an der sich gegebenenfalls noch heute jedes Mitglied der Gesamtheit persönlich zu beteiligen hat, und die modernen Organisationen tragen „civilian and not military“ Charakter.

Das alte angelsächsische Recht beruhte auf der Verantwortung der Sippe für Erscheinen eines frevelnden Sippegenossen vor Gericht. Hieraus entwickelte sich die Friedensbewahrung und die zu ihrer Sicherung dienende sogenannte Gesamtbürgschaft. Die älteste Verwaltungseinheit war wohl die Township (Tything oder Vill), ausschließlich für Zwecke der Friedensbewahrung mit einem Thytingman an der Spitze gebildet. Gesetze von Ethelstan, Edmund und Edgar im 10. Jahrhundert und später von Knud dem Großen († 1035) bildeten die Verpflichtung zur Leistung von Friedensbürgschaften weiter aus. 1195 wurden Ritter als Friedensbewahrer ernannt, vor denen jeder Untertan schwören mußte, den Frieden zu halten. Unter Eduard I. erscheinen gegen Ende des 13. Jahrhunderts auch von den Grafschaftsgerichten gewählte Friedenshüter, um die Ausführung des die Rechtspflege und die städtischen besonderen Wachmannschaften regelnden Statuts von Winchester von 1285 zu sichern. Seit 1327 ordnete Eduard III. die Ernennung von Friedensbewahrern in jeder Grafschaft an; 1360 erhielten diese (anfänglich bezahlten) Beamten unter Übertragung von Strafgerichtsbarkeit den Titel Friedensrichter.

Die Constables, als High Constables und Petty Constables ursprünglich unter Eduard I. die Miliz der Hundertschaften und Zehntschaften darstellend, sind — obwohl in gewissem Umfang selbständige Friedensbewahrer und nach Common Law mit selbständigem Festnahmerecht ausgerüstet — wesentlich Exekutivbeamte der Friedensrichter für ihre Aufgabe der Friedensbewahrung geworden. Die Polizeiorganisation der Grafschaft bestand nunmehr: 1. aus dem High Constable für jede Hundertschaft; 2. den Petty Constables für Stadt- oder Landbezirke, und zwar wurde für jedes Kirchspiel in jährlichem Turnus ein Kirchspielsmitglied zur ehrenamtlichen Versehung des Amts des Parish Constable gewählt; 3. aus Wachleuten, welche in den Städten auf Grund des Statuts von Winchester oder von den Friedensrichtern kraft ihres Amtes ernannt wurden. Das Amt des High Constable wurde 1869 abgeschafft (32 & 33 Vict. ch. 47). Das Amt des Parish Constable wurde durch verschiedene Statute geregelt; im Notfall konnten die Parish Constables und etwa erforderliche Special Constables von den Friedensrichtern ernannt werden. Heute ist die ganze frühere Organisation der Grafschaftspolizei veraltet. Aber die innige Verbindung zwischen Polizei und Friedensrichtertum mit unbedingter Unterordnung ersterer hat den Wechsel der Zeiten überdauert.

Angesichts der in England schon am Ende des 18. Jahrhunderts eingetretenen modernen Entwicklung der wirtschaftlichen Verhältnisse versagte die ehrenamtliche Gemeindepolizei. Trotzdem hielt sie sich mit der Zähigkeit englischer Einrichtungen bis über die Mitte des 19. Jahrhunderts. Ein Akt (1 Geo IV. ch. 37) von 1820 suchte die damalige Gestaltung dadurch zu verbessern, daß er für besondere Fälle den Friedensrichtern die Ermächtigung gab, die Gemeindegenossen zwangsweise als Special Constables zum Polizeidienst heranzuziehen. Die letzte ernstliche Bemühung, die alte Gemeindepolizei neu zu beleben, stellt der Parish Constables Act von 1842 dar. Die gleichzeitigen Versuche, die versagende private Strafverfolgung durch Kostenerstattung zu beleben, sind in einem späteren Heft bei den Kosten behandelt. Endlich schrieb der Akt von 1856 die Einrichtung einer Grafschaftspolizei nach dem neuen Muster zwingend vor.

Dieses Muster war die staatliche M. P. von 1829. In den Großstädten, insbesondere in London, wo man sich noch mit Nachtwachen behalf, waren die Sicherheitszustände besonders mangelhaft. Seit Erfindung der Dampfmaschine hatten sich gewaltige wirtschaftliche Umwälzungen angebahnt; ein Arbeiterstand wuchs heran; politische und religiöse Kämpfe erfüllten noch das erste Viertel des 19. Jahrhunderts. Wie die auf dem Parish Constable beruhenden Polizeieinrichtungen, so war auch die private Strafverfolgung niedergebrochen. Die Prämien für Erzielung von Verurteilungen wegen schwerer Verbrechen, die seit Ende des 17. Jahrhunderts eingeführt worden waren, hatten die Unzulänglichkeit der polizeilichen und der privaten Verfolgung nicht behoben, sondern waren allmählich zu einem schreienden Übel geworden. Im Jahre 1797 schätzte man die Zahl der in London von ungesetzlichen oder unmoralischen Verfolgungen Lebenden auf nahezu ein Zehntel der Gesamtbevölkerung. Auf 383 Verfolgungen wegen Verbrechen erfolgte nur eine Überweisung an die Schwurgerichte und auch die Geschworenen weigerten sich mehr und mehr, auf das Zeugnis von Polizisten hin zu verurteilen. Die Mißbräuche in der friedensrichterlichen Verwaltung waren ebenso unerträglich geworden[1]).

---

[1]) Die Zustände bei Polizei und Friedensrichtertum sind anschaulich geschildert in den Berichten der parlamentarischen Kommissionen von 1816, 1817, 1818, 1822 und 1828, in Spencer Walpole's History of England from the Conclusion of the Great War in 1815 to 1858, 2. Auflage 1880—1886 und in S. & B. Webb's English Local Government, Bd. I, II, 1906; III. 1908. — Über die alten Londoner Polizeieinrichtungen siehe M. P. C. Report Bd. I S. 9. Der Bericht von 1828 beklagte the frequent unfitness of the individuals employed, the insufficiency of their number, the limited sphere of their authority and their want of connection and co-operation.

Was hätte näher gelegen, als unter solchen Umständen die Stellung der Polizei zu Rechtspflege und Verwaltung anders zu konstruieren, etwa im kontinentalen Sinne? Hier aber trat der große Zug der englischen Entwicklung durch die Jahrhunderte wieder zutage. Die natürlichen Grundlagen und Funktionen einer Einrichtung werden nicht verschoben. Funktionen, welche eine Einrichtung nach dem natürlichen Verhältnis der Dinge und Gewalten zu leisten hat, werden nicht auf eine andere Einrichtung übertragen, sondern man gibt der ursprünglichen Einrichtung ihre Leistungsfähigkeit zurück.

Die Verhältnisse fanden einen wirklichen Staatsmann, Sir Robert Peel, nach dessen Vorname heute noch der Polizist im Volke Bob genannt wird. Er änderte weder die Stellung der Polizei im Staatsorganismus noch ihre innige Verbindung mit dem Friedensrichtertum. Schon 1796 hatte man dem Bow Street Police Court in London 8 Constables beigegeben, ebenso je 6 den 7 anderen Polizeirichtern der Metropolis, ähnlich wie man heute z. B. in Hessen den Staatsanwaltschaften besondere Kriminalbeamte zuweist. Doch das genügte nicht. So erging auf Anregung Peels der M. P. Act von 1829 „for improving the Police in and near the Metropolis". Zwei tüchtige Friedensrichter — Colonel Rowan und Barrister Mayne — wurden als Commissioners ernannt, um die Polizeigeschäfte zu führen, eine neue Polizeitruppe zu organisieren und eine Dienstordnung für sie auszuarbeiten. So entstand die bei Budding S. 28 ff. näher dargestellte Polizeiorganisation, welche in ihren Grundzügen seither unverändert geblieben und mit geringen Abweichungen allmählich auf ganz England und Schottland übertragen worden ist. Die streng hierarchische Organisation wurde im Jahre 1839 dadurch abgeschlossen, daß an die Stelle der zwei Commissioners ein einziger Commissioner mit zwei Assistant Commissioners trat. 1878 wurde ein besonderes Criminal Investigation Department gebildet. Seit 1884 ist ein dritter Assistant Commissioner hinzugekommen. Die Stellung der Commissioners ist die von Friedensrichtern für die verschiedenen Grafschaften der Metropolis; sie dürfen aber nicht in Quartalssitzungen sitzen und sind ausdrücklich auf Friedensbewahrung und im Zusammenhang damit auf Verhinderung von Verbrechen und Ergreifung von Übeltätern beschränkt, sowie auf etwaige weitere ihnen durch besondere Akte übertragene Funktionen.

Diese Polizeiorganisation stand von Anfang an unmittelbar unter dem Home Office. Die Volksstimmung bekämpfte sie leidenschaftlich als politische Maßregel; man sprach von einem Staatsstreich, der geplant sei, um den Herzog von Wellington auf den Thron zu heben, und noch im Jahre 1833 wurde ein Aufruhr gegen sie veranstaltet. Von da an schlug die Volksstimmung um; man überzeugte sich, daß keine politischen Absichten zugrunde lagen, daß die Aufgaben der Polizei nicht verschoben wurden, sondern daß ihr lediglich eine den modernen Verhältnissen entsprechende Leistungsfähigkeit gegeben wurde. Seitdem ist sie der Stolz des Engländers geworden.

Die Güte der M. P. hatte binnen kurzem eine Auswanderung der Verbrecher aus London nach dem umliegenden Lande und nach den andern großen Städten bewirkt und dort die Polizeifrage ebenfalls brennend gemacht. So wurde im Zusammenhang mit der großen Städtereform von 1835 die Errichtung entsprechender Polizeiorganisationen zunächst für die anderen Städte (boroughs) durch den M. C. A. von 1835 (ergänzt durch den M. C. A. von 1882) vorgeschrieben; daneben war alljährlich eine Anzahl von Special Constables für besondere Gelegenheiten zu bestellen. Schließlich wurde für die Grafschaften und ihr damaliges Verwaltungsorgan, die Friedensrichter in Quartalssitzungen, 1839 erst die Ermächtigung und 1856 die Verpflichtung geschaffen, eine ständige bezahlte Polizei zu errichten. Die Entwicklung vollzog sich infolge der Zähigkeit, mit welcher Städte und Grafschaften an ihren alten Polizeieinrichtungen festzuhalten und der Zentralgewalt auszuweichen suchten, trotz den erheblichen staatlichen Zuschüssen zu den neuen Polizeitruppen langsam, aber unaufhaltsam, und hat mit dem L. G. A. ihren Abschluß gefunden. Die große Reform von 1888 hat zugleich die Friedensrichter mehr auf ihre eigentliche Aufgabe der Friedensbewahrung und der Rechtspflege beschränkt.

Die Aufgabe der Polizei ist im Laufe der Entwicklung unverändert geblieben. Wohl ist ihr allmählich die Konzessionierung von Hausierern mit und ohne Fuhrwerk (Pedlars Act 1871, Hawkers Act 1888), Schornsteinfegern (Chimney-Sweepers Act 1875), öffentlichen Schuhputzern und Boten (30 & 31 Vict. ch. 134 von 1867) und die Aufsicht über Logierhäuser, Maß und Gewicht, Explosivstoffe u. a. m. übertragen worden. Ferner kann die Polizei in den Städten zugleich als Feuerwehr verwendet werden. (56 & 57 Vict. ch. 10 ss. 2,8 von 1893). Der Commissioner der M. P. hat endlich, früher kraft Gesetzes, seit 18. August 1879 kraft ministerieller Ermächtigung die Registrierung und Beaufsichtigung öffentlicher Fuhrwerke. Doch sucht man die Reibungsflächen mit der Öffentlichkeit nicht zu vermehren.

Es gilt für England, ebenso aber auch für Schottland und Irland, was die Vorrede zum M. P. I. Book sagt: „Der Hauptzweck einer leistungsfähigen Polizei ist die Vorbeugung gegen das Verbrechen, der nächste derjenige der Entdeckung und Bestrafung von Übeltätern, wenn ein Verbrechen begangen worden ist." — „Auf diese Ziele müssen die Anstrengungen der Polizei gerichtet sein. Der Schutz von Leben und Eigentum, die Erhaltung öffentlicher Ruhe und das Nichtvorhandensein von Verbrechen wird allein beweisen, ob diese Anstrengungen erfolgreich gewesen und ob die Zwecke erreicht worden sind, für welche die Polizei eingerichtet worden ist." Von der bei uns vorwiegend betonten Sorge für Ordnung ist hier nicht die Rede. Ordnung folgt aus solcher, Reibungen durch Wachsamkeit, nicht durch Dekretieren verhütender Tätigkeit von selbst. Auch diszipliniert sich das Publikum ohne unnötige Einmischung weitgehend selber.

Die englische Polizei[1]) ist also nicht der Ausfluß einer überspannten Staatstheorie, welche für die Polizei allumfassend Recht und Pflicht für öffentliche Ordnung und Sicherheit zu sorgen statuiert, hierdurch die Polizei zur gehorsamheischenden Obrigkeit, zur verkörperten „Staatsgewalt" erhoben und so durchweg eine überhebende Regierungs- und Reglementierungswut großgezogen hat, die überall unnötige Reibung und Verärgerung schafft; nicht genug damit, hat man die deutschen Polizeibehörden ohne jede Garantie für richterlichen Geist auch noch mit Strafgewalt ausgestattet. Der Zweck der englischen Polizei dagegen ist — nur in modernem Gewande — die altgermanische Friedensbewahrung. Diese Polizei vereinigt Sicherheits-, Verkehrs- und Kriminalpolizei unter Abscheidung der Gesundheits-, Gewerbe- und Baupolizei zu einer natürlichen Einheit: der zur Sicherung von Leben, Eigentum und öffentlicher Ruhe auf der Straße stehende Polizeibeamte hat Gesetzesübertretungen zu verhüten, die begangenen sofort sachgemäß zu verfolgen, die Übeltäter zu ergreifen und unverzüglich den Friedensrichtern zur Aburteilung oder Überweisung an die Schwur-

[1]) Der Amtseid lautet bei der M. P.: „I — being appointed a Constable......, do solemly, sincerely and truly declare and affirm that I will well and truly serve our Sovereign Lord, the King, in the office of a Constable, and that I will act as a Constable for preserving the peace and preventing robberies and other felonies and apprehending offenders against the peace, and in all respects, to the best of my skill and knowledge, discharge the duties of the said office according the Law."

gerichte vorzuführen: so bildet die Polizei zugleich Grundlage und Organ der Strafrechtspflege.

Diese unmittelbare Verbindung zwischen den Richtern als Friedensbewahrern und der Polizei als ihrem ausführenden Arm erhält die Unterordnung der Polizei und läßt weder Zeit noch Raum für eine Staatsanwaltschaft. Sie duldet keine Strafverfügungsbefugnis oder sonstige Richtergewalt der Polizei; ebensowenig einen weitschweifigen Aktenbetrieb.

Da die Verantwortung der Gesamtheit für die Friedensbewahrung bestehen geblieben ist, so wird der Polizeidienst ausgeübt im Geiste der Erfüllung einer allgemeinen Bürgerpflicht, die in den Special Constables noch heute für jedermann praktisch werden kann, während wir im § 360 Ziff. 10 R.St.G.B. bei der Unterstützung der Polizeibehörde auf deren Aufforderung angelangt sind. Der Constable steht innerhalb, nicht über der Gesamtheit und hat an sich keine andere Stellung als jeder Bürger; nur hat er zufolge seines Amts als Constable bestimmte besondere Rechte und korrespondierende Pflichten hinsichtlich Friedensbewahrung (wesentlich auf dem Gebiet der Festnahme, unten S. 53 ff.) nach gemeinem Rechte und Statuten (vgl. die Ausdrucksweise der M. P. Acts 1829 s. 4 und 1839 s. 5, des County Police Acts 1839 s. 8 und des M. C. A. 1882 s. 191) sowie nach genehmigten Polizeiregulativen. Er ist gegen Angriff oder Widerstand durch die Prevention of Crimes Acts 1871 s. 12 und 1885 s. 2 geschützt (die M. P. außerdem durch die M. P. Acts 1839 s. 18 und 1861 s. 53 Geldstrafe bis zu 100 M. oder Gefängnisstrafe bis zu 1 Monat); der Public Authorities Protection Act 1893 gewährt gegen Klagen beschränkten Schutz.

Dabei ist der englischen Art entsprechend die Selbstverantwortlichkeit des einzelnen Constable nachdrücklich betont. Wohl ist einerseits die Gesamtheit und innerhalb ihrer die Polizeiorganisation als Ganzes für die Friedensbewahrung verantwortlich, weshalb nach dem Riot (Damages) Act 49 & 50 Vict. ch. 38 von 1886, ergänzt durch den L. G. A. von 1888 s. 3, die Entschädigung für Körperverletzung, Diebstahl und Eigentumszerstörung infolge von Zusammenrottung und Aufruhr aus der Polizeisteuer zu bezahlen ist. Andererseits ist der einzelne Constable während seiner Dienststunden für den Schutz von Leben und Eigentum in seinem Gangbezirk verantwortlich und einer Schadenersatzklage „for any wrong" ausgesetzt, ohne sich auf dienstlichen Befehl berufen zu dürfen.

Die Betonung der eigenen Verantwortlichkeit jedes Einzelnen wirkt am sichersten etwaigen Neigungen zur Äußerung von Machtgelüsten entgegen. Auf ihr baut sich zugleich die echt englische Entlastung der höheren Dienstgrade durch die niederen auf. Keine Arbeit, die auf der Station erledigt werden kann, soll den Superintendenten, keine, die der Superintendent tun kann, den Chief Constable oder Commissioner belasten; demgemäß ist dem Superintendenten sogar Disziplinargewalt eingeräumt.

Die gerichtliche Statistik umfaßt in England naturgemäß auch sämtliche verfolgten Übertretungen, die sie in kriminelle und nicht-kriminelle scheidet, und bewirkt so eine allumfassende öffentliche Kontrolle.

3. Das Verhältnis der Polizei zu den Gerichten.

Wenn auch die Friedensrichter heute nicht mehr unmittelbare und ausschließliche Vorgesetzte der Polizei sind, soweit es sich nicht um die Special Constables (oben S. 14) handelt, so besteht nach wie vor das alte feste Unterordnungsverhältnis zu den Friedensrichtern[1]), welches ihnen die

[1]) Recorder und High-Court-Richter sind von Amts wegen Friedensrichter. — Die Commission lautet (34 Edw. III. ch. 1): „Every Justice of the Peace has power to cause to come before him all those who to any of the King's people....have used threats, to find sufficient surety for the peace or their good behaviour towards the King and his people.... power to restrain the offenders, rioters and all other barrators, and to pursue, arrest, take and chastise them according to their trespass or offence, and to cause them to be imprisoned and duly punished... and to take of all them that be not of good fame, where they shall be found, sufficient surety...."

Polizei für Friedensbewahrung und Rechtspflege als ausführendes Organ zur Verfügung stellt und auch äußerlich darin seinen Ausdruck findet, daß die einem Superintendenten unterstellte Hauptpolizeistation eines Gerichtsbezirkes regelmäßig mit dem Gerichtsgebäude verbunden ist.

In den Grafschaften (oben S. 17 fg.) sind durch die Akte von 1856 s. 7 und 1888 (L. G. A.) s. 9 die Befugnisse der Friedensrichter in Quartalssitzungen ausdrücklich aufrecht erhalten, gleich dem Vereinigten Ausschuß und dem Grafschaftsrat von den Polizeibeamten neben ihren gewöhnlichen Verpflichtungen die Erfüllung beliebiger weiterer „mit der Polizei verbundener" Pflichten zu verlangen; insbesondere soll keine Bestimmung des L. G. A. „die allgemeinen Befugnisse, Pflichten und Verbindlichkeiten der Friedensrichter als Friedensbewahrer oder die Gehorsamspflicht des Chief Constable und anderer Constables gegenüber ihren rechtmäßigen Anordnungen dieserhalb berühren".

In den Städten ist die Stellung der Friedensrichter neben dem Wachausschuß dadurch gewahrt, daß der M. C. A. von 1882 s. 191 zwei städtischen Friedensrichtern die Ermächtigung gibt, einen Constable zu suspendieren.

Auch haben die Friedensrichter eine Disziplinarstrafgewalt über die Polizeibeamten bei Pflichtvernachlässigung, Pflichtverletzung oder Gehorsamsverweigerung; sie verhängen allgemein Geldstrafen bis zu 40 sh., bei städtischen Constables Gefängnisstrafen bis zu 10 Tagen, Geldstrafen bis zu 40 sh. oder Dienstentlassung, bei Grafschaftsconstables Geldstrafen bis zu 10 £ oder Gefängnisstrafen mit oder ohne Zwangsarbeit bis zu einem Monat (vgl. Summary Jurisdiction Act 1884; Parish Officers Act 1793; Special Constables Act 1831; M. C. A. 1882; County Police Act 1839 und Stone's jährlich neu aufgelegtes Justices Manual unter dem Titel Constables Neglect of Duty).

Die Folge gerichtlicher Bestrafung ist Dienstentlassung; so bestimmt z. B. das M. P. I. Book, daß ein Constable, der wegen irgendeiner Straftat vor einem Magistrat verurteilt worden ist, infolgedessen unter Gehaltsverwirkung zu entlassen ist, es sei denn, daß „ganz besondere Umstände" vorliegen; in diesem Fall wird der Constable bis zur Entschließung des Staatssekretärs suspendiert.

Im übrigen ist die Einhaltung der Formen gegenüber dem Gerichte peinlich gesichert. Das M. P. I. Book kleidet diese für ganz England gültige Regel in folgende Worte: „Die Polizeibeamten haben den Friedensrichtern jederzeit die äußerste Aufmerksamkeit und Ehrerbietung zu bezeigen."

Sie haben pünktlich zur Stunde in gehörigem Aufzug zu erscheinen, für Ordnung und Anstand im Gerichtssaal zu sorgen, die Zugänge freizuhalten und Angeklagte und Zeugen rasch und geräuschlos zu dirigieren. Die Beeidigung endlich besorgt der Gerichtsschreiber oder Gerichtsdiener, so daß der Richter ungestört den Verhandlungen folgen kann.

Ein Polizeiinspektor hat bei jeder Gerichtssitzung anwesend zu sein, um die Polizeibeamten zu dirigieren und zu beaufsichtigen, um Zeitverlust zu verhüten und jede Beanstandung im Verhalten eines Polizeibeamten sofort dem Chief Constable zu berichten. Wenn ein Richter eine Bemerkung über die Tätigkeit der Polizei, über ungenügendes Zeugnis eines polizeilichen Zeugen oder über sonstige die Polizei interessierende Angelegenheiten macht, so hat der Inspektor seinen Bericht vom Gerichtsschreiber beglaubigen zu lassen und durch den Superintendenten am anderen Morgen dem Chief Constable, in London einem Assistant Commissioner vorzulegen. Dies geschieht nicht etwa, um — wie es in Deutschland vorkommen kann (Fall Theißen) — gegen den Richter vorzugehen, sondern um sofort entsprechende Abhilfe durch allgemeine oder besondere Anordnungen eintreten zu lassen.

Schließlich sind den Gerichten von der Polizei noch besondere Warrant Officers zur Verfügung gestellt, welche bei den Gerichtssitzungen in Bereitschaft zu sein und Haftbefehle und Vorladungen auszuführen haben, — desgleichen ein Gefangenwärter, welcher zugleich die regelmäßig sofort erlegten Geldstrafen bucht. Diese Beamten sind den Richtern unmittelbar verantwortlich und ihren dienstlichen Anweisungen unterworfen, doch enthebt sie das behufs Aufrechterhaltung straffer Disziplin nicht ihrer sonstigen Unterordnung unter ihre Polizeivorgesetzten.

Ansehen und Arbeit der Gerichte gewinnt durch die reibungslose Besorgung des gesamten äußeren Prozeßbetriebs durch eine ansehnliche, wohldisziplinierte Polizei außerordentlich. Der Gewinn für die Polizei selbst ist unten S. 42 fg. erörtert.

4. Das Verhältnis der Polizei zur Strafverfolgung.

Entsprechend ihrer Aufgabe der Friedensbewahrung hat die Polizei in erster Linie Strafverfolgungen möglichst selten zu machen[1]). Soweit aber Friedensstörungen begangen werden, hat der Constable gegen jeden von ihm bemerkten Friedensbruch und gegen jede ihm von Dritten glaubhaft mitgeteilte Felony sofort sachgemäß einzuschreiten, den Übeltäter festzunehmen und unverzüglich den Friedensrichtern vorzuführen, während die Verfolgung sonstiger strafbarer Handlungen dem Verletzten oder jedem sonstigen Mitglied der Gesamtheit überlassen bleibt. Das ist das englische, durch den Umfang der Friedensbewahrung gegebene Offizialprinzip, dessen Durchführung in den Händen der so zu Trägern der Strafverfolgung gewordenen Polizeiorganisationen liegt. Gerade auch das Versagen der Privat- oder richtiger Popularverfolgung hatte das Bedürfnis nach den modernen mächtigen Polizeiorganisationen gezeitigt. Und obwohl das System der Privatverfolgung heute namentlich von mächtigen Vereinen wieder aufgenommen ist, so wird doch die große Mehrzahl der Strafverfolgungen von der Polizei geleistet.

Der festnehmende oder sonst mit einem Falle betraute Constable bleibt damit bis zur völligen Abwicklung befaßt (in charge of the case) und handelt zugleich mangels eines sonstigen Verfolgers als Verfolger, wird auch im polizeilichen Anklageformular als solcher bezeichnet. Von der Doktrin wird allerdings nur die Verfolgung durch

---

[1]) Die auf dem Kontinent oft zu findende Anschauung, man arbeite in England mit Vorliebe mit Agents provocateurs, ist unbegründet; nur der Beweis für eine begangene Übeltat darf durch Stellen einer Falle erlangt werden, jedoch nie durch unzulässige Einwirkung auf fremden Willen, wozu auch das Verhör des Verdächtigen gehört.

formelle Anklage als Prosecution bezeichnet und 40—50 % sämtlicher an Quartalssitzungen und Assisen in und um London überwiesener Fälle sind „unprosecuted“, d. h. es ist keine Person bezeichnet, welche für formelle Anklage sorgt[1]). Nach der Doktrin ist der Constable im summarischen Verfahren so wenig wie im ordentlichen Verfolger. Seine Aufgabe ist die Festnahme und Vorführung des Friedensbrechers und weiterhin die Erfüllung der generellen und speziellen Anordnungen seiner Vorgesetzten und der Friedensrichter zum Zwecke der Friedensbewahrung. Wir haben also das Phänomen eines häufig ohne Verfolger sich abspielenden Strafprozesses; theoretisch führt heute noch der Friedensrichter, unterstützt vom Gerichtsschreiber, allein die Untersuchung über den Friedensbruch des ihm vorgeführten Übeltäters, und theoretisch besteht noch heute die Prozeßtätigkeit der Polizei außer der Vorführung nur darin, to afford every facility to the Magistrate in carrying on the investigation, wie es das M. P. I. Book ausdrückt. Praktisch ist jedoch immer ein Verfolger vorhanden und die Form des akkusatorischen Prozesses gesichert.

Der festnehmende Constable hat den Übeltäter dem Gerichte vorzuführen und seinen Fall zu beweisen; er berichtet als beeidigter Zeuge den von ihm wahrgenommenen Sachverhalt, stellt die Zeugen und beantragt erforderlichenfalls Vorladung von solchen. Schwierigere Fälle nimmt ein Sergeant oder, Inspektor nötigenfalls die Kriminalabteilung der Division in die Hand. In London, wo die Polizei besonders hervorragend arbeitet, führt die Polizei meist ihre Strafverfolgungen bis zur Überweisung an die Schwurgerichte allein; in den Grafschaften übernehmen bei Gefährdung von Grafschaftsinteressen Grafschaftsbeamte, sonst die Gerichtsschreiber der ländlichen Petty Sessions, welche in der Regel zugleich Solicitors sind, in ordentlichen Straffällen ziemlich allgemein die Instruktion der Strafverfolgung, während in den Städten nicht der Gerichtsschreiber, sondern der Town Clerk, der Deputy Town Clerk oder ein City Solicitor verfolgt. Teilweise hat auch die Polizei ihren Solicitor (die M. P. hat Mssrs. Wontner & Sons). Zur Aufstellung eines Distriktsanwalts wie in Amerika behufs Vorbereitung der Anklage ist es in England noch nicht gekommen, obwohl Gneist

---

[1]) Auskunft des Dep. Chief Clerk Read und des Taxing Master Austin am C. C. C

schon in den sechziger Jahren eine dahingehende Entwicklung vermutet hatte. In den schwersten Fällen greift die öffentliche Strafverfolgung des Schatzamts durch den Direktor of Public Prosecutions ein, jedoch beschränkt sich das Schatzamt da, wo die lokale Strafverfolgung höheren Anforderungen gewachsen ist, insbesondere über einen tüchtigen Solicitor verfügt, nicht selten auf Kostenübernahme und Aufstellung eines Barristers für die Hauptverhandlung vor dem Schwurgericht. Während im allgemeinen die Kosten der polizeilichen Strafverfolgungen, soweit sie nicht vom Verurteilten erstattet werden, der betreffenden Polizeiorganisation und damit hauptsächlich lokalen Fonds zur Last fallen, werden die Kosten der zur öffentlichen Verfolgung geeigneten Fälle aus Reichsmitteln bestritten. — Zieht die Polizei einen Solicitor zu, so ist sein Verhältnis dasjenige eines juristischen Beraters; solche Legal Aid kann nur vom Chief Constable, in London vom Commissioner zugezogen werden und bedingt die Übernahme des Falls durch einen Inspektor. — Vgl. oben Heft II, unten Heft V.

Wo es sich um Privatverfolgung handelt, wird die Polizei im allgemeinen nur nach Anrufung des Gerichts auf dessen Anordnung tätig. — Gegen Verweigerung der Strafverfolgung durch die Polizei gibt es keine formelle Beschwerde, sondern der Verletzte kann unmittelbar das Gericht angehen, außerdem besteht das allgemeine Recht, in ordentlichen Straffällen ein Indictment der Grand Jury unmittelbar vorzulegen. Vgl. oben Heft II, unten Heft IV.

5. Das Verhältnis der Polizei zur Öffentlichkeit.

Die Polizei ist mit Flotte, Heer und Justiz eine nationale Angelegenheit Englands und wird als solche einerseits von der Regierung, andererseits von der Öffentlichkeit kontrolliert. Diese, namentlich die Presse und verschiedene Gesellschaften (s. Vorwort), wachen mit einer anderswo unbekannten Energie über die Arbeit der Polizei im Dienste der Gesamtheit, darüber, daß sie die bürgerliche Freiheit schützt, statt ihr gefährlich zu werden. Nicht zuletzt hierauf beruht die Vortrefflichkeit und dementsprechend die hohe

Achtung und Beliebtheit der Polizei, und der Ruhmestitel des Constable „the handy man of the Constitution".

Zunächst vermeidet schon die äußere Ausrüstung des Constable mit schmuckloser blauschwarzer Uniform und blauschwarzem Filzhelm die Versuchung zu militärischer Behandlung des Publikums.

Der Constable hat der Öffentlichkeit gegenüber jederzeit ohne Ansehen der Person nach Kräften hilfsbereit und verbindlich zu sein, ohne sich andererseits in Privatangelegenheiten einzumischen. Auf den Verkehrston der Polizei wird wegen ihres vorwiegenden Dienstes auf der Straße nachdrücklich geachtet. Mit seltenen Ausnahmen sind die folgenden Grundsätze des M. P. I. Book überall durchgeführt: „Jedermann ist äußerst höflich, nachsichtig und gutlaunig zu behandeln. Fragen des Publikums dürfen nicht kurz abgerissen beantwortet werden, sondern mit größtmöglicher Aufmerksamkeit; zugleich ist aber ein Einlassen in ein unnötiges Gespräch möglichst zu vermeiden; vollkommene Selbstbeherrschung ist für ordnungsmäßige Erledigung der Pflichten der Polizei absolut unerläßlich. Ein Constable darf sich durch noch so unverschämte Ausdrücke oder Drohungen nicht bewegen oder aufregen lassen; je kühler er bleibt, desto mehr Macht hat er über seinen Angreifer. Müßige oder törichte Bemerkungen sind nicht der Kenntnisnahme wert; wenn die Betreffenden sehen, daß die Bemerkungen auf den Constable keinen Eindruck machen, werden sie bald ablassen; Nachsicht und Mäßigung wird von Publikum, Friedensrichtern und Commissioner immer verstanden und geschätzt werden."

Auf den Polizeistationen ist Höflichkeit, Aufmerksamkeit und jederzeitige Bereitschaft gleicherweise gesichert; in London ist namentlich noch für die äußeren Bezirke vorgeschrieben, daß die nahe der Grenze einer Division gelegenen Polizeistationen das Publikum aus den Nachbardivisionen unter keinen Umständen an die Station einer anderen Division weisen dürfen. Andererseits ist darauf zu achten, daß niemand länger als sein Anliegen erfordert auf der Polizeistation bleibt. Anklagen von seiten der Constables wegen wörtlichen oder tätlichen Angriffs sind auf den Stationen genauestens zu untersuchen und zu entmutigen; soweit es sich nicht um schwere Fälle handelt, werden sie mit Recht als gegen Fähigkeiten und Takt des Constable sprechend behandelt. So sind sie verhältnismäßig selten; meist nur beiläufig hört man einen polizeilichen Zeugen erwähnen, daß der Angeklagte sehr schlechte Sprache gegen ihn gebraucht und ihn gestoßen habe.

Die Assaults on Constable, bei uns zum Widerstand gegen die Staatsgewalt aufgebauscht, gehen jährlich absolut, nicht nur relativ zurück und betrugen im Jahre 1905 bei insgesamt 94 654 ordentlichen und 729 727 summarischen Straftaten noch 10 107; dabei darf das polizeiliche Einschreiten in den jährlich mehr als 200 000 Fällen strafbarer Trunkenheit möglichst weder Widerstand hervorrufen noch zum Anlaß einer Strafverfolgung wegen Widerstandes gemacht werden. Die Unmenge von Bestrafungen wegen groben Unfugs, Widerstands gegen die Staatsgewalt, Gefangenenbefreiung und namentlich Beamtenbeleidigung in Deutschland, welche in der Hauptsache direkt oder indirekt auf eine vielfach überhebende, dabei ungenügend ausgebildete, schlecht disziplinierte und daher wenig geachtete Polizei zurückzuführen sind, bleibt dem englischen Bürger erspart.

Beschwerden des Publikums gegen Polizeibeamte werden nicht durch Strafverfügungen unterdrückt oder durch Anzeigen wegen Widerstandes u. s. f. pariert oder vertuscht, sondern sorgfältig untersucht. Sie pflegen auf der Station oder beim Chief Constable oder Commissioner, teilweise auch beim Home Office angebracht zu werden.

Von einer höheren Raison, die Schutzmannsautorität als angebliches Fundament der Staatsautorität nötigenfalls unter Opferung anderer Rücksichten aufrecht zu erhalten, weiß man in England nichts. Stellt das behauptete Verhalten des Polizeibeamten eine strafbare Handlung dar, so wird ohne weiteres ein Strafverfahren gegen ihn eingeleitet, um richterlichen Spruch auf Grund öffentlicher Hauptverhandlung herbeizuführen; so hat im letzten Sommer in London eine Gerichtsverhandlung gegen einen Polizeibeamten wegen Mißhandlung einer Frau stattgefunden; als Sachverhalt wurde einwandfrei erwiesen, daß der Beamte die während Anbringung einer Anklage gegen ihren Mann sehr erregte Frau behufs Bewahrung der vorgeschriebenen Ordnung der Verhandlung auf der Polizeistation zum Niedersitzen auf einen Stuhl genötigt hatte. Bezüglich sonstiger Beschwerden vgl. den M. P. C. Report (vv. Complaints and Charges) und oben S. 8ff. — Wird lediglich ein inkorrektes Verhalten eines Polizeibeamten behauptet, wogegen kein Rechtsbehelf besteht, so ist die Beschwerde von höheren Beamten der betreffenden Division — regelmäßig vom Superintendenten, unter Umständen vom Chief Constable oder Commissioner nach schriftlicher Aufnahme der Beschwerdepunkte auf Grund mündlicher kontradiktorischer Verhandlung zu entscheiden. Für die M. P. schlägt die M. P. C. die Aufstellung eines dem Commissioner direkt unterstellten Juristen vor, der künftighin diese Beschwerde untersuchen soll, nicht etwa, weil das Ergebnis der Kommissionsuntersuchungen dies rechtfertigte, sondern um jede Möglichkeit eines Mißtrauens auszuschließen. — Schließlich kann bei hervortretendem Bedürfnis oder allgemeineren Klagen die Einsetzung entweder einer ministeriellen (departmental) oder einer parlamentarischen (royal) Kommission zur Untersuchung des Gesamtzustandes einer öffentlichen Einrichtung, also auch der Polizei, verfügt werden, wie das bei der M. P. C. geschehen ist.

So ist das volle Vertrauen der Öffentlichkeit zur Polizei gesichert und das beste Zeugnis hierfür ist die häufige Berufung auf Constables als Leumundszeugen seitens Beschuldigter[1]. Demgemäß findet der Constable jederzeit bereitwillige Unterstützung seitens des Publikums und der Presse. Namentlich die der Presse wird hoch angeschlagen. Zwar darf im Interesse der Disziplin kein Polizeibeamter ohne Genehmigung des Chief Constable oder Commissioner mit der Presse über Polizeiangelegenheiten verkehren. Jedes Strafverfahren spielt sich aber von Anfang an in voller Öffentlichkeit ab. Jeder Gerichtssitzung wohnt ein Vertreter der Presse an, auch bei Petty Sessions und Police Courts; jede Bemerkung des Richters, namentlich auch über die Polizei, die bei uns ungehört verhallt, findet ihr Echo in der Presse. Und zu einer Zeit, da wir z. B. mit Leichenschau und Leichenöffnung erst im Anfang eines langen geheimen Vorverfahrens stehen, enthält die gesamte englische Presse bereits den Bericht über die Coroner's Inquisition und den Spruch der Jury über die Todesursache, und nicht selten melden sich sogleich wichtige Zeugen. Auch für Vermißte wird der prompte Apparat der Presse sehr geschätzt und umgehend in Bewegung gesetzt. So wird die Öffentlichkeit sofort objektiv berichtet und das Entstehen

[1]) Vor der M. P. C. hervorgehoben, z. B. Report Bd. III S. 1054.

von allen möglichen wilden Gerüchten, die der Strafverfolgung leicht hinderlich werden, vermieden. Die Möglichkeit, daß ein anscheinendes Verbrechen schließlich eine harmlosere Erklärung findet, fällt demgegenüber nicht ins Gewicht.

6. Die Mittel zur Erzielung möglichster Leistungsfähigkeit.

Wie die englische Polizei Grundlage und Organ der Strafrechtspflege bildet, so ist man auch bestrebt, sie möglichst leistungsfähig zu gestalten und zu erhalten. Diesem Zwecke dient zunächst die Art der Organisationen im allgemeinen, ihre Größe, ihre unpolitische Leitung, ihre Überwachung durch Regierung, Öffentlichkeit und Statistik, ihre Beschränkung auf die Aufgabe der Friedensbewahrung und ihre Unterordnung unter die Gerichte, sodann die Pflege des Geistes der Selbstbeherrschung, Disziplin, der Selbstverantwortlichkeit und der Achtung der bürgerlichen Freiheit — Momente, die bereits erörtert sind. Erreichen läßt sich dieser Geist jedoch nur durch sorgfältige Auswahl und Ausbildung der Leute und ihre Erziehung zu rascher, unbureaukratischer Arbeit.

a) A u s w a h l. Während die Chief Constables im allgemeinen den höheren gesellschaftlichen Schichten angehören und häufig verabschiedete Offiziere (Admirale, Obersten, Majore), seltener bei der Royal Irish Constabulary fachmännisch ausgebildete Gentlemen[1]) oder von der Pike auf gediente Polizeibeamte sind, werden die Mannschaften ohne Rücksicht auf Zugehörigkeit zu bestimmten Berufs- oder Bevölkerungsklassen lediglich nach körperlicher Tauglichkeit, Intelligenz und Charakter auf Grund längerer Ausbildungs- und Bewährungszeit ausgewählt. Militäranwärter werden nur in geringer Zahl angenommen; es wird geltend gemacht, daß sie den richtigen Ton gegenüber dem Publikum schwerer finden und häufiger zu Trunk und Trinkgeldannahme neigen. Andererseits nimmt man auch geeignete Ausländer und verwendet sie als Dolmetscher. —

[1]) Hier bedeutet Gentleman den Mann höherer sozialer Stellung im Sinne der Bemerkung Liepmanns oben S. 335; davon zu unterscheiden ist der Begriff des Gentleman als nationalen Erziehungsideals.

Der Beruf des Constable bietet genügenden Anreiz für tüchtige intelligente Leute. Er ist zu einem bürgerlichen Lebensberuf gestaltet und bietet auskömmliche Bezahlung; gute Leistungen sichern Belohnungen und Beförderung zu den höheren Stellungen bis zum Superintendenten, eventuell bis zum Chief Constable. Seit 1890 besteht überall Anspruch auf Pension und Renten auf Grund der Akte 53&54 Vict. ch. 45 ss. 15, 16 (Police Act 1890) und ch. 60 ss. 1, 4 vom gleichen Jahr, ergänzt durch 56 & 57 Vict. ch. 10 von 1893 und 6 Edw. VII ch. 7 von 1906; es besteht hierfür ein „Pensionsfonds", bestritten aus Abzügen vom Gehalt der Constables bis zu 2½ %, aus Strafgeldern und Schenkungen, aus einem verhältnismäßigen Anteil an der Summe von 3 000 000 M.,[1]) deren jährliche Verteilung an die Grafschafts- und städtischen Polizeiorganisationen zu Pensionszwecken vom Parlament im Jahre 1890 bewilligt worden ist, und im Notfall aus einem Zuschuß aus dem Polizeisteuerertrag. Für die M. P. und die City of London Police bestehen ähnliche Pensionsfonds, für erstere schon seit 1861 auf Grund des Akts 24 & 25 Vict. ch. 51, heute auf Grund des Police Acts von 1890. Wenngleich nach den Anstellungsbedingungen jeder Constable seine ganze Zeit dem Dienst zu widmen hat und keinen Nebenberuf betreiben darf (auch seine Frau darf keinen Laden führen), so ist doch seine tägliche normale Arbeitszeit auf 8 Stunden beschränkt; den Rest des Tages mag er Zivil tragen und seinen eigenen Beschäftigungen nachgehen, er hat aber auch in seiner freien Zeit gegen jeden von ihm bemerkten Friedensbruch einzuschreiten. Auch noch im Pensionsstand bleibt er zu jeder in seinen Kräften stehenden Auskunftserteilung und Hilfeleistung gegenüber der Polizei verpflichtet, sonst geht er der Pension verlustig (Police Act 1890 s. 8).

Von bedeutendem Vorteil ist die ausschließliche Wahl großer, mindestens 5 Fuß 9 Zoll messender Leute. Sie sind im Straßenverkehr nicht zu übersehen. Das Bewußtsein ihrer körperlichen Überlegenheit erhöht die Ruhe und

---

[1]) Wright & Hobhouse S. 66.

Sicherheit ihres Auftretens. Der Tagdienst wird stets, der Nachtdienst grundsätzlich ohne andere Waffe getan als den kurzen hölzernen, in der Hosentasche mitgeführten und äußerst selten gebrauchten Polizeiknüppel (truncheon); Revolver werden nur für den Nachtdienst und nur an Leute von erprobter Umsicht auf Verantwortung des Stationsvorstehers ausgegeben; sie sollen nur in Notwehr gegen Angriffe mit tödlichen Waffen gebraucht werden, da andere Verwendung im Zweifel ein Delikt darstellt. Ebenso vorbildlich ist die Bestimmung, daß Leute im ordentlichen Dienst überhaupt keine Handfesseln mitführen, und daß solche auch sonst grundsätzlich nicht verwendet werden dürfen; nur wo es sich um verzweifelte Gegenwehr oder dringende Fluchtgefahr handelt, dürfen sie auf Verantwortung des Stationsbeamten angelegt werden. Ich habe in 12 Monaten nur Eine Fesselung gesehen; im Zweifel genügt der Zugriff zweier Constables zur Brechung jedes Widerstandes. Der Münchener Fall Moschel wäre in England unmöglich. Vgl. M. P. C. Report Bd. I, S. 70.

b) Die Ausbildung des neu eintretenden Constables ist der englischen Art entsprechend weniger theoretisch und systematisch als praktisch. Die körperliche Ausbildung nach militärischer Art, die Art der Unterweisung in den Dienstobliegenheiten, die fortgesetzte Kontrollierung durch die höheren Dienstgrade und die Examina sind von Budding S. 51 ff. ausführlich geschildert. Das Ziel der Ausbildung ist die verständnisvolle Erfassung der Aufgabe der Polizei und die Fähigkeit jedes Einzelnen zu scharfer Beobachtung und zu sofortigem sachgemäßem und gesetzmäßigem Zugriff; dabei wird der eigenen Initiative des Einzelnen mit Vorbedacht erheblicher Spielraum gelassen; entsprechend dem Maße, in dem er sich im Besitze von Tatkraft, Umsicht und Intelligenz zeigt, werden seine Ansprüche auf Beförderung berücksichtigt. Bei der M. P. disqualifizieren Versuche, durch private Verbindungen Beförderung zu erlangen. Zur Buchführung auf den Stationen dürfen die Constables erst nach einem Jahre und auch dann im allgemeinen nicht länger als einen Monat verwendet werden. Meist ist die

Buchführung einem Sergeanten anvertraut, der vor der Beförderung zum Inspektor steht, oder einem zum Sergeanten anstehenden Constable. Vom Sergeanten an (einschließlich) wird gründliche Gesetzeskenntnis verlangt, insbesondere auch Kenntnis des Beweisrechts.

Von allergrößter Wichtigkeit für Ton, Geist und kriminalistische Schulung der Polizei ist aber der Dienst bei Gericht und die unter Ziffer 7 noch näher zu erörternde Durchführung des gerichtlichen akkusatorischen Verfahrens auch bei der Polizei. Das Gericht ersetzt zum größten Teil die mangelnde Polizeischule. Der Polizist, der mit einem Fall befaßt ist, hat unweigerlich als Zeuge zu erscheinen, er ist nie auf eine schriftliche Meldung beschränkt, der man selten ansieht, ob und welches Maß von besonderer Arbeit und Umsicht bei den Ermittlungen erforderlich gewesen ist, sondern hat den Fall und seine eigene Tätigkeit mündlich zunächst dem Inspektor auf der Polizeistation, sodann den Friedensrichtern und je nachdem den Quartalssitzungs- oder Assisenrichtern vorzutragen, den Richtern in voller Öffentlichkeit in Gegenwart der Presse und zugleich in Gegenwart eines Polizeivorgesetzten (Inspektors). Hier findet die Arbeit der Polizeibeamten fortgesetzt ihre Kontrolle, ihre öffentliche Kritik und namentlich auch ihre öffentliche, den Ehrgeiz anspornende Anerkennung, die für Zuerkennung von Belohnungen und für Beförderungen wesentlich berücksichtigt wird. Hier wird der Polizei eingeprägt, daß man nie zu fair gegen einen Beschuldigten sein kann, daß Voreingenommenheit und Vorurteil (bias and prejudice) gegen einen Beschuldigten die schwersten Fehler der Polizei sind und daß, wie der große Kriminalist Judge Hawkins, der spätere Lord Brampton, es ausdrückte, die Polizei Augen und Ohren offen und den Mund geschlossen zu halten hat. Und mindestens ebenso unablässig wird der wahrhaft richterliche Geist der englischen Polizei, in dem sie entstanden ist, von ihren höchsten Vorgesezten ohne Eifersucht gegenüber den Gerichten behütet; die M. P. C. erkennt die systematische Erziehung der M. P. zu vollkommener Fairness und Unparteilichkeit in dem Streit zwischen Krone und Beschuldigten durch die Commissioners mit hohem Rühmen an und die anderen Polizeiorganisationen wetteifern hierin mit der M. P.

Das englische System bietet den unschätzbaren Vorteil, daß der Anstoß des Strafverfahrens von Anfang an klar gelegt wird, und daß jeder Polizeibeamte die völlige Abwicklung sämtlicher von ihm bearbeiteter Fälle miterlebt und so in kurzer Zeit eine reiche Erfahrung sammelt, namentlich auch hinsichtlich Art und Maß des erforderlichen Beweises, während bei uns mit der schriftlichen Meldung an die Staatsanwaltschaft so häufig die Tätigkeit der Polizei erledigt ist und dieselben Fehler immer wiederkehren. Der „in charge of the case“ bleibende Constable erhält vom Inspektor, von den Friedensrichtern oder dem erfahrenen Gerichtsschreiber Anweisungen in den nicht hinreichend aufgeklärten Punkten und wird so rasch zu sachgemäßer, von einem Tag zum andern erfolgender Erledigung beliebiger Fälle befähigt; in schwereren Fällen pflegen übrigens die Sergeanten, Inspektoren oder Angehörige der etwaigen besonderen Detektivmannschaften, je nach Bedarf ausschließlich oder nur unterstützend einzugreifen. Zudem ist in schweren Fällen sofort der Direktor der öffentlichen Verfolgung zu benachrichtigen, (Erlaß des Home Office vom 25. Januar 1886), der auch regelmäßige Verbrechensübersichten von den Chief Constables erhält (Prosecution of Offences Act von 1884).

c) Disziplin und Korpsgeist. Die Ruhe und Selbstbeherrschung des Engländers und das bis in die unteren Klassen wirksame Ideal des Gentleman [1]) ist ohnedies eine günstige Vorbedingung für die Disziplin. Sodann kommt die straffe Gliederung der Organisationen. Jeder Vorgesetzte ist für seine Untergebenen verantwortlich, er

[1]) Hier ist „Gentleman“ als nationales Erziehungsideal gemeint.

hat seine nächsten Untergebenen nach Geschicklichkeit und Charakter genau zu kennen und durch diese auch seine weiteren Untergebenen; er ist jedem Untergebenen klare Instruktion schuldig und hat fortwährenden persönlichen mündlichen Verkehr in guten Formen mit ihnen zu pflegen, ohne sich andererseits zu familiär mit ihnen zu stellen. So geht Instruktion und Verantwortung durch alle Stufen hinab bis zum Constable. Die Arbeit der Polizei ist durch stündliche, tägliche und wöchentliche Kontrollen der niederen Dienstgrade durch die höheren und dieser durch die höchsten gesichert, sowie durch die in die Anstellungsbedingungen aufgenommene Möglichkeit jederzeitiger Entlassung eines Polizeibeamten durch den Chief Constable oder den Wachausschuß ohne Angabe von Gründen: nicht als ob dem Betreffenden die Beanstandungen nicht zuvor mitgeteilt würden, damit er sich verantworte, wie man überhaupt geheime Personalakten nicht kennt; die Entlassung selbst aber geschieht unanfechtbar ohne Gründe. Die bei Tage in zwei vierstündigen, durch eine vierstündige Pause unterbrochenen Abschnitten, bei Nacht in ununterbrochener Folge abzuleistende achtstündige tägliche Dienstzeit wird behufs Erzielung voller Ausnützung auf die Minute kontrolliert. Während der Dienstzeit ist um den linken Ärmel ein gestreiftes Armband (armlet) zu tragen. Nummer und Name eines in irgend einer Straße zu irgend einer Zeit diensttuenden Constable ist auf jeder Station sofort festzustellen. Wer die Station betritt und wer sie verläßt, hat dies mit der genauen Zeit ins Time Book einzutragen; die Zeitdauer jedes Dienstgangs ist genau zu notieren; die bei Gericht zugebrachte Zeit ist von dem dort diensttuenden Inspektor zu bescheinigen usw. Wirtshäuser dürfen während der Dienstzeit nur zu dienstlichen Zwecken oder mit ausdrücklicher Erlaubnis eines Vorgesetzten betreten, mit Dienstboten darf nicht geschwatzt werden. So wird der Polizist zu seiner Präzision und zu seiner den Zuhörer vor Gericht immer wieder frappierenden Sicherheit in den Zeitangaben erzogen: von dem Moment der ersten Wahrnehmung an vermag er die Zeit auf die Minute anzugeben. Um bestimmtes und nicht zu erschütterndes Zeugnis ablegen zu können, hat er alle seine Begebenheiten sobald wie möglich mit genauer Zeitangabe in sein Taschenbuch (Pocket Book) einzutragen, aus dem sie der Stationsbeamte in das Occurrence Book zu übertragen hat. Die Taschenbücher werden bei den Inspektionen revidiert. Vor Gericht soll der Polizeibeamte den Inhalt seines Taschenbuches im einzelnen Falle im Kopf haben und grundsätzlich frei sprechen. Doch hat er sein Taschenbuch zur Verhandlung mitzubringen, teils zur etwaigen Auffrischung seines Gedächtnisses, teils zur etwaigen Besichtigung durch Gericht oder Verteidiger; diesen steht aber nach der Praxis keine allgemeine Prüfung des Buches zu, sondern nur Prüfung des fraglichen Eintrags und sie ist bei der anerkannten Zuverlässigkeit der englischen Polizei nicht häufig; Abschriften aus dem Taschenbuch dürfen weder benützt noch vorgelegt werden. — Selbstverständlich ist das Gebot unbedingter Wahrhaftigkeit im innern Dienste wie im Auftreten nach außen. Der Constable hat, wie das M. P. J. Book es ausdrückt, „jederzeit und unter allen Umständen die Wahrheit zu sprechen und als Zeuge aufgerufen hat er alles, was er von dem Falle weiß, ohne Furcht oder Zurückhaltung auszusagen und ohne den Wunsch, das Ergebnis für oder gegen den Beschuldigten zu beeinflussen." Im Kreuzverhör hat er dem Verteidiger mit gleicher Bereitwilligkeit Rede zu stehen wie dem Verfolger. Übertreibendes Zeugnis gegen den Beschuldigten ist Entlassungsgrund. — Darauf, daß die Polizeitruppen diesen hohen Anforderungen im wesentlichen entsprechen, beruht das achtungsvolle Vertrauen des Publikums, die Seltenheit von Widerstand und Beleidigung wie der ungezwungene und achtungsvolle Ton der Polizeibeamten unter sich. Bei Befragung der Richter war regelmäßig die Antwort, am bewundernswertesten sei die Selbstbeherrschung und Geduld der Polizei [1]).

[1]) Material wie theoretische Ausbildung der Polizei muß infolge der immerwährenden Auslese und der Kontrolle wesentlich höher angeschlagen werden als im Polizeireferat oben Bd. I, S. 38.

Derartige hochqualifizierte Organisationen entwickeln naturgemäß einen starken Korpsgeist. Doch ist er wesentlich Berufsgeist und etwas anderes als der Korpsgeist unserer deutschen Militäranwärter, der auf der Zugehörigkeit zu demselben gehobenen militärischen Rang mit dem Anspruch auf allgemeine Kameradschaftlichkeit beruht und es schwer macht, einen Teil von ihnen zu Vorgesetzten der anderen zu machen, so daß sich die militärische Disziplin statt nach innen gegen das Publikum wendet und ein Zusammenstehen gegen die „Zivilisten" bewirkt. Die Constables gehen aus den verschiedensten Berufskreisen hervor, jeder Dienstgrad ist scharf von dem anderen geschieden und die Gliederung unaufhörlich von oben überwacht, schließlich ist für ehrenhaften Ehrgeiz nach englischer Art jeder mögliche Anreiz geboten. Auf ausdrückliches Befragen sind Auswüchse des Korpsgeistes stets verneint worden[1]), ebenso Reibereien zwischen den uniformierten und Detektivmannschaften.

d) Die Organisationen überziehen England als ein, namentlich auch auf dem flachen Lande lückenloses Netz, das die Raschheit des Zugreifens und zwar durch jeden einzelnen Constable ermöglicht. Die Bezirke werden Tag und Nacht gleichmäßig patrouilliert. Ablösung findet stets auf dem Platz, nicht auf der Polizeistation statt. Die Constables haben ihren Gangbezirk (beat) aufs genaueste zu kennen, ebenso die Einwohner. Die meisten der Bewohner sind ihnen bei dem englischen Einfamilienhaussystem dem Namen und wohl alle dem Ansehen nach bekannt, ebenso kennen sie die regelmäßigen Passanten dem Ansehen nach und darum fallen ihnen neue Erscheinungen sofort auf. Man macht in dieser Beziehung bei längerem Aufenthalt in Stadt und Land in England geradezu frappante Erfahrungen. Die an festen Standorten (fixed points) aufgestellten Constables haben insbesondere auch auf gesuchte Verbrecher zu achten; da England nicht mit einer Unmenge von Steck-

[1]) Auch vor der M. P. C. ist jede Tendenz zu ungehörigem Zusammenstehen der Truppe von den Richtern verneint worden, so vom Chief Magistrate de Rutzen, von Littler und vom Recorder von London, Report Bd. III S. 1010, 1055, 1104.

briefen wegen Übertretungen und geringfügiger Vergehen überschwemmt ist, so wird ein schwerer Verbrecher in England mindestens ebenso sicher gefunden wie bei uns. — Der Constable ist auf seinen Beat beschränkt, wird aber in Zeiträumen versetzt, um möglichst viel kennen zu lernen und nicht zu familiär zu werden. Die Verbindung mit den benachbarten Beats stellen die eine ganze Sektion patrouillierenden Sergeanten, die Verbindung zwischen den Sektionen die eine Subdivision patrouillierenden Inspektoren her.

Jeder Polizeibeamte ist mit einer Pfeife für Notfälle ausgerüstet. Sämtliche Stationen sind telephonisch oder telegraphisch verbunden. Die Alarmierung z. B. der gesamten Londoner Mannschaft ist in kürzester Zeit möglich und geschieht in der Weise, daß die Stationsbeamten auf erhaltene Nachricht vor ihrer Station dreimal pfeifen, worauf sämtliche patrouillierende Constables schnellstens zur Station zurückzukehren und ihre Instruktion entgegenzunehmen haben. Allgemeine Polizeianordnungen (Police Orders) werden in London von Scotland Yard aus täglich einmal an sämtliche Stationen ausgegeben, Nachrichten über Verbrechen, verlorene oder gefundene Gegenstände, Menschen und Tiere (informations) sogar viermal an jedem Wochentag und zweimal am Sonntag.

Die den einzelnen Divisionen angegliederten Kriminalabteilungen vervollständigen die Wirkung des polizeilichen Netzes. Die patrouillierenden Detektivs haben Dienststunden und Distrikte häufig zu wechseln. Sie besorgen Strafverfolgungen nicht wie die deutschen Kriminalabteilungen ausschließlich, sondern sie nehmen, soweit sie nicht auf ihren Patrouillen Gelegenheit zum Vorgehen finden, mehr nur die Strafverfolgungen auf, die der festnehmende Constable nicht ohne Zeitverlust leisten kann. Ihr Hauptzweck ist die Überwachung der kriminellen Bevölkerung, wie das M. P. J. Book sagt: „Die Erlangung solcher Kenntnis der kriminellen Bevölkerung und ihrer Gewohnheiten, daß die Zentralstelle imstande ist, ihre Tätigkeit zu überwachen, so die Ergreifung jedes Verbrechers wahrscheinlich zu machen und ihn dadurch vom Verbrechen abzuschrecken.“ Die Detektivs gehen aus besonders fähigen Sergeanten und Constables hervor und werden in langer Probezeit zu der aus den Sherlock-Holmes-Romanen allgemein bekannten besonderen Schärfe der Beobachtung systematisch erzogen. Sie erhalten ein besonderes Tagebuch (Diary), in das sie ihre sämtlichen Wahrnehmungen auf Patrolgängen einzutragen haben, auch Eindrücke und sonstige nicht unmittelbar amtlich interessierende Dinge; von jedem Patrolgang wird die genaue Beobachtung irgend eines Umstandes erwartet. Die Tagebücher werden häufig von den Vorgesetzten und dem Chief Constable oder Assistant Commissioner kontrolliert und für spätere Bezugnahmen amtlich aufbewahrt. Die Londoner Kriminalabteilung verfügt über ein besonders hervorragendes Detektivmaterial und stellt es mit Genehmigung des Staatssekretärs auch den Grafschaftsorganisationen auf Wunsch zur Verfügung, doch geschieht das verhältnismäßig selten. Auch die Kriminalabteilungen der Grafschaften und der größten Städte werden als gut bezeichnet und die Londoner Kriminalpolizei behält durch ihre Mitwirkung bei sämtlichen unaufgeklärten Eisenbahnverbrechen Fühlung mit ihnen. — In den Wintermonaten werden in London außerdem eine Reihe von Constables und Sergeanten der regulären Truppe als Winter Patrols zum Detektivdienst herangezogen. Sie haben hauptsächlich in Zivil zu patrouillieren behufs Verhütung und sofortiger Entdeckung des Verbrechens; dagegen dürfen sie nicht zur Anstellung von Ermittlungen verwendet werden. Vor Gericht müssen sie Uniform tragen und werden so den Kriminalstudenten weniger bekannt.

So wird die fortlaufende Fühlung mit der Verbrecherwelt hergestellt und wie einerseits rasche Arbeit ermöglicht wird, so andererseits das Zugreifen im rechten Moment. Wenn bei uns ein Verbrechen begangen und ein Verdächtiger vorhanden ist, so pflegen wir eine Voruntersuchung zu eröffnen, bei der der Verdächtige vernommen und sämtliche Beweismittel angeschnitten werden müssen, gleichviel ob sie reif sind oder nicht. Auch Beweismittel muß man unter Umständen reifen lassen. Wie oft berichtet uns ein Polizeibeamter, daß man zurzeit nicht weiterkommen könne, da der Täter gewarnt sei oder die oder jene Person, die etwas wisse, zurzeit nichts sagen wolle, daß aber, wenn man zuwarte, ein Beweis gelingen müsse. Unser schriftliches Verfahren gestattet jedoch ein solches Zuwarten nicht; der Fall muß ein für allemal aus der Liste gebracht werden. Gerade in dem kriminalistischen Takt des Zuwartens zum rechten Moment ist die Polizei überall im Vereinigten Königreiche groß. Zunächst scheidet der Verdächtige selbst als Beweismittel vollständig aus. Also muß die Polizei die anderen Beweismittel doppelt sorgfältig und lückenlos sammeln, bis man den Täter mit Erfolg vorführen kann. Nicht selten wird jahrelang zugewartet, bis der Schlag geführt werden kann. Die besten Romane der Sherlock-Holmes-Serie von Conan Doyle geben, wenn auch übertreibend, doch im ganzen ein zutreffendes Bild von der außerordentlichen Behutsamkeit und Geduld der englischen Detektivs und von ihrem häufigen Kampf mit dem Verbrecher um Beweismittel.

Die Rolle, welche die Privatdetektivs spielen, ist nicht genau zu bestimmen. Ihr Beruf ist ein rein privater und unbeaufsichtigter. Ihre Zahl und den Umfang ihrer Arbeit festzustellen, ist unmöglich. Obschon ihre Verwendung sehr viel häufiger ist als bei uns, so scheint es doch nach Informationen bei den zuständigen Stellen, daß ihre Rolle gegenüber kontinentalen Anschauungen bedeutend überschätzt wird, gerade wie der Umfang der Privatverfolgung. Vor Gericht treten die Privatdetektivs, von Ehescheidungsprozessen abgesehen, kaum hervor. Der private Verfolger beauftragt im allgemeinen einen Solicitor, nicht einen Privatdetektiv; dem Solicitor bleibt es dann überlassen, wie er das erforderliche Material sammelt, ob selbst oder durch einen Detektiv. Zu ausgedehnten Erhebungen vor Angehung des Gerichts und Beauftragung der Polizei durch dieses ist der Solicitor selten in der Lage. Doch leistet der englische Solicitor grundsätzlich möglichst selber oder durch seine Angestellten die gesamte Stoffsammlung in Zivil- wie Strafsachen. Man hat ihn bei uns sehr zu Unrecht mit dem minderwertigen Rechtsagententum in Parallele gesetzt. Er ist an sich kein dem Barrister gegenüber minderwertiger Anwalt, sondern leistet Arbeit anderer Art. Gegenüber dem reinen Plädieranwalt ist er der stoffsammelnde Instruktionsanwalt, der die erforderlichen Beweismittel beschafft, die erforderlichen Zeugen ermittelt und hört [1]) und nur vor den niederen Gerichten auch zum Plädieren zuge-

[1]) Das M. P. J. Book bestimmt hierzu: Wenn eine Person oder ihr Solicitor einen Constable über das Zeugnis, das er in dieser Eigen-

lassen ist. Seine Findigkeit und Fixigkeit ist heute so anerkannt, wie schon in den Dickens'schen Pickwick Papers.[1]) Schließlich werden auch die amtlichen Detektivs vielfach ausgeliehen. Trotz alledem bieten aber die englischen Verhältnisse bedeutend mehr Raum für die Tätigkeit von Privatdetektivs als die Verhältnisse des Kontinents und ziehen deshalb auch hervorragende Kräfte in diese Laufbahn. — In London bestehen eine Reihe guter alter Detektivfirmen, die auch in den juristischen Zeitschriften annoncieren. Die Versuchung, als Privatdetektiv Geld zu verdienen, ist für Detektivinspektoren von Scotland Yard recht groß, namentlich wenn sie durch eine brillante Leistung der Öffentlichkeit bekannt geworden sind. So war der im letzten Sommer verstorbene Privatdetektiv Walsh ehemaliger Inspektor von Scotland Yard; die gesamte Presse brachte Nachrufe mit Schilderung seiner bedeutendsten Leistungen; er beherrschte namentlich die Fäden nach Amerika und wurde auch als Privatdetektiv von den amtlichen Stellen und der M. P. häufig verwendet. Anzuerkennen ist, daß Mißstände im englischen Privatdetektivwesen verhältnismäßig selten zutage treten. Ehemaligen Angehörigen der M. P. kann übrigens die Pension entzogen werden (6 Edw. VII. ch. 7 von 1906). Die Tätigkeit der Privatdetektivs im Strafprozeß erschöpft sich im allgemeinen in der Beschaffung des Beweismaterials, welches ein erfolgreiches Angehen des Gerichts oder der Polizei ermöglicht; als Zeugen treten sie in der Hauptsache in Ehescheidungsprozessen auf und dort wird ihnen vom Richter scharf auf die Finger gesehen; nicht selten betont der Richter die Bezahlung des Detektivs für bestimmte Wahrnehmungen und die suggestive Kraft des Wunsches, die entsprechenden Wahrnehmungen zu machen.

Die Aufgabe der Polizei stellt sie auf die Straße und beschränkt den Bureaubetrieb auf das unumgänglich Notwendige. Weder für einen Staatsanwalt noch für das lediglich zuhörende Gericht müssen von der Polizei Akten hergestellt werden. Der Bureaubetrieb vollzieht sich daher in den einfachsten Formen kaufmännischer Buchführung in Beschränkung auf Bücher, Register und Auszüge. Akten

---

schaft zu geben vermöge, im Hinblick auf einen Prozeß hören wolle, so habe der Superindentent oder Inspektor eine passende Stunde für die Abhör auf der Divisionsstation zu bestimmen, gleichviel ob Kläger oder Beklagter darum ersuche.

[1]) Im Central Criminal Court in London benannte im letzten Sommer ein Angeklagter einen Entlastungszeugen. Richter: „Haben Sie einen Solicitor?" — Ja! — „Haben Sie ihm den Namen des Zeugen genannt?" — Ja! — „Der Zeuge ist aber nicht hier und wen ein Solicitor nicht findet, der ist überhaupt nicht zu finden."

in unserem Sinne gibt es, abgesehen von den Verbrecherpersonalakten an der Zentralstelle, überhaupt nicht. Auf den gewöhnlichen Polizeistationen werden nur etwa ein Dutzend Bücher und Register geführt (auf den Berliner über 70!), dazu auf der Divisionsstation in den Grafschaften noch ein Dutzend weitere Register und Listen, in London noch ½ Dutzend mehr. Des Näheren wird auf Budding verwiesen. Die Zahl der Bücher und Register schwankt, aus der Arbeit der Polizei ergibt sich aber folgendes überall wiederkehrende Schema:

Der Dienst des Einzelnen und dessen Zeitdauer ist aus dem Duty Book nebst Time Book ersichtlich. Der Constable berichtet alle bemerkenswerten Begebenheiten des Dienstes sofort auf der Station: Eintrag ins Occurrence Book in aller Kürze in Form unserer an die Presse gehenden Polizeiberichte, und führt einen Festgenommenen, falls die Friedensrichter nicht sitzen, auf der Station vor. Dort wird die Beschuldigung angehört und entweder aufgenommen: Eintrag ins Charge Book in Registerform, wobei der Beschuldigte bis zur Verhandlung am andern Morgen in Haft bleibt und ihm alle mitgeführten Gegenstände abgenommen werden: Eintrag ins Prisoners Property Book, soweit er nicht gegen Sicherstellung entlassen wird: Eintrag ins Bail Book. Oder wird die Beschuldigung zurückgewiesen: Eintrag ins Refused Charge Book. Die Ergänzung bilden das Register der Vermißten, auf die behufs Verhütung von Verbrechen mit gleicher Energie zu fahnden ist, wie wenn ein Verbrechen begangen ist: Persons Missing Register, das Verzeichnis verlorener oder gestohlener Gegenstände: Property Lost Book und das Verzeichnis gefundener und verlorener Hunde: Dogs Found And Lost Book. Bemerkenswert ist, daß aus dem Charge Book die schweren Verbrechen behufs Erleichterung des Kriminaldienstes, des Zentralapparats und der Statistik hervorgehoben und in ein besonderes Felony Book übertragen werden. Dazu kommt bei vielen Polizeiorganisationen, z. B. in Manchester, ein Vorstrafenregister, geführt als Namensregister mit Anfügung der Vorbestrafungen und ihres Datums, soweit sie im Polizeibezirke erlitten wurden; außerhalb erlittene Vorstrafen werden eingetragen, soweit sie bekannt werden, müssen aber vor Gericht regelmäßig durch einen die frühere Vorbestrafung und die Identität bezeugenden Polizeibeamten bewiesen werden — ein Grund mehr, weshalb der Beruf des Constable zum Lebensberuf gestaltet ist. — Von den Divisionsregistern ist das Verzeichnis der vermutlich Geisteskranken zu nennen; im übrigen dienen sie der Kontrollierung der Division durch den Superintendenten, dem Ausweis über die ziemlich selbständige Verwaltung und Geschäftserledigung der Division und der Registrierung der konzessionspflichtigen Berufe.

Dieser einfachen kaufmännischen Geschäftsbehandlung entspricht die übersichtliche zweckmäßige Anordnung der Räume in den Polizeistationen, die möglichst zu ebener Erde mit Klapptüren und ohne Stufen zugänglich sind und wie großkaufmännische Bureaus anmuten. Sie besitzen meist auch einen besonderen ordentlichen Verhandlungsraum. Den modernsten Typ stellt die neue Police Station an der Towerbrücke dar.

7. Die Tätigkeit der Polizei bei strafrechtlichem Einschreiten insbesondere und die Durchführung des akkusatorischen Verfahrens.

In England ist die Idee der fortdauernden Verbrechensrepression, wie auch die von Jahr zu Jahr einen Rückgang zeigende Statistik ausweist, wohl am energischsten in die Tat umgesetzt. Das Streben geht auf fortdauernde Überwachung der Straßen und der kriminellen Bevölkerung, um die Begehung des Verbrechens zu verhüten, die sichere und möglichst unmittelbare Entdeckung eines begangenen Verbrechens zu gewährleisten und so den Verbrecher abzuschrecken. Die Polizei soll also in erster Linie strafrechtliches Einschreiten möglichst selten machen und kann sogar Leute, von denen Friedensbruch mit unmittelbarer Gewalttat zu befürchten ist, festnehmen, bis die Gefahr vorüber ist, so bei Bedrohung mit Totschlag.

Neben den allgemeinen Bestimmungen über vorbeugende Tätigkeit bestehen eine Menge besonderer, namentlich über das Verhalten bei Bränden, über Anhalten und Durchsuchen von Personen, die unter verdächtigen Umständen oder zu ungewöhnlichen Zeiten betroffen werden über Verhinderung von Preiskämpfen, über Aufmerksamkeit auf Briefkästen und häufige genaue Untersuchungen ihrer Öffnungen, über Aufmerksamkeit auf aushängende Wäsche und über Warnung der Eigentümer. Taschendiebe müssen die Constables kennen und besonders im Auge behalten. Unzüchtige Handlungen dürfen sie nicht vollenden lassen, sondern haben sie zu verhindern. Besondere Wachsamkeit ist unbewohnten Häusern zuzuwenden; eine Liste solcher Häuser ist auf den Polizeistationen auszuhängen und fortlaufend zu ergänzen. Wo sonst Tore oder Türen offen gefunden werden, sind die

29*

Eigentümer sofort zu benachrichtigen, kurz, immerwährende Wachsamkeit und Hilfsbereitschaft wird vom Constable verlangt. Jede Wahrnehmung ist sofort zu notieren und zunächst dem patrouillierenden Vorgesetzten oder Detektiv, später auf der Station zu berichten. — Besonders geschätzt wird es vom Publikum, daß bei der großen Menge verkehrspolizeilicher Übertretungen regelmäßig ein ruhiges Abmahnen seitens des Constable erfolgt und daß er erst einschreitet, wenn dieses erfolglos sein sollte.

Vom strafrechtlichen Einschreiten selbst ist zu sagen:

a) Die übliche Einleitung des Verfahrens durch Festnahme behufs Vorführung vor Gericht und die Verantwortung des Polizeibeamten oder des privaten Anklägers hat bei dem englischen Freiheitsgefühl große Vorsicht der Polizei und des Publikums bewirkt. „Eine Person der Freiheit zu berauben, ist eine sehr ernste Sache, und große Umsicht ist in unbedeutenden Fällen erforderlich, wo eine Privatperson eine andere einer Straftat beschuldigt", sagt das M. P. I. Book. „In vielen Fällen ist es weit besser den Parteien zu überlassen, bei Gericht einen Haftbefehl zu beantragen (so wenn Zweifel bezüglich des Täters bestehen oder dem Verletzten mehr an Zurückerlangung seines Eigentums als an der Aufrechthaltung des Gesetzes liegt). Wo Name und Adresse des Übeltäters bekannt sind [1]), ist Erwirkung einer Vorladung der Verhaftung vorzuziehen." Denn wenn auch mit Begehung einer Straftat die Vorfüh-

[1]) Da dies verhältnismäßig selten der Fall ist, insofern die englische Freiheit keine Meldepflicht, keine Pflicht den richtigen Namen zu führen usw. duldet, so wird als Korrelat die Häufigkeit der Festnahmen ohne Murren hingenommen; zu beachten ist, daß das englische Verfahren einen Mann vom Beginn des Strafverfahrens bis zur Beendigung der Strafvollstreckung nur einmal aus seinem Berufe reißt, während wir ihn durch Vorladungen, Vernehmungen, Hauptverhandlung, Ladung zum Strafantritt usw. in kleinsten Dingen oft monatelang hinziehen müssen, in der Arbeit stören oder an der Erlangung von Arbeit hindern; da kann man wirklich fragen, ob unser System, abgesehen von seiner Zwecklosigkeit und seiner Zeit- und Kraftvergeudung barmherziger ist. Zudem sind fast ein Drittel der englischen Strafsachen Trunkenheitsfälle, wo die Leute ohnedies über Nacht aufgehoben werden müssen; am folgenden Morgen werden sie abgeurteilt, bezahlen ihre Geldstrafe unmittelbar und sind fertig.

rungspflicht der Polizei erwächst, so kann doch von Vorführung abgesehen werden, wo ihr Zweck — die Gestellung vor den Friedensrichter — anderweit gewährleistet ist.

Festnahme[1]) ist in vielen Fällen auch der Polizei nicht ohne richterlichen Haftbefehl[2]) möglich; der Constable muß ihn bei sich führen, sonst ist die Festnahme ungesetzlich. Die Materie ist ziemlich kompliziert, muß aber von jedem Constable genauestens beherrscht werden, obwohl allein das Recht zur Festnahme, wie es im M. P. I. Book in Kürze dargestellt ist, dort über 20 Druckseiten umfaßt. Der Schutz der persönlichen Freiheit und der Schutz der Allgemeinheit haben hier einen Kompromiß geschlossen. Bezüglich der Festnahme ohne Haftbefehl lehrt z. B. das M. P. I. Book:

Zu unterscheiden sind die Befugnisse nach gemeinem[3]) und die nach statutarischem Recht. Nach gemeinem Recht kann ein Constable festnehmen, wenn irgend ein Friedensbruch[4]) in seiner Gegenwart verübt wird, oder wenn er vernünftigen Verdacht[5]) der Begehung einer Felony hat (gleichviel ob sie tatsächlich begangen ist oder nicht), oder glaubhafte, eventuell telegraphische Mitteilung einer solchen erhält, während eine Privatperson auf vernünftigen Verdacht einer tatsächlich begangenen Felony festnehmen darf und wegen einer in ihrer Gegenwart tatsäch-

---

[1]) Vgl. Archbold, 23. Aufl., S. 893 ff.; Weidlich, Strafprozeßpraxis S. 7, 31 ff.; Liepmann & Mannhardt, oben S. 287 ff.

[2]) Richtiger Vorführungsbefehl. Wir denken unwillkürlich an unseren Haftbefehl, der sich auf dringenden Verdacht stützt und von Untersuchungshaft gefolgt ist, während der englische Warrant nur zur Gestellung vor den Richter führt und nur in der kleineren Zahl der Fälle durch Remand oder Commitment von Haft gefolgt wird.

[3]) Die allgemeine Regel ist: ein Constable soll niemand festnehmen „unless some specific act has been committed by which the law has been broken for which a right of apprehension exists".

[4]) Wo, wie hier, von verschiedenen Arten von Straftaten die Rede ist, umfaßt Friedensbruch nur die eigentlichen Offences against the Public Peace wie Riot, Unlawful Assembly usw.

[5]) Die Frage des vernünftigen Verdachts ist Rechtsfrage und ihre Entscheidung nicht der Jury zu überlassen, Archbold S. 894.

lich verübten Felony oder schweren Verwundung festnehmen muß, sonst sich aber an die Polizei oder das Gericht zu wenden hat, soweit nicht das Gerüfte (hue and cry) zur Verfolgung eines Felon auf frischer Tat erhoben wird (z. B. Stop Thief!), was jedermann zur Verfolgung und Festnahme verpflichtet. Wo eine Festnahme umsichtig und ehrlich in Verfolgung eines Felon, nicht aus persönlichem Übelwollen erfolgt, wird der Constable jederzeit vom Gesetz geschützt. Er hat die Verpflichtung zur Festnahme überall und zu jeder Zeit, also auch in fremdem Bezirk und in seiner Freizeit zu erfüllen. Bei Misdemeanours und sonstigem Friedensbruch ist im Zweifel zuvor ein Haftbefehl zu erwirken, soweit es sich nicht um den Versuch eines schweren Verbrechens oder um Entweichen eines Festgenommenen handelt. — Statutarisch kann die Polizei festnehmen auf Grund der Larceny Acts von 1861 und 1896, des Malicious Damage Act von 1861, des Coinage Offences Act von 1861 usw. [1]). Sodann kann auf Grund des Prevention of Offences Act von 1851 jedermann einen Menschen, der zur Nachtzeit irgendeine ordentliche Straftat (indictable offence) begeht, ohne weiteres festnehmen (Prevention of Offences Act 1851). Wegen kleinerer Straftaten, namentlich Übertretungen gestatten der Polizei und den Verletzten, sowie bestimmten Dritten Festnahme die M. P. Acts für London, zahlreiche Parlamentsakte für das sonstige

[1]) Kein Haftbefehl ist erforderlich zur Festnahme folgender hauptsächlicher Straftaten: Abduction, Abortion, Accessories to Crime before the fact, Accusation of Crime to obtain money, Arson (Incendiary Fires), Aggravated Assaults, Attempted Murder or other attempted felonies, Bestiality, Bigamy, Burglary, Coining, Conspiracy to commit Felony, Throwing of Corrosive Fluid, Making or Uttering Counterfeit Coin, Damaging Bridges, Monuments and Works of Art Maliciously, Demanding money with Menaces, Embezzlement, Escape from Custody, Unlawful Use or Possession of Explosive Substances, Extortion, Shooting Fire Arms or Attempting to Discharge at Persons, Forgery, Placing Gunpowder to endanger Life or Property, Housebreaking, Horse-stealing, Larceny by any means, Malicious Injuries to Person or Property, Manslaughter, Murder, Rape, Receiving stolen goods, Rescue from Custody, Suppression of Riot, Robbery, Sacrilege, Sodomy, Threatening Letter Writing, Wounding.

England und insbesondere für die Städte, sodann sind die Vagrancy Acts, die Licensing Acts, die Tier- und Kinderschutzgesetze zu nennen. Im Verkehrsinteresse besteht ferner auf Landstraßen, Eisenbahnen, Schiffen, in Königlichen Parks und Gärten usw. ein erweitertes Festnahmerecht. Schließlich sind die vorläufig Entlassenen und die unter Polizeiaufsicht Stehenden in erweitertem Maße der Festnahme ohne Haftbefehl unterworfen (Prevention of Crimes Acts 1871 und 1879 und Penal Servitude Acts 1853 bis 1891), doch sind sie möglichst schonend zu behandeln (s. Budding S. 58) und das Bemühen, sie abzuschieben (Hauptmann von Köpenick), ist in England unbekannt[1]).

In allen diesen Fällen hat der Constable nicht nur das Recht, sondern auch die Pflicht einzugreifen. Die Polizei arbeitet somit in den schwersten Fällen und bei Gefährdungen des Verkehrs mit einem Offizialprinzip; in all den vielen unbedeutenden Vergehen des täglichen Lebens dagegen und da, wo es sich um Verletzung privater Interessen oder mehr um Wiedererlangung entzogenen Guts als um Bestrafung handelt, ist das Publikum auf Gesuche um Erlaß von Warrant oder Summons bei Gericht angewiesen, die regelmäßig in öffentlicher Gerichtssitzung mündlich anzubringen sind. — So zeigt auch die Arbeit der Polizei den typischen Unterschied des englischen, französischen und deutschen Charakters. Die englische Polizei dient einerseits der Ermöglichung reibungslosen Verkehrs, andererseits der Verfolgung des schwereren Verbrechens. Die französische ist den Übertretungen des Verkehrs wie überhaupt kleineren Straftaten gegenüber etwas gleichgiltig, arbeitet aber in schweren Sachen, die den Ehrgeiz locken, mit großem Elan (so das Urteil von Beamten der Pariser Polizeipräfektur mir gegenüber im Jahr 1903). Die deutsche endlich ist in Kleinigkeiten groß. Wir behandeln das Kleinste wie das Größte mit

[1]) Littler z. B. hat in 18 Jahren keinen Fall erlebt, wo die polizeiliche Überwachung einen vorläufig Entlassenen oder unter Polizeiaufsicht Gestellten geschädigt hätte, M. P. C. Report Bd. III S. 1055.

übermäßiger Schreiberei, bauschen so das Kleine übermäßig auf und verlieren Kraft und Zeit für das schwere Verbrechen.

Die Festnahme ist korrekt und schonend zu bewirken; Aufsehen und Gewaltanwendung ist zu vermeiden, ebenso im allgemeinen das Eindringen in Häuser ohne Warrant[1]). Widerstand ist unbedingt zu brechen. Im allgemeinen soll der Constable den Festzunehmenden nur am Arme fassen und so führen. Betrunkene oder Bewußtlose sind mit großer Sorgfalt zu führen, eventuell ist nach der Ambulanz zu pfeifen. Auf der Polizeistation ist gleiche Sorgfalt zu üben; in einem Falle war ein Betrunkener dort vom Stuhl gefallen und hatte sich verletzt; der Richter tadelte die Polizei aufs schärfste. Die Divisionsärzte sind in liberalster Weise beizuziehen. Besondere Umsicht bei Festnahmen wird belohnt (M. P. Act 1829 s. 12).

b) Das Wichtigste ist die strenge Durchführung des reinen akkusatorischen Verfahrens mit seiner Achtung der Würde der Persönlichkeit bei der Polizei. Bei der Polizei, bei dem ersten Angriff des Verbrechens liegt die wichtigste Garantie des Verfahrens; hier wird es entweder verpfuscht und mit Konfliktskeimen für seinen späteren Gang durchsetzt oder seine glatte Erledigung ermöglicht. Ein strafprozessuales System muß nicht zuletzt darnach beurteilt werden, wie es in den Händen nicht nur der höchsten geistigen Kräfte, sondern vor allem der subalternen Kräfte wirkt und wie sein Geist von subalternen Kräften erfaßt wird. Inquisitorisches Verfahren, die Vernehmung des Beschuldigten als Beweismittel gegen sich selbst, ist in

1) So die Instruktion des Home Office. Der Constable soll es nie tun, außer wenn es sich um „extreme cases" handelt und sofortige Festnahme notwendig ist. Das Eindringen in Privathäuser ist — von verschiedenen Ausnahmen abgesehen — nur behufs Festnahme, nicht behufs allgemeiner Nachforschung nach Beweismitteln zulässig. General Warrants sind heute ungesetzlich. Von Zeit zu Zeit bleibt aus diesem Grunde ein Mord unentdeckt; man hält es aber für besser, einige unentdeckte Verbrechen zu haben, als durch Erweiterung des Nachforschungsrechts dem Detektiv ausgeliefert zu sein.

England stets als Mißbrauch politischer Macht verhaßt gewesen und auch in der Hand des Richters nicht ertragen worden, geschweige denn in der Hand subalterner Kräfte. Die charakteristischen Züge des Verfahrens werden von subalternen Kräften naturnotwendig gesteigert und verschärft. Im Hauprozesse hat der Untersuchungsrichter nach seiner Aussage im Molitorprozeß beschlossen, Hau möglichst oft zu vernehmen, um ihm keine Zeit zur Besinnung zu lassen, und was da erst von der Polizei in solchen Vernehmungen Beschuldigter gesündigt wird, vermag man nur schaudernd zu ahnen; die naturgemäße Folge ist, daß sich die Öffentlichkeit, nicht nur der Mob, blindlings schützend zwischen die Justiz und ihr Opfer stellt. In England ist der akkusatorische Charakter des Verfahrens bei der Polizei vollendet durchgeführt und es ist kein Zufall, daß uns gerade die Polizeibeamten mit einer fast ermüdenden Stereotypheit wiederholt haben, man könne nie zu fair gegen einen Beschuldigten sein; die Folge ist, daß die Öffentlichkeit willig zur Festnahme und Überführung des Verbrechers mithilft.

Die würdige Behandlung des Festgenommenen als Partei und die Ermöglichung der Einnahme eines besonnenen, überlegten Parteistandpunktes durch ihn ist sorgfältig gesichert und überwacht. Gerade ein rasches Verfahren muß diese Garantien bieten, die auch allein eine genügende Vorbereitung der Hauptverhandlung ermöglichen. Nicht dadurch, daß man einen Beschuldigten durch Inquirieren schon in der ersten Aufregung von Position zu Position, von Ausflucht zu Ausflucht treibt und so das Beweisthema durch unbeschränkte Erweiterung der „zu widerlegenden“ Behauptungen vervielfacht, kommt man in Vorverfahren und Hauptverfahren weiter, sondern allein dadurch, daß man dem Beschuldigten wie dem Beklagten im Zivilprozesse ehrlich ermöglicht, zu einem festen Parteistandpunkt zu gelangen. Er muß von Anfang an wissen, um was es sich handelt. Vor der Festnahme hat der Constable, wenn er in Zivil ist, dem Beschuldigten zu sagen, daß er Polizeibeamter ist. Dann hat er die Festnahme durch die Worte: „Ich nehme Sie fest wegen .....“ zu bewirken. Der Gebrauch volkstümlicher Redewendungen (slang) wird bestraft. Soweit der Constable auf Grund Haftbefehls handelt, hat er diesen dem Festgenommenen zu dessen Information, nicht zur Erzielung einer Antwort möglichst bald vorzulesen. Befragung des Beschuldigten ist nur ausnahmsweise, nämlich zur Feststellung der Identität, nötigenfalls auch zur Beseitigung unvollständiger Verdachtsgründe zulässig [1]). Fragen behufs Überführung sind unzulässig. Die darauf erteilten Antworten werden bei Gericht nicht als Beweis zugelassen; strengste Rüge ist sicher. Dagegen hat der Constable schweigend jedes Wort zu merken und zu notieren, das der Beschuldigte bei Eröffnung der Beschuldigung und auf dem Wege zur Station spontan

---

[1]) Das M. P. J. Book erläutert das im Anschluß an gerichtliche Entscheidungen so: Befragung ist gerechtfertigt: „1. Wo vernünftiger Verdacht zur Rechtfertigung der Festnahme unvollständig ist und von der Natur der Antwort abhängt, welche den Verdacht beseitigen oder vermindern kann. Die Ermöglichung solcher Aufklärung ist kein Grund zur Rüge, wenn sie ohne den auch nur mittelbaren Wunsch geschieht, den Verdächtigen zu fangen, selbst wenn die Antwort tatsächlich den Verdacht bestärkt statt ihn zu entwaffnen. 2. Wo die Befragung sich auf die Identität bezieht und nicht auf Schuld oder Unschuld abgesehen von der Identität. Diese selten vorkommende Unterscheidung .. muß klar verstanden werden: Wenn die Polizei vernünftigen, die Festnahme von A voll rechtfertigenden Verdacht oder einen Haftbefehl gegen A hat, aber nicht sicher ist, ob der Angetroffene A ist, so läuft sie Gefahr nach dem Gesetz; denn wenn sie einen Fehler hinsichtlich der Identität macht und fälschlich den B im Glauben, er sei A, festnimmt, kann sie die Festnahme gegen Klage des B nicht rechtfertigen. Wenn die Antwort des B sie irregeführt hat, der den Verdacht bezüglich der Identität hätte aufklären können, so würde B, obwohl seine irreführende Antwort die Polizei nicht unbedingt gegen die Folgen einer irrtümlichen Festnahme schützt, immerhin keinen erheblichen Schadensersatz geltend machen können; denn wenn er durch eine unumwundene richtige Antwort gezeigt hätte, daß er nicht A sei, wäre er nicht festgenommen worden. Andererseits kann A sich über eine Frage nach seiner Identität zum Unterschied von Fragen nach Schuld oder Unschuld nicht beklagen. Ein solcher Fall darf nicht verwechselt werden mit der Festnahme von A auf vernünftigen Verdacht, wenngleich er nachher als unschuldig erwiesen wird.“

äußert. Man hält so das wertvolle psychologische Moment fest[1]).

Der auf Grund Haftbefehls Festgenommene ist auf der nächsten Station in Verwahrung zu geben, bis er vor Gericht gestellt werden kann. Der ohne Haftbefehl Festgenommene ist möglichst mit den Zeugen zur Station zu bringen; dort findet mit ihm eine streng ordnungsmäßige akkusatorische Verhandlung vor dem Stationsbeamten (Inspektor oder Sergeant, seltener Superintendent) statt[2])[3]). Der Constable trägt den Sachverhalt der Festnahme vor. Etwaige sonstige Zeugen werden vernommen, mehrere Polizeizeugen auf Wunsch gesondert. Die Aussagen werden nicht protokolliert. Der Beschuldigte kann Fragen stellen und eine Aussage (statement) machen. Dann wird über Aufnahme oder Abweisung dər Beschuldigung entschieden, — Eine Aussage darf von niemand aus dem Beschuldigten herausgeholt werden. Irgendwelches Versprechen oder sonstiges Einwirken auf den Beschuldigten ist unzulässig. Der Beschuldigte ist vielmehr wie von den Friedensrichtern zu verwarnen, daß was er sage, als Beweis gegen[4]) ihn verwendet werden könne; seine daraufhin etwa erfolgenden

---

[1]) Daß dies vollständig unparteiisch, zu Gunsten wie zu Ungunsten des Beschuldigten erfolgt, und von diesem äußerst selten angefochten wird, bezeugen z. B. Dunning, Littler und Bower, M.P.C. Report Bd. III S. 902, 1055, 1122.

[2]) Summary Jurisd. Act 1879 s. 38, dazu M.P. Act 1839 ss. 69 bis 71 und M.P.J. Book S. 251—55. Hiernach, sowie nach dem Gutachten der Kronjuristen vom 18. April 1907 ist die Stellung des Stationsbeamten keine richterliche (magisterial), sondern nur die eines Constable (die Commissioners der M.P. allein haben beschränkte friedensrichterliche Stellung). Er hat das jedem C. zustehende Ermessen exekutiven Charakters und zugleich als Vorgesetzter die Möglichkeit, jeden Mißbrauch oder Fehler des festnehmenden C. bei der Nachprüfung der Berechtigung der Festnahme sofort zu heilen und die weitere Verfolgung einer aussichtslosen Sache einzustellen. Deshalb legt die M.P.C. S. 40 dem Verfahren im Charge Room „äußerste Wichtigkeit" bei.

[3]) Zu weitgehend findet die M.P.C. S. 110 die Nötigung des den Aufruf erwartenden Beschuldigten zum Sitzen.

[4]) Die Worte „für ihn" anzufügen, wäre eine unzulässige Einwirkung.

freiwilligen überlegten Aussagen sind aber genau niederzuschreiben und dem Richter bei der Verhandlung zu berichten; es handelt sich also nicht um ein Mundverbinden, sondern um Ermöglichung der Einnahme eines überlegten Parteistandpunktes auf Grund dessen nötigenfalls sofort weiterer Beweis beigebracht wird.

Diese dem Engländer so außerordentlich wichtigen Fragen sind von einer Reihe gerichtlicher Entscheidungen behandelt. Die viel zu Unrecht angefeindete Law of Evidence[1]) schließt die Berücksichtigung jeder durch unzulässige Befragung oder sonstige Einwirkung erlangten Einräumung des Angeklagten aus. Einer der „Leading Cases" — Rex v. Mick von 1863 (3 F. & F. 822) sagt: „Das Gesetz hat Beschuldigte mit starken Garantien gegen Erpressung von Geständnissen umgeben und den Friedensrichtern ist nicht erlaubt, sie zu vernehmen oder zu fragen, was sie zu sagen haben; und es ist nicht Sache der Polizei, solches zu tun. Das heißt die Funktionen der Friedensrichter annehmen ohne die Vorsichtsmaßregeln, welche diese nach dem Gesetze anzuwenden haben, und Funktionen annehmen, welche den Friedensrichtern, und ihnen allein, anvertraut sind." Im Falle Rex v. Fennell von 1881 (7. Q. B. D. 147) hatte der Verletzte zu dem Beschuldigten in Gegenwart eines Polizeiinspektors gesagt: „Wenn das so ist (wie der Inspektor mir sagt), so würden Sie besser die Wahrheit sagen; es kann besser für Sie sein" und der Court for Crown Cases Reserved hatte die in erster Instanz erfolgte Zulassung der hierauf erfolgten Einräumungen des Beschuldigten umgestoßen. Dagegen ist eine einfache Verwarnung des Beschuldigten, die Wahrheit zu sagen, wenn er etwas sagen wolle, an sich zulässig, begegnet aber dem Mißtrauen des Richters und wird daher nicht geübt. Vgl. auch Rex v. Baldrey von 1852 (2 Denison 430). Im letzten Jahre wurde eine Befragung auf einer Polizeistation bekannt und sofort scharf gerügt.

---

[1]) Unzutreffend Weidlich, Strafprozeßpraxis S. 43. Nicht Abschaffung, sondern weniger starre Handhabung in Einzelfällen ist erforderlich.

c) Bei der Aufnahme der Beschuldigung hat sich der diensttuende Beamte zu vergewissern, daß es sich tatsächlich um eine Straftat handelt, und daß vernünftige Beschwerdegründe und zwar gerade gegen den Beschuldigten vorliegen. Genaues persönliches Eingehen auf den Fall wird gebieterisch verlangt. Bei einem Constable, der oft ohne viel Zeit zur Überlegung zu handeln hat, werden Versehen entschuldigt, aber von dem diensttuenden Stationsbeamten, einem älteren und erfahrenen Manne, wird keine bereitwillige Entgegennahme einer Anklage seitens des Constable, sondern wie von einem Richter geduldiges und aufmerksames Anhören des Falls und erforderlichenfalls sorgfältigste Untersuchung bei Gefahr ernster Verantwortung erwartet. Nimmt der Stationsbeamte die Anklage auf, so hat er, sofern er es mit einem hinreichend zurechnungsfähigen Beschuldigten zu tun hat, darauf zu achten, daß derselbe über die gegen ihn erhobene Anklage genau unterrichtet wird; insbesondere ist ihm stets die aufgenommene Anklage vorzulesen und jeder etwaigen Erklärung von seiner Seite Aufmerksamkeit zu schenken[1]). Diese korrekte Art der mündlichen Verhandlung auf den Polizeistationen vor einem höheren Polizeibeamten ist der Grund für den überaus glatten Verlauf der Verhandlung vor dem Friedensrichter, wo der an unsere einseitigen Polizeiermittlungen Gewöhnte Hast, Verkürzung der Verteidigung, Aburteilung von Leuten, die kaum wissen, um was es sich handelt, und sonstige Barbareien sehen zu müssen glaubt. Wer in England schuldig plädiert — und das ist die Mehrzahl — weiß genau, um was es sich handelt und welcher Beweis gegen ihn vorliegt, und wo je ein Zweifel bestehen könnte, weist der Richter den Angeklagten an, Nichtschuldig zu plädieren.

---

[1]) Das Statement des Besch. wird seither meist nur in ordentlichen Straffällen aufgenommen, sonst begnügt sich der mit dem Fall befaßte Constable mit einem Eintrag in sein Taschenbuch. Die M.P.C. S. 108 ff. wünscht Aufnahme durch den Stationsbeamten möglichst in allen Fällen, obschon dies vom Commissioner als untunlich bezeichnet wird.

Besondere Umstände des Falls hat die Polizei jederzeit zu berichten; es ist das eine von den Gerichten entsprechend der Entwicklung ihrer Fürsorgetätigkeit immer nachdrücklicher verlangte Ehrenpflicht der Polizei, der in weitestgehendem Maße entsprochen wird. Soweit es sich nicht um einfache Straßenpolizeiübertretungen handelt, informiert sich die Polizei genauestens über die persönlichen Verhältnisse des Beschuldigten und zwar über Ehrenhaftigkeit, Nüchternheit, Arbeitsamkeit, Verdienst, Lebenshaltung, Umgang und etwaige ehrbare Auskunftspersonen, die nötigenfalls vor Gericht geladen oder vom Gerichtsmissionar angegangen werden können. Namentlich ist es auch Ehrenpflicht der Polizei, das zu ermitteln, was zugunsten des Beschuldigten sprechen kann. Ausdrücklich vorgeschrieben ist zwar umfassende Nachforschung nach Verhältnissen und Vergangenheit eines Beschuldigten nur bei Überweisung an die Schwurgerichte, doch wird sie allgemein geübt, und es ist selten, daß ein Constable eine Frage des Gerichts nach den Verhältnissen eines seiner Persönlichkeit nach festgestellten Beschuldigten nicht beantworten kann; eventuell wird vertagt. Soweit es sich um Angehörige seines kleinen Bezirks handelt, hat der Constable ohnedies orientiert zu sein; er wacht ja in der Hauptsache auf der Straße, hat auf das passierende Publikum, auf alles ihm verdächtig Erscheinende zu achten; er kann in den Dienststunden seine Vorgesetzten, in seiner Freizeit seine Bekannten befragen und ist bald unauffällig genau informiert; jede wichtigere Information wird Gemeingut der Station; das Wesentliche geht an die Division weiter und das Wichtigste an die Zentralstelle[1]).

Die Formulierung der Beschuldigung seitens des diensttuenden Beamten erfolgt mit großer Gewandtheit, zumal bei Übertretungen deren Bezeichnung genügt (z. B. Found drunk and disorderly) und sonst nur kurze Angabe der wesentlichen Tatsachen in der juristischen

[1]) Das große Gewicht, das die Richter diesen polizeilichen Erhebungen beilegen, ist oben S. 236 treffend hervorgehoben. Dieses Gewicht ist aber in der Tat durch die vorzügliche, gründliche Arbeit der Polizei gerechtfertigt. Vgl. auch oben S. 274, 299.

Formulierung erfordert wird, wie sie den englischen Gesetzen zum praktischen Gebrauch angefügt zu sein pflegt. Die Namen der Zeugen sind beizufügen. Schließlich ist die Anklage vom Ankläger zu unterschreiben. Wenn der private Ankläger dies verweigert, so wird der Festgenommene entlassen und der Fall nicht weiter verfolgt, sofern nicht etwa der festnehmende Constable die Begehung der Straftat gesehen hat; in diesem Falle hat der Constable die Anklage zu unterschreiben, Name und Adresse des privaten Anklägers sind jedoch festzustellen, und erforderlichenfalls ist seine Vorladung als Zeuge bei Gericht zu erwirken. Wird ein Fall entlassen, so ist im Refused Charge Book ein möglichst kurzer und klarer Eintrag zu machen. In Fällen mit Todesfolge ist Zurückweisung nur zulässig, wenn nicht der leichteste Beweis für böses Verhalten oder Nachlässigkeit vorliegt.

d) Durch die Entgegennahme der Beschuldigung geht der Festgenommene ohne weiteres in den Polizeigewahrsam bis zur Stellung vor Gericht über[1]). Findet gerade Gerichtsverhandlung statt, so ist er sofort vorzuführen; sonst ist er über Nacht in Gewahrsam zu halten, sofern er nicht gegen Sicherheitsleistung — Bail genannt — auf freien Fuß gesetzt wird, was ins Bail Book einzutragen ist. Vgl. Summary Jurisd. Act 1879 s. 38, M.P. Acts 1829 s. 9 u. 1839 ss. 70-72 u. M.P.J. Book S. 270—72.

Bail ist im polizeilichen Verfahren die unter pekuniärer Haftung seitens des Beschuldigten oder dritter Personen übernommene Garantie für das Erscheinen des Beschuldigten vor Gericht. Sie kann vom Stationsbeamten sogar bei unbedeutenden Felonies zugelassen werden. Die Polizei soll damit möglichst liberal sein; sie hat auf Wunsch des Beschuldigten seine Freunde oder Angehörigen sofort durch Boten oder Telegramm zu benachrichtigen, damit sie Bürgschaft leisten können, sofern der Beschuldigte nicht gegen bloße schriftliche Verpflichtung (recognizance) freigelassen wird. Geld oder andere Gegenstände sind nicht als Bail anzunehmen. Die Zurückweisung eines Antrags auf Freilassung ist mit Gründen ins Occurrence Book einzutragen.

---

[1]) Der Festgehaltene wird fast unweigerlich durchsucht, d. h. es werden ihm die Taschen geleert. Die M.P.C. S. 44, 110 empfiehlt die Beschränkung auf die Fälle, wo es wegen Safe Custody oder wegen vermutlichen Besitzes tödlicher Waffen oder unrechtmäßig erlangten Gutes Rechtens ist.

Eine korrekte Behandlung des Beschuldigten ist auf den Polizeistationen auch abgesehen von der Verhandlung über die Anklage gesichert. Eine Unterhaltung von Polizeibeamten darf in Gegenwart des Beschuldigten nicht stattfinden; irgendwelche ungehörigen Ausdrücke oder höhnischen Bemerkungen dürfen nicht gebraucht werden. Unterhaltungen von Polizeibeamten mit Beschuldigten über irgendeinen Gegenstand sind verboten.

Nach englischem Beweisrecht darf niemand vor dem Spruch der Jury oder des Gerichts als Schuldiger behandelt werden. Der festgehaltene Beschuldigte darf so wenig Unbequemlichkeit wie möglich unterworfen werden. Durchsuchung nach Beweismitteln ist zwar zulässig, sonst soll die Entleerung der Taschen des Beschuldigten nur zur Sicherung, namentlich Betrunkener, gegen Verletzung dienen. Die peinliche Reinlichkeit der Polizeizellen berührt überall angenehm; die Zellen sind jede Stunde, und sofern Betrunkene darin untergebracht sind, jede halbe Stunde zu visitieren. Nasse Kleider Beschuldigter sind auf Wunsch zu trocknen. Auch wer nur wenige Stunden festgehalten wird, ist mit Waschwasser und zwei reinen Handtüchern zu versehen. Weibliche Beschuldigte stehen meist unter der ausschließlichen Obhut einer weiblichen Gefangenenwärterin. Schließlich hat das Home Office angeordnet:

„Jeder Person, die von der Polizei auf Verdacht festgenommen ist und für längere oder kürzere Zeit in Polizeigewahrsam bleibt, sollen unmittelbare und ausgedehnte Möglichkeiten zum Verkehr mit Freunden und Rechtsbeiständen gewährt werden. Eine solche Person soll auf ihr Ersuchen mit Schreibmaterial versehen werden, und ihre Briefe sollen von der Polizei bei Post oder sonstwie mit geringstmöglichem Verzug abgesendet werden; auch Telegramme sollen auf Wunsch und Kosten des Gefangenen sofort abgesendet werden." — „Ein ausländischer Gefangener soll unmittelbar durch Brief oder Telegramm mit Botschaft, Gesandtschaft oder Konsulat seines Landes verkehren dürfen."

e) Zur Hauptverhandlung vor den Friedensrichtern hat die Polizei den Beschuldigten und die Zeugen zu stellen. Das Charge Sheet, der Auszug aus dem Charge Book, ist zur Bewirkung der nötigen Einträge im Gerichtsbuch morgens, spätestens ½ Stunde vor Beginn der Sitzung auf die Gerichtsschreiberei zu bringen.

In den von der Polizei aufgenommenen Fällen ist es Regel, daß der ganze Beweis bis zum Beginn der Sitzung gesammelt ist und die Zeugen formlos geladen sind; der Gerichtsschreiber und die Warrant Officers werden mit den Ladungen nur in den Fällen befaßt, wo eine Vorladung oder Verhaftung bei Gericht beantragt wird. Daß ein Zeuge auf polizeiliche Ladung vor Gericht nicht erscheint, ist selten. Ladungsgewalt hat die Polizei als solche nicht.

Durchsuchung und Beschlagnahme wird nie wie bei uns dem Richter zugemutet, sondern von der Polizei auf Grund eines richterlichen Warrant besorgt. Richterlicher Augenschein ist ebensowenig üblich; die Polizei hat erforderlichenfalls Skizzen und Photographien vorzulegen.

Nach der Überweisung eines Falles an das Schwurgericht hat die Polizei sofort die Instruktion für Anfertigung der formellen Anklageschrift (Indictment) auszufertigen und dem Gerichtsschreiber des Schwurgerichts zu übersenden mit der Angabe, ob die verfolgende Partei einen Solicitor aufgestellt hat. Dann setzt der Gerichtsschreiber das Indictment ab, sofern nicht der Solicitor mitteilt, daß er einen Barrister hierzu instruiert habe. Soweit die Friedensrichter bei der Überweisung einen Polizeibeamten zur Verfolgung verpflichtet haben, hat dieser auch die Vorstrafen des Beschuldigten festzustellen, sonst bleibt das dem privaten Verfolger oder seinem Rechtsbeistande überlassen. Bei den Schwurgerichten hat der mit einem Fall befaßte Polizeibeamte für die Beweismittel Sorge zu tragen und Verfolger und Zeugen für die Grand Jury und für die Hauptverhandlung zusammenzuhalten; die Zeugen haben bei Gefahr der Verwirkung ihrer Recognizance (Geldverpflichtung für Erscheinen vor Gericht) bei ihm zu bleiben und schließlich begleitet er sie zu dem die Zeugengebühren auszahlenden Beamten.

Die Ablieferung der Verurteilten an die Gefängnisse liegt dem als Gaoler fungierenden Polizeibeamten ob.

Alle diese Verhältnisse sind in ganz England mit unwesentlichen Abweichungen und mit entsprechend geringerer Leistungsfähigkeit kleinerer städtischer Polizeiverwaltungen dieselben. Die Gleichmäßigkeit, wie des gerichtlichen Verfahrens, so auch der Arbeit der Polizei nimmt man schließlich als etwas Selbstverständliches hin, obwohl unausgesetzte Arbeit geleistet wird, um sie zu erhalten. Ein wirksames Mittel hierzu bildet neben aller anderen Kontrolle auch der Besuch der High-Court-Richter auf ihren Circuits in sämtlichen Grafschaften, wobei von jeder Polizeiorganisation dieselben Leistungen erwartet werden, wie sie in London üblich sind. Dieses Ziel wird auch im wesentlichen erreicht, wie die Statistik ausweist [1]).

[1]) Die Erfolge der Londoner Polizei, die jahrweise (so 1902) keinen unentdeckten Mord hat, und die der Berliner bei Morden waren nach dem letzten Verwaltungsbericht der Berliner Polizei etwa gleich. Dabei ist die Berliner Polizei wohl die vollkommenste Organisation auf Grund unseres kontinentalen Kontrollsystems, während die englische Polizei in einem Lande arbeitet, das keine Meldepflicht und keinen Namenszwang, kein weitgehendes Eindringen in Privathäuser usw. duldet, das so vielfach kontinentalen Verbrechern Asyl bietet und in dem als Mittelpunkt des Welthandels zweifelhafte Elemente aus der ganzen Welt zusammenströmen. Und bezüglich des Verhältnisses von Anzeigen und Verurteilungen im allgemeinen schlagen die englischen Polizeiorganisationen insgesamt jeden deutschen Rekord; während wir durchweg rund 50 % der formell angezeigten Fälle einzustellen haben und von den angeklagten 50 % noch 20—25 % Freisprechungen erleben, so daß wir rund nur 38 % Verurteilungen haben, erzielte England 1905 bei 729 865 zur Kenntnis der Polizei oder der Gerichte gelangten summarischen Straftaten (non-indictable offences) 599 620 = 82,3 % Verurteilungen, bei 94 654 ordentlichen Straftaten (indictable offences) 68 747 Festnahmen und Vorladungen und 50 945 = 53,8 % Verurteilungen (von den 68 747 wurden 6498 entlassen, 12 761 an Quartalssitzungen und Assisen überwiesen und 48 750 summarisch durch 7959 Freisprechungen und 40 791 = 86 % Verurteilungen erledigt; von den überwiesenen Fällen wurden 12 325 verhandelt und zwar 8640 von den Quartalssitzungen mit 7203 = 83 % Verurteilungen und 3682 von den Assisen mit 2951 = 80 % Verurteilungen. Die Gründe sind außer der mangelnden Anzeigewut des Volks die ausgezeichnete Arbeit der Polizei und nicht zuletzt die reibungslose Sachlichkeit des offenen, ehrlichen, Menschenwürde und Vorbereitungsmöglichkeit des Beschuldigten wahrenden akkusatorischen Verfahrens.

Dabei lassen die Richter eine Menge Leute („a great many") laufen, bei denen die Nacht auf der Polizeistation genügende Sühne erscheint, ohne daß dies einen Tadel der Polizei darstellt („no criterion") und trotzdem ist zufolge der „admirable discretion" des polizeilichen Einschreitens die Zahl der Freisprechungen sehr gering („very few") — so der Chief Magistrate, M.P.C. Report Bd. III S. 1009. Ferner bedeutet das offene Vorverfahren vor Beschuldigtem und Publikum häufig eine Vereitlung der Strafverfolgung („practically the police give away their case and . . . their knowledge"), aber man scheut eine Änderung (so der frühere Assistant Commissioner a. a. O. S. 1091) — mit gutem Grund: Der gelegentliche Verlust wird durch die Nötigung zu umgehender vollständiger Beweissammlung und durch die fortgesetzte öffentliche Kontrolle weit aufgewogen.

II. Schottland.

Schottland hat seit der Union mit England 1707 eine mit der englischen äußerlich wesentlich übereinstimmende Entwicklung gehabt, jedoch unter eifersüchtiger Aufrechterhaltung schottischer Eigentümlichkeiten, die sich aus dem schottischen, einerseits systematischeren, andererseits praktisch-nüchternen Volkscharakter und aus der besonderen schottischen Entwicklung ergeben, bei der weniger die Selbstverwaltung als Beamteninstitutionen ausgebildet worden sind. Liegt in England die Basis der gesamten Strafrechtspflege in den ehrenamtlichen Friedensrichtern, die zugleich bis 1888 die Grafschaften verwalteten, so dominiert in dem ärmeren Schottland, wo die Klasse der Gentry und das reiche unabhängige Bürgertum viel weniger zahlreich vertreten ist als in England, der beamtete Sheriff gegenüber den ehrenamtlichen Friedensrichtern, die sich mit ihm in die Aufgabe der Friedensbewahrung teilen. Die Friedensrichter in den Grafschaften üben nur noch selten Strafgerichtsbarkeit bei kleinen Friedensbrüchen, ganz unbedeutenden Assaults und bei Trunkenheit, und die Arbeit der englischen Friedensrichter in Petty und Quarter Sessions wird von den 15 Sheriffs und ihren 48 Substituten geleistet. Die schottischen Friedensrichter haben ihrer geringen Bedeutung entsprechend auch nicht die Verwaltung der Grafschaft besessen. Diese lag vielmehr seit dem Anfang des 18. Jahrhunderts bis zum schottischen L. G. A. von 1889, der einen Grafschaftsrat nach englischem Selbstverwaltungsmuster schuf, in den Händen der sog. Commissioners of Supply — einer ursprünglich zur Erhebung der Bodensteuer gebildeten Körperschaft, deren nicht auf die Kreise des Großgrundbesitzes beschränkte Mitglieder lange Zeit hindurch durch besonderes Statut ernannt wurden, seit 1854 jedoch nur noch einer Besitz- oder Amtsqualifikation bedürfen [1]).

Das Übergewicht der reicheren Städte machte sich in diesem Lande naturgemäß besonders geltend. Sie entwickelten früh eine ziemlich weitgehende Selbstverwaltung und die städtischen Friedensrichter üben in den mittleren und größeren Städten, die nicht in den

---

[1]) Vgl. hierzu J. Erskine, Principles of the Law of Scotland, 20. Aufl., von J. Rankine, Edinburgh 1903, S. 37, 671 und allgemein Liepmann und Mannhardt oben Seite 341 ff.

durch den L. G. A. neugestärkten Grafschaften aufgegangen sind, nach wie vor eine reichliche Gerichtsbarkeit in Bagatellsachen. Die Stellung des Sheriffs ist im wesentlichen auch den Städten gegenüber gewahrt geblieben.

Schottland besitzt bei jedem Gerichte einen Staatsanwalt (teils im Haupt- und teils im Nebenamte); es hat die öffentliche Strafverfolgung und den reinen Parteiprozeß auch bei den unteren Gerichten formell durchgeführt.

1. Überblick über die Polizeiorganisationen.

Das rund 4,5 Millionen Einwohner aufweisende Schottland besaß nach dem Bericht des Regierungsinspektors Major Ferguson in Perth Anfang 1907 nicht weniger als 63 Polizeiorganisationen und zwar 31 grafschaftliche mit rund 1900 Mann und einem Kostenaufwand von über 4 000 000 M. und 32 städtische[1]) mit rund 3500 Mann (hiervon allein 1500 für Glasgow) und einem Kostenaufwand von über 7 000 000 M. Ein Polizist kam bei ersteren auf 1190, bei letzteren auf 674 (in Glasgow auf 525) Einwohner, und der Gesamtaufwand betrug rund 2200 bezw. 2060 M. pro Kopf der Mannschaftsstärke. Bezüglich der Additional und der Special Constables gilt Analoges wie in England. Das Fehlen einer Zentralpolizeistelle bedeutet einen Mangel, der angesichts der Rivalität der großen Industriestadt Glasgow mit dem alten Königssitze Edinburgh wohl nicht so rasch beseitigt werden wird.

A) Die Grafschaftspolizei beruht heute analog der englischen Entwicklung nach dem unwirksamen County Police Act 2 & 3 Vict. ch. 65 von 1839 auf dem County Police (Scotland) Act 20 & 21 Vict. ch. 72 von 1857, ergänzt durch den schottischen L. G. A. 52 & 53 Vict. ch. 50 von 1889 und das Pensionsgesetz 53 & 54 Vict. ch. 67 von 1890. Darnach errichtet grundsätzlich jede Verwaltungsgrafschaft, ausschließlich der Städte mit besonderer Polizei, eine eigene, dem Standing Joint Committee unterstehende Polizeiorganisation mit einem hinsichtlich Anstellung, Leitung und Ent-

[1]) Die schottische Kriminalstatistik für 1905 führt 40 Städte mit 10 000 Einwohnern und mehr und 141 mit weniger als 10 000 Einwohnern auf.

lassung der Mannschaft wesentlich selbständigen Chief Constable (eventuell Deputy Chief Constable), mit Superintendent, Lieutenant (= Chief Inspector), Inspectors, Subinspectors, Sergeants, Acting Sergeants und Constables. Die Reserven sind auffallend schwach, was mit der stärkeren Heranziehung der Kriminalabteilungen zu den in England weitgehend von den Constables besorgten Strafverfolgungen zusammenhängt. Die den einzelnen Organisationen je nach Bedürfnis zentralisiert oder disloziert angegliederten Kriminalabteilungen gliedern sich bei großen Polizeiorganisationen in Lieutenant, Detective Inspectors und Subinspectors, Detective Officers, Detective Sergeants und Plain Clothes Constables, die sämtlich vor den entsprechenden Dienstgraden der regulären Truppe rangieren.

Über Zusammenlegung und Zerlegung von Grafschaften, sowie über gemeinschaftliche Chief Constables gilt Analoges wie in England, ebenso über die Stellung des Vereinigten Ausschusses und des von ihm mit Bestätigung des Staatssekretärs ernannten Chief Constable.

Der Vereinigte Ausschuß setzt sich aus höchstens 7 vom Grafschaftsrat und ebenso vielen von den Commissioners of Supply aus ihrer Mitte gewählten Mitgliedern, sowie dem Sheriff oder seinem Substituten zusammen und ist mit 6 Mitgliedern beschlußfähig. Die Anpassung des englischen L. G. A. an die schottischen Verhältnisse mit ihrer starken historischen Stellung des Sheriffs ist als sehr glücklich zu bezeichnen. Vgl. zum L. G. A. das Handbook to the Local Government (Scotland) Act 1889 von J. B. Nicolson und W. J. Mure, Edinburgh und London 1889, S. XXIII, XXIX f., 8—10, 17, 25f.

Dem Sheriff bleibt die Oberleitung über die Polizei im allgemeinen; namentlich hat er die allgemeinen Anordnungen des Chief Constable zu genehmigen. Schließlich steht über Sheriff und Vereinigtem Ausschuß als höchste Aufsichts- und Entscheidungsinstanz der Staatssekretär für Schottland, der die Polizei jährlich inspizieren läßt und über die Gewährung des Staatszuschusses befindet. Von Reibungen zwischen dem Chief Constable und den Aufsichtsinstanzen ist nichts wahrzunehmen, obwohl der erstere bis zur Entscheidung des Staatssekretärs an die Anordnungen des Sheriffs gebunden ist, die übrigens nicht häufig sind.

Die Kosten werden teils aus Grafschaftssteuermitteln, teils aus dem wie in England gewährten, etwa 40 % der Gesamtkosten betragenden Staatszuschuß bestritten.

B) Die städtischen Polizeiorganisationen (und zugleich die Zuständigkeit der städtischen Polizeigerichte) beruhen auf den sogenannten General Police Acts, d. h. den Burgh Police (Scotland) Acts 1892—1903 (1892, 1893 und 1903) und dem eine Reihe von Akten seit 1833 konsolidierenden Town Councils Act 63 & 64 Vict. ch. 49 von 1900. Die Polizeibehörde ist der aus Wahlen hervorgehende Stadtrat in seiner Gesamtheit. Dieser ernennt den Chief Constable, jedoch ist der Chief Constable zum Unterschied von den englischen städtischen Chief Constables im Interesse der Disziplin seiner Truppe ebenso selbständig gestellt wie in den Grafschaften. Die Gliederung der Truppe und der Kriminalabteilungen ist wesentlich dieselbe. Ebenso bleibt die allgemeine Oberleitung dem Sheriff. Von Regierungskontrolle, Staatszuschuß und Pensionsberechtigung gilt Gleiches wie bei den Grafschaften. Im Mai 1907 habe ich einer Inspektion der Edinburgher Polizei durch den Regierungsinspektor beigewohnt.

Schon der Akt von 1857 hatte das Aufgehen der Polizei beliebig großer Städte in der Grafschaftspolizei begünstigt. Der L. G. A. von 1889 fegte die besondere Polizei der Städte mit weniger als 7000 (in England 10000) Einwohnern weg, und der Akt von 1892 gestattete Neuerrichtung nur Städten mit mindestens 20 000 Einwohnern.

Die Kosten der Polizeiorganisationen werden teils aus städtischen Steuermitteln, teils aus dem bekannten Staatszuschuß bestritten.

Eine Sonderstellung nehmen die Städte Edinburgh, Glasgow, Dundee und Aberdeen ein, die zugleich Grafschaften sind, sowie Greenock. Sie haben ihre eigene Polizeigesetzgebung, welche den besonderen Bedürfnissen dieser Städte namentlich auch hinsichtlich des Bagatellstrafrechts gerecht wird. Die Art und Weise der Anpassung der General Police Acts stand ihnen frei. Ihre besonderen Polizeigesetze sind die Edinburgh Municipal and Police Acts 1879—1900, Glasgow Police Acts 1866—1895,

Dundee Acts 1882—1892, Aberdeen Acts 1862, 1867 und 1871, und Greenock Acts 1877 und 1893. Diese Polizeiorganisationen stimmen übrigens im wesentlichen mit der obigen Darstellung überein. Nur in Glasgow ist nicht der Stadtrat, sondern die Corporation of Glasgow zur Polizeibehörde erklärt worden, welche durch ein Magistrates Committee, teilweise in Verbindung mit dem Sheriff handelt. Der Glasgower Kriminalabteilung steht ein Superintendent vor.

Justiz und Polizei werden in Schottland wie in England als nationale Angelegenheit behandelt. Verwaltungstechnisch ist die schottische Polizei ebenfalls Sache der Selbstverwaltung unter wesentlicher Berücksichtigung des richterlichen Elementes, hier des Sheriffs. Sie ist aber entsprechend der Bedeutung der großen Städte teils als Grafschafts- und teils als Kommunalsache zu bezeichnen. — Hinsichtlich ihrer Größe entsprechen die meisten schottischen Polizeiverwaltungen nicht den Anforderungen an eine moderne Polizeiorganisation; die Zusammenlegung könnte noch weitergehend erfolgen. Teilweise stehen allerdings die großen räumlichen Entfernungen und der Mangel an Verkehrsmöglichkeiten entgegen, so daß die Polizei im größten Teile Schottlands mehr nach Art unserer Landgendarmen patrouillieren muß. Die dichtbevölkerten Gebiete vom Clyde zum Firth of Forth und Tay besitzen jedoch ausgezeichnete und genügend große Polizeitruppen. Naturgemäß besitzt auch dieses Gebiet die hauptsächliche kriminelle Bedeutung, so daß man keine Lücken empfindet. — Die Leitung der Polizei ist ebenfalls streng unpolitisch. Das Wahlrecht der Polizisten besteht zwar wie in England, sonst sind aber politische Betätigungen und Äußerungen in den Dienstvorschriften untersagt: namentlich hat der städtische Chief Constable keine Lust, seine selbständige Stellung gegenüber dem gewählten Stadtrat zu gefährden. — Auch die Regierungskontrolle zielt nur auf gleichmäßige sachliche Arbeit ab und diese Arbeit macht, soweit der Fremde kommt, überall einen gleichmäßigen Eindruck.

2. Die Stellung und Aufgabe der Polizei[1]).

Auch die Aufgabe der schottischen Polizei ist von jeher die Friedensbewahrung in Unterordnung unter die Gerichte, namentlich den Sheriff gewesen, welcher der Krone für Aufrechterhaltung der Ordnung verantwortlich ist. „Der Sheriff", sagt Humes grundlegendes Werk über Strafrecht und Strafprozeß Schottlands[2]), „ist ein Beamter von ebenso hohem Alter wie irgendein anderer in unserem Staatswesen und hat nächst dem Hochrichter und dessen Deputierten immer die hauptsächliche Besorgung aller zur Friedensbewahrung gehörigen Dinge gehabt, die Aufrechterhaltung guter Ordnung und die Ausführung der Gesetze des Königs in seinem Bezirk."

Der Sheriff ist daher sowohl „Hüter der Polizei" wie Richter Gegenüber dem beamteten Sheriff wird eine Pflicht der Gesamtheit zur Friedensbewahrung nicht besonders betont und treten die Friedensrichter zurück. Wohl haben auch die Friedensrichter seit alters in ihrem Amtskreis gleich dem Sheriff Aufsicht über die Polizei geführt; Hume, S. 106, spricht von der Superintendence in matters of criminal police which belongs to the Justice of Peace. Sie werden in erster Linie zum Zweck der Bewahrung des öffentlichen Friedens ernannt. Noch auf Grund eines Akts von 1609 hatten sie im wesentlichen nur die Befugnis, die ihnen vorgeführten unordentlichen Per-

---

[1]) Die Aufgabe der Polizei ist in einem anerkannten Buche des Chief Constable von Greenock, John W. Angus „A Treatise on the Powers and Duties of Police Constables in Scotland", Edinburgh 1904, behandelt; es will die Werke von Hume (Anm. 2) und von J. H. A. Macdonald „A Practical Treatise on the Criminal Law of Scotland", 3. Aufl., Edinburgh 1894, auf denen die schottische Strafrechtswissenschaft und -praxis beruht, nach der Seite der Polizei ergänzen. Im übrigen wird auf die Instruktionsbücher für Edinburgh, herausgegeben vom Chief Constable Roderick Ross, und von Dundee, herausgegeben von dem auch sonst schriftstellerisch tätigen Chief Constable David Dewar, verwiesen.

[2]) David Hume, Commentaries on the Law of Scotland (Strafrecht, 2 Bde., 1797, Strafprozeß, 2 Bde., 1800), Strafprozeß, Bd. I, S. 96.

sonen zum Erscheinen vor dem in der schottischen Königszeit mit Strafgerichtsbarkeit ausgerüsteten Geheimen Rate oder vor dem Hochgerichte zu verpflichten. Erst durch Akte von 1617 und 1661 sind sie zur Aburteilung des Friedensbruchs ermächtigt worden. Seit der Union haben sie theoretisch außerdem die ausgedehnten Rechte der englischen Friedensrichter, nur sollten sie schwierige Fälle nicht ohne Anwesenheit eines Hochrichters verhandeln. Die Jagdvergehen sind ihnen später ausdrücklich wieder abgenommen worden. Sonst beschränkt sich ihre seltene Gerichtsbarkeit auf Bagatellsachen. Daneben haben sie von Verwaltungsbefugnissen im wesentlichen die Schankkonzessionierung.

Seit alters war endlich einer Reihe von Königsstädten (Royal Burghs) das Sheriffsrecht verliehen, so daß deren aus dem Stadtrat hervorgehende Friedensrichter innerhalb der Stadt dieselbe Gerichtsbarkeit übten wie der Sheriff in der Grafschaft. Aber auch ohne besondere Verleihung hatten die Königsstädte in ihrem Bezirk den Frieden des Königs zu hüten und die leichteren Verfehlungen gegen Ruhe, Polizei und gute Ordnung abzuurteilen. Heute ist praktisch auch in diesen Städten die friedensrichterliche Gerichtsbarkeit beschränkt, hauptsächlich auf die einleitenden Schritte in Strafverfolgungen, sowie auf Aburteilung von Polizeiübertretungen. Ihre Befugnis zur Schankkonzessionierung bringt sie aber gelegentlich mit ihrer richterlichen Unbefangenheit in Konflikt.

Die ordentlichen Ausführungsbeamten der Sheriffs und der Friedensrichter für die Zwecke der Friedensbewahrung sind die Constables, welche ihnen die Friedensbrecher genau wie in England vorzuführen haben. Bis zum Jahre 1857 war die Organisierung der Polizei den Grafschaften unter Verantwortung und den Städten unter Mitwirkung des Sheriffs überlassen; der County Police Act von 1839 war angesichts seiner fakultativen Natur wie der entsprechende englische Akt ohne Wirkung geblieben. Erst der gleichnamige Akt von 1857 machte es den Commissioners of Supply (oben S. 68) zur Pflicht, eine bezahlte Grafschaftspolizei zu errichten. Die Leitung dieser Polizei blieb aber dem Sheriff und in bestimmten Grenzen auch den Friedensrichtern in ihren General or Quarter Sessions. Die Befugnisse der Commissioners wurden im wesentlichen von einem Police Committee ausgeübt, welches aus 3—15 Commissioners, dem Lord Lieutenant und dem Sheriff oder dessen Substituten bestand und bei Anwesenheit von 3 Mitgliedern beschlußfähig war. Es ernannte einen Chief Constable, der entsprechend den vom Staatssekretär erlassenen Bestimmungen für Leitung, Bezahlung und Kleidung der Polizei sein Amt zu führen hatte.

Der L. G. A. von 1889 führte die englische Selbstverwaltung in angepaßter Form auch in Schottland durch. Die Commissioners of Supply bestanden ähnlich wie die Quartalssitzungen nur mit beschränkten

Verwaltungsbefugnissen fort; sie sind auf Ernennung von Commissioners für Einkommensteuer und die Ernennung der hälftigen Mitglieder des die Polizei und die Ausgaben der Grafschaft überwachenden Vereinigten Ausschusses beschränkt. An ihre Stelle als Verwaltungsorgan der Grafschaft trat der Grafschaftsrat und an die Stelle des Police Committee das Standing Joint Committee. Dem Sheriff blieb dabei nach wie vor die oberste Leitung der Polizei. — Dann kamen mit dem Burgh Police Act von 1892 die Städte an die Reihe. An die Stelle der seit 1833 in den Städten mehr und mehr gewählten Commissioners of Police trat der Stadtrat selbst. Siehe oben S. 71. Die Stellung des Sheriffs wurde auch dabei nicht berührt.

So ist auch die Aufgabe der schottischen Polizei ausschließlich die Friedensbewahrung in unmittelbarer Unterordnung unter die Sheriffs und Friedensrichter, wie unter die Richter überhaupt. Zu beachten ist, daß hier — angesichts der ursprünglich geringeren Entwicklung der Selbstverwaltung und der Selbsttätigkeit der Gesamtheit — der Friedensbewahrung stets ein gut Teil Sorge für „gute Ordnung" beigemischt war. Die Vorbeugung gegen das Verbrechen ist nicht mit derselben Energie betont wie in England, wird aber in wesentlich gleicher Weise geübt.

Die schottische Polizei vereinigt ebenfalls Sicherheits-, Verkehrs- und Kriminalpolizei unter Abscheidung der Gesundheits-, Gewerbe- und Baupolizei zu einer natürlichen Einheit.

Die Police Acts von 1857 und 1892 machen ihr zur Pflicht, zu patrouillieren und zu wachen und jedermann festzunehmen und vor Sheriff, Friedensrichter oder Magistrat (übliche Bezeichnung des städtischen Polizeirichters) zu bringen, der von ihnen entweder bei einem kriminellen, aufrührerischen oder unordentlichen Verhalten oder Tun betroffen wird oder der Begehung eines Verbrechens, Vergehens oder einer sonstigen Straftat angeklagt oder verdächtig ist. Strafbefugnis der Polizei kann man sich überhaupt nicht vorstellen; die Polizei hat die Grundrechte „safety, liberty und reputation" wie jeder Bürger zu achten.

Schottland hat früher ausgedehnte Schriftlichkeit und die Vernehmung des Beschuldigten in französischem Stil gehabt; heute stellt es den Constable auf die Straße und beschränkt den schriftlichen Verkehr mit der Staatsanwaltschaft und den Aktenbetrieb auf das geringste Maß.

Die Verantwortung des Constable für seinen Bezirk während seiner Dienststunden wird betont; seine Stellung wird geradezu mit Jurisdiction für die Zwecke der Friedensbewahrung bezeichnet (Angus S. 49). Die Entlastung der höheren Dienstgrade durch die niederen ist wie in England durchgeführt. Die Tätigkeit der Polizei ist wie in England umfassend durch die Statistik kontrolliert.

3. Das Verhältnis der Polizei zu Gericht, Strafverfolgung und Öffentlichkeit.

a) Die Unterordnung der Polizei gegenüber den Gerichten und ihre Bereitstellung für die Zwecke der Rechtspflege kommt auch in Schottland in der möglichst unmittelbaren Verbindung der Hauptpolizeistation der Städte mit den Polizeigerichten und ihren Staatsanwälten, der Hauptpolizeistation der Grafschaften mit den Sheriffsgerichten und ihren Staatsanwälten zum Ausdruck. Die Gehorsamspflicht der Polizei besteht wie in England nicht nur den eigentlichen Polizeibehörden, sondern auch den Gerichten gegenüber, und auch der schottische L. G. A. s. 11 beläßt den Friedensrichtern die ihnen nicht ausdrücklich abgenommenen Rechte. Die städtischen Polizeigesetze sehen zudem die Ahndung von polizeilicher Pflichtvernachlässigung oder -verletzung mit Geldstrafe, Gefängnis und Dienstentlassung im summarischen Verfahren vor. Im übrigen gelten die allgemeinen Rechtsgrundsätze, namentlich auch bezüglich des Contempt of Court.

Jeder Gerichtssitzung hat wie in England ein höherer, für Aufrechterhaltung der Ordnung und Bewachung der Häftlinge verantwortlicher Polizeibeamter anzuwohnen. Besondere Warrant Officers kennt man nicht. Vor den Polizei- und Friedensgerichten fungiert zudem oft ein höherer Polizeibeamter oder der Chief Constable selbst als öffentlicher Ankläger und so ist Kontrolle und rasche Arbeit der Polizei genügend verbürgt. Sie hat in ihrem Auftreten dem Publikum ein Vorbild ehrerbietigen, geordneten und namentlich würdigen Auftretens zu geben; so soll sie auch gewöhnliche Ausdrücke des Beschuldigten nur auf ausdrückliches Befragen mitteilen. Die Wichtigkeit und Wollust, mit der bei uns die Polizeiorgane diese „Beamtenbeleidigungen" verfolgen, kennt man auch in Schottland nicht.

b) Die Polizei ist wie in England Grundlage und Organ der Strafverfolgung und bereitet den Kreis der summarischen Strafsachen bis zur Hauptverhandlung meist allein vor, so daß dem öffentlichen Ankläger nur noch die formelle Vertretung bleibt. Nur in den schwereren ordentlichen Straftaten übernimmt der Grafschaftsstaatsanwalt außer der formellen Vorbereitung der Hauptverhandlung und der Vertretung der Anklage vor den Sheriffsgerichten auch die Leitung der Strafverfolgung. Doch kann er jederzeit die Polizei anweisen, Fälle aufzunehmen oder fallen zu lassen.

Bei den Friedensgerichten und den städtischen und Polizeigerichten sind neben Solicitors weitgehend Polizeibeamte als Staatsanwälte (Fiscals) bestellt. Die gesetzlichen Grundlagen sind die Police Acts von 1850 s. 346 f., von 1862 s. 409 f. und die Burgh Police Acts von 1892 ss. 78, 81, und von 1903; letzterer betrifft die Ernennung von Stellvertretern (Deputes). Die Friedensrichter ernennen ihre „Justices of the Peace Fiscals" für die seltenen Petty Sessions selbst; ebenso ernennen die Polizeirichter in den Städten mit eigener Polizeiverwaltung und der Stadtrat oder dessen Commissioners mit Zustimmung des Vereinigten Ausschusses in den Grafschaftsstädten die Fiscals für die Polizeigerichte (Police Courts) bezw. Stadtgerichte (Burgh Courts). Bei den Petty Sessions amtieren zurzeit nur Chief Constables, bei den Polizeigerichten Chief Constables, Superintendenten, Lieutenants und Inspektoren. Sie sind hierfür in einigen Fällen überhaupt nicht, sonst mit 20—2400 M. bezahlt. Die Polizeibeamten sind als Fiscals von ihrem Chief Constable unabhängig.

Anstände aus dem Auftreten der höchsten Polizeibeamten als öffentlicher Ankläger sind äußerlich nicht zu bemerken gewesen, da man auch in Schottland das Gespenst der Aufrechterhaltung der „Autorität“ bei Fehlgriffen nicht kennt. Im Gegenteil hat das Institut in Schottland zur Erziehung der Polizeimannschaft und zur öffentlichen Kontrollierung der Polizeibeamten angesichts des geheimen schottischen Vorverfahrens zweifellos großen Einfluß geübt. Dagegen machen sich heute Stimmen gegen das Institut geltend. Der frühere und der jetzige Regierungsinspektor haben sich gegen die Verwendung namentlich jüngerer Polizeibeamter als öffentlicher Ankläger ausgesprochen, ebenso mehr und mehr die Chief Constables in den Grafschaften; man betont allgemein, daß der polizeiliche Ankläger voreingenommen scheinen könne, und bezüglich jüngerer Polizeibeamter insbesondere befürchtet man, daß sie vom Chief Constable unabhängig werden und schwer zu versetzen seien, was die Disziplin gefährde; außerdem seien die polizeilichen Pflichten in den Städten ohnehin reichlich bemessen.

c) Das Gewicht der Öffentlichkeit und der Presse tritt in Schottland schon angesichts der Heimlichkeit des Vorverfahrens und des größeren Umfangs des Beamtentums weniger auffällig hervor. Man scheint auch mit den öffentlichen Einrichtungen durchweg zufrieden zu sein; die bereitwillige Mitwirkung des Publikums ist meist vorhanden.

Von Hilfsbereitschaft, Verkehrston und Selbstbeherrschung gilt Gleiches wie in England. Besonders hervorgehoben ist schonungsvolles und höfliches Verhalten gegenüber noch so häßlich sich benehmenden Weibern. Beleidigungen sind zu überhören, soweit es sich nicht um ernstlichen Assault handelt, und Widerstand überwindet körperliche Stärke und Ausbildung. Ruhig, höflich und nicht selten humorvoll spielt sich der Verkehr zwischen Polizei und Publikum, namentlich auch Beschuldigten ab. Die Assaults on Law Officers betrugen demgemäß im Jahre 1905 nur 48, wovon 18 summarisch und 30 im ordentlichen Verfahren abgeurteilt worden sind, der beste Beweis für die Autorität, deren sich die schottische Polizei und Justiz bei der Bevölkerung erfreut.

Beschwerden des Publikums werden wie in England durch Einleitung eines Strafverfahrens gegen den Polizeibeamten oder vom Polizeivorgesetzten untersucht. Auch die schottische Staatsanwaltschaft kennt nicht den „hinreichenden Verdacht“ allein als Anklagevoraussetzung, sondern ebenso das Bedürfnis öffentlicher Erörterung, auch im Interesse des Beschuldigten. So erhob vor wenigen

Jahren der Procurator Fiscal Mr. Renton in Edinburgh Anklage, als bei einem Fußballmatch ein Mitspieler tödlich verunglückt war und die Öffentlichkeit den Unfall, nach den polizeilichen Erhebungen zu Unrecht, auf „rauhes Spiel" zurückführte. So sucht man in Schottland die Nachteile des nach dem Urteil der schottischen Chief Constables ungünstigen geheimen Vorverfahrens auszugleichen.

4. Die Mittel zur Erzielung möglichster Leistungsfähigkeit.

Die Aufgabe der Polizei wird in regem Wetteifer mit den englischen Organisationen erfüllt. Die Auswahl ist ebenso sorgfältig. Zu Chief Constables nimmt man mit Vorliebe Schotten, die sich draußen, in England oder Irland, bewährt haben. Der Beruf des Constable ist Lebensberuf. Man wählt große Leute, die im allgemeinen keiner Waffe oder Handfessel bedürfen; das sorgfältige schonende Führen von Betrunkenen durch zwei Leute ist mustergiltig.

Das Ziel der wie in England wesentlich praktischen Ausbildung ist ebenfalls die Befähigung jedes einzelnen Constable auf der Straße zum sofortigen sachgemäßen Zugriff bei Straftaten. Die Disziplin ist straff. Trinkgeldannahme ist wie in England verboten, soll aber hier wie dort vorkommen. Auswüchse des Korpsgeists und Reibungen zwischen der regulären Truppe und den Kriminalbeamten sind nicht vorhanden.

An Raschheit des Arbeitens sucht man England womöglich noch zu überbieten. Der Bureaubetrieb beschränkt sich bei der Truppe durchweg auf Bücher und Register wie in England; doch ist ihre Anzahl bei den Kriminalabteilungen infolge der ausgedehnteren Beibehaltung der Schriftlichkeit größer; die in ordentlichen Strafsachen erforderlichen Meldungen an die Staatsanwälte haben die Kriminalabteilungen zu bearbeiten. Die Bureauräumlichkeiten der Truppe sind überaus praktisch.

Der Festgenommene wird durch die Klapptüren des möglichst zu ebener Erde befindlichen Bureaus hereingeführt und vor die in Brusthöhe den ganzen Raum entlang gehende Schranke gestellt, die nach innen mit einer Menge von Schubladen zur Unterbringung der Gegenstände des Festgenommenen versehen ist, teilweise — so in Edinburgh — auch mit Fächern zur Aufbewahrung der Schlüssel der im Bezirk befindlichen Geschäftslokale; die Schlüssel werden von den Geschäftsleuten nach Geschäftsschluß abgeliefert, damit die Constables wissen, auf welche Geschäfte und von wann an sie zu achten haben, und damit sie im Notfall öffnen können. Vor dieser Schranke findet die Aufnahme der Beschuldigung, die Vernehmung der Zeugen und die Abnahme sämtlicher vom festgehaltenen Beschuldigten mitgeführten Gegenstände statt. Am anderen Ende der Schranke befindet sich die Türe zum Polizeigewahrsam, an der Männer von männlichen und Frauen von weiblichen Gefangenenwärtern in Empfang genommen werden.

Die Kriminalabteilungen haben weitergehend als die englischen die Aufgabe, nicht nur sämtliche ordentlichen Strafsachen, sondern auch die bedeutenderen summarischen Strafsachen aus den Händen der mit Reserven nur schwach ausgestatteten Truppe zu übernehmen, die möglichst wenig dem Straßendienst entzogen werden soll.

Sie berichten diese Fälle an den Grafschaftsstaatsanwalt und dieser an den Generalstaatsanwalt, den Lord Advocate. Das sind die „Reported Cases", deren Bedeutung in dem Artikel „Kosten" (Heft V) noch weiter hervortritt, da die Kosten der Reported Cases von dem Schatzamt erstattet werden. Nicht berichtet und vom Schatzamt nicht ersetzt verlangt werden die durchweg aus summarischen Bagatellsachen bestehenden Strafsachen der wenigen Petty Sessions sowie die Unmenge der summarischen Strafsachen der städtischen Burgh und Police Courts; diese Gerichte stellen gewissermaßen einen Bestandteil der grafschaftlichen, die Police-Courts der städtischen Polizeiorganisationen dar. Nicht berichtet, aber vom Schatzamt ersetzt verlangt werden die summarischen Strafsachen der Sheriffsgerichte, „Unreported cases" genannt; neue oder wichtige summarische Fälle sind jedoch zu berichten. So vermitteln die Polizeiorganisationen durch die Kriminalabteilungen den Staatsanwälten lediglich die wichtigeren, kriminell bedeutsamen Strafsachen zur Vorbereitung der Anklage und zur etwaigen, nur in den wichtigeren Fällen geübten eigenen staatsanwaltlichen Ermittlungstätigkeit.

Der Dienst bei Gericht, der wie in England durchweg von der Polizei versehen wird, ist auch in Schottland das vornehmste Mittel zur Ausbildung und Kontrolle der Polizei. Hinzutritt hier der Dienst bei der Staatsanwaltschaft; vorgeschrittene Polizeibeamte werden nämlich den Staatsanwälten zugeteilt und haben nicht nur deren Aufträge zu erledigen, sondern auch auf deren Bureau zu arbeiten; zu Beamten, welche auf den Polizeistationen die Beschuldigungen aufzunehmen und sofort in korrekte Anklagen zu formulieren haben, nimmt man regelmäßig bei den Staatsanwälten beschäftigt gewesene Leute. — Der Dienst bei Gericht hat nicht durchweg dieselbe hohe Bedeutung wie in England. Die städtischen Constables kommen wesentlich vor die mit Stadträten besetzten Burgh- und Police-Courts[1]). Diese Richter stehen in dem ärmeren und demokratischeren Schottland oft fühlbar unter dem Niveau des englischen Gentleman und machen trotz der üblichen Fixigkeit manchmal einen recht kläglichen Eindruck. Die Juristen verspotten sie als Amateurrichter und halten um so mehr auf Würde, Ton und Hervorkehren der besten richterlichen Eigenschaften. Die Juristen können aber die Laienrichter, die sie von einer Unmenge kleinlicher Dinge entlasten, als Folie dankbar begrüßen. Gerade die Heranziehung des Laienelements zur selbstverantwortlichen, nicht nur im Beisitz als Schöffenrichter geübten Richtertätigkeit verbreitet die Würdigung juristischer Arbeit und schützt sie gegen ungerechte Kritik. Was bei den Laienrichtern an vorbildlicher Instruktion fehlt, wird zudem um so nachdrücklicher von den Chief Constables ersetzt; das eifersüchtige Wachen über die Fairness des schottischen Systems mit möglichster Überbietung des englischen ist ein Lieblingsthema der schottischen Polizeipräsidenten und Juristen.

5. Die Tätigkeit der Polizei bei strafrechtlichem Einschreiten insbesondere und die Durchführung des akkusatorischen Verfahrens.

Auch die schottische Polizei dient in erster Linie der Vorbeugung gegen das Verbrechen.

Der Constable hat nach Angus S. 20 und 22 seinen Bezirk möglichst häufig abzupatrouillieren, um Begehung von Verbrechen zu verhüten; er hat sich mit Einwohnern, Häusern und verdächtigen Existenzen genauestens bekannt zu machen und sein Bestes zum Schutz von Leben und Eigentum gegen Gewalt, Entwendung und Verletzung, zur Unterdrückung jeder Störung der öffentlichen Ordnung, zur Verhütung des Verbrechens und Aufrechterhaltung des Gesetzes zu tun.

---

[1]) Glasgow hat als einzige schottische Stadt eine Zeitlang einen Stipendiary Magistrate (Mr. Gemmell) gehabt, M.P.C. Report Bd. III, S. 1216.

Er hat auf Vagabunden, Verdächtige und Fremde besonders zu achten und sich über sie zu informieren, nötigenfalls indem er sie selbst höflich befragt und bei unbefriedigender Auskunft oder Flucht sistiert. In den Städten hat er besonders zu achten auf zerbrochene Laternen, abgerissene Telegraphen- oder Telephonleitungen, Gasentweichungen, Beschädigung oder Verunreinigung von Brunnen, auf verstopfte Wasserrinnen, geborstene Wasserleitungen, zerbrochene Fenster in unbewohnten Häusern, auf Besudeln von Fenstern, Türen usw., auf Belästigungen des Publikums, auf Reinlichkeit öffentlicher Plätze, Treppen usw. Wo offene Türen unter verdächtigen Umständen angetroffen werden, hat er sofort einen Wachmann hinzustellen, der auf Kosten des Hauseigentümers oder Bewohners geht, und die Nachforschungen aufzunehmen. — Eine so wirksame Ergänzung der Straßenpolizei durch die Detektivs wie in England findet nicht statt, da sie zugleich Meldungen zu schreiben haben.

Auch das schottische Strafverfahren wird überwiegend durch Festnahme eingeleitet. Sie ist der polizeilichen Aufgabe (oben S. 73 ff.) entsprechend bei Betretung auf kriminellem aufrührerischem oder unordentlichem Verhalten stets ohne Haftbefehl, bei Anzeigen oder Verdacht einer Straftat meist nur mit Haftbefehl zulässig. Auch in diesem letzteren Falle ist die Polizei angesichts des faktischen Fehlens privater Verfolgung von Amts wegen zur Nachforschung verpflichtet, sofern ihr ein gegründeter Verdacht vorzuliegen scheint; meist stellen dann die Kriminalbeamten Erhebungen an und erstatten eine kurze schriftliche Meldung, auf die der Cihef Constable entscheidet. Nur in kleineren Sachen überläßt man es dem Verletzten, bei Gericht Haftbefehl oder Vorladung zu erwirken.

Gebühren sind hierfür bei den schottischen Gerichten nicht zu bezahlen. Der Chief Constable von Edinburgh, der früher in einer englischen Polizeitruppe gedient hat, bedauert das Fehlen einer Möglichkeit, durch eine geringe Kostenpflicht der Verfolgung von Kleinigkeiten und privaten Händeln vorzubeugen wie in England. Der Staatsanwalt ist zwar nicht zur Verfolgung verpflichtet, entzieht sich aber bei vorliegendem gerichtlichem Haftbefehl der Verfolgung nicht, zumal das Gericht die Möglichkeit hat, im Bedarfsfall selber einen Ankläger zu bestellen. Eine Gegenwirkung gegen kleinliche Anzeigen übt allein der Umstand, daß bei den summarischen Gerichten nur den allerärmsten Zeugen eine kleine Entschädigung bezahlt wird.

Auch die würdige, rein akkusatorische Behandlung des Festgenommenen und die Ermöglichung ruhiger Überlegung ist sorgfältig gesichert. Seine Befragung ist wie in England unzulässig. Er wird zunächst auf der Polizeistation vorgeführt; mindestens zwei Zeugen müssen vorhanden sein und sind seinem Kreuzverhör unterworfen; dann wird die Klage entweder abgewiesen oder aufgenommen. Letzternfalls wird der Beschuldigte in Haft genommen, nachdem ihm der vorführende Constable blitzschnell die Taschen geleert hat. Nur in den summarischen Fällen kann schon der diensttuende Stationsbeamte Freilassung gegen Sicherheitsleistung (bail) verfügen, wobei man sich in Schottland weitgehend mit Hinterlegung eines der zu erwartenden Geldstrafe gleichkommenden Geldbetrags begnügt, der bei Nichterscheinen des Beschuldigten vor Gericht für verfallen erklärt wird.

Der Beschuldigte kann ungefragt und verwarnt ein Statement [1]) machen, jedoch nur wenn er zurechnungsfähig und nüchtern ist; schon auf den Polizeistationen wird z. B. dem Mitteilungsbedürfnis Betrunkener unweigerlich mit der Antwort begegnet: „Ein betrunkener Mann kann keine Aussage machen“. Das Verlangen des Beschuldigten, einen Rechtsbeistand zu sehen, ist ungesäumt zu erfüllen, in ordentlichen Strafsachen jedenfalls vor Abgabe einer Erklärung vor Gericht, sei es auch im Vorverfahren.

Auf den Stationen sind drei Polizeibeamte anwesend: ein Lieutenant [2]), der beim Staatsanwalt gearbeitet hat, Strafgesetze und Beweisrecht genau zu kennen hat und Ankläger und Zeugen hört, um sodann in den summarischen Fällen die Beschuldigung in der kurzen gesetzlichen Formulierung sofort auf einem Formular (Charge Sheet) mit den Namen der Zeugen niederzuschreiben; ein zweiter

---

[1]) Vgl. Macdonald, S. 266 ff. Die Polizei befolgt gleiche Praxis.

[2]) Der L. handelt manchmal, so in Glasgow, in doppelter Eigenschaft als Polizeibeamter und als ein in den Burgh-and-Police-Court-Sachen delegierter Staatsanwalt (Depute of Procurator Fiscal); er hat so zwei Vorgesetzte. Er selbst, nicht der festnehmende Constable ist für die Verfolgung verantwortlich und die praktische Folge ist, daß auch die Anklage schon auf der Polizeistation auf das Complaint-Formular übertragen wird.

31*

Beamter macht gleichzeitig die Einträge in die verschiedenen Bücher (Information, Detention, Bail, Prisoners Property Receipt, Pledge Receipt Books usw.); ein dritter Beamter assistiert. So werden z. B. auf größeren Polizeistationen an einem Abend in 2—4 Stunden 50—100 Übertretungs-, meist Trunkenheitsfälle und kleine Vergehen vollständig erledigt. Am andern Morgen befinden sich sämtliche Beschuldigungsformulare im Bureau des zuständigen Staatsanwalts, werden dort von einem Bureaubeamten sofort auf Anklageformulare übertragen, vom Staatsanwalt gezeichnet und als Complaints dem Gerichtsschreiber übersandt. Um 10 Uhr morgens beginnt die Verhandlung. Der Gerichtsschreiber liest eine Anklage nach der andern vor; meist wird schuldig plaidiert und so selbst die in England im summarischen Verfahren stets notwendige Vernehmung mindestens e i n e s Zeugen entbehrlich gemacht. Man erledigt unter Umständen bis zu 100 Fällen in 1 Stunde. Das Urteil wird sofort vollstreckt. Man berechne, welche Opfer an Zeit, Kraft und Geld wir zur Erledigung desselben Pensums brauchen.

Bei ordentlichen Vergehen und bei Verbrechen wird der Beschuldigte sofort oder am andern Morgen dem Sheriff vorgeführt; in diesen Fällen nimmt entweder schon der Stationsbeamte, dem der Beschuldigte zuerst vorgeführt wird, kurz die Aussagen der miterschienenen Zeugen auf oder wird sofort die Detektivabteilung behufs Aufnahme der Ermittlungen und in den schwersten Fällen auch der Grafschaftsstaatsanwalt benachrichtigt.

Die Berichte und die Zeugenvernehmungen der Polizei, sowie die etwaigen eigenen Zeugenvernehmungen der Staatsanwälte (precognitions) sind so kurz und knapp wie im englischen gerichtlichen Vorverfahren und übersteigen auch in Mordsachen nicht den Umfang einer unserer Gendarmeriemeldungen bei Körperverletzungen mit mehreren Tätern. Sie stellen streng einseitige Parteivorbereitung des Anklägers dar und dürfen grundsätzlich weder dem Gerichte vorgelegt noch einem Zeugen in der Hauptverhandlung vorgehalten werden. Nur die Namen ihrer Zeugen haben sich die Parteien vor dem Termine mitzuteilen. Vgl. oben S. 370, 375.

Irgendwelches Bedürfnis nach der in Schottland womöglich noch mehr als in England verabscheuten Heranziehung des Richters zu irgendeiner Art von Parteitätigkeit, Vernehmungs- oder Untersuchungstätigkeit besteht nicht.

Wohl ist der festgenommene Beschuldigte im ordentlichen Verfahren mit seiner Unmöglichkeit sofortiger Aburteilung möglichst umgehend einem Richter (Sheriffssubstituten, eventuell Friedens- oder Polizeirichter) vorzuführen behufs „richterlicher Examinierung" und Überweisung in Untersuchungshaft. Diese judicial examination, die als inquisitorische Vernehmung aus dem französischen Prozesse zu Anfang des 16. Jahrhunderts nach Schottland gekommen ist, ist jedoch heute nur noch eine vom Staatsanwalt vor dem Richter nach vorgängiger Verwarnung an den Beschuldigten gerichtete Aufforderung zur Erklärung auf die Beschuldigung geworden. Heute würde im Zweifel bereits eine Ermahnung an den Beschuldigten, „die Wahrheit zu sagen und keine Lügen zu erzählen", die Erklärung nach den strengen schottischen Beweisregeln als Beweis ausschließen. Übrigens lautet die Erklärung meist nur: „Auf Anweisung meines Rechtsbeistandes behalte ich mir meine Verteidigung für die Hauptverhandlung vor". Vgl. Macdonald a. a. O.

Für den Beschuldigten stellt regelmäßig sein Solicitor Ermittlungen an. Die Polizei tritt dabei nur in Tätigkeit, soweit die Erklärungen des Beschuldigten der Verfolgung Anlaß zu Erhebungen bieten; einem vernünftigen Beweisantritt geht der Ankläger schon im eigenen Interesse nach.

Die Güte der polizeilichen Arbeit und die meist vollständige Sammlung des Beweisstoffs durch sie hat die Staatsanwälte derart entlastet, daß ihre Objektivität keinerlei Anzweiflung unterliegt und das geheime Vorverfahren zurzeit fast reibungslos arbeitet. Die Gefahr der Reibung wäre aber da, sobald das leiseste Mißtrauen oder politische Agitation einsetzen würde. Wenn auch der hauptsächlichste Reibungspunkt, die inquisitorische Vernehmung des Beschuldigten durch Polizei oder Richter ganz fehlt und das geheime Vorverfahren mit der Rücksicht auf den Betroffenen selbst verteidigt wird, so sind doch die schottischen Polizeipräsidenten entgegen ihren Juristen mit guten Gründen für das offene englische Vorverfahren, das jedes Mißtrauen ausschließt, dem Beschuldigten allen gegen ihn vorliegenden Beweis vorführt und den Unschuldigen sofort öffentlich rechtfertigt. Das geheime Vorverfahren wäre nur da schonender, wo es möglich wäre, Nachrichten von Verbrechen und Festnahmen nicht in die Presse gelangen zu lassen. Zudem hält die Schriftlichkeit des schottischen Vorverfahrens in den ordentlichen Straffällen alle Beteiligten längere Zeit in Bewegung, obwohl auch die schottische Polizei an sich von einem Tag zum andern ihre Aufträge und Nachforschungen erledigt. Die Öffentlichkeit erkennt indessen das Streben nach möglichster Fairness gegenüber dem Beschuldigten und dem Verteidiger durch ein derartiges Vertrauen an, daß ich nach wochenlangem Fragen nur eine kritische Stimme und zwar die eines für seine selbständigen Ansichten unter den jüngeren Juristen bekannten Barristers gegenüber dem geheimen Vorverfahren ermitteln konnte. Daß dieses Streben nach Fairness abgesehen von seiner günstigen Wirkung auf den Volkscharakter, die auch in Schottland in der großen Zahl Geständiger sich ausdrückt, den Zielen der Gerechtigkeit keinen Eintrag tut, sondern sie fördert, beweist der hohe Prozentsatz der schottischen Verurteilungen. Im Jahre 1905 wurden in fast 86 % der bekannt gewordenen Straffälle Festnahmen oder Vorladungen bewirkt; im ganzen wurde gegen 164 804 Personen eingeschritten und zwar gegen 161 972 im summarischen Verfahren (122 033 Verurteilungen und 25 438 Erledigungen durch Verfall hinterlegter Pfänder, insgesamt 91 %) und gegen 2832 im ordentlichen Verfahren (2314 Verurteilungen, 4 Einweisungen Geisteskranker, 1 Ächtung und 16 Erledigungen durch Verfall hinterlegter Pfänder, insgesamt über 82 %). Der hohe Prozentsatz der letzteren Verurteilungen beweist den Wert der Mitwirkung der Staatsanwaltschaft bei Vorbereitung der schwierigeren Strafsachen.

III. Irland.

Auf Irland ist die englische Gerichtsverfassung mit Assisen, Quartalssitzungen und Friedensgerichten übertragen, auch Strafrecht und gerichtliches Verfahren ist im wesentlichen dasselbe (vgl. den Aufsatz im nächsten Heft). Irland ist das ärmste und politisch unruhigste Land des Königreichs. Diese Verhältnisse wirken naturgemäß auf Rechtspflege und Polizei stark ein. Für das Friedensrichtertum stehen ohnehin keine ausgedehnten Kreise eines unabhängigen oberen Mittelstandes zur Verfügung und die Erweiterung des friedensrichterlichen Kreises nach unten in den letzten Jahren hat von den Volksleidenschaften erfüllte kleine Leute und teilweise sogar politische Agitatoren auf die Bench geführt; die den Friedensgerichten vorsitzenden besoldeten Resident Magistrates, teils Juristen, teils aus der irischen Polizei hervorgegangene Gentlemen, teils ehemalige Offiziere, bilden keinen genügenden Damm gegen die vielfache Verwüstung der friedensrichterlichen Rechtspflege. Bei allen Vergehen und Verbrechen mit irgendwelchem agrar-politischem Anstrich weigern sich die ländlichen Friedensrichter fast regelmäßig zu verurteilen oder an die Schwurgerichte zu überweisen, und die etwa überwiesenen Schuldigen werden von den Geschworenen sicher freigesprochen. So befinden sich eine Reihe Grafschaften im Zustande der Gesetzlosigkeit und teilweise des offenen Aufruhrs. Die Regierung vermeidet möglichst einzugreifen und den Criminal Law & Procedure (Ireland) Act von 1887, der Berufung besonderer Juries, Verlegung des Verhandlungsorts und in summarischen Fällen die Aburteilung durch 2 Resident Magistrates ermöglicht, neuerdings zu proklamieren. Die Entwicklung auf Verdrängung des Großgrundbesitzes ist ja ohnedies unaufhaltsam und von der Gesetzgebung heute nach Möglichkeit erleichtert.

Das irische Problem muß kurz berührt werden. Als Cromwell Irland unterwarf, wurde das Land konfisziert und unter englische Ansiedler und Soldaten des Parlamentsheers verteilt. Diese standen in scharfem religiösem und politischem Gegensatz zu den Eingeborenen. Ihre numerische Schwäche ließ sie sich zu einer bevorrechteten abgeschlossenen Klasse anderen Glaubens zusammenschließen, welche keine Verschmelzung mit den Eingeborenen gestattete. Sie hatten häufig eine schlecht verhehlte Verachtung für die Irländer, zogen sich vielfach aus dem ihnen unsympathischen Lande wieder zurück und verpachteten ihre Güter, so daß Irland auch unter dem Absentismus seiner Grundeigentümer litt; das Gut wurde oft einem Agenten anvertraut, ein Unternehmer zahlte dann dem Eigentümer eine gewisse Gesamtpacht und schlug möglichst viel Kapital aus seinem Handel, indem er die Unterpächter steigerte oder austrieb und das Land dem Höchstbietenden gab. Dazu kam die Aufhebung des irischen Parlaments durch den Act of Union von 1801. So hat der Kampf der Iren niemals aufgehört, ihr ihnen, wie sie sagen, ungerecht geraubtes Land wieder zu erlangen und alle irischen Bünde (White Boys, Fenians, Land and United Irish Leagues) haben von jeher die Landreform zu ihrem Hauptprogrammpunkt gemacht. Der erste praktische Angriff der Landfrage erfolgte 1861 und seither sind 43 Land Acts erlassen worden. Ein Akt von 1881 setzte eine Landkommission und Landgerichte ein, welche die gerichtliche Festsetzung angemessener Pacht ermöglichten (wovon 350 000 von 500 000 Pächtern Gebrauch gemacht haben) und den ordnungsmäßig zahlenden Pächter gegen Exmission schützten. Dieser Akt verführte aber den Pächter zur möglichsten äußerlichen Vernachlässigung des Guts. So ermöglichte der Ashbourne's Act von 1886 dem Pächter den Kauf seines Pachtstücks vom Grundherrn mit staatlichen, binnen 49 Jahren ratenweise zurückzahlbaren Darlehen. Bis 1903 haben dies 80 000 Pächter mit 200 Millionen M. staatlicher Darlehen getan. Den restlichen 400 000 Pachtstücken war aber nicht beizukommen, da die großen Grundherren nicht ohne schweren Verlust verkaufen konnten. So sah der Wyndham's Act von 1903 volle Entschädigung der Grundeigentümer vor, indem er die Bereitstellung von mindestens 2 Milliarden M. vorschrieb, wovon jährlich 100 Millionen M., die übrigens von Anfang an nicht ausreichten, an die Pächter ausgeliehen werden sollten. Ferner erhält der Verkäufer 12% Aufgeld aus einem Hilfsfonds von 240 Millionen M. Er kann sowohl direkt an den Pächter verkaufen wie an die staatliche Landkommission. Der Akt hat fabelhaft gewirkt; heute sind über $^2/_5$ irischen Bodens wieder in irischen Händen und in wenigen Jahren werden es nach zuverlässiger Schätzung $^9/_{10}$ sein. Den Iren geht es aber immer noch nicht rasch genug und sie suchen mißliebige Grundeigentümer und Pächter möglichst schnell zu beseitigen; namentlich sind es die großen Weidefarmen, deren Besitzer oder Pächter verhaßt sind. Man treibt ihren Viehbestand in alle Winde, verstümmelt das Vieh, legt Brände, schießt auf den mißliebigen Mann und verfolgt ihn mit Drohbriefen und mit jeder denkbaren Bosheit. Dabei macht es nach der Schilderung des Chief Crown Solicitor von Irland, der selbst Großgrundbesitzer ist, keinen Unterschied, ob der Mißliebige Engländer oder Ire ist. So werden die kleinen irischen Agrarier bald ziemlich unter sich sein und dann ist auch Home Rule, die allein die Entstehung einer antiklerikalen Partei ermöglichen wird, nur eine Frage der Zeit

In diesen politischen und sozialen Schwierigkeiten steht die irische Polizei mitten drin. Historisch stellt sie die englische Garnison Irlands dar und in keinem politischen Prozesse versäumt die Verteidigung, damit Stimmung zu machen. In Wirklichkeit ist die Regierung weise auf möglichst unpolitische Leitung der Polizei bedacht; die Polizei hat auch kein Wahlrecht. Für die Truppe selbst ist ein außerordentlich hohes Maß von Takt, Sachlichkeit und Fairness erforderlich. Der Constabulary Code sagt nachdrücklich, daß auch die schwersten Verbrecher bei Strafe der Entlassung nicht durch unfaire Mittel der Gerechtigkeit überliefert werden dürfen. Ebenso betonte der Chief Crown Solicitor, man begegne politischem Unheil am besten durch ein möglichst faires Verfahren; Erziehung zu Fairness bedeute zugleich Erziehung zur Achtung der Rechtspflege und andererseits zur Selbstverantwortung.

1. Überblick über die Polizeiorganisationen.

Das nicht ganz 4½ Millionen Einwohner zählende Irland besaß nach der Kriminalstatistik für 1905 zwei Polizeiorganisationen, nämlich die (seither verstärkte) allgemeine staatliche Polizei, die Royal Irish Constabulary mit 9922 Mann und einem Kostenaufwand von 27 Millionen M. und die besondere staatliche Polizei für die 375 000 Einwohner zählende Hauptstadt Dublin, die Dublin Metropolitan Police, mit 1196 Mann und einem Kostenaufwand von rund 3 Millionen M. Ein Polizist kam bei ersterer auf 416, bei letzterer auf 314 Einwohner und der Gesamtaufwand betrug rund 2720 bezw. 2590 M. pro Kopf der Mannschaftsstärke. Die R. I. C. beruht, nachdem man 1814 (54 Geo. III. ch. 131) eine Polizei für ganz Irland errichtet hatte, bis heute auf dem Akt 6 Will. IV. ch. 13 von 1836.

Die Dublin M. P. kann im folgenden außer Betracht bleiben. Auf Grund des gleichnamigen Akts 6 & 7 Will. IV. ch. 29 von 1836 errichtet, ist sie dem Muster der Londoner M. P. nachgebildet und besitzt eine ständige Detektivdivision. Ihre Kosten werden zu etwa ²/₃ aus Staatsmitteln, zu ¹/₃ aus lokalen Steuermitteln bestritten.

Die R. I. C.[1]) zählte in den Grafschaften 7882, in den Stadtgrafschaften Cork, Limerick, Londonderry und Water-

[1]) An Literatur ist zu nennen der R. I. C. Code 5. Aufl., Dublin 1900, das R. I. C. Manual, 5. Aufl., Dublin 1898, und die jährlich in Dublin erscheinende R. I. C. List and Directory.

ford 427, in der Stadt Belfast 1047 Mann, dazu kamen im Depot im Phönixpark bei Dublin 57 Mann, ferner 254 Mann Reserven und 255 Offiziere. Die Organisation ist straff militärisch gegliedert und besteht aus 1 Generalinspektor, 1 Deputy und 2 Assistant Inspector Generals nebst dem Kommandanten des Depots, dem Stadtinspektor von Belfast, 36 Grafschaftsinspektoren — hiervon 1 beim Hauptquartier, (Arzt, Tierarzt, Barrackmaster und Storekeeper des Depots), 205 Distriktsinspektoren, (Polizeiinstruent und Lehrer), 231 Head-Constables, (20 Clerks des Hauptquartiers), 1599 Sergeanten, 373 diensttuende Sergeanten, (2 Boten des Hauptquartiers), 7464 Constables. Die Grafschaftsinspektoren sind für Disziplin und Leistungen der Grafschaftstruppen, die Distriktsinspektoren für ihren Distrikt, die Head-Constables und eventuell Sergeanten für die Unterdistrikte, die Constables für ihre Patrouillebezirke verantwortlich. Von mehreren Constables führt der älteste das Kommando. Jeder Dienstgrad schuldet dem höheren unbedingte Gehorsamspflicht. Andererseits bedienen sich die Vorgesetzten des ruhigen und höflichen englischen Tons.

Der Detektivdienst wird namentlich wegen der irischen Geheimbündeleien, die sich über England, Schottland und die Vereinigten Staaten hinziehen, sorgfältig gepflegt. Es besteht zu diesem Zwecke eine besondere Detektivtruppe, welche teils zur Unterstützung der lokalen Polizei in besonderen Fällen, teils unabhängig von dieser in England, Schottland und Amerika verwendet wird. Sonst verwendet man je nach Bedarf besonders befähigte Leute der Truppe. Jede dem Publikum sichtbare Berührung mit der lokalen Polizei ist möglichst zu vermeiden. Städte wie Belfast und Cork haben ihre eigenen Detektivabteilungen, in denen sie befähigte Constables in Zivil verwenden und häufig wechseln, um möglichst vielen diese besondere Ausbildung zu ermöglichen.

Das Netz der mindestens mit 1 Sergeanten und 3 Mann besetzten Polizeistationen überspannt Irland dicht. Die Gerichte sind in möglichste räumliche Verbindung mit den Grafschafts-, teilweise auch Distriktsstationen gebracht.

Nur 37 Petty Sessions tagen an Orten, die nicht zugleich Distriktspolizeistationen sind, sondern 100 Ellen bis 25 Meilen vom Hauptquartier des Distrikts entfernt liegen und von den Resident Magistrates als Reiserichtern besucht werden.

2. Die Aufgabe der Polizei

ist nach den Vorschriften des Code und des Manual heute wie in England nur die unpolitische Friedensbewahrung durch Vorbeugung gegen das Verbrechen als das Wichtigste, erst in zweiter Linie durch Verfolgung des begangenen Verbrechens und Vorführung des Übeltäters vor Gericht. Dementsprechend wird auch das irische Verfahren durch Festnahme eingeleitet. Während in Dublin wie in England und Schottland die Festnahme ohne Haftbefehl überwiegt, soll die R. I. C. erst behutsam ihre Beweise sammeln, ehe sie gegen eine bestimmte Person etwas unternimmt, und soll Festnahme ohne richterlichen Haftbefehl möglichst vermeiden.

So wird auch bei Versetzungen und Entlassungen darauf Rücksicht genommen, daß sie die Erledigung laufender Untersuchungen nicht beeinträchtigen, und es wurde mir ein Beamter bezeichnet, der als scheinbar Vernachlässigter viele Jahre lang nur deshalb auf einem entlegenen Posten belassen wurde, weil er die Fäden einer weitverzweigten, langwierigen Untersuchung in der Hand hatte.

3. Verhältnis zu Gericht, Strafverfolgung und Öffentlichkeit.

a) Die Stellung der Polizei zu den Friedensrichtern ist gesetzlich und trotz den politischen Schwierigkeiten auch tatsächlich dieselbe wie in England. Der Constabulary Code betont, es könne den Friedensrichtern gar nicht zu viel Achtung und Ehrerbietung bezeigt werden; es solle das uneingeschränkteste gegenseitige Vertrauen herrschen. Die Polizei hat die Friedensrichter von jeder den öffentlichen Frieden gefährdenden Begebenheit sofort zu unterrichten; sie hat deren Anordnungen, die sie sich möglichst schriftlich geben lassen soll, Gehorsam zu leisten und im Falle eines Zweifels den Generalinspektor selbst zu befragen. Bei den Petty und Quarter Sessions haben die

Distriktsinspektoren, bei den Assisen die Grafschaftsinspektoren mit der nötigen Mannschaft Dienst zu leisten.

b) Die Polizei erspart auch für Irland im wesentlichen die Staatsanwaltschaft. Sie hat in dem armen Lande praktisch jede, auch mehr nur private Interessen verletzende Straftat zu verfolgen, wenn der Tatbestand einer strafbaren Handlung vorzuliegen scheint. Sie führt durch den festnehmenden oder anzeigenden Constable, der als Verfolger auch formell zu bezeichnen ist und dadurch nach dem Gutachten der Kronjuristen auch das Recht der Zeugenvernehmung erhält, die einfacheren summarischen Strafsachen. Die schwierigeren, namentlich ernsthaften Assault, Boykott und Vergehen gegen den Peace Preservation und den Illicit Distillation Act, sowie alle ordentlichen Straftaten ihres Distrikts haben die Distriktsinspektoren bis zum Urteil oder zur Überweisung an die Schwurgerichte als formell neben dem König einzutragende Verfolger zu verfolgen. Die Polizei soll die Crown Solicitors nur in besonderen Fällen mit Genehmigung des Generalinspektors einerseits und des Attorney General andererseits zuziehen.

Die 31 Crown Solicitors und 9 Sessional Crown Solicitors nehmen also die Verfolgung regelmäßig erst nach der Überweisung der ordentlichen Straftaten an Quartalssitzungen und Assisen oder für den Fall der Einlegung der Berufung in summarischen Straftaten auf. Da zudem für die Assisen Crown Counsel (Barristers) zur Vertretung der Fälle in der Hauptverhandlung bestellt sind und hier der Crown Solicitor nur die Instruktion des Falles und die Stellung der Beweismittel mit Hilfe der Polizei zu leisten hat, so ist seit einem Committee-Bericht vom Jahre 1883 eine allmähliche Verschmelzung der Ämter der Crown Solicitors und der Sessional Crown Solicitors mit Ersparung von Kräften angebahnt. Mit dem praktisch bestehenden Anklagemonopol der Polizei ist niemand unzufrieden; der Chief Crown Solicitor selbst bezeichnete die Frage einer Zurückdrängung der Polizei als „reine Geldverschwendung“; gewiß das höchste Lob für die unparteiliche Arbeit der irischen Polizei und ihrer als Staatsanwälte fungierenden Offiziere.

c) Die irische Polizei findet naturgemäß wenig Unterstützung bei der Öffentlichkeit. Einer der Gehilfen des Generalinspektors äußerte, man würde nicht die Hälfte der vorhandenen Polizei brauchen, wenn die Bevölkerung einen Teil des englischen Selbstverantwortungsgefühles hätte. Die Truppe genießt übrigens hohes Ansehen bei der Bevölkerung. Die Assaults on Constable sind jährlich zurückgegangen und betrugen 1905 noch 1693, was ungefähr der englischen Verhältniszahl entspricht. Die Truppe rekrutiert sich nicht mehr aus Engländern, sondern aus dem bäuerlichen Mittelstande angehörigen Iren; sie stehen dem Volk sympathisch gegenüber, aus dem sie selbst hervorgegangen sind, werden aber trotzdem und trotz ihrem teilweisen Anschluß an die Belfaster sozialistischen Streiks des letzten Sommers als im ganzen unbedingt zuverlässig bezeichnet — ein Erfolg einzig ihrer Ausbildung. Ihr Stolz ist ihre Integrität, die auch Trinkgeldannahme ausschließt. Besonders zu statten kommt es dem Ansehen der Truppe, daß sie mit einem verhältnismäßig reichen Wissen ausgerüstet und zu wirksamer werktätiger Hilfeleistung im praktischen Leben ausgebildet ist, was namentlich in den armen ländlichen Bezirken von großem Werte ist. Der beste Beweis für ihr Ansehen ist der, daß sie sich unbedeutenden Verfolgungen ohne Widerspruch des armen Volkes zu entziehen vermag.

4. Die Mittel zur Erzielung möglichster Leistungsfähigkeit.

a) Die Auswahl der Leute ist sehr sorgfältig. Ihre Körpergröße muß nach Erlaß vom 1. Juli 1901 mindestens 5 Fuß 9 Zoll (bei der Dublin M. P. mindestens 5 Fuß 10 Zoll) betragen. Nur Söhne von Mitgliedern der Truppe werden mit 5 Fuß 8 Zoll zugelassen.

b) Der wesentlichste Unterschied der irischen Polizei von der englischen und schottischen besteht in der gründlichen systematischen Ausbildung der Truppe. Die irische Polizeischule im Depot in Dublin ist zurzeit zugleich die einzige der Welt, wo auch Gentlemen oder, wie wir sagen würden, „Gebildete“ eine besondere systematische Ausbildung zum Polizeidienst erhalten können, und es sind beständig eine Anzahl von englischen Offizieren im Depot, welche für den Kolonialpolizeidienst ausgebildet werden. Die höchsten Stellen der R. I. C. sind Gebildeten vorbehalten. Sie rekrutieren sich teils aus Iren, teils aus Engländern, seltener Schotten, treten als Offiziersaspiranten („cadets“) ein und erhalten nach vollendeter Ausbildung eine freiwerdende Distriktsinspektorstelle. Die Hälfte dieser Stellen bleibt übrigens den Mannschaften als höchstes Beförderungsziel vorbehalten.

Die sechsmonatige Ausbildung der Mannschaften ist einerseits militärisch mit körperlichem Drill usw., andererseits theoretisch und praktisch durch Vorlesungen, Übungen und Prüfungen über Polizeidienst und Detektivarbeit, Strafrecht und Strafprozeß mit besonderer Berücksichtigung des Beweisrechts. Auch von den ausgebildeten Mitgliedern der Truppe wird erwartet, daß sie in ihrer freien Zeit an ihrer weiteren Ausbildung fortarbeiten. Die Aneignung praktischer Anschauung wird auf jede Weise gefördert; die Anfertigung von Modellen, Lageplänen und Photographien wird begünstigt, doch bedarf es zu ihrer Verwendung im Strafprozeß der Zustimmung des Generalinspektors. Im Depot zeigt man in genauen Verhältnissen angefertigte Modelle von Häusern usw., die in bedeutenden Straffällen verwendet worden sind.

Besonderes Gewicht wird auf die Erfassung des Geistes der Rechtspflege gelegt, der auch derjenige der Polizei sein soll. Was ich den juristischen Lektor des Depots, Mr. Sparrow, hierüber und über die Art und Weise der Einleitung der Strafverfolgung, Befragung verdächtiger Zeugen, Geständnis und Verwarnung vortragen hörte, entspricht durchaus der englischen Gerichtspraxis. Der Beschuldigte muß in Irland bereits vom festnehmenden Constable vor Aussagen verwarnt werden, was in England wohl üblich, aber nicht erforderlich ist. In England hat man sogar gelegentlich die Zulässigkeit bezweifelt, da der Erfolg der Verwarnung bei der ersten Aufregung des Festgenommenen gegenteilig sein kann (vgl. Rex v. Baldry, 21 L. J. 130). Die Beweisregeln werden als zur Erzielung korrekter Arbeit namentlich der Polizei unentbehrlich bezeichnet; sie lehren die Polizei, sachlich zu arbeiten und auf den wesentlichen Beweis auszugehen, ohne vom Beschuldigten selbst Aufklärung zu erwarten.

5. Das strafrechtliche Einschreiten insbesondere

spielt sich im wesentlichen wie in England ab. Die Bereitwilligkeit der Zeugen, auf die Polizeistationen mitzugehen, ist jedoch viel geringer. Auch brächten Verhandlungen auf den Polizeistationen nach englischer Art bei dem viel tieferen Niveau des Verkehrstons der irischen unteren

Klassen die Gefahr ernstlicher Reibungen. Zudem könnten Festnahmen ohne richterlichen Haftbefehl leicht als politische Maßnahmen verdächtigt werden. So beschränkt man die Festnahme ohne Haftbefehl wie gesagt möglichst auf Betretung auf frischer Tat, soweit nicht auch in diesen Fällen die Feststellung der Adresse des Übeltäters genügt. Nur bei den ordentlichen Straftaten ist die Festnahme ohne Haftbefehl Regel. Sonst hat der Constable seine Wahrnehmungen dem vorgesetzten Sergeanten mitzuteilen und dieser hat Erhebungen anzustellen, ehe er Anrufung des Gerichts durch den Constable gestattet. Bei Meineid, Drohbriefen, aufrührerischen Reden und sonstwie außergewöhnlichen oder zweifelhaften Fällen ist die vorgängige Instruktion des Hauptquartiers einzuholen. — Nur in Dublin und teilweise in den anderen großen Städten arbeitet man nach dem Londoner Muster. — Die peinliche Sicherung des akkusatorischen Verfahrens ist mehrfach hervorgehoben; auch der Verkehr mit Freunden und Verteidigern ist den Festgenommenen so liberal wie in England gestattet.

Die Statistik rechtfertigt das streng sachliche und unpolitische, rein akkusatorische Vorgehen der R. I. C., das in allen politischen und sozialen Schwierigkeiten Irlands doch zur Not eine geordnete Rechtspflege ermöglicht, geradezu glänzend. Im Jahre 1905[1]) wurde im summarischen Verfahren gegen 182 974 Personen eingeschritten und zwar gegen 179 078 wegen summarischer und gegen 3896 wegen ordentlicher Straftaten. Verurteilt wurden 157 625 (154 624 und 3001) oder 86 % (86,3 % und 77 %). Der Polizei wurden 9728 ordentliche Straftaten bekannt und 4372 Personen = 45 % wurden hiefür verurteilt; im ganzen wurde gegen 6837 Personen wegen ordentlicher Straftaten eingeschritten, gegen 82 wurde die Beschuldigung zurückgezogen, 3001 wurden bei 895 Freisprechungen summarisch erledigt, 730 wurden nicht überwiesen. Von den restlich überwiesenen 2111 Personen wurden von den Assisen 1017 verhandelt und 685 = 67,3 % verurteilt, von den Quartalssitzungen 1043 und 686 = 65,8 %. Die Güte der Polizei beweist der außerordentlich hohe Prozentsatz der Verurteilungen im summarischen Verfahren. Ihre gleich gute Arbeit in den ordentlichen Strafsachen wird teils von den politisierenden kleinen Friedensrichtern, teils von den aus kleinen

[1]) Die Zahlen der gleichartig arbeitenden M. P. von Dublin sind dabei nicht ausgeschieden.

Leuten bestehenden Juries paralysiert. Immerhin steht der Prozentsatz der Verurteilungen gegenüber den angezeigten Fällen selbst in den ordentlichen Strafsachen noch erheblich über unserer deutschen Ziffer — die beredteste Anklage gegen die ungenügende Arbeit unserer Polizei, die durch unser schriftliches Verfahren begünstigte Anzeigewut unseres Volkes und das die Endziele der Gerechtigkeit schädigende inquisitorische Verfahren.

IV. Ergebnisse und Vorschläge.

a) Für die Güte der Polizei ist es wesentlich, sie auf ihre altgermanische unpolitische Aufgabe der Friedensbewahrung namens der Gesamtheit zurückzuführen. Ihre vornehmste Aufgabe hat die Vorbeugung gegen das Verbrechen zu sein; erst ihre zweite die Verfolgung des begangenen. Dies kann nur durch vorbeugende und sofort zugreifende Wachsamkeit auf der Straße bei Tag und Nacht erreicht werden. Dabei sind zugleich die Reibungen des Verkehrs, die eine Menge kleiner und ohne sofortiges Einschreiten oft auch schwerer Straftaten erzeugen, vorbeugend durch Wachsamkeit und sofortige Beseitigung von Hindernissen zu beheben, nicht durch Reglements und Verbotstafeln zu vermehren. Diese dreifache Aufgabe stellt eine natürliche Einheit dar. Demgemäß ist die Polizei zur Sicherheits-, Kriminal- und Verkehrspolizei zugleich zu gestalten und jedes ihrer Mitglieder zur Erfüllung dieser Aufgabe auszubilden. Nur der sofortige sachgemäße Zugriff jedes Mitglieds sichert die Entdeckung des Verbrechens. Die besonderen Kriminalabteilungen haben ergänzend die Fühlung mit der Verbrecherwelt herzustellen.

Diese Aufgabe nimmt auch die beste Polizei vom Leiter bis zum Schutzmann völlig in Anspruch. Die anderen Seiten der Polizeitätigkeit wie Gesundheits-, Gewerbe- und Baupolizei sind daher abzuscheiden.

Hierauf ist an dieser Stelle nicht weiter einzugehen. Nur kurz und ohne Zusammenhang mit den sonstigen Vorschlägen wäre eine Abscheidung in der Weise als erstrebenswert zu bezeichnen, daß die Spezialgebiete mit möglichst wenigen Ausnahmen (z. B. Meldewesen) abgeschieden und unter Angliederung an die größten Selbstverwaltungseinheiten in technische Ämter umgestaltet würden, wozu auch bei uns wenigstens Ansätze vorhanden sind. Es ist nicht Aufgabe der Polizei, fortgesetzt kontrollierend und Verärgerung und Erbitterung erzeugend in das private und Erwerbsleben des Bürgers einzugreifen. Am schädlichsten jedoch ist die selbständige Exekutivgewalt der Polizei auf weiten wichtigen Lebensgebieten bis zur Zensur hinaus und ihre selbständige Verordnungsgewalt; hierin besteht das Wesen des Polizeistaats und im Grunde ist die Stellung unserer Polizei immer noch die der allmächtigen Polizei des absoluten Staats, an welcher alle konstitutionellen Kämpfe des verflossenen Jahrhunderts und die Trennung von Verwaltung und Justiz ziemlich einflußlos vorüber gegangen sind. Man denke an den § 366 Ziff. 10 RStrGB. („die zur Erhaltung der Sicherheit, Bequemlichkeit, Reinlichkeit und Ruhe auf den öffentlichen Wegen ..... erlassenen Polizeiverordnungen") und an die meist[1]) nur durch die verfassungsmäßigen Grundrechte und das Strafgesetz beschränkte Macht der Polizei, allumfassend für Wohlfahrt und Sicherheit der Gesamtheit mittels Beschränkung der persönlichen Freiheit zu sorgen.

Hierdurch ist die Polizei in der Lage, die Grundrechte des Bürgers und gerichtliche Entscheidungen zu paralysieren, wo sie eine Gefährdung der öffentlichen Ruhe und Sicherheit erblicken will; es sei nur auf die Häufigkeit verwiesen, mit der das Kammergericht polizeiliche Verordnungen, auf Grund deren Hunderte bestraft worden sind, für ungültig zu erklären hat. Ihre Verordnungsgewalt macht die Polizei zur „Regierung" mit häufig politischem Gesicht, ihre Strafverfügungsgewalt macht sie zur Richterin und schließlich ist sie Strafvollstreckerin — alles in eigener Sache. Ruhe, kein freies Sichregenlassen der Volkskräfte ist das Ziel ihrer bevormundenden Arbeit, und Kritik oder Beschwerde gegen ihre Arbeit ist ein Vergehen gegen die Ruhe des Staatsbürgers. Aus Bequemlichkeit läßt man das so weitergehen. Aus der Einschränkung der ohnedies seltenen Majestätsbeleidigung machte man eine große Aktion; für eine Übertragung der entsprechenden Grundsätze auf das praktisch ungleich wichtigere Gebiet der Schutzmannsbeleidigung und des Widerstands gegen die „Staatsgewalt" und für die Abschaffung der polizeilichen Strafgewalt rührt sich keine Hand, obwohl hier jährlich vielen Tausenden die Strafe und der Gesamtheit das Züchten von Staatsgegnern erspart werden könnte; man duldet, daß eine Polizei — je schlechter desto mehr — ihre „Autorität" als Wichtiges schützt und so statt zum Schutze, zur Gefahr für die Freiheit des Staatsbürgers wird. Vgl. demgegenüber den englischen, schottischen und irischen Standpunkt, S. 20 ff, 28 ff., 70, 84 ff. Die Güte der Polizei, ihre unpolitische Arbeit und ihre Achtung der Würde der Persönlichkeit ist der Maßstab für das Freiheitsgefühl eines Volkes, nicht die Kraft der Worte, die es gegen die Krone gebraucht. Auch

---

[1]) Für Württemberg vgl. „Das Staatsrecht des Königreichs Württemberg" von Ludwig Gaupp, 2. Auflage, 1895, S. 279 ff.

bei Justiz und Polizei soll es sich um die praktische Betonung der eigenen Würde der Nation handeln.

b) In einem freiheitlichen Lande wie England wird die Polizei als Reichssache bezeichnet und behandelt, wenn schon sie, abgesehen von dem staatlichen Musterbetrieb der Metropolitan Police nach englischer Verwaltungstechnik durch die großen Selbstverwaltungskörper unter zentraler Kontrolle geführt wird. Die Macht zu Eingriffen in die staatsbürgerliche Freiheit ist in der Tat eine nationale Sache, die fortgesetzter ernstester Fürsorge und Aufmerksamkeit der Gesamtheit und ihrer Organe, nicht zuletzt der Presse wert ist.

Der Anstoß zur Verbrechensverfolgung muß stets im wesentlichen bei der Polizei auf der Straße liegen. Das Eingreifen der Staatsanwaltschaft kann erst später kommen. Daher muß die Polizei nach Intelligenz und Charakter so sorgfältig ausgelesen, umfassend ausgebildet und zur Achtung der bürgerlichen Freiheit erzogen werden, daß jedes Mitglied zum sofortigen sachgemäßen Zugriff befähigt ist, ohne andererseits durch unnötiges Einmischen oder Kommandieren Reibungen hervorzurufen. Eine Beschränkung auf Militäranwärter ist untunlich. Die Stellung des Polizeichefs seiner Truppe gegenüber sollte im Interesse straffer Disziplin und fortgesetzter Auslese der Mannschaften ebenso selbständig und verantwortlich sein wie in den englichen und schottischen Grafschaften und in den schottischen Städten.

Reichsgesetzlich ist die Staatsanwaltschaft die Strafverfolgungsbehörde. Sie trägt die Verantwortung für die Strafverfolgung, obwohl sie seither bezüglich Beginn und Führung der Verfolgung mehr oder weniger von ihren Hilfsbeamten, der Polizei, abhängig war. Die Posener Tagung der deutschen Landesgruppe der Internationalen Kriminalistischen Vereinigung hat auf Grund von Einzelreferaten aus den größten Deutschen Bundesstaaten, in denen fast ausnahmslos unbefriedigende polizeiliche Zustände dargelegt wurden, die Unterstellung der Kriminalpolizei unter die Staatsanwaltschaft befürwortet. Das wäre ein großer Fortschritt. Die Staatsanwaltschaft mit ihren 50% Einstellungen ist das stärkste Bollwerk gegen polizeiliche Willkür; sie pflegt auch der Polizei durch die genaue Kenntnis ihres Personals und ihrer Mängel schärfer und mißtrauischer auf die Finger zu sehen als die Gerichte. — Die Kriminalpolizei soll aber mit Sicherheits- und Verkehrspolizei eine natürliche Einheit bilden und der § 153 GVG. stellt der Staatsanwaltschaft demgemäß die Beamten des Polizei- und Sicherheitsdienstes zur Verfügung. Es wäre das Gegebene gewesen, daß sich hieraus eine Praxis entwickelt hätte, wonach die allgemeinen polizeilichen Instruktionen wenigstens hinsichtlich der Sicherstellung der Strafverfolgung im Einvernehmen mit der Staatsanwaltschaft gefaßt würden. Die Entwicklung ist gegenteilig gewesen. Nicht nur hat sich die Staatsanwaltschaft im größten Teile Deutschlands mittels schriftlichen Ersuchens an eine hohe Polizeibehörde zu wenden, — auch die polizeilichen Dienstvorschriften werden von der Polizei allein erlassen und möglichst geheim gehalten, was zugleich den Vorteil bietet, Beschwerden des Publikums mit dem lakonischen Bescheide zu erledigen, der angegriffene Polizeibeamte habe seiner Instruktion gemäß gehandelt.

Die Polizei sollte auf den zum Schutze der Gesamtheit berufenen Gerichten gegenüber in ein Unterordnungsverhältnis gebracht werden, das den gerichtlichen Äußerungen Nachdruck verliehe. Die englische, schottische und irische Übung, daß in jeder Gerichtssitzung ein höherer Polizeibeamter Dienst zu tun hat, wirkt vorzüglich zur Disziplinierung und Schulung der polizeilichen Zeugen. Außerdem sollten die Gerichte unmittelbare Disziplinargewalt gegenüber der Polizei und die Garantie haben, daß ihre Anregungen von der Polizei beachtet und befolgt, nicht wie es vorgekommen ist, durch gegenteilige Verfügungen beantwortet werden.

Bei Bildung der Aufsichtsinstanz über die Polizei sollten die Gerichte ebenfalls entsprechend berücksichtigt werden. Unerläßlich wäre endlich, daß die Presse für regelmäßige gute Berichterstattung auch über die alltägliche

Arbeit der Gerichte sorgte und dabei den Anregungen der Gerichte den nötigen Widerhall gäbe.

Durch den erhöhten Einfluß von Gericht und Staatsanwaltschaft würden die Leistungen der Polizei eine ungeahnte Hebung erfahren und der bisherige Polizeigeist umgewandelt. Weiterhin müßte aber eine entsprechende Beteiligung der Gesamtheit an der Aufsicht über die Polizei angestrebt werden; wer die finanziellen Lasten einer Einrichtung trägt, muß auch an deren Kontrolle teilnehmen dürfen. Schließlich ist für eine einheitliche, mit den Staatszwecken in Einklang bleibende Handhabung der Polizei zentrale Kontrolle durch Staatsaufsicht und durch Statistik erforderlich.

Hier bietet englische Staats- und Verwaltungskunst eine zur Versöhnung vielseitiger Interessen und Gegensätze vorbildliche Institution in den Ständigen Vereinigten Ausschüssen (Standing Joint Committees), oben S. 11 ff., 60—62. Wo einheitliche Arbeit getan werden soll, da setzt man die Vertreter verschiedener Interessen zu gemeinsamer Arbeit unter mündlichem Gedankenaustausch zusammen. Für uns mit der historischen Stellung unseres Beamtentums dürfte dabei die schottische Anpassung dieses Gedankens lehrreich sein, welche die historischen Eigentümlichkeiten, namentlich die historische Stellung des Sheriffs berücksichtigt. Für uns wäre hinsichtlich der Stellung zur Polizei der Erste Staatsanwalt das gegebene Analogon zum Sheriff. So kämen wir etwa zu folgender Organisation:

Die Sicherheits-, Kriminal- und Verkehrspolizei würde vereinheitlicht. Die kleinen Polizeiorganisationen würden aufgehoben. Die neuen großen Organisationen wären an große Selbstverwaltungskörper, die mindestens einen Landgerichtsbezirk umfassen müßten, und an die großen Städte anzuschließen. Sie stünden unter einem nach unten möglichst selbständigen Polizeichef, der seinerseits dem Ersten Staatsanwalt unterstellt wäre. Oberste Polizeibehörde wäre der Vereinigte Ausschuß, der aus 10 oder 15 Mitgliedern bestehen und mit 5 Mitgliedern beschlußfähig sein könnte; vertreten wäre darin mit 4/10 die Selbstverwaltung (Kreis- oder Stadträte) und mit je 3/10 die Justizverwaltung (Ministerialbeamter, Richter und Staatsanwalt) und die Regierung; dazu käme als stimmberechtigter Vorsitzender der Erste Staatsanwalt. Hier würden der Polizeichef und der Erste Staatsanwalt Rechenschaft ablegen und die gesamten Polizeiverhältnisse erörtert; Anregungen würden geprüft und allgemeine Vorschriften festgesetzt; die Sitzungen würden periodisch abgehalten; die Presse würde im allgemeinen zugelassen. Der Vereinigte Ausschuß wäre zugleich höchste Beschwerdeinstanz: wo ein Beschwerdeführer mit der Verfügung des Polizeichefs nicht zufrieden wäre, ginge weitere Beschwerde an den Vereinigten Ausschuß, der gegen den beschuldigten Polizeibeamten in kontradiktorischem Verfahren durch eine aus seiner Mitte gebildete Kommission, bestehend aus Richter, Regierungsbeamtem und Selbstverwaltungsmitglied als Gericht und einem Staatsanwalt als Ankläger erkennen würde. So kämen alle Interessenten in und vor dem Vereinigten Ausschuß sachlich und beachtlich zum Wort.

Die zentrale Kontrolle durch Staatsaufsicht endlich wäre durch Justizverwaltung und Regierung gemeinschaftlich auszuüben. Sie würde im Interesse der Einheitlichkeit und Gleichartigkeit einerseits in der Genehmigung grundsätzlicher allgemeiner Vorschriften, andererseits in der Inspektion der Polizeiorganisationen bestehen.

Vielleicht wäre es erwägenswert, ob nicht auch von der Einführung öffentlicher Enquêtekommissionen bei vorhandenen oder behaupteten Mißständen Nutzen gezogen werden könnte.

c) Soll die Polizei die zuverlässige Grundlage unserer Justiz bilden, so ist es unerläßlich, ihr jede richterliche Befugnis abzunehmen. Das Äußerste, was man der Polizei übertragen kann, ist die selbständige Strafverfolgung im summarischen Verfahren; aber Strafgewalt der Polizei gegenüber der Gesamtheit unter deren Kontrolle sie arbeiten sollte, ist etwas Ungeheuerliches. Kann man sich denn keinen summarischen Prozeß ohne Verweigerung der fundamentalsten Rechtsgarantien vorstellen? Wie ein Hagelschlag prasseln die polizeilichen Strafverfügungen. Eine ruhige Stadt mit gutartiger, friedlicher Bevölkerung wie Stuttgart hat jährlich durchschnittlich 40 000 polizeiliche Strafverfügungen bei 250 000 Einwohnern. Darnach müßte das Deutsche Reich mit 60 000 000 Einwohnern jährlich fast 10 000 000 und England mit Wales bei 35 000 000 Einwohnern über 5 000 000 Strafverfügungen haben. Statt dessen hat England im ganzen nur etwas über 700 000 summarische Verurteilungen für Übertretungen und Vergehen des täglichen Lebens zusammen; dabei betreffen $^1/_3$ die bei uns nicht strafbare Trunkenheit, so daß die englische Ziffer zehnmal niedriger ist; dabei ist die Ruhe und Ordnung des Verkehrs musterhaft. Wir haben keine Statistik und keine öffentliche Kontrolle über die

Ausübung der Strafgewalt der Polizei; die Städte sind an ihrer reichlichen Ausübung außerdem finanziell interessiert, da die Polizeistrafen ihnen zufließen und namentlich in den Universitätsstädten einen erheblichen Posten im Budget ausmachen. Eine Anfechtung polizeilicher Strafverfügungen ist mit soviel Unbequemlichkeit verbunden, sie hat auch regelmäßig gegen ausschließlich polizeiliche Zeugen anzukämpfen, daß sie lieber unterbleibt.

Das Rechtsgefühl und das Gefühl der Rechtssicherheit leidet dabei Not. Nach dem deutschen Staatsbürger, der nicht mindestens eine polizeiliche Strafverfügung erhalten hat, kann man mit der Laterne suchen. Dabei belastet die fortgesetzte schriftliche Meldung und Erledigung dieser Bagatellsachen die Polizei dermaßen, daß Zeit und Kraft für das Große fehlt und man diese Kleinigkeiten als schwere Straftaten behandelt, die auch vielfach in die Vorstrafenregister kommen und selbst die Schutzwürdigkeit eines Reichsangehörigen bei den deutschen Behörden im Ausland beeinflussen (Fall in Peru). Dabei kann die Polizeibehörde bei der Massenhaftigkeit ihrer Strafverfügungen keine nähere Prüfung eintreten lassen und so ist der Staatsbürger mehr oder weniger dem meldenden Schutzmann ausgeliefert.

Hier schafft nur die Einführung eines summarischen Strafprozesses mit richterlichem Gehör Wandel. Jeder Strafprozeß darf nur in der Weise summarisch sein, daß er die Schriftlichkeit, nicht daß er die Rechtsgarantien der öffentlichen, mündlichen, kontradiktorischen Verhandlung vor einem unbefangenen Richter verkürzt. Hier ist das englische und schottische summarische Verfahren in der Tat vorbildlich und wir haben in Württemberg bereits auf dem Gebiet der Zivilrechtspflege ein genaues Analogon in unseren Gemeindegerichten [1]). Es ist nach den englischen und schottischen Erfahrungen unbedenklich, kol-

[1]) Vgl. Weidlich, „Das Problem der Laienbagatellgerichtsbarkeit und die Württembergischen Gemeindegerichte mit englischen und schottischen Analogien". Rhein. Zeitschr. f. Zivil- u. Prozeßrecht, 1908, Heft 1, S. 75 ff.

legialen Laiengerichtsorganisationen nach Art der württembergischen Gemeindegerichte Strafgerichtsbarkeit in den kleinen Vergehen und Übertretungen des täglichen Lebens (etwa in dem beschränkten Umfang wie in Schottland) zu geben und sie an die großen Selbstverwaltungskörper und an die großen Städte anzugliedern, die zugleich ihre Vertreter in den Vereinigten Ausschuß entsenden würden. Es wäre sicherlich auch erstrebenswert, diese Organisationen in der Weise fortzubilden, daß zwar die Hälfte der Richter von der Selbstverwaltung, die andere Hälfte aber nach Art der englischen Friedensrichter aus allen Berufsklassen ernannt würde, damit eine praktische Beteiligung weiter Kreise an der auch bei uns anzustrebenden werktätigen Hilfe nach dem gerichtlichen Spruche gesichert würde. Die Nötigung zum Erscheinen in öffentlicher Gerichtssitzung bei jeder kleinen Straftat wird an sich schon eine vorbeugende Wirkung üben. Das Wichtigste ist aber die fortgesetzte Kontrolle des Gerichts über die tagtägliche Arbeit der Polizei. Selbstverwaltung und Gesamtheit, die sich seither nicht selten schützend vor die Ortspolizei gegenüber der Regierungskontrolle stellten, ohne ihrerseits eine fachmännische Aufsicht über die Polizei üben zu können, werden so zu Richtern auch der Polizei berufen; damit würde in Verbindung mit den vorhergehenden Organisationsvorschlägen der bisherige Kampf zwischen Selbstverwaltung und Regierung um die Polizei gegenstandslos. — Dieser summarische Prozeß würde die Polizei auf kaufmännische Bücher und Register (und etwa noch kurze Anklageformulare wie in Schottland) beschränken, die Polizei würde wieder zum vorbeugenden Straßendienste frei und dies, sowie die Mitarbeit der Gerichte in allen Fällen würde die Übertretungs- und kleinen Vergehenssachen auf einen Bruchteil des bisherigen Umfangs herabdrücken, wie die verallgemeinerte Statistik bald auswiese.

Die Abnahme der Richtergewalt in eigener Sache beschränkt die Betätigung polizeilicher Machtgelüste und befördert Umsicht, Sachlichkeit und Geduld der Polizei bei ihrer eigentlichen Aufgabe. Die Polizei muß stets in weitem Umfang Auge und Hand der Strafverfolgung bleiben, während die nominelle Strafverfolgerin, die Staatsanwaltschaft, von den wichtigeren Sachen abgesehen, mehr oder weniger auf die Überwachung der polizeilichen Stoffsammlung und auf die juristische Verarbeitung des polizeilichen Materials beschränkt ist. Die Staatsanwaltschaft ist durch das Legalitätsprinzip gebunden: nach welchen Prinzipien und Beweisgrundsätzen die Polizei verfährt, namentlich da, wo diese selbst richten kann, weiß sie nicht. Sie weiß nur, daß häufig über Druck und ungleichmäßige Behandlung durch die Polizei geklagt wird. Eine Kontrolle darüber, wie viele Straftaten überhaupt der Polizei bekannt geworden sind und was aus ihnen allen geworden ist, besteht im Gegensatz zu England vielfach nicht. Hier würde die Unterstellung unter die Staatsanwaltschaft rasch die nötige Kontrolle über Aufnahme und Nichtaufnahme der Strafverfolgung schaffen.

d) Soweit die Polizei die Strafverfolgung aufzunehmen hat, fragt es sich, wie weit sie von der Polizei geführt werden soll und ob der Polizei auch die nominelle Strafverfolgung in gewissem Umfang übertragen werden kann. Drei Rechtsgarantien müssen gegenüber der polizeilichen Tätigkeit bestehen. Die erste ist eine erhöhte Gesetzeskenntnis und Gesetzesachtung der gesamten Polizei, was durch veränderte Organisation und Ausbildung zu erzielen ist.

Die zweite ist die möglichst umgehende Stellung des Beschuldigten vor einen unbefangenen, zuhörenden, nicht inquirierenden Richter (oben S. 9). Es darf namentlich bei Festnahmen nicht geduldet werden, daß die Polizei zwischen Festnahme und Vorführung die Zuerkennung und Vollstreckung polizeilicher Strafen aus dem inkriminierten Vorfall einschiebt. Das Inquirieren des Richters sodann bedeutet die denkbar gefährlichste Verfälschung der Richterstellung, indem sie das Einzige zerstört, was dem Richterspruch Autorität verleiht: den Anschein der richterlichen Unbefangenheit.

Ich habe Dutzende von gebildeten, in England lebenden Deutschen nach dem für sie charakteristischen Unterschied zwischen dem deutschen und dem englischen Strafverfahren gefragt, — die Antwort lautete unweigerlich: In Deutschland muß der Angeklagte seine Unschuld beweisen, in England muß ihm die Schuld bewiesen werden. Das ist der Eindruck. Die englische Unschuldspräsumtion hat tatsächlich, auch nach dem Urteil der Laien, eine innerliche Objektivität des englischen Gemüts geschaffen, welche dem strafrechtlichen Verfahren so unbefangen gegenübersteht, wie dem zivilrechtlichen und jedes Arbeiten mit dem subjektiven Verdachtsmomente ausschließt. Das Inquirieren bedeutet ferner die gefährlichste Beeinträchtigung des richterlichen Ansehens, indem es den Anschein erweckt, als ob der Richter auch die einfachsten Feststellungen nicht ohne Zugeständnisse des Beschuldigten treffen könnte; und es bedeutet endlich eine ungerechtfertigte und überflüssige Entlastung der zur Beweisführung verpflichteten Strafverfolgungsbehörde. Das inquisitorische Verfahren bringt uns um die Mithilfe der Allgemeinheit bei der Überführung des Verbrechers; endlich züchtet es die Lüge und schädigt so auch den Volkscharakter.[1])

Die dritte Rechtsgarantie ist der Schutz des Beschuldigten vor allem gegen inquisitorische Vernehmung durch die Polizei. Oben (S. 49 ff.) ist ausgeführt, daß die charakteristischen Züge eines Verfahrens in der Hand subalterner Kräfte notwendig gesteigert und verschärft werden. Die geschilderten Gefahren inquisitorischer Strafverfolgung durch den Richter steigern sich bei der Polizei ins Unberechenbare; ebenso steigert sich zwar das Odium, doch hat nach dem Gesetz die Staatsanwaltschaft es zu teilen. Setzt der Richter einem Beschuldigten zu, so tut es die Polizei zweimal; der tatsächlichen oder vermeintlichen Lüge begegnet sie durch Grobheit. Das Ziel ist die Erlangung eines Geständnisses behufs Vereinfachung der polizeilichen Ermittlungstätigkeit einerseits,

[1]) Vgl. Weidlich, „Strafprozeßpraxis", S. 59 ff.

des richterlichen Inquirierens andererseits. Das Unschuldigste ist noch der Appell an das Ehrgefühl des Beschuldigten, dann kommt die Drohung mit Festhaltung wegen Kollusionsgefahr und Schlimmeres. Die auf unkontrollierte, in jeder Weise anfechtbare Art erlangten und späterhin widerrufenen Geständnisse sucht man dann — ein unschönes Schauspiel — in der Hauptverhandlung wieder herzustellen. Die Erlangung eines Geständnisses erscheint leider der Strafverfolgung geradezu als eine Notwendigkeit, solange von den Gerichten selbst, vor allem von den Strafkammern, auf das gleiche Ziel hingearbeitet wird. Durch die inquisitorische Arbeit der Polizei wird das ganze Verfahren von Anfang an mit Konfliktskeimen durchsetzt; die Heranziehung des Richters zur Vernehmung des Beschuldigten im Vorverfahren vermindert das Übel nicht, sondern verschärft nur die schiefe Stellung des Richterstandes. Der Beschuldigte ist für uns ein mehr oder weniger sprödes Beweismittel, das mehr oder weniger energisch behandelt wird, statt daß wir auch in dem Delinquenten seine und unsere eigene Würde achten, indem wir ihn in allen Fällen ehrlich als Partei behandeln.

Daß es ohne inquisitorische Tendenz viel besser geht, beweist das Zeugnis der anderen germanischen Länder und der viel höhere Prozentsatz ihrer Verurteilungen. Wir sind schnell bereit, das mit Oberflächlichkeit, Brutalität, mit Mißachtung der berechtigten Interessen des Beschuldigten und ähnlichen Barbareien erklären. Das Gegenteil ist der Fall. Je ehrlicher, gerechter und sachlicher ein Verfahren ist, desto günstigere Resultate liefert es. Der in England, Schottland und Irland bei verschiedener historischer und sozialer Entwicklung gleichmäßig geübte Grundsatz, daß man nie zu fair gegen einen Beschuldigten sein kann (oben S. 40 ff, 45 ff., 79, 87), der starke defensorische Charakter des Verfahrens neben reingehaltener Richterstellung müßte auch der Leitstern unseres Verfahrens werden. Und mit ganz besonderer Schärfe müßte seine Durchführung im Vorverfahren, also auch im polizeilichen Verfahren erzwungen und überwacht werden.

Nur das reine akkusatorische Verfahren garantiert auch die Vorbereitungsmöglichkeit des Beschuldigten. Jedes inquisitorische Verfahren, das den Beschuldigten gegen sich selbst verwendet, hat das naturgemäße Bedürfnis, die Punkte, die es zum Schließen der Beweiskette braucht, aus einem unvorbereiteten Beschuldigten herauszuholen. Mag man noch so viele Vorschriften zum Schutze des Beschuldigten in dieser Beziehung erlassen, sie bleiben alle auf dem Papier, so lange man nicht mit dem Systeme der Vernehmung des Beschuldigten [1]) radikal bricht. Das akkusatorische Prinzip verlangt, daß dem Beschuldigten bei der Vorladung vor Gericht oder bei der Festnahme die Beschuldigung mitgeteilt wird, damit er zu einem besonnenen, überlegten Parteistandpunkt gelangen kann. Er muß gegen jede Belastungsfrage unbedingt geschützt sein. Er muß die Möglichkeit haben, erst sämtlichen gegen ihn vorliegenden Beweis in aller Ruhe anzuhören und an die Zeugen Fragen zu stellen, und er muß, ehe er eine Äußerung abgibt, genau verstehen, um was es sich handelt, und formell zur Überlegung ermahnt werden; nur so bereitet man die Hauptverhandlung wirksam und rasch vor (vgl. oben S. 56 ff.). Ein solches Verfahren läßt sich vom ersten Augenblicke an nach unzulässiger Einwirkung auf den Reschuldigten kontrollieren und jeder Zweifel würde die Verwertbarkeit eines im Vorverfahren abgelegten Geständnisses für die Hauptverhandlung beseitigen. Beseitigt würde auch die Gefahr unseres heutigen inquisitorischen Verfahrens, daß man Schweigen des Beschuldigten nicht ertragen kann (vgl. Hauprozeß), daß man es als Schuldeingeständnis zu behandeln sucht, daß man durch Befragen des Beschuldigten zu halben und von da aus zu ganzen Zugeständnissen zu gelangen sucht. Nicht die Geschicklichkeit des Inquirierens, sondern die Geschicklichkeit und der Takt der Beweissammlung und Beweisführung ohne Einwirkung auf den Beschuldigten würde der Maßstab der Leistungen der Polizei und der Krimi-

[1]) Selbstverständlich bliebe der Beschuldigte, sein Körper, seine Kleidung und Effekten der Besichtigung und Durchsuchung nach Verbrechensspuren und Beweismitteln nach wie vor unterworfen.

nalistik werden. Von ihrem Odium befreit würde die kriminalistische Praxis einen neuen Aufschwung nehmen; das Vertrauen der Öffentlichkeit in die Strafverfolgung würde zurückkehren und der Kampf gegen das Verbrechen würde die Mithilfe der Gesamtheit wiederfinden.

Wo keine Festnahme erfolgt, dürfte sich kein polizeiliches Verfahren mit dem Beschuldigten einschieben. Wo Festnahme erfolgt und die sofortige Gestellung vor das gesessene Gericht nicht ausführbar ist, müßte der Festgenommene einem älteren höheren Polizeibeamten (Leutnant oder Inspektor) zu mündlicher kontradiktorischer Verhandlung über die Rechtmäßigkeit der Festnahme vorgeführt werden; hierauf wäre auch darum besonderes Gewicht zu legen, da hier etwaige polizeiliche Mißgriffe sofort geheilt werden können. Von Festnahme könnte bei uns, wo die Feststellung der Identität weniger Schwierigkeiten macht als in England, weitgehend abgesehen werden. Wo vor Angehung des Gerichts Vorverhandlung auf der Polizei erwünscht ist, wird häufig auch ein Ersuchen an Beschuldigte und Zeugen, zur Polizeistation zu kommen, genügen. Ferner sollte Staatsanwaltschaft und Polizei allgemein Ladungsgewalt, nicht vor sich selbst, wohl aber vor das Gericht behufs summarischer Hauptverhandlung (und kontradiktorischer Vorverhandlung) bekommen, wobei sie die Beschuldigung mündlich oder schriftlich mitzuteilen hätte.

Der höhere Polizeibeamte sollte nach schottischem Muster beim Staatsanwalt gearbeitet haben, was zugleich die Sekretärsfrage für die Staatsanwaltschaft zum Teile lösen würde. Es könnte ihm die Formulierung der Anklage (unter Anfügung der Namen der Zeugen) in summarischen Fällen ohne weiteres überlassen werden. Dabei wäre es von Nutzen, für den Gebrauch von Polizei und Staatsanwaltschaft ein Formularbuch zusammenzustellen (ähnlich wie es die Berliner Polizei bereits besitzt), das für die einzelnen Delikte eine kurze allgemein verständliche Formulierung der Beschuldigung ohne Begriffszerlegung geben würde; die englische und schottische Sitte, solche Formulierungen den Gesetzen anzuhängen, ist sehr zweckmäßig.

Die Frage, inwieweit der Polizei die gesamte Strafverfolgung übertragen werden kann, beantwortet sich nach unserer Entwicklung dahin: soweit die Polizei seither Richterin war, würde ihr nur noch die Strafverfolgung zufolge widerruflichen Auftrags und unter Kontrolle der Staatsanwaltschaft belassen und zwar sollte nach den schottischen Erfahrungen möglichst der Polizeichef selbst als Ankläger auftreten. Voraussetzung einer solchen Neuerung wäre die Einführung des geschilderten summarischen Verfahrens mit ordentlicher Gerichtsverhandlung an Stelle des Strafverfügungs- (und Strafbefehls-) Verfahrens. Ob mit einer Ausdehnung dieses Verfahrens auch eine Ausdehnung der polizeilichen Strafverfolgung tunlich ist, müßte die Praxis lehren. Bei Fortdauer der bisherigen Einrichtungen wäre die Übertragung der Strafverfolgung über den Kreis der Übertretungen hinaus schwerlich zu befürworten. Denn die hiezu nötige Objektivität der Polizei wird erst mit der Einführung des reinen akkusatorischen Verfahrens hergestellt werden können. So führt unsere Betrachtung immer wieder auf das ungermanische inquisitorische Prinzip als Wurzel aller Reformbedürftigkeit unseres Strafverfahrens zurück. Verzichten wir darauf, den Beschuldigten durch Vernehmung als Beweismittel gegen sich selbst zu verwenden, so wird die objektive Arbeit von Polizei, Staatsanwaltschaft und Gericht gewährleistet und wird die schwerfällige Voruntersuchung (oben S. 47) als überflüssig und auch die Heranziehung sonstiger Richter zu Untersuchungshandlungen als schädlich erscheinen. Der Untersuchungsrichter ist tatsächlich nur ein mit besonderen Machtmitteln ausgestatteter Verfolger. Das Gericht soll nur behufs Anordnung von Untersuchungshaft, Durchsuchung und Beschlagnahme herangezogen werden und es bleibt dann nur noch die eine Frage, ob man es auch im Vorverfahren bei wichtigeren Strafsachen wie in Schottland bei der reinen Parteivorbereitung der Staatsanwaltschaft und Polizei einerseits, des Beschuldigten und seines Offizialanwalts andererseits bewenden, oder ob man wie in England vor einem Gerichte eine mündliche kontradiktorische Vorverhandlung und Beweisvorführung der Parteien stattfinden lassen will, was im Interesse der Vorbereitung des Beschuldigten und seines Anwalts wohl vorzuziehen wäre. Das Arbeiten der Staatsanwaltschaft mit einer guten Polizei genügt für die Interessen der Strafverfolgung in jedem Falle, und je besser die Polizei, desto objektiver die Arbeit der Staatsanwaltschaft. Bei der Polizei als Grundlage und Organ der Strafrechtspflege muß man anfangen, wenn man unser Verfahren erneuern will: nur dann erzielt man einen wirksamen Schutz des Beschuldigten wie der Gesamtheit.

Das Rechtsmittelwesen
in
England und Schottland.

Von

Dr. **Henry Bromberg,**
Assessor in Hamburg.

Berlin 1908.
J. Guttentag, Verlagsbuchhandlung,
G. m. b. H.

Vorwort.

Die nachstehenden Ausführungen verdanken ihre Entstehung der Studienreise, die im vergangenen Jahre von Mitgliedern der Internationalen Kriminalistischen Vereinigung auf Anregung von Dr. Adickes unternommen wurde. Als einzige Einführung sei gestattet, darauf hinzuweisen, daß der materiellrechtliche Inhalt der nachfolgenden Arbeit nahezu ausschließlich auf dem Studium der Gesetze, den persönlich in Gerichtssälen und Kanzleien gesammelten Erfahrungen sowie Auskünften von beamteten Juristen, Laienrichtern und Anwälten beruht. Nur soweit dennoch Lücken verblieben sind, hat die nachstehend verzeichnete Literatur aushelfen müssen.

Da angesichts der von der Kommission vorgenommenen Arbeitsteilung die gesamte englische Gerichtsverfassung hier als bekannt vorauszusetzen war, so sind die darauf bezüglichen englischen Ausdrücke ohne Erläuterung in den Text eingesetzt worden. Es wird hierfür auf den Inhalt der im selben Verlag unter dem gleichen Gesamttitel „Beiträge zur Strafprozeßreform" erschienenen Hefte verwiesen.

Hamburg, im November 1907.

33*

Literaturverzeichnis.

Anderson, The Criminal Law of Scotland.
Archbold, 1. Quarter-Sessions.
2. Criminal Pleading, Evidence and Practice.
Blackstone, Commentaries on the Law of England.
Brown, Principles of Summary Criminal Jurisdiction.
Douglas, Summary Jurisdiction Procedure.
Gamon, The London Police Court To-day and To-morrow.
Harris, Principles of the Criminal Law.
Kenny, Outlines of Criminal Law.
J. H. A. Macdonald,
1. Practical Treatise on the Criminal Law of Scotland.
2. Prisoners as witnesses.
N. D. Macdonald, The Criminal Procedure (Scotland) Act 1887.
Paley, On Summary Convictions.
Pritchard's Quarter-Sessions Practice.
Renton, Procedure and Appeal in summary criminal cases.
Scholefield & Hill, Appeals from Justices of the peace.
Short & Mellor, Crown office Rules.
Stephen:
1. History of the Criminal Law of England.
2. New Commentaries on the Law of England.

Judicial Statistics of England and Wales.
Judicial Statistics of Scotland.
Oliver & Boyds Edinburgh Almanac.
Whitaker's Almanac:

The Law Times, The Law Journal, Solicitors Journal, Law-Quarterly Review.

I. England.

Das von ausländischen Beobachtern vielfach mißverstandene englische Rechtsmittelwesen, nach manchen Darstellungen im endgültigen Absterben begriffen, lebt noch heute in ebenso mannigfachen wie eigenartigen Formen, die ihrer ganzen Anlage nach kaum eine Vergleichsmöglichkeit mit den entsprechenden deutschen Einrichtungen bieten. Um daher einen kurzen Einblick in die in England herrschenden Zustände, verbunden mit einer vergleichenden Kritik zu gewähren und gleichzeitig die von der Internationalen Kriminalistischen Vereinigung aufgestellten Fragen zu beantworten, ist es erforderlich, zunächst in gedrängter Form eine Darstellung der vorhandenen Rechtsmittel zu geben, daran anschließend eine kritische Besprechung ihrer Benutzung und der bestehenden Reformbestrebungen.

Da jedoch immer in den Grenzen der Möglichkeit deutsche Einrichtungen zu Vergleichszwecken im Auge zu behalten sind, so empfiehlt es sich, die vorhandenen englischen Anfechtungsmittel in drei Gruppen zu ordnen, die als ordentliche Rechtsmittel, außerordentliche Rechtsmittel und besondere Rechtsbehelfe bezeichnet werden sollen. Unter ersteren sollen diejenigen Anfechtungsmittel einer strafrichterlichen Entscheidung vestanden werden, die im Instanzenzuge durch den Parteiwillen in Tätigkeit treten; unter den außerordentlichen Rechtsmitteln dagegen diejenigen, die zwar auch im Instanzenzuge wirksam werden, deren Funktionieren jedoch der Diskretion der Parteien entzogen und derjenigen des Gerichts unterworfen ist. Besondere Rechtsbehelfe endlich nenne ich solche, die außerhalb des Instanzenzuges auf Grund spezifisch englischer Befugnisse des höchsten Gerichts zur Aufhebung einer Entscheidung führen können.

Der englische Strafprozeß kennt ordentliche Rechtsmittel nur im summarischen Verfahren. Daneben gibt es gegen summarische Entscheidungen, wie gegen Urteile, die im ordentlichen Verfahren, d. h. unter Mitwirkung einer jury erlassen sind, eine Reihe außerordentlicher Rechtsmittel und Rechtsbehelfe. Letztere, unabhängig voneinander für besondere Zwecke geschaffen und nebeneinander bestehend, erfreuen sich ihrer besonderen Natur entsprechend teils ständiger Benutzung, teils fallen sie als überlebt der Vergessenheit anheim.

Für alle diese ihrem Wesen nach stark voneinander abweichenden Rechtsmittel und Rechtsbehelfe lassen sich bei genauer Betrachtung eine Anzahl gemeinsamer Grundsätze erkennen, die zunächst vorab zu betrachten sind.

1. Nur der Verurteilte kann appellieren, niemals die verfolgende Partei — sei es eine Privatperson oder die Krone —; und zwar weder gegen eine Freisprechung, noch gegen ein Urteil, das eine ihrer Ansicht nach zu niedrige Strafe festsetzt. Der letztere Umstand ist lediglich eine notwendige Konsequenz der Tatsache, daß der „prosecutor" niemals zum Strafmaß plädiert oder Anträge stellt, sondern ausschließlich zur Schuldfrage. Logischerweise kann er sich daher nicht über eine Entscheidung beschwert fühlen, auf die er keinen Einfluß auszuüben versucht hat. Selbst in Kreisen, in welchen die Neigung besteht, auch dem Ankläger ein Rechtsmittel zu geben, geht diese nicht auf Einführung einer Appellation zur Erwirkung einer höheren Strafe [1]).

Das Fehlen eines Anfechtungsmittels der verfolgenden Partei gegen ein freisprechendes Erkenntnis basiert ursprüng-

[1]) Auch wenn der „prosecutor" Zeugen für die Vorstrafen des Angeklagten aufruft und vernimmt, was in Ermangelung eines Strafregisters in England notwendig ist, unterläßt er es, auch nur mit einem einzigen Wort die diesbezüglichen Zeugenaussagen zu kommentieren. Auch der Verteidiger plädiert zum Strafmaß nur äußerst selten und nur, wenn er ganz bestimmte Milderungsgründe (Angetrunkenheit, Verleitung durch Versprechung und ähnliches) vortragen kann. Ein allgemeines auf das Mitleid des Richters gerichtetes Plädoyer des Verteidigers ist völlig unbekannt. Dies hängt wohl auch wesentlich mit der an anderer Stelle zu erörternden Auffassung der Engländer über die Strafe als Abschreckungs- und nicht als Vergeltungsstrafe zusammen.

lich nicht sowohl auf Gesetz und Präjudikaten als — von altersher — auf allgemeiner Rechtsanschauung und praktischer Übung. Da jedoch die Jurisdiktion der „Summary Courts" sich nicht auf „common law", sondern auf eine Reihe von Spezialgesetzen gründet, so ist der erwähnte Grundsatz in diesen Gesetzen klar ausgesprochen worden. So geben den „Appeal to Quarter-Sessions" die special acts, auf denen er beruht, sowie die ergänzenden und zusammenfassenden Quarter-Sessions Act von 1849 (12 u. 13 Vict. c. 45) und Summary Jurisdiction Act von 1879 (42 u. 43 Vict. c. 49) nur dem Verurteilten unter bestimmten Voraussetzungen.

Dagegen heißt es in dem letztgenannten Act, auf dem [1]) der „Appeal from a Magistrate in form of a case stated for the opinion of the High Court" zur Zeit basiert:

§ 32: „Any person aggrieved, who desires to question a conviction, order, determination, or other proceeding of a Court of summary jurisdiction.....may apply..."

Die englische Rechtsauffassung sagt jedoch: „A prosecutor who fails to secure a conviction is not an aggrieved person", und dieser kann daher auf Grund der oben zitierten Gesetzesstelle keine Rechte herleiten [2]).

In den folgenden Ausführungen kommt daher als Appellant stets nur der Angeklagte in Frage.

2. Aber auch ihm ist jegliches Rechtsmittel in einem sehr wesentlichen und in England fast die Regel bildenden Falle verschlossen, im Falle des Geständnisses. Es ist ein

---

[1]) In Verbindung mit dem beschränkteren Summary Jurisdiction Act von 1857 (20 u. 21 Vict. c. 43).

[2]) Um zu verstehen, welchen Sinn die Worte „any person aggrieved usw." haben, wenn der prosecutor nicht darunter verstanden wird, muß man sich vergegenwärtigen, daß die Polizeirichter auch für zahlreiche Entscheidungen außerhalb der eigentlichen strafrechtlichen Sphäre zuständig sind, die sog. „quasi criminal matters", die ihnen durch Spezialgesetze zugewiesen sind und in der Form des Strafprozesses verhandelt werden. Z. B. erkennen sie über die Rückgabeverpflichtung von corpora delicti abseiten der asservierenden Polizeibehörde, des gutgläubigen Erwerbers gestohlener Güter usw. Letzterer ist u. a., wenn er durch ein „order" des Magistrats zur Restitution an den Bestohlenen verpflichtet wird, eine „aggrieved person", desgl. der Antragsteller im Entmündigungsverfahren auf Grund des Lunatic Act von 1890.

alter Grundsatz des common law, daß der Angeklagte sich mit dem „plea of guilty" völlig in die Hand des Richters begibt, der ohne Hinzuziehung einer jury sofort sein Urteil spricht [1]), das absolut endgültig ist. Diese Auffassung hängt zusammen mit der andern, daß ein Rechtsmittel nur dann möglich ist, wenn ein „trial", eine Verhandlung, stattgefunden hat. Im Falle eines „plea of guilty" abseiten des Angeklagten erfolgt aber eben der Urteilsspruch ohne „trial", dessen essentiale im ordentlichen Strafprozeß die Mitwirkung der jury bildet. Diese Anschauung ist dann von dem legitimen Prozeß der Quarter-Sessions und Assizes auf den „illegitimen" Prozeß vor den summary courts übertragen worden. Den Appeal to Quarter-Sessions gibt der Summary Jurisdiction Act von 1879 im § 19 nur dem Angeklagten, „who did not plead guilty, or admit the truth of the information or complaint". Bezüglich des „appeal by case stated" ergibt sich dies auch aus der Tatsache, daß Rechtsirrtümer, die allein Gegenstand dieses Rechtsmittels sein können, in dem summarischen Verfahren gegen einen Geständigen kaum möglich sind.

Im Falle eines „excess of jurisdiction" gegenüber einem Geständigen schafft das Universalmittel des „writ of certiorari" Abhilfe. Das Recht, Fälle mittels writ of certiorari vor

---

[1]) Ev. werden noch die Zeugen zum Beweise für die Vorstrafen vernommen. Der Angeklagte kann jedoch keinen Zeugen vernehmen. Falls er daher Milderungsgründe vorbringen will, die nicht völlig plausibel sind, sondern sich auf dem Gericht nicht bekannte Tatsachen stützen und daher des Beweises bedürfen, darf er nicht „guilty" sagen, sondern muß „not guilty" plädieren. Eine Gefahr für den Angeklagten liegt in diesem Formalismus nicht, da die Kenntnis über die Bedeutung dieser uralten pleas im Volke ebenso verbreitet ist, wie die der wichtigsten Straftaten. Außerdem kann der Angeklagte jederzeit mit Genehmigung des Richters sein plea zurückziehen, und im Falle eines Irrtums über die Tragweite seiner Erklärung wird diese Genehmigung nie verweigert. Mit der erwähnten Praxis ist kürzlich von einem Richter im Central Criminal Court gebrochen worden, indem er auch einem Angeklagten, der „guilty" plädiert hatte, auf seine Bitte die Vertretung durch einen Counsel und die Vernehmung von Zeugen zwecks Geltendmachung von Milderungsgründen gestattet hat. Ob dieses Beispiel Nachahmung finden und zur Aufhebung des erwähnten Formalismus führen wird, läßt sich zurzeit noch nicht beurteilen.

den High Court in seiner Eigenschaft als „superintending authority“ über alle unteren Gerichte zu bringen, steht dem prisoner fast immer, der Krone völlig unbeschränkt zu und in Fällen eines excess of jurisdiction pflegt sie, d. h. der Attorney General zugunsten des Verurteilten von diesem Rechte weitgehendsten Gebrauch zu machen.

3. Es ist zwar in keinem Gesetze, auf welchem Rechtsmittel oder Rechtsbehelfe irgend welcher Art beruhen, ein Verbot der reformatio in pejus enthalten, ebenso wenig ist dies ein Grundsatz des common law. Wohl aber geht seit unvordenklichen Zeiten die konstante Praxis dahin, niemals eine von dem ersten Richter erkannte Strafe zu erhöhen. Vielleicht hängt die Entwicklung dieser Praxis mit dem Mangel eines Rechtsmittels des Anklägers zusammen. Dem Antrag des Verurteilten, der um Aufhebung oder Milderung des ersten Urteils bittet, wird entweder in einer dieser Richtungen entsprochen oder das Urteil wird bestätigt.

Die Überzeugung von der Unmöglichkeit einer Erhöhung der Strafe in zweiter Instanz ist im englischen Volke so tief eingewurzelt, daß die vor kurzem im Parlament angenommene, jedoch noch nicht in Kraft getretene Criminal Appeal Bill eine besondere Klausel enthält, des Inhalts, daß das Berufungsgericht berechtigt sein soll, auf eine höhere Strafe zu erkennen. Auf den Inhalt dieses Gesetzentwurfs wird weiterhin näher einzugehen sein.

4. Das englische Recht kennt keine allgemeine Regeln über den Suspensiveffekt eines Rechtsmittels. — Die überwiegende Anzahl der „statutes“, welche die zur Jurisdiktion der summary courts gehörenden Delikte behandeln, enthält jedoch die Vorschrift, daß stets oder unter bestimmten Voraussetzungen die Vollziehung einer Freiheitsstrafe durch Einlegung des Appeal to Quarter-Sessions gehemmt wird.

In denjenigen Fällen, für die die statutes keine Vorsorge getroffen haben, sowie im Falle eines appeal by case stated, wäre die Vollstreckung rechtlich zulässig. Praktisch ist sie jedoch so gut wie ausgeschlossen, denn nach Lord

Campbell [1]) wäre die Vollstreckung eines Urteils nach Einlegung eines Rechtsmittels und Eingehung der Kostenverpflichtungen derart „improper“, daß der oder die betreffenden Polizeirichter sich der Gefahr aussetzten, wegen böslicher, auf unlauteren Motiven beruhender Benachteiligung des Verurteilten persönlich auf Schadensersatz belangt zu werden. Bei den höheren Gerichten, deren Urteile, wie erwähnt, nur durch außerordentliche Rechtsbehelfe anfechtbar sind, ist die Entscheidung über den Vollzug der Strafe oder ihren Aufschub in ihr freies Ermessen gestellt.

Die Handhabung der gesetzlichen Bestimmungen und des diesbezüglich ausgebildeten Gewohnheitsrechts durch die Praxis ist die folgende.

Eine erkannte Geldstrafe wird vollstreckt und die Einlegung des Rechtsmittels bewirkt im Falle des Erfolges die Rückgewährung des gezahlten Betrages.

Eine erkannte Freiheitsstrafe wird nicht vollzogen, der Verurteilte vielmehr regelmäßig gegen Sicherheitsleistung freigelassen (während der Verhandlung befindet er sich stets „in custody“). Nur wenn nach den Umständen des Falles die Freilassung wegen Fluchtverdachtes untunlich erscheint, bleibt der Verurteilte in Haft. In diesem Falle gilt, falls das Urteil bestätigt wird, die nach Erlaß des ersten Urteils im Gefängnis verbrachte Zeit als ein Teil der erkannten Strafe. Wenn auf Grund eines „appeal to Quarter-Sessions“ auf eine andere Strafe erkannt wird, oder nach Rückverweisung an den judex a quo ein neues Urteil ergeht, bringt das Gericht wie auch bei jedem erstinstanzlichen Urteil die in Untersuchungshaft verbrachte Zeit bei der Strafzumessung in Ansatz [2]). Eine Anrechnung von Untersuchungshaft auf die erkannte Strafe in deutschem Sinne ist unbekannt.

[1]) Für die Fälle des „writ of error“ (vgl. III. 4) hat der High Court in den Crown office rules von 1886 festgelegt, daß nach Erlaß des writ der Vollzug einer Freiheitsstrafe aufgeschoben, eine vollzogene Geldstrafe zurückgezahlt werden soll und der Angeklagte, falls er die erforderlichen Kostenverpflichtungen zur Durchführung des writ of error eingeht, von Untersuchungshaft verschont bleibt.

[2]) Für die Zukunft geändert durch den Criminal Appeal Act von 1907. 7. Edw. VII c. 23 (vgl. unten S. 51).

5. Hinsichtlich der Kosten im Rechtsmittelverfahren ist nur zu bemerken, daß, soweit eine Kostenerstattung durch den unterliegenden Teil möglich, das Urteil über die Kostenverteilung völlig dem richterlichen Ermessen überlassen ist, so daß theoretisch selbst die Verurteilung des obsiegenden Appellanten zur Erstattung der Kosten des Gegners erfolgen kann [1]).

I. Die ordentlichen Rechtsmittel.

(Rechtsmittel gegen Urteile der summary Courts.)

1. Der „Appeal to Quarter-Sessions".

Die historische Entwicklung dieses Rechtsmittels ist kurz die folgende.

Wie schon oben erwähnt, beruht die Jurisdiktion der Polizeirichter nicht auf common law, sondern auf zahllosen „special acts". Jeder dieser acts hat bestimmte Delikte der Jurisdiktion der Polizeirichter unterstellt und eventuell dabei gleichzeitig festgesetzt, unter welchen Bedingungen ein appeal gegen die Entscheidnng der Polizeirichter an die Quarter-Sessions zulässig ist. Sowohl die Zulässigkeit des Appeal (der u. a. von der Höhe der erkannten Strafe abhängt) als die Prozedur (lnsbesondere die Befristung) ist in jedem dieser acts unabhängig geregelt und die Verschiedenheiten sind daher sehr mannigfaltig. Durch den Summary Jurisdiction Act von 1879 ist dann der appeal für alle Delikte zugelassen worden, bei denen er auf Grund der betreffenden special acts noch nicht bestand, und für diese und jene Fälle sind durch ihn auch einheitliche Formvor-

---

[1]) Auf Grund der Summary Jurisdiction Acts von 1857 (VI) und 1879 c. 31 (3) und des Judicature Act von 1894 (57 u. 58 Vict. c. 16) hat der Appeal-Court unumschränkte Machtbefugnisse hinsichtlich der Kostenentscheidung. (In appeals to Quarter-Sessions, statements of cases by magistrates, special cases stated by Quarter-Sessions.)

In Fällen eines Statement of a case durch die Parteien auf Grund 12 u. 13 Vict. c. 45 (Quarter-Sessions Act 1849) (vgl. unter II. 1) sowie in Kronfällen (vgl. II. 2) und im Verfahren auf Grund eines writ of error (vgl. III. 4) hat der High Court keine Befugnis, über die Kosten zu erkennen.

schriften eingeführt worden, so daß die Rechtslage jetzt folgende ist.

Auf Grund des S. J. A. v. 1879 ist der appeal zugelassen bzw. ausgedehnt gegen alle auf Gefängnisstrafe lautenden Verurteilungen. Darüber hinaus ist er zulässig auf Grund der Metrop. Police Act v. 1839 (2 u. 3 Vict. c. 71 s. 50) gegen alle in der Metropolis ergangenen Verurteilungen zu Geldstrafen von mehr als £ 3, ferner auf Grund der Larceny & Malicious Damages Acts v. 1861 (24 u. 25 Vict. c. 96, 97) gegen alle wegen dieser beiden Delikte in der Provinz ausgesprochenen Verurteilungen zu Geldstrafen von mehr als £ 5. (Die ungeheure Menge der kleinen Geldstrafen ist daher nicht appellabel.)

Die Gefängnisstrafe muß ohne die Alternative einer Geldstrafe erkannt sein, entweder als Strafe für ein begangenes Unrecht oder für Nichtausführung eines richterlichen Befehls, sei er auf Handeln oder Unterlassen gerichtet. Ausgeschlossen von dem Recht des Appellierens sind diejenigen Personen, die vor dem Polizeirichter wegen „indictable offences" erscheinen und von ihm, statt vor die Quarter-Sessions verwiesen zu werden, mit ihrer Zustimmung sofort „summarily" abgeurteilt werden [1]).

Der Appeal wird eingelegt durch schriftliche, von dem Appellant oder einem Anwalt unterzeichnete Mitteilung, die der Gegenpartei und dem Clerk of Court zuzustellen ist. Früher mußte sie jedem einzelnen Richter, der im Policecourt gesessen hatte, zugestellt werden (durch Einschreibebrief).

Die Berufungsfrist variiert in den einzelnen acts zwischen 7 und 14 Tagen, durch den S. J. A. c. 1879 ist sie ergänzend auf 7 Tage festgesetzt worden. Binnen 3 Tagen nach Zustellung der Berufungsschrift muß der Appellant vor den Polizeirichtern Verpflichtungen bezüglich der Durchführung und Zahlung der Kosten des Appeal eingehen („enter into recognizances"). Diese Verpflichtung kann je nach dem Ermessen des Gerichts mit oder ohne Sicherheitsleistung

---

[1]) Einzige Ausnahme im Prevention of Corruption Act von 1906. 6 Edw. VIII c. 34. Bestechung von Angestellten zum Nachteil ihres Prinzipals.

Angeblich besteht eine Tendenz nach Verallgemeinerung.

erfolgen. Die Sicherheitsleistung erfolgt durch Depot bei dem Clerk of Court oder Stellung von Bürgen oder sonstigen Sicherheiten nach Anordnung des Gerichts. Die Regel bildet Depôt oder zwei Bürgschaften zur Höhe von je £ 40.

Armenrecht und Befreiung von dieser Verpflichtung zwecks Einlegung eines Rechtsmittels existiert ebensowenig wie unentgeltliche Beiordnung eines solicitors zur Einlegung oder Vorbereitung eines Rechtsmittels. In der Verhandlung selbst kann natürlich der Vorsitzende wie in jeder Verhandlung einen anwesenden Counsel bitten, den Angeklagten zu vertreten.

Der Appeal muß begründet werden, d. h. es muß ganz kurz der Gegenpartei mitgeteilt werden, in welchem Punkte die Entscheidung angegriffen werden soll. Es genügt die Angabe, daß nur die Höhe der erkannten Strafe Veranlassung zur Einlegung des Appeals ist. Einen Einwand des Gegners in der Appeal-Verhandlung, der sich auf mangelnde Form und Begründung des Appeals stützt, oder einen Einwand gegen Beweisantretung aus demselben Grunde darf das Berufungsgericht nach Quarter-Sessions Act v. 1849 Nr. III nur dann gestatten, wenn es der Ansicht ist, daß die unkorrekte oder unvollständige Begründung dem Gegner die Vorbereitung unmöglich gemacht hat. Selbst dann kann es jedoch Aufklärung durch einen „officer of the Court", meist Polizeibeamten, oder die Vertagung der Verhandlung auf einen späteren Termin oder die nächste Session oder beides anordnen und über die Kosten nach Gutdünken entscheiden.

Nachdem der Appeal eingelegt ist und die Kostenverpflichtungen eingegangen sind, schickt der Clerk des Summary Courts die Akten, d. h. eine Mitteilung über das dem Verurteilten zur Last gelegte Vergehen und über die erkannte Strafe, sowie die sehr kursorisch aufgenommenen „Protokolle" [1]) über die Zeugenaussagen nebst der Appealnotice an den Clerk des Berufungsgerichts.

---

[1]) Es handelt sich hier nicht um Protokolle in deutschem Sinne, sondern die von dem Richter nicht kontrollierten, meist auf lose Zettel gemachten Notizen des Clerk, zu deren Produktion dieser bei Strafe von dem Appellgericht angehalten werden kann.

Das Berufungsgericht für die Entscheidung von Appeals gegen Urteile der summary courts sind die Courts of Quarter-Sessions. Deren Zusammensetzung ist verschieden, je nachdem sie für einen ländlichen Bezirk, die County, oder für einen Stadtbezirk abgehalten werden.

Im ersteren Falle heißen sie County & Liberty-Sessions, im letzteren City & Borough-Sessions. In den County-Sessions sitzen die sämtlichen justices of the peace der Grafschaft, auch in den appeals, denn man nimmt an, daß stets eine genügende Anzahl von Friedensrichtern aus den verschiedenen Teilen der Grafschaft zusammenkommen, um zu verhindern, daß diejenigen justices, die in erster Instanz den Fall abgeurteilt haben, eine ausschlaggebende Anzahl bilden.

Die Städte dagegen, die eigene City oder Borough-Sessions besitzen, sind seit längerer Zeit allmählich dazu übergegangen, auf Grund besonderer einschlägiger Gesetzgebung die erwähnten City-Borough-Sessions durch bestellte Juristen, „Recorders", abhalten zu lassen, die ohne Mitwirkung der städtischen justices als Einzelrichter tätig sind und in ihrer Machtbefugnis kaum hinter einem High Court judge in assizes zurückstehen.

Da theoretisch der appeal eine Anrufung der gesamten justices der County gegen Entscheidungen einzelner darstellt, so folgt daraus, daß in den Quarter-Session, County- wie City-Sessions die Appeal-Verhandlungen ohne Mitwirkung einer jury stattfinden, die in den vor denselben Gerichten in erster Instanz verhandelten Sachen tätig wird.

Die Appeal-Verhandlung in den Quarter-Sessions ist ein völlig neues Verfahren, ein „retrial", „rehearing", nicht ein Angriff gegen das angefochtene Urteil. Dessen wird mit keinem Wort Erwähnung getan, und seine Begründung wäre, wenn sie selbst in Schriftform vorhanden wäre, völlig uninteressant. Das Berufungsgericht ist mit Eintritt in die Verhandlung mit dem Stoff genau so wenig bekannt wie die Polizeirichter und spricht sein Urteil ausschließlich auf Grund des Ergebnisses der mündlichen Verhandlung. Diese unterscheidet sich in keinem Punkt äußerlich von einer

Verhandlung vor dem Polizeirichter, höchstens darin, daß die Parteien stets durch Counsel vertreten sind. Die Parteien sind in der Beweisantretung in keiner Weise beschränkt.

Konsequenterweise beginnt die Verhandlung nicht mit dem Plaidoyer des „appellant", des Verurteilten (seines Anwalts), sondern mit dem Exposé und daran anschließend der Zeugenvernehmung seitens des für die „respondents" erschienenen barristers. Genau wie in einer erstinstanzlichen Verhandlung. Daher ist auch eine schriftliche Begründung des ersten Urteils nicht nur entbehrlich, sondern überflüssig.

Eine weitere Konsequenz der völligen Selbständigkeit der Appealverhandlung ist es auch, daß, falls der Prosecutor bzw. respondent nicht erschienen bzw. vertreten ist, auf Antrag des appellant das angefochtene Urteil ohne weiteres kassiert wird, wogegen die Abwesenheit des appellant nur die normalen Folgen des Ausbleibens des prisoners nach sich zieht, während nicht etwa in seiner Abwesenheit gegen ihn verhandelt, oder ohne Verhandlung die angefochtene Entscheidung bestätigt werden kann.

Das Berufungsgericht erkennt in der Sache regelmäßig auf Bestätigung des angefochtenen Urteils, Herabminderung der erkannten Strafe (äußerst selten) oder Freisprechung des Angeklagten [1]), ist jedoch bezüglich seiner Entscheidung völlig unabhängig, „may make such order in the matter as the Court of Appeal may think just and may by such order exercise any power which the Court of summary jurisdiction might have exercised...". Summ. Jurisd. Act v. 1879 42 u. 43 Vict. c. 49, Part II s. 31 (5).

Eine Eigentümlichkeit der Appealverhandlung ist der Umstand, daß der Gegner des „Appellant" nicht etwa die verfolgende Partei ist, sondern die erstinstanzlichen Richter. Sie werden durch die Verurteilten vor die Gesamtheit ihrer Berufsgenossen zitiert und erscheinen in der Terminsrolle des Appeal-Gerichts unter der Rubrik „respondent magistrates"

[1]) Von der Befugnis, die Sache an die erste Instanz „with the opinion of the Court of Appeal thereof", zurückzuverweisen, wird kaum jemals Gebrauch gemacht.

namentlich aufgeführt, sind also gleichzeitig Partei und Richter. Allerdings nur theoretisch und äußerlich. Praktisch verläuft die von beiden Seiten durch Counsel geführte Verhandlung, wie schon geschildert, genau wie eine erstinstanzliche. Des ersten Urteils, geschweige der Person der erkennenden Richter wird keinerlei Erwähnung getan, und der prosecutor hat genau dieselbe Stellung wie in erster Instanz, nämlich die eines Zeugen. Selbst wenn dem siegreichen Appellant Kostenersatz zugesprochen wird, trifft die Kostenlast wie auch die Kosten des Anwalts nicht die formellen respondents, sondern den „original complainant"; vgl. Pritchard, Quarter-Sessions Practice, S. 473. Die Bezeichnung des judex a quo als „respondent" ist nur ein äußerliches Überbleibsel vergangener Zeiten und wird über kurz oder lang ebenfalls verschwinden, wie die materielle Unterlage dieser Formalität verschwunden ist. Durch den Justices Protection Act v. 1848 (11 u. 12 Vict. c. 44) ist die früher recht ausgedehnte Haftung der Justices für die in Ausübung ihres Amtes ausgeführten Handlungen aufs engste eingeschränkt und endgültig gesetzlich geregelt worden.

Ganz entbehren kann man allerdings diese Haftung nicht, da die im Ehrenamt tätigen justices keiner Disziplinargewalt unterliegen, und eine Haftung des Staates für seine Organe nicht existiert. Die gelehrten Richter haften persönlich für jedes Verschulden.

Über Rechtsmittel gegen die Appeal-Entscheidung der Quarter-Sessions vgl. weiter unten (II, 2).

2. Statement of a case for the opinion of the High Court (special case).

Dieses Rechtsmittel ist in den sich ergänzenden Summary Jurisdiction Acts v. 1857 und 1879 erschöpfend geregelt.

Der Angeklagte ist berechtigt, wenn er eine Entscheidung wegen eines derselben zugrunde liegenden Rechtsirrtums, oder weil die Polizeirichter ihre Jurisdiktion überschritten haben, anfechten will, diese um Statuierung des Falles für den High Court zu ersuchen. Dies Verlangen muß innerhalb 7 Tagen, nachdem die fragliche Entscheidung ergangen ist, schriftlich dem Clerk des Gerichts (früher allen bei der Entscheidung beteiligten Richtern) zugestellt werden. Die Polizeirichter sind berechtigt, das Verlangen als „frivolous" zurückzuweisen, müssen jedoch in diesem Falle dem Antragsteller ein Zertifikat über die Verweigerung erteilen. Mit diesem kann der Antragsteller sich an den High Court wenden und unter Darlegung des Sachverhalts mittels „affidavit" den High Court um Aufhebung des ablehnenden Bescheides und Anweisung der Polizeirichter zur Statuierung des Falles ersuchen. Dieser Antrag wird von mindestens drei Richtern der Kings Bench geprüft, die, falls erforderlich, die Polizeirichter veranlassen können, mittels „affidavit" die Gründe ihrer Ablehnung anzugeben (show cause). Der Divisional Court bestätigt dann entweder den ablehnenden Bescheid der Polizeirichter endgültig oder hebt ihn auf und weist sie an, den Fall zu statuieren. Im letzteren Falle kann er den Polizeirichtern die Kosten des durch ihre unberechtigte Ablehnung entstandenen Verfahrens auferlegen. Der Anweisung des High Court müssen die Polizeirichter Folge leisten.

Falls die Polizeirichter dem ursprünglichen Antrage stattgeben oder nach Verweigerung durch die Kings Bench dazu angewiesen werden, müssen sie innerhalb dreier Monate schriftlich diejenigen Tatsachen, die sie auf Grund der Hauptverhandlung für bewiesen halten, sowie die aufgerollten Rechtsfragen darlegen. Vgl. Summary Jurisdiction Rules v. 1886 S. 18. Diese Darstellung, die im allgemeinen von dem Clerk des Gerichts angefertigt wird, nennt man „statement of a case" oder „special case".

Sie enthält nur eine Aufzählung der für bewiesen erachteten Tatsachen, weder Beweiswürdigung noch Angabe der Beweismittel, welche die richterliche Überzeugung begründen. Bezüglich der Rechtsfragen, welche dem High Court zur Entscheidung unterbreitet werden sollen, wird der Rechtsstandpunkt der Parteien und die Auffassung des Gerichts in äußerster Kürze dargelegt. Das ganze Dokument ist sehr präzise gehalten und sehr wenig umfangreich und ähnelt daher kaum einer deutschen Urteilsbegründung, obgleich es teilweise denselben Zwecken dient. Das so entstandene Schriftstück wird dann dem Antragsteller übermittelt, nachdem dieser vorher wie beim „Appeal to Quarter-Sessions" entsprechende Kostenverpflichtungen eingegangen ist. Er sendet dann das „statement of case" mit seinen Anträgen und Ausführungen (alle drei in Druckform und in drei Exemplaren) innerhalb dreier Tage nach Empfang dem Crown office, das sie der Kings Bench zur Terminansetzung vorlegt. Diejenigen drei Richter, denen die Entscheidung dieser Fälle obliegt, werden von Zeit zu Zeit vom Lord Chief Justice bestimmt.

Vor der Einreichung beim Crown office muß dem Gegner eine Abschrift zugestellt sein. In der Verhandlung sind beide Parteien durch Counsel vertreten. Der appellant beginnt und muß, auch wenn der respondent nicht erscheint, den Fehler des angefochtenen Urteils dartun. Zeugen können nicht vernommen werden, ebensowenig die Polizeirichter über die Gründe ihrer Entscheidung.

Der Divisional Court entscheidet die aus der Sache sich ergebenden Rechtsfragen, auch die nicht in dem statement enthaltenen, soweit sie zu ihrer Kenntnis gelangen, und bestätigt entweder das summarische Urteil oder hebt es auf, oder verweist die Sache unter bestimmten bindenden Anweisungen an die Polizeirichter zur erneuten Verhandlung zurück. Auf Herabminderung der Strafe kann der Divisional Court nicht erkennen. Dagegen kann er, wenn das statement ihm mangelhaft erscheint, von den Polizeirichtern Ergänzungen verlangen.

Das Urteil des Divisional Court ist endgültig und mit keinem Rechtsmittel anfechtbar.

Durch den Antrag auf statement of case verliert der Antragsteller das Recht des „appeal to Quarter-Sessions", soweit dies ihm sonst zustand. Wenn dagegen auf Grund eines special case der Divisional Court die Sache zur Neuverhandlung an die Polizeirichter zurückverweist, so wird das nunmehr ergehende Erkenntnis genau wie eine ursprüngliche Entscheidung angesehen, gegen die ceteris paribus wahlweise „Appeal“ oder Verlangen des „statement“ zulässig ist.

II. Außerordentliche Rechtsmittel.

Das im vorigen Abschnitt geschilderte Rechtsmittel des statement of a case ist die Grundlage, auf der die bestehenden drei außerordentlichen Rechtsmittel beruhen, die untereinander im wesentlichen gleich, sich von dem ordentlichen Rechtsmittel des stated case dadurch prinzipiell unterscheiden, daß den Parteien kein Recht auf Benutzung dieses „Appeal“ zusteht, vielmehr die völlig in sein diskretionäres Ermessen gestellte Genehmigung des Richters (eventuell auch des Gegners) erforderlich ist.

1. Nachdem gegen eine summary conviction „appeal to Quarter-Sessions“ eingelegt ist, können die Parteien in Übereinstimmung und mit Genehmigung eines Richters des High Court selbst die tatsächliche und rechtliche Seite des Falles in der Form eines „special case“ niederlegen und diesen vor den Divisional Court der Kings Bench bringen. Die Form des Verfahrens bis zur Entscheidung durch die Kings Bench ist die oben geschilderte (unter I. 2.). Die Entscheidung selbst wirkt in der überwiegenden Mehrheit der Fälle nicht materiell, sondern ist lediglich eine rechtlich bindende Anweisung für die Quarter-Sessions. Die Parteien können nach erfolgter Entscheidung der Rechtsfragen durch den High Court durch Antrag die Quarter-Sessions zur Abgabe eines entsprechenden Urteils veranlassen resp. zwingen. Der eingelegte Appeal to Quarter-Sessions wird nämlich durch das statement of case nicht beseitigt, sondern es tritt insofern eine Veränderung ein, als die Verhandlung vor den Quarter-Sessions durch die vor dem High Court ersetzt wird, und erstere erst mit dem auf Antrag zu verkündenden Urteil wieder in ihre Rechte eintreten. Dieses Urteil und gleichzeitig das von den Quarter-Sessions abgegebene Kostenurteil entscheiden erst rechtskräftig über Erfolg oder Mißerfolg des Appeal. Nur ganz selten gibt der Divisional Court eine endgültige Entscheidung, durch die dann die weitere Tätigkeit der Quarter-Sessions ausgeschaltet wird.

Ausnahmsweise ist gegen die Entscheidung des Divisional Court ein weiterer Appeal an den Court of Appeal zulässig.

Dieses eigentümliche Rechtsmittel, bei dem zunächst der höhere Gerichtshof um Anweisung des niederen ersucht wird, ist durch den Quarter-Sessions Act v. 1849 (12 u. 13 Vict. c. 45 s. XI) eingeführt worden und wird regelmäßig, wenn auch wenig, benutzt.

2. Die Quarter-Sessions können in den von den Polizeirichtern im Wege des „ordinary appeal" an sie gelangten Berufungssachen zweifelhafte Rechtsfragen im Wege des „special case stated" vor die Kings Bench bringen, indem sie bei Verkündung des Urteils aussprechen, daß sie bezüglich bestimmter Rechtspunkte den Fall für die Entscheidung der High Court reservieren (reserve a case). Antrag einer Partei ist formell nicht erforderlich, die Gewährung des Rechtsmittels vielmehr völlig ins freie Ermessen des Gerichts gestellt.

Es pflegt dann, wie im vorigen Falle, das statement von den beiden Counsel unter Zuhilfenahme der richterlichen Notizen, die ihnen zu diesem Zweck zur Verfügung stehen, aufgemacht zu werden. Der Chairman oder Recorder unterschreibt das Statement (entscheidet auch, falls die Counsel in irgendeinem Punkte uneinig sind), und dies wird, nachdem der an dem appeal (vgl. Judicature Act 1894, 57 u. 58 Vict. c. 16 s. 2) interessierte Teil (der Verurteilte) die unvermeidlichen Kostenverpflichtungen eingegangen ist, auf dem geschilderten Wege und in der geschilderten Form (vgl. I 2, II 1) durch das Crown office an die Kings Bench übermittelt, die durch einen Divisional Court von mindestens drei Richtern nach mündlicher Verhandlung, in der die Parteivertreter gehört werden, entscheidet. Diese können das Urteil der Quarter-Sessions bestätigen (confirm) oder kassieren (quash). Wie auch immer, ist ihre Entscheidung endgültig und unanfechtbar.

3. In der eben geschilderten Weise können im ordentlichen Verfahren (unter Mitwirkung einer jury) die Justices of Quarter-Sessions bzw. der Recorder, sowie der Judge

in den „Assizes“ eine von ihnen ausgesprochene Verurteilung wegen treason, felony or misdemeanour hinsichtlich bestimmter Rechtsfragen der Entscheidung des High Court vorbehalten (reserve a crown case). Der wesentliche Unterschied zwischen diesem Rechtsmittel und dem vorhergeschilderten besteht darin, daß das statement of a case nicht von den Counsel, sondern von dem Richter selbst entworfen wird, und daß die Zusammensetzung des Revisionsgerichts eine andere ist. Zur Entscheidung berufen sind in Fällen, die von den Quarter-Sessions kommen, mindestens fünf, in solchen, die von den „Assizes“ kommen, mindestens sieben Richter der Kings Bench, unter denen sich der Lord Chief Justice befinden muß, und die ad hoc die Bezeichnung „Court of Crown cases reserved“ führen.

Die vorbezeichneten niederen Gerichte können auch, anstatt eine Verurteilung unter Vorbehalt auszusprechen, die Entscheidung aussetzen, und durch das statement of a crown case den Court of Crown cases reserved vorweg zur Entscheidung der streitigen Rechtsfragen veranlassen, die dann für ihr demnächst zu verkündendes Urteil bindend ist. In dieser Beziehung ähnelt das Rechtsmittel dem oben unter II 1 besprochenen.

In jedem Falle können die Parteien vor dem Court of crown cases reserved durch Counsel vertreten sein. Der Vertreter des Angeklagten beginnt mit seinen Ausführungen. Falls keine Anwälte erscheinen, verliest der Vorsitzende das statement, und es ergeht darauf die Entscheidung. Sie besteht regelmäßig — falls das niedere Gericht bereits geurteilt hat — in der Bestätigung des Urteils oder Kassierung desselben und Freisprechung des Angeklagten. Falls noch kein Urteilsspruch ergangen war, weist das revidierende Gericht die Instanzrichter zur Abgabe ihres Urteils in bestimmtem Sinne an. Falls das statement des Instanzrichters inhaltlich dem High Court nicht genügt, kann es dasselbe zwecks Ergänzung („amendment“) zurücksenden, im übrigen ist der Court of Crown cases durch die Generalklausel „or make such order as justice requires“ an keine bestimmte Art oder Form der Entscheidung gebunden.

Das Urteil des Court of crown cases reserved enthält keine Kostenentscheidung, dagegen kann der judex a quo die Bezahlung der Kosten der prosecution durch die County aus der „local rate“ anordnen. 7 Geo. 4. c. 64 s. 22.

Die historische Entwicklung dieses Rechtsmittels ist kurz die folgende: Die Richter der ordentlichen Strafgerichtshöfe pflegten bei zweifelhaften Rechtsfragen, die sie sich allein zu entscheiden nicht getrauten, den Rat ihrer Kollegen einzuholen. Und zwar setzten sie zu diesem Zweck entweder die Entscheidung aus und erkannten erst nach erfolgter Besprechung des Falles, oder sie verurteilten zwar den Angeklagten, führten jedoch, wenn die nachträgliche Unterredung die Erkenntnis eines begangenen Rechtsirrtums zur Folge hatte, die Begnadigung des Verurteilten herbei. Dieser Gebrauch ist durch den Crown cases act v. 1848 11 & 12 Vict. c. 78 zur dauernden, einheitlich geregelten Einrichtung geworden, aber aus der Art seiner Anwendung läßt sich noch heute seine Entwicklung erkennen. Noch jetzt dient die Reservierung eines Kronfalles nicht sowohl den Interessen des Angeklagten, als vielmehr der Aufrechterhaltung der Rechtseinheit und der Entlastung der Instanzrichter von einem übergroßen Maß der Verantwortung [1]).

III. Besondere Rechtsbehelfe.

Während die ordentlichen und außerordentlichen Rechtsmittel dem Zwecke dienen, einen Strafprozeß nach der rechtlichen oder tatsächlichen Seite der Nachprüfung des im Instanzenzuge übergeordneten Gerichts zu unterwerfen und dementsprechend durch statutes gesetzlich geregelt sind, gibt es eine Anzahl von Rechtsinstituten, die, nicht auf der Idee des „Appeal“ (der gemeinsamen Bezeichnung

[1]) Diese Auffassung ist charakteristisch für englische rechtspolitische Anschauungen. Auch die Einrichtung der jury ist nicht ausschließlich dem Schutze des Angeklagten bestimmt. Selbst die zahlreichen Juristen, Anwälte und Richter, die von dem äußerst zweifelhaften Werte der Geschworenen in dieser Hinsicht überzeugt sind, streben nicht nach ihrer Beseitigung, da sie zur Erfüllung ihrer nächstwichtigen Aufgabe, den Richter von der Last der alleinigen Verantwortung zu befreien, unentbehrlich seien.

für alle vorgenannten Rechtsmittel mit Ausnahme des unter II 1 behandelten) beruhend, in denjenigen Fällen, in denen keinerlei „appeal“ zulässig ist, aushelfen, um eine ungesetzliche oder auf ungesetzlichem Wege erlangte Entscheidung zu beseitigen.

Die drei ersten dieser Rechtsbehelfe (von dem Ursprung der vierten wird bei diesem selbst zu sprechen sein), die sämtlich in einem Eingreifen der Kings Bench Division des High Court bestehen, basieren nicht auf deren Stellung als im Instanzenzuge den niederen Gerichten übergeordnetes Tribunal. Sie sind vielmehr begründet einerseits in der verfassungsrechtlichen Stellung der K. B. D. als Nachfolgerin des alten Court of Kings Bench, deren Aufgabe es ist, über den Schutz des Lebens und der Freiheit der Untertanen des Königs zu wachen; andererseits auf dem gemeinrechtlichen Aufsichtsrecht der alten curia regis über alle nachgeordneten Gerichte des Königreichs, hervorgegangen aus der Stellung des Court of Kings Bench, als des einzigen ordentlichen Strafgerichtshofs des Königs, dessen Anwesenheit in den Sitzungen noch heute fingiert wird (Stephen. 95f.)[1])

„K. B. D. as successor of the old Court of Kings Bench having superintending authority over all Courts of criminal jurisdiction whether ancient or newly erected and being the sovereign's ordinary Court of justice in criminal matters“ (vgl. Archbold S. 129; Paley S. 444).

Dementsprechend ist auch das Eingreifen der Kings Bench nicht von einem Antrage der Parteien abhängig. Eine Information von dritter, unbeteiligter Seite kann unter Umständen genügen, um das Gericht zur Ausübung seines Prüfungsrechts zu veranlassen.

1. writ of habeas corpus.

Ein „warrant of commitment“ eines summary courts kann auf Antrag durch die Kings Bench mittels Erlaß eines „writ of habeas corpus“ auf Grund der Habeas-Corpus Acts (31 Charles II c. 2) kassiert werden. Warrant of commitment

[1]) Die hohen Strafen für contempt of court finden von diesem Gesichtspunkt aus ihre historische Erklärung.

ist jeder richterliche Befehl an die Polizei und Gefängnisbehörden, eine Person in Gewahrsam zu nehmen, mag er auf Grund einer Anklage Untersuchungshaft anordnen oder der Strafvollstreckungsbefehl sein, der dem verurteilenden Erkenntnis folgt.

a) Jeder Angeklagte, der unter Verweigerung der Freilassung gegen Sicherheitsleistung auf Grund eines polizeirichterlichen warrant [1]) in Untersuchungshaft genommen worden ist, kann durch formlosen Antrag die Kings Bench um seine Entlassung gegen Kaution angehen. An Stelle des Gefangenen können auch andere Personen diesen Antrag stellen. Der Ehefrau und dem Vater ist dies bereits gestattet worden [2]). Der Antrag muß durch Counsel gestellt und von einer durch affidavit beglaubigten Abschrift des Haftbefehls begleitet sein. Falls die Kings Bench dem Antrag stattgibt, kann sie entweder sofort den writ of habeas corpus erlassen, oder zunächst den Polizeirichtern befehlen, „to show cause" (vgl. I, 2), worauf diese mit dem Original ihres Befehls durch affidavit die Gründe ihrer Entscheidung darlegen müssen. Die Kings Bench bestätigt dann entweder den Entscheid des Polizeirichters oder erläßt den writ.

Der writ of habeas corpus ist ein Befehl der Kings Bench an alle in Frage kommenden Personen, den betreffenden Gefangenen entweder ohne weiteres oder nach Erfüllung bestimmter Bedingungen freizulassen. Zuwiderhandlung ist Contempt of Court.

b) Ist ein warrant of commitment, durch den die Polizeirichter die Vollstreckung einer von ihnen erkannten Strafe anordnen, seinem Inhalte nach fehlerhaft oder ungesetzlich, ist z. B. die Dauer der Freiheitsentziehung oder die Höhe der Geldstrafe, an deren Stelle die Freiheitsentziehung treten soll, nicht angegeben, so können die erwähnten Personen ebenfalls durch Counsel und unter Vorlage beglaubigter Abschritfen der in Betracht kommenden Dokumente die Kings Bench um

[1]) Gleichgültig ob die Polizeirichter in Petty-Session oder in Quarter-Sessions saßen.

[2]) Cobbet & Hudson 15 Q. B. 988.
Re Thompson 6 H & U 193.

Erlaß eines writ of habeas corpus angehen. Die Kings Bench pflegt dann durch Erlaß dieses writ ev. in Verbindung mit einem writ of certiorari den Gefangenen vor ihr Forum zu bringen und gleichzeitig die Polizeirichter zur Übersendung der Originaldokumente zu veranlassen.

Ergibt sich dann, daß sowohl der Vollziehungsbefehl als die ihm zugrunde liegende Verurteilung in sich selbst ungesetzlich sind (daß also in beiden die Höhe der Freiheitsstrafe nicht ausgesprochen ist) so wird die definitive Entlassung des Gefangenen angeordnet, andernfalls die Entscheidung des Polizeirichters bestätigt.

In jedem Falle eines Antrages auf writ of habeas corpus kann das Gericht in mündlicher Verhandlung counsel für den Gefangenen wie für die Krone anhören. Ersterer beginnt mit seinen Ausführungen und hat das Recht der Replik.

Auch ein wegen Inkompetenz der Polizeirichter (want or excess of jurisdiction) nichtiger warrant kann durch writ of h. c. aus der Welt geschafft werden, doch ist der im folgenden zu beschreibende Weg der zu diesem Zwecke übliche.

2. writ of certiorari.

Das Recht der Kings Bench, als des eigentlichen ordentlichen Strafgerichtshofes des Königs, alle Sachen, deren gerechte Aburteilung durch das an sich zuständige niedere Gericht gefährdet erscheint, mittels „writ of certiorari“ vor ihr Forum zu ziehen, ist so umfassend, daß eine allgemeine Behandlung aus dem Rahmen dieses Aufsatzes herausfallen würde. Es kann daher nur — und muß andrerseits — in dem speziellen Falle erörtert werden, in dem es in seiner Anwendung den Charakter eines Rechtsbehelfes zur Beseitigung eines erlassenen Urteils erlangt.

In jedem Falle einer summary conviction durch Petty- oder Quarter-Sessions, sofern innerhalb 6 Monaten nach Erlaß derselben ein entsprechender Antrag bei einem Divisional Court der Kings Bench gestellt wird, kann diese — auf Antrag des Attorney General muß sie — mittels writ of certiorari das gesamte Prozeßmaterial zur Nachprüfung und eventuellen

Bestätigung oder Kassierung der fraglichen Entscheidung vor ihr Forum ziehen.

Die Form des writ of certiorari ist ein Befehl des Königs an das niedere Gericht, die gesamten Prozeßakten des betreffenden Falles ihm in seinem Gericht (der K. B. D.) zur Prüfung und Entscheidung vorzulegen [1]).

Der Antrag auf Erlaß eines writ of certiorari muß nicht unbedingt durch counsel gestellt werden [2]) und kann von einem Prozeßbeteiligten oder aber auch einer dritten, völlig unbeteiligten Person [3]) (a member of the general public) ausgehen. Dem Instanzrichter muß 6 Tage vor Einbringung des Antrages beim High Court Mitteilung von der Absicht des Antragstellers gemacht werden. Falls nicht der Attorney General den Antrag stellt, steht dessen Gewährung oder Ablehnung im freien Ermessen des Gerichts.

Die Gründe, aus denen die Kings Bench einen writ o. c. zu erteilen pflegt, sind:

1. ein Mangel oder Formfehler, der sich aus den Akten ohne weiters ergibt (on the face of the proceedings);

---

[1]) „Edward the Seventh by the grace of God of the United Kingdom of Great Britain and Ireland and of the British dominions beyond the seas King defender of the faith, to the keepers of our peace and our justices assigned to hear and determine divers crimes trespasses and other offences committed within our county of X and to every of them greeting. We being willing for certain reasons that all and singular indictments of whatsoever felonies or misdemeanours where of A. B. is before you indicted be determined before us in the Kings Bench Div. of our High Court of Justice and not elsewhere, do command you and everyone of you that you or one of you do forthwith send under your seals or the seal of one of you before us in our said Court at the Royal Courts of Justice London all and singular the said indictments with all things, touching the same by whatsoever name the said A. B. may be called therein together with this our writ, that we may cause further to be done thereon, what right and according to the law and custom of England we shall see fit to be done.

Witness, Richard Everard, Baron Alverstone at the Royal Courts of Justice London the ... day of .... in the year of our Lord ...“

[2]) Die K. B. D. hat in einzelnen Fällen der Partei gestattet, den Antrag persönlich vorzubringen.

[3]) Vgl. Scholefield & Hill, Appeals from Justices of the peace. 5233.

2. Unzuständigkeit des Gerichts, Überschreiten seiner Zuständigkeit und Mitwirkung an dem Ausgang des Prozesses persönlich interessierter Richter;

3. Erschleichen des Urteils (fraudulently).

Wie beim vorigen Rechtsbehelf müssen die Polizeirichter bei Gefahr der Bestrafung wegen contempt of court die Akten der Kings Bench unter Rückgabe des writ übermitteln und auf Anordnung des K. B. D. die Gründe ihrer Entscheidung mittels affidavit darlegen (show cause).

Die K. B. kann in Form eines Divisional Courts counsel für beide Parteien hören und dann das frühere Urteil bestätigen oder kassieren und ev. die Freilassung des Gefangenen anordnen.

Das Recht der Kings Bench zum Erlaß eines writ of certiorari ist derart unabhängig und selbständig, daß es durch die Tatsache, daß gegen die summary conviction, „appeal to Quarter-Session" oder gar „special case stated for the High Court" anhängig ist, nicht berührt wird, die Kings Bench vielmehr unter Umständen trotzdem den writ gewähren kann und gewährt.

Seit Anfang der Regierung Wilhelms III. ist in einer Reihe von special statutes die Zulässigkeit eines writ of certiorari ausgeschlossen worden. Die Kings Bench ist jedoch gegen derartige Einschränkungen ihrer Rechte, die sie auch aus sachlichen Gründen mißbilligt [1]), derart erbittert, daß sie einen writ in allen Fällen für zulässig erklärt hat, in denen der Wortlaut des betreffenden special statutes irgendeine Möglichkeit des Zweifels an der Absicht eines ausdrücklichen Verbots zuließ.

Dem Attorney General kann das R e c h t , einen w. o. c. zu v e r l a n g e n , nicht einmal durch statute entzogen werden, und bei dem steten Bestreben der Krone, die Rechte des Angeklagten bzw. Verurteilten wenn nötig wahrzunehmen, pflegt sie in allen Fällen, wo die materiellen Voraussetzungen vorliegen und dem Verurteilten die gesetzliche oder finanzielle Möglichkeit, einen w. o. c. zu beantragen, fehlt, von ihrem Rechte den weitgehendsten Gebrauch zu machen.

---

[1]) Lord Kenyon in R. v. Jukes 8 T. R. 542, 544.

3. New Trial.

In misdemeanour Sachen, die nach erlassenem indictment ev. auch erst nach erfolgter Verhandlung vor einem niederen Gericht zur besseren Erledigung mittels writ of certiorari zur Verhandlung und Entscheidung vor die Kings Bench gezogen sind, kann nach erfolgtem Verdikt und Urteil auf Antrag eine Neuverhandlung angeordnet werden.

Die Kings Bench kann eine Neuverhandlung bestimmen wegen falscher Anweisung der Jury durch den Richter (misdirection), Zurückweisung zulässiger oder Zulassung unzulässiger Beweismittel (misreception of evidence), Widerspruch des Verdikts zu dem Beweisergebnis (verdict wholly against the weight of the evidence), ungehöriges Verhalten der Jury (gross misbehaviour of the Jury), Überrumplung der Verteidigung (surprise).

Wie vielfach gibt auch hier die übliche Generalklausel (for any other cause where it shall appear to the Court that a new trial will further the ends of justice) dem Gericht über die erwähnten konkreten Gründe hinaus unbeschränkte Befugnisse.

Ausnahmsweise kann auch die Verfolgung einen Antrag auf Gewährung eines new trial stellen, jedoch nur aus dem Grunde, daß der Freispruch durch Zurückhaltung der Belastungszeugen bewirkt sei.

Das Verfahren ist durch die Crown office rules von 1886 geregelt.

Der Antrag auf Gewährung eines new trial ist innerhalb einer Frist von einer Woche nach Erlaß des ersten Urteils zu stellen, doch kann die Frist durch richterliche Genehmigung verlängert werden. Der Antrag muß von einer Abschrift der Notizen des Vorderrichters oder einem affidavit über die tatsächlichen Vorgänge begleitet sein und der Gegenpartei abschriftlich zugestellt werden. Nach Terminansetzung hört ein Divisional Court der Kings Bench die Counsel der beiden Parteien und erkennt auf Abweisung des Antrags oder auf Kassierung des ersten Urteils und Anordnung der Neuverhandlung.

Diese erfolgt dann nach den allgemeinen Regeln, genau wie eine erstmalige Hauptverhandlung.

4. Writ of error.

Die Beseitigung einer strafrichterlichen Entscheidung auf andere Weise als durch Benutzung der bisher behandelten Rechtsmittel und Rechtsbehelfe kann nur durch Intervention der Krone geschehen. Diese Intervention, die auf dem Gnadenrecht des Souveräns beruht, erfolgt entweder unmittelbar durch königliche Begnadigung, oder mittelbar durch Anrufung und entsprechende Mitwirkung der Curia regis, der Kings Bench, auf Grund eines „writ of error".

Da zu dem letzteren Zwecke sich die Krone bestehender Einrichtungen bediente, da ferner die materiell-rechtlichen Voraussetzungen, unter denen die Krone und die Gerichte ihre Hilfe gewährten, im Laufe der Entwicklung durch konstante Praxis den Charakter gesetzlicher Normen erlangt hatten, so war die gesetzliche Anerkennung dieses Rechtsbehelfes durch die Supreme Court of Judicature Acts (36 & 37 Vict. c 66) lediglich die Kodifizierung bestehender Normen.

Die erwähnten Gesetze haben jedoch das mit einem writ of error verbundene Verfahren nach der formellen wie der materiellen Seite nur von dem Augenblick an geregelt, in welchem die Tätigkeit des Gerichts beginnt. Sache der Krone ist es jedoch, gegebenenfalls den erforderlichen Anstoß zum Tätigwerden desGeri chts zu geben. Die Grundlage des Instituts tritt noch heute in der notwendigen Genehmigung des Attorney General zutage, auf den als verantwortlichen Minister die Ausübung der Rechte des Königs übergegangen ist. Rechtlich steht die Gewährung seines „fiat" zur Erteilung eines „writ of error" noch heute in seiner freien Diskretion, und der High Court ist nicht in der Lage, irgend einen Zwang auf ihn auszuüben [1]). Praktisch wird die Erteilung des writ nie versagt, wenn die in dem Antrag dargelegten Einwände gegen das angefochtene Urteil formell diejenigen sind, auf Grund deren das Gericht mittels writ of error das Urteil

[1]) Vgl. Archbold, Stephen.

Die Angabe Prof. Rosenfelds (in der Aschrottschen Sammlung kritischer Besprechungen der Protokolle der Strafprozeßkommission), diese Frage sei heute streitig, muß auf einem Mißverständnis beruhen.

kassieren kann, und materiell nur irgendwie diskutabel erscheinen, rechtlich erfolgt jedoch die Nachprüfung eines Urteils im Wege des writ of error auf Grund der diskretionären Intervention der Krone.

Das Verfahren [1]) ist kurz das folgende:

Der Antrag auf Erlaß eines writ of error, verbunden mit einem von dem Verurteilten oder seinem Anwalt unterzeichneten affidavit über die dem Antrag zugrunde liegenden tatsächlichen Vorgänge, wird zunächst bei dem Attorney General, und nachdem dieser sein „fiat" daraufgesetzt, dem Crown office der Kings Bench eingereicht. Dieses siegelt den von dem Parteivertreter vorbereiteten writ of error und besorgt die Zustellung. Der Inhalt des writ of error ist ein Befehl des Königs an das betr. untere Gericht, die Akten des Prozesses ihm in seinem Gericht der Kings Bench zur Nachprüfung vorzulegen. Diese richtet sich nur darauf, ob in der Verhandlung oder Entscheidung des Instanzgerichts ein aus dem Protokoll oder dem Urteil erkennbarer (appearing on the face of the record) Rechtsirrtum vorgekommen sei (falsche Zusammensetzung der Jury, Verweigerung des Ablehnungsrechts usw.).

Falls die Kings Bench, welche die Counsel beider Parteien hört, zu der Überzeugung gelangt, es läge ein geschilderter Rechtsirrtum vor, so wird das angefochtene Urteil kassiert und der Angeklagte freigesprochen, oder das fehlerhafte Urteil durch ein richtiges ersetzt, oder die Sache mit bindender Anweisung an den judex a quo zurückverwiesen [2]), andernfalls das erste Urteil bestätigt.

Die Entscheidung der Kings Bench kann aus denselben Gründen und in derselben Weise durch einen weiteren an den Court of appeal gerichteten Antrag auf „writ of error" angefochten werden. Ein daraufhin ergangenes Urteil des Court of Appeal, durch writ des House of Lords [3]). —

---

[1]) Im einzelnen geregelt durch die Crown office rules von 1886.

[2]) Diese beiden Möglichkeiten sind durch den Crown Case Act von 1848 3. 5 (11 u. 12 Vict. c. 78) eingeführt worden.

[3]) Vgl. Judicature Act von 1873 (36 u. 37 Vict. c. 66).

Kurz zusammengefaßt sind also die Sicherheitsventile, die der englische Strafprozeß gegenüber dem Druck einer ungerechten Verurteilung kennt, die folgenden:

a) Der von den Policecourts zu Gefängnisstrafe bzw. Geldstrafe von mehr als £ 3 (London) oder £ 5 (Provinz) verurteilte nicht Geständige kann mittels „appeal" eine völlige Neuverhandlung vor den Quarter-Sessions erzielen. (Vgl. I. 1.)

   Nach eingelegtem appeal, jedoch vor der Appealverhandlung kann für bestimmte Rechtsfragen eine bindende Anweisung des High Court erlangt werden. (Vgl. II. 1.)

b) Jeder durch eine polizeirichterliche Entscheidung betroffene nicht Geständige kann wegen Rechtsirrtum oder „excess of jurisdiction" eine Prüfung der streitigen Rechtsfragen durch den High Court verlangen und ev. erzwingen. (Vgl. I. 2.)

c) Ein seinem Inhalte nach ungesetzlicher oder fehlerhafter Haftbefehl eines Polizeirichters bzw. das ihm zugrunde liegende Urteil können vom High Court auf Antrag mittels writ of habeas corpus kassiert werden. (Vgl. III. 1.)

d) Jede polizeirichterliche Verurteilung kann die Kings Bench mittels certiorari vor ihr Forum ziehen und, falls sie gesetzwidrig ist, kassieren. (Vgl. III. 2.)

e) Bei der Appeal-Verhandlung in den Quarter-Sessions können streitige Rechtsfragen vom Gericht für die Entscheidung des High Court reserviert werden. (Vgl. II. 2.)

   Desgleichen in allen erstinstanzlichen Verhandlungen vor Quarter-Sessions und assizes. (Vgl. II. 3.)

f) Eine durch certiorari vor die Kings Bench gezogene und dort verhandelte Sache kann wegen grober Verstöße auf gerichtliche Anordnung wiederholt verhandelt werden. (Vgl. III. 3.)

g) Verurteilungen nach Jury Trial können, falls ein Rechtsirrtum aus dem Protokoll erkennbar ist, durch writ of error vor den High Court gebracht werden und von diesem kassiert werden. (Vgl. III. 4.)

Gegen Verurteilungen im summarischen Verfahren gibt es also in weitem Umfange Rechtsmittel und Rechtsbehelfe im Tatpunkte wie im Rechtspunkte; gegen Verurteilungen im ordentlichen Verfahren nur Anfechtungen im Rechtspunkte (ausgenommen new trial).

Es fehlt demnach völlig die Wiederaufnahme des Verfahrens, die Nachprüfung eines Schwurgerichtsurteils im Tatpunkte und die Möglichkeit der Herabminderung der Strafe für einen Geständigen.

Die bestehenden Rechtsmittel und Rechtsbehelfe werden ergänzt, die fehlenden ersetzt durch ein höchst eigenartig arbeitendes System der Begnadigung.

5. Die Begnadigung.

Das Institut der Begnadigung muß im Rahmen dieses Aufsatzes kurz besprochen werden, weil es praktisch zu einem großen Teil die Stelle der Rechtsmittel vertritt und nur bei Kenntnis der Handhabung der Begnadigung die Reformbestrebungen, die in den zahlreichen Criminal Appeal Bills ihren Ausdruck gefunden haben, verständlich sind.

Die Ausübung der königlichen Prärogative der Gnade, lange Zeit hindurch das im eigentlichsten Sinne persönliche Recht des konstitutionellen Souveräns, ist im Laufe der verfassungsrechtlichen Entwicklung allmählich von dem unverantwortlichen Herrscher auf seine verantwortlichen Ratgeber übergegangen. Während eine Zeitlang der Staatssekretär des Innern (Home Secretary) dem König die zur Gnade geeigneten Fälle vorlegte und empfahl, ist schon seit mehreren Generationen auch dieses letzte Recht königlichen Einflusses praktisch geschwunden und heute ist die Ausübung des Begnadigungsrechts einer der wichtigsten Zweige des Home Departments, die wie alle anderen der parlamentarischen Aufsicht unterliegt. Schon Macauley hat es ausgesprochen, daß die Mißbilligung des Parlaments gegenüber einem Gnadenakte des Home Secretary einer der Gründe sei, die zur Demission des Gesamtkabinetts führen müssen [1]).

---

[1]) Vgl. Law Times vom 6. April 1907, Bd. 122 S. 532.

Da, wie die obige Zusammenstellung von Rechtsmitteln ergibt, der englische Strafprozeß weder im ordentlichen Verfahren die Nachprüfung eines Urteils im Tatpunkte (abgesehen von den exzeptionellen Fällen des new trial) oder die Möglichkeit einer Herabminderung der Strafe durch eine übergeordnete Instanz gestattet, noch die Wiederaufnahme kennt, so sind es besonders diese drei Kategorien von Fällen, mit denen sich das Home Office zu beschäftigen hat. Es erhellt ohne weiteres, daß speziell in den Fällen eines angeblich unschuldig Verurteilten, der mit neuem Material seine Unschuld beweisen will, das Home Office sich nicht auf die Nachprüfung vorhandener Akten beschränken kann, sondern neue Urkunden prüfen Zeugen und Sachverständige vernehmen muß, seine Tätigkeit daher völlig der eines Gerichtshofes entspricht. In weniger frappantem Maße ist dies auch bei allen übrigen Gnadensachen der Fall. Soweit das Home Office sich also nicht, wie es in besonders sensationellen Fällen (Beck case, Edalji case) zu geschehen pflegt, einer besonders eingesetzten Kommission bedient, übt es selbst die Tätigkeit eines Court of Criminal Appeal aus und wird als solcher auch allgemein bezeichnet. Dementsprechend sind auch die Formen, in denen ev. die Gnade gewährt wird, differenziert. Ein offenbar unschuldig Verurteilter erhält einen „free pardon", der in der öffentlichen Meinung dieselbe rehabilitierende Wirkung hat, wie in andern Ländern ein Freispruch im Wiederaufnahmeverfahren. Dagegen wird einem Bittsteller, dessen Unschuld nicht erwiesen ist, während andrerseits dem Home Office die Überführungsbeweise nicht ganz hinreichend erscheinen, die Strafe geschenkt usw. [1]).

Entsprechend werden auch alle diese Fälle in der jährlichen Statistik, die in der Kriminalstatistik enthalten ist, gesondert rubriziert. —

Der anscheinend verhältnismäßig so seltene Gebrauch der vorhandenen Rechtsmittel und Rechtsbehelfe ist ein Problem, dessen Lösung schon wiederholt unternommen

[1]) In Schottland lautet das Verdikt der jury: proven, non proven, not guilty. Letzteres nur bei offenbar Unschuldigen und äußerst selten.

worden, doch m. E. bisher nicht völlig geglückt ist. Im folgenden soll eine eingehende Besprechung und Erklärung dieser Erscheinung an der Hand des statistischen Materials, der bestehenden Gesetze und der persönlich in England gesammelten Erfahrungen versucht werden.

Den vorstehend geschilderten Rechtsbehelfen (im weiteren Sinne) stehen ausweislich der Judicial Statistics für das Jahr 1905 folgende Benutzungsziffern gegenüber:

1.	Appeal to Quarter-Sessions	(vgl. I. 1)	verhan
2.	Appeal by case stated	(vgl. I. 2)	„
3.	Case stated under 12 u. 13 Vict. c. 45 s. 11	(vgl. II. 1)	„
4.	Case stated by Quarter-Sessions	(vgl. II. 2)	„
5.	Crown cases	(vgl. II. 3)	„
6.	Writs of habeas corpus	(vgl. III. 1)	beant
7.	Writs of cerstorari	(vgl. III. 2)	„
8.	New Trials	(vgl. III. 3)	„
9.	Writs of error	(vgl. III. 4)	„
10.	Gnadengesuche	(vgl. III. 5)	

Im Jahre 1905 ist im ganzen gegen 791 190 Personen strafrechtlich vorgegangen worden, von denen 650 529 Verurteilungen erlitten haben.

Von diesen 650 529 haben nur 328 versucht, auf rechtlichen Wegen, weitere 1524 auf dem Gnadenwege eine Aufhebung oder Milderung ihres Urteils zu erzielen. Es verlohnt sich der Mühe, die Gründe dieser auffälligen Erscheinung näher zu untersuchen. Die geringe Aussicht auf Erfolg kann nicht als Abschreckungsmittel in Betracht kommen. Denn wie die obige Statistik zeigt, sind von den 328 Anfechtungen 150, also ca. 45 %, von den 1524 Gnadengesuchen 395, also ca. 25 %, erfolgreich gewesen.

Bei vergleichender Betrachtung der vorhandenen und der benutzten Rechtsmittel und Rechtsbehelfe ist es erforderlich, den appeal to Quarter-Sessions, das einzige allgemeine Tatpunkt- und Rechtspunkt-Rechtsmittel, zunächst gesondert zu behandeln, da es seinem Wesen nach zu sämtlichen übrigen in einem grundlegenden Widerspruch steht.

Vor den Polizeigerichten ist 1905 gegen 778 865 Personen verhandelt worden, während nur in 166 Fällen die Quarter-Sessions die Sache einer Nachprüfung unterzogen haben. Diese Ziffern haben vielfach zu Täuschungen geführt, da übersehen wurde, daß nur ein geringer Teil dieser Sachen appellabel ist.

Ich schätze die Zahl der nach den bestehenden Gesetzen mittels appeal to Quarter-Sessions anfechtbaren polizeirichter-

6 Fälle,	abgewiesen	81,	Entscheidung aufgehoben	55,	abgeändert 30
6 ,,	,,	45,	,, ,,	32,	zurückverw. 3
4 ,,	,,	3,	,, ,,	1,	
7 ,,	,,	5,	,, ,,	2,	
5 ,,	,,	12,	,, ,,	3,	
2 ,,	,,	3,	gewährt 19 (?) nach Verhdl.,	Entsch.aufgeh.	7
8 ,,	,,	13 (?)	,, 19 ,, ,,	,,	,, 17
—		—			
—		—			
8					

4 davon wegen ungerechter Verurteilung 674, wegen zu hoher Strafe 850,

gewährt: { free pardon 3,
Erlaß oder Ermäßigung der Strafe 392.

lichen Entscheidungen auf ca. 15 000 und gelange auf folgende Weise zu diesem Ergebnis.

Von den ca. 779 000 [1]) von Polizeigerichten prozessierten Personen wurden 640 000 verurteilt. Nur die Verurteilungen kommen ja für den appeal in Betracht. Von diesen waren 40 000 solche, die wegen indictable offences mit ihrer Zustimmung von den Police Courts summarisch abgeurteilt wurden und damit des Rechts zu appellieren sich begaben.

Von den restierenden 600 000 wurden 65 000 zu Gefängnisstrafe verurteilt. Leider gibt die Statistik keine Differenzierung hinsichtlich der Höhe der erkannten Geldstrafen und des Ortes der Verurteilung.

Es läßt sich daher nicht ermitteln, in wieviel Fällen in London Geldstrafen von über £ 3 bzw. in der Provinz wegen „larceny“ oder „malicious damages“ Geldstrafen von über £ 5 verhängt worden sind.

---

[1]) Die Ziffern sind nach oben hin auf das volle Tausend abgerundet.

Bei der außerordentlichen Seltenheit der Verurteilung zu Geldstrafen von mehr als £ 1—2 einerseits [1]) und bei dem geringen Prozentsatz, den diese Urteile wegen ihrer Beschränkung auf die Metropolis bzw. auf zwei bestimmte Delikte in der Provinz naturgemäß darstellen, können diese Verurteilungen fast außer Ansatz bleiben, da sie für das Gesamtbild nur unwesentlich in Betracht kommen. Jedenfalls sind sie mit 2000 Fällen reichlich hoch angesetzt.

Die Statistik ergibt nun weiter, daß von den 65 000 zu Gefängnisstrafen verurteilten Personen

18000 wegen Bettelns,
7000 „ Obdachlosigkeit,
7000 „ Trunkenheit,
8000 „ Übertretungen der „Poor Laws“
und 4000 „ Übertretungen der sittenpolizeilichen Vorschriften

bestraft wurden, d. h. insgesamt 44 000 Angeklagte wegen derjenigen Delikte, bei denen erfahrungsgemäß die Zahl der Geständigen, denen durch ihr Geständnis der appeal verschlossen ist, bis nahe an 100 % heranreicht [2]), keinesfalls unter 90 % im Durchschnitt zurückgeht.

Von den erwähnten 44 000 wären also höchstens 4500 in der Lage, ihre Sache vor die Quarter-Sessions zu bringen.

Nimmt man an, daß von den verbleibenden 20000 zu Gefängnis- und 2000 zu den höheren Geldstrafen Verurteilten nur etwa 50 % ein plea of guilty abgegeben haben, was bei der geringen Bedeutung sämtlicher in Betracht

---

[1]) Die große Mehrzahl der Verurteilungen bewegt sich zwischen 2 sh 6 d und 10 sh.

[2]) Es ist keine Seltenheit, daß in Sitzungen der Policecourts (bei etwa 40—50 Sachen pro Tag in einem normalen städtischen Policecourt) keine einzige Sache „kontradiktorisch“ wird und die Sitzung weniger als eine Stunde dauert. Den mir bekannten Rekord in dieser Beziehung hält ein Magistrat in Glasgow, der einmal 92 Fälle in 45 Min. verhandelt hat.

kommender Delikte nicht zu hoch gegriffen ist [1]), so ergibt sich, daß

$$11\,000+4500=15\,500$$

Verurteilte aus einer Gesamtzahl von 640 000 die rechtliche Möglichkeit des appeal to Quarter-Sessions besitzen.

Aber selbst bei 15 500 appellablen Sachen ist die Zahl von 166 Berufungen etwa 1 %, außerordentlich gering und wird noch auffälliger, wenn man bedenkt, daß von den 166 Berufungen 42 wegen Übertretungen der Automobilvorschriften und 49 wegen Übertretungen der Schankkonzessionsgesetze eingelegt sind.

Die Gründe hierfür sind mannigfach.

Einer großen Anzahl der Verurteilten ist, wie mir sowohl Richter als Anwälte erklärten, das Vorhandensein eines Rechtsmittels unbekannt, und die Richter halten es nicht für ihre Sache, diese Unkenntnis zu beheben. Da es sich bei den in Frage kommenden Verurteilungen fast ausnahmslos um Delikte handelt, die bei uns Übertretungen darstellen und zum größten Teil durch Strafverfügungen und Strafbefehle erledigt werden (ein in England unbekanntes Verfahren), so ist nur eine verschwindend kleine Anzahl der Verurteilten durch Anwälte beraten, die der Unkenntnis ihres Klienten abhelfen könnten.

Ein weiterer Umstand, der zur geringen Benutzung des appeal wesentlich beiträgt, ist die Zusammensetzung der Berufungsinstanz. Soweit es sich nicht um City- oder Borough-Sessions handelt, in denen, wie oben ausgeführt, Juristen als Einzelrichter (Recorder) die Stelle der Quarter-Sessions einnehmen, unterscheidet sich die Berufungsinstanz in keiner Weise von dem Vordergericht.

Nicht nur entstammen die Friedensrichter der Grafschaft der gleichen Klasse, nämlich der obersten Schicht der Bevölkerung, haben im allgemeinen dieselben politischen,

[1]) Die Zahl der „guilty" plädierenden Angeklagten betrug 1898, dem letzten Jahre, für welches diese Statistik geführt wurde, in den Schwurgerichtssachen 4421 von 11 065 = ca. 40 %. Naturgemäß ist der Prozentsatz der Geständigen in den geringeren Sachen größer.

sozialen, moralischen Anschauungen und sind größtenteils untereinander bekannt oder befreundet, sondern vor allem können die in erster Instanz tätig gewesenen Friedensrichter ja in den County-Sessions wiederum sitzen und machen regelmäßig von diesem Recht Gebrauch, wenn gegen eins ihrer Urteile appeal angemeldet ist. Ganz naturgemäß ist der Kastengeist all dieser Country-Squires, auch ihr Solidaritätsgefühl viel zu stark, als daß sie ihre zwischen ihnen sitzenden Freunde der ersten Instanz, die ihren Einfluß naturgemäß zugunsten der Aufrechterhaltung ihrer Entscheidung geltend machen, desavouieren und etwa überstimmen sollten. Daher erklärt es sich auch, daß nur äußerst selten eine Entscheidung der Petty-Sessions aufgehoben, fast nie eine erkannte Strafe ermäßigt wird. Die in der Statistik angegebenen Fälle entfallen größtenteils auf die Recorder.

Diese seit Jahrhunderten bestehenden Verhältnisse, die dem Publikum im vollsten Maße bekannt sind, haben von jeher die Hoffnung der Verurteilten auf Freispruch oder Strafmilderung durch die Quarter-Sessions als so gut wie aussichtslos erscheinen lassen, und wesentlich dazu beigetragen, daß nur in Fällen, in denen besondere Interessen auf dem Spiele standen (Schankkonzession) [1]) oder wichtiges, neues Beweismaterial beigebracht werden konnte, von dem appeal Gebrauch gemacht wurde. Mögen diese eigenartigen Rechtszustände auch gelegentlich einem Individuum nachteilig gewesen sein — im allgemeinen ist die Vorzüglichkeit der friedensrichterlichen Judikatur in England anerkannt —, für die Allgemeinheit haben sie den nicht zu unterschätzenden Vorteil mit sich gebracht, daß die Autorität selbst dieser untersten Gerichte im Laufe der Zeit einen uns zunächst unerklärlich scheinenden Grad erreicht hat [2]). Zu einem großen Teil ist daher die geringe Zahl der heutigen Berufungen lediglich die Folge des traditionellen Ansehens der Polizeigerichte, deren

[1]) Wozu neuerdings die Chauffeurlizenz getreten ist.

[2]) Über die Reformbestrebungen vgl. unten.

Urteile nur in ganz besonderen Fällen angefochten werden [1]).

Daß weder die Fortdauer der Untersuchungshaft noch etwa mangelnder Suspensiveffekt auf die Seltenheit des „appeal“ sowohl als auch aller übrigen Rechtsmittel und Rechtsbehelfe wirken, ergibt die obige Darstellung des Prozesses, aus der hervorgeht, daß die Handhabung der Untersuchungshaft im wesentlichen der unsrigen entspricht, während die Praxis hinsichtlich des Strafvollzuges den Verurteilten noch wesentlich günstiger stellt.

Dagegen läßt sich nicht verkennen, daß die Kostenfrage auf die Benutzung des appeal ebenfalls zu einem gewissen Grade einen eindämmenden Einfluß ausübt.

Es ist schon eingehend davon die Rede gewesen, daß die Einlegung des „appeal“, wie die Benutzung jeder anderen Appellation von der Eingehung sehr hoher Kostenverpflichtungen, Stellung von Sicherheiten durch Depôt, Bürgen usw. begleitet sein muß. Der Engländer betrachtet bei seinem großen Vertrauen auch zu den untersten Gerichten jedes Rechtsmittel als einen Luxus, für den der Appellierende auch entsprechend bezahlen soll. Dazu kommt, daß der appeal und auch alle anderen Rechtsmittel praktisch nur dann eine Aussicht auf Erfolg haben, wenn sie durch geschickte und erfahrene Anwälte wahrgenommen werden. In der Praxis ist ein in der zweiten Instanz nicht durch counsel vertretener prisoner so gut wie unbekannt und es sind fast immer die renommiertesten und demgemäß teuersten Anwälte, die zu diesem Zwecke gewählt werden.

Zu den hohen Gerichtskosten kommen daher höhere Anwaltskosten. Ein Armenrecht zwecks Anrufung einer

[1]) Die stipendiary magistrates sind, wo sie existieren, auch in dieser Beziehung die Erben ihrer unbezahlten Vorgänger. Bei ihrer Einführung bestanden zunächst bange Zweifel, ob sie auch das nötige Ansehen beim Publikum genießen würden. Es zeigte sich jedoch sehr bald, daß die Autorität der Policecourts so ungeheuer war, daß sie losgelöst von der Person und der Zahl der Justices sich ohne weiteres als der genius loci auch auf die neuen Einzelrichter übertrug. So hat ein Zustand, der nach unserer Auffassung einer Justizverweigerung sehr nahe kommt, segensreiche Wirkungen gehabt.

höheren Instanz gibt es überhaupt nicht; wenn für die erste Instanz dem Angeklagten auf Grund des Poor Prisoner Defence Act (3. Edw. VII, c. 38) unentgeltlicher Rechtsbeistand gewährt worden ist [1]), gilt dies allerdings auch für die Rechtsmittel. Für die Art der Handhabung des im Jahre 1903 erlassenen Gesetzes geben folgende Ziffern, die der Home Secretary auf eine Anfrage im Unterhaus bekannt gab, eine keines Kommentars bedürftige Aufklärung.

Im Jahre 1905:

394 Armenrechtsapplikationen,
davon 290 zurückgewiesen.

Im Jahre 1906:

111 Anträge,
davon 107 zurückgewiesen.

Es gibt daher tatsächlich kein Armenrecht [2]), und die enormen Kosten des Rechtsmittelverfahrens muß der Ver-

---

[1]) Nur möglich in Schwurgerichtssachen durch Beschluß des „committing magistrate".

[2]) Die Engländer haben eine prinzipielle Abneigung gegen eine liberale Handhabung des Armenrechts, das sie nur auf die dringendst notwendigen Fälle beschränkt und nur den ganz Armen zugebilligt wissen wollen. Ein Artikel in der Law Times vom 27. April 1907 ist kennzeichnend für diese Auffassung, die davon ausgeht, die Möglichkeit „to get something for nothing" widerstrebe dem englischen Charakter und wirke verderblich auf das Individuum, das leicht durch derartige Erleichterungen verführt würde, auf Kosten anderer müßig zu leben, wie dies in zahlreichen Fällen die Wirkung unentgeltlicher ärztlicher Behandlung gewesen sei. — Es wurde deshalb vorgeschlagen, an Stelle einer Erweiterung des Armenrechts, nach dem Vorbilde der Medical Providential Societies, Gesellschaften (clubs) zu gründen, deren Aufgabe es sei, aus ihren Fonds wirklich Bedürftigen die Mittel zur gerichtlichen Geltendmachung ihrer Rechte zu gewähren. Der jetzige Lord Mayor hat kürzlich eine solche gegründet.

Einerseits entstammt diese Auffassung der herrschenden individualistischen Wirtschaftstheorie, derzufolge auch z. B. in London nicht ein einziges aus öffentlichen Mitteln erhaltenes Krankenhaus besteht, vielmehr alle auf private Unterstützungen angewiesen sind. Andererseits wird dieser eigenartige Standpunkt bis zu einem gewissen Grade verständlich durch die trüben Erfahrungen, die man in England in der ersten Hälfte des vorigen Jahrhunderts mit dem System der Armenunterstützung gemacht hat.

urteilte aufbringen, falls ihm nicht folgende eigentümlich englische Erscheinungen zu Hilfe kommen.

Die Gefahr, daß ein wirklich zu Unrecht Verurteilter aus pekuniärem Unvermögen nicht in der Lage ist, sich sein Recht zu verschaffen, wird bis zu einem Minimum abgeschwächt durch die Öffentlichkeit des Verfahrens, verbunden mit der außerordentlichen Bereitwilligkeit der weitesten Volkskreise, in solchen Fällen helfend einzugreifen.

Die Öffentlichkeit der Gerichtsverhandlungen ist in England in einem Maße durchgeführt, von dem man bei uns keine Vorstellung hat. Ein Ausschluß der Öffentlichkeit ist vollständig unbekannt, und die Gerichte selbst stehen der Anwesenheit des Publikums sympathisch gegenüber, wie dies bei dem Alter der englischen Tradition und der Gewöhnung der Richter während ihrer langjährigen Anwaltstätigkeit sich von selbst ergibt. In dem Bau der englischen Gerichtssäle ist auf diese Umstände in entsprechendem Maße Rücksicht genommen. Während im Hintergrunde unserer Gerichtssäle ein schmaler Raum, meist ohne Sitzgelegenheit, für das Publikum abgegrenzt wird, sind die Zuhörer b ä n k e dort fast immer amphitheatralisch angelegt und nehmen in den meisten, namentlich neueren Justizgebäuden den größten Teil der riesigen Sitzungssäle ein [1]). Vor allem ist es nicht zuviel gesagt, daß in keinem englischen Gerichtshof (wenigstens in Strafsachen) auch nur ein einziger Fall ohne Anwesenheit eines Vertreters der Presse verhandelt wird. Nicht nur übt diese Kontrolle einen wohltätigen Einfluß auf die Tätigkeit der Laienrichter aus (die höheren Richter unterliegen naturgemäß diesem Einfluß nicht), sondern sie hat für den Angeklagten eine eminent praktische Wirkung. Bei dem starken Rechtsbewußtsein des Volkes ist die Presse, schon zu Reklamezwecken, stets geneigt, sich eines ungerecht Verurteilten anzunehmen. Sollten ihm daher nicht die Mittel zu Gebote stehen, sich eines zulässigen Rechtsmittels zu bedienen,

---

[1]) Allerdings entspricht auch der äußerst starke Besuch selbst der Zivilgerichte diesen Vorkehrungen.

so pflegt ein entsprechender Aufruf durch eine Zeitung in ein bis zwei Tagen die erforderliche Summe zusammenzubringen. Man kann daher annehmen, daß auch ohne Armenrecht einem Angeklagten, der einen plausiblen Anfechtungsgrund hat, die erforderlichen Mittel meist zur Verfügung stehen werden.

Einen solchen Rechtszustand würde wohl kein anderes Volk auf die Dauer ertragen, aber dort denkt niemand an seine Beseitigung. Einmal ist der Sinn des Engländers in so überwiegendem Maße auf den praktischen Erfolg gerichtet, daß es kaum jemand einfallen würde, eine derartige Unterstützung, die er durchaus nicht als Almosen empfindet, zurückzuweisen. Die mangelnde Staatsfürsorge auf fast allen Gebieten des Lebens hat dazu geführt, daß es als eine selbstverständliche Ehrenpflicht der wohlhabenden Klassen gilt, aus ihren eigenen Mitteln unmittelbar das zu leisten, was sie in anderen Ländern auf dem Umwege über die Gesetzgebung indirekt leisten; eine Pflicht, der im weitesten Sinne nachgekommen wird, und auf deren Erfüllung den weniger Bemittelten gewissermaßen ein Anspruch zusteht.

Andererseits ist die Angst großer Bevölkerungskreise, daß durch die Möglichkeit frivoler Urteilsanfechtungen eine Mehrbelastung der Gerichte und dadurch eine notwendige, wesentliche Vermehrung der Richterzahl (gleichbedeutend mit einer Verminderung ihres Ansehens und Erhöhung des Justizetats) eintreten müsse, viel größer, als die Furcht, daß durch gelegentliche fehlerhafte, unanfechtbare Entscheidungen Einzelpersonen geschädigt werden können.

Man will mit Bewußtsein die Anfechtung eines gefällten Urteils als seltenen Ausnahmefall, die Unanfechtbarkeit als die überwiegende Regel angesehen wissen. Die strikte Befolgung dieses Systems hat als Erfolg die außerordentlich autoritative Stellung der englischen Gerichte gezeitigt, deren Entscheidungen mit einem an Fatalismus grenzenden Gefühl der Unabwendbarkeit hingenommen werden.

Auf die seltene Benutzung der lediglich auf Anfechtung im Rechtspunkte gerichteten Rechtsmittel und Rechtsbehelfe wirken außer den für den appeal genannten noch Umstände mit, die im Wesen des englischen Prozesses wie auch des materiellen Strafrechts ihre Erklärung finden.

Der Intellekt des Engländers im allgemeinen ist unmethodisch, unsystematisch, kurz unwissenschaftlich, lediglich auf Erreichung des praktischen Erfolges gerichtet. Diese Geistesrichtung, die namentlich im Wirtschaftsleben in England vielfach beklagt und durch Schaffung von Facherziehung nach deutschem Muster zu ändern gesucht wird, hat sich auf dem Gebiete des Prozeßwesens, wie auch des materiellen Strafrechts als segenbringend erwiesen.

Beide enthalten nichts als eine lose aneinandergereihte Menge von praktischen Vorschriften. Wo sich gemeinsame Prinzipien mühsam entdecken lassen, wie z. B. im Rechtsmittelwesen, sind sie den Engländern kaum bewußt und in keinem Lehrbuch zu finden. Die Folge ist eine außerordentliche Einfachheit des Verfahrens, das kaum irgendwelchen Raum für Streitfragen bietet. Gerade die wissenschaftliche Feinheit unserer Strafprozeßordnung, die alle Eventualitäten voraussehen will, und eine aufs feinste ausgeklügelte gegenseitige Kontrolle völlig heterogener Organe: Richter, Staatsanwalt, Untersuchungsrichter, Verteidiger zur Herbeiführung größtmöglicher Sicherheit geschaffen hat, verträgt sich, wie der Vergleich mit dem englischen Verfahren zeigt, nicht mit den Erfordernissen eines rasch und sicher arbeitenden und gleichzeitig populären Strafprozesses.

Es ist nicht meine Aufgabe, eine Darstellung englischen Strafrechts und Prozeßrechts zu geben. Letzteres ist bereits an anderer Stelle des Gesamtberichtes geschehen. Es kann daher nur kurz auf die wesentlichen Merkmale hingewiesen werden.

Auf der völligen Trennung der drei Gewalten, Richter, Verfolger, Verteidiger (Angeklagter) beruht die Vorzüglichkeit des englischen Prozesses.

Vor der Verhandlung sammelt der Ankläger sein Beweismaterial, vernimmt die ihm erforderlich scheinenden Zeugen (nie den Angeklagten); die Verteidigung tut das gleiche [1]). Daher erübrigt sich das Erfordernis der Anwesenheit der Gegenpartei, die Quelle so vieler Unzuträglichkeiten. In der öffentlichen Verhandlung führt der Ankläger sein Beweismaterial dem schweigend zuhörenden Richter vor, der Verteidiger das seine [2]), beide plädieren; der Richter entscheidet bzw. belehrt die jury. Überall die völlige Vermeidung jeglicher Reibungsflächen. Die Parteien kommen nur in öffentlicher Verhandlung miteinander in Berührung, und auch hier sind sie völlig gleichgestellt, ihre Wege laufen nebeneinander her und kreuzen sich nirgends. Ebensowenig können Differenzen zwischen den Parteien und dem Richter entstehen, der ja erst den Mund öffnet, nachdem die gesamte Tätigkeit der Parteien erledigt ist.

Ein englisches Strafurteil wegen einer Gesetzesverletzung in bezug auf das Verfahren anzufechten, ist nahezu ein Ding der Unmöglichkeit. Die vorkommenden Anfechtungen richten sich meist gegen Versehen, die in Deutschland als Schreibfehler ohne weiteres abgeändert würden (z. B. Fehlen der Höhe der erkannten Strafe in der Entscheidung, Mangel einer erforderlichen Unterschrift). In diesen kleinen Dingen besteht in England wie auch in Schottland ein merkwürdiger, fast unverständlicher Formalismus.

Der Einfachheit des Prozesses entspricht seine weitverbreitete Kenntnis in allen Schichten der Bevölkerung.

Ebenso gemeinverständlich wie das gerichtliche Verfahren ist das materielle Strafrecht. Die Gesamtheit der zahllosen einzelnen acts bildet einen in der Sprache des Lebens abgefaßten Niederschlag der herrschenden Moral. Man hat es regelmäßig vermieden, die dem Volke geläufigen

---

[1]) Es besteht kein gesetzlicher Zwang für die Zeugen, der Ladung des Verteidigers zu privater Vernehmung Folge zu leisten, doch ist das Ausbleiben eines Zeugen eine seltene Ausnahme, die ihm stets unangenehme Kritik seitens des Richters in der Hauptverhandlung sichert, seine Aussage verdächtig macht, und regelmäßig vom Richter den Geschworenen gegenüber beim „summing up" besonders bemerkt wird.

[2]) In der Verhandlung kann der Angeklagte sich zum eidlichen Zeugnis erbieten und dann auch vom Ankläger im Kreuzverhör befragt werden.

Deliktsbegriffe in die Zwangsjacke gesetzlicher Definitionen zu pressen, vielmehr die Umgrenzung des Deliktrahmens völlig der Rechtsprechung überlassen. Die Legaldefinition des Betrugsversuchs, wie sie unsere Eröffnungsbeschlüsse zeigen, wäre in England undenkbar.

Die Judikatur hat ihre Aufgabe in dieser Beziehung in hinreichend bekanntem Maße erfüllt, so daß auch im materiellen Strafrecht die Zahl der Streitfragen äußerst gering ist. Sie wächst auch nicht, denn die Fruchtbarkeit, mit der uns Gesetzgeber und Verwaltungsbehörden ständig mit neuen Gesetzen und Verordnungen überschütten, kennt man drüben nicht. Während in Deutschland die Richter selbst die bestehenden Gesetze und Verordnungen strafrechtlichen Inhalts zum Teil nicht einmal mehr dem Namen nach kennen, gibt es in England wohl kaum eine Strafvorschrift, die nicht dem Publikum in weitester Verbreitung bekannt wäre. Gerade die enorme Zahl unserer neuen Gesetze und insbesondere die Masse der (in England unbekannten) Verordnungen liefert zu einem starken Prozentsatz die Rechtsfragen, deren Entscheidung die Revisionen in Strafsachen dienen.

Die Eigenart des Prozesses wie des materiellen Strafrechts, die beide wenig Raum für juristische Streitfragen bieten, erklärt zu einem weiteren Teile die Seltenheit der Anfechtungen eines Urteils im Rechtspunkte.

Dies trifft insbesondere für das einzige ordentliche Rechtsmittel, außer dem „appeal to Quarter-Sessions" zu, dem „appeal by case stated" (I. 2) und bildet hier neben der Autorität der Richter und der Kostenfrage die Erklärung für seine Seltenheit.

1905: 86 Fälle auf etwa 160000 = ½ ‰.

Nur die nicht geständigen Verurteilten kommen bekanntlich in Betracht. Das sind etwa 25 % der 640 000 Verurteilten = etwa 160 000.

Bei allen übrigen Rechtsmitteln bzw. Rechtsbehelfen ergibt sich als weitere eingeschränkte Wirkung das Erfordernis der Genehmigung des Gerichts, des judex a quo oder des angerufenen, zur Verfolgung der Appellation. Angesichts der starken Abneigung der höheren Gerichte, die niederen zu desavouieren, wird diese Genehmigung nur in krassen Fällen eines Rechtsirrtums oder solchen erteilt, wo im Interesse der Rechtseinheit eine prinzipielle Entscheidung des High Court am Platze zu sein scheint.

Während alle anderen Anfechtungsmittel zwar geringe, aber einigermaßen konstante Benutzungsziffern zeigen, sind zwei, das „new trial“ und der „writ of error“ fast nur noch in der Theorie vorhanden.

Das „new trial“ ist bekanntlich nur zulässig in den durch certiorari vor die Kings Bench gezogenen Sachen. Das Institut des certiorari stammt aus den politisch unruhigen Zeiten der Vergangenheit, in denen eine unparteiische Verhandlung vor den niederen Gerichten, insbesondere den mehr dem Einfluß der Parteileidenschaften ausgesetzten Laienrichtern nicht immer möglich schien. Diese gefährdeten Sachen sollte die Kings Bench vor ihr Forum ziehen können. Mit der fortschreitenden Zivilisation ist die Zahl dieser notleidenden Sachen äußerst gering geworden[1]), und daß unter den wenigen vor der Kings Bench verhandelten certiorari Sachen ein „mistrial“ vorkommen sollte, ist naturgemäß äußerst selten.

Der „writ of error“ andererseits, der ebenfalls aus alten Zeiten stammt, in denen das Richtermaterial weniger erlesen war als heute, dient zur Beseitigung grober aus dem Protokoll ersichtlicher Verletzungen des Verfahrens. Wie selten solche bei der Einfachheit und Dehnbarkeit der Prozeßvorschriften sind, ist oben schon erläutert worden, hier kommt noch hinzu, daß der Verstoß aus dem Protokoll hervorgehen muß (appear on the face of the record) und das ist bei dessen Dürftigkeit fast ausgeschlossen. Auch dieser Rechtsbehelf für andere Zeiten geschaffen, ist ein recht wertloses Überbleibsel der Vergangenheit und mit dem new trial einem allmählichen sicheren Tode geweiht.

Kurz zusammengefaßt sind also die Gründe des seltenen Gebrauchs zulässiger Anfechtungsmittel [2]) die folgenden.

---

[1]) Die letzte durch certiorari vor die Kings Bench gezogene Sache richtete sich gegen die Urheber des Jameson Raid.

[2]) Die beiden zuletzt besprochenen bleiben außer Ansatz.

In erster Linie Achtung vor dem Richterspruch und Zufriedenheit mit der bestehenden Judikatur[1]; daneben die Seltenheit auftauchender Rechtsfragen in Prozeß und Strafrecht, und bis zu einem gewissen Grade endlich die Höhe der Kosten; Haft und Exekution sind ohne Einfluß.

Von beiden zuletzt besprochenen an sich überflüssigen Rechtsbehelfen abgesehen, ist jedoch die vielfach verbreitete Rechtsanschauung, daß es in England praktisch keine Rechtsmittel gäbe, und daß, wie Stein[2] behauptet, die trüben Erfahrungen des Beck case eine starke Tendenz nach Schaffung neuer Rechtsmittel gezeitigt habe, durchaus irrig. Ein kurzer Überblick auf den Stand der (in jedem fortschreitenden Kulturstaat selbstverständlichen) Verbesserungsbestrebungen zeigt, daß nur eine partielle und wenig bedeutsame Erweiterung des Rechtsmittelwesens in Erwägung gezogen wird.

Nirgends hat sich in irgend einer Form die leiseste Spur einer Tendenz gezeigt, die eine Erweiterung der Rechtsmittel gegen summarische Entscheidungen zum Gegenstand hätte. Solche Bestrebungen könnten darauf abzielen, diese Rechtsmittel durch Beseitigung der Minimalstrafgrenze generell oder durch Ermäßigung der Kosten individuell zugänglicher zu machen. Nichts von dem ist zu verspüren. Man ist eben mit dem gegenwärtigen Zustande, insbesondere mit der Judikatur der Polizeigerichte durchaus zufrieden und denkt auch nicht im entferntesten an eine Beseitigung der Laienrichter oder ihren Ersatz durch Juristen. Die von Lewinski[3] als Beweis angeführten Unkenrufe Labouchères stehen völlig vereinzelt da, und werden in England, wo man den Verfasser als gewerbsmäßigen Oppositionsmann kennt, kaum ernst genommen. Auch sachlich beweisen seine Zusammenstellungen wenig. Daß die gleiche Handlung in einer dünn bevölkerten Gebirgsgegend anders beurteilt

[1] Diese beruht nicht zum geringsten Teile auf der sorgfältigen leidenschaftlosen Feststellung der Tatsachen unter Ausschluß aller nebensächlichen und persönlichen Momente.

[2] Stein, Zur Justizreform. Tübingen 1907.

[3] England als Erzieher. Berlin 1907. S. 38.

und bestraft wird als in dem Arbeiterviertel eines Industriezentrums oder etwa einer reichen Villenvorstadt Londons, ist nichts Merkwürdiges, und daß Eigentumsdelikte im Verhältnis viel härter bestraft werden als Roheitsdelikte, ist eine auch in Deutschland wohlbekannte Erscheinung. Daß jeder einzelne aus einer großen Richterzahl alle Dinge im gleichen Lichte sieht, wie seine Kollegen, ist ein unerreichbarer und kaum wünschenswerter Zustand, und eine völlige Gleichmäßigkeit in der Strafzumessung innerhalb eines großen Reiches daher ohne starren Schematismus nicht zu erzielen.

Die anderweitigen, in der Presse und im Parlament laut gewordenen Angriffe gegen die Friedensrichter richten sich lediglich gegen deren angebliche Ernennung aus parteipolitischen Rücksichten und haben daher mit der Institution als solcher nichts zu tun. In Erwiderung derartiger Angriffe sagte der Lord Chancellor am 22. April 1907 im Oberhaus:

„There was no foundation for the idea, that justice was not fairly administered by the justices of the peace. The only complaints he had had, were in regard to the vaccination laws [1]). He attached the utmost importance to the office."

Auf die Gleichmäßigkeit der Entscheidungen und Beobachtung gewisser Grundsätze seitens der Laienrichter wird übrigens gelegentlich durch Rundschreiben des Home Secretary hingewirkt. Herbert Gladstone hat erst vergangenen Winter ein derartiges, äußerst vorsichtig abgefaßtes Rundschreiben erlassen.

Ich muß daher bei der Behauptung bleiben, daß trotz der Erkenntnis aller Beteiligten von der Seltenheit und Schwierigkeit der Rechtsmittel gegen summary convictions man an eine Erweiterung oder Erleichterung nicht denkt, weil man eben mit den Entscheidungen der Policecourts im allgemeinen durchaus zufrieden ist.

---

[1]) Der Impfzwang ist unter erbittertstem Kampf und Widerstand der Bevölkerung vor kurzem eingeführt worden und die Bestrafung obstinater Väter bewirkt stets erneuten Widerspruch und Klagen.

Anders liegen die Dinge hinsichtlich der Anfechtbarkeit von Schwurgerichtsurteilen, die, wie oben ausgeführt, kaum anfechtbar sind, da das von der Gewährung des Vorsitzenden abhängige „statement of a crown case" praktisch die einzige Revisionsmöglichkeit bietet, die z. B. 1905 in etwa 5000 Fällen nur 15mal ausgeübt worden ist: 3‰ (von den 10118 Verurteilten sind etwa 50% Geständige in Abzug zu bringen).

Der Ruf nach einem Rechtsmittel in Schwurgerichtssachen ist keineswegs neu. Seit fast 100 Jahren, seit den Tagen Sir Samuel Romilly's ist er nicht mehr verstummt. Nicht weniger als 25 mal innerhalb der letzten 65 Jahre haben Gesetzesvorlagen zur Einführung eines Rechtsmittels im ordentlichen Verfahren dem Parlament vorgelegen, zum Teil mehrmals im selben Jahre.

Nach der auf Verlangen vom Home Secretary herausgegebenen und in der Law Times vom 16. Februar 1907 veröffentlichten Zusammenstellung sind: 1843, 1844, 1848, 1858, 1861, 1864, 1872, 1878, 1878, 1880, 1882, 1882, 1882, 1883, 1883, 1888, 1890, 1895, 1896, 1897, 1898, 1904, 1905, 1906 Criminal Appeal Bills im Parlament eingebracht worden. Nicht eine einzige dieser sämtlichen Bills ist im Unterhaus auch nur in die dritte Lesung gelangt.

Man wollte keinen Criminal Appeal, vor allen Dingen nicht im Tatpunkte, wie es in einigen Bills vorgeschlagen war.

Wiederum hat in dieser Session der Attorney General eine Criminal Bill den Commons vorgelegt, deren Aussichten anfänglich ebenso ungünstig beurteilt wurden wie die ihrer zahlreichen Vorgängerinnen.

Da jedoch eins der wichtigsten Kabinettsmitglieder die treibende Kraft dieses Gesetzentwurfs war, und bei der in England herrschenden Parteiloyalität die Regierungsmajorität fast stets wie ein Mann für die Vorlagen ihrer Regierung zu stimmen pflegt, so ist das Gesetz, das schon in der Kommissionsberatung begraben schien, noch kurz vor Sessionsschluß in dritter Lesung angenommen worden.

Das durch Campbell-Bannermanns bekannte Drohung mit einer Verfassungsrevision eingeschüchterte House of

Lords hat mit einigen anderen auch diese bittere Pille unwillig aber widerstandslos geschluckt.

Folgendes ist der hauptsächliche Inhalt des Acts:

1. Der Court of Criminal Appeal besteht aus dem Lord Chief Justice und acht von ihm bestimmten Richtern der Kings Bench Division des High Court und entscheidet regelmäßig durch Majorität, indem nur die so erlangte Entscheidung verkündet wird [1]). Nur wenn bei Entscheidung von Rechtsfragen das Gericht es für angebracht hält, soll nach alter Methode jeder Richter einzeln öffentlich sein Urteil abgeben [2]).

Die Erkenntnisse des Appeal Court sind endgültig. Nur auf ein Zertifikat des Attorney General, daß eine Rechtsfrage von außergewöhnlicher, allgemeiner Wichtigkeit zur Entscheidung stehe, ist weiterer Appeal an das House of Lords zulässig.

2. Jeder im ordentlichen Verfahren (on indictment) Verurteilte kann an den Court of Criminal Appeal appellieren:

a) ohne weiteres zwecks Anfechtung der Verurteilung im Rechtspunkte;

b) mit Genehmigung des angerufenen Gerichts oder auf Grund eines Zertifikats des Instanzrichters, daß sich der Fall zum Appeal eigne, im Tatpunkt;

c) mit Genehmigung des Court of Appeal wegen des Strafmaßes, sofern dies nicht gesetzlich fixiert ist.

Für die Sachentscheidung hat man dem Appeal Court weite Befugnisse gewährt.

Er kann den Appeal zulassen und unter Kassierung des früheren Urteils den Angeklagten freisprechen, wenn er das Urteil im Tat- oder Rechtspunkte für falsch hält, oder weil aus irgend einem Grunde durch das erste Urteil der Gerechtigkeit nicht Genüge geschehen ist.

---

[1]) Eine dem Verfahren der Privy Council nachgeahmte Neuerung.

[2]) Bisher fand in den Kollegialgerichten des High Court niemals eine Beratung statt, sondern jedes Mitglied gab einzeln seine Entscheidung ab, auch in Zivilsachen.

Er kann andererseits den Appeal verwerfen, selbst wenn in dem von dem Appellierenden angefochtenen Punkte zu seinen Gunsten zu entscheiden ist, falls er in dem angefochtenen Urteil kein wesentliches Unrecht erblickt (no substantial miscarriage of justice).

Ist der Angeklagte zu einem Teile zu Recht, zu einem anderen zu Unrecht verurteilt worden, kann das Appellgericht entweder das Urteil in seiner Gesamtheit bestätigen oder den unrichtigen Teil durch eine entsprechende richtige Entscheidung ersetzen.

Falls der Appeal nur gegen die Höhe der Strafe gerichtet wird, ist reformatio in peius zulässig.

3. Die Appellationsfrist beträgt 10 Tage vom Erlaß des Urteils an, kann jedoch außer bei Todesurteilen durch den Appeal Court beliebig verlängert werden.

Der Appellant ist berechtigt, seine Anträge statt in mündlichem Vortrag schriftlich zu begründen.

In jedem Falle eines appeal soll der judex a quo mit seinen Notizen einen Bericht mit seiner Meinung über den Fall dem Appeal Court vorlegen.

Dieser kann, wenn er es für erforderlich hält, Beweise erheben (durch Vernehmung von Zeugen, Vorlage von Urkunden usw.), und zwar alle ihm sachdienlich erscheinenden; kann auch die Anwesenheit des Angeklagten anordnen.

Dem Appellanten kann jederzeit vom Court of Appeal ein Rechtsbeistand (solicitor und counsel oder counsel allein) beigeordnet werden. Die entstehenden Kosten fallen dem Etat des Home Department zu Last.

Der Strafvollzug wird durch Einlegung des Appeal suspendiert, die in Untersuchungshaft verbrachte Zeit bis zur Entscheidung über den Appeal nicht auf die Strafe angerechnet.

4. Der Home Secretary ist berechtigt, an ihn gelangte Gnadengesuche zur Erledigung im Wege des beschriebenen Verfahrens dem Appeal-Court zu überweisen, bzw. von diesem in bezug auf bestimmte Punkte eines Gnadengesuchs ein Gutachten zu verlangen.

Die Institute des „new trial“ und „writ of error“ werden beseitigt.

Die Jurisdiktion des Court of Crown cases reserved wird dem Court of Criminal Appeal übertragen.

Dies sind in kurzen Worten die wichtigsten Bestimmungen dieses höchst eigenartigen Gesetzes, eines mixtum compositum von Revision, Berufung und Begnadigung.

Das neue Gesetz hat vom Augenblick seiner Einbringung an einen äußerst heftigen Kampf der Meinungen entfesselt, bei dem die Gegner sowohl der Zahl wie der Bedeutung ihrer Kämpfer nach überwogen.

Um diese Opposition wie auch den neuen Act selbst richtig zu würdigen, muß man sich die parlamentarischen Debatten vergegenwärtigen, die den wahren Zweck des Gesetzes deutlich erkennen lassen.

Zwar hat der Attorney General die Bill im Unterhause eingebracht, aber nach der einleitenden Rede Sir Walter Lawsons hat in der weiteren Debatte Herbert Gladstone der Home Secretary den Hauptanteil an der Befürwortung des Gesetzes seitens des Ministeriums gehabt. Sache des Home Departments ist, wie erinnerlich, das Begnadigungswesen, und das Hauptmoment in der Begründung der Vorlage war die Erklärung Gladstones, die Arbeitslast der Gnadeninstanz sei allmählich unerträglich geworden, und es sei an der Zeit, sie auf stärkere Schultern, die der Richter, abzuwälzen. Richtig ist, daß der Staatssekretär während seiner Tätigkeit im Begnadigungswesen anscheinend eine Reihe von Fehlern begangen hat, die ihm die erbittertsten Angriffe in der Presse und im Parlament — und zwar nicht nur von Seiten der Opposition — zugezogen haben [1]). Kein Wunder, daß er von dem lebhaften Wunsche beseelt war, dieses dornenvollen Amtes ledig zu werden [2]). Die Oppositionspresse hat deshalb die Criminal Appeal Bill höhnisch Herbert Gladstones Relief Bill getauft.

Von den prinzipiellen Gegnern der Schaffung eines Rechtsmittels im ordentlichen Verfahren, zu denen ganz

---

1) Edalji case, Rayner case.

2) Vgl. Law Times vom 15. Juni 1907.

hervorragende Juristen, wie Sir Harry Poland, Mr. Hermann Cohen K. C. u. a. zählen, ist Gladstone deswegen aufs schärfste bekämpft worden. Die Genannten behaupten, man brauche nur einen erfahrenen Mann im Home Office, möglichst einen erfahrenen Strafrechtler, neben und unter ihm einen Stab von tüchtigen Männern, dann wäre jeglicher Criminal Appeal überflüssig. Merkwürdig ist, daß auch hervorragende Richter, wie kürzlich Mr. Justice Bray, erklärt haben, das Begnadigungssystem sei zwar in der Theorie nicht zu verteidigen, in der Praxis arbeite es jedoch ganz vorzüglich; criminal appeal sei gefährlich, der Appell an den Home Secretary genügend [1]).

Die Ableitung des neuen Rechtsmittelsystems aus dem Gnadenwesen zeigt sich in dem Gesetze auch aufs deutlichste, insbesondere naturgemäß bei den Vorschriften über das Verfahren. Immerhin bedeuten sie einen Fortschritt gegen die Vorschläge der im Vorjahre von Lord Chancellor im Oberhaus eingebrachten, aber abgelehnten Criminal Appeal Bill. In jener war vorgeschlagen, der Appeal Court solle die Nachprüfung der tatsächlichen Unterlagen des ersten Urteils ohne erneute Beweisaufnahme vornehmen. Dem Appeal Court wurde zugemutet, lediglich auf Grund der stenographischen Protokolle, ohne Zeugen und Angeklagte zu sehen, das Verdikt auf seine Richtigkeit nachzuprüfen. Von der allgemeinen Entrüstung wurde der Gesetzentwurf begraben. Die jetzt angenommene Bill hat dem Gericht wenigstens das Recht gegeben, Zeugen und Angeklagte zu sehen und zu hören. Immerhin ist auch nach den Bestimmungen des neuen Gesetzes möglich, daß das Gericht in geheimer Sitzung lediglich auf Grund des Aktenstudiums ohne Verhandlung das angefochtene Urteil aus tatsächlichen Gründen kassiert. Dies bedeutet nichts weiter als eine Übertragung der Arbeiten des Home Department in Gnadensachen auf die Richter des High Court in derselben Verfahrensform.

Es ist daher begreiflich, daß dies Gesetz auch von denen bekämpft worden ist, die der Einführung eines Appeal

---

[1]) Law Journal 1907 S. 56.

in Rechtsfragen, einer reinen Revision sympathisch gegenüberstehen.

Mit dem Lord Chief Justice als Kronzeugen werden von allen Seiten Befürchtungen laut, daß durch die Einführung einer Berufung das Verantwortlichkeitsgefühl der Geschworenen verringert würde, die in schwierigen Fällen dazu kommen könnten, die Schuldfragen zu bejahen, in dem Bewußtsein, daß der Appeal Court ihren Spruch ja immer noch korrigieren könne. Auf diese Weise würde die eigentliche Sachentscheidung aus den Händen der Geschworenen in die der rechtsgelehrten Richter gelegt [1]).

Hinzu kommt die Furcht, daß ein so uneingeschränktes Recht, zu appellieren, eine Flut von appeals zeitigen würde, die die schon bestehende Überlastung des High Court ins Unerträgliche steigere. Zur Vermehrung der Richterstellen — auch nur um eine einzige — kann man sich ja nur unendlich schwer entschließen.

Von dem appeal wegen des Strafmaßes verspricht man sich schon wegen der Bremswirkung der möglichen reformatio in peius nur wenig.

Die angesehensten Fachzeitschriften, ebenso eine Reihe der hervorragendsten Juristen innerhalb und außerhalb des Parlaments haben deshalb die Gesetzesvorlage aufs schärfste mißbilligt [2]), und nur die Triebkraft Gladstones in Verbindung mit den erwähnten parteipolitischen Verhältnissen hat ihre Annahme ermöglicht.

Besonderes Interesse hat jedenfalls der Criminal Appeal Act um deswillen, weil hier eine Lösung des Problems versucht worden ist, das auch in Deutschland zurzeit die Geister beschäftigt.

Die Berufung gegen Schwurgerichtsurteile, die eine Anzahl von Schriftstellern als begrifflich unmöglich hinstellt, hat man hier in die Wirklichkeit umzusetzen ver-

---

1) Law Times vom 8. Juni 1907.

2) Vgl. Law Times vom 15., 22. Juni 1907.
Law Journal vom 28. Mai 1907, das auch eine Zusammenstellung von Äußerungen berühmter Juristen bringt.

sucht. Ob der Versuch nicht mit untauglichen Mitteln unternommen worden ist, muß die Zukunft lehren.

Irgendwelche Prophezeihungen über die Wirkung des Ende April 1908 in Kraft tretenden Gesetzes zu machen, wäre müßig.

Soviel läßt sich jedoch sagen, daß an den Prinzipien des englischen Rechtsmittelwesens nicht gerüttelt worden ist, und die bewirkte Umwälzung nur eine scheinbare ist.

In England bedeuten die Gesetze wenig, die Männer, die sie anwenden, alles. Wollen die Richter der Kings Bench die Wirkung der Zulassung der Berufung einschränken oder vereiteln, so hat eine rigorose Ausübung ihres Genehmigungsrechts bald diesen Erfolg.

Wenn sie gar bei der Bewilligung des Armenrechts dem Vorbilde der Polizeirichter folgen, so wird dies ein ebenso papiernes Dasein führen, wie die Schöpfung des Gesetzes von 1903.

Nicht die Kenntnis der Gesetze, sondern die Kenntnis ihrer Handhabung vermittelt das Verständnis des englischen Rechtswesens, und bei Erwägung aller Umstände erscheint es, als ob das oben entworfene Bild des heutigen Rechtsmittelwesens auch nach dem Inkrafttreten des neuen Gesetzes keine wesentliche Veränderung erfahren wird.

II. Schottland.

Die Darstellung des schottischen Rechtsmittelwesens wird im Vergleich zu der vorhergehenden nur einen äußerst kurzen Raum einnehmen.

Einmal ist die Grenze für die Zulassung von Rechtsmitteln dort noch viel enger gezogen, als in England, so daß die Zahl der zu besprechenden Appellationswege wesentlich geringer ist. Ferner sind von den gesetzlich zugelassenen und in der Praxis vorkommenden appeals einige den englischen, von belanglosen Details abgesehen, identisch, so daß die Verweisung auf die betreffende Darstellung im ersten Teile genügt.

Endlich erübrigt sich die eingehende Begründung der seltenen Benutzung bestehender Rechtsmittel, da diese sich aus ihrem Wesen ohne weiteres ergibt.

Die herrschende schottische Praxis kennt nur Rechtsmittel gegen Entscheidungen der niederen Gerichte (sheriff, justices of the peace usw.) nicht gegen Urteile, die von einem bzw. mehreren Mitgliedern des High Court of Justiciary erlassen sind. Vielmehr ist eben dieser Gerichtshof die alleinige Appellinstanz für die anfechtbaren Erkenntnisse der unteren Gerichte, über die er je nach der Bedeutung des Falles in einer Besetzung von drei oder mehr Richtern entscheidet.

Die Nachprüfung eines Urteils im Tatpunkte oder wegen des Strafmaßes kennt der schottische Strafprozeß überhaupt nicht, vielmehr entsprechen die beiden existierenden Rechtsmittel „suspension“ und „appeal by case stated“ zusammen unserer Revision.

I. Suspension.

Suspension ist zulässig gegen alle Urteile der niederen Gerichte, sowohl die im ordentlichen Verfahren (sheriff und jury) wie die im summarischen Verfahren ergangenen. Sie ist die dem Verurteilten zustehende Anfechtung eines Urteils wegen einer Gesetzesverletzung in bezug auf das Verfahren. Diese kann bestehen in einem groben offenbaren Formfehler (appearing on the face of the proceedings), insbesondere einer gesetzwidrigen Anklage (mangelnde Aktivlegitimation des Verfolgers), Inkompetenz des Gerichts, in sich ungesetzlichem Urteil, Haft- bzw. Vollstreckungsbefehl (warrant), sowie einer groben Beeinträchtigung der Rechte des Angeklagten und Rechtsmißbrauch (gross oppression and miscarriage of justice). Das Geständnis verschließt dem Verurteilten die Möglichkeit des „appeal by suspension" nicht.

Die Einlegung des Rechtsmittels erfolgt durch Einreichung einer „bill of suspension" bei dem High Court of Justiciary. Der Antrag auf Revision kann mit einem Antrag auf vorläufige Haftentlassung (bill of liberation) verbunden werden.

Es besteht keine Frist für das Gesuch um suspension [1]), doch muß ein plausibler Grund für Verzögerung angegeben werden, andernfalls der High Court den Antrag zurückweist.

Das Gesuch wird in öffentlicher Sitzung in mündlichem Vortrag begründet. Das Erscheinen bzw. eine Erwiderung seitens des Verfolgers ist nicht erforderlich.

Die Entscheidung lautet auf Verwerfung des Gesuchs, oder Kassierung des angefochtenen Urteils oder Zurückweisung unter bindenden Anweisungen.

In besonderen Fällen von „gross oppression" usw. kann falls erforderlich eine zuständige Person (sheriff) mit der Aufnahme von Beweisen und Bericht an den High Court betraut werden [2]).

Über die Kosten entscheidet das Gericht nach Billigkeit. Das Rechtsmittel der suspension dient im wesentlichen demselben Zweck wie „writ of habeas corpus" und „certiorari" in England.

---

[1]) In Sachen Muirhead v. M'Intact (4. März 1892) wurde das Urteil 4½ Jahre nach Erlaß aufgehoben, weil in demselben hinter den Worten „finds the same" das Wort „guilty" ausgelassen war.

[2]) z. B. im Falle behaupteter Zurückhaltung der Zeugen des Appellanten durch die Gegenpartei.

II. Appeal by case stated.

Gegen alle im summarischen Verfahren (ohne jury) erlassenen Urteile ist ferner nach dem Summary Prosecutions Appeal (Scotland) Act von 1875, (38 und 39 Vict. c. 62) appeal an den High Court zugelassen.

Dieser appeal dient dem Angriff eines Urteils wegen eines Rechtsirrtums bei Anwendung des materiellen Rechts auf den konkreten Tatbestand.

Er steht beiden Parteien zu, doch nicht mit demselben Effekt.

Wenn nämlich der Verfolger gegen ein freisprechendes Erkenntnis appelliert, so kann dieses weder durch den High Court noch etwa nach Zurückverweisung durch den judex a quo aufgehoben werden. In solchem Falle kann der High Court vielmehr lediglich die Rechtsfrage im Prinzip entscheiden und, falls dies zu Ungunsten des Freigesprochenen geschieht, diesem die Kosten des Verfahrens auferlegen. Der Freispruch selbst bleibt unangetastet bestehen.

Die Form des appeal ist diejenige des appeal by case stated, wie er in England gegen die Entscheidungen des Polizeirichters an den High Court besteht (vgl. dort I. 2).

Auch das Verfahren ist eine Kopie des englischen. Die Weigerung des Instanzrichters, das Statement zu gewähren, hat dieselbe Wirkung wie dort, und im Falle der Gewährung entspricht die weitere Prozedur dem englischen Vorbild.

Einige geringfügige Abweichungen sind folgende: Die Appellfrist beträgt nur 3 Tage (7). Dem Instanzrichter ist keine Maximalfrist zur Ausarbeitung des statement gesetzt (3 Monate). Seine Weigerung einen Fall zu statuieren motiviert er dem High Court gegenüber nicht durch „affidavit", sondern durch Vortrag eines counsel.

Wenn auch gesetzlich den Geständigen der „appeal" ebensowenig verschlossen ist, wie die „suspension", so kommen diese tatsächlich nicht in die Lage den „appeal by case stated" zu benutzen. Vielmehr wird in den seltenen Fällen, in denen die Verurteilung eines Geständigen eine Gesetzesverletzung enthält, der appeal by suspension das zweckmäßige Heilmittel sein.

Die Einlegung des appeals schließt übrigens die Möglichkeit einer suspension aus, falls nicht, bevor der Richter das statement unterschrieben hat, der Appellant den appeal zurückzieht.

Es liegt in dem Wesen der beiden genannten Rechtsmittel, daß eine eingehende Rechtfertigung des angefochtenen Urteils durch Tatbestand und Gründe zur Entscheidung über das Rechtsmittel nicht erforderlich ist. Bei der suspension muß sich der Fehler aus dem Protokoll (on the face of the proceedings) oder dem Tenor der Entscheidung ergeben, dem appeal by case stated ersetzt das kurze statement die Urteilsgründe.

Im Jahre 1905 wurde im summarischen Verfahren gegen 129 938 Personen verhandelt, von denen

121 871 verurteilt
5 674 freigesprochen wurden,

gegen weitere 2393 wurde die „charge" zurückgenommen. Ferner wurde vor dem sheriff im ordentlichen Verfahren gegen 2390 Personen verhandelt, von denen

2180 verurteilt
210 freigesprochen wurden.

Es stand also insgesammt

121 871
2 180

124 051 Verurteilten der appeal by suspension, ersteren 121 871 daneben alternative der appeal by case stated zu; außerdem den Verfolgern gegen 5674 Freisprechungen appeal by case stated (zwecks Herbeiführung einer prinzipiellen Entscheidung).

Für das Jahr 1905 verzeichnet die Statistik nur insgesamt 28 Fälle von suspension und appeal[1]), und zwar 22 Fälle, in denen gegen eine Verurteilung, 6, in denen gegen eine Freisprechung appelliert wurde. Im ganzen wurden 18 der angefochtenen Entscheidungen bestätigt, 10 aufgehoben.

[1]) Die Statistik unterscheidet suspension und appeal nicht.

Die Gnadeninstanz gewährte keinen free pardon, dagegen Strafmilderung in 37 Fällen.

Die Kostenfrage scheidet bei der Beurteilung der geringen Benutzung der Rechtsmittel aus, da Schottland im Gegensatz zu England die Gewährung unentgeltlichen Rechtsbeistandes für Bedürftige im weitesten Umfange eingeführt hat. Im ordentlichen Verfahren wird den mittellosen ex officio ein Verteidiger bestellt, im summarischen Verfahren denen, die darum nachsuchen, in liberaler Weise diese Vergünstigung gewährt.

Während, wie oben ausgeführt, in England eine Reihe von Umständen, die Gerichtspraxis, der Volkscharakter u. a. m. an der Seltenheit des Gebrauchs von Rechtsmitteln mitwirken, liegt dies in Schottland in der Institution selbst begründet.

Die ausschließliche Existenz von Rechtspunkt-Rechtsmitteln in einem Lande, dessen Verfahren, wie auch sein materielles Recht so außerordentlich wenig Anlaß zu Streitfragen und Rechtsirrtümern gewährt, begründet ohne weiteres die Seltenheit der vorkommenden Anfechtungen.

Lediglich um Mißverständnissen vorzubeugen, erscheint es erforderlich, eine Reihe von Rechtsmitteln kurz anzuführen, die theoretisch und gesetzlich noch existieren, jedoch durch Nichtausübung längst obsolet geworden sind.

1. Advocation.

Advocation ist das der suspension genau entsprechende Rechtsmittel des Verfolgers. Brown bezeichnet es als „a matter of antiquarian curiosity“.

2. Appeal to Quarter-Sessions.

Wie in England gibt es auch in Schottland Friedensrichter, die sich seit dem Scots Act von 1661 vierteljährlich einmal in den Quarter-Sessions der Grafschaft versammeln und appeals gegen die Entscheidungen der Friedensrichter in Petty-Sessions hören sollen, soweit appeal durch die special statutes zugelassen ist.

Während aber in England die ungeheure Menge der summarischen Sachen von den justices of the peace abgeurteilt werden, nimmt die friedensrichterliche Judicatur in Schottland einen verhältnismäßig kleinen und unwichtigen Raum ein [1]). Von den eigentlichen Strafsachen gelangen an sie nur die einfachsten und unbedeutendsten (fast nur Geständige). Alle anderen Sachen werden vor die — konkurrierend zuständigen — Sheriffs gebracht. Die Haupttätigkeit der Friedensrichter liegt daher auf dem Gebiete der Steuer-, Zoll-, Lizenzsachen und ähnlichen [2]). In diesen Sachen wird der dem englischen identische appeal to Quarter-Sessions (vgl. England I. 1) auch noch benutzt, in den eigentlichen Strafsachen ist er jedoch unbekannt.

3. Appeal under the Heritable Jurisdiction Act von 1747 (20 Geo. II. c. 43).

Dies Gesetz Georgs II. gewährte einen appeal gegen alle Entscheidungen der niederen Gerichte, der besonders für Fälle der Überschreitung der Kompetenz, Formfehler, aber auch Irrtümer des Instanzrichters über tatsächliche Punkte zugeschnitten war. Der Appeal konnte statt an den High Court in Edinburg auch an die on circuit befindlichen High Court Judges gerichtet werden.

Seit der Einführung des Appeal by case stated durch den Summary Prosecutions Appeal Act von 1875 ist der alte appeal nicht mehr benutzt worden und allmählich der Vergessenheit anheimgefallen.

Das Beispiel Schottlands zeigt, daß ein Strafprozeß mit einem Minimum von Rechtsmitteln, ohne Berufung und nur mit einer stark eingeschränkten und selten angewandten Revision bestehen kann, ohne daß sich irgendwelche Mißstände zeigen. Die Juristen wie das Publikum sind mit dem bestehenden Zustande äußerst zufrieden. Dafür gibt es keinen schlagenderen Beweis, als daß der neue englische Criminal Appeal Act weder für Schottland Geltung hat, noch

[1]) Die Schotten möchten am liebsten überhaupt nicht zugeben, daß sie „Amateur-justices" besitzen.

[2]) Quasi-criminal matters.

im Anschluß daran etwa ein ähnliches Gesetz für Schottland vorliegt oder auch nur geplant wird. Schottland hat sich bei dem heftigen Kampfe um den Criminal Appeal in England völlig passiv und uninteressiert verhalten und damit zu erkennen gegeben, daß es ein Mindestmaß von Rechtsmitteln für die Grundlage der richterlichen Autorität und einer gesunden Rechtsprechung hält.

FSC
www.fsc.org
MIX
Papier | Fördert gute Waldnutzung
FSC® C083411

Kolibri 360 GmbH
Ferdinand-Jühlke-Straße 7
99095 Erfurt, Deutschland
produktsicherheit@kolibri360.de